U0796338

2025年
国家统一法律职业资格考试
过关必背法条
精解版

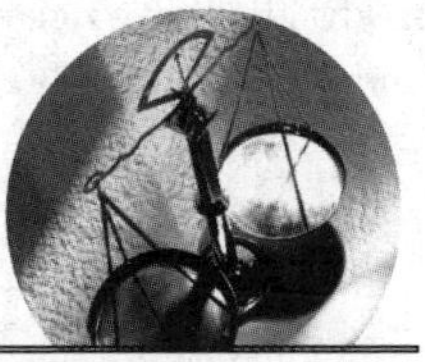

法律考试中心/组编

法律出版社
LAW PRESS·CHINA
北京

图书在版编目（CIP）数据

2025年国家统一法律职业资格考试过关必背法条：精解版／法律考试中心组编. -- 北京：法律出版社，2024. -- ISBN 978-7-5197-9670-9

Ⅰ. D920.4

中国国家版本馆CIP数据核字第20241654ST号

2025年国家统一法律职业资格考试过关必背法条：精解版
2025 NIAN GUOJIA TONGYI FALÜ ZHIYE ZIGE KAOSHI GUOGUAN BIBEI FATIAO: JINGJIE BAN

法律考试中心 组编

策划编辑 田亚飞
责任编辑 田亚飞
装帧设计 李 瞻

出版发行 法律出版社
编辑统筹 法律考试·职业教育出版分社
责任校对 王晓萍
责任印制 胡晓雅
经　　销 新华书店

开本 787毫米×1092毫米 1/16
印张 28.5　**字数** 855千
版本 2024年11月第1版
印次 2024年11月第1次印刷
印刷 固安华明印业有限公司

地址：北京市丰台区莲花池西里7号（100073）
网址：www.lawpress.com.cn
投稿邮箱：info@lawpress.com.cn
举报盗版邮箱：jbwq@lawpress.com.cn

销售电话：010-83938349
客服电话：010-83938350
咨询电话：010-63939796

版权所有·侵权必究

书号：ISBN 978-7-5197-9670-9　　**定价**：98.00元

凡购买本社图书，如有印装错误，我社负责退换。电话：010-83938349

目　　录

宪　法

经济法・环境资源法・劳动与社会保障法

国际法·国际私法·国际经济法

司法制度和法律职业道德

刑　　法

刑事诉讼法

行政法与行政诉讼法

民法・知识产权法

商　法

民事诉讼法与仲裁制度

宪　法

宪　法

【导读】《宪法》是宪法学科的重中之重，考生要全面掌握重点法条，并结合历年真题对法条做到学以致用。

宪法的考点可以分为两大类：一类是有关宪法基本原理与宪法史的考题，具有理论性与史学性，如关于宪法的分类、政体的分类等；另一类就是考查我国现行宪法法典规范的考题，这部分考题大都直接考查法条。就分值分布而言，当然是第二类占据绝对优势。《宪法》中的重点法条，主要解决考生对第二部分的复习问题。

从范围上讲，有关宪法的立法不限于宪法典，还包括历次宪法修正案、选举法、立法法、组织法、特别行政区基本法等部门立法。

重点法条 1　关于经济制度的规定

第六条　中华人民共和国的社会主义经济制度的基础是生产资料的社会主义公有制，即全民所有制和劳动群众集体所有制。社会主义公有制消灭人剥削人的制度，实行各尽所能、按劳分配的原则。

国家在社会主义初级阶段，坚持公有制为主体、多种所有制经济共同发展的基本经济制度，坚持按劳分配为主体、多种分配方式并存的分配制度。

第七条　国有经济，即社会主义全民所有制经济，是国民经济中的主导力量。国家保障国有经济的巩固和发展。

第八条　农村集体经济组织实行家庭承包经营为基础、统分结合的双层经营体制。农村中的生产、供销、信用、消费等各种形式的合作经济，是社会主义劳动群众集体所有制经济。参加农村集体经济组织的劳动者，有权在法律规定的范围内经营自留地、自留山、家庭副业和饲养自留畜。

城镇中的手工业、工业、建筑业、运输业、商业、服务业等行业的各种形式的合作经济，都是社会主义劳动群众集体所有制经济。

国家保护城乡集体经济组织的合法的权利和利益，鼓励、指导和帮助集体经济的发展。

第十一条　在法律规定范围内的个体经济、私营经济等非公有制经济，是社会主义市场经济的重要组成部分。

国家保护个体经济、私营经济等非公有制经济的合法的权利和利益。国家鼓励、支持和引导非公有制经济的发展，并对非公有制经济依法实行监督和管理。

第十三条　公民的合法的私有财产不受侵犯。

国家依照法律规定保护公民的私有财产权和继承权。

国家为了公共利益的需要，可以依照法律规定对公民的私有财产实行征收或者征用并给予补偿。

【相关法条】　宪法修正案

1. 1988年第一次修正：

位置	原条文	修改后条文
第十一条 第三款		**国家允许私营经济在法律规定的范围内存在和发展。私营经济是社会主义公有制经济的补充。国家保护私营经济的合法的权利和利益，对私营经济实行引导、监督和管理。**

续表

位置	原条文	修改后条文
第十条第四款	任何组织或者个人不得侵占、买卖、**出租**或者以其他形式非法转让土地。	任何组织或者个人不得侵占、买卖或者以其他形式非法转让土地。**土地的使用权可以依照法律的规定转让。**

2. 1993 年第二次修正：

位置	原条文	修改后条文
序言第七自然段后两句	今后国家的根本任务是集中力量进行社会主义现代化建设。中国各族人民将继续在中国共产党领导下，在马克思列宁主义、毛泽东思想指引下，坚持人民民主专政，坚持社会主义道路，不断完善社会主义的各项制度，发展社会主义民主，健全社会主义法制，自力更生，艰苦奋斗，逐步实现工业、农业、国防和科学技术的现代化，把我国建设成为高度文明、高度民主的社会主义国家。	**我国正处于社会主义初级阶段。国家的根本任务是，根据建设有中国特色社会主义的理论，集中力量进行社会主义现代化建设。**中国各族人民将继续在中国共产党领导下，在马克思列宁主义、毛泽东思想指引下，坚持人民民主专政，坚持社会主义道路，**坚持改革开放，**不断完善社会主义的各项制度，发展社会主义民主，健全社会主义法制，自力更生，艰苦奋斗，逐步实现工业、农业、国防和科学技术的现代化，把我国建设成为富强、民主、文明的社会主义国家。
序言第十自然段末尾		**中国共产党领导的多党合作和政治协商制度将长期存在和发展。**
第七条	**国营经济**是社会主义全民所有制经济，是国民经济中的主导力量。国家保障国营经济的巩固和发展。	**国有经济，**即社会主义全民所有制经济，是国民经济中的主导力量。国家保障国有经济的巩固和发展。
第八条第一款	农村人民公社、农业生产合作社和其他生产、供销、信用、消费等各种形式的合作经济，是社会主义劳动群众集体所有制经济。参加农村集体经济组织的劳动者，有权在法律规定的范围内经营自留地、自留山、家庭副业和饲养自留畜。	**农村中的家庭联产承包为主的责任制**和生产、供销、信用、消费等各种形式的合作经济，是社会主义劳动群众集体所有制经济。参加农村集体经济组织的劳动者，有权在法律规定的范围内经营自留地、自留山、家庭副业和饲养自留畜。
第十五条	国家在社会主义公有制基础上实行**计划经济**。国家通过经济计划的综合平衡和市场调节的辅助作用，保证国民经济按比例地协调发展。 禁止任何组织或者个人扰乱社会经济秩序，破坏国家经济计划。	**国家实行社会主义市场经济。** **国家加强经济立法，完善宏观调控。** **国家依法禁止任何组织或者个人扰乱社会经济秩序。**
第十六条	**国营企业**在服从国家的统一领导和全面完成国家计划的前提下，在法律规定的范围内，有经营管理的自主权。 **国营企业**依照法律规定，通过职工代表大会和其他形式，实行民主管理。	**国有企业在法律规定的范围内有权自主经营。** **国有企业**依照法律规定，通过职工代表大会和其他形式，实行民主管理。
第十七条	集体经济组织在**接受国家计划指导和遵守有关法律的前提下，**有独立进行经济活动的自主权。 集体经济组织依照法律规定实行民主管理，**由它的全体劳动者**选举和罢免管理人员，决定经营管理的重大问题。	集体经济组织在**遵守有关法律的前提下，**有独立进行经济活动的自主权。 集体经济组织实行民主管理，**依照法律规定**选举和罢免管理人员，决定经营管理的重大问题。

续表

位置	原条文	修改后条文
第四十二条第三款	劳动是一切有劳动能力的公民的光荣职责。**国营企业**和城乡集体经济组织的劳动者都应当以国家主人翁的态度对待自己的劳动。国家提倡社会主义劳动竞赛,奖励劳动模范和先进工作者。国家提倡公民从事义务劳动。	劳动是一切有劳动能力的公民的光荣职责。**国有企业**和城乡集体经济组织的劳动者都应当以国家主人翁的态度对待自己的劳动。国家提倡社会主义劳动竞赛,奖励劳动模范和先进工作者。国家提倡公民从事义务劳动。
第九十八条	省、直辖市、设区的市的人民代表大会每届任期**五年**。**县、不设区的市、市辖区**、乡、民族乡、镇的人民代表大会每届任期三年。	省、直辖市、**县、市、市辖区**的人民代表大会每届任期**五年**。乡、民族乡、镇的人民代表大会每届任期三年。

3. 1999年第三次修正:

位置	原条文	修改后条文
序言第七自然段	中国新民主主义革命的胜利和社会主义事业的成就,都是中国共产党领导中国各族人民,在马克思列宁主义、毛泽东思想的指引下,坚持真理,修正错误,战胜许多艰难险阻而取得的。我国正处于社会主义初级阶段。国家的根本任务是,根据建设有中国特色社会主义的理论,集中力量进行社会主义现代化建设。中国各族人民将继续在中国共产党领导下,在马克思列宁主义、毛泽东思想指引下,坚持人民民主专政,坚持社会主义道路,坚持改革开放,不断完善社会主义的各项制度,发展社会主义民主,健全社会主义法制,自力更生,艰苦奋斗,逐步实现工业、农业、国防和科学技术的现代化,把我国建设成为富强、民主、文明的社会主义国家。	中国新民主主义革命的胜利和社会主义事业的成就,是中国共产党领导中国各族人民,在马克思列宁主义、毛泽东思想的指引下,坚持真理,修正错误,战胜许多艰难险阻而取得的。**我国将长期处于社会主义初级阶段**。国家的根本任务是,**沿着建设有中国特色社会主义的道路**,集中力量进行社会主义现代化建设。中国各族人民将继续在中国共产党领导下,在马克思列宁主义、毛泽东思想、邓小平理论指引下,坚持人民民主专政,坚持社会主义道路,坚持改革开放,不断完善社会主义的各项制度,**发展社会主义市场经济**,发展社会主义民主,健全社会主义法制,自力更生,艰苦奋斗,逐步实现工业、农业、国防和科学技术的现代化,把我国建设成为富强、民主、文明的社会主义国家。
第五条第一款		**中华人民共和国实行依法治国,建设社会主义法治国家。**
第六条	中华人民共和国的社会主义经济制度的基础是生产资料的社会主义公有制,即全民所有制和劳动群众集体所有制。 社会主义公有制消灭人剥削人的制度,实行各尽所能,按劳分配的原则。	中华人民共和国的社会主义经济制度的基础是生产资料的社会主义公有制,即全民所有制和劳动群众集体所有制。社会主义公有制消灭人剥削人的制度,实行各尽所能、按劳分配的原则。 **国家在社会主义初级阶段,坚持公有制为主体、多种所有制经济共同发展的基本经济制度,坚持按劳分配为主体、多种分配方式并存的分配制度。**
第八条第一款	农村中的**家庭联产承包为主**的责任制和生产、供销、信用、消费等各种形式的合作经济,是社会主义劳动群众集体所有制经济。参加农村集体经济组织的劳动者,有权在法律规定的范围内经营自留地、自留山、家庭副业和饲养自留畜。	**农村集体经济组织实行家庭承包经营为基础、统分结合的双层经营体制**。农村中的生产、供销、信用、消费等各种形式的合作经济,是社会主义劳动群众集体所有制经济。参加农村集体经济组织的劳动者,有权在法律规定的范围内经营自留地、自留山、家庭副业和饲养自留畜。
第十一条	在法律规定范围内的城乡劳动者个体经济,是社会主义公有制经济的补充。国家保护个体经济的合法的权利和利益。 国家通过行政管理,指导、帮助和监督个体经济。 **国家允许私营经济在法律规定的范围内存在和发展**。私营经济是社会主义公有制经济的补充。国家保护私营经济的合法的权利和利益,对私营经济实行引导、监督和管理。	**在法律规定范围内的个体经济、私营经济等非公有制经济,是社会主义市场经济的重要组成部分。** **国家保护个体经济、私营经济的合法的权利和利益。国家对个体经济、私营经济实行引导、监督和管理。**

续表

位置	原条文	修改后条文
第二十八条	国家维护社会秩序，镇压叛国和其他**反革命**的活动，制裁危害社会治安、破坏社会主义经济和其他犯罪的活动，惩办和改造犯罪分子。	国家维护社会秩序，镇压叛国和其他**危害国家安全**的犯罪活动，制裁危害社会治安、破坏社会主义经济和其他犯罪的活动，惩办和改造犯罪分子。

4. 2004 年第四次修正：

位置	原条文	修改后条文
序言第七自然段第三句、第四句	国家的根本任务是，沿着建设有中国特色社会主义的道路，集中力量进行社会主义现代化建设。中国各族人民将继续在中国共产党领导下，在马克思列宁主义、毛泽东思想、邓小平理论指引下，坚持人民民主专政，坚持社会主义道路，坚持改革开放，不断完善社会主义的各项制度，发展社会主义市场经济，发展社会主义民主，健全社会主义法制，自力更生，艰苦奋斗，逐步实现工业、农业、国防和科学技术的现代化，把我国建设成为富强、民主、文明的社会主义国家。	国家的根本任务是，沿着**中国特色社会主义道路**，集中力量进行社会主义现代化建设。中国各族人民将继续在中国共产党领导下，在马克思列宁主义、毛泽东思想、邓小平理论和**"三个代表"重要思想**指引下，坚持人民民主专政，坚持社会主义道路，坚持改革开放，不断完善社会主义的各项制度，发展社会主义市场经济，发展社会主义民主，健全社会主义法制，自力更生，艰苦奋斗，逐步实现工业、农业、国防和科学技术的现代化，**推动物质文明、政治文明和精神文明协调发展**，把我国建设成为富强、民主、文明的社会主义国家。
序言第十自然段第二句	在长期的革命和建设过程中，已经结成由中国共产党领导的，有各民主党派和各人民团体参加的，包括全体社会主义劳动者、拥护社会主义的爱国者和拥护祖国统一的爱国者的广泛的爱国统一战线，这个统一战线将继续巩固和发展。	在长期的革命和建设过程中，已经结成由中国共产党领导的，有各民主党派和各人民团体参加的，包括全体社会主义劳动者、**社会主义事业的建设者、**拥护社会主义的爱国者和拥护祖国统一的爱国者的广泛的爱国统一战线，这个统一战线将继续巩固和发展。
第十条第三款	国家为了公共利益的需要，可以依照法律规定对土地实行**征用**。	国家为了公共利益的需要，可以依照法律规定对土地实行**征收或者征用并给予补偿**。
第十一条第二款	国家保护个体经济、私营经济的合法的权利和利益。国家对个体经济、私营经济实行引导、监督和管理。	国家保护个体经济、私营经济等非公有制经济的合法的权利和利益。国家鼓励、支持和引导非公有制经济的发展，并对非公有制经济依法实行监督和管理。
第十三条	国家保护公民的合法的收入、储蓄、房屋和其他合法财产的所有权。 国家依照法律规定保护公民的私有财产的继承权。	**公民的合法的私有财产不受侵犯。** **国家依照法律规定保护公民的私有财产权和继承权。** **国家为了公共利益的需要，可以依照法律规定对公民的私有财产实行征收或者征用并给予补偿。**
第十四条第四款		**国家建立健全同经济发展水平相适应的社会保障制度。**
第三十三条第三款		**国家尊重和保障人权。**
第五十九条第一款	全国人民代表大会由省、自治区、直辖市和军队选出的代表组成。各少数民族都应当有适当名额的代表。	全国人民代表大会由省、自治区、直辖市、**特别行政区**和军队选出的代表组成。各少数民族都应当有适当名额的代表。
第六十七条第二十项	（二十）决定全国或者个别省、自治区、直辖市的**戒严**。	（二十）决定全国或者个别省、自治区、直辖市进入**紧急状态**。

续表

位置	原条文	修改后条文
第八十条	中华人民共和国主席根据全国人民代表大会的决定和全国人民代表大会常务委员会的决定，公布法律，任免国务院总理、副总理、国务委员、各部部长、各委员会主任、审计长、秘书长，授予国家的勋章和荣誉称号，发布特赦令，发布**戒严令**，宣布战争状态，发布动员令。	中华人民共和国主席根据全国人民代表大会的决定和全国人民代表大会常务委员会的决定，公布法律，任免国务院总理、副总理、国务委员、各部部长、各委员会主任、审计长、秘书长，授予国家的勋章和荣誉称号，发布特赦令，宣布进入**紧急状态**，宣布战争状态，发布动员令。
第八十一条	中华人民共和国主席代表中华人民共和国，接受外国使节；根据全国人民代表大会常务委员会的决定，派遣和召回驻外全权代表，批准和废除同外国缔结的条约和重要协定。	中华人民共和国主席代表中华人民共和国，**进行国事活动**，接受外国使节；根据全国人民代表大会常务委员会的决定，派遣和召回驻外全权代表，批准和废除同外国缔结的条约和重要协定。
第八十九条第十六项	（十六）决定省、自治区、直辖市的范围内部分地区的**戒严**。	（十六）依照法律规定决定省、自治区、直辖市的范围内部分地区进入**紧急状态**。
第九十八条	省、直辖市、县、市、市辖区的人民代表大会每届任期五年。乡、民族乡、镇的人民代表大会每届任期**三年**。	**地方各级**人民代表大会每届任期**五年**。
第四章章名	国旗、国徽、首都	国旗、**国歌**、国徽、首都
第一百三十六条第二款		**中华人民共和国国歌是《义勇军进行曲》。**

5. 2018 年第五次修正：

位置	修改前	修改后
序言第七自然段	在马克思列宁主义、毛泽东思想、邓小平理论和“三个代表”重要思想指引下。	在马克思列宁主义、毛泽东思想、邓小平理论、“三个代表”重要思想、**科学发展观、习近平新时代中国特色社会主义思想**指引下。
	健全社会主义法制	健全社会主义**法治**
	自力更生，艰苦奋斗	**贯彻新发展理念**，自力更生，艰苦奋斗
	推动物质文明、政治文明和精神文明协调发展，把我国建设成为富强、民主、文明的社会主义国家。	推动物质文明、政治文明、精神文明、**社会文明、生态文明**协调发展，把我国建设成为富强民主文明**和谐美丽**的社会主义**现代化强国，实现中华民族伟大复兴。**
序言第十自然段	在长期的革命和建设过程中	在长期的革命、建设、**改革**过程中
	包括全体社会主义劳动者、社会主义事业的建设者、拥护社会主义的爱国者和拥护祖国统一的爱国者的广泛的爱国统一战线。	包括全体社会主义劳动者、社会主义事业的建设者、拥护社会主义的爱国者、拥护祖国统一**和致力于中华民族伟大复兴**的爱国者的广泛的爱国统一战线。
序言第十一自然段	平等、团结、互助的社会主义民族关系已经确立，并将继续加强。	平等团结互助**和谐**的社会主义民族关系已经确立，并将继续加强。
序言第十二自然段	中国革命和建设的成就是同世界人民的支持分不开的。	中国革命、建设、**改革**的成就是同世界人民的支持分不开的。
	中国坚持独立自主的对外政策，坚持互相尊重主权和领土完整、互不侵犯、互不干涉内政、平等互利、和平共处的五项原则。	中国坚持独立自主的对外政策，坚持互相尊重主权和领土完整、互不侵犯、互不干涉内政、平等互利、和平共处的五项原则，**坚持和平发展道路，坚持互利共赢开放战略。**
	发展同各国的外交关系和经济、文化的交流。	发展同各国的外交关系和经济、文化交流，**推动构建人类命运共同体。**

续表

<table>
<tr><th>位置</th><th>修改前</th><th>修改后</th></tr>
<tr><td>第一条
第二款</td><td>社会主义制度是中华人民共和国的根本制度。</td><td>社会主义制度是中华人民共和国的根本制度，中国共产党领导是中国特色社会主义最本质的特征。</td></tr>
<tr><td>第三条
第三款</td><td>国家行政机关、审判机关、检察机关都由人民代表大会产生，对它负责，受它监督。</td><td>国家行政机关、监察机关、审判机关、检察机关都由人民代表大会产生，对它负责，受它监督。</td></tr>
<tr><td>第四条
第一款</td><td>国家保障各少数民族的合法的权利和利益，维护和发展各民族的平等、团结、互助关系。</td><td>国家保障各少数民族的合法的权利和利益，维护和发展各民族的平等团结互助和谐关系。</td></tr>
<tr><td>第二十四条
第二款</td><td>国家提倡爱祖国、爱人民、爱劳动、爱科学、爱社会主义的公德。</td><td>国家倡导社会主义核心价值观，提倡爱祖国、爱人民、爱劳动、爱科学、爱社会主义的公德。</td></tr>
<tr><td>第二十七条</td><td colspan="2">增加一款，作为第三款：
国家工作人员就职时应当依照法律规定公开进行宪法宣誓</td></tr>
<tr><td>第六十二条</td><td colspan="2">“全国人民代表大会行使下列职权”中增加一项：
（七）选举国家监察委员会主任
第七项至第十五项相应改为第八项至第十六项</td></tr>
<tr><td>第六十三条</td><td colspan="2">“全国人民代表大会有权罢免下列人员”中增加一项：
（四）国家监察委员会主任
第四项、第五项相应改为第五项、第六项</td></tr>
<tr><td>第六十五条
第四款</td><td>全国人民代表大会常务委员会的组成人员不得担任国家行政机关、审判机关和检察机关的职务。</td><td>全国人民代表大会常务委员会的组成人员不得担任国家行政机关、监察机关、审判机关和检察机关的职务。</td></tr>
<tr><td rowspan="2">第六十七条
人大常委会
职权</td><td>（六）监督国务院、中央军事委员会、最高人民法院和最高人民检察院的工作。</td><td>（六）监督国务院、中央军事委员会、国家监察委员会、最高人民法院和最高人民检察院的工作。</td></tr>
<tr><td colspan="2">增加一项，作为第十一项：
（十一）根据国家监察委员会主任的提请，任免国家监察委员会副主任、委员
第十一项至第二十一项相应改为第十二项至第二十二项</td></tr>
<tr><td>第七十条
第一款</td><td>全国人民代表大会设立民族委员会、法律委员会、财政经济委员会、教育科学文化卫生委员会、外事委员会、华侨委员会和其他需要设立的专门委员会。</td><td>全国人民代表大会设立民族委员会、宪法和法律委员会、财政经济委员会、教育科学文化卫生委员会、外事委员会、华侨委员会和其他需要设立的专门委员会。</td></tr>
<tr><td>第七十九条
第三款</td><td>中华人民共和国主席、副主席每届任期同全国人民代表大会每届任期相同，连续任职不得超过两届。</td><td>中华人民共和国主席、副主席每届任期同全国人民代表大会每届任期相同。</td></tr>
<tr><td rowspan="2">第八十九
条国务院
职权</td><td>（六）领导和管理经济工作和城乡建设。</td><td>（六）领导和管理经济工作和城乡建设、生态文明建设。</td></tr>
<tr><td>（八）领导和管理民政、公安、司法行政和监察等工作。</td><td>（八）领导和管理民政、公安、司法行政等工作。</td></tr>
<tr><td>第一百条</td><td colspan="2">增加一款，作为第二款：“设区的市的人民代表大会和它们的常务委员会，在不同宪法、法律、行政法规和本省、自治区的地方性法规相抵触的前提下，可以依照法律规定制定地方性法规，报本省、自治区人民代表大会常务委员会批准后施行。”</td></tr>
<tr><td>第一百零
一条第二款</td><td>县级以上的地方各级人民代表大会选举并且有权罢免本级人民法院院长和本级人民检察院检察长。</td><td>县级以上的地方各级人民代表大会选举并且有权罢免本级监察委员会主任、本级人民法院院长和本级人民检察院检察长。</td></tr>
<tr><td>第一百零
三条第三款</td><td>县级以上的地方各级人民代表大会常务委员会的组成人员不得担任国家行政机关、审判机关和检察机关的职务。</td><td>县级以上的地方各级人民代表大会常务委员会的组成人员不得担任国家行政机关、监察机关、审判机关和检察机关的职务。</td></tr>
</table>

续表

位置	修改前	修改后
第一百零四条	监督本级人民政府、人民法院和人民检察院的工作。	监督本级人民政府、**监察委员会**、人民法院和人民检察院的工作。
第一百零七条第一款	县级以上地方各级人民政府依照法律规定的权限,管理本行政区域内的经济、教育、科学、文化、卫生、体育事业、城乡建设事业和财政、民政、公安、民族事务、司法行政、**监察**、计划生育等行政工作,发布决定和命令,任免、培训、考核和奖惩行政工作人员。	县级以上地方各级人民政府依照法律规定的权限,管理本行政区域内的经济、教育、科学、文化、卫生、体育事业、城乡建设事业和财政、民政、公安、民族事务、司法行政、计划生育等行政工作,发布决定和命令,任免、培训、考核和奖惩行政工作人员。
第三章"国家机构"中增加一节,作为第七节"监察委员会";增加五条,分别作为第一百二十三条至第一百二十七条。		

精 解

本部分主要考查对具体修正案条文的识记,不仅考查内容,还考查具体的年份,所以很多考生都觉得难以把握。一般考查形式为对某一具体内容历年前后不同的修正情形,只要掌握重点修改内容,面对此类的考题就会迎刃而解。

重点法条 2 行政区划的规定

第三十条 中华人民共和国的行政区域划分如下:

(一)全国分为省、自治区、直辖市;

(二)省、自治区分为自治州、县、自治县、市;

(三)县、自治县分为乡、民族乡、镇。

直辖市和较大的市分为区、县。自治州分为县、自治县、市。

自治区、自治州、自治县都是民族自治地方。

第三十一条 国家在必要时得设立特别行政区。在特别行政区内实行的制度按照具体情况由全国人民代表大会以法律规定。

【相关法条】《香港特别行政区基本法》(1990年4月4日通过)

第2条 全国人民代表大会授权香港特别行政区依照本法的规定实行高度自治,享有行政管理权、立法权、独立的司法权和终审权。

第3条 香港特别行政区的行政机关和立法机关由香港永久性居民依照本法有关规定组成。

第8条 香港原有法律,即普通法、衡平法、条例、附属立法和习惯法,除同本法相抵触或经香港特别行政区的立法机关作出修改者外,予以保留。

第13条 中央人民政府负责管理与香港特别行政区有关的外交事务。

中华人民共和国外交部在香港设立机构处理外交事务。

中央人民政府授权香港特别行政区依照本法自行处理有关的对外事务。

第17条 香港特别行政区享有立法权。

香港特别行政区的立法机关制定的法律须报全国人民代表大会常务委员会备案。备案不影响该法律的生效。

全国人民代表大会常务委员会在征询其所属的香港特别行政区基本法委员会后,如认为香港特别行政区立法机关制定的任何法律不符合本法关于中央管理的事务及中央和香港特别行政区的关系的条款,可将有关法律发回,但不作修改。经全国人民代表大会常务委员会发回的法律立即失效。该法律的失效,除香港特别行政区的法律另有规定外,无溯及力。

第19条 香港特别行政区享有独立的司法权和终审权。

香港特别行政区法院除继续保持香港原有法律制度和原则对法院审判权所作的限制外,对香港特别行政区所有的案件均有审判权。

香港特别行政区法院对国防、外交等国家行为无管辖权。香港特别行政区法院在审理案件中遇有涉及国防、外交等国家行为的事实问题,应取得行政长官就该等问题发出的证明文件,上述文件对法院有约束力。行政长官在发出证明文件前,须取得中央人民政府的证明书。

第44条 香港特别行政区行政长官由年满四十周岁,在香港通常居住连续满二十年并在外国无居留权的香港特别行政区永久性居民中的中国公民担任。

第67条 香港特别行政区立法会由在外国无居留权的香港特别行政区永久性居民中的中国公民组成。但非中国籍的香港特别行政区永久性居民和在外国有居留权的香港特别行政区永久性居民也可以当选为香港特别行政区立法会议员，其所占比例不得超过立法会全体议员的百分之二十。

《香港特别行政区维护国家安全法》(2020年6月30日通过)

第12条 香港特别行政区设立维护国家安全委员会，负责香港特别行政区维护国家安全事务，承担维护国家安全的主要责任，并接受中央人民政府的监督和问责。

第14条 香港特别行政区维护国家安全委员会的职责为：

(一)分析研判香港特别行政区维护国家安全形势，规划有关工作，制定香港特别行政区维护国家安全政策；

(二)推进香港特别行政区维护国家安全的法律制度和执行机制建设；

(三)协调香港特别行政区维护国家安全的重点工作和重大行动。

香港特别行政区维护国家安全委员会的工作不受香港特别行政区任何其他机构、组织和个人的干涉，工作信息不予公开。香港特别行政区维护国家安全委员会作出的决定不受司法复核。

第16条第1款 香港特别行政区政府警务处设立维护国家安全的部门，配备执法力量。

第48条第1款 中央人民政府在香港特别行政区设立维护国家安全公署。中央人民政府驻香港特别行政区维护国家安全公署依法履行维护国家安全职责，行使相关权力。

《澳门特别行政区基本法》(1993年3月31日通过)

第46条 澳门特别行政区行政长官由年满40周岁，在澳门通常居住连续满20年的澳门特别行政区永久性居民中的中国公民担任。

第68条 澳门特别行政区立法会议员由澳门特别行政区永久性居民担任。

立法会多数议员由选举产生。

> **重点提示** 应注意第30条行政区划的规定：
>
> (1)我国的行政区划三级制与四级制并存。
>
> (2)民族自治地方不包括民族乡。
>
> (3)《宪法》第112条规定的自治机关的范围应与本条联系记忆。

精 解

1. 行政区域的建置和划分的权限：

(1)全国人大批准省、自治区和直辖市的建置(《宪法》第62条第12项)；

(2)国务院批准省、自治区、直辖市的区域划分，批准自治州、县、自治县、市的建置和区域划分(《宪法》第89条第15项)；

(3)省、自治区、直辖市的人民政府决定乡、民族乡、镇的建置和区域划分(《宪法》第107条第3款和第115条)。

2.《宪法》第31条是我国建立特别行政区的法律依据，只有全国人大才有权决定特别行政区的设立及其制度，而且是以法律的形式规定的。

【例题】 根据《宪法》和法律，关于特别行政区的法律制度，下列表述正确的是：(2020年多选题) *

A. 特别行政区原有法律、法令、行政法规等，除经特别行政区的立法机关作出修改外，予以保留

B.《中华人民共和国国籍法》适用于香港和澳门特别行政区

C. 基本法在特别行政区的法律体系中，处于最高法律地位

D. 特别行政区立法机关制定的法律只要符合基本法和法定程序，就可以在特别行政区生效适用

参考答案：________①

重点法条 3 公民基本权利

第三十二条第二款 中华人民共和国对于因为政治原因要求避难的外国人，可以给予受庇护的权利。

第三十三条 凡具有中华人民共和国国籍的人都是中华人民共和国公民。

中华人民共和国公民在法律面前一律平等。

国家尊重和保障人权。

任何公民享有宪法和法律规定的权利，同时必须履行宪法和法律规定的义务。

精 解

1.《宪法》第33条第1款规定：成为中华人民共和国公民只需一个条件——具备中华人民共和国的国籍。

---

* 本书收录的客观题，系根据考生回忆整理加工而成，后文不再一一标注。——编者注

① BC

2. 本条第2~4款是《宪法》第2章开篇条款，而第2章——公民的基本权利和义务是考试重点，公民的基本权利包括：

(1)平等权(第33条)：公民在法律面前一律平等。禁止不合理的差别对待。

(2)政治权利：①选举权与被选举权(第34条)；②言论、出版、集会、结社、游行、示威自由(第35条)；③宗教信仰自由(第36条)。

(3)人身自由：人身自由不受侵犯(第37条)；人格尊严不受侵犯(第38条)；住宅安全权(第39条)；通信自由和秘密权(第40条)。

(4)社会经济权利：公民财产权(第13条)；劳动权(第42条)；休息权(第43条)；获得社会物质帮助权(第45条)。

(5)文化教育权利：受教育权(第46条)。文化权利(第47条)：①从事科学研究的权利；②文艺创作的权利；③从事其他文化活动的权利。

(6)诉愿权(第41条)：①批评、建议权；②控告、检举权；③申诉权；④取得国家赔偿权。

重点提示 1. 休息权的主体非全体公民，即只有劳动者才享有休息权。

2. 请注意行使获得社会帮助权的条件为年老、疾病或者丧失劳动能力，但不是要求同时具备这三个条件。

3. 劳动权与受教育权具有双重性，是权利同时也是公民的基本义务。

4. 第33条第3款是2004年修正案增加的内容。

5. 受庇护权的保护对象是专指因为政治原因要求避难的外国人，对此注意立法的措辞是“可以”而非“应当”。

重点法条 4 全国人大设置及职权

第五十七条 中华人民共和国全国人民代表大会是最高国家权力机关。它的常设机关是全国人民代表大会常务委员会。

第五十八条 全国人民代表大会和全国人民代表大会常务委员会行使国家立法权。

第五十九条 全国人民代表大会由省、自治区、直辖市、特别行政区和军队选出的代表组成。各少数民族都应当有适当名额的代表。

全国人民代表大会代表的选举由全国人民代表大会常务委员会主持。

全国人民代表大会代表名额和代表产生办法由法律规定。

第六十条 全国人民代表大会每届任期5年。

全国人民代表大会任期届满的2个月以前，全国人民代表大会常务委员会必须完成下届全国人民代表大会代表的选举。如果遇到不能进行选举的非常情况，由全国人民代表大会常务委员会以全体组成人员的2/3以上的多数通过，可以推迟选举，延长本届全国人民代表大会的任期。在非常情况结束后1年内，必须完成下届全国人民代表大会代表的选举。

第六十一条 全国人民代表大会会议每年举行一次，由全国人民代表大会常务委员会召集。如果全国人民代表大会常务委员会认为必要，或者有1/5以上的全国人民代表大会代表提议，可以临时召集全国人民代表大会会议。

全国人民代表大会举行会议的时候，选举主席团主持会议。

第六十二条 全国人民代表大会行使下列职权：

(一)修改宪法；

(二)监督宪法的实施；

(三)制定和修改刑事、民事、国家机构的和其他的基本法律；

(四)选举中华人民共和国主席、副主席；

(五)根据中华人民共和国主席的提名，决定国务院总理的人选；根据国务院总理的提名，决定国务院副总理、国务委员、各部部长、各委员会主任、审计长、秘书长的人选；

(六)选举中央军事委员会主席；根据中央军事委员会主席的提名，决定中央军事委员会其他组成人员的人选；

(七)选举国家监察委员会主任；

(八)选举最高人民法院院长；

(九)选举最高人民检察院检察长；

(十)审查和批准国民经济和社会发展计划和计划执行情况的报告；

(十一)审查和批准国家的预算和预算执行情况的报告；

(十二)改变或者撤销全国人民代表大会常务委员会不适当的决定；

（十三）批准省、自治区和直辖市的建置；

（十四）决定特别行政区的设立及其制度；

（十五）决定战争和和平的问题；

（十六）应当由最高国家权力机关行使的其他职权。

第六十三条 全国人民代表大会有权罢免下列人员：

（一）中华人民共和国主席、副主席；

（二）国务院总理、副总理、国务委员、各部部长、各委员会主任、审计长、秘书长；

（三）中央军事委员会主席和中央军事委员会其他组成人员；

（四）国家监察委员会主任；

（五）最高人民法院院长；

（六）最高人民检察院检察长。

精 解

1. 有关全国人大知识体系非常宏大与庞杂，考生应重点掌握。

（1）全国人大及其常委会行使立法权（第58条）；

（2）全国人大会议临时召集的情形（第61条）；

（3）全国人大的任期（第60条第1款）：全国和地方各级人民代表大会每届任期相同，均为5年（2014年《宪法修正案》第30条）；

（4）全国人大由省、自治区、直辖市、特别行政区和军队选出的代表组成（2004年《宪法修正案》第25条）。

2.《宪法》第3章国家机构都是法考的出题重点，该章第62条规定了全国人大的职权范围，解读如下。

（1）第1～3项是立法权。

（2）第4～9项是人事权，请注意以下几点：与第63条规定的全国人大罢免权的一致性；注意哪6类领导人员是由全国人大选举产生的，哪些领导人员是依他人提名而由全国人大决定的；军事法院的院长、最高人民法院及最高人民检察院的其他人员的决定权属全国人大常委会（参见第67条第12～13项）。

（3）第10～15项是行政权，其中应注意的是第12～14项：第11项，注意“改变或撤销”5个字，并比较第67条第7、8项的规定，切勿混淆；将第13项与第89条第15项进行比较记忆。

3. 罢免权。

（1）全国人大可以罢免由其选举和决定的对象；

（2）主席团，3个以上的代表团或者1/10以上的代表，可以向全国人大提出罢免案。

重点法条 5 宪法修改制度

第六十四条 宪法的修改，由全国人民代表大会常务委员会或者1/5以上的全国人民代表大会代表提议，并由全国人民代表大会以全体代表的2/3以上的多数通过。

法律和其他议案由全国人民代表大会以全体代表的过半数通过。

精 解

一、我国宪法修改的方式

1. 全面修改，即对宪法全文进行修改。我国迄今已经进行了3次全面修改，即1975年宪法、1978年宪法、1982年宪法，各自分别是对前一部宪法的全面修改。

2. 部分修改，即对宪法原有的部分条款加以改变，或者新增若干条款，而不牵动其他条款和整个宪法的修改方式。我国迄今已经进行了7次部分修改，其中针对1978年宪法在1979年、1980年进行了2次部分修改，针对1982年宪法进行了1988年、1993年、1999年、2004年、2018年5次部分修改。

二、宪法修改的制度

1. 修改的权力专属于全国人大。

2. 宪法修改提案权主体：全国人民代表大会常务委员会或者1/5以上的全国人民代表大会代表。

3. 宪法修正案的通过条件：全国人民代表大会以全体代表的2/3以上的多数通过。

> **重点提示** 注意多数票表决之基数均为全体代表，而非出席会议的代表。

4. 宪法修正案的公布主体为全国人大主席团。

重点法条 6 全国人大常委会设置及职权

第六十五条 全国人民代表大会常务委员会由下列人员组成：

委员长，

副委员长若干人，

秘书长，

委员若干人。

全国人民代表大会常务委员会组成人员中，应当有适当名额的少数民族代表。

全国人民代表大会选举并有权罢免全国人民代表大会常务委员会的组成人员。

全国人民代表大会常务委员会的组成人员不得担任国家行政机关、监察机关、审判机关和检察机关的职务。

第六十六条 全国人民代表大会常务委员会每届任期同全国人民代表大会每届任期相同,它行使职权到下届全国人民代表大会选出新的常务委员会为止。

委员长、副委员长连续任职不得超过2届。

第六十七条 全国人民代表大会常务委员会行使下列职权:

(一)解释宪法,监督宪法的实施;

(二)制定和修改除应当由全国人民代表大会制定的法律以外的其他法律;

(三)在全国人民代表大会闭会期间,对全国人民代表大会制定的法律进行部分补充和修改,但是不得同该法律的基本原则相抵触;

(四)解释法律;

(五)在全国人民代表大会闭会期间,审查和批准国民经济和社会发展计划、国家预算在执行过程中所必须作的部分调整方案;

(六)监督国务院、中央军事委员会、国家监察委员会、最高人民法院和最高人民检察院的工作;

(七)撤销国务院制定的同宪法、法律相抵触的行政法规、决定和命令;

(八)撤销省、自治区、直辖市国家权力机关制定的同宪法、法律和行政法规相抵触的地方性法规和决议;

(九)在全国人民代表大会闭会期间,根据国务院总理的提名,决定部长、委员会主任、审计长、秘书长的人选;

(十)在全国人民代表大会闭会期间,根据中央军事委员会主席的提名,决定中央军事委员会其他组成人员的人选;

(十一)根据国家监察委员会主任的提请,任免国家监察委员会副主任、委员;

(十二)根据最高人民法院院长的提请,任免最高人民法院副院长、审判员、审判委员会委员和军事法院院长;

(十三)根据最高人民检察院检察长的提请,任免最高人民检察院副检察长、检察员、检察委员会委员和军事检察院检察长,并且批准省、自治区、直辖市的人民检察院检察长的任免;

(十四)决定驻外全权代表的任免;

(十五)决定同外国缔结的条约和重要协定的批准和废除;

(十六)规定军人和外交人员的衔级制度和其他专门衔级制度;

(十七)规定和决定授予国家的勋章和荣誉称号;

(十八)决定特赦;

(十九)在全国人民代表大会闭会期间,如果遇到国家遭受武装侵犯或者必须履行国际间共同防止侵略的条约的情况,决定战争状态的宣布;

(二十)决定全国总动员或者局部动员;

(二十一)决定全国或者个别省、自治区、直辖市进入紧急状态;

(二十二)全国人民代表大会授予的其他职权。

重点法条 7 全国人大与全国人大常委会的会议制度

第六十八条 全国人民代表大会常务委员会委员长主持全国人民代表大会常务委员会的工作,召集全国人民代表大会常务委员会会议。副委员长、秘书长协助委员长工作。

委员长、副委员长、秘书长组成委员长会议,处理全国人民代表大会常务委员会的重要日常工作。

第六十九条 全国人民代表大会常务委员会对全国人民代表大会负责并报告工作。

第七十条 全国人民代表大会设立民族委员会、宪法和法律委员会、财政经济委员会、教育科学文化卫生委员会、外事委员会、华侨委员会和其他需要设立的专门委员会。在全国人民代表大会闭会期间,各专门委员会受全国人民代表大会常务委员会的领导。

各专门委员会在全国人民代表大会和全国人民代表大会常务委员会领导下,研究、审议和拟订有关议案。

第七十一条 全国人民代表大会和全国人民代表大会常务委员会认为必要的时候,可以组织关于特定问题的调查委员会,并且根据调查委员会的报告,作出相应的决议。

调查委员会进行调查的时候,一切有关的国家机关、社会团体和公民都有义务向它提供必要的材料。

重点法条 8　国家主席任职资格及权力

第七十九条　中华人民共和国主席、副主席由全国人民代表大会选举。

有选举权和被选举权的年满45周岁的中华人民共和国公民可以被选为中华人民共和国主席、副主席。

中华人民共和国主席、副主席每届任期同全国人民代表大会每届任期相同。

第八十条　中华人民共和国主席根据全国人民代表大会的决定和全国人民代表大会常务委员会的决定，公布法律，任免国务院总理、副总理、国务委员、各部部长、各委员会主任、审计长、秘书长，授予国家的勋章和荣誉称号，发布特赦令，宣布进入紧急状态，宣布战争状态，发布动员令。

第八十一条　中华人民共和国主席代表中华人民共和国，进行国事活动，接受外国使节；根据全国人民代表大会常务委员会的决定，派遣和召回驻外全权代表，批准和废除同外国缔结的条约和重要协定。

第八十二条　中华人民共和国副主席协助主席工作。

中华人民共和国副主席受主席的委托，可以代行主席的部分职权。

第八十四条　中华人民共和国主席缺位的时候，由副主席继任主席的职位。

中华人民共和国副主席缺位的时候，由全国人民代表大会补选。

中华人民共和国主席、副主席都缺位的时候，由全国人民代表大会补选；在补选以前，由全国人民代表大会常务委员会委员长暂时代理主席职位。

精　解

国家主席任职资格和连续任职限制(第79条第2~3款)：(1)45周岁、具有选举权和被选举权、中华人民共和国公民。(2)国家主席的职权系荣誉性、象征性职权：国家主席要根据全国人大和全国人大常委会的决定执行相关职权。(3)重点掌握国家主席的继任与代理制度：主席缺位，副主席继任；副主席缺位，全国人大补选；补选以前，由全国人大常委会委员长暂时代理主席职位。(4)关于动员的决定权：全国总动员和局部动员是由全国人大常委会决定；全国或者省进入紧急状态，由全国人大常委会决定，国家主席宣布；省级以下部分地区进入紧急状态，由国务院决定，总理宣布。(5)国家主席的外交特权：国家主席可以独立地进行国事活动，接受外国使节。但是派遣和召回驻外全权代表，批准和废除同外国缔结的条约和重要协定，则必须要根据全国人民代表大会常务委员会的决定。

重点法条 9　国务院设置及职权

第八十五条　中华人民共和国国务院，即中央人民政府，是最高国家权力机关的执行机关，是最高国家行政机关。

第八十六条　国务院由下列人员组成：

总理，副总理若干人，国务委员若干人，各部部长，各委员会主任，审计长，秘书长。国务院实行总理负责制。各部、各委员会实行部长、主任负责制。国务院的组织由法律规定。

第八十七条　国务院每届任期同全国人民代表大会每届任期相同。

总理、副总理、国务委员连续任职不得超过2届。

第八十八条　总理领导国务院的工作。副总理、国务委员协助总理工作。

总理、副总理、国务委员、秘书长组成国务院常务会议。

总理召集和主持国务院常务会议和国务院全体会议。

第八十九条　国务院行使下列职权：

(一)根据宪法和法律，规定行政措施，制定行政法规，发布决定和命令；

(二)向全国人民代表大会或者全国人民代表大会常务委员会提出议案；

(三)规定各部和各委员会的任务和职责，统一领导各部和各委员会的工作，并且领导不属于各部和各委员会的全国性的行政工作；

(四)统一领导全国地方各级国家行政机关的工作，规定中央和省、自治区、直辖市的国家行政机关的职权的具体划分；

(五)编制和执行国民经济和社会发展计划和国家预算；

(六)领导和管理经济工作和城乡建设、生态文明建设；

(七)领导和管理教育、科学、文化、卫生、体育和计划生育工作；

(八)领导和管理民政、公安、司法行政等工作；

（九）管理对外事务，同外国缔结条约和协定；

（十）领导和管理国防建设事业；

（十一）领导和管理民族事务，保障少数民族的平等权利和民族自治地方的自治权利；

（十二）保护华侨的正当的权利和利益，保护归侨和侨眷的合法的权利和利益；

（十三）改变或者撤销各部、各委员会发布的不适当的命令、指示和规章；

（十四）改变或者撤销地方各级国家行政机关的不适当的决定和命令；

（十五）批准省、自治区、直辖市的区域划分，批准自治州、县、自治县、市的建置和区域划分；

（十六）依照法律规定决定省、自治区、直辖市的范围内部分地区进入紧急状态；

（十七）审定行政机构的编制，依照法律规定任免、培训、考核和奖惩行政人员；

（十八）全国人民代表大会和全国人民代表大会常务委员会授予的其他职权。

第九十二条 国务院对全国人民代表大会负责并报告工作；在全国人民代表大会闭会期间，对全国人民代表大会常务委员会负责并报告工作。

第九十四条 中央军事委员会主席对全国人民代表大会和全国人民代表大会常务委员会负责。

精 解

关于国务院、中央军委的重要知识如下：

1. 国务院的性质与法律地位（第85条）：最高国家权力机关的执行机关，是最高国家行政机关。

2. 国务院由7类人组成（第86条），这7类人也正是国务院全体会议的全体成员（第88条）：总理、副总理若干人、国务委员若干人、各部部长、各委员会主任、审计长、秘书长。

3. 国务院常务会议由4类人组成（第88条第2款）：总理、副总理、国务委员、秘书长；其中有3类人有连续任职限制（第87条第2款）：总理、副总理、国务委员。

4. 重点掌握第89条国务院的各项职权，尤其是第13～16项，注意2004年《宪法修正案》将第16项中的"决定省、自治区、直辖市的范围内部分地区的戒严"修改为"依照法律规定决定省、自治区、直辖市的范围内部分地区进入紧急状态"。

5. 国务院有权制定的规范性文件：行政措施、行政法规、决定和命令。

6. 省级区域的划分要由国务院来批准，但其建置则要由全国人大来批准。但对于省级以下的"自治州、县、自治县、市"，其建置和区域划分两个方面国务院都有批准权。

7. 国务院实行首长负责制（第86条第2款、第90条）。

8. 国务院、中央军委与全国人大及其常委会的关系（第92、94条）：国务院（而非国务院总理）对全国人民代表大会负责并报告工作；在全国人民代表大会闭会期间，对全国人民代表大会常务委员会负责并报告工作。但是中央军事委员会主席（而非中央军委）对全国人民代表大会和全国人民代表大会常务委员会负责。

重点法条 10 民族自治地方

第一百一十二条 民族自治地方的自治机关是自治区、自治州、自治县的人民代表大会和人民政府。

第一百一十三条 自治区、自治州、自治县的人民代表大会中，除实行区域自治的民族的代表外，其他居住在本行政区域内的民族也应当有适当名额的代表。

自治区、自治州、自治县的人民代表大会常务委员会中应当有实行区域自治的民族的公民担任主任或者副主任。

第一百一十四条 自治区主席、自治州州长、自治县县长由实行区域自治的民族的公民担任。

第一百一十五条 自治区、自治州、自治县的自治机关行使宪法第3章第5节规定的地方国家机关的职权，同时依照宪法、民族区域自治法和其他法律规定的权限行使自治权，根据本地方实际情况贯彻执行国家的法律、政策。

第一百一十六条 民族自治地方的人民代表大会有权依照当地民族的政治、经济和文化的特点，制定自治条例和单行条例。自治区的自治条例和单行条例，报全国人民代表大会常务委员会批准后生效。自治州、自治县的自治条例和单行条例，报省或者自治区的人民代表大会常务委员会批准后生效，并报全国人民代表大会常务委员会备案。

第一百一十七条 民族自治地方的自治机关有管理地方财政的自治权。凡是依照国家财政体制属于民族自治地方的财政收入，都应当由民族自治地方的自治机关自主地安排使用。

第一百一十八条 民族自治地方的自治机关在国家计划的指导下，自主地安排和管理地方性的经济建设事业。

国家在民族自治地方开发资源、建设企业的时候，应当照顾民族自治地方的利益。

第一百一十九条 民族自治地方的自治机关自主地管理本地方的教育、科学、文化、卫生、体育事业，保护和整理民族的文化遗产，发展和繁荣民族文化。

第一百二十条 民族自治地方的自治机关依照国家的军事制度和当地的实际需要，经国务院批准，可以组织本地方维护社会治安的公安部队。

精 解

1. 民族自治地方：分为自治区、自治州、自治县3级；民族乡不属于此范围。

2. 民族自治机关：人民代表大会和人民政府，不包括审判机关、检察机关。

3. 我国实行的民族区域自治以少数民族聚居区为基础，是民族自治与区域自治的结合。

4. 民族自治地方的人大常委会（副）主任和政府首长的组成不同：规定由实行区域自治的民族的公民担任的范围，政府仅限于行政首长（自治区主席、自治州州长、自治县县长），但人大常委会则包括主任和副主任两种。

5. 民族自治权的内容包括：

(1) 自治条例和单行条例的制定和生效。①只有自治地方人大有权制定自治条例和单行条例，自治地方的人大常委会无权制定。②自治区人大不仅有权制定自治条例和单行条例，还和其他省级人大一样可以制定地方性法规。③自治区的自治条例和单行条例，报全国人民代表大会常务委员会批准后生效；自治州、自治县的自治条例和单行条例，由省或者自治区的人民代表大会常务委员会批准后生效，并报全国人民代表大会常务委员会备案。

根据本地方实际情况，贯彻执行国家的法律、政策，对不适合民族自治地方实际情况的，自治机关可以报经该上级国家机关批准变通执行或者停止执行。

(2) 财政经济自治权：管理地方财政的自治权；在国家的计划指导下自主地安排和管理地方性的经济建设事业；对外贸易自主权，开辟对外贸易口岸、开展边境贸易等；对本地方的各项开支可以制定补充规定和具体办法；执行税法方面的优待。

(3) 教育、科学、文化、卫生自治权。

(4) 人口政策自治权。

(5) 组织公安部队自治权（第120条）。

(6) 语言文字权。

(7) 培养和招收民族干部自治权。

重点法条 11 监察委员会

第一百二十三条 中华人民共和国各级监察委员会是国家的监察机关。

第一百二十四条 中华人民共和国设立国家监察委员会和地方各级监察委员会。

监察委员会由下列人员组成：主任，副主任若干人，委员若干人。

监察委员会主任每届任期同本级人民代表大会每届任期相同。国家监察委员会主任连续任职不得超过两届。

监察委员会的组织和职权由法律规定。

第一百二十五条 中华人民共和国国家监察委员会是最高监察机关。

国家监察委员会领导地方各级监察委员会的工作，上级监察委员会领导下级监察委员会的工作。

第一百二十六条 国家监察委员会对全国人民代表大会和全国人民代表大会常务委员会负责。地方各级监察委员会对产生它的国家权力机关和上一级监察委员会负责。

第一百二十七条 监察委员会依照法律规定独立行使监察权，不受行政机关、社会团体和个人的干涉。

监察机关办理职务违法和职务犯罪案件，应当与审判机关、检察机关、执法部门互相配合，互相制约。

【相关法条】 《监察法》（2018年3月20日通过）

第7条 中华人民共和国国家监察委员会是最高监察机关。

省、自治区、直辖市、自治州、县、自治县、市、市辖区设立监察委员会。

第11条 监察委员会依照本法和有关法律规定履行监督、调查、处置职责：

（一）对公职人员开展廉政教育，对其依法履职、秉公用权、廉洁从政从业以及道德操守情况进行监督检查；

（二）对涉嫌贪污贿赂、滥用职权、玩忽职守、权力寻租、利益输送、徇私舞弊以及浪费国家资财等职务违法和职务犯罪进行调查；

（三）对违法的公职人员依法作出政务处分决定；对履行职责不力、失职失责的领导人员进行问责；对涉嫌职务犯罪的，将调查结果移送人民检察院依法审查、提起公诉；向监察对象所在单位提出监察建议。

第15条 监察机关对下列公职人员和有关人员进行监察：

（一）中国共产党机关、人民代表大会及其常务委员会机关、人民政府、监察委员会、人民法院、人民检察院、中国人民政治协商会议各级委员会机关、民主党派机关和工商业联合会机关的公务员，以及参照《中华人民共和国公务员法》管理的人员；

（二）法律、法规授权或者受国家机关依法委托管理公共事务的组织中从事公务的人员；

（三）国有企业管理人员；

（四）公办的教育、科研、文化、医疗卫生、体育等单位中从事管理的人员；

（五）基层群众性自治组织中从事管理的人员；

（六）其他依法履行公职的人员。

《监察法实施条例》（2021年9月20日公布并施行）

第25条 监察机关依法对监察法第11条第2项规定的职务犯罪进行调查。

第26条 监察机关依法调查涉嫌贪污贿赂犯罪，包括贪污罪，挪用公款罪，受贿罪，单位受贿罪，利用影响力受贿罪，行贿罪，对有影响力的人行贿罪，对单位行贿罪，介绍贿赂罪，单位行贿罪，巨额财产来源不明罪，隐瞒境外存款罪，私分国有资产罪，私分罚没财物罪，以及公职人员在行使公权力过程中实施的职务侵占罪，挪用资金罪，对外国公职人员、国际公共组织官员行贿罪，非国家工作人员受贿罪和相关联的对非国家工作人员行贿罪。

第27条 监察机关依法调查公职人员涉嫌滥用职权犯罪，包括滥用职权罪，国有公司、企业、事业单位人员滥用职权罪，滥用管理公司、证券职权罪，食品、药品监管渎职罪，故意泄露国家秘密罪，报复陷害罪，阻碍解救被拐卖、绑架妇女、儿童罪，帮助犯罪分子逃避处罚罪，违法发放林木采伐许可证罪，办理偷越国（边）境人员出入境证件罪，放行偷越国（边）境人员罪，挪用特定款物罪，非法剥夺公民宗教信仰自由罪，侵犯少数民族风俗习惯罪，打击报复会计、统计人员罪，以及司法工作人员以外的公职人员利用职权实施的非法拘禁罪、虐待被监管人罪、非法搜查罪。

第28条 监察机关依法调查公职人员涉嫌玩忽职守犯罪，包括玩忽职守罪，国有公司、企业、事业单位人员失职罪，签订、履行合同失职被骗罪，国家机关工作人员签订、履行合同失职被骗罪，环境监管失职罪，传染病防治失职罪，商检失职罪，动植物检疫失职罪，不解救被拐卖、绑架妇女、儿童罪，失职造成珍贵文物损毁、流失罪，过失泄露国家秘密罪。

第29条 监察机关依法调查公职人员涉嫌徇私舞弊犯罪，包括徇私舞弊低价折股、出售国有资产罪，非法批准征收、征用、占用土地罪，非法低价出让国有土地使用权罪，非法经营同类营业罪，为亲友非法牟利罪，枉法仲裁罪，徇私舞弊发售发票、抵扣税款、出口退税罪，商检徇私舞弊罪，动植物检疫徇私舞弊罪，放纵走私罪，放纵制售伪劣商品犯罪行为罪，招收公务员、学生徇私舞弊罪，徇私舞弊不移交刑事案件罪，违法提供出口退税凭证罪，徇私舞弊不征、少征税款罪。

第30条 监察机关依法调查公职人员在行使公权力过程中涉及的重大责任事故犯罪，包括重大责任事故罪，教育设施重大安全事故罪，消防责任事故罪，重大劳动安全事故罪，强令、组织他人违章冒险作业罪，危险作业罪，不报、谎报安全事故罪，铁路运营安全事故罪，重大飞行事故罪，大型群众性活动重大安全事故罪，危险物品肇事罪，工程重大安全事故罪。

第31条 监察机关依法调查公职人员在行使公权力过程中涉及的其他犯罪，包括破坏选举罪，背信损害上市公司利益罪，金融工作人员购买假币、以假币换取货币罪，利用未公开信息交易罪，诱骗投资者买卖证券、期货合约罪，背信运用受托财产罪，违法运用资金罪，违法发放贷款罪，吸收客户资金不入账罪，违规出具金融票证罪，对违法票据承兑、付款、保证罪，非法转让、倒卖土地使用权罪，私自开拆、隐匿、毁弃邮件、电报罪，故意延误投递邮件罪，泄露不应公开的案件信息罪，披露、报道不应公开的案件信息罪，接送不合格兵员罪。

立　法　法

【导读】《立法法》的内容比较重要。宪法、法理学、行政法与行政诉讼法三个科目都包含本法的内容。2023年对本法进行了修正;修正的法考相关的重点内容主要有:一是加强宪法实施和监督,明确立法和备案审查工作中合宪性审查要求;二是完善立法决策与改革决策相衔接、相统一的制度机制,完善授权决定制度;三是明确监察法规的法律地位,完善部门规章,制定主体;四是完善设区的市立法权限,明确地方立法中的区域协同立法及其工作机制;五是完善备案审查制度。部分重点修正内容,本书已用波浪线标出。考生应全面掌握本部分内容。

重点法条 1　立法权限

第十一条　下列事项只能制定法律:

(一)国家主权的事项;

(二)各级人民代表大会、人民政府、监察委员会、人民法院和人民检察院的产生、组织和职权;

(三)民族区域自治制度、特别行政区制度、基层群众自治制度;

(四)犯罪和刑罚;

(五)对公民政治权利的剥夺、限制人身自由的强制措施和处罚;

(六)税种的设立、税率的确定和税收征收管理等税收基本制度;

(七)对非国有财产的征收、征用;

(八)民事基本制度;

(九)基本经济制度以及财政、海关、金融和外贸的基本制度;

(十)诉讼制度和仲裁基本制度;

(十一)必须由全国人民代表大会及其常务委员会制定法律的其他事项。

第十二条　本法第十一条规定的事项尚未制定法律的,全国人民代表大会及其常务委员会有权作出决定,授权国务院可以根据实际需要,对其中的部分事项先制定行政法规,但是有关犯罪和刑罚、对公民政治权利的剥夺和限制人身自由的强制措施和处罚、司法制度等事项除外。

第十三条　授权决定应当明确授权的目的、事项、范围、期限以及被授权机关实施授权决定应当遵循的原则等。

授权的期限不得超过五年,但是授权决定另有规定的除外。

被授权机关应当在授权期限届满的六个月以前,向授权机关报告授权决定实施的情况,并提出是否需要制定有关法律的意见;需要继续授权的,可以提出相关意见,由全国人民代表大会及其常务委员会决定。

第十五条　被授权机关应当严格按照授权决定行使被授予的权力。

被授权机关不得将被授予的权力转授给其他机关。

第十六条　全国人民代表大会及其常务委员会可以根据改革发展的需要,决定就特定事项授权在规定期限和范围内暂时调整或者暂时停止适用法律的部分规定。

暂时调整或者暂时停止适用法律的部分规定的事项,实践证明可行的,由全国人民代表大会及其常务委员会及时修改有关法律;修改法律的条件尚不成熟的,可以延长授权的期限,或者恢复施行有关法律规定。

重点法条 2　立法程序

第十七条　全国人民代表大会主席团可以向全国人民代表大会提出法律案,由全国人民代表大会会议审议。

全国人民代表大会常务委员会、国务院、中央军事委员会、国家监察委员会、最高人民法院、最高人民检察院、全国人民代表大会各专门委员会,可以向全国人民代表大会提出法律案,由主席团决定列入会议议程。

第十八条　一个代表团或者三十名以上的代表联名,可以向全国人民代表大会提出法律案,由主席团决定是否列入会议议程,或者先交有关的专门委员会审议、提出是否列入会议议程的意见,再决定是否列入会议议程。

专门委员会审议的时候,可以邀请提案人列席会议,发表意见。

第十九条　向全国人民代表大会提出的法律案,在全国人民代表大会闭会期间,可以先向常务委员会提出,经常务委员会会议依照本法第二章第三节规定的有关程序审议后,决定提请全国人民代表大会审议,由常务委员会向大会全体会议作说明,或者由提案人向大会全体会议作说明。

常务委员会依照前款规定审议法律案,应当通过多种形式征求全国人民代表大会代表的意见,并将有关情况予以反馈;专门委员会和常务委员会工作机构进行立法调研,可以邀请有关的全国人民代表大会代表参加。

第二十九条 委员长会议可以向常务委员会提出法律案,由常务委员会会议审议。

国务院、中央军事委员会、国家监察委员会、最高人民法院、最高人民检察院、全国人民代表大会各专门委员会,可以向常务委员会提出法律案,由委员长会议决定列入常务委员会会议议程,或者先交有关的专门委员会审议、提出报告,再决定列入常务委员会会议议程。如果委员长会议认为法律案有重大问题需要进一步研究,可以建议提案人修改完善后再向常务委员会提出。

第三十条 常务委员会组成人员十人以上联名,可以向常务委员会提出法律案,由委员长会议决定是否列入常务委员会会议议程,或者先交有关的专门委员会审议、提出是否列入会议议程的意见,再决定是否列入常务委员会会议议程。不列入常务委员会会议议程的,应当向常务委员会会议报告或者向提案人说明。

专门委员会审议的时候,可以邀请提案人列席会议,发表意见。

第三十一条 列入常务委员会会议议程的法律案,除特殊情况外,应当在会议举行的七日前将法律草案发给常务委员会组成人员。

常务委员会会议审议法律案时,应当邀请有关的全国人民代表大会代表列席会议。

第三十三条 列入常务委员会会议议程的法律案,各方面的意见比较一致的,可以经两次常务委员会会议审议后交付表决;调整事项较为单一或者部分修改的法律案,各方面的意见比较一致,或者遇有紧急情形的,也可以经一次常务委员会会议审议即交付表决。

第三十五条 列入常务委员会会议议程的法律案,由有关的专门委员会进行审议,提出审议意见,印发常务委员会会议。

有关的专门委员会审议法律案时,可以邀请其他专门委员会的成员列席会议,发表意见。

第三十六条 列入常务委员会会议议程的法律案,由宪法和法律委员会根据常务委员会组成人员、有关的专门委员会的审议意见和各方面提出的意见,对法律案进行统一审议,提出修改情况的汇报或者审议结果报告和法律草案修改稿,对涉及的合宪性问题以及重要的不同意见应当在修改情况的汇报或者审议结果报告中予以说明。对有关的专门委员会的审议意见没有采纳的,应当向有关的专门委员会反馈。

宪法和法律委员会审议法律案时,应当邀请有关的专门委员会的成员列席会议,发表意见。

第三十九条 列入常务委员会会议议程的法律案,宪法和法律委员会、有关的专门委员会和常务委员会工作机构应当听取各方面的意见。听取意见可以采取座谈会、论证会、听证会等多种形式。

法律案有关问题专业性较强,需要进行可行性评价的,应当召开论证会,听取有关专家、部门和全国人民代表大会代表等方面的意见。论证情况应当向常务委员会报告。

法律案有关问题存在重大意见分歧或者涉及利益关系重大调整,需要进行听证的,应当召开听证会,听取有关基层和群体代表、部门、人民团体、专家、全国人民代表大会代表和社会有关方面的意见。听证情况应当向常务委员会报告。

常务委员会工作机构应当将法律草案发送相关领域的全国人民代表大会代表、地方人民代表大会常务委员会以及有关部门、组织和专家征求意见。

第四十条 列入常务委员会会议议程的法律案,应当在常务委员会会议后将法律草案及其起草、修改的说明等向社会公布,征求意见,但是经委员长会议决定不公布的除外。向社会公布征求意见的时间一般不少于三十日。征求意见的情况应当向社会通报。

第四十一条 列入常务委员会会议议程的法律案,常务委员会工作机构应当收集整理分组审议的意见和各方面提出的意见以及其他有关资料,分送宪法和法律委员会、有关的专门委员会,并根据需要,印发常务委员会会议。

第四十二条 拟提请常务委员会会议审议通过的法律案,在宪法和法律委员会提出审议结果报告前,常务委员会工作机构可以对法律草案中主要制度规范的可行性、法律出台时机、法律实施的社会效果和可能出现的问题等进行评估。评估情况由宪法和法律委员会在审议结果报告中予以说明。

第四十四条 法律草案修改稿经常务委员会会议审议,由宪法和法律委员会根据常务委员会组成人员的审议意见进行修改,提出法律草案表决稿,由委员长会议提请常务委员会全体会议表决,由常务委员会全体组成人员的过半数通过。

法律草案表决稿交付常务委员会会议表决前,委员长会议根据常务委员会会议审议的情况,可以决定将个别意见分歧较大的重要条款提请常务委员会会议单独表决。

单独表决的条款经常务委员会会议表决后,委员长会议根据单独表决的情况,可以决定将法律草案表决稿交付表决,也可以决定暂不付表决,交宪法和法律委员会、有关的专门委员会进一步审议。

第四十六条 对多部法律中涉及同类事项的个别条款进行修改,一并提出法律案的,经委员长会议决定,可以合并表决,也可以分别表决。

第四十七条 常务委员会通过的法律由国家主席签署主席令予以公布。

重点法条 3 法律解释

第四十八条 法律解释权属于全国人民代表大会常务委员会。

法律有以下情况之一的,由全国人民代表大会常务委员会解释:

(一)法律的规定需要进一步明确具体含义的;

(二)法律制定后出现新的情况,需要明确适用法律依据的。

第四十九条 国务院、中央军事委员会、国家监察委员会、最高人民法院、最高人民检察院、全国人民代表大会各专门委员会,可以向全国人民代表大会常务委员会提出法律解释要求或者提出相关法律案。

省、自治区、直辖市的人民代表大会常务委员会可以向全国人民代表大会常务委员会提出法律解释要求。

第五十条 常务委员会工作机构研究拟订法律解释草案,由委员长会议决定列入常务委员会会议议程。

第五十一条 法律解释草案经常务委员会会议审议,由宪法和法律委员会根据常务委员会组成人员的审议意见进行审议、修改,提出法律解释草案表决稿。

第五十二条 法律解释草案表决稿由常务委员会全体组成人员的过半数通过,由常务委员会发布公告予以公布。

第五十三条 全国人民代表大会常务委员会的法律解释同法律具有同等效力。

【相关法条】《立法法》

第119条 最高人民法院、最高人民检察院作出的属于审判、检察工作中具体应用法律的解释,应当主要针对具体的法律条文,并符合立法的目的、原则和原意。遇有本法第四十八条第二款规定情况的,应当向全国人民代表大会常务委员会提出法律解释的要求或者提出制定、修改有关法律的议案。

最高人民法院、最高人民检察院作出的属于审判、检察工作中具体应用法律的解释,应当自公布之日起三十日内报全国人民代表大会常务委员会备案。

最高人民法院、最高人民检察院以外的审判机关和检察机关,不得作出具体应用法律的解释。

重点法条 4 法律的公布

第六十二条 签署公布法律的主席令载明该法律的制定机关、通过和施行日期。

法律签署公布后,法律文本以及法律草案的说明、审议结果报告等,应当及时在全国人民代表大会常务委员会公报和中国人大网以及在全国范围内发行的报纸上刊载。

在常务委员会公报上刊登的法律文本为标准文本。

第六十三条 法律的修改和废止程序,适用本章的有关规定。

法律被修改的,应当公布新的法律文本。

法律被废止的,除由其他法律规定废止该法律的以外,由国家主席签署主席令予以公布。

重点法条 5 行政法规

第七十二条 国务院根据宪法和法律,制定行政法规。

行政法规可以就下列事项作出规定:

(一)为执行法律的规定需要制定行政法规的事项;

(二)宪法第八十九条规定的国务院行政管理职权的事项。

应当由全国人民代表大会及其常务委员会制定法律的事项,国务院根据全国人民代表大会及其常务委员会的授权决定先制定的行政法规,经过实践检验，制定法律的条件成熟时，国务院应当及时提请全国人民代表大会及其常务委员会制定法律。

第七十三条 国务院法制机构应当根据国家总体工作部署拟订国务院年度立法计划，报国务院审批。国务院年度立法计划中的法律项目应当与全国人民代表大会常务委员会的立法规划和立法计划相衔接。国务院法制机构应当及时跟踪了解国务院各部门落实立法计划的情况，加强组织协调和督促指导。

国务院有关部门认为需要制定行政法规的，应当向国务院报请立项。

第七十四条 行政法规由国务院有关部门或者国务院法制机构具体负责起草，重要行政管理的法律、行政法规草案由国务院法制机构组织起草。行政法规在起草过程中，应当广泛听取有关机关、组织、人民代表大会代表和社会公众的意见。听取意见可以采取座谈会、论证会、听证会等多种形式。

行政法规草案应当向社会公布，征求意见，但是经国务院决定不公布的除外。

第七十七条 行政法规由总理签署国务院令公布。

有关国防建设的行政法规，可以由国务院总理、中央军事委员会主席共同签署国务院、中央军事委员会令公布。

重点法条 6　地方性法规、自治条例和单行条例

第八十条 省、自治区、直辖市的人民代表大会及其常务委员会根据本行政区域的具体情况和实际需要，在不同宪法、法律、行政法规相抵触的前提下，可以制定地方性法规。

第八十一条 设区的市的人民代表大会及其常务委员会根据本市的具体情况和实际需要，在不同宪法、法律、行政法规和本省、自治区的地方性法规相抵触的前提下，可以对城乡建设与管理、生态文明建设、历史文化保护、基层治理等方面的事项制定地方性法规，法律对设区的市制定地方性法规的事项另有规定的，从其规定。设区的市的地方性法规须报省、自治区的人民代表大会常务委员会批准后施行。省、自治区的人民代表大会常务委员会对报请批准的地方性法规，应当对其合法性进行审查，认为同宪法、法律、行政法规和本省、自治区的地方性法规不抵触的，应当在四个月内予以批准。

省、自治区的人民代表大会常务委员会在对报请批准的设区的市的地方性法规进行审查时，发现其同本省、自治区的人民政府的规章相抵触的，应当作出处理决定。

除省、自治区的人民政府所在地的市，经济特区所在地的市和国务院已经批准的较大的市以外，其他设区的市开始制定地方性法规的具体步骤和时间，由省、自治区的人民代表大会常务委员会综合考虑本省、自治区所辖的设区的市的人口数量、地域面积、经济社会发展情况以及立法需求、立法能力等因素确定，并报全国人民代表大会常务委员会和国务院备案。

自治州的人民代表大会及其常务委员会可以依照本条第一款规定行使设区的市制定地方性法规的职权。自治州开始制定地方性法规的具体步骤和时间，依照前款规定确定。

省、自治区的人民政府所在地的市，经济特区所在地的市和国务院已经批准的较大的市已经制定的地方性法规，涉及本条第一款规定事项范围以外的，继续有效。

第八十二条 地方性法规可以就下列事项作出规定：

（一）为执行法律、行政法规的规定，需要根据本行政区域的实际情况作具体规定的事项；

（二）属于地方性事务需要制定地方性法规的事项。

除本法第十一条规定的事项外，其他事项国家尚未制定法律或者行政法规的，省、自治区、直辖市和设区的市、自治州根据本地方的具体情况和实际需要，可以先制定地方性法规。在国家制定的法律或者行政法规生效后，地方性法规同法律或者行政法规相抵触的规定无效，制定机关应当及时予以修改或者废止。

设区的市、自治州根据本条第一款、第二款制定地方性法规，限于本法第八十一条第一款规定的事项。

制定地方性法规，对上位法已经明确规定的内容，一般不作重复性规定。

第八十四条 经济特区所在地的省、市的人民代表大会及其常务委员会根据全国人民代表大会的授权决定，制定法规，在经济特区范围内实施。

上海市人民代表大会及其常务委员会根据全国

人民代表大会常务委员会的授权决定，制定浦东新区法规，在浦东新区实施。

海南省人民代表大会及其常务委员会根据法律规定，制定海南自由贸易港法规，在海南自由贸易港范围内实施。

重点法条 7 规章

第九十一条 国务院各部、委员会、中国人民银行、审计署和具有行政管理职能的直属机构以及法律规定的机构，可以根据法律和国务院的行政法规、决定、命令，在本部门的权限范围内，制定规章。

部门规章规定的事项应当属于执行法律或者国务院的行政法规、决定、命令的事项。没有法律或者国务院的行政法规、决定、命令的依据，部门规章不得设定减损公民、法人和其他组织权利或者增加其义务的规范，不得增加本部门的权力或者减少本部门的法定职责。

第九十二条 涉及两个以上国务院部门职权范围的事项，应当提请国务院制定行政法规或者由国务院有关部门联合制定规章。

第九十三条 省、自治区、直辖市和设区的市、自治州的人民政府，可以根据法律、行政法规和本省、自治区、直辖市的地方性法规，制定规章。

地方政府规章可以就下列事项作出规定：

（一）为执行法律、行政法规、地方性法规的规定需要制定规章的事项；

（二）属于本行政区域的具体行政管理事项。

设区的市、自治州的人民政府根据本条第一款、第二款制定地方政府规章，限于城乡建设与管理、生态文明建设、历史文化保护、基层治理等方面的事项。已经制定的地方政府规章，涉及上述事项范围以外的，继续有效。

除省、自治区的人民政府所在地的市，经济特区所在地的市和国务院已经批准的较大的市以外，其他设区的市、自治州的人民政府开始制定规章的时间，与本省、自治区人民代表大会常务委员会确定的本市、自治州开始制定地方性法规的时间同步。

应当制定地方性法规但条件尚不成熟的，因行政管理迫切需要，可以先制定地方政府规章。规章实施满两年需要继续实施规章所规定的行政措施的，应当提请本级人民代表大会或者其常务委员会制定地方性法规。

没有法律、行政法规、地方性法规的依据，地方政府规章不得设定减损公民、法人和其他组织权利或者增加其义务的规范。

【例题】 2023年，国务院机构改革，组建国家数据局，由国家发展和改革委员会管理。国家发展和改革委员会承担的统筹推进数字经济发展、组织实施国家大数据战略、推进数据要素基础制度建设、推进数字基础设施布局建设等职责划入国家数据局。关于国务院机构，下列说法正确的是：（2023年单选题）

A. 国家数据局的设立由国务院机构编制管理机关提出方案，报国家发展和改革委员会决定

B. 国家发展和改革委员会主管国务院的某项专门业务，具有独立的行政管理职能

C. 国家数据局可以制定规章

D. 国家数据局可以只设立处级内设机构

参考答案：________①

重点法条 8 适用与备案审查

第九十八条 宪法具有最高的法律效力，一切法律、行政法规、地方性法规、自治条例和单行条例、规章都不得同宪法相抵触。

第九十九条 法律的效力高于行政法规、地方性法规、规章。

行政法规的效力高于地方性法规、规章。

第一百条 地方性法规的效力高于本级和下级地方政府规章。

省、自治区的人民政府制定的规章的效力高于本行政区域内的设区的市、自治州的人民政府制定的规章。

第一百零一条 自治条例和单行条例依法对法律、行政法规、地方性法规作变通规定的，在本自治地方适用自治条例和单行条例的规定。

经济特区法规根据授权对法律、行政法规、地方性法规作变通规定的，在本经济特区适用经济特区法规的规定。

第一百零二条 部门规章之间、部门规章与地方政府规章之间具有同等效力，在各自的权限范围内

① D

施行。

第一百零三条 同一机关制定的法律、行政法规、地方性法规、自治条例和单行条例、规章，特别规定与一般规定不一致的，适用特别规定；新的规定与旧的规定不一致的，适用新的规定。

第一百零四条 法律、行政法规、地方性法规、自治条例和单行条例、规章不溯及既往，但为了更好地保护公民、法人和其他组织的权利和利益而作的特别规定除外。

第一百零五条 法律之间对同一事项的新的一般规定与旧的特别规定不一致，不能确定如何适用时，由全国人民代表大会常务委员会裁决。

行政法规之间对同一事项的新的一般规定与旧的特别规定不一致，不能确定如何适用时，由国务院裁决。

第一百零六条 地方性法规、规章之间不一致时，由有关机关依照下列规定的权限作出裁决：

（一）同一机关制定的新的一般规定与旧的特别规定不一致时，由制定机关裁决；

（二）地方性法规与部门规章之间对同一事项的规定不一致，不能确定如何适用时，由国务院提出意见，国务院认为应当适用地方性法规的，应当决定在该地方适用地方性法规的规定；认为应当适用部门规章的，应当提请全国人民代表大会常务委员会裁决；

（三）部门规章之间、部门规章与地方政府规章之间对同一事项的规定不一致时，由国务院裁决。

根据授权制定的法规与法律规定不一致，不能确定如何适用时，由全国人民代表大会常务委员会裁决。

第一百零七条 法律、行政法规、地方性法规、自治条例和单行条例、规章有下列情形之一的，由有关机关依照本法第一百零八条规定的权限予以改变或者撤销：

（一）超越权限的；

（二）下位法违反上位法规定的；

（三）规章之间对同一事项的规定不一致，经裁决应当改变或者撤销一方的规定的；

（四）规章的规定被认为不适当，应当予以改变或者撤销的；

（五）违背法定程序的。

第一百零八条 改变或者撤销法律、行政法规、地方性法规、自治条例和单行条例、规章的权限是：

（一）全国人民代表大会有权改变或者撤销它的常务委员会制定的不适当的法律，有权撤销全国人民代表大会常务委员会批准的违背宪法和本法第八十五条第二款规定的自治条例和单行条例；

（二）全国人民代表大会常务委员会有权撤销同宪法和法律相抵触的行政法规，有权撤销同宪法、法律和行政法规相抵触的地方性法规，有权撤销省、自治区、直辖市的人民代表大会常务委员会批准的违背宪法和本法第八十五条第二款规定的自治条例和单行条例；

（三）国务院有权改变或者撤销不适当的部门规章和地方政府规章；

（四）省、自治区、直辖市的人民代表大会有权改变或者撤销它的常务委员会制定的和批准的不适当的地方性法规；

（五）地方人民代表大会常务委员会有权撤销本级人民政府制定的不适当的规章；

（六）省、自治区的人民政府有权改变或者撤销下一级人民政府制定的不适当的规章；

（七）授权机关有权撤销被授权机关制定的超越授权范围或者违背授权目的的法规，必要时可以撤销授权。

第一百零九条 行政法规、地方性法规、自治条例和单行条例、规章应当在公布后的三十日内依照下列规定报有关机关备案：

（一）行政法规报全国人民代表大会常务委员会备案；

（二）省、自治区、直辖市的人民代表大会及其常务委员会制定的地方性法规，报全国人民代表大会常务委员会和国务院备案；设区的市、自治州的人民代表大会及其常务委员会制定的地方性法规，由省、自治区的人民代表大会常务委员会报全国人民代表大会常务委员会和国务院备案；

（三）自治州、自治县的人民代表大会制定的自治条例和单行条例，由省、自治区、直辖市的人民代表大会常务委员会报全国人民代表大会常务委员会和国务院备案；自治条例、单行条例报送备案时，应当说明对法律、行政法规、地方性法规作出变通的情况；

（四）部门规章和地方政府规章报国务院备案；地方政府规章应当同时报本级人民代表大会常务委员会备案；设区的市、自治州的人民政府制定的规章应当同时报省、自治区的人民代表大会常务委员会和人民政府备案；

（五）根据授权制定的法规应当报授权决定规定的机关备案；经济特区法规、浦东新区法规、海南自由贸易港法规报送备案时，应当说明变通的情况。

第一百一十条 国务院、中央军事委员会、国家监察委员会、最高人民法院、最高人民检察院和各省、自治区、直辖市的人民代表大会常务委员会认为行政法规、地方性法规、自治条例和单行条例同宪法或者法律相抵触，或者存在合宪性、合法性问题的，可以向全国人民代表大会常务委员会书面提出进行审查的要求，由全国人民代表大会有关的专门委员会和常务委员会工作机构进行审查、提出意见。

前款规定以外的其他国家机关和社会团体、企业事业组织以及公民认为行政法规、地方性法规、自治条例和单行条例同宪法或者法律相抵触的，可以向全国人民代表大会常务委员会书面提出进行审查的建议，由常务委员会工作机构进行审查；必要时，送有关的专门委员会进行审查、提出意见。

第一百一十一条 全国人民代表大会专门委员会、常务委员会工作机构可以对报送备案的行政法规、地方性法规、自治条例和单行条例等进行主动审查，并可以根据需要进行专项审查。

国务院备案审查工作机构可以对报送备案的地方性法规、自治条例和单行条例，部门规章和省、自治区、直辖市的人民政府制定的规章进行主动审查，并可以根据需要进行专项审查。

第一百一十二条 全国人民代表大会专门委员会、常务委员会工作机构在审查中认为行政法规、地方性法规、自治条例和单行条例同宪法或者法律相抵触，或者存在合宪性、合法性问题的，可以向制定机关提出书面审查意见；也可以由宪法和法律委员会与有关的专门委员会、常务委员会工作机构召开联合审查会议，要求制定机关到会说明情况，再向制定机关提出书面审查意见。制定机关应当在两个月内研究提出是否修改或者废止的意见，并向全国人民代表大会宪法和法律委员会、有关的专门委员会或者常务委员会工作机构反馈。

全国人民代表大会宪法和法律委员会、有关的专门委员会、常务委员会工作机构根据前款规定，向制定机关提出审查意见，制定机关按照所提意见对行政法规、地方性法规、自治条例和单行条例进行修改或者废止的，审查终止。

全国人民代表大会宪法和法律委员会、有关的专门委员会、常务委员会工作机构经审查认为行政法规、地方性法规、自治条例和单行条例同宪法或者法律相抵触，或者存在合宪性、合法性问题需要修改或者废止，而制定机关不予修改或者废止的，应当向委员长会议提出予以撤销的议案、建议，由委员长会议决定提请常务委员会会议审议决定。

第一百一十三条 全国人民代表大会有关的专门委员会、常务委员会工作机构应当按照规定要求，将审查情况向提出审查建议的国家机关、社会团体、企业事业组织以及公民反馈，并可以向社会公开。

第一百一十八条 国家监察委员会根据宪法和法律、全国人民代表大会常务委员会的有关决定，制定监察法规，报全国人民代表大会常务委员会备案。

全国人民代表大会和地方各级人民代表大会选举法

【导读】 选举法对选举的原则、程序作了详细的规定，本书列举了其中重要的程序性规定。考生在记忆时要注意对细节的把控，注重准确性。

重点法条 1 各级人大选举的主持者

第九条 全国人民代表大会常务委员会主持全国人民代表大会代表的选举。省、自治区、直辖市、设区的市、自治州的人民代表大会常务委员会主持本级人民代表大会代表的选举。

不设区的市、市辖区、县、自治县、乡、民族乡、镇设立选举委员会，主持本级人民代表大会代表的选举。不设区的市、市辖区、县、自治县的选举委员会受本级人民代表大会常务委员会的领导。乡、民族乡、镇的选举委员会受不设区的市、市辖区、县、自治县的人民代表大会常务委员会的领导。

省、自治区、直辖市、设区的市、自治州的人民代表大会常务委员会指导本行政区域内县级以下人民代表大会代表的选举工作。

精 解

本条为考试热点，要准确掌握各级别人大选举的主持者：

1.(1)地级市以上人大选举由本级人大常委会主持；(2)县、乡两级人大选举由选举委员会主持；(3)乡级选举委员会受县级人大常委会领导。

2.上级人大常委会对下级选举的领导与指导是不同的。

重点法条 2 各级人大代表的名额确定

第十二条第三款 自治区、聚居的少数民族多的省，经全国人民代表大会常务委员会决定，代表名额可以另加5%。聚居的少数民族多或者人口居住分散的县、自治县、乡、民族乡，经省、自治区、直辖市的人民代表大会常务委员会决定，代表名额可以另加5%。

第十三条 省、自治区、直辖市的人民代表大会代表的具体名额，由全国人民代表大会常务委员会依照本法确定。设区的市、自治州和县级的人民代表大会代表的具体名额，由省、自治区、直辖市的人民代表大会常务委员会依照本法确定，报全国人民代表大会常务委员会备案。乡级的人民代表大会代表的具体名额，由县级的人民代表大会常务委员会依照本法确定，报上一级人民代表大会常务委员会备案。

精 解

以上几个法条经常从识记的角度考查，注意下面两个问题：

1.掌握各级人大代表名额的确定者及其程序。

2.各级人大代表名额的确定机关、备案机关是不同的。

重点法条 3 代表名额的分配办法

第十五条 地方各级人民代表大会代表名额，由本级人民代表大会常务委员会或者本级选举委员会根据本行政区域所辖的下一级各行政区域或者各选区的人口数，按照每一代表所代表的城乡人口数相同的原则，以及保证各地区、各民族、各方面都有适当数量代表的要求进行分配。在县、自治县的人民代表大会中，人口特少的乡、民族乡、镇，至少应有代表1人。

地方各级人民代表大会代表名额的分配办法，由省、自治区、直辖市人民代表大会常务委员会参照全国人民代表大会代表名额分配的办法，结合本地区的具体情况规定。

第十七条 全国人民代表大会代表名额，由全国人民代表大会常务委员会根据各省、自治区、直辖市的人口数，按照每一代表所代表的城乡人口数相同的原则，以及保证各地区、各民族、各方面都有适当数量代表的要求进行分配。

省、自治区、直辖市应选全国人民代表大会代表名额，由根据人口数计算确定的名额数、相同的地区基本名额数和其他应选名额数构成。全国人民代表大会代表名额的具体分配，由全国人民代表大会常务委员会决定。

第十九条 有少数民族聚居的地方，每一聚居的少数民族都应有代表参加当地的人民代表大会。

聚居境内同一少数民族的总人口数占境内总人口数30%以上的，每一代表所代表的人口数应相当于当地人民代表大会每一代表所代表的人口数。

聚居境内同一少数民族的总人口数不足境内总人口数15%的，每一代表所代表的人口数可以适当少于当地人民代表大会每一代表所代表的人口数，但不得少于1/2；实行区域自治的民族人口特少的自治县，经省、自治区的人民代表大会常务委员会决定，可以少于1/2。人口特少的其他聚居民族，至少应有代表1人。

第二十一条 散居的少数民族应选当地人民代表大会的代表，每一代表所代表的人口数可以少于当地人民代表大会每一代表所代表的人口数。

自治区、自治州、自治县和有少数民族聚居的乡、民族乡、镇的人民代表大会，对于散居的其他少数民族和汉族代表的选举，适用前款的规定。

第二十五条 不设区的市、市辖区、县、自治县、乡、民族乡、镇的人民代表大会的代表名额分配到选区，按选区进行选举。选区可以按居住状况划分，也可以按生产单位、事业单位、工作单位划分。

选区的大小，按照每一选区选1名至3名代表划分。

精 解

1.有权调整地方各级人民代表大会代表名额的主体是省级人大常委会(第15条第2款)。

2.选区划分标准：居住状况、生产单位、事业单位、工作单位。

3.每一选区的代表名额是1名至3名。

重点法条 4 选民登记

第二十七条 选民登记按选区进行，经登记确认的选民资格长期有效。每次选举前对上次选民登记以后新满18周岁的、被剥夺政治权利期满后恢复政治权利的选民，予以登记。对选民经登记后迁出原选区的，列入新迁入的选区的选民名单；对死亡的和依照法律被剥夺政治权利的人，从选民名单上除名。

精神病患者不能行使选举权利的，经选举委员会确认，不列入选民名单。

【相关法条】《选举法》

第28条 选民名单应在选举日的20日以前公布，实行凭选民证参加投票选举的，并应当发给选民证。

第29条 对于公布的选民名单有不同意见的，可以在选民名单公布之日起5日内向选举委员会提出申诉。选举委员会对申诉意见，应在3日内作出处理决定。申诉人如果对处理决定不服，可以在选举日的5日以前向人民法院起诉，人民法院应在选举日以前作出判决。人民法院的判决为最后决定。

精 解

1. 经登记的选民资格长期有效，并非每次选举都要重新登记。

2. 每次选举前予以登记的选民范围：(1)上次选民登记后新满18周岁的；(2)上次选民登记后被剥夺政治权利期满恢复政治权利的。

3. 选民登记后迁出原选区的：直接列入新迁入的选区的选民名单。

4. 从选民名单上除名的情形有：(1)死亡的人；(2)依法被剥夺政治权利的人。

5. 精神病患者有选举权但不能行使选举权利的，经选举委员会确认，不列入选民名单。

重点法条 5 代表候选人的产生办法

第三十条 全国和地方各级人民代表大会的代表候选人，按选区或者选举单位提名产生。

各政党、各人民团体，可以联合或者单独推荐代表候选人。选民或者代表，10人以上联名，也可以推荐代表候选人。推荐者应向选举委员会或者大会主席团介绍代表候选人的情况。接受推荐的代表候选人应当向选举委员会或者大会主席团如实提供个人身份、简历等情况。提供的基本情况不实的，选举委员会或者大会主席团应当向选民或者代表通报。

各政党、各人民团体联合或者单独推荐的代表候选人的人数，每一选民或者代表参加联名推荐的代表候选人的人数，均不得超过本选区或者选举单位应选代表的名额。

第三十一条 全国和地方各级人民代表大会代表实行差额选举，代表候选人的人数应多于应选代表的名额。

由选民直接选举人民代表大会代表的，代表候选人的人数，应多于应选代表名额1/3至1倍；由地方各级人民代表大会选举上一级人民代表大会代表的，代表候选人的人数，应多于应选代表名额1/5至1/2。

第三十二条 由选民直接选举人民代表大会代表的，代表候选人由各选区选民和各政党、各人民团体提名推荐。选举委员会汇总后，将代表候选人名单及代表候选人的基本情况在选举日的15日以前公布，并交各该选区的选民小组讨论、协商，确定正式代表候选人名单。如果所提代表候选人的人数超过本法第31条规定的最高差额比例，由选举委员会交各该选区的选民小组讨论、协商，根据较多数选民的意见，确定正式代表候选人名单；对正式代表候选人不能形成较为一致意见的，进行预选，根据预选时得票多少的顺序，确定正式代表候选人名单。正式代表候选人名单及代表候选人的基本情况应当在选举日的7日以前公布。

县级以上的地方各级人民代表大会在选举上一级人民代表大会代表时，提名、酝酿代表候选人的时间不得少于两天。各该级人民代表大会主席团将依法提出的代表候选人名单及代表候选人的基本情况印发全体代表，由全体代表酝酿、讨论。如果所提代表候选人的人数符合本法第31条规定的差额比例，直接进行投票选举。如果所提代表候选人的人数超过本法第31条规定的最高差额比例，进行预选，根据预选时得票多少的顺序，按照本级人民代表大会的选举办法根据本法确定的具体差额比例，确定正式代表候选人名单，进行投票选举。

第三十三条 县级以上的地方各级人民代表大会在选举上一级人民代表大会代表时，代表候选人不限于各该级人民代表大会的代表。

第三十四条 选举委员会或者人民代表大会主席团应当向选民或者代表介绍代表候选人的情况。

推荐代表候选人的政党、人民团体和选民、代表可以在选民小组或者代表小组会议上介绍所推荐的代表候选人的情况。选举委员会根据选民的要求,应当组织代表候选人与选民见面,由代表候选人介绍本人的情况,回答选民的问题。但是,在选举日必须停止代表候选人的介绍。

第三十五条 公民参加各级人民代表大会代表的选举,不得直接或者间接接受境外机构、组织、个人提供的与选举有关的任何形式的资助。

违反前款规定的,不列入代表候选人名单;已经列入代表候选人名单的,从名单中除名;已经当选的,其当选无效。

第三十七条 在选民直接选举人民代表大会代表时,选民根据选举委员会的规定,凭身份证或者选民证领取选票。

第三十八条 选举委员会应当根据各选区选民分布状况,按照方便选民投票的原则设立投票站,进行选举。选民居住比较集中的,可以召开选举大会,进行选举;因患有疾病等原因行动不便或者居住分散并且交通不便的选民,可以在流动票箱投票。

第三十九条 县级以上的地方各级人民代表大会在选举上一级人民代表大会代表时,由各该级人民代表大会主席团主持。

精 解

1. 有权推荐代表候选人的主体有:各政党;各人民团体可以单独或联合推荐;选民或代表 10 人以上联名。

2. 无论直接选举还是间接选举,均实行差额选举制(第 31 条第 1 款)。

3. 了解直接选举与间接选举的差额比例(第 31 条第 2 款):直接选举的,由选民直接选举人民代表大会代表的,代表候选人的人数,应多于应选代表名额 1/3 ~ 1 倍;间接选举的,代表候选人的人数,应多于应选代表名额 1/5 ~ 1/2。

4. 间接选举的代表候选人不限于本级人大代表(第 33 条)。

5. 注意第 34 条规定的介绍选举人制度,该制度可分解为以下几个方面:

(1)选举委员会或者人大主席团应当向选民或者代表介绍代表候选人的情况。

(2)推荐代表候选人的政党、人民团体和选民、代表可以在选民小组或者代表小组会议上介绍所推荐的代表候选人的情况。

(3)选举委员会根据选民或者代表候选人的要求,应当组织代表候选人与选民见面,由代表候选人介绍本人的情况,回答选民的问题。注意:这里有一个从"可以"到"应当"的变化,意味着只要选民或代表候选人提出见面要求,选举委员会就"应当"安排见面。

(4)在选举日,必须停止对代表候选人的介绍。

> **重点提示** 特别注意区别选举本级人大代表和上一级人大代表的主持机关。本法第 9 条规定了选举本级人大代表的主持机关,直接选举时主持机关是选举委员会,间接选举时主持机关是本级人大常委会。本法第 39 条规定了县级以上地方各级人大选举上一级人大代表时的主持机关是各该级人大主席团。

重点法条 6 候选人当选的条件

第四十四条 每次选举所投的票数,多于投票人数的无效,等于或者少于投票人数的有效。

每一选票所选的人数,多于规定应选代表人数的作废,等于或者少于规定应选代表人数的有效。

第四十五条 在选民直接选举人民代表大会代表时,选区全体选民的过半数参加投票,选举有效。代表候选人获得参加投票的选民过半数的选票时,始得当选。

县级以上的地方各级人民代表大会在选举上一级人民代表大会代表时,代表候选人获得全体代表过半数的选票时,始得当选。

获得过半数选票的代表候选人的人数超过应选代表名额时,以得票多的当选。如遇票数相等不能确定当选人时,应当就票数相等的候选人再次投票,以得票多的当选。

获得过半数选票的当选代表的人数少于应选代表的名额时,不足的名额另行选举。另行选举时,根据在第一次投票时得票多少的顺序,按照本法第 31 条规定的差额比例,确定候选人名单。如果只选 1 人,候选人应为 2 人。

依照前款规定另行选举县级和乡级的人民代表大会代表时,代表候选人以得票多的当选,但是得票数不得少于选票的 1/3;县级以上的地方各级人民代表大会在另行选举上一级人民代表大会代表时,代表候选人获得全体代表过半数的选票，始得当选。

【相关法条】《选举法》

第40条 全国和地方各级人民代表大会代表的选举，一律采用无记名投票的方法。选举时应当设有秘密写票处。

选民如果是文盲或者因残疾不能写选票的，可以委托他信任的人代写。

第41条 选举人对于代表候选人可以投赞成票，可以投反对票，可以另选其他任何选民，也可以弃权。

第42条 选民如果在选举期间外出，经选举委员会同意，可以书面委托其他选民代为投票。每一选民接受的委托不得超过3人，并应当按照委托人的意愿代为投票。

精 解

1. 区分无效投票与作废投票的情形：每次选举所投的票数，多于投票人数的无效；每一选票所选的人数，多于规定应选代表人数的作废。

2. 掌握第44条当选代表所需票数（直接选举为选区全体选民或间接选举为全体代表之过半数）。

> **重点提示** 需要注意的是，在直接选举中，当选的前提是选举本身有效，而只有在选区全体选民的过半数参加投票时，选举方为有效。因此，判断某人是否当选，首先应分析是直接选举还是间接选举，如果是直接选举，需要判断该选举是否有效，最后才是看所得票数是否符合法定条件。

3. 特殊情况。

（1）获得过半数选票的代表候选人的人数超过应选代表名额时，以得票多的当选。如遇票数相等不能确定当选人时，应当就票数相等的候选人再次投票，以得票多的当选。

（2）获得过半数选票的当选代表的人数少于应选代表的名额时，不足的名额另行选举。另行选举时，根据在第一次投票时得票多少的顺序，按照差额比例（直接选举为1/3～1，间接选举为1/5～1/2），确定候选人名单。

（3）直接选举的另行选举：代表候选人以得票多的当选，但是得票数不得少于选票的1/3；县级以上的地方各级人民代表大会在另行选举上一级人民代表大会代表时，代表候选人获得全体代表过半数的选票，始得当选。

【例题】 选举权的平等性是指每个选民在每次选举中只能在一个地方享有一个投票权，不承认也不允许任何选民因民族、种族、职业、财产状况、家庭出身、居住期限的不同而在选举中享有特权，更不允许非法限制或者歧视任何选民对选举权的行使。关于选举权的平等性原则的体现，有下列说法：①投票采取无记名投票的方法；②县乡选举采用直接选举；③有少数民族聚居的地方，每一聚居的少数民族都应有代表参加当地的人民代表大会；④城乡按相同人口比例选举人大代表。其中，说法正确的是：（2024年单选题）

A. ①②③④　　B. ②④

C. ③④　　D. ②③

参考答案：________①

重点法条 7 对代表的罢免程序

第四十九条 全国和地方各级人民代表大会的代表，受选民和原选举单位的监督。选民或者选举单位都有权罢免自己选出的代表。

第五十条第一款 对于县级的人民代表大会代表，原选区选民50人以上联名，对于乡级的人民代表大会代表，原选区选民30人以上联名，可以向县级的人民代表大会常务委员会书面提出罢免要求。

第五十一条第一款 县级以上的地方各级人民代表大会举行会议的时候，主席团或者1/10以上代表联名，可以提出对由该级人民代表大会选出的上一级人民代表大会代表的罢免案。在人民代表大会闭会期间，县级以上的地方各级人民代表大会常务委员会主任会议或者常务委员会1/5以上组成人员联名，可以向常务委员会提出对由该级人民代表大会选出的上一级人民代表大会代表的罢免案。罢免案应当写明罢免理由。

第五十二条 罢免代表采用无记名的表决方式。

第五十三条 罢免县级和乡级的人民代表大会代表，须经原选区过半数的选民通过。

罢免由县级以上的地方各级人民代表大会选出的代表，须经各该级人民代表大会过半数的代表通过；在代表大会闭会期间，须经常务委员会组成人员

---

① C

的过半数通过。罢免的决议，须报送上一级人民代表大会常务委员会备案、公告。

第五十四条 县级以上的各级人民代表大会常务委员会组成人员，县级以上的各级人民代表大会专门委员会成员的代表职务被罢免的，其常务委员会组成人员或者专门委员会成员的职务相应撤销，由主席团或者常务委员会予以公告。

乡、民族乡、镇的人民代表大会主席、副主席的代表职务被罢免的，其主席、副主席的职务相应撤销，由主席团予以公告。

精　解

1. 对直接选举产生的人大代表的罢免。

(1)有权作出罢免决定的主体是原选区的选民。

(2)有权提出罢免案的主体是原选区选民30人以上(对乡级人大代表)或50人以上(对县级人大代表)联名。

(3)接受罢免要求的机关是县级人大常委会。

(4)罢免直接选举的人大代表，须经原选区全体选民的过半数通过。

2. 对间接选举产生的人大代表的罢免。

(1)有权作出罢免决定的主体：县级以上的地方各级人大及其常委会有权决定本级人大选出的上一级人大代表的罢免。

(2)有权提出罢免案的主体：①主席团或者1/10以上代表联名，可以提出对由该级人民代表大会选出的上一级人民代表大会代表的罢免案；②人民代表大会常务委员会主任会议或者常务委员会1/5以上组成人员联名，可以向常务委员会提出对由该级人民代表大会选出的上一级人民代表大会代表的罢免案。

(3)罢免间接选举产生的人大代表，须经罢免决定机关全体人员的过半数通过，罢免决议须报上一级人大常委会备案、公告。

(4)县级以上的各级人大常委会组成人员、县级以上人大专门委员会成员、乡(民族乡、镇)人大主席、副主席均为本级人大代表，其代表职务被罢免或辞职被接受后，这些职务相应撤销或终止。

重点法条 8 **代表资格的终止及补选办法**

第五十七条 代表在任期内，因故出缺，由原选区或者原选举单位补选。

地方各级人民代表大会代表在任期内调离或者迁出本行政区域的，其代表资格自行终止，缺额另行补选。

县级以上的地方各级人民代表大会闭会期间，可以由本级人民代表大会常务委员会补选上一级人民代表大会代表。

补选出缺的代表时，代表候选人的名额可以多于应选代表的名额，也可以同应选代表的名额相等。补选的具体办法，由省、自治区、直辖市的人民代表大会常务委员会规定。

对补选产生的代表，依照本法第47条的规定进行代表资格审查。

精　解

1. 代表资格自行终止的两种情形：任期内调离或者迁出本行政区域。

2. 补选可以差额选举，也可以等额选举。

3. 对不同级别代表的补选单位：间接选举的由下一级人大代表或人大常委会补选；直接选举的由原选区补选。

经济法·环境资源法·劳动与社会保障法

反垄断法

【导读】 本法法条全文可考性较强,近几年每年均有1~2分以上的分值涉及本部分内容。重点集中在对垄断行为的认定问题上:(1)垄断协议(第17~20条);(2)滥用市场支配地位(第22~24条);(3)经营者集中(第25~27条),注意法条列出的三种经营者集中的情形。

重点法条 1 适用范围

第二条 中华人民共和国境内经济活动中的垄断行为,适用本法;中华人民共和国境外的垄断行为,对境内市场竞争产生排除、限制影响的,适用本法。

第三条 本法规定的垄断行为包括:

(一)经营者达成垄断协议;

(二)经营者滥用市场支配地位;

(三)具有或者可能具有排除、限制竞争效果的经营者集中。

重点法条 2 垄断协议

第十七条 禁止具有竞争关系的经营者达成下列垄断协议:

(一)固定或者变更商品价格;

(二)限制商品的生产数量或者销售数量;

(三)分割销售市场或者原材料采购市场;

(四)限制购买新技术、新设备或者限制开发新技术、新产品;

(五)联合抵制交易;

(六)国务院反垄断执法机构认定的其他垄断协议。

第十八条 禁止经营者与交易相对人达成下列垄断协议:

(一)固定向第三人转售商品的价格;

(二)限定向第三人转售商品的最低价格;

(三)国务院反垄断执法机构认定的其他垄断协议。

对前款第一项和第二项规定的协议,经营者能够证明其不具有排除、限制竞争效果的,不予禁止。

经营者能够证明其在相关市场的市场份额低于国务院反垄断执法机构规定的标准,并符合国务院反垄断执法机构规定的其他条件的,不予禁止。

第十九条 经营者不得组织其他经营者达成垄断协议或者为其他经营者达成垄断协议提供实质性帮助。

第二十条 经营者能够证明所达成的协议属于下列情形之一的,不适用本法第十七条、第十八条第一款、第十九条的规定:

(一)为改进技术、研究开发新产品的;

(二)为提高产品质量、降低成本、增进效率,统一产品规格、标准或者实行专业化分工的;

(三)为提高中小经营者经营效率,增强中小经营者竞争力的;

(四)为实现节约能源、保护环境、救灾救助等社会公共利益的;

(五)因经济不景气,为缓解销售量严重下降或者生产明显过剩的;

(六)为保障对外贸易和对外经济合作中的正当利益的;

(七)法律和国务院规定的其他情形。

属于前款第一项至第五项情形,不适用本法第十七条、第十八条第一款、第十九条规定的,经营者还应当证明所达成的协议不会严重限制相关市场的竞争,并且能够使消费者分享由此产生的利益。

重点法条 3 滥用市场支配地位

第二十二条 禁止具有市场支配地位的经营者从事下列滥用市场支配地位的行为:

（一）以不公平的高价销售商品或者以不公平的低价购买商品；

（二）没有正当理由，以低于成本的价格销售商品；

（三）没有正当理由，拒绝与交易相对人进行交易；

（四）没有正当理由，限定交易相对人只能与其进行交易或者只能与其指定的经营者进行交易；

（五）没有正当理由搭售商品，或者在交易时附加其他不合理的交易条件；

（六）没有正当理由，对条件相同的交易相对人在交易价格等交易条件上实行差别待遇；

（七）国务院反垄断执法机构认定的其他滥用市场支配地位的行为。

具有市场支配地位的经营者不得利用数据和算法、技术以及平台规则等从事前款规定的滥用市场支配地位的行为。

本法所称市场支配地位，是指经营者在相关市场内具有能够控制商品价格、数量或者其他交易条件，或者能够阻碍、影响其他经营者进入相关市场能力的市场地位。

第二十三条　认定经营者具有市场支配地位，应当依据下列因素：

（一）该经营者在相关市场的市场份额，以及相关市场的竞争状况；

（二）该经营者控制销售市场或者原材料采购市场的能力；

（三）该经营者的财力和技术条件；

（四）其他经营者对该经营者在交易上的依赖程度；

（五）其他经营者进入相关市场的难易程度；

（六）与认定该经营者市场支配地位有关的其他因素。

第二十四条　有下列情形之一的，可以推定经营者具有市场支配地位：

（一）一个经营者在相关市场的市场份额达到二分之一的；

（二）两个经营者在相关市场的市场份额合计达到三分之二的；

（三）三个经营者在相关市场的市场份额合计达到四分之三的。

有前款第二项、第三项规定的情形，其中有的经营者市场份额不足十分之一的，不应当推定该经营者具有市场支配地位。

被推定具有市场支配地位的经营者，有证据证明不具有市场支配地位的，不应当认定其具有市场支配地位。

重点法条 4　经营者集中

第二十五条　经营者集中是指下列情形：

（一）经营者合并；

（二）经营者通过取得股权或者资产的方式取得对其他经营者的控制权；

（三）经营者通过合同等方式取得对其他经营者的控制权或者能够对其他经营者施加决定性影响。

第二十七条　经营者集中有下列情形之一的，可以不向国务院反垄断执法机构申报：

（一）参与集中的一个经营者拥有其他每个经营者百分之五十以上有表决权的股份或者资产的；

（二）参与集中的每个经营者百分之五十以上有表决权的股份或者资产被同一个未参与集中的经营者拥有的。

重点法条 5　滥用行政权力排除、限制竞争

第三十九条　行政机关和法律、法规授权的具有管理公共事务职能的组织不得滥用行政权力，限定或者变相限定单位或者个人经营、购买、使用其指定的经营者提供的商品。

第四十条　行政机关和法律、法规授权的具有管理公共事务职能的组织不得滥用行政权力，通过与经营者签订合作协议、备忘录等方式，妨碍其他经营者进入相关市场或者对其他经营者实行不平等待遇，排除、限制竞争。

第四十一条　行政机关和法律、法规授权的具有管理公共事务职能的组织不得滥用行政权力，实施下列行为，妨碍商品在地区之间的自由流通：

（一）对外地商品设定歧视性收费项目、实行歧视性收费标准，或者规定歧视性价格；

（二）对外地商品规定与本地同类商品不同的技术要求、检验标准，或者对外地商品采取重复检验、重复认证等歧视性技术措施，限制外地商品进入本地市场；

（三）采取专门针对外地商品的行政许可，限制外地商品进入本地市场；

（四）设置关卡或者采取其他手段，阻碍外地商品进入或者本地商品运出；

（五）妨碍商品在地区之间自由流通的其他行为。

反不正当竞争法

【导读】 本法的重点非常突出，集中在第2章“不正当竞争行为”（第6～12条），个别法条甚至已被考过5次以上。重点主要是几个不正当竞争行为：(1)商业混淆行为（第6条）；(2)商业贿赂行为（第7条）；(3)虚假宣传行为（第8条）；(4)侵犯商业秘密行为（第9条）；(5)不正当有奖销售行为（第10条）；(6)损害商誉行为（第11条）；(7)互联网不正当竞争行为（第12条）。

重点法条 1 商业混淆行为

第六条 经营者不得实施下列混淆行为，引人误认为是他人商品或者与他人存在特定联系：

（一）擅自使用与他人有一定影响的商品名称、包装、装潢等相同或者近似的标识；

（二）擅自使用他人有一定影响的企业名称（包括简称、字号等）、社会组织名称（包括简称等）、姓名（包括笔名、艺名、译名等）；

（三）擅自使用他人有一定影响的域名主体部分、网站名称、网页等；

（四）其他足以引人误认为是他人商品或者与他人存在特定联系的混淆行为。

【相关法条】 最高人民法院《关于适用〈中华人民共和国反不正当竞争法〉若干问题的解释》（以下简称《反不正当竞争法解释》，2022年3月16日公布）

第4条 具有一定的市场知名度并具有区别商品来源的显著特征的标识，人民法院可以认定为反不正当竞争法第六条规定的“有一定影响的”标识。

人民法院认定反不正当竞争法第六条规定的标识是否具有一定的市场知名度，应当综合考虑中国境内相关公众的知悉程度，商品销售的时间、区域、数额和对象，宣传的持续时间、程度和地域范围，标识受保护的情况等因素。

第5条 反不正当竞争法第六条规定的标识有下列情形之一的，人民法院应当认定其不具有区别商品来源的显著特征：

（一）商品的通用名称、图形、型号；

（二）仅直接表示商品的质量、主要原料、功能、用途、重量、数量及其他特点的标识；

（三）仅由商品自身的性质产生的形状，为获得技术效果而需有的商品形状以及使商品具有实质性价值的形状；

（四）其他缺乏显著特征的标识。

前款第一项、第二项、第四项规定的标识经过使用取得显著特征，并具有一定的市场知名度，当事人请求依据反不正当竞争法第六条规定予以保护的，人民法院应予支持。

第6条 因客观描述、说明商品而正当使用下列标识，当事人主张属于反不正当竞争法第六条规定的情形的，人民法院不予支持：

（一）含有本商品的通用名称、图形、型号；

（二）直接表示商品的质量、主要原料、功能、用途、重量、数量以及其他特点；

（三）含有地名。

精 解

《反不正当竞争法》第6条规定的是各类商业混淆行为，具体如下：

1.与他人的商品标识相混淆。具有一定影响的商品标识在市场上具有一定的知名度和美誉度，给其标定的商品带来了较强的竞争力。不正当竞争者擅自使用这些名称、包装、装潢来标定自己的商品，目的在于利用他人的成果推销自己的商品，牟取非法利益，其扰乱市场秩序、损害权利人和消费者利益的违法性是显而易见的。

2.与他人的名称或姓名相混淆。这种混淆使用，不仅会给合法使用者的经济利益受损，而且可能给名称权人、姓名权人的人格利益受损，同时，也是对消费者的欺骗和对市场竞争秩序的破坏。

3.与他人的互联网商业标记相混淆。根据第3项的规定，擅自使用他人有一定影响的域名主体部分、网站名称、网页等,引人误认为是他人商品或者与他人存在特定联系的,构成不正当竞争行为。

4. 其他商业混淆行为。根据第4项的规定,其他足以引人误认为是他人商品或者与他人存在特定联系的商业混淆行为。例如,使用他人所独创并为公众熟知的广告词或者广告乐曲推销自己的商品,在商品介绍中明示或暗示自己与某知名企业或知名人士存在商业合作关系。

【例题】 金硕巅峰公司是知名教育培训机构,其广告宣传为"金硕巅峰,已助众多考生圆梦金硕",飞跃公司为同行业教培机构,在其网站展示"金硕VIP全程班",对此,下列说法正确的是哪一项?(2022年单选题)

A. 飞跃公司的行为会让人误认为其与金硕巅峰公司存在特定联系,其行为违法

B. 飞跃公司涉嫌虚假宣传,其行为违法

C. 飞跃公司的行为系合法行为

D. 飞跃公司没有使用金硕的域名,不构成违法

参考答案:________①

重点法条 2 禁止商业贿赂

第七条 经营者不得采用财物或者其他手段贿赂下列单位或者个人,以谋取交易机会或者竞争优势:

(一)交易相对方的工作人员;

(二)受交易相对方委托办理相关事务的单位或者个人;

(三)利用职权或者影响力影响交易的单位或者个人。

经营者在交易活动中,可以以明示方式向交易相对方支付折扣,或者向中间人支付佣金。经营者向交易相对方支付折扣、向中间人支付佣金的,应当如实入账。接受折扣、佣金的经营者也应当如实入账。

经营者的工作人员进行贿赂的,应当认定为经营者的行为;但是,经营者有证据证明该工作人员的行为与为经营者谋取交易机会或者竞争优势无关的除外。

精 解

本条规定了商业贿赂行为的行为要件:(1)行为的主体是经营者和受经营者指使的人(包括其工作人员);其他主体可能构成贿赂行为,但不是商业贿赂。(2)行为的目的是谋取交易机会或者竞争优势,而非其他目的(如政治目的、提职、获取职称等)。(3)有私下暗中给予他人财物和其他好处的情节,且达到一定数额。(4)该行为由行贿与受贿两方面构成。

重点法条 3 禁止虚假广告

第八条 经营者不得对其商品的性能、功能、质量、销售状况、用户评价、曾获荣誉等作虚假或者引人误解的商业宣传,欺骗、误导消费者。

经营者不得通过组织虚假交易等方式,帮助其他经营者进行虚假或者引人误解的商业宣传。

【相关法条】《反不正当竞争法解释》

第17条 经营者具有下列行为之一,欺骗、误导相关公众的,人民法院可以认定为反不正当竞争法第八条第一款规定的"引人误解的商业宣传":

(一)对商品作片面的宣传或者对比;

(二)将科学上未定论的观点、现象等当作定论的事实用于商品宣传;

(三)使用歧义性语言进行商业宣传;

(四)其他足以引人误解的商业宣传行为。

人民法院应当根据日常生活经验、相关公众一般注意力、发生误解的事实和被宣传对象的实际情况等因素,对引人误解的商业宣传行为进行认定。

精 解

本条规定了虚假广告行为的行为要件:(1)行为的主体是经营者,包括为自己进行虚假宣传和为他人进行虚假宣传的经营者。经营者是广告主、广告代理制作者和广告发布者的,优先适用《广告法》的规定。(2)上述主体实施了虚假宣传行为。(3)上述虚假广告或虚假宣传达到了足以引人误解的程度。

重点法条 4 侵犯商业秘密行为

第九条 经营者不得实施下列侵犯商业秘密的行为:

(一)以盗窃、贿赂、欺诈、胁迫、电子侵入或者其他不正当手段获取权利人的商业秘密;

① A

（二）披露、使用或者允许他人使用以前项手段获取的权利人的商业秘密；

（三）违反保密义务或者违反权利人有关保守商业秘密的要求，披露、使用或者允许他人使用其所掌握的商业秘密；

（四）教唆、引诱、帮助他人违反保密义务或者违反权利人有关保守商业秘密的要求，获取、披露、使用或者允许他人使用权利人的商业秘密。

经营者以外的其他自然人、法人和非法人组织实施前款所列违法行为的，视为侵犯商业秘密。

第三人明知或者应知商业秘密权利人的员工、前员工或者其他单位、个人实施本条第一款所列违法行为，仍获取、披露、使用或者允许他人使用该商业秘密的，视为侵犯商业秘密。

本法所称的商业秘密，是指不为公众所知悉、具有商业价值并经权利人采取相应保密措施的技术信息、经营信息等商业信息。

精　解

本条规定了侵犯商业秘密行为的行为要件：

1. 认定是否构成侵权，必须首先依法确认商业秘密确实存在。

2. 行为主体可以是经营者，可以是其他人（如权利人的员工、前员工、合作伙伴以及通过他们获取该商业秘密的第三人），也可以是法人和非法人组织。

3. 客观上，行为主体实施了侵犯该商业秘密的行为。实施的方式有盗窃、利诱、胁迫或不当获取、披露、使用或允许使用等。

4. 以非法手段获取、披露或者使用该商业秘密的行为已经或可能给权利人带来损害后果。

重点法条 5　不正当有奖销售

第十条　经营者进行有奖销售不得存在下列情形：

（一）所设奖的种类、兑奖条件、奖金金额或者奖品等有奖销售信息不明确，影响兑奖；

（二）采用谎称有奖或者故意让内定人员中奖的欺骗方式进行有奖销售；

（三）抽奖式的有奖销售，最高奖的金额超过五万元。

精　解

不正当有奖销售行为的要点如下：

1. 不正当有奖销售的主体是经营者。有关机构、团体经政府和政府有关部门批准的有奖募捐及其彩票发售活动不适用《反不正当竞争法》第 10 条的规定。

2. 经营者实施了法律禁止的不正当有奖销售行为。

重点法条 6　禁止损害商誉

第十一条　经营者不得编造、传播虚假信息或者误导性信息，损害竞争对手的商业信誉、商品声誉。

【相关法条】《反不正当竞争法解释》

第 20 条　经营者传播他人编造的虚假信息或者误导性信息，损害竞争对手的商业信誉、商品声誉的，人民法院应当依照反不正当竞争法第十一条予以认定。

精　解

本条考试频率颇高。其难点在于诋毁他人商誉行为构成的认定。损害商业信誉、商品声誉行为的构成要件：

1. 行为人是具有竞争关系的经营者，如与经营者不具有竞争关系的新闻媒体被利用来传播了虚假的事实，损害了他人的商誉，此时新闻媒体不构成诋毁他人商誉行为，但仍可能构成侵害他人名誉权的行为。

2. 行为对象是竞争对手。该对象一般是针对一个或者多个竞争对手，如果对象不特定，无法确定其侵权对象。但是特定情况下，针对不特定的对象也可以构成诋毁商誉的行为，如对比性广告，将自己的商品与同业其他不特定的竞争者的商品进行比较，如果比较的事实是虚假的，即可以构成本行为。

3. 主观目的是损害竞争对手的商业信誉、商品声誉，主观状态为故意而非过失。

4. 客观上有编造、传播虚假信息或者误导性信息的行为，且为不特定的第三人所知道或可推知。

重点法条 7　互联网不正当竞争行为

第十二条　经营者利用网络从事生产经营活动，应当遵守本法的各项规定。

经营者不得利用技术手段，通过影响用户选择或者其他方式，实施下列妨碍、破坏其他经营者合法提供的网络产品或者服务正常运行的行为：

（一）未经其他经营者同意，在其合法提供的网络产品或者服务中，插入链接、强制进行目标跳转；

(二)误导、欺骗、强迫用户修改、关闭、卸载其他经营者合法提供的网络产品或者服务；

(三)恶意对其他经营者合法提供的网络产品或者服务实施不兼容；

(四)其他妨碍、破坏其他经营者合法提供的网络产品或者服务正常运行的行为。

【相关法条】《反不正当竞争法解释》

第21条 未经其他经营者和用户同意而直接发生的目标跳转，人民法院应当认定为反不正当竞争法第十二条第二款第一项规定的“强制进行目标跳转”。

仅插入链接，目标跳转由用户触发的，人民法院应当综合考虑插入链接的具体方式、是否具有合理理由以及对用户利益和其他经营者利益的影响等因素，认定该行为是否违反反不正当竞争法第十二条第二款第一项的规定。

第22条 经营者事前未明确提示并经用户同意，以误导、欺骗、强迫用户修改、关闭、卸载等方式，恶意干扰或者破坏其他经营者合法提供的网络产品或者服务，人民法院应当依照反不正当竞争法第十二条第二款第二项予以认定。

精 解

互联网不正当竞争行为的要点如下：

1.行为主体是利用互联网从事生产经营活动的经营者，包括提供互联网平台(如交易平台、信息平台、社交平台等)的经营者和利用他人的互联网平台提供产品(实体商品、信息产品、投资产品和服务产品等)的经营者。

2.行为对象是与行为人在网络上存在现实的或者潜在的竞争关系的其他经营者。

3.行为特征是对其他经营者合法提供的网络产品或者服务的正常运行进行妨碍或破坏。其手段可能是技术性的，也可能是商业性的，或者是二者的结合。这些手段有可能构成其他的不正当竞争行为，如商业混淆行为、虚假宣传行为或者诋毁商誉行为。

消费者权益保护法

【导读】《消费者权益保护法》虽然分值不高，但基本上每年必考。主要知识点有：

1.消费者权利，考生可将消费者的权利对照经营者的义务予以把握。经营者义务部分还需将其与《食品安全法》《产品质量法》等涉及经营者义务部分进行结合，加深对法律的体系把握。消费者的权利和经营者的义务是最重要的考点。由于本法是侧重于保护消费者的利益的，故考生在复习时要以消费者的立场和前提来理解这些法条。

2.消费者权益受到损害时的责任承担主体。在一般主体中注意销售者优先性赔付的义务，在其他责任主体中注意生产者、销售者、运输商、仓储者之间责任的分配，以及各种特殊情形下的连带责任和最终责任的承担问题，这些都是出题人十分关注的地方。考生当注意法条对广告经营者、发布者责任承担的规定，以及网络交易主体的责任承担。

重点法条 1 安全保障权

第七条 消费者在购买、使用商品和接受服务时享有人身、财产安全不受损害的权利。

消费者有权要求经营者提供的商品和服务，符合保障人身、财产安全的要求。

【相关法条】《消费者权益保护法》

第8条 消费者享有知悉其购买、使用的商品或者接受的服务的真实情况的权利。

消费者有权根据商品或者服务的不同情况，要求经营者提供商品的价格、产地、生产者、用途、性能、规格、等级、主要成份、生产日期、有效期限、检验合格证明、使用方法说明书、售后服务，或者服务的内容、规格、费用等有关情况。

第9条 消费者享有自主选择商品或者服务的权利。

消费者有权自主选择提供商品或者服务的经营者，自主选择商品品种或者服务方式，自主决定购买或者不购买任何一种商品、接受或者不接受任何一项服务。

消费者在自主选择商品或者服务时，有权进行比较、鉴别和挑选。

第10条 消费者享有公平交易的权利。

消费者在购买商品或者接受服务时,有权获得质量保障、价格合理、计量正确等公平交易条件,有权拒绝经营者的强制交易行为。

第11条 消费者因购买、使用商品或者接受服务受到人身、财产损害的,享有依法获得赔偿的权利。

第12条 消费者享有依法成立维护自身合法权益的社会组织的权利。

第13条 消费者享有获得有关消费和消费者权益保护方面的知识的权利。

消费者应当努力掌握所需商品或者服务的知识和使用技能,正确使用商品,提高自我保护意识。

第14条 消费者在购买、使用商品和接受服务时,享有人格尊严、民族风俗习惯得到尊重的权利,享有个人信息依法得到保护的权利。

第15条 消费者享有对商品和服务以及保护消费者权益工作进行监督的权利。

消费者有权检举、控告侵害消费者权益的行为和国家机关及其工作人员在保护消费者权益工作中的违法失职行为,有权对保护消费者权益工作提出批评、建议。

精 解

1. 本条及相关法条规定了消费者的9项权利:

(1)安全保障权(第7条);

(2)知悉真情权,又称知情权(第8条);

(3)自主选择权(第9条);

(4)公平交易权(第10条);

(5)获得赔偿权(第11条);

(6)成立团体权(第12条);

(7)获取相关知识权(第13条);

(8)人格尊严、民族风俗习惯受尊重权(第14条);

(9)监督、批评、建议、检举、控告权(第15条)。

2. 对这些权利种类,考生应当了解,并通过阅读以上条文,掌握各个权利的内容。考试的角度主要在于判断权利的内容。例如,刘某在个体摊贩王某处挑选皮鞋,王某介绍一双皮鞋让刘某试穿,刘某感觉不合适,便脱下来要走,但王某执意要刘某买下这双鞋。王某的行为侵犯了消费者刘某的自主选择权和公平交易权。由此可见,考生具有能从一些日常交易案例中判断出消费者被侵犯了哪一种或哪几种权利的能力特别重要。

3. 第9条和第10条所规定的自主选择权与公平交易权联系非常紧密,往往是一个问题的两个方面,现实中经营者一种行为往往同时侵犯了消费者的这两个权利,望考生留意。

重点法条 2 经营者安全保障义务

第十八条 经营者应当保证其提供的商品或者服务符合保障人身、财产安全的要求,对可能危及人身、财产安全的商品和服务,应当向消费者作出真实的说明和明确的警示,并说明和标明正确使用商品或者接受服务的方法以及防止危害发生的方法。

宾馆、商场、餐馆、银行、机场、车站、港口、影剧院等经营场所的经营者,应当对消费者尽到安全保障义务。

【相关法条】《产品质量法》(2018年12月29日修正)

第46条 本法所称缺陷,是指产品存在危及人身、他人财产安全的不合理的危险;产品有保障人体健康和人身、财产安全的国家标准、行业标准的,是指不符合该标准。

重点法条 3 真实信息告知义务

第二十条 经营者向消费者提供有关商品或者服务的质量、性能、用途、有效期限等信息,应当真实、全面,不得作虚假或者引人误解的宣传。

经营者对消费者就其提供的商品或者服务的质量和使用方法等问题提出的询问,应当作出真实、明确的答复。

经营者提供商品或者服务应当明码标价。

【相关法条】《消费者权益保护法》

第22条 经营者提供商品或者服务,应当按照国家有关规定或者商业惯例向消费者出具发票等购货凭证或者服务单据;消费者索要发票等购货凭证或者服务单据的,经营者必须出具。

精 解

《消费者权益保护法》第3章"经营者的义务"的考查重点类似于第2章,都非常重视考查灵活运用法条的能力。但相比之下,第3章内容又更复杂一些。

具体到本条,经营者有3大义务:(1)不作虚假宣传;(2)如实、明确答复消费者的询问;(3)经营者应明码标价。《消费者权益保护法》修订后第3款规定了一切经营者(如摊贩)都有此义务,要特别注意这一变动;考生还应了解第22条规定的经营者出具发票等购货凭证或者服务单据的义务。

第20条第1款的"虚假宣传"与《反不正当竞争法》的"虚假宣传"行为,略有不同,因为后者着眼于损害竞争对手、在竞争中获胜,而前者着眼于欺骗消费者。

重点法条 4 真实标识义务

第二十一条 经营者应当标明其真实名称和标记。

租赁他人柜台或者场地的经营者,应当标明其真实名称和标记。

精 解

本条强调经营者表明自己真实身份的义务,不得欺骗消费者,重点在于第21条第2款:租赁经营者不能冒用他人(出租者)的名称与标记,而应当标明自己的身份(名称与标志)。

重点法条 5 质量保证义务

第二十三条 经营者应当保证在正常使用商品或者接受服务的情况下其提供的商品或者服务应当具有的质量、性能、用途和有效期限;但消费者在购买该商品或者接受该服务前已经知道其存在瑕疵,且存在该瑕疵不违反法律强制性规定的除外。

经营者以广告、产品说明、实物样品或者其他方式表明商品或者服务的质量状况的,应当保证其提供的商品或者服务的实际质量与表明的质量状况相符。

经营者提供的机动车、计算机、电视机、电冰箱、空调器、洗衣机等耐用商品或者装饰装修等服务,消费者自接受商品或者服务之日起6个月内发现瑕疵,发生争议的,由经营者承担有关瑕疵的举证责任。

精 解

1. 特别注意第1款有但书规定,"且存在该瑕疵不违反法律强制性规定的"是修订时增加的内容,即消费者购买时明知的,且存在该瑕疵不违反法律强制性规定的,经营者质量瑕疵担保责任可免除。该法条要求考生能够判断出违反法律强制性规定的情形。

2. 第23条第2款规定的实质上是经营者的明示担保义务。该条第3款是法律修订后增加的内容,规定了经营者对相关消费品6个月内的瑕疵举证责任,考生当特别注意。该规定实行举证责任倒置,解决了现实中消费者作为弱势群体举证难的问题,注意该规定仅适用于机动车等耐用品和装饰装修等服务,且仅限于购买或者接受服务之日起6个月内。

重点法条 6 禁止经营者以格式条款等方式免责

第二十六条 经营者在经营活动中使用格式条款的,应当以显著方式提请消费者注意商品或者服务的数量和质量、价款或者费用、履行期限和方式、安全注意事项和风险警示、售后服务、民事责任等与消费者有重大利害关系的内容,并按照消费者的要求予以说明。

经营者不得以格式条款、通知、声明、店堂告示等方式,作出排除或者限制消费者权利、减轻或者免除经营者责任、加重消费者责任等对消费者不公平、不合理的规定,不得利用格式条款并借助技术手段强制交易。

格式条款、通知、声明、店堂告示等含有前款所列内容的,其内容无效。

重点法条 7 合理使用个人信息

第二十九条 经营者收集、使用消费者个人信息,应当遵循合法、正当、必要的原则,明示收集、使用信息的目的、方式和范围,并经消费者同意。经营者收集、使用消费者个人信息,应当公开其收集、使用规则,不得违反法律、法规的规定和双方的约定收集、使用信息。

经营者及其工作人员对收集的消费者个人信息必须严格保密,不得泄露、出售或者非法向他人提供。经营者应当采取技术措施和其他必要措施,确保信息安全,防止消费者个人信息泄露、丢失。在发生或者可能发生信息泄露、丢失的情况时,应当立即采取补救措施。

经营者未经消费者同意或者请求,或者消费者明确表示拒绝的,不得向其发送商业性信息。

重点法条 8 赔偿请求权

第四十条 消费者在购买、使用商品时,其合法权益受到损害的,可以向销售者要求赔偿。销售者赔偿后,属于生产者的责任或者属于向销售者提供商品的其他销售者的责任的,销售者有权向生产者或者其他销售者追偿。

消费者或者其他受害人因商品缺陷造成人身、财产损害的,可以向销售者要求赔偿,也可以向生产者要求赔偿。属于生产者责任的,销售者赔偿后,有权向生产者追偿。属于销售者责任的,生产者赔偿后,有权向销售者追偿。

消费者在接受服务时,其合法权益受到损害的,可以向服务者要求赔偿。

重点法条 9 展销、柜台经营的损害赔偿

第四十三条 消费者在展销会、租赁柜台购买商品或者接受服务,其合法权益受到损害的,可以向销售者或者服务者要求赔偿。展销会结束或者柜台租赁期满后,也可以向展销会的举办者、柜台的出租者要求赔偿。展销会的举办者、柜台的出租者赔偿后,有权向销售者或者服务者追偿。

重点法条 10 网络交易平台的赔偿责任

第四十四条 消费者通过网络交易平台购买商品或者接受服务,其合法权益受到损害的,可以向销售者或者服务者要求赔偿。网络交易平台提供者不能提供销售者或者服务者的真实名称、地址和有效联系方式的,消费者也可以向网络交易平台提供者要求赔偿;网络交易平台提供者作出更有利于消费者的承诺的,应当履行承诺。网络交易平台提供者赔偿后,有权向销售者或者服务者追偿。

网络交易平台提供者明知或者应知销售者或者服务者利用其平台侵害消费者合法权益,未采取必要措施的,依法与该销售者或者服务者承担连带责任。

精 解

1. 消费者合法权益受到了损害,网络交易平台提供者不能提供销售者或者服务者的真实名称、地址和有效联系方式的承担替代责任,事后有权向侵权主体追偿。

2. 网络交易平台明知或者应知侵权但未采取必要措施的,承担连带责任。

重点法条 11 虚假广告损害赔偿

第四十五条 消费者因经营者利用虚假广告或者其他虚假宣传方式提供商品或者服务,其合法权益受到损害的,可以向经营者要求赔偿。广告经营者、发布者发布虚假广告的,消费者可以请求行政主管部门予以惩处。广告经营者、发布者不能提供经营者的真实名称、地址和有效联系方式的,应当承担赔偿责任。

广告经营者、发布者设计、制作、发布关系消费者生命健康商品或者服务的虚假广告,造成消费者损害的,应当与提供该商品或者服务的经营者承担连带责任。

社会团体或者其他组织、个人在关系消费者生命健康商品或者服务的虚假广告或者其他虚假宣传中向消费者推荐商品或者服务,造成消费者损害的,应当与提供该商品或者服务的经营者承担连带责任。

重点法条 12 售后服务义务

第二十四条 经营者提供的商品或者服务不符合质量要求的,消费者可以依照国家规定、当事人约定退货,或者要求经营者履行更换、修理等义务。没有国家规定和当事人约定的,消费者可以自收到商品之日起7日内退货;7日后符合法定解除合同条件的,消费者可以及时退货,不符合法定解除合同条件的,可以要求经营者履行更换、修理等义务。

依照前款规定进行退货、更换、修理的,经营者应当承担运输等必要费用。

第二十五条 经营者采用网络、电视、电话、邮购等方式销售商品,消费者有权自收到商品之日起7日内退货,且无需说明理由,但下列商品除外:

(一)消费者定作的;

(二)鲜活易腐的;

(三)在线下载或者消费者拆封的音像制品、计算机软件等数字化商品;

(四)交付的报纸、期刊。

除前款所列商品外,其他根据商品性质并经消费者在购买时确认不宜退货的商品,不适用无理由退货。

消费者退货的商品应当完好。经营者应当自收到退回商品之日起7日内返还消费者支付的商品价款。退回商品的运费由消费者承担;经营者和消费者另有约定的,按照约定。

第五十四条 依法经有关行政部门认定为不合格的商品,消费者要求退货的,经营者应当负责退货。

【相关法条】《消费者权益保护法》

第53条　经营者以预收款方式提供商品或者服务的,应当按照约定提供。未按照约定提供的,应当按照消费者的要求履行约定或者退回预付款;并应当承担预付款的利息、消费者必须支付的合理费用。

产品质量法

【导读】　本法的考点主要是生产者和销售者的产品质量责任和义务、生产者和销售者之间责任的归属以及其他责任主体,主要分布如下:(1)生产者的产品质量责任和义务(第26~27条),产品质量责任的承担顺序(第40条);(2)生产者的赔偿责任(第41条)、销售者的赔偿责任(第42条)、生产者和销售者的连带责任(第43条);(3)产品责任的诉讼时效(第45条),注意关于2年和10年的规定。《产品质量法》同《消费者权益保护法》一样,也是易懂并且知识点比较集中,只要掌握了重点法条即可。

重点法条 1　标识要求

第二十七条　产品或者其包装上的标识必须真实,并符合下列要求:

(一)有产品质量检验合格证明;

(二)有中文标明的产品名称、生产厂厂名和厂址;

(三)根据产品的特点和使用要求,需要标明产品规格、等级、所含主要成分的名称和含量的,用中文相应予以标明;需要事先让消费者知晓的,应当在外包装上标明,或者预先向消费者提供有关资料;

(四)限期使用的产品,应当在显著位置清晰地标明生产日期和安全使用期或者失效日期;

(五)使用不当,容易造成产品本身损坏或者可能危及人身、财产安全的产品,应当有警示标志或者中文警示说明。

裸装的食品和其他根据产品的特点难以附加标识的裸装产品,可以不附加产品标识。

【相关法条】《产品质量法》

第26条　生产者应当对其生产的产品质量负责。

产品质量应当符合下列要求:

(一)不存在危及人身、财产安全的不合理的危险,有保障人体健康和人身、财产安全的国家标准、行业标准的,应当符合该标准;

(二)具备产品应当具备的使用性能,但是,对产品存在使用性能的瑕疵作出说明的除外;

(三)符合在产品或者其包装上注明采用的产品标准,符合以产品说明、实物样品等方式表明的质量状况。

精　解

1. 考生应熟悉第27条第1款各项内容。

2. 重点识记第27条第1款第4~5项,尤其是第5项,注意哪两类产品应有警示标志或中文说明。注意与《消费者权益保护法》第18条的联系。

3. 了解第27条第2款:裸装产品可不附加产品标识。

重点法条 2　售出产品不合格的处理

第四十条　售出的产品有下列情形之一的,销售者应当负责修理、更换、退货;给购买产品的消费者造成损失的,销售者应当赔偿损失:

(一)不具备产品应当具备的使用性能而事先未作说明的;

(二)不符合在产品或者其包装上注明采用的产品标准的;

(三)不符合以产品说明、实物样品等方式表明的质量状况的。

销售者依照前款规定负责修理、更换、退货、赔偿损失后,属于生产者的责任或者属于向销售者提供产品的其他销售者(以下简称供货者)的责任的,销售者有权向生产者、供货者追偿。

销售者未按照第一款规定给予修理、更换、退货或者赔偿损失的,由市场监督管理部门责令改正。

生产者之间,销售者之间,生产者与销售者之间订立的买卖合同、承揽合同有不同约定的,合同当事人按照合同约定执行。

第四十一条 因产品存在缺陷造成人身、缺陷产品以外的其他财产(以下简称他人财产)损害的,生产者应当承担赔偿责任。

生产者能够证明有下列情形之一的,不承担赔偿责任:

(一)未将产品投入流通的;

(二)产品投入流通时,引起损害的缺陷尚不存在的;

(三)将产品投入流通时的科学技术水平尚不能发现缺陷的存在的。

第四十二条 由于销售者的过错使产品存在缺陷,造成人身、他人财产损害的,销售者应当承担赔偿责任。

销售者不能指明缺陷产品的生产者也不能指明缺陷产品的供货者的,销售者应当承担赔偿责任。

第四十三条 因产品存在缺陷造成人身、他人财产损害的,受害人可以向产品的生产者要求赔偿,也可以向产品的销售者要求赔偿。属于产品的生产者的责任,产品的销售者赔偿的,产品的销售者有权向产品的生产者追偿。属于产品的销售者的责任,产品的生产者赔偿的,产品的生产者有权向产品的销售者追偿。

重点法条 3 诉讼时效与缺陷解释

第四十五条 因产品存在缺陷造成损害要求赔偿的诉讼时效期间为2年,自当事人知道或者应当知道其权益受到损害时起计算。

因产品存在缺陷造成损害要求赔偿的请求权,在造成损害的缺陷产品交付最初消费者满10年丧失;但是,尚未超过明示的安全使用期的除外。

第四十六条 本法所称缺陷,是指产品存在危及人身、他人财产安全的不合理的危险;产品有保障人体健康和人身、财产安全的国家标准、行业标准的,是指不符合该标准。

食品安全法

【导读】 本法考点比较分散,但一般都是直接考查法条内容,以下两点是本法的制度性突破,请考生予以必要的关注:(1)食品安全风险监测和评估(第14条)。(2)确立了不安全食品召回制度(第63条)。

重点法条 1 监测制度

第十四条 国家建立食品安全风险监测制度,对食源性疾病、食品污染以及食品中的有害因素进行监测。

国务院卫生行政部门会同国务院食品安全监督管理等部门,制定、实施国家食品安全风险监测计划。

国务院食品安全监督管理部门和其他有关部门获知有关食品安全风险信息后,应当立即核实并向国务院卫生行政部门通报。对有关部门通报的食品安全风险信息以及医疗机构报告的食源性疾病等有关疾病信息,国务院卫生行政部门应当会同国务院有关部门分析研究,认为必要的,及时调整国家食品安全风险监测计划。

省、自治区、直辖市人民政府卫生行政部门会同同级食品安全监督管理等部门,根据国家食品安全风险监测计划,结合本行政区域的具体情况,制定、调整本行政区域的食品安全风险监测方案,报国务院卫生行政部门备案并实施。

重点法条 2 食品生产经营、食品添加剂生产许可制度

第三十五条 国家对食品生产经营实行许可制度。从事食品生产、食品销售、餐饮服务,应当依法取得许可。但是,销售食用农产品和仅销售预包装食品的,不需要取得许可。仅销售预包装食品的,应当报所在地县级以上地方人民政府食品安全监督管理部门备案。

县级以上地方人民政府食品安全监督管理部门应当依照《中华人民共和国行政许可法》的规定,审核申请人提交的本法第33条第1款第1项至第4项规定要求的相关资料,必要时对申请人的生产经营场所进行现场核查;对符合规定条件的,准予许可;对不符合规定条件的,不予许可并书面说明理由。

第三十六条 食品生产加工小作坊和食品摊贩

等从事食品生产经营活动，应当符合本法规定的与其生产经营规模、条件相适应的食品安全要求，保证所生产经营的食品卫生、无毒、无害，食品安全监督管理部门应当对其加强监督管理。

县级以上地方人民政府应当对食品生产加工小作坊、食品摊贩等进行综合治理，加强服务和统一规划，改善其生产经营环境，鼓励和支持其改进生产经营条件，进入集中交易市场、店铺等固定场所经营，或者在指定的临时经营区域、时段经营。

食品生产加工小作坊和食品摊贩等的具体管理办法由省、自治区、直辖市制定。

第三十九条 国家对食品添加剂生产实行许可制度。从事食品添加剂生产，应当具有与所生产食品添加剂品种相适应的场所、生产设备或者设施、专业技术人员和管理制度，并依照本法第35条第2款规定的程序，取得食品添加剂生产许可。

生产食品添加剂应当符合法律、法规和食品安全国家标准。

【相关法条】《食品安全法》

第48条 国家鼓励食品生产经营企业符合良好生产规范要求，实施危害分析与关键控制点体系，提高食品安全管理水平。

对通过良好生产规范、危害分析与关键控制点体系认证的食品生产经营企业，认证机构应当依法实施跟踪调查；对不再符合认证要求的企业，应当依法撤销认证，及时向县级以上人民政府食品安全监督管理部门通报，并向社会公布。认证机构实施跟踪调查不得收取费用。

重点法条 3 食品召回制度

第六十三条 国家建立食品召回制度。食品生产者发现其生产的食品不符合食品安全标准或者有证据证明可能危害人体健康的，应当立即停止生产，召回已经上市销售的食品，通知相关生产经营者和消费者，并记录召回和通知情况。

食品经营者发现其经营的食品有前款规定情形的，应当立即停止经营，通知相关生产经营者和消费者，并记录停止经营和通知情况。食品生产者认为应当召回的，应当立即召回。由于食品经营者的原因造成其经营的食品有前款规定情形的，食品经营者应当召回。

食品生产经营者应当对召回的食品采取无害化处理、销毁等措施，防止其再次流入市场。但是，对因标签、标志或者说明书不符合食品安全标准而被召回的食品，食品生产者在采取补救措施且能保证食品安全的情况下可以继续销售；销售时应当向消费者明示补救措施。

食品生产经营者应当将食品召回和处理情况向所在地县级人民政府食品安全监督管理部门报告；需要对召回的食品进行无害化处理、销毁的，应当提前报告时间、地点。食品安全监督管理部门认为必要的，可以实施现场监督。

食品生产经营者未依照本条规定召回或者停止经营的，县级以上人民政府食品安全监督管理部门可以责令其召回或者停止经营。

商业银行法

【导读】 本法考查法条较多，但考生只要抓住两条思路：(1)商业银行在本质上是公司，应当适用《公司法》《证券法》《企业破产法》的相关规定。(2)商业银行是金融体系中的特殊的主体，因此在设立、资本、分支机构、高管、股东、业务限制、接管、破产等方面有特殊的规定。

需要掌握的法条有：(1)第11条，商业银行的设立审批；(2)第13条，商业银行注册资本的法定最低限额；(3)第19、23条，商业银行分支机构的法律规定；(4)第64～67条，商业银行的接管及其期限。

重点法条 1 商业银行的业务范围；商业银行的设立

第三条 商业银行可以经营下列部分或者全部业务：

(一)吸收公众存款；

(二)发放短期、中期和长期贷款；

(三)办理国内外结算;

(四)办理票据承兑与贴现;

(五)发行金融债券;

(六)代理发行、代理兑付、承销政府债券;

(七)买卖政府债券、金融债券;

(八)从事同业拆借;

(九)买卖、代理买卖外汇;

(十)从事银行卡业务;

(十一)提供信用证服务及担保;

(十二)代理收付款项及代理保险业务;

(十三)提供保管箱服务;

(十四)经国务院银行业监督管理机构批准的其他业务。

经营范围由商业银行章程规定,报国务院银行业监督管理机构批准。

商业银行经中国人民银行批准,可以经营结汇、售汇业务。

第十一条 设立商业银行,应当经国务院银行业监督管理机构审查批准。

未经国务院银行业监督管理机构批准,任何单位和个人不得从事吸收公众存款等商业银行业务,任何单位不得在名称中使用“银行”字样。

第十九条 商业银行根据业务需要可以在中华人民共和国境内外设立分支机构。设立分支机构必须经国务院银行业监督管理机构审查批准。在中华人民共和国境内的分支机构,不按行政区划设立。

商业银行在中华人民共和国境内设立分支机构,应当按照规定拨付与其经营规模相适应的营运资金额。拨付各分支机构营运资金额的总和,不得超过总行资本金总额的60%。

第二十三条 经批准设立的商业银行及其分支机构,由国务院银行业监督管理机构予以公告。

商业银行及其分支机构自取得营业执照之日起无正当理由超过6个月未开业的,或者开业后自行停业连续6个月以上的,由国务院银行业监督管理机构吊销其经营许可证,并予以公告。

第二十八条 任何单位和个人购买商业银行股份总额5%以上的,应当事先经国务院银行业监督管理机构批准。

【相关法条】《商业银行法》

第13条 设立全国性商业银行的注册资本最低限额为10亿元人民币。设立城市商业银行的注册资本最低限额为1亿元人民币,设立农村商业银行的注册资本最低限额为5000万元人民币。注册资本应当是实缴资本。

国务院银行业监督管理机构根据审慎监管的要求可以调整注册资本最低限额,但不得少于前款规定的限额。

精　解

以上条文主要规定了商业银行主体制度上的相关考点,考生应注意以下几点:

1. 商业银行的设立规则采审批制(第11条),设立商业银行及分支机构都必须经过国务院银行业监督管理机构审查批准。

2. 记住商业银行、城市合作商业银行、农村合作商业银行各自的注册资本最低额。

3. 掌握商业银行分支机构营运资金额之拨付限制(第19条第2款)。

重点法条 2　商业银行贷款制度

第三十五条 商业银行贷款,应当对借款人的借款用途、偿还能力、还款方式等情况进行严格审查。

商业银行贷款,应当实行审贷分离、分级审批的制度。

第三十六条 商业银行贷款,借款人应当提供担保。商业银行应当对保证人的偿还能力,抵押物、质物的权属和价值以及实现抵押权、质权的可行性进行严格审查。

经商业银行审查、评估,确认借款人资信良好,确能偿还贷款的,可以不提供担保。

第四十条 商业银行不得向关系人发放信用贷款;向关系人发放担保贷款的条件不得优于其他借款人同类贷款的条件。

前款所称关系人是指:

(一)商业银行的董事、监事、管理人员、信贷业务人员及其近亲属;

(二)前项所列人员投资或者担任高级管理职务的公司、企业和其他经济组织。

重点法条 3　商业银行的权利和业务范围

第四十一条 任何单位和个人不得强令商业银

行发放贷款或者提供担保。商业银行有权拒绝任何单位和个人强令要求其发放贷款或者提供担保。

第四十二条 借款人应当按期归还贷款的本金和利息。

借款人到期不归还担保贷款的，商业银行依法享有要求保证人归还贷款本金和利息或者就该担保物优先受偿的权利。商业银行因行使抵押权、质权而取得的不动产或者股权，应当自取得之日起2年内予以处分。

借款人到期不归还信用贷款的，应当按照合同约定承担责任。

第四十三条 商业银行在中华人民共和国境内不得从事信托投资和证券经营业务，不得向非自用不动产投资或者向非银行金融机构和企业投资，但国家另有规定的除外。

重点法条 4 商业银行的接管

第六十四条 商业银行已经或者可能发生信用危机，严重影响存款人的利益时，国务院银行业监督管理机构可以对该银行实行接管。

接管的目的是对被接管的商业银行采取必要措施，以保护存款人的利益，恢复商业银行的正常经营能力。被接管的商业银行的债权债务关系不因接管而变化。

第六十五条 接管由国务院银行业监督管理机构决定，并组织实施。国务院银行业监督管理机构的接管决定应当载明下列内容：

（一）被接管的商业银行名称；

（二）接管理由；

（三）接管组织；

（四）接管期限。

接管决定由国务院银行业监督管理机构予以公告。

第六十六条 接管自接管决定实施之日起开始。

自接管开始之日起，由接管组织行使商业银行的经营管理权力。

第六十七条 接管期限届满，国务院银行业监督管理机构可以决定延期，但接管期限最长不得超过2年。

第六十八条 有下列情形之一的，接管终止：

（一）接管决定规定的期限届满或者国务院银行业监督管理机构决定的接管延期届满；

（二）接管期限届满前，该商业银行已恢复正常经营能力；

（三）接管期限届满前，该商业银行被合并或者被依法宣告破产。

精 解

1. 接管的原因：商业银行已经或可能发生信用危机，严重影响存款人的利益。

2. 接管的目的：保护存款人利益，恢复商业银行的经营能力。

3. 接管由国务院银行业监督管理机构决定，并由国务院银行业监督管理机构公告。

4. 接管的效果：

（1）接管组织自接管开始之日，行使商业银行的经营管理权力。

（2）接管不影响被接管的商业银行的债权债务关系。

（3）接管期限是由国务院银行业监督管理机构决定的，这是第65条第4项的规定。

5. 接管期限与接管终止的事由必须掌握。3个事由非常容易把握：一是期限届满，二是“病好了”，三是“死了”。

重点法条 5 商业银行的破产和清算

第七十一条 商业银行不能支付到期债务，经国务院银行业监督管理机构同意，由人民法院依法宣告其破产。商业银行被宣告破产的，由人民法院组织国务院银行业监督管理机构等有关部门和有关人员成立清算组，进行清算。

【相关法条】《企业破产法》(2006年8月27日通过)

第2条 企业法人不能清偿到期债务，并且资产不足以清偿全部债务或者明显缺乏清偿能力的，依照本法规定清理债务。

第7条 债务人有本法第2条的情形，可以向人民法院提出重整、和解或者破产清算申请。

债务人不能清偿到期债务，债权人可以向人民法院提出对债务人进行重整或者破产清算的申请。

企业法人已解散但未清算或者未清算完毕，资产不足以清偿债务的，依法负有清算责任的人应当向人民法院申请破产清算。

第134条 商业银行、证券公司、保险公司等金融机构有本法第2条规定情形的，国务院金融监督管理机构可以向人民法院提出对该金融机构进行重整或者破产清算的申请。国务院金融监督管理机构依法对出现重大经营风险的金融机构采取接管、托管等措施的,可以向人民法院申请中止以该金融机构为被告或者被执行人的民事诉讼程序或者执行程序。

金融机构实施破产的,国务院可以依据本法和其他有关法律的规定制定实施办法。

精 解

1. 商业银行破产,应经国务院银行业监督管理机构同意。

2. 商业银行破产清算组织的组成。

3. 破产清算支付费用先后顺序。注意支付个人储蓄存款本息应优先于单位存款本息以及其他一般债权。

4. 接管不是破产必经的程序。

5. 在债务偿还先后顺序上,对个人储蓄存款的本金和利息的支付不能优先于清算费用、所欠职工工资和劳动保险费用。

银行业监督管理法

【导读】 《银行业监督管理法》属于一个小法,但重点也比较突出,主要考查一些行政管理措施的细节性规定。考生需要注意,本法的核心在于"监管",复习时从"监管"一词入手,注意监管的主体、职责、方式和处理措施。

重点法条 1 对银行业金融机构的监管

第二条 国务院银行业监督管理机构负责对全国银行业金融机构及其业务活动监督管理的工作。

本法所称银行业金融机构,是指在中华人民共和国境内设立的商业银行、城市信用合作社、农村信用合作社等吸收公众存款的金融机构以及政策性银行。

对在中华人民共和国境内设立的金融资产管理公司、信托投资公司、财务公司、金融租赁公司以及经国务院银行业监督管理机构批准设立的其他金融机构的监督管理,适用本法对银行业金融机构监督管理的规定。

国务院银行业监督管理机构依照本法有关规定,对经其批准在境外设立的金融机构以及前二款金融机构在境外的业务活动实施监督管理。

第八条 国务院银行业监督管理机构根据履行职责的需要设立派出机构。国务院银行业监督管理机构对派出机构实行统一领导和管理。

国务院银行业监督管理机构的派出机构在国务院银行业监督管理机构的授权范围内,履行监督管理职责。

重点法条 2 银行业金融机构的经营规则

第十五条 国务院银行业监督管理机构依照法律、行政法规制定并发布对银行业金融机构及其业务活动监督管理的规章、规则。

第十六条 国务院银行业监督管理机构依照法律、行政法规规定的条件和程序,审查批准银行业金融机构的设立、变更、终止以及业务范围。

第十九条 未经国务院银行业监督管理机构批准,任何单位或者个人不得设立银行业金融机构或者从事银行业金融机构的业务活动。

重点法条 3 银行业监督管理机构职责

第二十三条 银行业监督管理机构应当对银行业金融机构的业务活动及其风险状况进行非现场监管,建立银行业金融机构监督管理信息系统,分析、评价银行业金融机构的风险状况。

第二十四条 银行业监督管理机构应当对银行业金融机构的业务活动及其风险状况进行现场检查。

国务院银行业监督管理机构应当制定现场检查程序,规范现场检查行为。

第二十五条 国务院银行业监督管理机构应当

对银行业金融机构实行并表监督管理。

第二十八条 国务院银行业监督管理机构应当建立银行业突发事件的发现、报告岗位责任制度。

银行业监督管理机构发现可能引发系统性银行业风险、严重影响社会稳定的突发事件的，应当立即向国务院银行业监督管理机构负责人报告；国务院银行业监督管理机构负责人认为需要向国务院报告的，应当立即向国务院报告，并告知中国人民银行、国务院财政部门等有关部门。

重点法条 4 审慎经营规则及监督管理机构的监督检查

第二十一条 银行业金融机构的审慎经营规则，由法律、行政法规规定，也可以由国务院银行业监督管理机构依照法律、行政法规制定。

前款规定的审慎经营规则，包括风险管理、内部控制、资本充足率、资产质量、损失准备金、风险集中、关联交易、资产流动性等内容。

银行业金融机构应当严格遵守审慎经营规则。

第三十四条 银行业监督管理机构根据审慎监管的要求，可以采取下列措施进行现场检查：

（一）进入银行业金融机构进行检查；

（二）询问银行业金融机构的工作人员，要求其对有关检查事项作出说明；

（三）查阅、复制银行业金融机构与检查事项有关的文件、资料，对可能被转移、隐匿或者毁损的文件、资料予以封存；

（四）检查银行业金融机构运用电子计算机管理业务数据的系统。

进行现场检查，应当经银行业监督管理机构负责人批准。现场检查时，检查人员不得少于2人，并应当出示合法证件和检查通知书；检查人员少于2人或者未出示合法证件和检查通知书的，银行业金融机构有权拒绝检查。

第三十五条 银行业监督管理机构根据履行职责的需要，可以与银行业金融机构董事、高级管理人员进行监督管理谈话，要求银行业金融机构董事、高级管理人员就银行业金融机构的业务活动和风险管理的重大事项作出说明。

第三十六条 银行业监督管理机构应当责令银行业金融机构按照规定，如实向社会公众披露财务会计报告、风险管理状况、董事和高级管理人员变更以及其他重大事项等信息。

第三十八条 银行业金融机构已经或者可能发生信用危机，严重影响存款人和其他客户合法权益的，国务院银行业监督管理机构可以依法对该银行业金融机构实行接管或者促成机构重组，接管和机构重组依照有关法律和国务院的规定执行。

重点法条 5 银行业金融机构的接管、重组和撤销

第三十九条 银行业金融机构有违法经营、经营管理不善等情形，不予撤销将严重危害金融秩序、损害公众利益的，国务院银行业监督管理机构有权予以撤销。

第四十条 银行业金融机构被接管、重组或者被撤销的，国务院银行业监督管理机构有权要求该银行业金融机构的董事、高级管理人员和其他工作人员，按照国务院银行业监督管理机构的要求履行职责。

在接管、机构重组或者撤销清算期间，经国务院银行业监督管理机构负责人批准，对直接负责的董事、高级管理人员和其他直接责任人员，可以采取下列措施：

（一）直接负责的董事、高级管理人员和其他直接责任人员出境将对国家利益造成重大损失的，通知出境管理机关依法阻止其出境；

（二）申请司法机关禁止其转移、转让财产或者对其财产设定其他权利。

第四十一条 经国务院银行业监督管理机构或者其省一级派出机构负责人批准，银行业监督管理机构有权查询涉嫌金融违法的银行业金融机构及其工作人员以及关联行为人的账户；对涉嫌转移或者隐匿违法资金的，经银行业监督管理机构负责人批准，可以申请司法机关予以冻结。

第四十二条 银行业监督管理机构依法对银行业金融机构进行检查时，经设区的市一级以上银行业监督管理机构负责人批准，可以对与涉嫌违法事项有关的单位和个人采取下列措施：

（一）询问有关单位或者个人，要求其对有关情况作出说明；

（二）查阅、复制有关财务会计、财产权登记等文件、资料；

（三）对可能被转移、隐匿、毁损或者伪造的文件、资料，予以先行登记保存。

银行业监督管理机构采取前款规定措施，调查人员不得少于2人，并应当出示合法证件和调查通知书；调查人员少于2人或者未出示合法证件和调查通知书的，有关单位或者个人有权拒绝。对依法采取的措施，有关单位和个人应当配合，如实说明有关情况并提供有关文件、资料，不得拒绝、阻碍和隐瞒。

税收征收管理法

【导读】《税收征收管理法》（含《税收征收管理法实施细则》）在法考中主要考查两个方面：税务管理和税款征收，其中黄金考点是税收保全和税收强制执行措施。

重点法条 1 缴纳与解缴期限

第三十一条 纳税人、扣缴义务人按照法律、行政法规规定或者税务机关依照法律、行政法规的规定确定的期限，缴纳或者解缴税款。

纳税人因有特殊困难，不能按期缴纳税款的，经省、自治区、直辖市国家税务局、地方税务局批准，可以延期缴纳税款，但是最长不得超过3个月。

【相关法条】《税收征收管理法》

第32条 纳税人未按照规定期限缴纳税款的，扣缴义务人未按照规定期限解缴税款的，税务机关除责令限期缴纳外，从滞纳税款之日起，按日加收滞纳税款万分之五的滞纳金。

第33条 纳税人依照法律、行政法规的规定书面申请减税、免税。

地方各级人民政府、各级人民政府主管部门、单位和个人违反法律、行政法规规定，擅自作出的减税、免税决定无效，税务机关不得执行，并向上级税务机关报告。

第34条 税务机关征收税款时，必须给纳税人开具完税凭证。扣缴义务人代扣、代收税款时，纳税人要求扣缴义务人开具代扣、代收税款凭证的，扣缴义务人应当开具。

《税收征收管理法实施细则》（以下简称《实施细则》，2016年2月6日修订）

第41条 纳税人有下列情形之一的，属于税收征管法第31条所称特殊困难：

（一）因不可抗力，导致纳税人发生较大损失，正常生产经营活动受到较大影响的；

（二）当期货币资金在扣除应付职工工资、社会保险费后，不足以缴纳税款的。

计划单列市国家税务局、地方税务局可以参照税收征管法第31条第2款的批准权限，审批纳税人延期缴纳税款。

精 解

本条需要注意以下几点。

1. 只有纳税人可以延期缴纳税款，扣缴义务人必须按照规定期限缴纳税款，不得延期。

2. 纳税人延期缴纳税款必须是因有特殊困难，不能按期缴纳税款的。特殊困难是指：

（1）因不可抗力，导致纳税人发生较大损失，正常生产经营活动受到较大影响的；

（2）当期货币资金在扣除应付职工工资、社会保险费后，不足以缴纳税款的。

3. 纳税人需要延期缴纳税款的，应当在缴纳税款期限届满前提出申请，并报送有关材料。

4. 纳税人延期缴纳税款必须经过省、自治区、直辖市国家税务局、地方税务局批准，计划单列市国家税务局、地方税务局也可以批准。

5. 延长期间：延期缴纳税款最长不得超过3个月。

重点法条 2 税务扣押

第三十七条 对未按照规定办理税务登记的从事生产、经营的纳税人以及临时从事经营的纳税人，由税务机关核定其应纳税额，责令缴纳；不缴纳的，税务机关可以扣押其价值相当于应纳税款的商品、货物。扣押后缴纳应纳税款的，税务机关必须立即解除扣押，并归还所扣押的商品、货物；扣押后仍不缴纳应纳税款的，经县以上税务局（分局）局长批准，依法拍卖或者变卖所扣押的商品、货物，以拍卖或者变卖所得抵缴税款。

精 解

本条规定的是核定税额情形下的强制措施，注意其适用条件和程序：

1. 纳税人不缴纳应纳税款，可以扣押其价值相当于应纳税款的商品、货物，此措施由税务机关采取，无级别限制。

2. 采取上述扣押措施后纳税人仍不缴纳应纳税款的，可以依法拍卖或者变卖所扣押的商品、货物抵缴税款，此项措施需要经县以上税务局（分局）局长批准。

3. 第37条的强制措施针对的对象是未按照规定办理税务登记的从事生产、经营的纳税人以及临时从事经营的纳税人。

重点法条 3 税收保全

第三十八条 税务机关有根据认为从事生产、经营的纳税人有逃避纳税义务行为的，可以在规定的纳税期之前，责令限期缴纳应纳税款；在限期内发现纳税人有明显的转移、隐匿其应纳税的商品、货物以及其他财产或者应纳税的收入的迹象的，税务机关可以责成纳税人提供纳税担保。如果纳税人不能提供纳税担保，经县以上税务局（分局）局长批准，税务机关可以采取下列税收保全措施：

（一）书面通知纳税人开户银行或者其他金融机构冻结纳税人的金额相当于应纳税款的存款；

（二）扣押、查封纳税人的价值相当于应纳税款的商品、货物或者其他财产。

纳税人在前款规定的限期内缴纳税款的，税务机关必须立即解除税收保全措施；限期期满仍未缴纳税款的，经县以上税务局（分局）局长批准，税务机关可以书面通知纳税人开户银行或者其他金融机构从其冻结的存款中扣缴税款，或者依法拍卖或者变卖所扣押、查封的商品、货物或者其他财产，以拍卖或者变卖所得抵缴税款。

个人及其所扶养家属维持生活必需的住房和用品，不在税收保全措施的范围之内。

【相关法条】《实施细则》

第59条 税收征管法第38条、第40条所称其他财产，包括纳税人的房地产、现金、有价证券等不动产和动产。

机动车辆、金银饰品、古玩字画、豪华住宅或者一处以外的住房不属于税收征管法第38条、第40条、第42条所称个人及其所扶养家属维持生活必需的住房和用品。

税务机关对单价5000元以下的其他生活用品，不采取税收保全措施和强制执行措施。

第61条 税收征管法第38条、第88条所称担保，包括经税务机关认可的纳税保证人为纳税人提供的纳税保证，以及纳税人或者第三人以其未设置或者未全部设置担保物权的财产提供的担保。

纳税保证人，是指在中国境内具有纳税担保能力的自然人、法人或者其他经济组织。

法律、行政法规规定的没有担保资格的单位和个人，不得作为纳税担保人。

第69条 税务机关将扣押、查封的商品、货物或者其他财产变价抵缴税款时，应当交由依法成立的拍卖机构拍卖；无法委托拍卖或者不适于拍卖的，可以交由当地商业企业代为销售，也可以责令纳税人限期处理；无法委托商业企业销售，纳税人也无法处理的，可以由税务机关变价处理，具体办法由国家税务总局规定。国家禁止自由买卖的商品，应当交由有关单位按照国家规定的价格收购。

拍卖或者变卖所得抵缴税款、滞纳金、罚款以及拍卖、变卖等费用后，剩余部分应当在3日内退还被执行人。

精 解

1. 本条针对的是逃税（嫌疑）人。

2. 税务机关采取的措施有：（1）责令限期纳税；（2）责成提供纳税担保；（3）采取税收保全措施。注意以上措施是按步骤进行的。

3. 纳税担保包括保证和物保，国家机关以及其他没有担保资格的单位和个人不得作纳税担保人（《实施细则》第61条）。

4. 税收保全具体措施上注意以下几点：

（1）须经县以上税务局（分局）局长批准；

（2）包括两种措施：一种是冻结相当税款的存

款；另一种是扣押、查封相当税款的商品、货物、财产。

5. 税收强制执行措施：只有在限期期满仍未缴税的，经县以上局长批准，才可采取进一步措施：

(1)从存款中扣缴税款；

(2)拍卖或者变卖扣押、查封的商品、货物、财产。

重点提示 注意税收强制执行措施与税收保全措施不同，二者在适用上有先后顺序，不可混淆。

6. 注意《实施细则》第59、60条对个人所扶养的家属和生活必需品的界定。

7. 税务机关对扣押物品，应当拍卖，只有不能拍卖的，才能采取其他措施(参见《实施细则》第69条)。

8. 提请高度注意：第37、38、40条的措施只能由法定的税务机关采取。

重点法条 4 强制执行措施

第四十条 从事生产、经营的纳税人、扣缴义务人未按照规定的期限缴纳或者解缴税款，纳税担保人未按照规定的期限缴纳所担保的税款，由税务机关责令限期缴纳，逾期仍未缴纳的，经县以上税务局(分局)局长批准，税务机关可以采取下列强制执行措施：

(一)书面通知其开户银行或者其他金融机构从其存款中扣缴税款；

(二)扣押、查封、依法拍卖或者变卖其价值相当于应纳税款的商品、货物或者其他财产，以拍卖或者变卖所得抵缴税款。

税务机关采取强制执行措施时，对前款所列纳税人、扣缴义务人、纳税担保人未缴纳的滞纳金同时强制执行。

个人及其所扶养家属维持生活必需的住房和用品，不在强制执行措施的范围之内。

精 解

本条规定的是税收强制执行措施。

1. 本条针对的是逾期未缴税款的3类人：纳税人、扣缴义务人、纳税担保人。

2. 由税务机关先责令限期缴纳，逾期仍未缴纳的，可采取强制措施。

3. 经县以上税务局(分局)局长批准，税务机关的强制执行措施包括：

(1)扣缴税款；

(2)扣押、查封、拍卖商品、货物、财产。

4. 税务机关可同时强制执行滞纳金。

5. 本条之强制执行措施非常类似于第38条第3款的行为，而应严格区别于第38条第2款的税收保全措施。

企业所得税法

【导读】 纳税收入和免税收入是常考的知识点，都是法条的明确规定，没有太深的理论深度，并且考试一般也不会考查太深，掌握了重要的法条即可。

重点法条 1 居民企业和非居民企业

第一条 在中华人民共和国境内，企业和其他取得收入的组织(以下统称企业)为企业所得税的纳税人，依照本法的规定缴纳企业所得税。

个人独资企业、合伙企业不适用本法。

第二条 企业分为居民企业和非居民企业。

本法所称居民企业，是指依法在中国境内成立，或者依照外国(地区)法律成立但实际管理机构在中国境内的企业。

本法所称非居民企业，是指依照外国(地区)法律成立且实际管理机构不在中国境内，但在中国境内设立机构、场所的，或者在中国境内未设立机构、场所，但有来源于中国境内所得的企业。

第三条 居民企业应当就其来源于中国境内、境外的所得缴纳企业所得税。

非居民企业在中国境内设立机构、场所的，应当就其所设机构、场所取得的来源于中国境内的所得，以及发生在中国境外但与其所设机构、场所有实际联系的所得，缴纳企业所得税。

非居民企业在中国境内未设立机构、场所的，或者虽设立机构、场所但取得的所得与其所设机构、场所没有实际联系的,应当就其来源于中国境内的所得缴纳企业所得税。

第四条 企业所得税的税率为25%。

非居民企业取得本法第3条第3款规定的所得,适用税率为20%。

精 解

1. 个人独资企业、合伙企业不是企业所得税的纳税主体。

2. 识记居民企业与非居民企业的概念与类型。

3. 居民企业与非居民企业需要缴纳企业所得税的项目不同,注意进行比较记忆,把握细节,切勿混淆。重点掌握后者,尤其是第3条第3款。

重点法条 2 税收的征收范围

第七条 收入总额中的下列收入为不征税收入:

(一)财政拨款;

(二)依法收取并纳入财政管理的行政事业性收费、政府性基金;

(三)国务院规定的其他不征税收入。

重点法条 3 企业所得税的免征和减征

第二十五条 国家对重点扶持和鼓励发展的产业和项目,给予企业所得税优惠。

第二十六条 企业的下列收入为免税收入:

(一)国债利息收入;

(二)符合条件的居民企业之间的股息、红利等权益性投资收益;

(三)在中国境内设立机构、场所的非居民企业从居民企业取得与该机构、场所有实际联系的股息、红利等权益性投资收益;

(四)符合条件的非营利组织的收入。

第二十七条 企业的下列所得,可以免征、减征企业所得税:

(一)从事农、林、牧、渔业项目的所得;

(二)从事国家重点扶持的公共基础设施项目投资经营的所得;

(三)从事符合条件的环境保护、节能节水项目的所得;

(四)符合条件的技术转让所得;

(五)本法第3条第3款规定的所得。

第二十八条 符合条件的小型微利企业,减按20%的税率征收企业所得税。

国家需要重点扶持的高新技术企业,减按15%的税率征收企业所得税。

第三十条 企业的下列支出,可以在计算应纳税所得额时加计扣除:

(一)开发新技术、新产品、新工艺发生的研究开发费用;

(二)安置残疾人员及国家鼓励安置的其他就业人员所支付的工资。

精 解

税收优惠措施是多选题的好素材。要点包括以下几点:

1. 识记第26条免税收入项目。

2. 识记第27条减税收入项目。

3. 识记第28、29条两类特殊企业的减按税率。

4. 识记第30条计算应纳税所得额时加计扣除的项目。

个人所得税法

【导读】 《个人所得税法》内容相对简单,仅有22个条文,考点和重点条文比较少,需要注意的是:(1)第1条,个人所得税的纳税义务人。(2)第4条,免征个人所得税的所得。这是历年考查的重点。

重点法条 1 本法的适用对象

第一条 在中国境内有住所,或者无住所而一个纳税年度内在中国境内居住累计满183天的个人,为居民个人。居民个人从中国境内和境外取得的所得,依照本法规定缴纳个人所得税。

在中国境内无住所又不居住,或者无住所而一个纳税年度内在中国境内居住累计不满183天的个人,为非居民个人。非居民个人从中国境内取得的所得,依照本法规定缴纳个人所得税。

纳税年度，自公历一月一日起至十二月三十一日止。

精 解

本条十分重要。本法将个人所得税的纳税义务人分为两类：

1. 居民纳税人：境内有住所或无住所但居住满183天的，境内、境外所得均缴税。

2. 非居民纳税人：境内无住所又不居住或居住不满183天的，仅就境内所得交个人所得税。两者区别的重要意义就在于征税的范围是不同的，居民纳税人境内外所得都要缴纳个税，非居民纳税人仅就境内所得纳税。

重点法条 2 适用范围；税率；免税和减税；纳税调整

第二条 下列各项个人所得，应当缴纳个人所得税：

（一）工资、薪金所得；

（二）劳务报酬所得；

（三）稿酬所得；

（四）特许权使用费所得；

（五）经营所得；

（六）利息、股息、红利所得；

（七）财产租赁所得；

（八）财产转让所得；

（九）偶然所得。

居民个人取得前款第一项至第四项所得（以下称综合所得），按纳税年度合并计算个人所得税；非居民个人取得前款第一项至第四项所得，按月或者按次分项计算个人所得税。纳税人取得前款第五项至第九项所得，依照本法规定分别计算个人所得税。

第三条 个人所得税的税率：

（一）综合所得，适用3%至45%的超额累进税率（税率表附后）；

（二）经营所得，适用5%至35%的超额累进税率（税率表附后）；

（三）利息、股息、红利所得，财产租赁所得，财产转让所得和偶然所得，适用比例税率，税率为20%。

第四条 下列各项个人所得，免征个人所得税：

（一）省级人民政府、国务院部委和中国人民解放军军以上单位，以及外国组织、国际组织颁发的科学、教育、技术、文化、卫生、体育、环境保护等方面的奖金；

（二）国债和国家发行的金融债券利息；

（三）按照国家统一规定发给的补贴、津贴；

（四）福利费、抚恤金、救济金；

（五）保险赔款；

（六）军人的转业费、复员费、退役金；

（七）按照国家统一规定发给干部、职工的安家费、退职费、基本养老金或者退休费、离休费、离休生活补助费；

（八）依照有关法律规定应予免税的各国驻华使馆、领事馆的外交代表、领事官员和其他人员的所得；

（九）中国政府参加的国际公约、签订的协议中规定免税的所得；

（十）国务院规定的其他免税所得。

第五条 前款第十项免税规定，由国务院报全国人民代表大会常务委员会备案。

有下列情形之一的，可以减征个人所得税，具体幅度和期限，由省、自治区、直辖市人民政府规定，并报同级人民代表大会常务委员会备案：

（一）残疾、孤老人员和烈属的所得；

（二）因自然灾害遭受重大损失的。

国务院可以规定其他减税情形，报全国人民代表大会常务委员会备案。

第六条 应纳税所得额的计算：

（一）居民个人的综合所得，以每一纳税年度的收入额减除费用60000元以及专项扣除、专项附加扣除和依法确定的其他扣除后的余额，为应纳税所得额。

（二）非居民个人的工资、薪金所得，以每月收入额减除费用5000元后的余额为应纳税所得额；劳务报酬所得、稿酬所得、特许权使用费所得，以每次收入额为应纳税所得额。

（三）经营所得，以每一纳税年度的收入总额减除成本、费用以及损失后的余额，为应纳税所得额。

（四）财产租赁所得，每次收入不超过4000元的，减除费用800元；4000元以上的，减除20%的费用，其余额为应纳税所得额。

（五）财产转让所得，以转让财产的收入额减除财产原值和合理费用后的余额，为应纳税所得额。

（六）利息、股息、红利所得和偶然所得，以每次收入额为应纳税所得额。

劳务报酬所得、稿酬所得、特许权使用费所得以收入减除20%的费用后的余额为收入额。稿酬所得的收入额减按70%计算。

个人将其所得对教育、扶贫、济困等公益慈善事业进行捐赠,捐赠额未超过纳税人申报的应纳税所得额30%的部分,可以从其应纳税所得额中扣除;国务院规定对公益慈善事业捐赠实行全额税前扣除的,从其规定。

本条第一款第一项规定的专项扣除,包括居民个人按照国家规定的范围和标准缴纳的基本养老保险、基本医疗保险、失业保险等社会保险费和住房公积金等;专项附加扣除,包括子女教育、继续教育、大病医疗、住房贷款利息或者住房租金、赡养老人等支出,具体范围、标准和实施步骤由国务院确定,并报全国人民代表大会常务委员会备案。

第八条 有下列情形之一的,税务机关有权按照合理方法进行纳税调整:

(一)个人与其关联方之间的业务往来不符合独立交易原则而减少本人或者其关联方应纳税额,且无正当理由;

(二)居民个人控制的,或者居民个人和居民企业共同控制的设立在实际税负明显偏低的国家(地区)的企业,无合理经营需要,对应当归属于居民个人的利润不作分配或者减少分配;

(三)个人实施其他不具有合理商业目的的安排而获取不当税收利益。

税务机关依照前款规定作出纳税调整,需要补征税款的,应当补征税款,并依法加收利息。

精 解

1.以上几个条文是本法极其重要的条款,也是考试的重点。应征个人所得税的有9种所得,免征的有9种所得,减征的有2种所得,建议各位考生在熟读的基础上去识记,并无任何捷径可走。

2.要重点注意的是,第2条第6项与第4条第2项之间的区别,第4条第2项规定的是国债利息和国家发行的金融债券利息,第2条第6项的范围较广。例如,国库券即属于国债,其利息属免征范畴。

3.注意第4条第1项奖金颁发单位的级别,这是易错点所在。

车 船 税 法

【导读】 《车船税法》内容相对简单,仅有13个条文,本法考点和重点条文比较少,主要掌握纳税义务人、征税对象以及税收优惠等内容。

重点法条 1 纳税对象;免税

第一条 在中华人民共和国境内属于本法所附《车船税税目税额表》规定的车辆、船舶(以下简称车船)的所有人或者管理人,为车船税的纳税人,应当依照本法缴纳车船税。

第三条 下列车船免征车船税:

(一)捕捞、养殖渔船;

(二)军队、武装警察部队专用的车船;

(三)警用车船;

(四)悬挂应急救援专用号牌的国家综合性消防救援车辆和国家综合性消防救援专用船舶;

(五)依照法律规定应当予以免税的外国驻华使领馆、国际组织驻华代表机构及其有关人员的车船。

精 解

1.注意车辆管理人也是车船税的纳税人。

2.识记免征车船税的几种情形。

重点法条 2 减税和免税

第四条 对节约能源、使用新能源的车船可以减征或者免征车船税;对受严重自然灾害影响纳税困难以及有其他特殊原因确需减税、免税的,可以减征或者免征车船税。具体办法由国务院规定,并报全国人民代表大会常务委员会备案。

第五条 省、自治区、直辖市人民政府根据当地实际情况,可以对公共交通车船,农村居民拥有并主要在农村地区使用的摩托车、三轮汽车和低速载货汽车定期减征或者免征车船税。

精 解

结合上述两条识记在哪种情形下可以减征或者免征车船税。

重点法条 3 扣缴义务人;车船税的税收缴纳

第六条 从事机动车第三者责任强制保险业务的保险机构为机动车车船税的扣缴义务人,应当在收取保险费时依法代收车船税,并出具代收税款凭证。

【相关法条】《车船税法》

第7条 车船税的纳税地点为车船的登记地或者车船税扣缴义务人所在地。依法不需要办理登记的车船,车船税的纳税地点为车船的所有人或者管理人所在地。

第8条 车船税纳税义务发生时间为取得车船所有权或者管理权的当月。

第9条 车船税按年申报缴纳。具体申报纳税期限由省、自治区、直辖市人民政府规定。

第10条 公安、交通运输、农业、渔业等车船登记管理部门、船舶检验机构和车船税扣缴义务人的行业主管部门应当在提供车船有关信息等方面,协助税务机关加强车船税的征收管理。

车辆所有人或者管理人在申请办理车辆相关登记、定期检验手续时,应当向公安机关交通管理部门提交依法纳税或者免税证明。公安机关交通管理部门核查后办理相关手续。

精 解

注意这里规定的机动车第三者责任强制保险业务的保险机构为车船税的扣缴义务人。

土地管理法

【导读】 本法在法考中考查分值一般在1分左右,一般表现为对法条的直接考查。《土地管理法》于1986年6月25日通过,1988年12月29日第一次修正,1998年8月29日修订,2004年8月28日第二次修正,2019年8月26日第三次修正。第三次修正对于依法保障农村土地征收、集体经营性建设用地入市、宅基地管理制度等改革在全国范围内实行,对促进乡村振兴和城乡融合发展具有重大意义。

重点法条 1 所有权归属

第九条 城市市区的土地属于国家所有。

农村和城市郊区的土地,除由法律规定属于国家所有的以外,属于农民集体所有;宅基地和自留地、自留山,属于农民集体所有。

第十条 国有土地和农民集体所有的土地,可以依法确定给单位或者个人使用。使用土地的单位和个人,有保护、管理和合理利用土地的义务。

重点法条 2 集体所有地承包经营权

第十三条 农民集体所有和国家所有依法由农民集体使用的耕地、林地、草地,以及其他依法用于农业的土地,采取农村集体经济组织内部的家庭承包方式承包,不宜采取家庭承包方式的荒山、荒沟、荒丘、荒滩等,可以采取招标、拍卖、公开协商等方式承包,从事种植业、林业、畜牧业、渔业生产。家庭承包的耕地的承包期为30年,草地的承包期为30年至50年,林地的承包期为30年至70年;耕地承包期届满后再延长30年,草地、林地承包期届满后依法相应延长。

国家所有依法用于农业的土地可以由单位或者个人承包经营,从事种植业、林业、畜牧业、渔业生产。

发包方和承包方应当依法订立承包合同,约定双方的权利和义务。承包经营土地的单位和个人,有保护和按照承包合同约定的用途合理利用土地的义务。

重点法条 3 权属争议

第十四条 土地所有权和使用权争议,由当事人协商解决;协商不成的,由人民政府处理。

单位之间的争议,由县级以上人民政府处理;个人之间、个人与单位之间的争议,由乡级人民政府或者县级以上人民政府处理。

当事人对有关人民政府的处理决定不服的,可以自接到处理决定通知之日起30日内,向人民法院起诉。

在土地所有权和使用权争议解决前,任何一方不得改变土地利用现状。

重点法条 4 征收土地

第四十六条第一、二款 征收下列土地的,由国务院批准:

(一)永久基本农田;

(二)永久基本农田以外的耕地超过35公顷的;

(三)其他土地超过70公顷的。

征收前款规定以外的土地的,由省、自治区、直辖市人民政府批准,并报国务院备案。

重点法条 5 出让与划拨;国有土地使用权的收回

第五十四条 建设单位使用国有土地,应当以出让等有偿使用方式取得;但是,下列建设用地,经县级以上人民政府依法批准,可以以划拨方式取得:

(一)国家机关用地和军事用地;

(二)城市基础设施用地和公益事业用地;

(三)国家重点扶持的能源、交通、水利等基础设施用地;

(四)法律、行政法规规定的其他用地。

第五十八条 有下列情形之一的,由有关人民政府自然资源主管部门报经原批准用地的人民政府或者有批准权的人民政府批准,可以收回国有土地使用权:

(一)为实施城市规划进行旧城区改建以及其他公共利益需要,确需使用土地的;

(二)土地出让等有偿使用合同约定的使用期限届满,土地使用者未申请续期或者申请续期未获批准的;

(三)因单位撤销、迁移等原因,停止使用原划拨的国有土地的;

(四)公路、铁路、机场、矿场等经核准报废的。

依照前款第(一)项的规定收回国有土地使用权的,对土地使用权人应当给予适当补偿。

【相关法条】《土地管理法》

第55条 以出让等有偿使用方式取得国有土地使用权的建设单位,按照国务院规定的标准和办法,缴纳土地使用权出让金等土地有偿使用费和其他费用后,方可使用土地。

自本法施行之日起,新增建设用地的土地有偿使用费,30%上缴中央财政,70%留给有关地方人民政府。具体使用管理办法由国务院财政部门会同有关部门制定,并报国务院批准。

第56条 建设单位使用国有土地的,应当按照土地使用权出让等有偿使用合同的约定或者土地使用权划拨批准文件的规定使用土地;确需改变该幅土地建设用途的,应当经有关人民政府自然资源主管部门同意,报原批准用地的人民政府批准。其中,在城市规划区内改变土地用途的,在报批前,应当先经有关城市规划行政主管部门同意。

第57条 建设项目施工和地质勘查需要临时使用国有土地或者农民集体所有的土地的,由县级以上人民政府自然资源主管部门批准。其中,在城市规划区内的临时用地,在报批前,应当先经有关城市规划行政主管部门同意。土地使用者应当根据土地权属,与有关自然资源主管部门或者农村集体经济组织、村民委员会签订临时使用土地合同,并按照合同的约定支付临时使用土地补偿费。

临时使用土地的使用者应当按照临时使用土地合同约定的用途使用土地,并不得修建永久性建筑物。

临时使用土地期限一般不超过2年。

第66条 有下列情形之一的,农村集体经济组织报经原批准用地的人民政府批准,可以收回土地使用权:

(一)为乡(镇)村公共设施和公益事业建设,需要使用土地的;

(二)不按照批准的用途使用土地的;

(三)因撤销、迁移等原因而停止使用土地的。

依照前款第(1)项规定收回农民集体所有的土地的,对土地使用权人应当给予适当补偿。

收回集体经营性建设用地使用权,依照双方签订的书面合同办理,法律、行政法规另有规定的除外。

重点法条 6 农村集体经济组织用地;乡镇公共建设用地;农村住宅用地

第六十条第一款 农村集体经济组织使用乡(镇)土地利用总体规划确定的建设用地兴办企业或者与其他单位、个人以土地使用权入股、联营等形式共同举办企业的,应当持有关批准文件,向县级以上地方人民政府自然资源主管部门提出申请,按照省、自治区、直辖市规定的批准权限,由县级以上地方人民政府批准;其中,涉及占用农用地的,依照本法第四十四条的规定办理审批手续。

第六十一条 乡(镇)村公共设施、公益事业建设,需要使用土地的,经乡(镇)人民政府审核,向县级以上地方人民政府自然资源主管部门提出申请,按照省、自治区、直辖市规定的批准权限,由县级以上地方人民政府批准;其中,涉及占用农用地的,依照本法第四十四条的规定办理审批手续。

第六十二条 农村村民一户只能拥有一处宅基地,其宅基地的面积不得超过省、自治区、直辖市规定的标准。

人均土地少、不能保障一户拥有一处宅基地的地区,县级人民政府在充分尊重农村村民意愿的基础上,可以采取措施,按照省、自治区、直辖市规定的标准保障农村村民实现户有所居。

农村村民建住宅,应当符合乡(镇)土地利用总体规划、村庄规划,不得占用永久基本农田,并尽量使用原有的宅基地和村内空闲地。编制乡(镇)土地利用总体规划、村庄规划应当统筹并合理安排宅基地用地,改善农村村民居住环境和条件。

农村村民住宅用地,由乡(镇)人民政府审核批准;其中,涉及占用农用地的,依照本法第四十四条的规定办理审批手续。

农村村民出卖、出租、赠与住宅后,再申请宅基地的,不予批准。

国家允许进城落户的农村村民依法自愿有偿退出宅基地,鼓励农村集体经济组织及其成员盘活利用闲置宅基地和闲置住宅。

国务院农业农村主管部门负责全国农村宅基地改革和管理有关工作。

重点法条 7 建设用地使用权流转制度

第六十三条 土地利用总体规划、城乡规划确定为工业、商业等经营性用途,并经依法登记的集体经营性建设用地,土地所有权人可以通过出让、出租等方式交由单位或者个人使用,并应当签订书面合同,载明土地界址、面积、动工期限、使用期限、土地用途、规划条件和双方其他权利义务。

前款规定的集体经营性建设用地出让、出租等,应当经本集体经济组织成员的村民会议 2/3 以上成员或者 2/3 以上村民代表的同意。

通过出让等方式取得的集体经营性建设用地使用权可以转让、互换、出资、赠与或者抵押,但法律、行政法规另有规定或者土地所有权人、土地使用权人签订的书面合同另有约定的除外。

集体经营性建设用地的出租,集体建设用地使用权的出让及其最高年限、转让、互换、出资、赠与、抵押等,参照同类用途的国有建设用地执行。具体办法由国务院制定。

第六十四条 集体建设用地的使用者应当严格按照土地利用总体规划、城乡规划确定的用途使用土地。

城市房地产管理法

【导读】 本法考查重点也比较集中,主要集中在以下几点:(1)第 9 条:集体土地的有偿出让的禁止;(2)第 13 条:土地使用权的出让方式;(3)第 38~40 条:房地产转让的相关规定。

重点法条 1 土地使用权的出让方式、条件

第八条 土地使用权出让,是指国家将国有土地使用权(以下简称土地使用权)在一定年限内出让给土地使用者,由土地使用者向国家支付土地使用权出让金的行为。

第九条 城市规划区内的集体所有的土地,经依法征收转为国有土地后,该幅国有土地的使用权方可有偿出让,但法律另有规定的除外。

第十三条 土地使用权出让,可以采取拍卖、招标或者双方协议的方式。

商业、旅游、娱乐和豪华住宅用地,有条件的,必须采取拍卖、招标方式;没有条件,不能采取拍卖、招标方式的,可以采取双方协议的方式。

采取双方协议方式出让土地使用权的出让金不得低于按国家规定所确定的最低价。

重点法条 2 土地出让合同的变更

第十八条 土地使用者需要改变土地使用权出让合同约定的土地用途的，必须取得出让方和市、县人民政府城市规划行政主管部门的同意，签订土地使用权出让合同变更协议或者重新签订土地使用权出让合同，相应调整土地使用权出让金。

第二十条 国家对土地使用者依法取得的土地使用权，在出让合同约定的使用年限届满前不收回；在特殊情况下，根据社会公共利益的需要，可以依照法律程序提前收回，并根据土地使用者使用土地的实际年限和开发土地的实际情况给予相应的补偿。

第二十一条 土地使用权因土地灭失而终止。

第二十二条 土地使用权出让合同约定的使用年限届满，土地使用者需要继续使用土地的，应当至迟于届满前一年申请续期，除根据社会公共利益需要收回该幅土地的，应当予以批准。经批准准予续期的，应当重新签订土地使用权出让合同，依照规定支付土地使用权出让金。

土地使用权出让合同约定的使用年限届满，土地使用者未申请续期或者虽申请续期但依照前款规定未获批准的，土地使用权由国家无偿收回。

重点法条 3 房地产的转让与禁止

第三十八条 下列房地产，不得转让：

（一）以出让方式取得土地使用权的，不符合本法第39条规定的条件的；

（二）司法机关和行政机关依法裁定、决定查封或者以其他形式限制房地产权利的；

（三）依法收回土地使用权的；

（四）共有房地产，未经其他共有人书面同意的；

（五）权属有争议的；

（六）未依法登记领取权属证书的；

（七）法律、行政法规规定禁止转让的其他情形。

第三十九条 以出让方式取得土地使用权的，转让房地产时，应当符合下列条件：

（一）按照出让合同约定已经支付全部土地使用权出让金，并取得土地使用权证书；

（二）按照出让合同约定进行投资开发，属于房屋建设工程的，完成开发投资总额的25%以上，属于成片开发土地的，形成工业用地或者其他建设用地条件。

转让房地产时房屋已经建成的，还应当持有房屋所有权证书。

第四十条 以划拨方式取得土地使用权的，转让房地产时，应当按照国务院规定，报有批准权的人民政府审批。有批准权的人民政府准予转让的，应当由受让方办理土地使用权出让手续，并依照国家有关规定缴纳土地使用权出让金。

以划拨方式取得土地使用权的，转让房地产报批时，有批准权的人民政府按照国务院规定决定可以不办理土地使用权出让手续的，转让方应当按照国务院规定将转让房地产所获收益中的土地收益上缴国家或者作其他处理。

环境保护法

【导读】《环境保护法》在法考中占据1～2分，本法的重点条文有以下几条：(1)第19条：环境影响评价；(2)第41条："三同时"制度；(3)第43条：排污费制度；(4)第58条：环境公益诉讼；(5)第65条：环境影响评价机构、环境监测机构以及从事环境监测设备和防治污染设施维护、运营机构的连带责任；(6)第66条：环境污染损害赔偿的诉讼时效。建议考生结合《民法典》侵权责任编相关法条复习，见《民法典》第1229～1233条。

重点法条 1 环境质量标准；污染物排放标准

第十五条 国务院环境保护主管部门制定国家环境质量标准。

省、自治区、直辖市人民政府对国家环境质量标准中未作规定的项目，可以制定地方环境质量标准；对国家环境质量标准中已作规定的项目，可以制定严于国家环境质量标准的地方环境质量标准。地方环境质量标准应当报国务院环境保护主管部门备案。

国家鼓励开展环境基准研究。

第十六条 国务院环境保护主管部门根据国家环境质量标准和国家经济、技术条件，制定国家污染物排放标准。

省、自治区、直辖市人民政府对国家污染物排放标准中未作规定的项目，可以制定地方污染物排放标准；对国家污染物排放标准中已作规定的项目，可以制定严于国家污染物排放标准的地方污染物排放标准。地方污染物排放标准应当报国务院环境保护主管部门备案。

【相关法条】《环境保护法》

第10条 国务院环境保护主管部门，对全国环境保护工作实施统一监督管理；县级以上地方人民政府环境保护主管部门，对本行政区域环境保护工作实施统一监督管理。

县级以上人民政府有关部门和军队环境保护部门，依照有关法律的规定对资源保护和污染防治等环境保护工作实施监督管理。

第11条 对保护和改善环境有显著成绩的单位和个人，由人民政府给予奖励。

精 解

1. 省、自治区、直辖市人民政府对国家污染物排放标准中已作规定和未作规定的项目，都可以制定地方污染物排放标准；

2. 对国家污染物排放标准中已作规定的项目，其可以制定严于国家污染物排放标准的地方污染物排放标准，但不得宽于国家制定的污染物排放标准。

重点法条 2 环境影响评价

第十九条 编制有关开发利用规划，建设对环境有影响的项目，应当依法进行环境影响评价。

未依法进行环境影响评价的开发利用规划，不得组织实施；未依法进行环境影响评价的建设项目，不得开工建设。

【相关法条】《环境影响评价法》(2018年12月29日修正)

第18条 建设项目的环境影响评价，应当避免与规划的环境影响评价相重复。

作为一项整体建设项目的规划，按照建设项目进行环境影响评价，不进行规划的环境影响评价。

已经进行了环境影响评价的规划包含具体建设项目的，规划的环境影响评价结论应当作为建设项目环境影响评价的重要依据，建设项目环境影响评价的内容应当根据规划的环境影响评价审查意见予以简化。

第23条 国务院生态环境主管部门负责审批下列建设项目的环境影响评价文件：

(一)核设施、绝密工程等特殊性质的建设项目；

(二)跨省、自治区、直辖市行政区域的建设项目；

(三)由国务院审批的或者由国务院授权有关部门审批的建设项目。

前款规定以外的建设项目的环境影响评价文件的审批权限，由省、自治区、直辖市人民政府规定。

建设项目可能造成跨行政区域的不良环境影响，有关生态环境主管部门对该项目的环境影响评价结论有争议的，其环境影响评价文件由共同的上一级生态环境主管部门审批。

第24条 建设项目的环境影响评价文件经批准后，建设项目的性质、规模、地点、采用的生产工艺或者防治污染、防止生态破坏的措施发生重大变动的，建设单位应当重新报批建设项目的环境影响评价文件。

建设项目的环境影响评价文件自批准之日起超过五年，方决定该项目开工建设的，其环境影响评价文件应当报原审批部门重新审核；原审批部门应当自收到建设项目环境影响评价文件之日起十日内，将审核意见书面通知建设单位。

第27条 在项目建设、运行过程中产生不符合经审批的环境影响评价文件的情形的，建设单位应当组织环境影响的后评价，采取改进措施，并报原环境影响评价文件审批部门和建设项目审批部门备案；原环境影响评价文件审批部门也可以责成建设单位进行环境影响的后评价，采取改进措施。

精 解

环境影响评价，是指对规划和建设项目实施后可能造成的环境影响进行分析、预测和评估，提出预防或者减轻不良环境影响的对策和措施，进行跟踪监测的方法与制度。

1. 专项规划的环境影响评价的程序。

(1)国务院有关部门、设区的市级以上地方人民政府及其有关部门，应当在该专项规划草案上报审批前，组织进行环境影响评价，并向审批机关提出环境影响报告书；

(2)对可能造成不良环境影响并直接涉及公众环境权益的规划，应当在该规划草案报送审批前，举行论证会、听证会，或者采取其他形式，征求有关单位、专家和公众对环境影响报告书草案的意见；

(3)编制机关在报批规划草案时，应当将环境影响评价报告书一并附送审批机关审查；

(4)设区的市级以上人民政府作出审批决策前，应当先由环保部门召集有关部门代表和专家组成审查小组，对环境影响报告书进行审查，提出书面审查意见；

(5)对环境有重大影响的规划实施后，编制机关应当及时组织环境影响的跟踪评价，并将评价结果报告审批机关。

2. 建设项目的环境影响评价的程序。

(1)建设单位可以委托技术单位对其建设项目开展环境影响评价，编制环境影响报告书、环境影响报告表；建设单位具备环境影响评价技术能力的，可以自行对其建设项目开展环境影响评价，编制建设项目环境影响报告书、环境影响报告表。

(2)对环境可能造成重大影响的建设项目，建设单位应当在报批环境影响报告书前，举行论证会、听证会，或者采取其他形式，征求有关单位、专家和公众的意见。

(3)建设单位将建设项目的环境影响报告书、环境影响报告表报有审批权的生态环境主管部门审批。

(4)审批部门应当自收到环境影响报告书之日起60日内，收到环境影响报告表之日起30日内，分别作出审批决定并书面通知建设单位。

(5)建设项目的环境影响评价文件经批准后，建设项目的性质、规模、地点、采用的生产工艺或者防治污染、防止生态破坏的措施发生重大变动的，建设单位应当重新报批建设项目的环境影响评价文件。

(6)建设项目建设过程中，建设单位应当同时实施环境影响报告书、环境影响报告表以及环境影响评价文件审批部门审批意见中提出的环境保护对策措施。

(7)在项目建设、运行过程中产生不符合经审批的环境影响评价文件的情形的，建设单位应当组织环境影响的后评价，采取改进措施，并报原环境影响评价文件审批部门和建设项目审批部门备案；原环境影响评价文件审批部门也可以责成建设单位进行环境影响的后评价，采取改进措施。

(8)生态环境主管部门应当对建设项目投入生产或者使用后所产生的环境影响进行跟踪检查，对造成严重环境污染或者生态破坏的，应当查清原因、查明责任。

重点法条 3 环境生态保护制度

第二十九条 国家在重点生态功能区、生态环境敏感区和脆弱区等区域划定生态保护红线，实行严格保护。

各级人民政府对具有代表性的各种类型的自然生态系统区域，珍稀、濒危的野生动植物自然分布区域，重要的水源涵养区域，具有重大科学文化价值的地质构造、著名溶洞和化石分布区、冰川、火山、温泉等自然遗迹，以及人文遗迹、古树名木，应当采取措施予以保护，严禁破坏。

第三十条 开发利用自然资源，应当合理开发，保护生物多样性，保障生态安全，依法制定有关生态保护和恢复治理方案并予以实施。

引进外来物种以及研究、开发和利用生物技术，应当采取措施，防止对生物多样性的破坏。

第三十一条 国家建立、健全生态保护补偿制度。

重点法条 4 “三同时”制度

第四十一条 建设项目中防治污染的设施，应当与主体工程同时设计、同时施工、同时投产使用。防治污染的设施应当符合经批准的环境影响评价文件的要求，不得擅自拆除或者闲置。

精 解

“三同时”制度是指建设项目中防治污染的设施，应当与主体工程同时设计、同时施工、同时投产使用的环境保护法律制度。在我国领域和我国管辖的其他海域对环境有影响的建设项目需要配置环境设施的，必须适用该制度。

重点法条 5 污染物排放管理控制及排污收费

第四十三条 排放污染物的企业事业单位和其他生产经营者，应当按照国家有关规定缴纳排污费。

排污费应当全部专项用于环境污染防治，任何单位和个人不得截留、挤占或者挪作他用。

依照法律规定征收环境保护税的，不再征收排污费。

第四十四条 国家实行重点污染物排放总量控制制度。重点污染物排放总量控制指标由国务院下达，省、自治区、直辖市人民政府分解落实。企业事业单位在执行国家和地方污染物排放标准的同时，应当遵守分解落实到本单位的重点污染物排放总量控制指标。

对超过国家重点污染物排放总量控制指标或者未完成国家确定的环境质量目标的地区，省级以上人民政府环境保护主管部门应当暂停审批其新增重点污染物排放总量的建设项目环境影响评价文件。

第四十五条 国家依照法律规定实行排污许可管理制度。

实行排污许可管理的企业事业单位和其他生产经营者应当按照排污许可证的要求排放污染物；未取得排污许可证的，不得排放污染物。

精 解

1. 排污收费制度，是指国家环保管理机关依法对排污者征收一定费用的法律制度。

2. 征收对象是排放污染物的企事业单位和其他生产经营者。

3. 对排污者而言，其缴纳了排污费，并不免除其负担治理污染，赔偿污染损失和法律规定的其他义务和责任。

重点法条 6 环境公益诉讼

第五十八条 对污染环境、破坏生态，损害社会公共利益的行为，符合下列条件的社会组织可以向人民法院提起诉讼：

（一）依法在设区的市级以上人民政府民政部门登记；

（二）专门从事环境保护公益活动连续 5 年以上且无违法记录。

符合前款规定的社会组织向人民法院提起诉讼，人民法院应当依法受理。

提起诉讼的社会组织不得通过诉讼牟取经济利益。

精 解

1. 提起诉讼的社会组织不得通过诉讼谋取经济利益。

2. 根据最高人民法院《关于审理环境民事公益诉讼案件适用法律若干问题的解释》，环保社会组织可以跨地区提起环境公益诉讼。

重点法条 7 损害赔偿责任；纠纷解决方式；免责条款

第五十九条 企业事业单位和其他生产经营者违法排放污染物，受到罚款处罚，被责令改正，拒不改正的，依法作出处罚决定的行政机关可以自责令改正之日的次日起，按照原处罚数额按日连续处罚。

前款规定的罚款处罚，依照有关法律法规按照防治污染设施的运行成本、违法行为造成的直接损失或者违法所得等因素确定的规定执行。

地方性法规可以根据环境保护的实际需要，增加第 1 款规定的按日连续处罚的违法行为的种类。

第六十条 企业事业单位和其他生产经营者超过污染物排放标准或者超过重点污染物排放总量控制指标排放污染物的，县级以上人民政府环境保护主管部门可以责令其采取限制生产、停产整治等措施；情节严重的，报经有批准权的人民政府批准，责令停业、关闭。

第六十一条 建设单位未依法提交建设项目环境影响评价文件或者环境影响评价文件未经批准，擅自开工建设的，由负有环境保护监督管理职责的部门责令停止建设，处以罚款，并可以责令恢复原状。

第六十二条 违反本法规定，重点排污单位不公开或者不如实公开环境信息的，由县级以上地方人民政府环境保护主管部门责令公开，处以罚款，并予以公告。

第六十三条 企业事业单位和其他生产经营者有下列行为之一，尚不构成犯罪的，除依照有关法律法规规定予以处罚外，由县级以上人民政府环境保护主管部门或者其他有关部门将案件移送公安机关，对其直接负责的主管人员和其他直接责任人员，处 10 日以上 15 日以下拘留；情节较轻的，处 5 日以上 10 日以下拘留：

（一）建设项目未依法进行环境影响评价，被责令停止建设，拒不执行的；

（二）违反法律规定，未取得排污许可证排放污

染物,被责令停止排污,拒不执行的;

(三)通过暗管、渗井、渗坑、灌注或者篡改、伪造监测数据,或者不正常运行防治污染设施等逃避监管的方式违法排放污染物的;

(四)生产、使用国家明令禁止生产、使用的农药,被责令改正,拒不改正的。

第六十五条 环境影响评价机构、环境监测机构以及从事环境监测设备和防治污染设施维护、运营的机构,在有关环境服务活动中弄虚作假,对造成的环境污染和生态破坏负有责任的,除依照有关法律法规规定予以处罚外,还应当与造成环境污染和生态破坏的其他责任者承担连带责任。

第六十六条 提起环境损害赔偿诉讼的时效期间为3年,从当事人知道或者应当知道其受到损害时起计算。

精 解

当事人对行政机关有关赔偿责任和赔偿金额纠纷作出的处理决定不服时提起的诉讼性质应是民事诉讼(侵权之诉),被告是环境污染部门,而非行政诉讼。

劳 动 法

【导读】 《劳动法》的考试重点集中在以下4个部分:(1)劳动合同;(2)劳动者的权利;(3)劳动争议的处理;(4)社会保险和福利。

重点法条 1 合同协议解除与单位解除

第二十四条 经劳动合同当事人协商一致,劳动合同可以解除。

第二十五条 劳动者有下列情形之一的,用人单位可以解除劳动合同:

(一)在试用期间被证明不符合录用条件的;

(二)严重违反劳动纪律或者用人单位规章制度的;

(三)严重失职,营私舞弊,对用人单位利益造成重大损害的;

(四)被依法追究刑事责任的。

【相关法条】 《劳动法》

第28条 用人单位依据本法第24条、第26条、第27条解除劳动合同的,应当依照国家有关规定给予经济补偿。

精 解

掌握用人单位可以解除劳动合同的情形,注意结合劳动者可以解除劳动合同的情形,以及需要支付补偿金、赔偿金的情形相关的法条进行对比记忆。

重点法条 2 工时延长限制及例外;延长工时的报酬支付

第四十一条 用人单位由于生产经营需要,经与工会和劳动者协商后可以延长工作时间,一般每日不得超过1小时;因特殊原因需要延长工作时间的,在保障劳动者身体健康的条件下延长工作时间每日不得超过3小时,但是每月不得超过36小时。

第四十二条 有下列情形之一的,延长工作时间不受本法第41条规定的限制:

(一)发生自然灾害、事故或者因其他原因,威胁劳动者生命健康和财产安全,需要紧急处理的;

(二)生产设备、交通运输线路、公共设施发生故障,影响生产和公众利益,必须及时抢修的;

(三)法律、行政法规规定的其他情形。

第四十四条 有下列情形之一的,用人单位应当按照下列标准支付高于劳动者正常工作时间工资的工资报酬:

(一)安排劳动者延长工作时间的,支付不低于工资的150%的工资报酬;

(二)休息日安排劳动者工作又不能安排补休的,支付不低于工资的200%的工资报酬;

(三)法定休假日安排劳动者工作的,支付不低于工资的300%的工资报酬。

【相关法条】 《劳动法》

第36条 国家实行劳动者每日工作时间不超过8小时、平均每周工作时间不超过44小时的工时制度。

第38条 用人单位应当保证劳动者每周至少休息1日。

第40条 用人单位在下列节日期间应当依法安排劳动者休假:

(一)元旦;

(二)春节;

(三)国际劳动节;

(四)国庆节;

(五)法律、法规规定的其他休假节日。

精 解

关于劳动者的延长工作时间和休息时间,考试亦时有涉及,需要掌握的是以上条文的一些数据。

1. 对于第41、42条,可结合第36、38条掌握劳动者的具体休息时间;注意第41、42条但书的规定。

(1)一般情形下,每日延长劳动时间不超过1小时;

(2)特殊情形下(非第42条情形),每日延长不超过3小时,但每月不超过36小时;

(3)在第42条情形下,延长劳动时间无限制。

2. 掌握第44条关于延长工作时间和加班的报酬支付标准。注意分清三种情形。

3. 法定节日不同于休息日,第44条第(2)~(3)项补休的要求不同。休息日安排工作又不能补休的情况下,才支付加班报酬。法定休假日安排工作的,无论是否安排补休,都需要按本条规定支付加班报酬。

重点法条 3 休假制度;工资的支付

第四十五条 国家实行带薪年休假制度。劳动者连续工作1年以上的,享受带薪年休假。具体办法由国务院规定。

第五十条 工资应当以货币形式按月支付给劳动者本人。不得克扣或者无故拖欠劳动者的工资。

第五十一条 劳动者在法定休假日和婚丧假期间以及依法参加社会活动期间,用人单位应当依法支付工资。

【相关法条】《劳动法》

第48条 国家实行最低工资保障制度。最低工资的具体标准由省、自治区、直辖市人民政府规定,报国务院备案。

用人单位支付劳动者的工资不得低于当地最低工资标准。

精 解

1. 注意享受带薪年休假的条件:连续工作1年以上。

2. 注意第51条劳动者不参加劳动但仍享有工资支付请求权的3种情形:(1)法定休假日;(2)婚丧假期间;(3)依法参加社会活动的,如人大代表参加人代会期间。

重点法条 4 劳动强度限制

第五十九条 禁止安排女职工从事矿山井下、国家规定的第四级体力劳动强度的劳动和其他禁忌从事的劳动。

第六十条 不得安排女职工在经期从事高处、低温、冷水作业和国家规定的第3级体力劳动强度的劳动。

第六十一条 不得安排女职工在怀孕期间从事国家规定的第3级体力劳动强度的劳动和孕期禁忌从事的劳动。对怀孕7个月以上的女职工,不得安排其延长工作时间和夜班劳动。

第六十二条 女职工生育享受不少于90天的产假。

第六十三条 不得安排女职工在哺乳未满1周岁的婴儿期间从事国家规定的第3级体力劳动强度的劳动和哺乳期禁忌从事的其他劳动,不得安排其延长工作时间和夜班劳动。

第六十四条 不得安排未成年工从事矿山井下、有毒有害、国家规定的第4级体力劳动强度的劳动和其他禁忌从事的劳动。

【相关法条】《劳动法》

第53条 劳动安全卫生设施必须符合国家规定的标准。

新建、改建、扩建工程的劳动安全卫生设施必须与主体工程同时设计、同时施工、同时投入生产和使用。

第54条 用人单位必须为劳动者提供符合国家规定的劳动安全卫生条件和必要的劳动防护用品,对从事有职业危害作业的劳动者应当定期进行健康检查。

第55条 从事特种作业的劳动者必须经过专门培训并取得特种作业资格。

精 解

1. 了解女职工工作的禁忌,并区分第59~61、63条的不同情形。

2. 产假法定不少于90天。

3. 了解第64条的未成年工(年满16周岁,未满18周岁)的工作禁忌。

重点法条 5 **劳动争议调解委员会；仲裁委员会组成**

第八十条 在用人单位内，可以设立劳动争议调解委员会。劳动争议调解委员会由职工代表、用人单位代表和工会代表组成。劳动争议调解委员会主任由工会代表担任。

劳动争议经调解达成协议的，当事人应当履行。

第八十一条 劳动争议仲裁委员会由劳动行政部门代表、同级工会代表、用人单位方面的代表组成。劳动争议仲裁委员会主任由劳动行政部门代表担任。

精 解

1. 了解劳动争议调解委员会的组成。

2. 了解劳动争议仲裁委员会的组成，注意其“三方组成”原则及主任适任资格。

3. 劳动争议的调解不是仲裁的必经步骤，但是劳动争议的仲裁是诉讼的必经步骤。注意劳动争议调解委员会与劳动争议仲裁委员会的组成人员不同。

重点法条 6 **仲裁程序；起诉和强制执行**

第八十二条 提出仲裁要求的一方应当自劳动争议发生之日起60日内向劳动争议仲裁委员会提出书面申请。仲裁裁决一般应在收到仲裁申请的60日内作出。对仲裁裁决无异议的，当事人必须履行。

第八十三条 劳动争议当事人对仲裁裁决不服的，可以自收到仲裁裁决书之日起15日内向人民法院提起诉讼。一方当事人在法定期限内不起诉又不履行仲裁裁决的，另一方当事人可以申请人民法院强制执行。

精 解

1. 根据《劳动争议调解仲裁法》第27条的规定，劳动争议申请仲裁的期间为1年。

2. 注意劳动争议仲裁与诉讼在期间上的联系，仲裁前置，仲裁协议可强制执行。

3. 了解劳动仲裁的时效中止、中断规则。

劳动合同法

【导读】 本法可考性较强，请务必关注其核心法条。

重点条文如下：(1)第14条：无固定期限劳动合同；(2)第19～21条：试用期条款；(3)第22～24条：保密义务与竞业限制；(4)第37～38条：劳动合同的解除；(5)第46条：用人单位的经济补偿。

重点法条 1 **本法的适用范围；劳动关系的建立**

第二条 中华人民共和国境内的企业、个体经济组织、民办非企业单位等组织（以下称用人单位）与劳动者建立劳动关系，订立、履行、变更、解除或者终止劳动合同，适用本法。

国家机关、事业单位、社会团体和与其建立劳动关系的劳动者，订立、履行、变更、解除或者终止劳动合同，依照本法执行。

第七条 用人单位自用工之日起即与劳动者建立劳动关系。用人单位应当建立职工名册备查。

第十条 建立劳动关系，应当订立书面劳动合同。

已建立劳动关系，未同时订立书面劳动合同的，应当自用工之日起一个月内订立书面劳动合同。

用人单位与劳动者在用工前订立劳动合同的，劳动关系自用工之日起建立。

【相关法条】 《劳动合同法》

第68条 非全日制用工，是指以小时计酬为主，劳动者在同一用人单位一般平均每日工作时间不超过4小时，每周工作时间累计不超过24小时的用工形式。

第69条 非全日制用工双方当事人可以订立口头协议。

从事非全日制用工的劳动者可以与一个或者一个以上用人单位订立劳动合同；但是，后订立的劳动合同不得影响先订立的劳动合同的履行。

第70条 非全日制用工双方当事人不得约定试用期。

第71条 非全日制用工双方当事人任何一方都可以随时通知对方终止用工。终止用工，用人单位不向劳动者支付经济补偿。

第72条 非全日制用工小时计酬标准不得低于用人单位所在地人民政府规定的最低小时工资标准。

非全日制用工劳动报酬结算支付周期最长不得超过十五日。

第82条 用人单位自用工之日起超过1个月不满1年未与劳动者订立书面劳动合同的,应当向劳动者每月支付2倍的工资。

用人单位违反本法规定不与劳动者订立无固定期限劳动合同的,自应当订立无固定期限劳动合同之日起向劳动者每月支付2倍的工资。

精 解

1. 无论是否订立劳动合同,劳动关系自用工之日起建立。

2. 订立书面劳动合同是用人单位在劳动关系中的重要义务,但非全日制用工可以订立口头协议,而不必一定是书面合同。

3. 如果已经建立劳动关系,未同时订立劳动合同,则应当自用工之日起1个月内订立书面合同,否则根据逾期期限有不同的法律后果:

(1)自用工之日起超过1个月不满1年的,每月支付双倍工资,共支付11个月的双倍工资。

(2)自用工之日满1年的,视为双方已经签订无固定期限劳动合同(第14条第3款),注意不与劳动者订立无固定期限劳动合同应支付双倍工资的情形(第82条第1款)。

4. 了解非全日制用工的工作时间、支付报酬的期间等规定,比较其与全日制用工的不同。

重点法条 2 劳动合同的种类

第十二条 劳动合同分为固定期限劳动合同、无固定期限劳动合同和以完成一定工作任务为期限的劳动合同。

第十四条 无固定期限劳动合同,是指用人单位与劳动者约定无确定终止时间的劳动合同。

用人单位与劳动者协商一致,可以订立无固定期限劳动合同。有下列情形之一,劳动者提出或者同意续订、订立劳动合同的,除劳动者提出订立固定期限劳动合同外,应当订立无固定期限劳动合同:

(一)劳动者在该用人单位连续工作满10年的;

(二)用人单位初次实行劳动合同制度或者国有企业改制重新订立劳动合同时,劳动者在该用人单位连续工作满10年且距法定退休年龄不足10年的;

(三)连续订立2次固定期限劳动合同,且劳动者没有本法第39条和第40条第1项、第2项规定的情形,续订劳动合同的。

用人单位自用工之日起满1年不与劳动者订立书面劳动合同的,视为用人单位与劳动者已订立无固定期限劳动合同。

精 解

1. 劳动合同的种类有3种,最具有可考性的就是无固定期限合同,该合同对劳动者最为有利,因此本法对其作了较多的规定。

2. 本条重点在于强制订立无固定期限劳动合同的情形,务必熟记本条第2款列举的3种情形,考试中经常考到。另注意对于第2款第3项固定期限劳动合同的要求是劳动者没有因个人的原因导致用人单位单方解除劳动合同或预告解除劳动合同的情形。

重点法条 3 试用期;试用期工资

第十九条 劳动合同期限3个月以上不满1年的,试用期不得超过1个月;劳动合同期限1年以上不满3年的,试用期不得超过2个月;3年以上固定期限和无固定期限的劳动合同,试用期不得超过6个月。

同一用人单位与同一劳动者只能约定一次试用期。

以完成一定工作任务为期限的劳动合同或者劳动合同期限不满3个月的,不得约定试用期。

试用期包含在劳动合同期限内。劳动合同仅约定试用期的,试用期不成立,该期限为劳动合同期限。

第二十条 劳动者在试用期的工资不得低于本单位相同岗位最低档工资或者劳动合同约定工资的80%,并不得低于用人单位所在地的最低工资标准。

第二十一条 在试用期中,除劳动者有本法第39条和第40条第(1)项、第(2)项规定的情形外,用人单位不得解除劳动合同。用人单位在试用期解除劳动合同的,应当向劳动者说明理由。

第七十条 非全日制用工双方当事人不得约定试用期。

第八十三条 用人单位违反本法规定与劳动者约定试用期的，由劳动行政部门责令改正；违法约定的试用期已经履行的，由用人单位以劳动者试用期满月工资为标准，按已经履行的超过法定试用期的期间向劳动者支付赔偿金。

精 解

以上条文是劳动合同中对试用期的规定及其法律责任。需要注意：

1. 试用期的期限与劳动合同的期限相关，要熟知第19条规定的相应的试用期期限。非全日制用工不得约定试用期。

2. 对于同一双方当事人，试用期只能约定一次。也就是说，双方续订劳动合同的，不能再约定试用期。

3. 违反规定约定试用期已经履行的，应当支付赔偿金。

4. 了解关于试用期工资的规定（第20条），注意试用期中用人单位也不能无故解除劳动合同。

重点法条 4 专项培训费用；保密义务与竞业限制

第二十二条 用人单位为劳动者提供专项培训费用，对其进行专业技术培训的，可以与该劳动者订立协议，约定服务期。

劳动者违反服务期约定的，应当按照约定向用人单位支付违约金。违约金的数额不得超过用人单位提供的培训费用。用人单位要求劳动者支付的违约金不得超过服务期尚未履行部分所应分摊的培训费用。

用人单位与劳动者约定服务期的，不影响按照正常的工资调整机制提高劳动者在服务期期间的劳动报酬。

第二十三条 用人单位与劳动者可以在劳动合同中约定保守用人单位的商业秘密和与知识产权相关的保密事项。

对负有保密义务的劳动者，用人单位可以在劳动合同或者保密协议中与劳动者约定竞业限制条款，并约定在解除或者终止劳动合同后，在竞业限制期限内按月给予劳动者经济补偿。劳动者违反竞业限制约定的，应当按照约定向用人单位支付违约金。

第二十四条 竞业限制的人员限于用人单位的高级管理人员、高级技术人员和其他负有保密义务的人员。竞业限制的范围、地域、期限由用人单位与劳动者约定，竞业限制的约定不得违反法律、法规的规定。

在解除或者终止劳动合同后，前款规定的人员到与本单位生产或者经营同类产品、从事同类业务的有竞争关系的其他用人单位，或者自己开业生产或者经营同类产品、从事同类业务的竞业限制期限，不得超过2年。

精 解

1. 保密义务可以适用于全体劳动者，但竞业限制只限于特定的人员（第24条）。

2. 竞业限制应当有经济补偿，限制期限不得超过2年。

3. 竞业限制可以约定劳动者支付违约金。

4. 只有违反第22条服务期约定的和第23条竞业限制的，才能要求劳动者支付违约金。

重点法条 5 劳动者解除劳动合同情形

第三十七条 劳动者提前30日以书面形式通知用人单位，可以解除劳动合同。劳动者在试用期内提前3日通知用人单位，可以解除劳动合同。

第三十八条 用人单位有下列情形之一的，劳动者可以解除劳动合同：

（一）未按照劳动合同约定提供劳动保护或者劳动条件的；

（二）未及时足额支付劳动报酬的；

（三）未依法为劳动者缴纳社会保险费的；

（四）用人单位的规章制度违反法律、法规的规定，损害劳动者权益的；

（五）因本法第26条第1款规定的情形致使劳动合同无效的；

（六）法律、行政法规规定劳动者可以解除劳动合同的其他情形。

用人单位以暴力、威胁或者非法限制人身自由的手段强迫劳动者劳动的，或者用人单位违章指挥、强令冒险作业危及劳动者人身安全的，劳动者可以立即解除劳动合同，不需事先告知用人单位。

第七十一条 非全日制用工双方当事人任何一方都可以随时通知对方终止用工。终止用工，用人单位不向劳动者支付经济补偿。

精 解

1. 劳动合同的解除分为双方协议解除，劳动者单方解除和用人单位单方解除。

2. 非全日制用工双方可以随时解除劳动合同，并且用人单位不须支付经济补偿。

3. 一般的对单方解除有严格的限制，尤其对于用人单位单方解除劳动合同有非常严格的条件和程序限制。以上两条规定了劳动者的单方解除，分为两种：

(1)需预告的解除：劳动者不需要什么理由可以任意解除劳动合同，但必须提前通知用人单位，通知的期限和方式因劳动者是否处于试用期而不同。劳动者在试用期内，提前3天，可以口头通知；在试用期外，提前30日，书面形式通知。

(2)即时解除：第38条规定的种种在用人单位严重过错的情况下，劳动者可以随时解除劳动合同。

注意熟知劳动者单方解除合同的情形，考试中多次出现。

重点法条 6 用人单位单方解除劳动合同情形

第三十九条 劳动者有下列情形之一的，用人单位可以解除劳动合同：

(一)在试用期间被证明不符合录用条件的；

(二)严重违反用人单位的规章制度的；

(三)严重失职，营私舞弊，给用人单位造成重大损害的；

(四)劳动者同时与其他用人单位建立劳动关系，对完成本单位的工作任务造成严重影响，或者经用人单位提出，拒不改正的；

(五)因本法第26条第1款第(1)项规定的情形致使劳动合同无效的；

(六)被依法追究刑事责任的。

第四十条 有下列情形之一的，用人单位提前30日以书面形式通知劳动者本人或者额外支付劳动者1个月工资后，可以解除劳动合同：

(一)劳动者患病或者非因工负伤，在规定的医疗期满后不能从事原工作，也不能从事由用人单位另行安排的工作的；

(二)劳动者不能胜任工作，经过培训或者调整工作岗位，仍不能胜任工作的；

(三)劳动合同订立时所依据的客观情况发生重大变化，致使劳动合同无法履行，经用人单位与劳动者协商，未能就变更劳动合同内容达成协议的。

第四十一条 有下列情形之一，需要裁减人员20人以上或者裁减不足20人但占企业职工总数10%以上的，用人单位提前30日向工会或者全体职工说明情况，听取工会或者职工的意见后，裁减人员方案经向劳动行政部门报告，可以裁减人员：

(一)依照企业破产法规定进行重整的；

(二)生产经营发生严重困难的；

(三)企业转产、重大技术革新或者经营方式调整，经变更劳动合同后，仍需裁减人员的；

(四)其他因劳动合同订立时所依据的客观经济情况发生重大变化，致使劳动合同无法履行的。

裁减人员时，应当优先留用下列人员：

(一)与本单位订立较长期限的固定期限劳动合同的；

(二)与本单位订立无固定期限劳动合同的；

(三)家庭无其他就业人员，有需要扶养的老人或者未成年人的。

用人单位依照本条第1款规定裁减人员，在6个月内重新招用人员的，应当通知被裁减的人员，并在同等条件下优先招用被裁减的人员。

第四十二条 劳动者有下列情形之一的，用人单位不得依照本法第40条、第41条的规定解除劳动合同：

(一)从事接触职业病危害作业的劳动者未进行离岗前职业健康检查，或者疑似职业病病人在诊断或者医学观察期间的；

(二)在本单位患职业病或者因工负伤并被确认丧失或者部分丧失劳动能力的；

(三)患病或者非因工负伤，在规定的医疗期内的；

(四)女职工在孕期、产期、哺乳期的；

(五)在本单位连续工作满15年，且距法定退休年龄不足5年的；

(六)法律、行政法规规定的其他情形。

精 解

1. 用人单位单方解除劳动合同分为3种：

(1)即时解除：第39条规定的劳动者个人原因，除第1项试用期内被证明不符合录用条件外，其他均为个人严重过错行为。

(2)需预告的解除：第40条规定的情形，不可归责于任何一方。解除的方式有两种：一种是提前30日书面通知，另一种是额外支付1个月工资无须提前通知，以保障劳动者的利益。

(3)裁员，特别注意：①裁员的程序：提前30日说明情况，听取工会或者职工的意见，并向劳动行政部门报告；②裁员的适用情形；③裁员应当优先留用的人员；④6个月内的优先录用权。

2. 第42条规定了需预告解除和裁员的禁止情形，考生需要熟练掌握各项情形。

【例题】 甲公司进入破产重整程序，裁员30人，下列哪些说法是正确的？(2020年多选题)

A. 杨某劳动合同因裁员而终止

B. 陆某在甲公司工作3年8个月，甲公司应支付4个月工资的经济补偿

C. 马某工作15年，甲公司可对马某解除合同

D. 牛某25岁，离婚，抚育一位未成年子女，不得解除劳动合同

参考答案：________①

重点法条 7 经济补偿

第四十六条 有下列情形之一的，用人单位应当向劳动者支付经济补偿：

(一)劳动者依照本法第38条规定解除劳动合同的；

(二)用人单位依照本法第36条规定向劳动者提出解除劳动合同并与劳动者协商一致解除劳动合同的；

(三)用人单位依照本法第40条规定解除劳动合同的；

(四)用人单位依照本法第41条第1款规定解除劳动合同的；

(五)除用人单位维持或者提高劳动合同约定条件续订劳动合同，劳动者不同意续订的情形外，依照本法第44条第(1)项规定终止固定期限劳动合同的；

(六)依照本法第44条第(4)项、第(5)项规定终止劳动合同的；

(七)法律、行政法规规定的其他情形。

精 解

用人单位应当向劳动者支付经济补偿的情形：

1. 劳动者依法及时解除的。

2. 用人单位提出解除并与劳动者协商一致的。

3. 用人单位预告解除的。

4. 用人单位经济性裁员解除的。

5. 劳动合同期满，用人单位不愿意续订劳动合同，或者降低原劳动合同约定条件续订而劳动者不愿意续订的。

6. 用人单位被依法宣告破产和用人单位被吊销营业执照、责令关闭、撤销或者用人单位决定提前解散时终止劳动合同的。

重点法条 8 劳务派遣

第五十八条 劳务派遣单位是本法所称用人单位，应当履行用人单位对劳动者的义务。劳务派遣单位与被派遣劳动者订立的劳动合同，除应当载明本法第17条规定的事项外，还应当载明被派遣劳动者的用工单位以及派遣期限、工作岗位等情况。

劳务派遣单位应当与被派遣劳动者订立2年以上的固定期限劳动合同，按月支付劳动报酬；被派遣劳动者在无工作期间，劳务派遣单位应当按照所在地人民政府规定的最低工资标准，向其按月支付报酬。

第五十九条 劳务派遣单位派遣劳动者应当与接受以劳务派遣形式用工的单位(以下简称用工单位)订立劳务派遣协议。劳务派遣协议应当约定派遣岗位和人员数量、派遣期限、劳动报酬和社会保险费的数额与支付方式以及违反协议的责任。

用工单位应当根据工作岗位的实际需要与劳务派遣单位确定派遣期限，不得将连续用工期限分割订立数个短期劳务派遣协议。

第六十五条 被派遣劳动者可以依照本法第36条、第38条的规定与劳务派遣单位解除劳动合同。

被派遣劳动者有本法第39条和第40条第(1)项、第(2)项规定情形的，用工单位可以将劳动者退

① ABC

回劳务派遣单位,劳务派遣单位依照本法有关规定,可以与劳动者解除劳动合同。

第六十七条 用人单位不得设立劳务派遣单位向本单位或者所属单位派遣劳动者。

精 解

1. 劳务派遣中有三方主体:用人单位(劳务派遣单位)、用工单位、劳动者。用人单位与劳动者签订劳动合同,用工单位与用人单位签订劳务派遣协议。特别注意,为了防止用人单位规避劳动法义务,特设第67条。

2. 劳动合同的期限为2年以上的固定期限合同,按月支付报酬;在无工作期间,应当按照最低工资标准支付。

3. 了解第65条规定的三方解除合同的关系。

国际法·国际私法·国际经济法

国　籍　法

【导读】《国籍法》仅有18个条文,但其中一半以上的条文均被历届考试反复考查,可谓非常重要。这些条文分别规定了中国国籍的取得以及丧失的问题。其中常考的重点条文有第5、6、9、10条。这几个条文是重点中的重点,考生务必要掌握。国籍的取得和丧失容易与国际法中的其他知识点,比如与庇护和引渡的相关知识点结合考查。此部分知识点在考试中考查得非常细致,容易因考虑不周而出错。在复习的时候建议考生通过分组记忆的方式来记忆法条,这样考试作答的时候不容易有疏漏。

重点法条 1　国籍与双重国籍

第三条　中华人民共和国不承认中国公民具有双重国籍。

【相关法条】《宪法》

第33条　凡具有中华人民共和国国籍的人都是中华人民共和国公民。

中华人民共和国公民在法律面前一律平等。

国家尊重和保障人权。

任何公民享有宪法和法律规定的权利,同时必须履行宪法和法律规定的义务。

精　解

1. 凡中国公民,都具有中国国籍;反之亦然。

2. 我国不承认双重、多重国籍。申请加入中国国籍获得批准的,不得再保留外国国籍;尚具有中国国籍,取得的外国国籍不被承认。

重点法条 2　国籍的取得

第四条　父母双方或一方为中国公民,本人出生在中国,具有中国国籍。

第五条　父母双方或一方为中国公民,本人出生在外国,具有中国国籍;但父母双方或一方为中国公民并定居在外国,本人出生时即具有外国国籍的,不具有中国国籍。

第六条　父母无国籍或国籍不明,定居在中国,本人出生在中国,具有中国国籍。

精　解

我国采取血统主义与出生地主义相结合原则,按照是否取得中国国籍,分为两种情况:

1. 具有中国国籍的情况。

(1)父母双方或一方为中国公民,本人出生在中国,具有中国国籍。需要满足两个条件:其一,父母双方或一方为中国公民;其二,本人出生在中国。

(2)父母双方或一方为中国公民,本人出生在外国,具有中国国籍。需要满足两个条件:其一,父母双方或一方为中国公民;其二,本人出生在外国。

(3)父母无国籍或国籍不明的,定居在中国,本人出生在中国,具有中国国籍。需要满足两个条件:其一,父母无国籍或国籍不明的,且定居在中国;其二,本人出生在中国。

2. 不具有中国国籍的情况。

父母双方或一方为中国公民并定居在外国,本人出生在外国时即具有外国国籍的,不具有中国国籍。需要满足3个条件:(1)父母双方或一方为定居外国的中国公民;(2)本人出生在外国;(3)本人出生时即具有外国国籍。

重点法条 3　国籍的丧失

第九条　定居外国的中国公民,自愿加入或取得外国国籍的,即自动丧失中国国籍。

第十条　中国公民具有下列条件之一的,可以经申请批准退出中国国籍:

（一）外国人的近亲属；

（二）定居在外国的；

（三）有其他正当理由。

第十一条 申请退出中国国籍获得批准的，即丧失中国国籍。

第十二条 国家工作人员和现役军人，不得退出中国国籍。

第十五条 受理国籍申请的机关，在国内为当地市、县公安局，在国外为中国外交代表机关和领事机关。

第十六条 加入、退出和恢复中国国籍的申请，由中华人民共和国公安部审批。经批准的，由公安部发给证书。

精 解

1. 中国国籍的丧失分三种情况：

（1）自动丧失。定居外国的中国公民，自愿加入或取得外国国籍的，即自动丧失中国国籍。满足该条规定的两个条件：其一，定居外国的中国公民；其二，自愿加入或取得外国国籍的，会产生一个法律后果，自动丧失中国国籍。

（2）申请后经批准丧失。除本法第 9 条规定的情形外，申请退出中国国籍须经申请，申请退出中国国籍获得批准的，丧失中国国籍。

（3）不得申请退籍的情形。国家工作人员和现役军人，不得退出中国国籍。

2. 了解本法第 15、16 条之规定，受理国籍申请与批准的机关不同。

出境入境管理法

【导读】 关于外国人的出入境相关规定近年来受到考试的特别关注，考生应当重点掌握本法的内容。掌握本部分内容之时，首先考生需要明确，允许外国人入境出境及居留都是属于一国的主权范畴，因此严格意义上讲虽然国际法上有通行的惯例和做法，但这些内容仍然主要被规定于一国的国内法中。明确这一点后，具体的内容就要看相关国家的具体规定了。

重点法条 1 外国人入境

第十五条 外国人入境，应当向驻外签证机关申请办理签证，但是本法另有规定的除外。

【相关法条】《出境入境管理法》

第 20 条 出于人道原因需要紧急入境，应邀入境从事紧急商务、工程抢修或者具有其他紧急入境需要并持有有关主管部门同意在口岸申办签证的证明材料的外国人，可以在国务院批准办理口岸签证业务的口岸，向公安部委托的口岸签证机关（以下简称口岸签证机关）申请办理口岸签证。

旅行社按照国家有关规定组织入境旅游的，可以向口岸签证机关申请办理团体旅游签证。

外国人向口岸签证机关申请办理签证，应当提交本人的护照或者其他国际旅行证件，以及申请事由的相关材料，按照口岸签证机关的要求办理相关手续，并从申请签证的口岸入境。

口岸签证机关签发的签证 1 次入境有效，签证注明的停留期限不得超过 30 日。

精 解

1. 外国人入境中国办理签证的机关：一般为驻外签证机关，即我国驻外使馆、领馆或者外交部委托的其他驻外机构；特殊情况时为口岸签证机关。所谓特殊情况，包括：（1）出于人道原因需要紧急入境，应邀入境从事紧急商务、工程抢修或者具有其他紧急入境需要并持有有关主管部门同意在口岸申办签证的证明材料的外国人，可以在国务院批准办理口岸签证业务的口岸，向公安部委托的口岸签证机关申请办理口岸签证；（2）旅行社按照国家有关规定组织入境旅游的，可以向口岸签证机关申请办理团体旅游签证。

2. 关于口岸。

口岸，是指由政府指定的对外出入境的边界关卡，是国家指定的对外来往的门户，如我国新疆的霍尔果斯口岸、深圳蛇口码头口岸等。按照出入境的交通方式划分，可将口岸分为港口口岸、陆路口岸和航空口岸。国际机场兼备为航空口岸。设有边防检查设施的港口便可成为港口口岸，提供船舶货物和旅客进出境。互通一个陆路口岸，需要与陆邻国家的协商。口岸里工作的单位包括边检、海关、国检、海事等。

重点法条 2 不予签发签证

第二十一条 外国人有下列情形之一的，不予签发签证：

（一）被处驱逐出境或者被决定遣送出境，未满不准入境规定年限的；

（二）患有严重精神障碍、传染性肺结核病或者有可能对公共卫生造成重大危害的其他传染病的；

（三）可能危害中国国家安全和利益、破坏社会公共秩序或者从事其他违法犯罪活动的；

（四）在申请签证过程中弄虚作假或者不能保障在中国境内期间所需费用的；

（五）不能提交签证机关要求提交的相关材料的；

（六）签证机关认为不宜签发签证的其他情形。

对不予签发签证的，签证机关可以不说明理由。

第二十二条 外国人有下列情形之一的，可以免办签证：

（一）根据中国政府与其他国家政府签订的互免签证协议，属于免办签证人员的；

（二）持有效的外国人居留证件的；

（三）持联程客票搭乘国际航行的航空器、船舶、列车从中国过境前往第三国或者地区，在中国境内停留不超过24小时且不离开口岸，或者在国务院批准的特定区域内停留不超过规定时限的；

（四）国务院规定的可以免办签证的其他情形。

第二十五条 外国人有下列情形之一的，不准入境：

（一）未持有效出境入境证件或者拒绝、逃避接受边防检查的；

（二）具有本法第21条第1款第1项至第4项规定情形的；

（三）入境后可能从事与签证种类不符的活动的；

（四）法律、行政法规规定不准入境的其他情形。

对不准入境的，出入境边防检查机关可以不说明理由。

第二十八条 外国人有下列情形之一的，不准出境：

（一）被判处刑罚尚未执行完毕或者属于刑事案件被告人、犯罪嫌疑人的，但是按照中国与外国签订的有关协议，移管被判刑人的除外；

（二）有未了结的民事案件，人民法院决定不准出境的；

（三）拖欠劳动者的劳动报酬，经国务院有关部门或者省、自治区、直辖市人民政府决定不准出境的；

（四）法律、行政法规规定不准出境的其他情形。

精 解

本法第21条和第22条的相关情形是非常重要的内容，免办签证的问题在本法未出台之前，已经多次被考查到。注意其中第22条第3款的情形。此外，关于不予签发签证的情形，也是新的重点，考生应当重视。

重点法条 3 对外国人的处罚

第七十条 本章规定的行政处罚，除本章另有规定外，由县级以上地方人民政府公安机关或者出入境边防检查机关决定；其中警告或者5000元以下罚款，可以由县级以上地方人民政府公安机关出入境管理机构决定。

第八十条 外国人非法就业的，处5000元以上2万元以下罚款；情节严重的，处5日以上15日以下拘留，并处5000元以上2万元以下罚款。

介绍外国人非法就业的，对个人处每非法介绍1人5000元，总额不超过5万元的罚款；对单位处每非法介绍1人5000元，总额不超过10万元的罚款；有违法所得的，没收违法所得。

非法聘用外国人的，处每非法聘用1人1万元，总额不超过10万元的罚款；有违法所得的，没收违法所得。

第八十一条 外国人从事与停留居留事由不相符的活动，或者有其他违反中国法律、法规规定，不适宜在中国境内继续停留居留情形的，可以处限期出境。

外国人违反本法规定，情节严重，尚不构成犯罪的，公安部可以处驱逐出境。公安部的处罚决定为最终决定。

被驱逐出境的外国人，自被驱逐出境之日起10年内不准入境。

精 解

上述几条规定了对外国人的处罚问题。其中有权处罚机关，以及处罚的措施都非常重要。本法将此部分内容进一步予以了细化，可考内容更多，其中的重点数字需要识记。

涉外民事关系法律适用法

【导读】《涉外民事关系法律适用法》及最高人民法院《关于适用〈中华人民共和国涉外民事关系法律适用法〉若干问题的解释(一)》[以下简称《涉外民事关系法律适用法解释(一)》]取代了各法律规定的涉外部分,在这52条中,考查4~6分,是国际私法当之无愧的第一重点。2023年8月30日通过了最高人民法院《关于适用〈中华人民共和国涉外民事关系法律适用法〉若干问题的解释(二)》[以下简称《涉外民事关系法律适用法解释(二)》],该解释主要是对"外国法的查明"进行补充,考生要注意这一考点。因此,对于该法的相关规定,考生必须全面把握。

重点法条 1 法律规避

第四条 中华人民共和国法律对涉外民事关系有强制性规定的,直接适用该强制性规定。

【相关法条】《涉外民事关系法律适用法解释(一)》(2020年12月23日修正)

第8条 有下列情形之一,涉及中华人民共和国社会公共利益、当事人不能通过约定排除适用、无需通过冲突规范指引而直接适用于涉外民事关系的法律、行政法规的规定,人民法院应当认定为涉外民事关系法律适用法第4条规定的强制性规定:

(一)涉及劳动者权益保护的;

(二)涉及食品或公共卫生安全的;

(三)涉及环境安全的;

(四)涉及外汇管制等金融安全的;

(五)涉及反垄断、反倾销的;

(六)应当认定为强制性规定的其他情形。

重点法条 2 法律适用的制度

第六条 涉外民事关系适用外国法律,该国不同区域实施不同法律的,适用与该涉外民事关系有最密切联系区域的法律。

第七条 诉讼时效,适用相关涉外民事关系应当适用的法律。

第八条 涉外民事关系的定性,适用法院地法律。

第九条 涉外民事关系适用的外国法律,不包括该国的法律适用法。

【例题】 张某在法国巴黎留学,中国明星李某经常居所地在德国柏林。张某偷拍李某很多照片并上传到中国某网站,李某在中国某法院起诉张某侵犯其隐私权。下列表述中正确的是:(2022年单选题)

A. 张某和李某可在一审法庭辩论终结前合意选择法国法

B. 若依德国法类似案件应适用被侵权人国籍国法,法院应适用中国法

C. 本案的诉讼时效问题应适用中国法

D. 本案应适用的法律可由中国受理案件的法院查明

参考答案:________①

重点法条 3 外国法的查明

第十条 涉外民事关系适用的外国法律,由人民法院、仲裁机构或者行政机关查明。当事人选择适用外国法律的,应当提供该国法律。

不能查明外国法律或者该国法律没有规定的,适用中华人民共和国法律。

【相关法条】《涉外民事关系法律适用法解释(一)》

第15条 人民法院通过由当事人提供、已对中华人民共和国生效的国际条约规定的途径、中外法律专家提供等合理途径仍不能获得外国法律的,可以认定为不能查明外国法律。

根据涉外民事关系法律适用法第10条第1款的规定,当事人应当提供外国法律,其在人民法院指定的合理期限内无正当理由未提供该外国法律的,可以认定为不能查明外国法律。

第16条 人民法院应当听取各方当事人对应当适用的外国法律的内容及其理解与适用的意见,当事

① D

人对该外国法律的内容及其理解与适用均无异议的，人民法院可以予以确认；当事人有异议的，由人民法院审查认定。

最高人民法院《关于适用〈中华人民共和国涉外民事关系法律适用法〉若干问题的解释（二）》（2023年8月30日通过）

第1条 人民法院审理涉外民商事案件适用外国法律的，应当根据涉外民事关系法律适用法第十条第一款的规定查明该国法律。

当事人选择适用外国法律的，应当提供该国法律。

当事人未选择适用外国法律的，由人民法院查明该国法律。

第2条 人民法院可以通过下列途径查明外国法律：

（一）由当事人提供；

（二）通过司法协助渠道由对方的中央机关或者主管机关提供；

（三）通过最高人民法院请求我国驻该国使领馆或者该国驻我国使领馆提供；

（四）由最高人民法院建立或者参与的法律查明合作机制参与方提供；

（五）由最高人民法院国际商事专家委员会专家提供；

（六）由法律查明服务机构或者中外法律专家提供；

（七）其他适当途径。

人民法院通过前款规定的其中一项途径无法获得外国法律或者获得的外国法律内容不明确、不充分的，应当通过该款规定的不同途径补充查明。

人民法院依据本条第一款第一项的规定要求当事人协助提供外国法律的，不得仅以当事人未予协助提供为由认定外国法律不能查明。

第3条 当事人提供外国法律的，应当提交该国法律的具体规定并说明获得途径、效力情况、与案件争议的关联性等。外国法律为判例法的，还应当提交判例全文。

第4条 法律查明服务机构、法律专家提供外国法律的，除提交本解释第三条规定的材料外，还应当提交法律查明服务机构的资质证明、法律专家的身份及资历证明，并附与案件无利害关系的书面声明。

第5条 查明的外国法律的相关材料均应当在法庭上出示。人民法院应当听取各方当事人对外国法律的内容及其理解与适用的意见。

第6条 人民法院可以召集庭前会议或者以其他适当方式，确定需要查明的外国法律的范围。

第7条 人民法院认为有必要的，可以通知提供外国法律的法律查明服务机构或者法律专家出庭接受询问。当事人申请法律查明服务机构或者法律专家出庭，人民法院认为有必要的，可以准许。

法律查明服务机构或者法律专家现场出庭确有困难的，可以在线接受询问，但法律查明服务机构或者法律专家所在国法律对跨国在线参与庭审有禁止性规定的除外。

出庭的法律查明服务机构或者法律专家只围绕外国法律及其理解发表意见，不参与其他法庭审理活动。

第8条 人民法院对外国法律的内容及其理解与适用，根据以下情形分别作出处理：

（一）当事人对外国法律的内容及其理解与适用均无异议的，人民法院可以予以确认；

（二）当事人对外国法律的内容及其理解与适用有异议的，应当说明理由。人民法院认为有必要的，可以补充查明或者要求当事人补充提供材料。经过补充查明或者补充提供材料，当事人仍有异议的，由人民法院审查认定；

（三）外国法律的内容已为人民法院生效裁判所认定的，人民法院应当予以确认，但有相反证据足以推翻的除外。

第9条 人民法院应当根据外国法律查明办理相关手续等所需时间确定当事人提供外国法律的期限。当事人有具体理由说明无法在人民法院确定的期限内提供外国法律而申请适当延长期限的，人民法院视情可予准许。

当事人选择适用外国法律，其在人民法院确定的期限内无正当理由未提供该外国法律的，人民法院可以认定为不能查明外国法律。

第10条 人民法院依法适用外国法律审理案件，应当在裁判文书中载明外国法律的查明过程及外国法律的内容；人民法院认定外国法律不能查明的，应当载明不能查明的理由。

第11条 对查明外国法律的费用负担，当事人有约定的，从其约定；没有约定的，人民法院可以根据当事人的诉讼请求和具体案情，在作出裁判时确定上述合理费用的负担。

重点法条 4 自然人权利和行为能力的法律适用

第十一条 自然人的民事权利能力,适用经常居所地法律。

第十二条 自然人的民事行为能力,适用经常居所地法律。

自然人从事民事活动,依照经常居所地法律为无民事行为能力,依照行为地法律为有民事行为能力的,适用行为地法律,但涉及婚姻家庭、继承的除外。

第十三条 宣告失踪或者宣告死亡,适用自然人经常居所地法律。

第十五条 人格权的内容,适用权利人经常居所地法律。

第二十条 依照本法适用经常居所地法律,自然人经常居所地不明的,适用其现在居所地法律。

【相关法条】《涉外民事关系法律适用法解释(一)》

第 13 条 自然人在涉外民事关系产生或者变更、终止时已经连续居住 1 年以上且作为其生活中心的地方,人民法院可以认定为涉外民事关系法律适用法规定的自然人的经常居所地,但就医、劳务派遣、公务等情形除外。

重点法条 5 法人权利能力与行为能力的法律适用

第十四条 法人及其分支机构的民事权利能力、民事行为能力、组织机构、股东权利义务等事项,适用登记地法律。

法人的主营业地与登记地不一致的,可以适用主营业地法律。法人的经常居所地,为其主营业地。

【相关法条】《涉外民事关系法律适用法解释(一)》

第 14 条 人民法院应当将法人的设立登记地认定为涉外民事关系法律适用法规定的法人的登记地。

重点法条 6 国际冲突的解决

第十九条 依照本法适用国籍国法律,自然人具有两个以上国籍的,适用有经常居所的国籍国法律;在所有国籍国均无经常居所的,适用与其有最密切联系的国籍国法律。自然人无国籍或者国籍不明的,适用其经常居所地法律。

重点法条 7 结婚的法律适用

第二十一条 结婚条件,适用当事人共同经常居所地法律;没有共同经常居所地的,适用共同国籍国法律;没有共同国籍,在一方当事人经常居所地或者国籍国缔结婚姻的,适用婚姻缔结地法律。

第二十二条 结婚手续,符合婚姻缔结地法律、一方当事人经常居所地法律或者国籍国法律的,均为有效。

重点法条 8 夫妻、子女人身财产关系的法律适用

第二十三条 夫妻人身关系,适用共同经常居所地法律;没有共同经常居所地的,适用共同国籍国法律。

第二十四条 夫妻财产关系,当事人可以协议选择适用一方当事人经常居所地法律、国籍国法律或者主要财产所在地法律。当事人没有选择的,适用共同经常居所地法律;没有共同经常居所地的,适用共同国籍国法律。

第二十五条 父母子女人身、财产关系,适用共同经常居所地法律;没有共同经常居所地的,适用一方当事人经常居所地法律或者国籍国法律中有利于保护弱者权益的法律。

重点法条 9 离婚的法律适用

第二十六条 协议离婚,当事人可以协议选择适用一方当事人经常居所地法律或者国籍国法律。当事人没有选择的,适用共同经常居所地法律;没有共同经常居所地的,适用共同国籍国法律;没有共同国籍的,适用办理离婚手续机构所在地法律。

第二十七条 诉讼离婚,适用法院地法律。

重点法条 10 收养的法律适用

第二十八条 收养的条件和手续,适用收养人和被收养人经常居所地法律。收养的效力,适用收养时收养人经常居所地法律。收养关系的解除,适用收养时被收养人经常居所地法律或者法院地法律。

第二十九条 扶养,适用一方当事人经常居所地法律、国籍国法律或者主要财产所在地法律中有利于

保护被扶养人权益的法律。

第三十条 监护,适用一方当事人经常居所地法律或者国籍国法律中有利于保护被监护人权益的法律。

【相关法条】《外国人在中华人民共和国收养子女登记办法》(1999年5月25日发布)

第3条 外国人在华收养子女,应当符合中国有关收养法律的规定,并应当符合收养人所在国有关收养法律的规定;因收养人所在国法律的规定与中国法律的规定不一致而产生的问题,由两国政府有关部门协商处理。

重点法条 11 继承的法律适用

第三十一条 法定继承,适用被继承人死亡时经常居所地法律,但不动产法定继承,适用不动产所在地法律。

第三十二条 遗嘱方式,符合遗嘱人立遗嘱时或者死亡时经常居所地法律、国籍国法律或者遗嘱行为地法律的,遗嘱均为成立。

第三十三条 遗嘱效力,适用遗嘱人立遗嘱时或者死亡时经常居所地法律或者国籍国法律。

第三十四条 遗产管理等事项,适用遗产所在地法律。

第三十五条 无人继承遗产的归属,适用被继承人死亡时遗产所在地法律。

重点法条 12 物权的法律适用

第三十六条 不动产物权,适用不动产所在地法律。

第三十七条 当事人可以协议选择动产物权适用的法律。当事人没有选择的,适用法律事实发生时动产所在地法律。

第三十八条 当事人可以协议选择运输中动产物权发生变更适用的法律。当事人没有选择的,适用运输目的地法律。

第三十九条 有价证券,适用有价证券权利实现地法律或者其他与该有价证券有最密切联系的法律。

第四十条 权利质权,适用质权设立地法律。

重点法条 13 合同的法律适用

第四十一条 当事人可以协议选择合同适用的法律。当事人没有选择的,适用履行义务最能体现该合同特征的一方当事人经常居所地法律或者其他与该合同有最密切联系的法律。

第四十二条 消费者合同,适用消费者经常居所地法律;消费者选择适用商品、服务提供地法律或者经营者在消费者经常居所地没有从事相关经营活动的,适用商品、服务提供地法律。

第四十三条 劳动合同,适用劳动者工作地法律;难以确定劳动者工作地的,适用用人单位主营业地法律。劳务派遣,可以适用劳务派出地法律。

【相关法条】《民法典》(2020年5月28日通过)

第467条 本法或者其他法律没有明文规定的合同,适用本编通则的规定,并可以参照适用本编或者其他法律最相类似合同的规定。

在中华人民共和国境内履行的中外合资经营企业合同、中外合作经营企业合同、中外合作勘探开发自然资源合同,适用中华人民共和国法律。

《涉外民事关系法律适用法解释(一)》

第4条 中华人民共和国法律没有明确规定当事人可以选择涉外民事关系适用的法律,当事人选择适用法律的,人民法院应认定该选择无效。

第5条 一方当事人以双方协议选择的法律与系争的涉外民事关系没有实际联系为由主张选择无效的,人民法院不予支持。

第6条 当事人在一审法庭辩论终结前协议选择或者变更选择适用的法律的,人民法院应予准许。

各方当事人援引相同国家的法律且未提出法律适用异议的,人民法院可以认定当事人已经就涉外民事关系适用的法律做出了选择。

第7条 当事人在合同中援引尚未对中华人民共和国生效的国际条约的,人民法院可以根据该国际条约的内容确定当事人之间的权利义务,但违反中华人民共和国社会公共利益或中华人民共和国法律、行政法规强制性规定的除外。

重点法条 14 侵权责任的法律适用

第四十四条 侵权责任,适用侵权行为地法律,但当事人有共同经常居所地的,适用共同经常居所地法律。侵权行为发生后,当事人协议选择适用法律的,按照其协议。

第四十五条 产品责任,适用被侵权人经常居所地法律;被侵权人选择适用侵权人主营业地法律、损害发生地法律的,或者侵权人在被侵权人经常居所地没有从事相关经营活动的，适用侵权人主营业地法律或者损害发生地法律。

第四十六条 通过网络或者采用其他方式侵害姓名权、肖像权、名誉权、隐私权等人格权的，适用被侵权人经常居所地法律。

第四十七条 不当得利、无因管理，适用当事人协议选择适用的法律。当事人没有选择的，适用当事人共同经常居所地法律；没有共同经常居所地的，适用不当得利、无因管理发生地法律。

重点法条 15 知识产权的法律适用

第四十八条 知识产权的归属和内容，适用被请求保护地法律。

《民事诉讼法》涉外部分及相关司法解释

【导读】 《民事诉讼法》涉外部分及其司法解释是国际私法这门学科的重点，法考考查2分左右，占整个国际私法分值的1/3。本部分的重点就在几种涉外管辖权的内容上，考生务必要掌握。复习的时候需要与国内民事案件的管辖对比记忆，不要混淆。

重点法条 1 涉外民事案件的管辖

《民事诉讼法》(2023年9月1日修正)

第三十四条 下列案件，由本条规定的人民法院专属管辖：

(一)因不动产纠纷提起的诉讼，由不动产所在地人民法院管辖；

(二)因港口作业中发生纠纷提起的诉讼，由港口所在地人民法院管辖；

(三)因继承遗产纠纷提起的诉讼，由被继承人死亡时住所地或者主要遗产所在地人民法院管辖。

第三十五条 合同或者其他财产权益纠纷的当事人可以书面协议选择被告住所地、合同履行地、合同签订地、原告住所地、标的物所在地等与争议有实际联系的地点的人民法院管辖，但不得违反本法对级别管辖和专属管辖的规定。

第一百三十条 人民法院受理案件后，当事人对管辖权有异议的，应当在提交答辩状期间提出。人民法院对当事人提出的异议，应当审查。异议成立的，裁定将案件移送有管辖权的人民法院；异议不成立的，裁定驳回。

当事人未提出管辖异议，并应诉答辩或者提出反诉的，视为受诉人民法院有管辖权，但违反级别管辖和专属管辖规定的除外。

第二百七十六条 因涉外民事纠纷，对在中华人民共和国领域内没有住所的被告提起除身份关系以外的诉讼，如果合同签订地、合同履行地、诉讼标的物所在地、可供扣押财产所在地、侵权行为地、代表机构住所地位于中华人民共和国领域内的，可以由合同签订地、合同履行地、诉讼标的物所在地、可供扣押财产所在地、侵权行为地、代表机构住所地人民法院管辖。

除前款规定外，涉外民事纠纷与中华人民共和国存在其他适当联系的，可以由人民法院管辖。

第二百七十七条 涉外民事纠纷的当事人书面协议选择人民法院管辖的，可以由人民法院管辖。

第二百七十八条 当事人未提出管辖异议，并应诉答辩或者提出反诉的，视为人民法院有管辖权。

第二百七十九条 下列民事案件，由人民法院专属管辖：

(一)因在中华人民共和国领域内设立的法人或者其他组织的设立、解散、清算，以及该法人或者其他组织作出的决议的效力等纠纷提起的诉讼；

(二)因与在中华人民共和国领域内审查授予的知识产权的有效性有关的纠纷提起的诉讼；

(三)因在中华人民共和国领域内履行中外合资经营企业合同、中外合作经营企业合同、中外合作勘探开发自然资源合同发生纠纷提起的诉讼。

【相关法条】《海事诉讼特别程序法》(1999年12月25日通过)

第7条 下列海事诉讼，由本条规定的海事法院专属管辖：

(一)因沿海港口作业纠纷提起的诉讼，由港口所在地海事法院管辖；

（二）因船舶排放、泄漏、倾倒油类或者其他有害物质，海上生产、作业或者拆船、修船作业造成海域污染损害提起的诉讼，由污染发生地、损害结果地或者采取预防污染措施地海事法院管辖；

（三）因在中华人民共和国领域和有管辖权的海域履行的海洋勘探开发合同纠纷提起的诉讼，由合同履行地海事法院管辖。

第8条 海事纠纷的当事人都是外国人、无国籍人、外国企业或者组织，当事人书面协议选择中华人民共和国海事法院管辖的，即使与纠纷有实际联系的地点不在中华人民共和国领域内，中华人民共和国海事法院对该纠纷也具有管辖权。

重点法条 2 司法协助

《民事诉讼法》

第二百九十三条 根据中华人民共和国缔结或者参加的国际条约，或者按照互惠原则，人民法院和外国法院可以相互请求，代为送达文书、调查取证以及进行其他诉讼行为。

外国法院请求协助的事项有损于中华人民共和国的主权、安全或者社会公共利益的，人民法院不予执行。

第二百九十四条 请求和提供司法协助，应当依照中华人民共和国缔结或者参加的国际条约所规定的途径进行；没有条约关系的，通过外交途径进行。

外国驻中华人民共和国的使领馆可以向该国公民送达文书和调查取证，但不得违反中华人民共和国的法律，并不得采取强制措施。

除前款规定的情况外，未经中华人民共和国主管机关准许，任何外国机关或者个人不得在中华人民共和国领域内送达文书、调查取证。

第二百九十五条 外国法院请求人民法院提供司法协助的请求书及其所附文件，应当附有中文译本或者国际条约规定的其他文字文本。

人民法院请求外国法院提供司法协助的请求书及其所附文件，应当附有该国文字译本或者国际条约规定的其他文字文本。

第二百九十六条 人民法院提供司法协助，依照中华人民共和国法律规定的程序进行。外国法院请求采用特殊方式的，也可以按照其请求的特殊方式进行，但请求采用的特殊方式不得违反中华人民共和国法律。

重点法条 3 域外送达，承认与执行外国法院判决

《民事诉讼法》

第二百八十三条 人民法院对在中华人民共和国领域内没有住所的当事人送达诉讼文书，可以采用下列方式：

（一）依照受送达人所在国与中华人民共和国缔结或者共同参加的国际条约中规定的方式送达；

（二）通过外交途径送达；

（三）对具有中华人民共和国国籍的受送达人，可以委托中华人民共和国驻受送达人所在国的使领馆代为送达；

（四）向受送达人在本案中委托的诉讼代理人送达；

（五）向受送达人在中华人民共和国领域内设立的独资企业、代表机构、分支机构或者有权接受送达的业务代办人送达；

（六）受送达人为外国人、无国籍人，其在中华人民共和国领域内设立的法人或者其他组织担任法定代表人或者主要负责人，且与该法人或者其他组织为共同被告的，向该法人或者其他组织送达；

（七）受送达人为外国法人或者其他组织，其法定代表人或者主要负责人在中华人民共和国领域内的，向其法定代表人或者主要负责人送达；

（八）受送达人所在国的法律允许邮寄送达的，可以邮寄送达，自邮寄之日起满三个月，送达回证没有退回，但根据各种情况足以认定已经送达的，期间届满之日视为送达；

（九）采用能够确认受送达人收悉的电子方式送达，但是受送达人所在国法律禁止的除外；

（十）以受送达人同意的其他方式送达，但是受送达人所在国法律禁止的除外。

不能用上述方式送达的，公告送达，自发出公告之日起，经过六十日，即视为送达。

第二百八十四条 当事人申请人民法院调查收集的证据位于中华人民共和国领域外，人民法院可以依照证据所在国与中华人民共和国缔结或者共同参加的国际条约中规定的方式，或者通过外交途径调查收集。

在所在国法律不禁止的情况下，人民法院可以采用下列方式调查收集：

（一）对具有中华人民共和国国籍的当事人、证人，可以委托中华人民共和国驻当事人、证人所在国

的使领馆代为取证；

（二）经双方当事人同意，通过即时通讯工具取证；

（三）以双方当事人同意的其他方式取证。

第二百八十五条 被告在中华人民共和国领域内没有住所的，人民法院应当将起诉状副本送达被告，并通知被告在收到起诉状副本后三十日内提出答辩状。被告申请延期的，是否准许，由人民法院决定。

第二百八十六条 在中华人民共和国领域内没有住所的当事人，不服第一审人民法院判决、裁定的，有权在判决书、裁定书送达之日起三十日内提起上诉。被上诉人在收到上诉状副本后，应当在三十日内提出答辩状。当事人不能在法定期间提起上诉或者提出答辩状，申请延期的，是否准许，由人民法院决定。

第二百九十七条第一款 人民法院作出的发生法律效力的判决、裁定，如果被执行人或者其财产不在中华人民共和国领域内，当事人请求执行的，可以由当事人直接向有管辖权的外国法院申请承认和执行，也可以由人民法院依照中华人民共和国缔结或者参加的国际条约的规定，或者按照互惠原则，请求外国法院承认和执行。

第二百九十八条 外国法院作出的发生法律效力的判决、裁定，需要人民法院承认和执行的，可以由当事人直接向有管辖权的中级人民法院申请承认和执行，也可以由外国法院依照该国与中华人民共和国缔结或者参加的国际条约的规定，或者按照互惠原则，请求人民法院承认和执行。

第二百九十九条 人民法院对申请或者请求承认和执行的外国法院作出的发生法律效力的判决、裁定，依照中华人民共和国缔结或者参加的国际条约，或者按照互惠原则进行审查后，认为不违反中华人民共和国法律的基本原则且不损害国家主权、安全、社会公共利益的，裁定承认其效力；需要执行的，发出执行令，依照本法的有关规定执行。

重点法条 4 内地与港澳台地区之间的送达

最高人民法院《关于涉港澳民商事案件司法文书送达问题若干规定》（2009年2月16日通过）

第三条 作为受送达人的自然人或者企业、其他组织的法定代表人、主要负责人在内地的，人民法院可以直接向该自然人或者法定代表人、主要负责人送达。

第四条 除受送达人在授权委托书中明确表明其诉讼代理人无权代为接收有关司法文书外，其委托的诉讼代理人为有权代其接受送达的诉讼代理人，人民法院可以向该诉讼代理人送达。

第五条 受送达人在内地设立有代表机构的，人民法院可以直接向该代表机构送达。

受送达人在内地设立有分支机构或者业务代办人并授权其接受送达的，人民法院可以直接向该分支机构或者业务代办人送达。

重点法条 5 内地与港澳台地区互相执行法院判决、仲裁裁决

最高人民法院《关于认可和执行台湾地区法院民事判决的规定》（2015年6月2日通过）

第二条 本规定所称台湾地区法院民事判决，包括台湾地区法院作出的生效民事判决、裁定、和解笔录、调解笔录、支付命令等。

申请认可台湾地区法院在刑事案件中作出的有关民事损害赔偿的生效判决、裁定、和解笔录的，适用本规定。

申请认可由台湾地区乡镇市调解委员会等出具并经台湾地区法院核定，与台湾地区法院生效民事判决具有同等效力的调解文书的，参照适用本规定。

第三条 申请人同时提出认可和执行台湾地区法院民事判决申请的，人民法院先按照认可程序进行审查，裁定认可后，由人民法院执行机构执行。

申请人直接申请执行的，人民法院应当告知其一并提交认可申请；坚持不申请认可的，裁定驳回其申请。

第十五条 台湾地区法院民事判决具有下列情形之一的，裁定不予认可：

（一）申请认可的民事判决，是在被申请人缺席又未经合法传唤或者在被申请人无诉讼行为能力又未得到适当代理的情况下作出的；

（二）案件系人民法院专属管辖的；

（三）案件双方当事人订有有效仲裁协议，且无放弃仲裁管辖情形的；

（四）案件系人民法院已作出判决或者中国大陆的仲裁庭已作出仲裁裁决的；

（五）香港特别行政区、澳门特别行政区或者外国的法院已就同一争议作出判决且已为人民法院所认可或者承认的；

（六）台湾地区、香港特别行政区、澳门特别行政区或者外国的仲裁庭已就同一争议作出仲裁裁决且已为人民法院所认可或者承认的。

认可该民事判决将违反一个中国原则等国家法律的基本原则或者损害社会公共利益的，人民法院应当裁定不予认可。

第十七条 经人民法院裁定认可的台湾地区法院民事判决，与人民法院作出的生效判决具有同等效力。

【相关法条】 最高人民法院《关于认可和执行台湾地区仲裁裁决的规定》（2015年6月2日通过）

第2条 本规定所称台湾地区仲裁裁决是指，有关常设仲裁机构及临时仲裁庭在台湾地区按照台湾地区仲裁规定就有关民商事争议作出的仲裁裁决，包括仲裁判断、仲裁和解和仲裁调解。

第3条 申请人同时提出认可和执行台湾地区仲裁裁决申请的，人民法院先按照认可程序进行审查，裁定认可后，由人民法院执行机构执行。

申请人直接申请执行的，人民法院应当告知其一并提交认可申请；坚持不申请认可的，裁定驳回其申请。

第14条 对申请认可和执行的仲裁裁决，被申请人提出证据证明有下列情形之一的，经审查核实，人民法院裁定不予认可：

（一）仲裁协议一方当事人依对其适用的法律在订立仲裁协议时属于无行为能力的；或者依当事人约定的准据法，或当事人没有约定适用的准据法而依台湾地区仲裁规定，该仲裁协议无效的；或者当事人之间没有达成书面仲裁协议的，但申请认可台湾地区仲裁调解的除外；

（二）被申请人未接到选任仲裁员或进行仲裁程序的适当通知，或者由于其他不可归责于被申请人的原因而未能陈述意见的；

（三）裁决所处理的争议不是提交仲裁的争议，或者不在仲裁协议范围之内；或者裁决载有超出当事人提交仲裁范围的事项的决定，但裁决中超出提交仲裁范围的事项的决定与提交仲裁事项的决定可以分开的，裁决中关于提交仲裁事项的决定部分可以予以认可；

（四）仲裁庭的组成或者仲裁程序违反当事人的约定，或者在当事人没有约定时与台湾地区仲裁规定不符的；

（五）裁决对当事人尚无约束力，或者业经台湾地区法院撤销或者驳回执行申请的。

依据国家法律，该争议事项不能以仲裁解决的，或者认可该仲裁裁决将违反一个中国原则等国家法律的基本原则或损害社会公共利益的，人民法院应当裁定不予认可。

最高人民法院《关于内地与澳门特别行政区相互认可和执行民商事判决的安排》（2006年2月13日通过）

第1条 内地与澳门特别行政区民商事案件（在内地包括劳动争议案件，在澳门特别行政区包括劳动民事案件）判决的相互认可和执行，适用本安排。

本安排亦适用于刑事案件中有关民事损害赔偿的判决、裁定。

本安排不适用于行政案件。

第5条 被申请人在内地和澳门特别行政区均有可供执行财产的，申请人可以向一地法院提出执行申请。

申请人向一地法院提出执行申请的同时，可以向另一地法院申请查封、扣押或者冻结被执行人的财产。待一地法院执行完毕后，可以根据该地法院出具的执行情况证明，就不足部分向另一地法院申请采取处分财产的执行措施。

两地法院执行财产的总额，不得超过依据判决和法律规定所确定的数额。

最高人民法院《关于内地与澳门特别行政区相互认可和执行仲裁裁决的安排》（2007年9月17日通过）

第2条 在内地或者澳门特别行政区作出的仲裁裁决，一方当事人不履行的，另一方当事人可以向被申请人住所地、经常居住地或者财产所在地的有关法院申请认可和执行。

内地有权受理认可和执行仲裁裁决申请的法院为中级人民法院。2个或者2个以上中级人民法院均有管辖权的，当事人应当选择向其中一个中级人民法院提出申请。

澳门特别行政区有权受理认可仲裁裁决申请的法院为中级法院，有权执行的法院为初级法院。

第3条 被申请人的住所地、经常居住地或者财产所在地分别在内地和澳门特别行政区的，申请人可以向一地法院提出认可和执行申请，也可以分别向两地法院提出申请。

当事人分别向两地法院提出申请的，两地法院都应当依法进行审查。予以认可的，采取查封、扣押或者冻结被执行人财产等执行措施。仲裁地法院应当先进行执行清偿;另一地法院在收到仲裁地法院关于经执行债权未获清偿情况的证明后,可以对申请人未获清偿的部分进行执行清偿。两地法院执行财产的总额,不得超过依据裁决和法律规定所确定的数额。

最高人民法院《关于内地与香港特别行政区法院相互认可和执行婚姻家庭民事案件判决的安排》(2017年5月22日通过)

第2条 本安排所称生效判决:

(1)在内地,是指第二审判决,依法不准上诉或者超过法定期限没有上诉的第一审判决,以及依照审判监督程序作出的上述判决;

(2)在香港特别行政区,是指终审法院、高等法院上诉法庭及原讼法庭和区域法院作出的已经发生法律效力的判决,包括依据香港法律可以在生效后作出更改的命令。

前款所称判决,在内地包括判决、裁定、调解书,在香港特别行政区包括判决、命令、判令、讼费评定证明书、定额讼费证明书,但不包括双方依据其法律承认的其他国家和地区法院作出的判决。

第4条 申请认可和执行本安排规定的判决:

(1)在内地向申请人住所地、经常居住地或者被申请人住所地、经常居住地、财产所在地的中级人民法院提出;

(2)在香港特别行政区向区域法院提出。

申请人应当向符合前款第一项规定的其中一个人民法院提出申请。向两个以上有管辖权的人民法院提出申请的,由最先立案的人民法院管辖。

最高人民法院《关于内地与香港特别行政区相互执行仲裁裁决的安排》(1999年6月18日通过)

1. 在内地或者香港特区作出的仲裁裁决,一方当事人不履行仲裁裁决的,另一方当事人可以向被申请人住所地或者财产所在地的有关法院申请执行。

2. 上条所述的有关法院,在内地指被申请人住所地或者财产所在地的中级人民法院,在香港特区指香港特区高等法院。

被申请人住所地或者财产所在地在内地不同的中级人民法院辖区内的,申请人可以选择其中一个人民法院申请执行裁决,不得分别向两个或者两个以上人民法院提出申请。

被申请人的住所地或者财产所在地,既在内地又在香港特区的,申请人不得同时分别向两地有关法院提出申请。只有一地法院执行不足以偿还其债务时,才可就不足部分向另一地法院申请执行。两地法院先后执行仲裁裁决的总额,不得超过裁决数额。

反倾销条例

【导读】 本法的重点非常突出,集中在反倾销调查、反倾销措施两个方面。每年都会涉及1~2分的题目。复习本部分内容时要注意与《反补贴条例》的内容相结合,注意区分知识点的不同。

重点法条 1 反倾销调查的发起

第十三条 国内产业或者代表国内产业的自然人、法人或者有关组织(以下统称申请人),可以依照本条例的规定向商务部提出反倾销调查的书面申请。

第十八条 在特殊情形下,商务部没有收到反倾销调查的书面申请,但有充分证据认为存在倾销和损害以及二者之间有因果关系的,可以决定立案调查。

精 解

反倾销调查的发起方式有两种:(1)基于国内产业或者代表国内产业的自然人、法人或者有关组织向商务部提出反倾销调查的书面申请;(2)特殊情况下,商务部可以自主决定立案调查。

重点法条 2 反倾销措施

第二十八条 初裁决定确定倾销成立,并由此对国内产业造成损害的,可以采取下列临时反倾销措施:

(一)征收临时反倾销税;

(二)要求提供保证金、保函或者其他形式的担保。

临时反倾销税税额或者提供的保证金、保函或者其他形式担保的金额,应当不超过初裁决定确定的倾销幅度。

第三十条 临时反倾销措施实施的期限,自临时反倾销措施决定公告规定实施之日起，不超过4个月；在特殊情形下，可以延长至9个月。

第三十一条 倾销进口产品的出口经营者在反倾销调查期间，可以向商务部作出改变价格或者停止以倾销价格出口的价格承诺。

商务部可以向出口经营者提出价格承诺的建议。

商务部不得强迫出口经营者作出价格承诺。

第三十七条 终裁决定确定倾销成立，并由此对国内产业造成损害的，可以征收反倾销税。征收反倾销税应当符合公共利益。

精 解

反倾销措施包括：

1. 临时反倾销措施。初步裁定确定倾销成立并由此对国内产业造成损害的，可以采取临时反倾销措施。临时反倾销措施包括征收临时反倾销税；要求提供保证金、保函或其他形式的担保，其数额不得超过初步裁定确定的倾销幅度。临时反倾销措施实施的期限，自临时反倾销措施决定公告实施之日起不得超出4个月，特殊情形下可延长至9个月。在反倾销立案调查决定公告之日起的60日内，不得采取临时反倾销措施。

2. 价格承诺。倾销进口产品的出口经营者在反倾销调查期间，可以向商务部作出改变价格或者停止以倾销价格出口的价格承诺。商务部可以建议但不得强迫出口经营者作出价格承诺。出口经营者不作出价格承诺或不接受价格承诺建议，不妨碍反倾销案件的调查和确定。是否接受价格承诺，由商务部决定。

3. 反倾销税。终局裁定确定倾销成立并由此对国内产业造成损害的，可以征收反倾销税。征收反倾销税应符合公共利益。反倾销税的纳税人为倾销进口产品的进口经营者。反倾销税税额不得超过终局裁定确定的倾销幅度。反倾销税对终局裁定公告之日后进口的产品适用，但在特殊情况下也可以追溯征收。

注意采取反倾销措施的条件：(1)倾销；(2)损害；(3)因果关系。

反补贴条例

【导读】 本法的重点非常突出，集中在采取反补贴调查、反补贴措施两个方面。每年都会涉及1~2分的题目。复习本部分内容时要注意与《反倾销条例》的内容相结合，注意区分知识点的不同。

重点法条 1 反补贴调查的发起

第十三条 国内产业或者代表国内产业的自然人、法人或者有关组织(以下统称申请人)，可以依照本条例的规定向商务部提出反补贴调查的书面申请。

第十八条 在特殊情形下，商务部没有收到反补贴调查的书面申请，但有充分证据认为存在补贴和损害以及二者之间有因果关系的，可以决定立案调查。

精 解

反补贴调查的程序与反倾销调查的程序相同。

重点法条 2 反补贴措施

第二十九条 初裁决定确定补贴成立，并由此对国内产业造成损害的，可以采取临时反补贴措施。

临时反补贴措施采取以保证金或者保函作为担保的征收临时反补贴税的形式。

第三十二条 在反补贴调查期间，出口国(地区)政府提出取消、限制补贴或者其他有关措施的承诺，或者出口经营者提出修改价格的承诺的，商务部应当予以充分考虑。

商务部可以向出口经营者或者出口国(地区)政府提出有关价格承诺的建议。

商务部不得强迫出口经营者作出承诺。

第三十八条 在为完成磋商的努力没有取得效果的情况下，终裁决定确定补贴成立，并由此对国内产业造成损害的，可以征收反补贴税。征收反补贴税应当符合公共利益。

精 解

反补贴措施与反倾销措施基本相同，但在承诺方面存在区别。出口国政府或出口经营者，都可以作出承诺，分别采取承诺取消、限制补贴或其他有关措施，承诺修改价格。

司法制度和法律职业道德

法官职业道德基本准则

【导读】 就法官职业道德与职业责任部分而言，主要考查内容在于《法官职业道德基本准则》，而《检察官职业道德基本准则》内容较抽象，考查点在于《检察官法》及其相关理论。鉴于《检察官法》内容和《法官法》又多有相似之处，本部分以《法官职业道德基本准则》为基础进行重点法条解读，并结合《法官法》《检察官法》来分析，指出相关考查角度与重点。

重点法条 1 法官在本职工作和业外活动的约束规定

第三条 法官应当自觉遵守法官职业道德，在本职工作和业外活动中严格要求自己，维护人民法院形象和司法公信力。

【相关法条】《法官职业道德基本准则》

第2条 法官职业道德的核心是公正、廉洁、为民。基本要求是忠诚司法事业、保证司法公正、确保司法廉洁、坚持司法为民、维护司法形象。

第18条 妥善处理个人和家庭事务，不利用法官身份寻求特殊利益。按规定如实报告个人有关事项，教育督促家庭成员不利用法官的职权、地位谋取不正当利益。

第26条 法官退休后应当遵守国家相关规定，不利用自己的原有身份和便利条件过问、干预执法办案，避免因个人不当言行对法官职业形象造成不良影响。

精 解

本条是对法官在工作中，尤其是在业外活动的约束规定。法官在接受媒体采访、发表评论或者从事写作授课活动时，需要注意：

1. 座谈会性质及邀请机关、机构不同，法官应采取不同处理方式；

2. 参加社团组织要经过审批；

3. 在写作授课中，不得对具体案件和有关当事人进行评论；

4. 进行社交时，出入营业性娱乐场所时不得乘警车，穿制服。

重点法条 2 法官的回避制度

第十三条 自觉遵守司法回避制度，审理案件保持中立公正的立场，平等对待当事人和其他诉讼参与人，不偏袒或歧视任何一方当事人，不私自单独会见当事人及其代理人、辩护人。

【相关法条】《法官法》(2019年4月23日修订)

第23条 法官之间有夫妻关系、直系血亲关系、三代以内旁系血亲以及近姻亲关系的，不得同时担任下列职务：

(一)同一人民法院的院长、副院长、审判委员会委员、庭长、副庭长；

(二)同一人民法院的院长、副院长和审判员；

(三)同一审判庭的庭长、副庭长、审判员；

(四)上下相邻两级人民法院的院长、副院长。

第24条 法官的配偶、父母、子女有下列情形之一的，法官应当实行任职回避：

(一)担任该法官所任职人民法院辖区内律师事务所的合伙人或者设立人的；

(二)在该法官所任职人民法院辖区内以律师身份担任诉讼代理人、辩护人，或者为诉讼案件当事人提供其他有偿法律服务的。

第36条 法官从人民法院离任后2年内，不得以律师身份担任诉讼代理人或者辩护人。

法官从人民法院离任后，不得担任原任职法院办理案件的诉讼代理人或者辩护人，但是作为当事人的监护人或者近亲属代理诉讼或者进行辩护的除外。

法官被开除后，不得担任诉讼代理人或者辩护人，但是作为当事人的监护人或者近亲属代理诉讼或者进行辩护的除外。

《检察官法》(2019年4月23日修订)

第24条 检察官之间有夫妻关系、直系血亲关系、三代以内旁系血亲以及近姻亲关系的,不得同时担任下列职务:

(一)同一人民检察院的检察长、副检察长、检察委员会委员;

(二)同一人民检察院的检察长、副检察长和检察员;

(三)同一业务部门的检察员;

(四)上下相邻两级人民检察院的检察长、副检察长。

第25条 检察官的配偶、父母、子女有下列情形之一的,检察官应当实行任职回避:

(一)担任该检察官所任职人民检察院辖区内律师事务所的合伙人或者设立人的;

(二)在该检察官所任职人民检察院辖区内以律师身份担任诉讼代理人、辩护人,或者为诉讼案件当事人提供其他有偿法律服务的。

第37条 检察官从人民检察院离任后两年内,不得以律师身份担任诉讼代理人或者辩护人。

检察官从人民检察院离任后,不得担任原任职检察院办理案件的诉讼代理人或者辩护人,但是作为当事人的监护人或者近亲属代理诉讼或者进行辩护的除外。

检察官被开除后,不得担任诉讼代理人或者辩护人,但是作为当事人的监护人或者近亲属代理诉讼或者进行辩护的除外。

《律师法》(2017年9月1日修正)

第41条 曾担任法官、检察官的律师,从人民法院、人民检察院离任后2年内,不得担任诉讼代理人或者辩护人。

精 解

1. 本条及相关法条对法官(检察官)提出了比两大诉讼法更严格的回避情形,即法官(检察官)首先要遵守诉讼法规定的法定回避制度。法官回避的范围扩大到与本案当事人委托的律师有亲朋、同学、师生、曾经同事等关系可能影响案件公正处理的情形。出现这些情形,法官应主动提出回避。

2. 注意《法官法》第24条、《检察官法》第25条规定的任职回避的范围。

重点法条 3 审判权独立行使

第十四条 尊重其他法官对审判职权的依法行使,除履行工作职责或者通过正当程序外,不过问、不干预、不评论其他法官正在审理的案件。

【相关法条】 最高人民法院《关于适用〈中华人民共和国民事诉讼法〉的解释》(以下简称《民诉解释》,2022年3月22日修正)

第242条 一审宣判后,原审人民法院发现判决有错误,当事人在上诉期内提出上诉的,原审人民法院可以提出原判决有错误的意见,报送第二审人民法院,由第二审人民法院按照第二审程序进行审理;当事人不上诉的,按照审判监督程序处理。

精 解

此条为审判权独立行使的具体规定,与原来的规定相比,本条规定原则性更强,不再列举具体哪一级法院,哪些法官等情形,而是规定对于其他任何法官正在审理的案件都不得过问、干预、评论。但需注意其与《民诉解释》第242条的关系。该条规定,一审宣判后,原审法院认为判决有错误的,若当事人上诉,原审法院可向二审法院报送判决有错误的意见。

重点法条 4 法官禁止兼职的规定

第十七条 不从事或者参与营利性的经营活动,不在企业及其他营利性组织中兼任法律顾问等职务,不就未决案件或者再审案件给当事人及其他诉讼参与人提供咨询意见。

【相关法条】 《法官职业道德基本准则》

第16条 严格遵守廉洁司法规定,不接受案件当事人及相关人员的请客送礼,不利用职务便利或者法官身份谋取不正当利益,不违反规定与当事人或者其他诉讼参与人进行不正当交往,不在执法办案中徇私舞弊。

《法官法》

第22条 法官不得兼任人民代表大会常务委员会的组成人员,不得兼任行政机关、监察机关、检察机关的职务,不得兼任企业或者其他营利性组织、事业单位的职务,不得兼任律师、仲裁员和公证员。

《检察官法》

第23条 检察官不得兼任人民代表大会常务委员会的组成人员,不得兼任行政机关、监察机关、审判机关的职务,不得兼任企业或者其他营利性组织、事业单位的职务,不得兼任律师、仲裁员和公证员。

律 师 法

【导读】《律师法》和《律师执业行为规范(试行)》每年命题约为3道。《律师执业行为规范(试行)》中的重点在于"执业纪律规范",而非"职业道德"。法考命题对律师执业纪律规范的考查角度,主要是让考生判断某一行为是否符合律师执业纪律,而不会涉及该违法行为的责任等深层次问题,故考生只要能够判断出这些行为的是非就行了。与法官职业道德一样,本法也是要求考生熟悉重点条文即可。

重点法条 1 不予颁发律师执业证书的情形

第七条 申请人有下列情形之一的,不予颁发律师执业证书:

(一)无民事行为能力或者限制民事行为能力的;

(二)受过刑事处罚的,但过失犯罪的除外;

(三)被开除公职或者被吊销律师、公证员执业证书的。

精 解

根据本条的规定,不予颁发律师执业证书的法定情形包括3种:

1. 无民事行为能力或者限制民事行为能力的;

2. 受过刑事处罚的,但过失犯罪的除外:因犯罪而不颁发执业证书的仅限于故意犯罪而不包括过失犯罪,这里只有犯罪性质的要求,而没有犯罪轻重程度和刑种性质的限制,也没有刑满后一定期限的限制,即只要受过刑事处罚(过失犯罪除外)的,终身不能从事律师工作;

3. 被开除公职或者被吊销律师、公证员执业证书的。

只要申请人具备3种情形之一的,就不能获得律师执业证书。

重点法条 2 律师执业的管理

第十条 律师只能在一个律师事务所执业。律师变更执业机构的,应当申请换发律师执业证书。

律师执业不受地域限制。

【相关法条】《律师法》

第11条 公务员不得兼任执业律师。

律师担任各级人民代表大会常务委员会组成人员的,任职期间不得从事诉讼代理或者辩护业务。

《律师执业行为规范(试行)》(2018年12月13日发布)

第13条 律师不得在同一案件中为双方当事人担任代理人,不得代理与本人或者其近亲属有利益冲突的法律事务。

《律师执业管理办法》(2016年9月18日修订)

第27条 律师担任各级人民代表大会常务委员会组成人员的,任职期间不得从事诉讼代理或者辩护业务。

律师明知当事人已经委托两名诉讼代理人、辩护人的,不得再接受委托担任诉讼代理人、辩护人。

第28条 律师不得在同一案件中为双方当事人担任代理人,或者代理与本人及其近亲属有利益冲突的法律事务。律师接受犯罪嫌疑人、被告人委托后,不得接受同一案件或者未同案处理但实施的犯罪存在关联的其他犯罪嫌疑人、被告人的委托担任辩护人。

曾经担任法官、检察官的律师从人民法院、人民检察院离任后,2年内不得以律师身份担任诉讼代理人或者辩护人;不得担任原任职人民法院、人民检察院办理案件的诉讼代理人或者辩护人,但法律另有规定的除外。

律师不得担任所在律师事务所其他律师担任仲裁员的案件的代理人。曾经或者仍在担任仲裁员的律师,不得承办与本人担任仲裁员办理过的案件有利益冲突的法律事务。

精 解

1. 本条规定的是律师执业的管理。律师只能在律师事务所从事律师执业活动,并且只能在1个律师事务所执业,而不得同时在2个以上律师事务所执业。

2. 注意《律师法》第11条兼职禁止的规定。

重点法条 3 律所成立的条件

第十四条 律师事务所是律师的执业机构。设立律师事务所应当具备下列条件:

（一）有自己的名称、住所和章程；

（二）有符合本法规定的律师；

（三）设立人应当是具有一定的执业经历，且3年内未受过停止执业处罚的律师；

（四）有符合国务院司法行政部门规定数额的资产。

第十五条 设立合伙律师事务所，除应当符合本法第14条规定的条件外，还应当有3名以上合伙人，设立人应当是具有3年以上执业经历的律师。

合伙律师事务所可以采用普通合伙或者特殊的普通合伙形式设立。合伙律师事务所的合伙人按照合伙形式对该律师事务所的债务依法承担责任。

第十六条 设立个人律师事务所，除应当符合本法第14条规定的条件外，设立人还应当是具有5年以上执业经历的律师。设立人对律师事务所的债务承担无限责任。

第十九条 成立3年以上并具有20名以上执业律师的合伙律师事务所，可以设立分所。设立分所，须经拟设立分所所在地的省、自治区、直辖市人民政府司法行政部门审核。申请设立分所的，依照本法第18条规定的程序办理。

合伙律师事务所对其分所的债务承担责任。

第二十条 国家出资设立的律师事务所，依法自主开展律师业务，以该律师事务所的全部资产对其债务承担责任。

第五十三条第一款 受到6个月以上停止执业处罚的律师，处罚期满未逾3年的，不得担任合伙人。

第五十四条 律师违法执业或者因过错给当事人造成损失的，由其所在的律师事务所承担赔偿责任。律师事务所赔偿后，可以向有故意或者重大过失行为的律师追偿。

【相关法条】《律师事务所管理办法》（2018年12月5日修正）

第12条 国家出资设立的律师事务所，除符合《律师法》规定的一般条件外，应当至少有2名符合《律师法》规定并能够专职执业的律师。

需要国家出资设立律师事务所的，由当地县级司法行政机关筹建，申请设立许可前须经所在地县级人民政府有关部门核拨编制、提供经费保障。

精解

1. 律师事务所分为3种组织形式：合伙、个人、国家出资。

2. 不同组织形式的律师事务所，责任方式可能有所不同：国资所以该律师事务所的全部资产对其债务承担责任，而合伙所则是合伙人对该律师事务所的债务根据合伙的形式承担责任（参见合伙企业法普通合伙和特殊的普通合伙部分）。个人所的设立人对律师事务所的债务承担无限责任。

3. 熟悉合伙所、个人所设立人的基本条件：（1）设立合伙律师事务所，应当有3名以上合伙人，设立人应当是具有3年以上执业经历的律师；（2）设立个人律师事务所，设立人应当是具有5年以上执业经历的律师。设立人对律师事务所的债务承担无限责任。

4. 了解设立分所的基本条件：成立3年以上、20名以上执业律师、合伙律师事务所。

5. 特别注意第54条的责任承担方式：律师个人损失由律所承担，有故意或者重大过失的，律所可以追偿。

重点法条 4 律师的权利

第三十三条 律师担任辩护人的，有权持律师执业证书、律师事务所证明和委托书或者法律援助公函，依照刑事诉讼法的规定会见在押或者被监视居住的犯罪嫌疑人、被告人。辩护律师会见犯罪嫌疑人、被告人时不被监听。

第三十四条 律师担任辩护人的，自人民检察院对案件审查起诉之日起，有权查阅、摘抄、复制本案的案卷材料。

第三十五条 受委托的律师根据案情的需要，可以申请人民检察院、人民法院收集、调取证据或者申请人民法院通知证人出庭作证。

律师自行调查取证的，凭律师执业证书和律师事务所证明，可以向有关单位或者个人调查与承办法律事务有关的情况。

第三十七条 律师在执业活动中的人身权利不受侵犯。

律师在法庭上发表的代理、辩护意见不受法律追究。但是，发表危害国家安全、恶意诽谤他人、严重扰乱法庭秩序的言论除外。

律师在参与诉讼活动中涉嫌犯罪的，侦查机关应当及时通知其所在的律师事务所或者所属的律师协会；被依法拘留、逮捕的，侦查机关应当依照刑事诉讼法的规定通知该律师的家属。

重点法条 5 律师的执业义务

第三十八条 律师应当保守在执业活动中知悉的国家秘密、商业秘密，不得泄露当事人的隐私。律师对在执业活动中知悉的委托人和其他人不愿泄露的有关情况和信息，应当予以保密。但是，委托人或者其他人准备或者正在实施的危害国家安全、公共安全以及其他严重危害他人人身安全的犯罪事实和信息除外。

第三十九条 律师不得在同一案件中为双方当事人担任代理人，不得代理与本人或者其近亲属有利益冲突的法律事务。

第四十条 律师在执业活动中不得有下列行为：

（一）私自接受委托、收取费用，接受委托人的财物或者其他利益；

（二）利用提供法律服务的便利牟取当事人争议的权益；

（三）接受对方当事人的财物或者其他利益，与对方当事人或者第三人恶意串通，侵害委托人的权益；

（四）违反规定会见法官、检察官、仲裁员以及其他有关工作人员；

（五）向法官、检察官、仲裁员以及其他有关工作人员行贿，介绍贿赂或者指使、诱导当事人行贿，或者以其他不正当方式影响法官、检察官、仲裁员以及其他有关工作人员依法办理案件；

（六）故意提供虚假证据或者威胁、利诱他人提供虚假证据，妨碍对方当事人合法取得证据；

（七）煽动、教唆当事人采取扰乱公共秩序、危害公共安全等非法手段解决争议；

（八）扰乱法庭、仲裁庭秩序，干扰诉讼、仲裁活动的正常进行。

【相关法条】《律师法》

第27条 律师事务所不得从事法律服务以外的经营活动。

《律师执业行为规范（试行）》

第49条 律师事务所应当建立利益冲突审查制度。律师事务所在接受委托之前，应当进行利益冲突审查并作出是否接受委托决定。

第50条 办理委托事务的律师与委托人之间存在利害关系或利益冲突的，不得承办该业务并应当主动提出回避。

第51条 有下列情形之一的，律师及律师事务所不得与当事人建立或维持委托关系：

（一）律师在同一案件中为双方当事人担任代理人，或代理与本人或者其近亲属有利益冲突的法律事务的；

（二）律师办理诉讼或者非诉讼业务，其近亲属是对方当事人的法定代表人或者代理人的；

（三）曾经亲自处理或者审理过某一事项或者案件的行政机关工作人员、审判人员、检察人员、仲裁员，成为律师后又办理该事项或者案件的；

（四）同一律师事务所的不同律师同时担任同一刑事案件的被害人的代理人和犯罪嫌疑人、被告人的辩护人，但在该县区域内只有一家律师事务所且事先征得当事人同意的除外；

（五）在民事诉讼、行政诉讼、仲裁案件中，同一律师事务所的不同律师同时担任争议双方当事人的代理人，或者本所或其工作人员为一方当事人，本所其他律师担任对方当事人的代理人的；

（六）在非诉讼业务中，除各方当事人共同委托外，同一律师事务所的律师同时担任彼此有利害关系的各方当事人的代理人的；

（七）在委托关系终止后，同一律师事务所或同一律师在同一案件后续审理或者处理中又接受对方当事人委托的；

（八）其他与本条第（一）至第（七）项情形相似，且依据律师执业经验和行业常识能够判断为应当主动回避且不得办理的利益冲突情形。

第52条 有下列情形之一的，律师应当告知委托人并主动提出回避，但委托人同意其代理或者继续承办的除外：

（一）接受民事诉讼、仲裁案件一方当事人的委托，而同所的其他律师是该案件中对方当事人的近亲属的；

（二）担任刑事案件犯罪嫌疑人、被告人的辩护人，而同所的其他律师是该案件被害人的近亲属的；

（三）同一律师事务所接受正在代理的诉讼案件或者非诉讼业务当事人的对方当事人所委托的其他法律业务的；

（四）律师事务所与委托人存在法律服务关系，在某一诉讼或仲裁案件中该委托人未要求该律师事务所律师担任其代理人，而该律师事务所律师担任该委托人对方当事人的代理人的；

（五）在委托关系终止后 1 年内，律师又就同一法律事务接受与原委托人有利害关系的对方当事人的委托的；

（六）其他与本条第（一）项至第（五）项情况相似，且依据律师执业经验和行业常识能够判断的其他情形。

律师和律师事务所发现存在上述情形的，应当告知委托人利益冲突的事实和可能产生的后果，由委托人决定是否建立或维持委托关系。委托人决定建立或维持委托关系的，应当签署知情同意书，表明当事人已经知悉存在利益冲突的基本事实和可能产生的法律后果，以及当事人明确同意与律师事务所及律师建立或维持委托关系。

第 53 条　委托人知情并签署知情同意书以示豁免的，承办律师在办理案件的过程中应对各自委托人的案件信息予以保密，不得将与案件有关的信息披露给相对人的承办律师。

第 57 条　受委托律师遇有突患疾病、工作调动等紧急情况不能履行委托协议时，应当及时报告律师事务所，由律师事务所另行指定其他律师继续承办，并及时告知委托人。

第 60 条　有下列情形之一，经提示委托人不纠正的，律师事务所可以解除委托协议：

（一）委托人利用律师提供的法律服务从事违法犯罪活动的；

（二）委托人要求律师完成无法实现或者不合理的目标的；

（三）委托人没有履行委托合同义务的；

（四）在事先无法预见的前提下，律师向委托人提供法律服务将会给律师带来不合理的费用负担，或给律师造成难以承受的、不合理的困难的；

（五）其他合法的理由的。

第 68 条　律师在执业过程中，因对事实真假、证据真伪及法律适用是否正确而与诉讼相对方意见不一致的，或者为了向案件承办人提交新证据的，与案件承办人接触和交换意见应当在司法机关内指定场所。

第 79 条　有下列情形之一的，属于律师执业不正当竞争行为：

（一）诋毁、诽谤其他律师或者律师事务所信誉、声誉；

（二）无正当理由，以低于同地区同行业收费标准为条件争揽业务，或者采用承诺给予客户、中介人、推荐人回扣、馈赠金钱、财物或者其他利益等方式争揽业务；

（三）故意在委托人与其代理律师之间制造纠纷；

（四）向委托人明示或者暗示自己或者其属的律师事务所与司法机关、政府机关、社会团体及其工作人员具有特殊关系；

（五）就法律服务结果或者诉讼结果作出虚假承诺；

（六）明示或者暗示可以帮助委托人达到不正当目的，或者以不正当的方式、手段达到委托人的目的。

《律师执业管理办法》

第 33 条　律师承办业务，应当告知委托人该委托事项办理可能出现的法律风险，不得用明示或者暗示方式对办理结果向委托人作出不当承诺。

律师承办业务，应当及时向委托人通报委托事项办理进展情况；需要变更委托事项、权限的，应当征得委托人的同意和授权。

律师接受委托后，无正当理由的，不得拒绝辩护或者代理，但是，委托事项违法，委托人利用律师提供的服务从事违法活动或者委托人故意隐瞒与案件有关的重要事实的，律师有权拒绝辩护或者代理。

第 34 条　律师承办业务，应当维护当事人合法权益，不得利用提供法律服务的便利牟取当事人争议的权益或者不当利益。

第 35 条　律师承办业务，应当诚实守信，不得接受对方当事人的财物及其他利益，与对方当事人、第三人恶意串通，向对方当事人、第三人提供不利于委托人的信息、证据材料，侵害委托人的权益。

第 36 条　律师与法官、检察官、仲裁员以及其他有关工作人员接触交往，应当遵守法律及相关规定，不得违反规定会见法官、检察官、仲裁员以及其他有关工作人员，向其行贿、许诺提供利益、介绍贿赂，指使、诱导当事人行贿，或者向法官、检察官、仲裁员以及其他工作人员打探办案机关内部对案件的办理意见、承办其介绍的案件，利用与法官、检察官、仲裁员以及其他有关工作人员的特殊关系，影响依法办理案件。

第 37 条　律师承办业务，应当引导当事人通过合法的途径、方式解决争议，不得采取煽动、教唆和组织当事人或者其他人员到司法机关或者其他国家机关静坐、举牌、打横幅、喊口号、声援、围观等扰乱公共秩序、危害公共安全的非法手段，聚众滋事，制造影响，向有关部门施加压力。

第 38 条 律师应当依照法定程序履行职责，不得以下列不正当方式影响依法办理案件：

（一）未经当事人委托或者法律援助机构指派，以律师名义为当事人提供法律服务、介入案件，干扰依法办理案件；

（二）对本人或者其他律师正在办理的案件进行歪曲、有误导性的宣传和评论，恶意炒作案件；

（三）以串联组团、联署签名、发表公开信、组织网上聚集、声援等方式或者借个案研讨之名，制造舆论压力，攻击、诋毁司法机关和司法制度；

（四）违反规定披露、散布不公开审理案件的信息、材料，或者本人、其他律师在办案过程中获悉的有关案件重要信息、证据材料。

第 39 条 律师代理参与诉讼、仲裁或者行政处理活动，应当遵守法庭、仲裁庭纪律和监管场所规定、行政处理规则，不得有下列妨碍、干扰诉讼、仲裁或者行政处理活动正常进行的行为：

（一）会见在押犯罪嫌疑人、被告人时，违反有关规定，携带犯罪嫌疑人、被告人的近亲属或者其他利害关系人会见，将通讯工具提供给在押犯罪嫌疑人、被告人使用，或者传递物品、文件；

（二）无正当理由，拒不按照人民法院通知出庭参与诉讼，或者违反法庭规则，擅自退庭；

（三）聚众哄闹、冲击法庭，侮辱、诽谤、威胁、殴打司法工作人员或者诉讼参与人，否定国家认定的邪教组织的性质，或者有其他严重扰乱法庭秩序的行为；

（四）故意向司法机关、仲裁机构或者行政机关提供虚假证据或者威胁、利诱他人提供虚假证据，妨碍对方当事人合法取得证据；

（五）法律规定的妨碍、干扰诉讼、仲裁或者行政处理活动正常进行的其他行为。

第 40 条 律师对案件公开发表言论，应当依法、客观、公正、审慎，不得发表、散布否定宪法确立的根本政治制度、基本原则和危害国家安全的言论，不得利用网络、媒体挑动对党和政府的不满，发起、参与危害国家安全的组织或者支持、参与、实施危害国家安全的活动，不得以歪曲事实真相、明显违背社会公序良俗等方式，发表恶意诽谤他人的言论，或者发表严重扰乱法庭秩序的言论。

第 41 条 律师应当按照有关规定接受业务，不得为争揽业务哄骗、唆使当事人提起诉讼，制造、扩大矛盾，影响社会稳定。

第 42 条 律师应当尊重同行，公平竞争，不得以诋毁其他律师事务所、律师，支付介绍费，向当事人明示或者暗示与办案机关、政府部门及其工作人员有特殊关系，或者在司法机关、监管场所周边违规设立办公场所、散发广告、举牌等不正当手段承揽业务。

第 43 条 律师应当保守在执业活动中知悉的国家秘密、商业秘密，不得泄露当事人和其他人的个人隐私。

律师对在执业活动中知悉的委托人和其他人不愿泄露的有关情况和信息，应当予以保密。但是，委托人或者其他人准备或者正在实施危害国家安全、公共安全以及严重危害他人人身安全的犯罪事实和信息除外。

第 44 条 律师承办业务，应当按照规定由律师事务所向委托人统一收取律师费和有关办案费用，不得私自收费，不得接受委托人的财物或者其他利益。

第 45 条 律师应当按照国家规定履行法律援助义务，为受援人提供符合标准的法律服务，维护受援人的合法权益，不得拖延、懈怠履行或者擅自停止履行法律援助职责，或者未经律师事务所、法律援助机构同意，擅自将法律援助案件转交其他人员办理。

第 46 条 律师承办业务，应当妥善保管与承办事项有关的法律文书、证据材料、业务文件和工作记录。在法律事务办结后，按照有关规定立卷建档，上交律师事务所保管。

精 解

以上法条规定了律师的执业义务，《律师执业行为规范（试行）》则作了更细致的规定，复习这些法条的方法是：深入理解《律师法》的规定，熟悉《律师执业行为规范（试行）》的规定。其中的重点和难点在于：

1. 律师的保密义务。一定要注意，律师的保密义务不仅限于国家秘密、商业秘密、个人隐私，而且还包括对委托人和其他人不愿泄露的情况和信息的保密。保密的例外情形仅有：委托人或者其他人准备或者正在实施的危害国家安全、公共安全以及其他严重危害他人人身、财产安全的犯罪事实和信息。言下之意，对于在执业活动中获悉的委托人或其他人已经实施完毕、后果已经发生的犯罪事实，律师也负有保密义务。

2. 利益冲突：律师不能与当事人或与对方当事人有任何利益冲突。

3. 熟悉《律师法》第 40 条关于律师执业的禁止性规定。

重点法条 6 对律师的处罚

第四十九条 律师有下列行为之一的，由设区的市级或者直辖市的区人民政府司法行政部门给予停止执业6个月以上1年以下的处罚，可以处5万元以下的罚款；有违法所得的，没收违法所得；情节严重的，由省、自治区、直辖市人民政府司法行政部门吊销其律师执业证书；构成犯罪的，依法追究刑事责任：

（一）违反规定会见法官、检察官、仲裁员以及其他有关工作人员，或者以其他不正当方式影响依法办理案件的；

（二）向法官、检察官、仲裁员以及其他有关工作人员行贿，介绍贿赂或者指使、诱导当事人行贿的；

（三）向司法行政部门提供虚假材料或者有其他弄虚作假行为的；

（四）故意提供虚假证据或者威胁、利诱他人提供虚假证据，妨碍对方当事人合法取得证据的；

（五）接受对方当事人财物或者其他利益，与对方当事人或者第三人恶意串通，侵害委托人权益的；

（六）扰乱法庭、仲裁庭秩序，干扰诉讼、仲裁活动的正常进行的；

（七）煽动、教唆当事人采取扰乱公共秩序、危害公共安全等非法手段解决争议的；

（八）发表危害国家安全、恶意诽谤他人、严重扰乱法庭秩序的言论的；

（九）泄露国家秘密的。

律师因故意犯罪受到刑事处罚的，由省、自治区、直辖市人民政府司法行政部门吊销其律师执业证书。

第五十五条 没有取得律师执业证书的人员以律师名义从事法律服务业务的，由所在地的县级以上地方人民政府司法行政部门责令停止非法执业，没收违法所得，处违法所得1倍以上5倍以下的罚款。

【相关法条】《律师法》

第47条 律师有下列行为之一的，由设区的市级或者直辖市的区人民政府司法行政部门给予警告，可以处5000元以下的罚款；有违法所得的，没收违法所得；情节严重的，给予停止执业3个月以下的处罚：

（一）同时在2个以上律师事务所执业的；

（二）以不正当手段承揽业务的；

（三）在同一案件中为双方当事人担任代理人，或者代理与本人及其近亲属有利益冲突的法律事务的；

（四）从人民法院、人民检察院离任后2年内担任诉讼代理人或者辩护人的；

（五）拒绝履行法律援助义务的。

第48条 律师有下列行为之一的，由设区的市级或者直辖市的区人民政府司法行政部门给予警告，可以处1万元以下的罚款；有违法所得的，没收违法所得；情节严重的，给予停止执业3个月以上6个月以下的处罚：

（一）私自接受委托、收取费用，接受委托人财物或者其他利益的；

（二）接受委托后，无正当理由，拒绝辩护或者代理，不按时出庭参加诉讼或者仲裁的；

（三）利用提供法律服务的便利牟取当事人争议的权益的；

（四）泄露商业秘密或者个人隐私的。

第50条 律师事务所有下列行为之一的，由设区的市级或者直辖市的区人民政府司法行政部门视其情节给予警告、停业整顿1个月以上6个月以下的处罚，可以处10万元以下的罚款；有违法所得的，没收违法所得；情节特别严重的，由省、自治区、直辖市人民政府司法行政部门吊销律师事务所执业证书：

（一）违反规定接受委托、收取费用的；

（二）违反法定程序办理变更名称、负责人、章程、合伙协议、住所、合伙人等重大事项的；

（三）从事法律服务以外的经营活动的；

（四）以诋毁其他律师事务所、律师或者支付介绍费等不正当手段承揽业务的；

（五）违反规定接受有利益冲突的案件的；

（六）拒绝履行法律援助义务的；

（七）向司法行政部门提供虚假材料或者有其他弄虚作假行为的；

（八）对本所律师疏于管理，造成严重后果的。

律师事务所因前款违法行为受到处罚的，对其负责人视情节轻重，给予警告或者处2万元以下的罚款。

第53条 受到6个月以上停止执业处罚的律师，处罚期满未逾3年的，不得担任合伙人。

被吊销律师执业证书的，不得担任辩护人、诉讼代理人，但系刑事诉讼、民事诉讼、行政诉讼当事人的监护人、近亲属的除外。

第55条 没有取得律师执业证书的人员以律师名义从事法律服务业务的，由所在地的县级以上地方人民政府司法行政部门责令停止非法执业，没收违法所得，处违法所得1倍以上5倍以下的罚款。

第58条 外国律师事务所在中华人民共和国境

内设立机构从事法律服务活动的管理办法，由国务院制定。

精　解

以上法条需要特别注意的就是处罚机关：

1. 首先要区分律师违法和非律师以律师名义从事法律服务。

2. 对于律师、律师事务所违法的，警告、罚款、没收违法所得、停止执业（停业整顿）均由设区的市级或者直辖市的区人民政府司法行政部门作出；吊销执业证书则由省、自治区、直辖市人民政府司法行政部门作出。

3. 非律师以律师名义从事法律服务由所在地的县级以上地方人民政府司法行政部门作出处罚即可。

【例题】 关于律师职业道德，下列做法错误的是：（2020年不定项）

A. 大学高校法学老师开设个人执业律师所，应吊销其律师执照

B. 律所在责令停业期间可解散

C. 律师去当企业高管，应吊销其律师执照

D. 律所为了社会利益，0元中标去国企当顾问

参考答案：________①

公　证　法

【导读】《公证法》内容较为简单，建议考生把握以下的重点条文即可。

重点法条 1　公证的含义

第二条　公证是公证机构根据自然人、法人或者其他组织的申请，依照法定程序对民事法律行为、有法律意义的事实和文书的真实性、合法性予以证明的活动。

第六条　公证机构是依法设立，不以营利为目的，依法独立行使公证职能、承担民事责任的证明机构。

精　解

1. 了解公证的含义，公证证明的对象为民事法律行为、有法律意义的事实和文书。

2. 公证机构是非营利的证明机构。

重点法条 2　公证事项

第十一条　根据自然人、法人或者其他组织的申请，公证机构办理下列公证事项：

（一）合同；

（二）继承；

（三）委托、声明、赠与、遗嘱；

（四）财产分割；

（五）招标投标、拍卖；

（六）婚姻状况、亲属关系、收养关系；

（七）出生、生存、死亡、身份、经历、学历、学位、职务、职称、有无违法犯罪记录；

（八）公司章程；

（九）保全证据；

（十）文书上的签名、印鉴、日期，文书的副本、影印本与原本相符；

（十一）自然人、法人或者其他组织自愿申请办理的其他公证事项。

法律、行政法规规定应当公证的事项，有关自然人、法人或者其他组织应当向公证机构申请办理公证。

第十二条　根据自然人、法人或者其他组织的申请，公证机构可以办理下列事务：

（一）法律、行政法规规定由公证机构登记的事务；

（二）提存；

（三）保管遗嘱、遗产或者其他与公证事项有关的财产、物品、文书；

（四）代写与公证事项有关的法律事务文书；

（五）提供公证法律咨询。

【相关法条】《公证法》

第31条　有下列情形之一的，公证机构不予办

① ABCD

理公证：

（一）无民事行为能力人或者限制民事行为能力人没有监护人代理申请办理公证的；

（二）当事人与申请公证的事项没有利害关系的；

（三）申请公证的事项属专业技术鉴定、评估事项的；

（四）当事人之间对申请公证的事项有争议的；

（五）当事人虚构、隐瞒事实，或者提供虚假证明材料的；

（六）当事人提供的证明材料不充分或者拒绝补充证明材料的；

（七）申请公证的事项不真实、不合法的；

（八）申请公证的事项违背社会公德的；

（九）当事人拒绝按照规定支付公证费的。

精　解

严格识记以上条文规定的可以公证和不可以公证的事项范围。

重点法条 3　不得担任公证员的情形

第二十条　有下列情形之一的，不得担任公证员：

（一）无民事行为能力或者限制民事行为能力的；

（二）因故意犯罪或者职务过失犯罪受过刑事处罚的；

（三）被开除公职的；

（四）被吊销公证员、律师执业证书的。

【相关法条】《公证法》

第23条　公证员不得有下列行为：

（一）同时在2个以上公证机构执业；

（二）从事有报酬的其他职业；

（三）为本人及近亲属办理公证或者办理与本人及近亲属有利害关系的公证；

（四）私自出具公证书；

（五）为不真实、不合法的事项出具公证书；

（六）侵占、挪用公证费或者侵占、盗窃公证专用物品；

（七）毁损、篡改公证文书或者公证档案；

（八）泄露在执业活动中知悉的国家秘密、商业秘密或者个人隐私；

（九）法律、法规、国务院司法行政部门规定禁止的其他行为。

精　解

1. 掌握公证员任职的消极条件。

2. 了解公证员的行为禁止。

重点法条 4　公证管辖地

第二十五条　自然人、法人或者其他组织申请办理公证，可以向住所地、经常居住地、行为地或者事实发生地的公证机构提出。

申请办理涉及不动产的公证，应当向不动产所在地的公证机构提出；申请办理涉及不动产的委托、声明、赠与、遗嘱的公证，可以适用前款规定。

第二十六条　自然人、法人或者其他组织可以委托他人办理公证，但遗嘱、生存、收养关系等应当由本人办理公证的除外。

精　解

1. 掌握公证管辖地（第25条）：住所地、经常居住地、行为地或者事实发生地。

2. 委托公证是允许的，但要注意不得委托代理的三个公证事项（第26条）：遗嘱、生存、收养关系。

重点法条 5　公证文书的效力

第三十六条　经公证的民事法律行为、有法律意义的事实和文书，应当作为认定事实的根据，但有相反证据足以推翻该项公证的除外。

第三十七条　对经公证的以给付为内容并载明债务人愿意接受强制执行承诺的债权文书，债务人不履行或者履行不适当的，债权人可以依法向有管辖权的人民法院申请执行。

前款规定的债权文书确有错误的，人民法院裁定不予执行，并将裁定书送达双方当事人和公证机构。

【相关法条】《公证法》

第39条　当事人、公证事项的利害关系人认为公证书有错误的，可以向出具该公证书的公证机构提出复查。公证书的内容违法或者与事实不符的，公证机构应当撤销该公证书并予以公告，该公证书自始无效；公证书有其他错误的，公证机构应当予以更正。

第40条　当事人、公证事项的利害关系人对公证书的内容有争议的，可以就该争议向人民法院提起民事诉讼。

精　解

1. 公证事项在诉讼中是免证事实，除非有相反证据足以推翻该项公证。公证债权文书的效力:债权人可以直接向法院申请执行。

2. 公证书错误的,可以申请复查,公证机关可以撤销或更正公证书。对公证书的内容有争议的,适用司法裁决原则:可以就该争议向人民法院提起民事诉讼。

刑　法

刑　法

【导读】 刑法在历年考试中都处于重要的地位,根据历年相关真题的统计数据,刑法在法考中占据的分值在66分左右。

刑法总则理论性较强,作为刑法的基础,它指导着整个分则。罪刑法定、因果关系、责任能力、故意的认识内容、过失犯罪、正当防卫、刑法解释、不作为、认识错误、犯罪中止、共同犯罪、被害人承诺、累犯、缓刑、罪数、数罪并罚,是考试中反复考查的知识点。刑法总则部分的法条含义较深,包含知识点较多,常结合相关司法解释,以案例的形式进行综合考查。考生在复习该部分时,应将理论知识、法条和相关司法解释结合起来,在把握基本理论知识的基础上记忆法条和司法解释,从而达到融会贯通的程度。

刑法分则中故意伤害罪、强奸罪、绑架罪、抢劫罪、盗窃罪、侵占罪、诈骗罪、贷款诈骗罪、信用卡诈骗罪、贪污罪、行贿罪、受贿罪等备受命题者的青睐。考试中,对这些相关的重点法条的考查非常深入、细致,所以在复习中对重要罪名应结合法条和司法解释进行精读,还要注意相似罪名的比较,从而掌握各个罪名最本质的特征。对于其他非重点罪名,一般仅以选择题的方式考查,所以考生只需要了解它们在客观方面的表现即可。

第一章　总　　则

重点法条 1　刑法原则

第三条　法律明文规定为犯罪行为的,依照法律定罪处罚;法律没有明文规定为犯罪行为的,不得定罪处罚。

第五条　刑罚的轻重,应当与犯罪分子所犯罪行和承担的刑事责任相适应。

重点法条 2　刑法的空间效力

第六条　凡在中华人民共和国领域内犯罪的,除法律有特别规定的以外,都适用本法。

凡在中华人民共和国船舶或者航空器内犯罪的,也适用本法。

犯罪的行为或者结果有一项发生在中华人民共和国领域内的,就认为是在中华人民共和国领域内犯罪。

【相关法条】《刑法》

第9条　对于中华人民共和国缔结或者参加的国际条约所规定的罪行,中华人民共和国在所承担条约义务的范围内行使刑事管辖权的,适用本法。

第11条　享有外交特权和豁免权的外国人的刑事责任,通过外交途径解决。

最高人民法院《关于适用〈中华人民共和国刑事诉讼法〉的解释》(以下简称《刑事诉讼法解释》,2020年12月7日通过)

第6条　在国际列车上的犯罪,根据我国与相关国家签订的协定确定管辖;没有协定的,由该列车始发或者前方停靠的中国车站所在地负责审判铁路运输刑事案件的人民法院管辖。

精　解

1. 刑法适用的空间效力。

空间效力所要解决的是刑事管辖权的问题,即刑法在什么样的空间内有效。我国《刑法》规定有:属地管辖原则、属人管辖原则、保护管辖原则与普遍管辖原则,分别由《刑法》第6~9条所规定。在我国《刑法》的空间体系中,属地管辖处于基础地位(适用对象为国内犯罪),其他三个管辖原则是对其必要的补充(适用对象均为国外犯罪)。

2. 属地管辖中法律有特别规定。

注意《刑法》第11条关于享有外交特权和豁免权的外国人在我国境内犯罪,以及第90条规定的民族自治地方制定的变通或补充规定是《刑法》第6条原则的例外。

3. 本条第2款所规定的是我国领土的自然延伸,船舶与航空器既包括民用的,也包括军用的。但该款并未规定国际列车也在该范围之内,具体解决方法应参照《刑事诉讼法解释》第6条的规定;其他的交通工具也未包含其中。

4. 本条第3款所规定的犯罪的行为不仅包括犯罪的实施行为,还包括犯罪的预备行为。共同犯罪有部分犯罪分子的行为在国内发生,该共同犯罪都可以适用我国刑法;在未遂犯的场合,行为人行为地和行为人希望结果发生地、可能结果发生地,均为犯罪地。

重点法条 3 属人管辖权

第七条 中华人民共和国公民在中华人民共和国领域外犯本法规定之罪的,适用本法,但是按本法规定的最高刑为3年以下有期徒刑的,可以不予追究。

中华人民共和国国家工作人员和军人在中华人民共和国领域外犯本法规定之罪的,适用本法。

精 解

本条规定的是刑法适用效力的属人原则。对于本知识点的掌握,应注意:

1. 凡属中国公民,不管其在国外何地,基于国家主权原则,其犯罪行为都应适用我国刑法。

2. 掌握本条的关键技巧在于明确"一般"与"一律"的问题,即普通公民在国外犯罪的,一般或原则上应适用我国刑法追究刑事责任;而对于国家工作人员与军人则一律适用我国刑法追究其刑事责任。前者有例外的规定,这一例外的条件是当其行为是轻罪时,即法定的最高刑为3年以下有期徒刑的,中国刑法可以不予追究。考生应注意对这两者进行对比记忆。

重点法条 4 从旧兼从轻

第十二条 中华人民共和国成立以后本法施行以前的行为,如果当时的法律不认为是犯罪的,适用当时的法律;如果当时的法律认为是犯罪的,依照本法总则第4章第8节的规定应当追诉的,按照当时的法律追究刑事责任,但是如果本法不认为是犯罪或者处刑较轻的,适用本法。

本法施行以前,依照当时的法律已经作出的生效判决,继续有效。

精 解

1. 本条规定的是刑法溯及力的问题——从旧兼从轻原则,首先要考虑的是适用旧法即行为时的法律规定。该原则体现了有利于被告人的精神。

2. 刑法溯及力适用的对象只能是未决案件,对于已决案件则不适用(本条第2款之规定)。注意:二审案件应属于未决案件,而再审案件属于已决案件。

3. 新旧法规定不同时,适用新法的基本条件是其量刑较轻或不认为是犯罪。量刑轻重应当以法定刑的轻重为依据。

重点法条 5 故意犯罪

第十四条 明知自己的行为会发生危害社会的结果,并且希望或者放任这种结果发生,因而构成犯罪的,是故意犯罪。

故意犯罪,应当负刑事责任。

精 解

1. 直接故意和间接故意的区别:

(1)认识程度不同,直接故意认识到结果"必然"或"可能"发生,而间接故意则只认为结果"可能"发生;(2)意志因素不同,直接故意对结果积极追求,间接故意是放任,漠不关心。

2. 间接故意存在的情形:

(1)为追求一个犯罪目的,而放任另一个危害结果发生;(2)为了实现某种非犯罪意图,而放任另外一个危害结果发生;(3)激情犯罪。

重点法条 6 过失犯罪

第十五条 应当预见自己的行为可能发生危害社会的结果,因为疏忽大意而没有预见,或者已经预见而轻信能够避免,以致发生这种结果的,是过失犯罪。

过失犯罪,法律有规定的才负刑事责任。

【相关法条】《刑法》

第16条 行为在客观上虽然造成了损害结果,但是不是出于故意或者过失,而是由于不能抗拒或者不能预见的原因所引起的,不是犯罪。

精 解

1. 过失行为构成犯罪必须同时具备以下两个条件:(1)该行为必须造成了严重的危害结果;(2)法律明确规定了该行为构成犯罪。

2. 过失犯罪有以下两个基本类型:(1)过于自信的过失;(2)疏忽大意的过失。二者的区别关键在于对危害结果可能发生的认识因素方面:过于自信的过失是已经有所预见(认识),而疏忽大意的过失是根本没有预见(认识)。

3. 掌握过于自信的过失关键在于其与间接故意的区别:(1)在认识因素方面,二者虽然都预见到行为发生危害结果的可能性,但对这种可能性是否会转化为现实性,即实际上发生危害结果的主观估计有所不同。过于自信的过失者在主观上认为由于其自身能力、技术、经验或某些外界条件等,其在实施行为时,危害结果发生的可能性不会转化为现实性,即对可能转化为现实的客观事实发生了错误认识;而间接故意者则不存在这种错误认识。(2)在意志因素方面,二者对危害结果的态度是不同的:间接故意者对结果的发生虽然不是积极追求,但也不反对、不排斥结果的发生,而是听之任之、有意放任;过于自信的过失者则不仅不追求结果的发生,而且希望避免结果的发生,即反对、排斥危害结果的发生,其之所以实施该危害行为,常常是凭借了一定的自认为能够避免危害结果发生的因素和条件(如其自身能力、技术、经验、自然力方面的有利因素或其他预防措施等)。

4. 掌握疏忽大意的过失关键在于明确其与《刑法》第16条规定的意外事件的区别。二者虽然都是行为人对危害结果的发生没有预见,并因此而发生了这种结果。但二者尚存在原则性的区别:根据行为人的实际认识能力和行为时的具体情况,意外事件是行为人对危害结果的发生不可能预见,也不应当预见(没有注意能力与注意义务);而疏忽大意的过失中行为人对危害结果发生的可能性能够预见、应当预见(具有注意能力与注意义务),但仅仅是由于其疏忽大意的心理而导致了未能实际预见。

重点法条 7 刑事责任年龄

第十七条 已满16周岁的人犯罪,应当负刑事责任。

已满14周岁不满16周岁的人,犯故意杀人、故意伤害致人重伤或者死亡、强奸、抢劫、贩卖毒品、放火、爆炸、投放危险物质罪的,应当负刑事责任。

已满12周岁不满14周岁的人,犯故意杀人、故意伤害罪,致人死亡或者以特别残忍手段致人重伤造成严重残疾,情节恶劣,经最高人民检察院核准追诉的,应当负刑事责任。

对依照前3款规定追究刑事责任的不满18周岁的人,应当从轻或者减轻处罚。

因不满16周岁不予刑事处罚的,责令其父母或者其他监护人加以管教;在必要的时候,依法进行专门矫治教育。

精 解

考生要注意第3款"已满十二周岁不满十四周岁的人,犯故意杀人、故意伤害罪,致人死亡或者以特别残忍手段致人重伤造成严重残疾,情节恶劣,经最高人民检察院核准追诉的,应当负刑事责任"。

【例题】 关于刑事责任能力的判断,以下说法正确的是:(2020年多选题)

A. 间歇性精神病人在能够辨认但不能控制自己行为的时候造成危害结果不负刑事责任

B. 15周岁的人犯抢夺枪支、弹药、爆炸物、危险物质罪的,不负刑事责任

C. 甲被乙欺骗吸食毒品后,出现乙是魔鬼的幻觉,为了"保命",甲打死了乙,对乙的死亡,甲不负刑事责任

D. 76岁的王某对自己的老伴不满,在某天深夜将门窗封好,致老伴煤气中毒死亡,王某虽然要负刑事责任,但不适用死刑

参考答案:________①

重点法条 8 正当防卫

第二十条 为了使国家、公共利益、本人或者他人的人身、财产和其他权利免受正在进行的不法侵害,而采取的制止不法侵害的行为,对不法侵害人造成损害的,属于正当防卫,不负刑事责任。

正当防卫明显超过必要限度造成重大损害的,应当负刑事责任,但是应当减轻或者免除处罚。

对正在进行行凶、杀人、抢劫、强奸、绑架以及其他

① ABCD

严重危及人身安全的暴力犯罪,采取防卫行为,造成不法侵害人伤亡的,不属于防卫过当,不负刑事责任。

精　解

1. 注意正当防卫的基本条件,如防卫意图(主观条件)、防卫起因、防卫客体(打击对象)、防卫时间(时间条件)、防卫限度(限度条件)等。

2. 注意防卫过当与正当防卫、防卫行为之间的关系。正当防卫一定是防卫行为,但防卫行为不一定是正当防卫,二者的差异点在于是否符合防卫限度条件,超过防卫限度的防卫行为即为防卫过当,反之则为正当防卫。

3. 本条第3款关于特殊防卫权之规定,注意其实质为没有防卫限度之要求的正当防卫,适用条件在于:

(1)起因条件必须是有危及人身安全的暴力犯罪行为正在发生;

(2)防卫行为保护的利益仅限人身安全而不包括其他合法权益,如财产权利;

(3)"行凶"一词应进行限制解释,即原则上仅限于故意重伤害以上的伤害行为。

重点提示　注意防卫过当本身并不是一个独立的罪名,应明确如何对防卫过当进行定性与处罚:定性上应根据行为人明显超过必要限度造成重大损害时的主观罪过与客观后果,适用相应的刑法分则条文,其主观罪过主要为过失,但不排除间接故意的可能,而直接故意是不成立的;处罚原则是应当减轻或者免除处罚。

重点法条 9　犯罪未遂

第二十三条　已经着手实行犯罪,由于犯罪分子意志以外的原因而未得逞的,是犯罪未遂。

对于未遂犯,可以比照既遂犯从轻或者减轻处罚。

【相关法条】《刑法》

第22条　为了犯罪,准备工具、制造条件的,是犯罪预备。

对于预备犯,可以比照既遂犯从轻、减轻处罚或者免除处罚。

精　解

1. 本条规定的是犯罪未遂的特征与处罚原则。

犯罪未遂所具有的以下3个构成要件或特征也是与故意犯罪的其他停止形态相区分的标志:

(1)行为人已经着手实行犯罪,这与犯罪预备相区别;(2)犯罪未完成(未得逞)而停止下来,这与犯罪既遂相区别;(3)犯罪停止在未完成形态是犯罪分子意志以外的原因所导致的,这与犯罪中止相区别。

2. 犯罪预备与犯罪未遂都是因为意志以外的因素导致的犯罪未能得逞,是否已经着手实行犯罪,是犯罪预备与犯罪未遂区分的关键点。

3. 从时空阶段上看,犯罪预备只存在于预备阶段,犯罪未遂只存在于实行阶段,而犯罪中止则既可以存在于预备阶段,也可以存在于实行阶段。

4. 犯罪未遂的类型有以下两点:

(1)实行终了的未遂与未实行终了的未遂;(2)能犯未遂与不能犯未遂(其中,不能犯未遂又可分为工具不能犯未遂与对象不能犯未遂)。前者以犯罪实施行为是否实行终了为标准,后者以行为的实行能否实际构成犯罪既遂为标准。

5. 对于未遂犯的处罚原则问题,应当注意以下两个方面:

(1)以既遂犯的处罚为参照;(2)适当从宽处罚,即可以比照既遂犯从轻或者减轻处罚。

重点法条 10　犯罪中止

第二十四条　在犯罪过程中,自动放弃犯罪或者自动有效地防止犯罪结果发生的,是犯罪中止。

对于中止犯,没有造成损害的,应当免除处罚;造成损害的,应当减轻处罚。

精　解

1. 本条规定的是犯罪中止的特征以及处罚原则。

犯罪中止的一个最基本特征就是中止犯罪的自动性,即行为人出于自己的意志放弃自认为当时本可以继续实施和完成的犯罪,这是犯罪中止与犯罪预备、犯罪未遂相区别的关键所在。

2. 犯罪中止有以下两种形式:

(1)自动放弃犯罪的犯罪中止;(2)自动有效地防止犯罪结果发生的犯罪中止(仅仅以不作为的方式消极地停止犯罪的继续实施还不够,还要求必须采取积极的作为形式来预防和阻止既遂的犯罪结果发生且这种防止行为必须奏效)。前者即为所谓的消极中止,后者即为积极中止。

3. 值得注意的是,故意犯罪的几种形态,即预备、中止、未遂与既遂都是犯罪的停止形态,它们之间是一种彼此独立存在的关系,而不可能发生相互转化,如一旦达到犯罪既遂形态就不可能再转化为犯罪未遂、中止形态(如盗窃犯把盗得的财物又主动送回原处,由于其犯罪已经完成成立犯罪既遂,不存在中止犯罪的时空条件,因而不属于犯罪中止)。

4. 中止犯的处罚原则也较为特殊:

(1)对于中止犯是"应当"从宽处罚,而不是像预备犯、未遂犯那样"可以"从宽处罚;(2)注意对中止犯的处罚也与预备犯、未遂犯那样比照既遂犯进行处罚;(3)对中止犯的处罚关键看是否造成损害结果,对于造成损害结果的,应当减轻处罚,未造成损害结果的,应当免除处罚。

重点法条 11 共同犯罪

第二十五条 共同犯罪是指2人以上共同故意犯罪。

2人以上共同过失犯罪,不以共同犯罪论处;应当负刑事责任的,按照他们所犯的罪分别处罚。

精 解

本条规定了共同犯罪的概念与构成条件。共同犯罪的构成条件是:

1. 主体条件:两人以上。注意对这里的"人"应准确理解,这里的"人"是指符合《刑法》规定的、作为犯罪主体条件的人,不仅包括达到刑事责任年龄、具备刑事责任能力的自然人,也包括法人、单位等法律上拟制的人。

2. 主观条件:须有共同的犯罪故意。需要注意的是,该共同犯意只要求在刑法规范的范围内相同,并不要求犯罪故意的具体形式完全一致(如一方是直接故意,另一方是间接故意,但只要内容相同即可),甚至也不要求故意的内容完全相同,只要在刑法意义上有相同部分即可(如部分共犯即是如此)。

3. 客观条件:须有共同的犯罪行为。需要注意的是,该共同应当属于同一犯罪构成要件之内的共同或者在同一构成要件之内有相同的部分,至于形式是否相同在所不问。

4. 基于本条第2款的规定,共同过失的犯罪行为不能以共犯论处,即不承认过失共同犯罪(注意:"共同过失犯罪"不等于"过失共同犯罪","共同过失犯罪"实属"共同的过失犯罪",即两人相同的过失行为竞合在一起,共同导致一个危害结果,仅需分别单独定罪即可)。

重点法条 12 主犯

第二十六条 组织、领导犯罪集团进行犯罪活动的或者在共同犯罪中起主要作用的,是主犯。

3人以上为共同实施犯罪而组成的较为固定的犯罪组织,是犯罪集团。

对组织、领导犯罪集团的首要分子,按照集团所犯的全部罪行处罚。

对于第3款规定以外的主犯,应当按照其所参与的或者组织、指挥的全部犯罪处罚。

【相关法条】《刑法》

第97条 本法所称首要分子,是指在犯罪集团或者聚众犯罪中起组织、策划、指挥作用的犯罪分子。

精 解

1. 犯罪集团的特征。

(1)人数:3人以上;(2)目的:为了实施某种犯罪或某几种特定犯罪;(3)组织:较为固定。

2. 主犯的几种形式。

(1)组织、领导犯罪集团的首要分子;

(2)在聚众犯罪中起组织、策划、指挥作用的犯罪分子(聚众犯罪中的首要分子);

(3)其他在共同犯罪中起主要作用的犯罪分子(主要的实行犯)。

3. 主犯的刑事责任。

本条第3、4款对此作了专门规定,根据这一规定,主犯的刑事责任可分以下两种情形:(1)对于组织、领导犯罪集团的首要分子,按照集团所犯的全部罪行处罚;(2)对于其他主犯,应按照其所参与或组织、指挥的全部犯罪处罚。

> **重点提示** 特别应注意的是,主犯不是法定加重量刑情节,如无特殊规定,应直接依照具体罪行所对应的法定刑处罚即可。

4. 注意主犯与首要分子的关系。

首要分子一般地说属于主犯,但在某些特定的聚众犯罪中(如《刑法》第291条的聚众扰乱公共场所秩序、交通秩序罪),依法仅由首要分子负刑事责任,若首要分子仅为一人,也就不存在所谓的主犯、从犯问题,所以在这种情形下,首要分子并不等于主犯。另外,主犯的范围远大于首要分子,主犯不仅包括其他共同犯罪中起主要作用的犯罪分子,还包括在犯罪集团、聚众犯罪中起主要作用的非首要分子。

重点法条 13 教唆犯

第二十九条 教唆他人犯罪的,应当按照他在共同犯罪中所起的作用处罚。教唆不满 18 周岁的人犯罪的,应当从重处罚。

如果被教唆的人没有犯被教唆的罪,对于教唆犯,可以从轻或者减轻处罚。

精 解

1. 教唆犯在共同犯罪中的作用与地位。

教唆犯既可能是主犯,也可能是从犯,但不可能是胁从犯。

2. 教唆犯的罪名认定。

要明确构成独立的教唆罪,应根据所教唆的具体犯罪内容定性,如教唆他人盗窃的应定盗窃罪,教唆他人强奸的应定强奸罪。

3. 教唆犯的刑事责任的确定。

(1)确定教唆犯在共同犯罪中所起的作用(主犯还是从犯);(2)考虑从重或从宽处罚的因素。如果教唆的对象是不满 18 周岁的人,应当从重处罚;如果被教唆者没有犯被教唆之罪(教唆未遂)的,可以从轻或减轻处罚。

4.《刑法》第 295 条的传授犯罪方法罪与教唆犯罪的区别。

教唆犯仅仅是起意犯,而传授犯罪方法的行为则是将具体地实施某种犯罪的方法、技巧传授给他人,至于是否有唆使他人去实施犯罪的目的在所不问。再者,传授犯罪方法的行为有其独立的罪名与法定刑。

5. 不要把法律明确规定的以教唆的方法实行的犯罪当作教唆犯。

如《刑法》第 353 条规定:引诱、教唆、欺骗他人吸食、注射毒品的……因《刑法》已将其规定为独立的犯罪即引诱、教唆、欺骗他人吸毒罪并规定了相应的法定刑,所以这种教唆行为不同于教唆犯;再如,对于煽动类型的犯罪等,也不能将犯罪主体视为教唆犯。

重点法条 14 非刑罚处罚措施

第三十七条 对于犯罪情节轻微不需要判处刑罚的,可以免予刑事处罚,但是可以根据案件的不同情况,予以训诫或者责令具结悔过、赔礼道歉、赔偿损失,或者由主管部门予以行政处罚或者行政处分。

第三十七条之一 因利用职业便利实施犯罪,或者实施违背职业要求的特定义务的犯罪被判处刑罚的,人民法院可以根据犯罪情况和预防再犯罪的需要,禁止其自刑罚执行完毕之日或者假释之日起从事相关职业,期限为 3 年至 5 年。

被禁止从事相关职业的人违反人民法院依照前款规定作出的决定的,由公安机关依法给予处罚;情节严重的,依照本法第 313 条的规定定罪处罚。

其他法律、行政法规对其从事相关职业另有禁止或者限制性规定的,从其规定。

【相关法条】《刑法》

第 313 条 对人民法院的判决、裁定有能力执行而拒不执行,情节严重的,处 3 年以下有期徒刑、拘役或者罚金;情节特别严重的,处 3 年以上 7 年以下有期徒刑,并处罚金。

单位犯前款罪的,对单位判处罚金,并对其直接负责的主管人员和其他直接责任人员,依照前款的规定处罚。

精 解

1. 非刑罚处罚措施的适用前提是对罪犯免予刑事处罚。

2. 第 37 条之一规定的职业禁止是《刑法修正案(九)》第 1 条规定的。职业禁止的人违反决定的,由公安机关依法给予处罚,情节严重的,依照拒不执行判决、裁定罪处罚。

3. 注意拒不执行判决、裁定罪新增单位犯罪的规定。

重点法条 15 死刑、死缓的适用对象及核准程序

第四十八条 死刑只适用于罪行极其严重的犯罪分子。对于应当判处死刑的犯罪分子,如果不是必须立即执行的,可以判处死刑同时宣告缓期 2 年执行。

死刑除依法由最高人民法院判决的以外,都应当报请最高人民法院核准。死刑缓期执行的,可以由高级人民法院判决或者核准。

第四十九条 犯罪的时候不满 18 周岁的人和审判的时候怀孕的妇女,不适用死刑。

审判的时候已满 75 周岁的人,不适用死刑,但以特别残忍手段致人死亡的除外。

精 解

1. 死刑与死刑缓期 2 年执行的关系问题。

死刑缓期 2 年执行不是一种独立的刑种,而是一

种适用死刑的刑罚制度,只有在罪犯被判处死刑的情况下,才有适用的可能性,也就是说罪犯被判处死刑是适用死缓的前提条件。

2. 对适用死刑的对象的限制。

(1)未成年人不适用死刑,应注意以下几点:

①未成年人是指不满18周岁的人;②不满18周岁是以犯罪时为准,而不是以审判时为准,因此,行为人被审判时即使已成年,但只要其犯罪行为是在18周岁生日之前(包括生日当天)实施的,就不得适用死刑;③对未成年人不适用死刑,包括死刑立即执行,也包括死刑缓期2年执行,这表明,对未成年人犯罪,无论如何,最高刑只能是无期徒刑。

(2)怀孕的妇女不适用死刑,应注意以下几点:

①怀孕的妇女是以审判的时候为准,而不是以犯罪时为准,这不同于上述的未成年人犯罪的情形(一个以犯罪时为准,另一个以审判时为准)。

②这里审判的时候应当做扩大化解释,具体是指从羁押到执行的整个刑事诉讼过程,而不仅仅是指法院审理阶段。

③在审判期间,即使怀孕的妇女实施人工流产的,也不能适用死刑。

④在审判阶段如果是自然流产的,则要具体分析,区别对待。根据前述最高人民法院的司法解释,怀孕的妇女因涉嫌犯罪在羁押期间自然流产后,又因同一事实被起诉、交付审判的,应当视为审判的时候怀孕的妇女,依法不适用死刑,即以起诉、审判的犯罪事实,与被依法羁押的犯罪事实是否为同一事实为标准来判断自然流产的妇女是否视为审判时怀孕的妇女。

⑤对怀孕的妇女不适用死刑,也包括不适用死刑缓期2年执行。

注意:不要把不满18周岁的人与怀孕的妇女的时间前提混淆,前者的时间标准是犯罪的时候,后者的标准则是扩大意义上的审判阶段。

(3)审判的时候已满75周岁的人,不适用死刑,但以特别残忍手段致人死亡的除外。

重点法条 16 死缓及减为有期徒刑的刑期计算

第五十一条 死刑缓期执行的期间,从判决确定之日起计算。死刑缓期执行减为有期徒刑的刑期,从死刑缓期执行期满之日起计算。

【相关法条】《刑法》

第41条 管制的刑期,从判决执行之日起计算;判决执行以前先行羁押的,羁押1日折抵刑期2日。

第44条 拘役的刑期,从判决执行之日起计算;判决执行以前先行羁押的,羁押1日折抵刑期1日。

第47条 有期徒刑的刑期,从判决执行之日起计算;判决执行以前先行羁押的,羁押1日折抵刑期1日。

第50条 判处死刑缓期执行的,在死刑缓期执行期间,如果没有故意犯罪,2年期满以后,减为无期徒刑;如果确有重大立功表现,2年期满以后,减为25年有期徒刑;如果故意犯罪,情节恶劣的,报请最高人民法院核准后执行死刑;对于故意犯罪未执行死刑的,死刑缓期执行的期间重新计算,并报最高人民法院备案。

对被判处死刑缓期执行的累犯以及因故意杀人、强奸、抢劫、绑架、放火、爆炸、投放危险物质或者有组织的暴力性犯罪被判处死刑缓期执行的犯罪分子,人民法院根据犯罪情节等情况可以同时决定对其限制减刑。

精解

1. 死刑缓期执行减为有期徒刑的刑期起算,如果是减为无期徒刑,因为无期徒刑是无期的、终身的,故不存在刑期起算问题;如果是减为有期徒刑的,则存在一个刑期起算问题,应当从死刑缓期执行期满之日起计算,也就是2年期满后的第2日开始计算有期徒刑的刑期。即使2年期满后,未能立即作出减刑裁定而是在几个月之后才作出的,也应当从缓期2年期满之次日起计算,而不应从减刑裁定生效之日起计算。

2. 死刑缓期执行的期间从判决确定之日起计算而不是执行之日,死刑缓期执行减为有期徒刑的刑期不要混淆为从减刑裁定之日起计算。

3. 本条的刑期计算不要与《刑法》第41条规定的管制、第44条规定的拘役、第47条规定的有期徒刑的刑期起算点相混淆,后三者的刑期起算点都是一样的,都是判决执行之日起计算,且判决执行前先行羁押的期限应当折抵刑期。

4.《刑法修正案(八)》根据刑法罪刑相适应的原则严格限制了对某些判处死缓的罪行严重的罪犯的减刑,延长其实际服刑期。由此要特别注意对累犯和故意杀人、强奸、抢劫、绑架、放火、爆炸、投放危险物质或者有组织的暴力性犯罪并判处死刑缓期执行的犯罪分子,人民法院可以根据犯罪情节等限制减刑。

重点法条 17 剥夺政治权利的期限及执行

第五十五条 剥夺政治权利的期限,除本法第57条规定外,为1年以上5年以下。

判处管制附加剥夺政治权利的,剥夺政治权利的期限与管制的期限相等,同时执行。

第五十八条 附加剥夺政治权利的刑期,从徒刑、拘役执行完毕之日或者从假释之日起计算;剥夺政治权利的效力当然施用于主刑执行期间。

被剥夺政治权利的犯罪分子,在执行期间,应当遵守法律、行政法规和国务院公安部门有关监督管理的规定,服从监督;不得行使本法第54条规定的各项权利。

【相关法条】《刑法》

第57条 对于被判处死刑、无期徒刑的犯罪分子,应当剥夺政治权利终身。

在死刑缓期执行减为有期徒刑或者无期徒刑减为有期徒刑的时候,应当把附加剥夺政治权利的期限改为3年以上10年以下。

精 解

1. 剥夺政治权利的刑期,依法有以下4种:

(1)独立适用,或者主刑为拘役、有期徒刑时,附加的剥夺政治权利的刑期均是1年以上5年以下,这是其最常见的情形。

(2)当主刑为管制时,附加的剥夺政治权利的刑期与所判处的管制刑期一致:3个月以上2年以下;当管制是在数罪并罚的情况下,附加的剥夺政治权利的最长刑期可达3年。

(3)当主刑为无期徒刑或死刑时,附加的剥夺政治权利的刑期为终身。

(4)当作为主刑的无期徒刑或死刑(死刑缓期执行)被依法减为有期徒刑时,附加剥夺政治权利的刑期也从终身减为3年以上10年以下。

2. 剥夺政治权利刑期的起算方式较复杂:

(1)附加于死刑、无期徒刑时,不存在刑期起算问题。

(2)附加于有期徒刑(包括原判为死缓或无期徒刑依法被改为有期徒刑的)时,其刑期从有期徒刑或拘役被执行完毕之日起计算;如果在徒刑执行期间被假释的,剥夺政治权利的刑期应从假释之日起计算。

(3)附加于管制刑的,与管制刑实行"三同时":同时执行、同时计算、同时结束。从而也表明此时的剥夺政治权利的刑期应从判决执行之日起计算(《刑法》第41条)。

(4)独立适用剥夺政治权利的,应当从判决执行之日起计算。

(5)当有期徒刑、拘役刑在监执行时,附加剥夺政治权利的刑期虽然是从有期徒刑、拘役执行完毕之日或者假释之日起计算,但在有期徒刑、拘役执行期间,政治权利依然被剥夺。

(6)有两点不要混淆:

①如果在有期徒刑、拘役期间被假释的,附加于徒刑、拘役的剥夺政治权利刑,应从假释之日起计算刑期而不是从假释期满之日计算。

②缓刑犯同时被附加剥夺政治权利刑的,该政治权利刑期如何起算?这是一个立法空白(司法实务中完全可以避免这种刑罚适用方式),考生无须掌握,仅明确一点即可:根据本法第69条第3款规定,该附加刑仍需执行。

重点法条 18 没收财产的范围

第五十九条 没收财产是没收犯罪分子个人所有财产的一部或者全部。没收全部财产的,应当对犯罪分子个人及其扶养的家属保留必需的生活费用。

在判处没收财产的时候,不得没收属于犯罪分子家属所有或者应有的财产。

【相关法条】《刑法》

第60条 没收财产以前犯罪分子所负的正当债务,需要以没收的财产偿还的,经债权人请求,应当偿还。

第64条 犯罪分子违法所得的一切财物,应当予以追缴或者责令退赔;对被害人的合法财产,应当及时返还;违禁品和供犯罪所用的本人财物,应当予以没收。没收的财物和罚金,一律上缴国库,不得挪用和自行处理。

精 解

1. 用没收的财产偿还罪犯债务的3个基本前提条件。

(1)该债务是在没收财产刑执行以前犯罪分子所负的正当债务(具体指判决生效以前);(2)需要以

没收的财产偿还的(表明一般是没收全部财产或者虽然没收的是部分财产但犯罪分子所剩余的财产不足以清偿正当债务的);(3)必须经债权人本人的请求。凡是同时符合上述3个基本条件的,司法机关都应当准许偿还,而非可以偿还。

应当注意,本条规定的“没收财产以前犯罪分子所负的正当债务”的时间要求,根据有关司法解释的规定,这里的“没收财产以前”具体是指“判决生效前犯罪分子所负他人的合法债务”,故诉讼期间所负的债务也可能属于该范围。

2. 没收财产的范围仅限于犯罪分子个人现有的财产,这体现了罪责自负的原则,也不同于罚金,罚金对此并没有限制。

没收财产的范围也仅限于犯罪分子的合法财产,如果是犯罪所得,则属于依法追缴的范围而非没收财产的范围。

3. 没收全部财产时,应当注意的是遵循人道主义原则,必须要为犯罪分子个人及其扶养的家属保留必需的生活费用。

4. 在没收财产时,注意分清财产的性质与范围,属于犯罪分子家属所有的财产不在没收的范围之内。

重点法条 19 累犯

第六十五条 被判处有期徒刑以上刑罚的犯罪分子,刑罚执行完毕或者赦免以后,在5年以内再犯应当判处有期徒刑以上刑罚之罪的,是累犯,应当从重处罚,但是过失犯罪和不满18周岁的人犯罪的除外。

前款规定的期限,对于被假释的犯罪分子,从假释期满之日起计算。

第六十六条 危害国家安全犯罪、恐怖活动犯罪、黑社会性质的组织犯罪的犯罪分子,在刑罚执行完毕或者赦免以后,在任何时候再犯上述任一类罪的,都以累犯论处。

【相关法条】《刑法》

第74条 对于累犯和犯罪集团的首要分子,不适用缓刑。

精 解

1. 一般累犯的构成条件:

(1)实施前后两罪时犯罪人已满18周岁;(2)前后两罪都是故意犯罪;(3)前后两罪都被判处有期徒刑以上的刑罚;(4)后罪发生的时间在前罪的刑罚执行完毕或赦免以后5年内。

2.《刑法》第66条的特别累犯与本条规定的一般累犯区别在于:

特别累犯没有刑度条件与时间条件的限制,但犯罪性质是特定的、一致的,即前后两罪必须均为危害国家安全的犯罪、恐怖活动犯罪、黑社会性质的组织犯罪行为。对此考点不应混淆。

3. 关于累犯成立的时间条件,有两点需要注意:

(1)如果前罪因适用假释而执行完毕的,5年的期间应当从假释期满之日起计算而非假释之日起计算,可见,这一点显然不同于被假释后附加剥夺政治权利的刑期计算,后者从假释之日起而非假释期满之日起计算(《刑法》第58条);(2)若前罪被判处徒刑外还附加剥夺政治权利等附加刑的,5年的期间应从主刑即徒刑执行完毕之日起计算。

4. 根据本条及第74、81条,累犯的法律后果有3种:(1)应当从重处罚;(2)不能适用缓刑;(3)不能适用假释。

重点法条 20 自首

第六十七条 犯罪以后自动投案,如实供述自己的罪行的,是自首。对于自首的犯罪分子,可以从轻或者减轻处罚。其中,犯罪较轻的,可以免除处罚。

被采取强制措施的犯罪嫌疑人、被告人和正在服刑的罪犯,如实供述司法机关还未掌握的本人其他罪行的,以自首论。

犯罪嫌疑人虽不具有前两款规定的自首情节,但是如实供述自己罪行的,可以从轻处罚;因其如实供述自己罪行,避免特别严重后果发生的,可以减轻处罚。

【相关法条】 最高人民法院《关于处理自首和立功具体应用法律若干问题的解释》(1998年4月6日通过)

第1条 根据刑法第67条第1款的规定,犯罪以后自动投案,如实供述自己的罪行的,是自首。

(一)自动投案,是指犯罪事实或者犯罪嫌疑人未被司法机关发觉,或者虽被发觉,但犯罪嫌疑人尚未受到讯问、未被采取强制措施时,主动、直接向公安机关、人民检察院或者人民法院投案。

犯罪嫌疑人向其所在单位、城乡基层组织或者其他有关负责人员投案的;犯罪嫌疑人因病、伤或者为了减轻犯罪后果,委托他人先代为投案,或者先以信电投案的;罪行尚未被司法机关发觉,仅因形迹可疑,被有关组织或者司法机关盘问、教育后,主动交代自己的罪行的;犯罪后逃跑,在被通缉、追捕过程中,主动投案的;经查实确已准备去投案,或者正在投案途中,被公安机关捕获的,应当视为自动投案。

并非出于犯罪嫌疑人主动,而是经亲友规劝、陪同投案的;公安机关通知犯罪嫌疑人的亲友,或者亲友主动报案后,将犯罪嫌疑人送去投案的,也应当视为自动投案(注意与最高人民法院《关于处理自首和立功若干具体问题的意见》中关于"自动投案"的具体认定对比学习)。

犯罪嫌疑人自动投案后又逃跑的,不能认定为自首。

(二)如实供述自己的罪行,是指犯罪嫌疑人自动投案后,如实交代自己的主要犯罪事实。

犯有数罪的犯罪嫌疑人仅如实供述所犯数罪中部分犯罪的,只对如实供述部分犯罪的行为,认定为自首。

共同犯罪案件中的犯罪嫌疑人,除如实供述自己的罪行,还应当供述所知的同案犯,主犯则应当供述所知其他同案犯的共同犯罪事实,才能认定为自首。

犯罪嫌疑人自动投案并如实供述自己的罪行后又翻供的,不能认定为自首;但在一审判决前又能如实供述的,应当认定为自首。

第2条 根据刑法第67条第2款的规定,被采取强制措施的犯罪嫌疑人、被告人和已宣判的罪犯,如实供述司法机关尚未掌握的罪行,与司法机关已掌握的或者判决确定的罪行属不同种罪行的,以自首论。

第3条 根据刑法第67条第1款的规定,对于自首的犯罪分子,可以从轻或者减轻处罚;对于犯罪较轻的,可以免除处罚。具体确定从轻、减轻还是免除处罚,应当根据犯罪轻重,并考虑自首的具体情节。

第4条 被采取强制措施的犯罪嫌疑人、被告人和已宣判的罪犯,如实供述司法机关尚未掌握的罪行,与司法机关已掌握的或者判决确定的罪行属同种罪行的,可以酌情从轻处罚;如实供述的同种罪行较重的,一般应当从轻处罚。

精 解

一、一般自首与特别自首

本条第1款规定的是一般自首,第2款规定的是特别自首(又称为准自首)。二者的构成要件有所不同。

1. 一般自首成立的条件:(1)自动投案;(2)如实供述自己的罪行。在一些特定情况下如何认定"自动投案"与"如实供述自己的罪行",应参照上述司法解释第1条的规定,如犯罪嫌疑人自动投案并如实供述自己的罪行后又翻供的,不能认定为自首,但在一审判决前又能如实供述的,则仍视为自首。

2. 特别自首的"特别"之处有:(1)主体必须是依法被采取强制措施的犯罪嫌疑人、被告人以及已被宣判的罪犯,因其人身自由已经处于司法机关的控制之下,故不存在自动投案问题;(2)向司法机关如实供述的罪行必须是司法机关还未掌握的本人其他罪行,这里的"其他罪行"应当限于同司法机关已掌握的罪行是异种罪行,如果其供述的罪行与已被掌握的罪行属同种性质,则不属于自首,但可以酌情从轻处罚。

二、自首者的处罚标准

自首者的处罚标准,依法具有层次性:第一层次即一般情况下,可以从轻或减轻处罚;第二层次是在前者的条件下,又具备犯罪较轻的情形,可以免除处罚;第三层次是犯罪后自首又有重大立功表现的,可以减轻或者免除处罚。

重点法条 21 立功

第六十八条 犯罪分子有揭发他人犯罪行为,查证属实的,或者提供重要线索,从而得以侦破其他案件等立功表现的,可以从轻或者减轻处罚;有重大立功表现的,可以减轻或者免除处罚。

【相关法条】 《刑法》

第78条 被判处管制、拘役、有期徒刑、无期徒刑的犯罪分子,在执行期间,如果认真遵守监规,接受教育改造,确有悔改表现的,或者有立功表现的,可以减刑;有下列重大立功表现之一的,应当减刑:

(一)阻止他人重大犯罪活动的;

(二)检举监狱内外重大犯罪活动,经查证属实的;

(三)有发明创造或者重大技术革新的;

(四)在日常生产、生活中舍己救人的;

(五)在抗御自然灾害或者排除重大事故中,有突出表现的;

(六)对国家和社会有其他重大贡献的。

减刑以后实际执行的刑期不能少于下列期限：

（一）判处管制、拘役、有期徒刑的，不能少于原判刑期的1/2；

（二）判处无期徒刑的，不能少于13年；

（三）人民法院依照本法第50条第2款规定限制减刑的死刑缓期执行的犯罪分子，缓期执行期满后依法减为无期徒刑的，不能少于25年，缓期执行期满后依法减为25年有期徒刑的，不能少于20年。

最高人民法院《关于处理自首和立功具体应用法律若干问题的解释》

第5条 根据刑法第68条第1款的规定，犯罪分子到案后有检举、揭发他人犯罪行为，包括共同犯罪案件中的犯罪分子揭发同案犯共同犯罪以外的其他犯罪，经查证属实；提供侦破其他案件的重要线索，经查证属实；阻止他人犯罪活动；协助司法机关抓捕其他犯罪嫌疑人（包括同案犯）；具有其他有利于国家和社会的突出表现的，应当认定为有立功表现。

第7条 根据刑法第68条第1款的规定，犯罪分子有检举、揭发他人重大犯罪行为，经查证属实；提供侦破其他重大案件的重要线索，经查证属实；阻止他人重大犯罪活动；协助司法机关抓捕其他重大犯罪嫌疑人（包括同案犯）；对国家和社会有其他重大贡献等表现的，应当认定为有重大立功表现。

前款所称"重大犯罪""重大案件""重大犯罪嫌疑人"的标准，一般是指犯罪嫌疑人、被告人可能被判处无期徒刑以上刑罚或者案件在本省、自治区、直辖市或者全国范围内有较大影响等情形。

精 解

1. 立功的形式要件（表现形式），《刑法》第68条规定了两个方面，上述司法解释第5条又增补了3个方面，共计5种表现形式：(1)检举、揭发他人犯罪行为；(2)提供得以侦破其他案件的重要线索；(3)阻止他人犯罪活动；(4)协助司法机关抓捕其他逃犯；(5)具有其他有利于国家和社会的突出表现。

2. 立功的实质要件或者说效果要件应当是内容真实、有效（强调功利性）。

3. 重大立功的标准，应当根据上述司法解释第7条之规定，以因行为人立功表现而被惩罚的犯罪嫌疑人、被告人可能被判处无期徒刑以上刑罚或该案件在本省、自治区、直辖市或者全国范围内有较大影响为标准。

4. 立功者的处罚原则同自首类似，也具有层次性：第一层次是一般立功的，可以从轻或者减轻处罚；第二层次是重大立功的，可以减轻或者免除处罚。

5. 本条的立功属于量刑制度方面的立功，不要与《刑法》第78条的立功相混淆，后者属于行刑制度方面的立功。前者的法律后果是在刑罚裁量时可以从宽处罚（从轻、减轻、免除处罚），后者的法律后果是在刑罚执行期间可以获得减刑，甚至假释的奖励。

重点法条 22 判决宣告前犯数罪的并罚

第六十九条 判决宣告以前一人犯数罪的，除判处死刑和无期徒刑的以外，应当在总和刑期以下、数刑中最高刑期以上，酌情决定执行的刑期，但是管制最高不能超过3年，拘役最高不能超过1年，有期徒刑总和刑期不满35年的，最高不能超过20年，总和刑期在35年以上的，最高不能超过25年。

数罪中有判处有期徒刑和拘役的，执行有期徒刑。数罪中有判处有期徒刑和管制，或者拘役和管制的，有期徒刑、拘役执行完毕后，管制仍须执行。

数罪中有判处附加刑的，附加刑仍须执行，其中附加刑种类相同的，合并执行，种类不同的，分别执行。

【相关法条】《刑法》

第70条 判决宣告以后，刑罚执行完毕以前，发现被判刑的犯罪分子在判决宣告以前还有其他罪没有判决的，应当对新发现的罪作出判决，把前后两个判决所判处的刑罚，依照本法第69条的规定，决定执行的刑罚。已经执行的刑期，应当计算在新判决决定的刑期以内。

第71条 判决宣告以后，刑罚执行完毕以前，被判刑的犯罪分子又犯罪的，应当对新犯的罪作出判决，把前罪没有执行的刑罚和后罪所判处的刑罚，依照本法第69条的规定，决定执行的刑罚。

精 解

1. 本条所体现的数罪并罚原则（方法）有并科原则、限制加重原则和吸收原则。

2. 本条规定的是数罪并罚的一般情形与基本并罚方法，是判决宣告前一人犯数罪的并罚。

对于判决宣告后刑罚执行期间的并罚方法，《刑法》第70、71条作了规定，分别适用"先并（加）后减"与"先减后并（加）"的方法。这两种方法区别点在于所发现的犯罪是漏罪还是新罪,如果是漏罪(在判决宣告以前实施而未被判决的犯罪),应适用“先并后减”的并罚方法;如果是新罪(在判决宣告以后刑罚执行期间的犯罪),应该适用“先减后并”的并罚方法。

3. 注意《刑法修正案(九)》对数罪的处罚规定。

重点法条 23 缓刑的适用

第七十二条 对于被判处拘役、3 年以下有期徒刑的犯罪分子,同时符合下列条件的,可以宣告缓刑,对其中不满 18 周岁的人、怀孕的妇女和已满 75 周岁的人,应当宣告缓刑:

(一)犯罪情节较轻;

(二)有悔罪表现;

(三)没有再犯罪的危险;

(四)宣告缓刑对所居住社区没有重大不良影响。

宣告缓刑,可以根据犯罪情况,同时禁止犯罪分子在缓刑考验期限内从事特定活动,进入特定区域、场所,接触特定的人。

被宣告缓刑的犯罪分子,如果被判处附加刑,附加刑仍须执行。

第七十七条 被宣告缓刑的犯罪分子,在缓刑考验期限内犯新罪或者发现判决宣告以前还有其他罪没有判决的,应当撤销缓刑,对新犯的罪或者新发现的罪作出判决,把前罪和后罪所判处的刑罚,依照本法第 69 条的规定,决定执行的刑罚。

被宣告缓刑的犯罪分子,在缓刑考验期限内,违反法律、行政法规或者国务院有关部门关于缓刑的监督管理规定,或者违反人民法院判决中的禁止令,情节严重的,应当撤销缓刑,执行原判刑罚。

【相关法条】 《刑法》

第 73 条 拘役的缓刑考验期限为原判刑期以上 1 年以下,但是不能少于 2 个月。

有期徒刑的缓刑考验期限为原判刑期以上 5 年以下,但是不能少于 1 年。

缓刑考验期限,从判决确定之日起计算。

第 74 条 对于累犯和犯罪集团的首要分子,不适用缓刑。

第 75 条 被宣告缓刑的犯罪分子,应当遵守下列规定:

(一)遵守法律、行政法规,服从监督;

(二)按照考察机关的规定报告自己的活动情况;

(三)遵守考察机关关于会客的规定;

(四)离开所居住的市、县或者迁居,应当报经考察机关批准。

第 76 条 对宣告缓刑的犯罪分子,在缓刑考验期限内,依法实行社区矫正,如果没有本法第 77 条规定的情形,缓刑考验期满,原判的刑罚就不再执行,并公开予以宣告。

精 解

1. 缓刑考验期的起算,应当从判决确定之日起,千万不要混淆为从判决执行之日起计算。这一点显然不同于拘役和有期徒刑的刑期计算方式(《刑法》第 44 条规定,拘役的刑期,从判决执行之日起计算;判决执行以前先行羁押的,羁押 1 日折抵刑期 1 日。第 47 条规定,有期徒刑的刑期,从判决执行之日起计算;判决执行以前先行羁押的,羁押 1 日折抵刑期 1 日)。

2. 撤销缓刑的法定情形:(1)在缓刑考验期限内再犯新罪;(2)在缓刑考验期内发现漏罪;(3)违反法律、法规等监督管理规定,情节严重的。前两种情形不仅要撤销缓刑,而且还应进行数罪并罚,后一种情况直接撤销缓刑,执行原判刑罚。

3. 只要在考验期限内犯新罪,不论是在考验期限内被发现还是考验期满后才被发现,都应撤销缓刑,但发现的新罪是否应处罚(这是并罚的前提),应遵循《刑法》第 87 条关于追诉时效的要求。而对于漏罪,原则上应仅限于在考验期内被发现的,才可撤销缓刑。可见,对新罪强调犯罪的时间是在考验期间,而对于漏罪则强调发现的时间是在考验期间。

重点法条 24 假释的适用

第八十一条 被判处有期徒刑的犯罪分子,执行原判刑期 1/2 以上,被判处无期徒刑的犯罪分子,实际执行 13 年以上,如果认真遵守监规,接受教育改造,确有悔改表现,没有再犯罪的危险的,可以假释。如果有特殊情况,经最高人民法院核准,可以不受上述执行刑期的限制。

对累犯以及因故意杀人、强奸、抢劫、绑架、放火、爆炸、投放危险物质或者有组织的暴力性犯罪被判处 10 年以上有期徒刑、无期徒刑的犯罪分子,不得假释。

对犯罪分子决定假释时,应当考虑其假释后对所居住社区的影响。

【相关法条】《刑法》

第85条 对假释的犯罪分子，在假释考验期限内，依法实行社区矫正，如果没有本法第86条规定的情形，假释考验期满，就认为原判刑罚已经执行完毕，并公开予以宣告。

最高人民法院《关于办理减刑、假释案件具体应用法律的规定》(2016年9月19日通过)

第22条 办理假释案件，认定"没有再犯罪的危险"，除符合刑法第81条规定的情形外，还应当根据犯罪的具体情节、原判刑罚情况，在刑罚执行中的一贯表现，罪犯的年龄、身体状况、性格特征，假释后生活来源以及监管条件等因素综合考虑。

第23条 被判处有期徒刑的罪犯假释时，执行原判刑期1/2的时间，应当从判决执行之日起计算，判决执行以前先行羁押的，羁押1日折抵刑期1日。

被判处无期徒刑的罪犯假释时，刑法中关于实际执行刑期不得少于13年的时间，应当从判决生效之日起计算。判决生效以前先行羁押的时间不予折抵。

被判处死刑缓期执行的罪犯减为无期徒刑或者有期徒刑后，实际执行15年以上，方可假释，该实际执行时间应当从死刑缓期执行期满之日起计算。死刑缓期执行期间不包括在内，判决确定以前先行羁押的时间不予折抵。

第24条 刑法第81条第1款规定的"特殊情况"，是指有国家政治、国防、外交等方面特殊需要的情况。

第25条 对累犯以及因故意杀人、强奸、抢劫、绑架、放火、爆炸、投放危险物质或者有组织的暴力性犯罪被判处10年以上有期徒刑、无期徒刑的罪犯，不得假释。

因前款情形和犯罪被判处死刑缓期执行的罪犯，被减为无期徒刑、有期徒刑后，也不得假释。

第26条 对下列罪犯适用假释时可以依法从宽掌握：

(一)过失犯罪的罪犯、中止犯罪的罪犯、被胁迫参加犯罪的罪犯；

(二)因防卫过当或者紧急避险过当而被判处有期徒刑以上刑罚的罪犯；

(三)犯罪时未满18周岁的罪犯；

(四)基本丧失劳动能力、生活难以自理，假释后生活确有着落的老年罪犯、患严重疾病罪犯或者身体残疾罪犯；

(五)服刑期间改造表现特别突出的罪犯；

(六)具有其他可以从宽假释情形的罪犯。

罪犯既符合法定减刑条件，又符合法定假释条件的，可以优先适用假释。

第27条 对于生效裁判中有财产性判项，罪犯确有履行能力而不履行或者不全部履行的，不予假释。

第28条 罪犯减刑后又假释的，间隔时间不得少于1年；对一次减去1年以上有期徒刑后，决定假释的，间隔时间不得少于1年6个月。

罪犯减刑后余刑不足2年，决定假释的，可以适当缩短间隔时间。

第31条 年满80周岁、身患疾病或者生活难以自理、没有再犯罪危险的罪犯，既符合减刑条件，又符合假释条件的，优先适用假释；不符合假释条件的，参照本规定第20条有关的规定从宽处理。

重点法条 25 假释的撤销及撤销的后果

第八十六条 被假释的犯罪分子，在假释考验期限内犯新罪，应当撤销假释，依照本法第71条的规定实行数罪并罚。

在假释考验期限内，发现被假释的犯罪分子在判决宣告以前还有其他罪没有判决的，应当撤销假释，依照本法第70条的规定实行数罪并罚。

被假释的犯罪分子，在假释考验期限内，有违反法律、行政法规或者国务院有关部门关于假释的监督管理规定的行为，尚未构成新的犯罪的，应当依照法定程序撤销假释，收监执行未执行完毕的刑罚。

【相关法条】《刑法》

第71条 判决宣告以后，刑罚执行完毕以前，被判刑的犯罪分子又犯罪的，应当对新犯的罪作出判决，把前罪没有执行的刑罚和后罪所判处的刑罚，依照本法第69条的规定，决定执行的刑罚。

第84条 被宣告假释的犯罪分子，应当遵守下列规定：

(一)遵守法律、行政法规，服从监督；

(二)按照监督机关的规定报告自己的活动情况；

(三)遵守监督机关关于会客的规定；

(四)离开所居住的市、县或者迁居，应当报经监督机关批准。

第86条 被假释的犯罪分子，在假释考验期限内犯新罪，应当撤销假释，依照本法第71条的规定实行数罪并罚。

在假释考验期限内，发现被假释的犯罪分子在判决宣告以前还有其他罪没有判决的，应当撤销假释，依照本法第70条的规定实行数罪并罚。

被假释的犯罪分子，在假释考验期限内，有违反法律、行政法规或者国务院有关部门关于假释的监督管理规定的行为，尚未构成新的犯罪的，应当依照法定程序撤销假释，收监执行未执行完毕的刑罚。

最高人民法院《关于办理减刑、假释案件具体应用法律的规定》

第29条 罪犯在假释考验期内违反法律、行政法规或者国务院有关部门关于假释的监督管理规定的，作出假释裁定的人民法院，应当在收到报请机关或者检察机关撤销假释建议书后及时审查，作出是否撤销假释的裁定，并送达报请机关，同时抄送人民检察院、公安机关和原刑罚执行机关。

罪犯在逃的，撤销假释裁定书可以作为对罪犯进行追捕的依据。

第30条 依照刑法第86条规定被撤销假释的罪犯，一般不得再假释。但依照该条第2款被撤销假释的罪犯，如果罪犯对漏罪曾作如实供述但原判未予认定，或者漏罪系其自首，符合假释条件的，可以再假释。

被撤销假释的罪犯，收监后符合减刑条件的，可以减刑，但减刑起始时间自收监之日起计算。

精 解

1. 撤销假释的3种法定情形：(1)在假释考验期内犯新罪；(2)在假释考验期内发现有漏罪；(3)在假释考验期内，有违反法律、行政法规以及有关假释的监督管理规定的行为。在前两种情形下，不仅要撤销假释，还要适用数罪并罚，在第3种情形下，直接撤销假释，收监执行尚未执行完毕的刑罚。在这3种情形下，已经过的考验期限均不视为已执行过的刑期。

2. 只要在假释考验期内犯新罪，不论该罪是故意犯罪还是过失犯罪，不论何种性质、严重程度的高低，也不论该新罪何时被发现，都应撤销假释。当然，适用数罪并罚的前提是发现该新罪时，其尚未超过法定的追诉时效。发现新罪而进行并罚，应适用《刑法》第71条规定的“先减后并”规则。

3. 如果是判决宣告以前还有其他罪行没有判决而需要撤销假释的，要求该漏罪必须是在假释考验期间被发现。适用数罪并罚，应当适用“先并后减”的规则。适用数罪并罚仍需要考虑漏罪是否超过追诉时效。

4. 本条第3款规定的撤销假释的法定情形之内涵，同《刑法》第84条的规定内容基本上相对应、相一致。同时，这种违规行为原则上并不要求必须是情节严重才撤销假释，即只要有违规行为，又尚未构成新的犯罪的，原则上都应撤销假释，收监执行未执行完毕的刑罚。

5. 撤销假释与撤销缓刑的法定情形大致相同，但有两点差异：(1)关于撤销的法定情形，撤销缓刑要求违规情节严重，而本条第3款撤销假释并无情节是否严重的要求；(2)因犯新罪或漏罪而撤销缓刑或假释后，数罪并罚的方法不同，在缓刑时直接适用《刑法》第69条的规定，不存在先并后减，也不存在先减后并的问题，而在假释，则存在先并后减与先减后并的问题。二者不要混淆。

重点法条 26 刑法的追诉时效

第八十七条 犯罪经过下列期限不再追诉：

(一)法定最高刑为不满5年有期徒刑的，经过5年；

(二)法定最高刑为5年以上不满10年有期徒刑的，经过10年；

(三)法定最高刑为10年以上有期徒刑的，经过15年；

(四)法定最高刑为无期徒刑、死刑的，经过20年。如果20年以后认为必须追诉的，须报请最高人民检察院核准。

第八十九条 追诉期限从犯罪之日起计算；犯罪行为有连续或者继续状态的，从犯罪行为终了之日起计算。

在追诉期限以内又犯罪的，前罪追诉的期限从犯后罪之日起计算。

【相关法条】《刑法》

第88条 在人民检察院、公安机关、国家安全机关立案侦查或者在人民法院受理案件以后，逃避侦查或者审判的，不受追诉期限的限制。

被害人在追诉期限内提出控告，人民法院、人民检察院、公安机关应当立案而不予立案的，不受追诉期限的限制。

第 99 条　本法所称以上、以下、以内，包括本数。

精　解

1. 追诉时效的期限有 4 种：5 年、10 年、15 年和 20 年。其确定的标准是具体犯罪行为所对应的法定最高刑，即根据犯罪的具体行为、性质和情节，分别适用刑法分则规定的相应条款或量刑幅度，按其法定最高刑计算追诉时效期限。

2. 根据本法第 99 条的规定，这里不满 5 年应当不包括本数 5 年，“5 年以上不满 10 年”应当包括 5 年但不包括 10 年。但是要注意的是，第 3 项 10 年以上有期徒刑则包括 10 年及 10 年以上有期徒刑，表明法定刑最高为 15 年以及在数罪并罚情形下，即使可判 20 年有期徒刑的，其追诉时效仍为 15 年而非 20 年。追诉时效为 20 年的只有法定最高刑为无期徒刑、死刑的。

3. 在某些法定情形下，追诉时效并不受《刑法》第 87 条所规定的限制，具体情形包括：

(1) 经过刑事诉讼程序，即公、检、法机关已经立案侦查或受理案件后，犯罪人逃避侦查或者审判的，不受追诉期限的限制；(2) 因被害人的控告，即被害人在追诉期限内提出控告，公、检、法机关应当立案而不予立案的，不受追诉期限的限制；(3)《刑法》第 87 条第 4 项规定：法定最高刑为无期徒刑、死刑的，经 20 年后若认为仍然必须追诉的，报请最高人民检察院核准。

4. 追诉期限的计算问题分为 3 种情况：

(1) 一般情况下追诉时效应当从犯罪之日起计算，这也是计算追诉时效的基本原则。注意犯罪之日是指犯罪成立之日，而不是犯罪既遂之日，因为预备犯、中止犯、未遂犯等不存在既遂问题。

(2) 连续犯与继续犯追诉时效的计算应从犯罪行为终了之日起。在连续犯的情况下，就是指最后一个犯罪行为完成之日；在继续犯的情况下，就是指犯罪行为持续状态结束之日。

(3) 诉讼时效的中断即在时效期限内再犯新罪的情况，此时前一罪的追诉时效重新计算，即从犯后罪之日起计算，此前经过的时间归于无效。至于前罪是故意还是过失犯罪，罪轻罪重都没有限制。

第二章　分　则

重点法条 27　危害国家安全罪

第一百零七条　境内外机构、组织或者个人资助实施本章第 102 条、第 103 条、第 104 条、第 105 条规定之罪的，对直接责任人员，处 5 年以下有期徒刑、拘役、管制或者剥夺政治权利；情节严重的，处 5 年以上有期徒刑。

第一百零九条　国家机关工作人员在履行公务期间，擅离岗位，叛逃境外或者在境外叛逃的，处 5 年以下有期徒刑、拘役、管制或者剥夺政治权利；情节严重的，处 5 年以上 10 年以下有期徒刑。

掌握国家秘密的国家工作人员叛逃境外或者在境外叛逃的，依照前款的规定从重处罚。

第一百一十条　有下列间谍行为之一，危害国家安全的，处 10 年以上有期徒刑或者无期徒刑；情节较轻的，处 3 年以上 10 年以下有期徒刑：

（一）参加间谍组织或者接受间谍组织及其代理人的任务的；

（二）为敌人指示轰击目标的。

第一百一十一条　为境外的机构、组织、人员窃取、刺探、收买、非法提供国家秘密或者情报的，处 5 年以上 10 年以下有期徒刑；情节特别严重的，处 10 年以上有期徒刑或者无期徒刑；情节较轻的，处 5 年以下有期徒刑、拘役、管制或者剥夺政治权利。

精　解

1. 国家机关工作人员只要是在履行公务期间，擅离岗位，叛逃境外或者在境外叛逃的，无论是否危害中华人民共和国国家安全都构成叛逃罪。叛逃后又构成间谍罪的，数罪并罚。

2. 为境外窃取、刺探、收买、非法提供国家秘密、情报罪和间谍罪的区别：间谍罪的行为人的主观状态为明知是间谍性质的组织或间谍任务。

3. 若国家秘密为军事秘密，则构成为境外窃取、刺探、收买、非法提供军事秘密罪。

4. 通过互联网向特定人员提供国家秘密的构成本罪，通过互联网公开发布国家秘密的则构成故意泄露国家秘密罪。

重点法条 28　恐怖活动相关犯罪

第一百二十条　组织、领导恐怖活动组织的，处 10 年以上有期徒刑或者无期徒刑，并处没收财产；积极参加的，处 3 年以上 10 年以下有期徒刑，并处罚金；其他参加的，处 3 年以下有期徒刑、拘役、管制或者剥夺政治权利，可以并处罚金。

犯前款罪并实施杀人、爆炸、绑架等犯罪的，依照数罪并罚的规定处罚。

第一百二十条之一 资助恐怖活动组织、实施恐怖活动的个人的,或者资助恐怖活动培训的,处5年以下有期徒刑、拘役、管制或者剥夺政治权利,并处罚金;情节严重的,处5年以上有期徒刑,并处罚金或者没收财产。

为恐怖活动组织、实施恐怖活动或者恐怖活动培训招募、运送人员的,依照前款的规定处罚。

单位犯前两款罪的,对单位判处罚金,并对其直接负责的主管人员和其他直接责任人员,依照第1款的规定处罚。

第一百二十条之二 有下列情形之一的,处5年以下有期徒刑、拘役、管制或者剥夺政治权利,并处罚金;情节严重的,处5年以上有期徒刑,并处罚金或者没收财产:

(一)为实施恐怖活动准备凶器、危险物品或者其他工具的;

(二)组织恐怖活动培训或者积极参加恐怖活动培训的;

(三)为实施恐怖活动与境外恐怖活动组织或者人员联络的;

(四)为实施恐怖活动进行策划或者其他准备的。

有前款行为,同时构成其他犯罪的,依照处罚较重的规定定罪处罚。

第一百二十条之三 以制作、散发宣扬恐怖主义、极端主义的图书、音频视频资料或者其他物品,或者通过讲授、发布信息等方式宣扬恐怖主义、极端主义的,或者煽动实施恐怖活动的,处5年以下有期徒刑、拘役、管制或者剥夺政治权利,并处罚金;情节严重的,处五年以上有期徒刑,并处罚金或者没收财产。

第一百二十条之四 利用极端主义煽动、胁迫群众破坏国家法律确立的婚姻、司法、教育、社会管理等制度实施的,处3年以下有期徒刑、拘役或者管制,并处罚金;情节严重的,处3年以上7年以下有期徒刑,并处罚金;情节特别严重的,处7年以上有期徒刑,并处罚金或者没收财产。

第一百二十条之五 以暴力、胁迫等方式强制他人在公共场所穿着、佩戴宣扬恐怖主义、极端主义服饰、标志的,处3年以下有期徒刑、拘役或者管制,并处罚金。

第一百二十条之六 明知是宣扬恐怖主义、极端主义的图书、音频视频资料或者其他物品而非法持有,情节严重的,处3年以下有期徒刑、拘役或者管制,并处或者单处罚金。

精 解

1. 精神上的帮助不属于帮助恐怖活动罪的"资助"。

2. 准备实施恐怖活动罪属于预备行为的实行行为化,故对于教唆、帮助他人实施本罪行为的,就当以教唆犯、帮助犯论处。

重点法条 29 交通肇事罪与危险驾驶罪

第一百三十三条 违反交通运输管理法规,因而发生重大事故,致人重伤、死亡或者使公私财产遭受重大损失的,处3年以下有期徒刑或者拘役;交通运输肇事后逃逸或者有其他特别恶劣情节的,处3年以上7年以下有期徒刑;因逃逸致人死亡的,处7年以上有期徒刑。

第一百三十三条之一 在道路上驾驶机动车,有下列情形之一的,处拘役,并处罚金:

(一)追逐竞驶,情节恶劣的;

(二)醉酒驾驶机动车的;

(三)从事校车业务或者旅客运输,严重超过额定乘员载客,或者严重超过规定时速行驶的;

(四)违反危险化学品安全管理规定运输危险化学品,危及公共安全的。

机动车所有人、管理人对前款第(3)项、第(4)项行为负有直接责任的,依照前款的规定处罚。

有前两款行为,同时构成其他犯罪的,依照处罚较重的规定定罪处罚。

第一百三十三条之二 对行驶中的公共交通工具的驾驶人员使用暴力或者抢控驾驶操纵装置,干扰公共交通工具正常行驶,危及公共安全的,处1年以下有期徒刑、拘役或者管制,并处或者单处罚金。

前款规定的驾驶人员在行驶的公共交通工具上擅离职守,与他人互殴或者殴打他人,危及公共安全的,依照前款的规定处罚。

有前两款行为,同时构成其他犯罪的,依照处罚较重的规定定罪处罚。

【相关法条】 最高人民法院《关于审理交通肇事刑事案件具体应用法律若干问题的解释》(2000年11月10日通过)

第3条 "交通运输肇事后逃逸",是指行为人具有本解释第2条第1款规定和第2款第1至5项规定的情形之一,在发生交通事故后,为逃避法律追究而逃跑的行为。

第5条 “因逃逸致人死亡”,是指行为人在交通肇事后为逃避法律追究而逃跑,致使被害人因得不到救助而死亡的情形。

交通肇事后,单位主管人员、机动车辆所有人、承包人或者乘车人指使肇事人逃逸,致使被害人因得不到救助而死亡的,以交通肇事罪的共犯论处。

第6条 行为人在交通肇事后为逃避法律追究,将被害人带离事故现场后隐藏或者遗弃,致使被害人无法得到救助而死亡或者严重残疾的,应当分别依照刑法第232条、第234条第2款的规定,以故意杀人罪或者故意伤害罪定罪处罚。

第7条 单位主管人员、机动车辆所有人或者机动车辆承包人指使、强令他人违章驾驶造成重大交通事故,具有本解释第2条规定情形之一的,以交通肇事罪定罪处罚。

【例题】 甲在公交车上因为玩手机坐过站了。在车辆已经启动后,甲才发现。他要求司机马上停车,司机不肯。甲用手抢司机的方向盘,导致公交车偏离方向,开进河里,造成3人死亡。以下说法正确的是:(2024年多选题)

A. 对甲的行为不能仅认定为妨害安全驾驶罪,因为这会导致对甲的行为评价不全面

B. 对甲的行为应当以妨害安全驾驶罪和以危险方法危害公共安全罪择一重罪论处

C. 对甲的行为应当以妨害安全驾驶罪和交通肇事罪择一重罪论处

D. 只要实施妨害安全驾驶行为造成了严重的损害结果,就只能认定为以危险方法危害公共安全罪

参考答案:________①

重点法条30 重大责任事故罪

第一百三十四条 在生产、作业中违反有关安全管理的规定,因而发生重大伤亡事故或者造成其他严重后果的,处3年以下有期徒刑或者拘役;情节特别恶劣的,处3年以上7年以下有期徒刑。

强令他人违章冒险作业,因而发生重大伤亡事故或者造成其他严重后果的,处5年以下有期徒刑或者拘役;情节特别恶劣的,处5年以上有期徒刑。

第一百三十四条之一 在生产、作业中违反有关安全管理的规定,有下列情形之一,具有发生重大伤亡事故或者其他严重后果的现实危险的,处1年以下有期徒刑、拘役或者管制:

(一)关闭、破坏直接关系生产安全的监控、报警、防护、救生设备、设施,或者篡改、隐瞒、销毁其相关数据、信息的;

(二)因存在重大事故隐患被依法责令停产停业、停止施工、停止使用有关设备、设施、场所或者立即采取排除危险的整改措施,而拒不执行的;

(三)涉及安全生产的事项未经依法批准或者许可,擅自从事矿山开采、金属冶炼、建筑施工,以及危险物品生产、经营、储存等高度危险的生产作业活动的。

重点法条31 生产、销售伪劣产品罪

第一百四十条 生产者、销售者在产品中掺杂、掺假,以假充真,以次充好或者以不合格产品冒充合格产品,销售金额5万元以上不满20万元的,处2年以下有期徒刑或者拘役,并处或者单处销售金额50%以上2倍以下罚金;销售金额20万元以上不满50万元的,处2年以上7年以下有期徒刑,并处销售金额50%以上2倍以下罚金;销售金额50万元以上不满200万元的,处7年以上有期徒刑,并处销售金额50%以上2倍以下罚金;销售金额200万元以上的,处15年有期徒刑或者无期徒刑,并处销售金额50%以上2倍以下罚金或者没收财产。

【相关法条】《刑法》

第150条 单位犯本节第140条至第148条规定之罪的,对单位判处罚金,并对其直接负责的主管人员和其他直接责任人员,依照各该条的规定处罚。

最高人民法院、最高人民检察院《关于办理生产、销售伪劣商品刑事案件具体应用法律若干问题的解释》(以下简称《伪劣商品刑事案件解释》)(2001年4月9日公布)

第2条 《刑法》第140条、第149条规定的“销售金额”,是指生产者、销售者出售伪劣产品后所得和应得的全部违法收入。

伪劣产品尚未销售,货值金额达到《刑法》第140条规定的销售金额3倍以上的,以生产、销售伪劣产品罪(未遂)定罪处罚。

① AC

货值金额以违法生产、销售的伪劣产品的标价计算；没有标价的，按照同类合格产品的市场中间价格计算。货值金额难以确定的，按照国家计划委员会、最高人民法院、最高人民检察院、公安部1997年4月22日联合发布的《扣押、追缴、没收物品估价管理办法》的规定，委托指定的估价机构确定。

多次实施生产、销售伪劣产品行为，未经处理的，伪劣产品的销售金额或者货值金额累计计算。

第9条 知道或者应当知道他人实施生产、销售伪劣商品犯罪，而为其提供贷款、资金、账号、发票、证明、许可证件，或者提供生产、经营场所或者运输、仓储、保管、邮寄等便利条件，或者提供制假生产技术的，以生产、销售伪劣商品犯罪的共犯论处。

第10条 实施生产、销售伪劣商品犯罪，同时构成侵犯知识产权、非法经营等其他犯罪的，依照处罚较重的规定定罪处罚。

第11条 实施《刑法》第140条至第148条规定的犯罪，又以暴力、威胁方法抗拒查处，构成其他犯罪的，依照数罪并罚的规定处罚。

精　解

1. 本罪是《刑法》第3章破坏社会主义市场经济秩序罪中的生产、销售伪劣产品罪这一节的一般性的罪名，与本节特定种类的其他罪名的区别主要是一般与特殊的关系，但在法律适用方面又不同于一般的法条竞合，《刑法》第149条对他们之间的关系作了明确规定。

2. 生产、销售伪劣产品罪的主体不仅仅是自然人，单位也可构成，即单位也要对本罪负刑事责任，这是《刑法》第150条的规定。

3. 生产、销售伪劣产品罪是数额犯，即以一定的犯罪数额作为犯罪构成要件。

本罪要求销售金额达5万元以上（注意这里是销售金额而非非法所得数额）。但是根据上述两高的司法解释，伪劣产品尚未销售的，若货值金额达到15万元以上的，以生产、销售伪劣产品罪（未遂）定罪处罚。

4. 根据上述司法解释，行为人知道或者应当知道他人实施生产、销售伪劣商品而为其提供贷款、资金、账户、发票、证明、许可证件，或者提供生产经营场所或运输、仓储、保管、邮寄等便利条件的，或者提供技术条件的，以生产、销售伪劣产品罪的共犯论处（《伪劣商品刑事案件解释》第8条）；实施生产、销售伪劣产品罪，同时构成侵犯知识产权、非法经营等其他犯罪的，择重罪论处（《伪劣商品刑事案件解释》第10条）；实施《刑法》第140～148条之罪，又以暴力、威胁方法抗拒查处，构成犯罪的，实行数罪并罚（《伪劣商品刑事案件解释》第11条）。

5. 本罪的伪劣产品不包括建筑工程。

重点法条 32　生产、销售、提供假药罪

第一百四十一条 生产、销售假药的，处3年以下有期徒刑或者拘役，并处罚金；对人体健康造成严重危害或者有其他严重情节的，处3年以上10年以下有期徒刑，并处罚金；致人死亡或者有其他特别严重情节的，处10年以上有期徒刑、无期徒刑或者死刑，并处罚金或者没收财产。

药品使用单位的人员明知是假药而提供给他人使用的，依照前款的规定处罚。

【相关法条】《刑法》

第142条 生产、销售劣药，对人体健康造成严重危害的，处3年以上10年以下有期徒刑，并处罚金；后果特别严重的，处10年以上有期徒刑或者无期徒刑，并处罚金或者没收财产。

药品使用单位的人员明知是劣药而提供给他人使用的，依照前款的规定处罚。

第142条之一 违反药品管理法规，有下列情形之一，足以严重危害人体健康的，处3年以下有期徒刑或者拘役，并处或者单处罚金；对人体健康造成严重危害或者有其他严重情节的，处3年以上7年以下有期徒刑，并处罚金：

（一）生产、销售国务院药品监督管理部门禁止使用的药品的；

（二）未取得药品相关批准证明文件生产、进口药品或者明知是上述药品而销售的；

（三）药品申请注册中提供虚假的证明、数据、资料、样品或者采取其他欺骗手段的；

（四）编造生产、检验记录的。

有前款行为，同时又构成本法第141条、第142条规定之罪或者其他犯罪的，依照处罚较重的规定定罪处罚。

第143条 生产、销售不符合食品安全标准的食品，足以造成严重食物中毒事故或者其他严重食源性疾病的，处3年以下有期徒刑或者拘役，并处罚金；对人体健康造成严重危害或者有其他严重情节的，处3

年以上7年以下有期徒刑,并处罚金;后果特别严重的,处7年以上有期徒刑或者无期徒刑,并处罚金或者没收财产。

第144条 在生产、销售的食品中掺入有毒、有害的非食品原料的,或者销售明知掺有有毒、有害的非食品原料的食品的,处5年以下有期徒刑,并处罚金;对人体健康造成严重危害或者有其他严重情节的,处5年以上10年以下有期徒刑,并处罚金;致人死亡或者有其他特别严重情节的,依照本法第141条的规定处罚。

精 解

1. 2020年《刑法修正案(十一)》对《刑法》第141、142条进行了修正,药品使用单位的人员明知是假(劣)药而提供给他人使用的,分别依照生产、销售、提供假(劣)药罪处罚。

2. 2020年《刑法修正案(十一)》新增《刑法》第142条之一,为妨害药品管理罪,考生应注意该条的内容。

重点法条 33 走私类犯罪

第一百五十一条 走私武器、弹药、核材料或者伪造的货币的,处7年以上有期徒刑,并处罚金或者没收财产;情节特别严重的,处无期徒刑,并处没收财产;情节较轻的,处3年以上7年以下有期徒刑,并处罚金。

走私国家禁止出口的文物、黄金、白银和其他贵重金属或者国家禁止进出口的珍贵动物及其制品的,处5年以上10年以下有期徒刑,并处罚金;情节特别严重的,处10年以上有期徒刑或者无期徒刑,并处没收财产;情节较轻的,处5年以下有期徒刑,并处罚金。

走私珍稀植物及其制品等国家禁止进出口的其他货物、物品的,处5年以下有期徒刑或者拘役,并处或者单处罚金;情节严重的,处5年以上有期徒刑,并处罚金。

单位犯本条规定之罪的,对单位判处罚金,并对其直接负责的主管人员和其他直接责任人员,依照本条各款的规定处罚。

【相关法条】《刑法》

第153条 走私本法第151条、第152条、第347条规定以外的货物、物品的,根据情节轻重,分别依照下列规定处罚:

(一)走私货物、物品偷逃应缴税额较大或者1年内曾因走私被给予2次行政处罚后又走私的,处3年以下有期徒刑或者拘役,并处偷逃应缴税额1倍以上5倍以下罚金。

(二)走私货物、物品偷逃应缴税额巨大或者有其他严重情节的,处3年以上10年以下有期徒刑,并处偷逃应缴税额1倍以上5倍以下罚金。

(三)走私货物、物品偷逃应缴税额特别巨大或者有其他特别严重情节的,处10年以上有期徒刑或者无期徒刑,并处偷逃应缴税额1倍以上5倍以下罚金或者没收财产。

单位犯前款罪的,对单位判处罚金,并对其直接负责的主管人员和其他直接责任人员,处3年以下有期徒刑或者拘役;情节严重的,处3年以上10年以下有期徒刑;情节特别严重的,处10年以上有期徒刑。对多次走私未经处理的,按照累计走私货物、物品的偷逃应缴税额处罚。

精 解

1. 本条规定的走私行为因走私的对象不同而分为若干不同的罪名。同时,本条第1~3款规定的具体犯罪的构成都没有数量、情节的限制,即原则上均为行为犯。

2. 在第1款规定的走私武器、弹药罪与走私核材料罪中,应当注意如果是走私核武器的行为应当构成走私武器、弹药罪,即走私核材料罪不应包括走私核武器的行为方式。

3. 第2款的走私文物罪与走私贵重金属罪中,该走私行为与其他走私犯罪中的走私行为有所不同,其仅限于非法出口(境)的行为,而不包括进口的行为,即走私文物与走私贵重金属的行为是一种单向而非双向的行为。如果行为人将境外的文物、贵重金属擅自带入国(境)内的,有可能构成《刑法》第153条的走私普通货物、物品罪。

4. 构成走私普通货物、物品罪要求数额较大或者是"多次走私",即如果一年内曾因走私被给予二次行政处罚后又走私的,将每次走私数额都没有达到较大程度但却采取"蚂蚁搬家"式的走私行为规定为犯罪。

刑法

重点法条 34 虚假出资、抽逃出资罪

第一百五十九条 公司发起人、股东违反公司法的规定未交付货币、实物或者未转移财产权,虚假出资,或者在公司成立后又抽逃其出资,数额巨大、后果严重或者有其他严重情节的,处5年以下有期徒刑或

者拘役,并处或者单处虚假出资金额或者抽逃出资金额2%以上10%以下罚金。

单位犯前款罪的,对单位判处罚金,并对其直接负责的主管人员和其他直接责任人员,处5年以下有期徒刑或者拘役。

【相关法条】《刑法》

第158条 申请公司登记使用虚假证明文件或者采取其他欺诈手段虚报注册资本,欺骗公司登记主管部门,取得公司登记,虚报注册资本数额巨大、后果严重或者有其他严重情节的,处3年以下有期徒刑或者拘役,并处或者单处虚报注册资本金额1%以上5%以下罚金。

单位犯前款罪的,对单位判处罚金,并对其直接负责的主管人员和其他直接责任人员,处3年以下有期徒刑或者拘役。

精 解

1. 本条规定的是虚假出资、抽逃出资罪。

本罪的主体为特殊主体:公司发起人和股东,既包括自然人,也包括单位。

2. 本罪在客观行为方面有3种法定的表现形式:(1)未交付货币、实物;(2)未转移财产权(未办理出资额中财产权转移手续);(3)公司成立后抽逃出资的。

3. 注意本罪与《刑法》第158条的虚报注册资本罪的界限:

(1)二者都有虚假的行为,虚报注册资本罪中虚报的目的是骗取公司登记,即欺骗的是公司登记机关;而虚假出资、抽逃出资罪中虚假的目的主要是吸引其他发起人或股东的投资,即欺骗的是其他发起人和股东。(2)虚假注册资本罪的行为只能发生在公司成立、登记之前,而虚假出资、抽逃出资罪则发生在公司成立过程中以及公司成立之后。

4. 根据全国人民代表大会常务委员会《关于〈中华人民共和国刑法〉第158条、第159条的解释》,《刑法》第158、159条的规定,只适用于依法实行注册资本实缴登记制的公司。

重点法条 35 非国家工作人员受贿罪

第一百六十三条 公司、企业或者其他单位的工作人员,利用职务上的便利,索取他人财物或者非法收受他人财物,为他人谋取利益,数额较大的,处3年以下有期徒刑或者拘役,并处罚金;数额巨大或者有其他严重情节的,处3年以上10年以下有期徒刑,并处罚金;数额特别巨大或者有其他特别严重情节的,处10年以上有期徒刑或者无期徒刑,并处罚金。

公司、企业或者其他单位的工作人员在经济往来中,利用职务上的便利,违反国家规定,收受各种名义的回扣、手续费,归个人所有的,依照前款的规定处罚。

国有公司、企业或者其他国有单位中从事公务的人员和国有公司、企业或者其他国有单位委派到非国有公司、企业以及其他单位从事公务的人员有前两款行为的,依照本法第385条、第386条的规定定罪处罚。

【相关法条】《刑法》

第93条 本法所称国家工作人员,是指国家机关中从事公务的人员。

国有公司、企业、事业单位、人民团体中从事公务的人员和国家机关、国有公司、企业、事业单位委派到非国有公司、企业、事业单位、社会团体从事公务的人员,以及其他依照法律从事公务的人员,以国家工作人员论。

第164条 为谋取不正当利益,给予公司、企业或者其他单位的工作人员以财物,数额较大的,处3年以下有期徒刑或者拘役,并处罚金;数额巨大的,处3年以上10年以下有期徒刑,并处罚金。

为谋取不正当商业利益,给予外国公职人员或者国际公共组织官员以财物的,依照前款的规定处罚。

单位犯前两款罪的,对单位判处罚金,并对其直接负责的主管人员和其他直接责任人员,依照第1款的规定处罚。

行贿人在被追诉前主动交待行贿行为的,可以减轻处罚或者免除处罚。

第184条 银行或者其他金融机构的工作人员在金融业务活动中索取他人财物或者非法收受他人财物,为他人谋取利益的,或者违反国家规定,收受各种名义的回扣、手续费,归个人所有的,依照本法第163条的规定定罪处罚。

国有金融机构工作人员和国有金融机构委派到非国有金融机构从事公务的人员有前款行为的,依照本法第385条、第386条的规定定罪处罚。

精 解

1. 本条规定的是非国家工作人员受贿罪,相应地,《刑法》第164条规定的是对非国家工作人员行贿罪。《刑法》第184条对银行或其他金融机构工作人员受贿问题作了规定,即根据行为人能否认定为国家工作人员而分别认定为非国家工作人员受贿罪或者受贿罪。

2. 掌握非国家工作人员受贿罪的关键在于其与《刑法》第385条规定的受贿罪的界限问题。

这个问题的关键在于二者主体不同:前者为非国有性质的公司、企业以及其他单位(如非国有性质的金融机构)的工作人员;后者的主体是《刑法》第93条规定的国家工作人员。再者,在客观方面尚有差异:非国家工作人员受贿罪中,索取他人财物的行为同时要求以为他人谋取利益为要件;而在受贿罪中,索贿行为则不以为他人谋利益为要件即可构成受贿罪。

重点法条 36 出售、购买、运输假币罪;伪造货币罪

第一百七十一条 出售、购买伪造的货币或者明知是伪造的货币而运输,数额较大的,处3年以下有期徒刑或者拘役,并处2万元以上20万元以下罚金;数额巨大的,处3年以上10年以下有期徒刑,并处5万元以上50万元以下罚金;数额特别巨大的,处10年以上有期徒刑或者无期徒刑,并处5万元以上50万元以下罚金或者没收财产。

银行或者其他金融机构的工作人员购买伪造的货币或者利用职务上的便利,以伪造的货币换取货币的,处3年以上10年以下有期徒刑,并处2万元以上20万元以下罚金;数额巨大或者有其他严重情节的,处10年以上有期徒刑或者无期徒刑,并处2万元以上20万元以下罚金或者没收财产;情节较轻的,处3年以下有期徒刑或者拘役,并处或者单处1万元以上10万元以下罚金。

伪造货币并出售或者运输伪造的货币的,依照本法第170条的规定定罪从重处罚。

【相关法条】《刑法》

第170条 伪造货币的,处3年以上10年以下有期徒刑,并处罚金;有下列情形之一的,处10年以上有期徒刑或者无期徒刑,并处罚金或者没收财产:

(一)伪造货币集团的首要分子;

(二)伪造货币数额特别巨大的;

(三)有其他特别严重情节的。

精 解

1. 本条第1款规定的是出售、购买、运输假币罪。

本罪的构成要求行为人主观上明知是伪造的货币。这里的假币既包括伪造的人民币,也包括伪造的外国货币。另外,本罪是一个选择性罪名,行为人只要有出售、购买、运输3种行为之一的,即可构成犯罪。

2. 本条第2款规定的是金融工作人员购买假币、以假币换取货币罪。

本罪的主体是特定的主体,客观上必须是利用了职务上的便利,实为一种职务犯罪。根据最高人民法院的相关批复,农村基金会的从业人员中,除了具有金融机构现职工作人员身份的人外,实施该类犯罪行为的不得以本罪论处,而以其他相关罪名如出售、购买假币罪认定。

3. 行为人伪造货币后又出售或者运输的,依据《刑法》第170条的伪造货币罪一罪从重处罚,而不再定出售、运输假币罪。

4. 伪造货币与变造货币是有严格区别的,变造是在真实货币的基础上进行的造假。刑法意义上假币(第171、172条)均为伪造的货币而不包括变造的货币。

5. 以使用为目的,伪造停止流通的货币,或者使用伪造的停止流通的货币的,是以诈骗罪定罪处罚,而不是伪造货币罪。

重点法条 37 持有、使用假币罪

第一百七十二条 明知是伪造的货币而持有、使用,数额较大的,处3年以下有期徒刑或者拘役,并处或者单处1万元以上10万元以下罚金;数额巨大的,处3年以上10年以下有期徒刑,并处2万元以上20万元以下罚金;数额特别巨大的,处10年以上有期徒刑,并处5万元以上50万元以下罚金或者没收财产。

第一百七十三条 变造货币,数额较大的,处3年以下有期徒刑或者拘役,并处或者单处1万元以上10万元以下罚金;数额巨大的,处3年以上10年以下有期徒刑,并处2万元以上20万元以下罚金。

精 解

1. 持有、使用假币罪要求行为人主观上必须明知其持有使用的是伪造的货币,这里数额较大,根据上述司法解释,以总面额4000元为起点。

2. 行为人购买假币后又使用的,直接以购买假币

罪定罪从重处罚。

3. 行为人出售、运输假币构成犯罪，同时又有使用假币行为的，分别构成出售、运输假币罪与使用假币罪，实行数罪并罚。

4. 注意区分变造和伪造的不同：仿照真货币的图案、形状、色彩等特征非法制造假币，冒充真币的行为，应当认定为《刑法》第 170 条规定的"伪造货币"。对真货币采用剪贴、挖补、揭层、涂改、移位、重印等方法加工处理，改变真币形态、价值的行为，应当认定为《刑法》第 173 条规定的"变造货币"。如果行为人利用伪造和变造的手段将真币和假币拼凑，直接以伪造货币罪定罪处罚。

重点法条 38 洗钱罪

第一百九十一条 为掩饰、隐瞒毒品犯罪、黑社会性质的组织犯罪、恐怖活动犯罪、走私犯罪、贪污贿赂犯罪、破坏金融管理秩序犯罪、金融诈骗犯罪的所得及其产生的收益的来源和性质，有下列行为之一的，没收实施以上犯罪的所得及其产生的收益，处 5 年以下有期徒刑或者拘役，并处或者单处罚金；情节严重的，处 5 年以上 10 年以下有期徒刑，并处罚金：

（一）提供资金帐户的；

（二）将财产转换为现金、金融票据、有价证券的；

（三）通过转帐或者其他支付结算方式转移资金的；

（四）跨境转移资产的；

（五）以其他方法掩饰、隐瞒犯罪所得及其收益的来源和性质的。

单位犯前款罪的，对单位判处罚金，并对其直接负责的主管人员和其他直接责任人员，依照前款的规定处罚。

【相关法条】《刑法》

第 156 条 与走私罪犯通谋，为其提供贷款、资金、账号、发票、证明，或者为其提供运输、保管、邮寄或者其他方便的，以走私罪的共犯论处。

第 349 条 包庇走私、贩卖、运输、制造毒品的犯罪分子的，为犯罪分子窝藏、转移、隐瞒毒品或者犯罪所得的财物的，处 3 年以下有期徒刑、拘役或者管制；情节严重的，处 3 年以上 10 年以下有期徒刑。

最高人民法院、最高人民检察院《关于办理洗钱刑事案件适用法律若干问题的解释》（2024 年 3 月 29 日通过）

第 1 条 为掩饰、隐瞒本人实施刑法第一百九十一条规定的上游犯罪的所得及其产生的收益的来源和性质，实施该条第一款规定的洗钱行为的，依照刑法第一百九十一条的规定定罪处罚。

第 2 条 知道或者应当知道是他人实施刑法第一百九十一条规定的上游犯罪的所得及其产生的收益，为掩饰、隐瞒其来源和性质，实施该条第一款规定的洗钱行为的，依照刑法第一百九十一条的规定定罪处罚。

第 3 条 认定"知道或者应当知道"，应当根据行为人所接触、接收的信息，经手他人犯罪所得及其收益的情况，犯罪所得及其收益的种类、数额，犯罪所得及其收益的转移、转换方式，交易行为、资金账户等异常情况，结合行为人职业经历、与上游犯罪人员之间的关系以及其供述和辩解，同案人指证和证人证言等情况综合审查判断。有证据证明行为人确实不知道的除外。

将刑法第一百九十一条规定的某一上游犯罪的犯罪所得及其收益，认作该条规定的上游犯罪范围内的其他犯罪所得及其收益的，不影响"知道或者应当知道"的认定。

第 5 条 为掩饰、隐瞒实施刑法第一百九十一条规定的上游犯罪的所得及其产生的收益的来源和性质，实施下列行为之一的，可以认定为刑法第一百九十一条第一款第五项规定的"以其他方法掩饰、隐瞒犯罪所得及其收益的来源和性质"：

（一）通过典当、租赁、买卖、投资、拍卖、购买金融产品等方式，转移、转换犯罪所得及其收益的；

（二）通过与商场、饭店、娱乐场所等现金密集型场所的经营收入相混合的方式，转移、转换犯罪所得及其收益的；

（三）通过虚构交易、虚设债权债务、虚假担保、虚报收入等方式，转移、转换犯罪所得及其收益的；

（四）通过买卖彩票、奖券、储值卡、黄金等贵金属等方式，转换犯罪所得及其收益的；

（五）通过赌博方式，将犯罪所得及其收益转换为赌博收益的；

（六）通过“虚拟资产”交易、金融资产兑换方式，转移、转换犯罪所得及其收益的；

（七）以其他方式转移、转换犯罪所得及其收益的。

第6条 掩饰、隐瞒刑法第一百九十一条规定的上游犯罪的犯罪所得及其产生的收益，构成刑法第一百九十一条规定的洗钱罪，同时又构成刑法第三百一十二条规定的掩饰、隐瞒犯罪所得、犯罪所得收益罪的，依照刑法第一百九十一条的规定定罪处罚。

实施刑法第一百九十一条规定的洗钱行为，构成洗钱罪，同时又构成刑法第三百四十九条、第二百二十五条、第一百七十七条之一或者第一百二十条之一规定的犯罪的，依照处罚较重的规定定罪处罚。

第7条 认定洗钱罪应当以上游犯罪事实成立为前提。有下列情形的，不影响洗钱罪的认定：

（一）上游犯罪尚未依法裁判，但有证据证明确实存在的；

（二）有证据证明上游犯罪确实存在，因行为人逃匿未到案的；

（三）有证据证明上游犯罪确实存在，因行为人死亡等原因依法不予追究刑事责任的；

（四）有证据证明上游犯罪确实存在，但同时构成其他犯罪而以其他罪名定罪处罚的。

第12条 本解释所称“上游犯罪”，是指刑法第一百九十一条规定的毒品犯罪、黑社会性质的组织犯罪、恐怖活动犯罪、走私犯罪、贪污贿赂犯罪、破坏金融管理秩序犯罪、金融诈骗犯罪。

精　解

需要注意，洗钱的对象限于下列7类犯规活动的所得及其产生的收益：(1)毒品犯罪；(2)黑社会性质的组织犯罪；(3)恐怖活动犯罪；(4)走私犯罪；(5)贪污贿赂犯罪；(6)破坏金融管理秩序犯罪；(7)金融诈骗犯罪。

重点法条 39　贷款诈骗罪

第一百九十三条 有下列情形之一，以非法占有为目的，诈骗银行或者其他金融机构的贷款，数额较大的，处5年以下有期徒刑或者拘役，并处2万元以上20万元以下罚金；数额巨大或者有其他严重情节的，处5年以上10年以下有期徒刑，并处5万元以上50万元以下罚金；数额特别巨大或者有其他特别严重情节的，处10年以上有期徒刑或者无期徒刑，并处5万元以上50万元以下罚金或者没收财产：

（一）编造引进资金、项目等虚假理由的；

（二）使用虚假的经济合同的；

（三）使用虚假的证明文件的；

（四）使用虚假的产权证明作担保或者超出抵押物价值重复担保的；

（五）以其他方法诈骗贷款的。

【相关法条】《刑法》

第175条之一 以欺骗手段取得银行或者其他金融机构贷款、票据承兑、信用证、保函等，给银行或者其他金融机构造成重大损失的，处3年以下有期徒刑或者拘役，并处或者单处罚金；给银行或者其他金融机构造成特别重大损失或者有其他特别严重情节的，处3年以上7年以下有期徒刑，并处罚金。

单位犯前款罪的，对单位判处罚金，并对其直接负责的主管人员和其他直接责任人员，依照前款的规定处罚。

第200条 单位犯本节第194条、第195条规定之罪的，对单位判处罚金，并对其直接负责的主管人员和其他直接责任人员，处5年以下有期徒刑或者拘役，可以并处罚金；数额巨大或者有其他严重情节的，处5年以上10年以下有期徒刑，并处罚金；数额特别巨大或者有其他特别严重情节的，处10年以上有期徒刑或者无期徒刑，并处罚金。

精　解

1. 本条规定的是贷款诈骗罪。

关于本罪的主体，依据《刑法》第193、200条的规定，单位是不能构成本罪的。司法实践中，对于单位实施贷款诈骗的，根据罪刑法定原则，不能将该单位行为认定为贷款诈骗罪，但有可能构成合同诈骗罪（单位犯罪）。

2. 包括贷款诈骗罪在内的金融诈骗犯罪，原则上均要求行为人主观上出于非法占有的目的。如果行为人没有非法占有的目的，但以欺骗的手段取得银行或者其他金融机构贷款、票据承兑、信用证、保函等，给银行或其他金融机构造成重大损失的，也构成犯罪，即构成《刑法》第175条之一的骗取贷款、票据承兑、金融票证罪。

重点法条 40　信用卡诈骗罪

第一百九十六条 有下列情形之一，进行信用卡诈骗活动，数额较大的，处5年以下有期徒刑或者拘役，并处2万元以上20万元以下罚金；数额巨大或者有其他严重情节的，处5年以上10年以下有期徒刑，并处5万元以上50万元以下罚金；数额特别巨大或者有其他特别严重情节的，处10年以上有期徒刑或者无期徒刑，并处5万元以上50万元以下罚金或者没收财产：

（一）使用伪造的信用卡，或者使用以虚假的身份证明骗领的信用卡的；

（二）使用作废的信用卡的；

（三）冒用他人信用卡的；

（四）恶意透支的。

前款所称恶意透支，是指持卡人以非法占有为目的，超过规定限额或者规定期限透支，并且经发卡银行催收后仍不归还的行为。

盗窃信用卡并使用的，依照本法第264条的规定定罪处罚。

【相关法条】《刑法》

第195条　有下列情形之一，进行信用证诈骗活动的，处5年以下有期徒刑或者拘役，并处2万元以上20万元以下罚金；数额巨大或者有其他严重情节的，处5年以上10年以下有期徒刑，并处5万元以上50万元以下罚金；数额特别巨大或者有其他特别严重情节的，处10年以上有期徒刑或者无期徒刑，并处5万元以上50万元以下罚金或者没收财产：

（一）使用伪造、变造的信用证或者附随的单据、文件的；

（二）使用作废的信用证的；

（三）骗取信用证的；

（四）以其他方法进行信用证诈骗活动的。

最高人民法院、最高人民检察院《关于办理妨害信用卡管理刑事案件具体应用法律若干问题的解释》（以下简称《妨害信用卡管理解释》，2018年10月19日修正）

第5条第2款　刑法第196条第1款第3项所称"冒用他人信用卡"，包括以下情形：

（一）拾得他人信用卡并使用的；

（二）骗取他人信用卡并使用的；

（三）窃取、收买、骗取或者以其他非法方式获取他人信用卡信息资料，并通过互联网、通讯终端等使用的；

（四）其他冒用他人信用卡的情形。

第6条第1款　持卡人以非法占有为目的，超过规定限额或者规定期限透支，经发卡银行两次有效催收后超过3个月仍不归还的，应当认定为刑法第196条规定的"恶意透支"。

第7条第1款　催收同时符合下列条件的，应当认定为本解释第6条规定的"有效催收"：

（一）在透支超过规定限额或者规定期限后进行；

（二）催收应当采用能够确认持卡人收悉的方式，但持卡人故意逃避催收的除外；

（三）两次催收至少间隔30日；

（四）符合催收的有关规定或者约定。

精　解

1. 第196条规定的是信用卡诈骗罪。这里的信用卡范围如何界定？这里的信用卡，是指由商业银行或者其他金融机构发行的具有消费支付、信用贷款、转账结算、存取现金等全部功能或者部分功能的电子支付卡。故刑法意义上的信用卡应采取扩大解释，包括银行卡、借记卡等在内。

2. 本罪的主体仅为自然人，不包括单位。主观方面具有非法占有他人财物的目的。客观方面的行为方式有：使用伪造的信用卡、使用以虚假的身份证明骗领的信用卡、使用作废的信用卡、冒用他人的信用卡以及恶意透支等。

3. 注意认定透支的性质：善意透支是信用卡的特有功能，而恶意透支才是法律惩处的对象。2018年对《妨害信用卡管理解释》进行修正，对认定"恶意透支"时的"有效催收"进行了详细界定。

4. 注意：盗窃信用卡并使用的，应构成《刑法》第264条的盗窃罪而非信用卡诈骗罪。

5. 注意区分信用卡诈骗罪与《刑法》第177条的伪造、变造金融凭证罪中的伪造信用卡的行为、第195条的信用证诈骗罪的界限。伪造信用卡并用伪造的信用卡进行诈骗的，属于牵连犯，应择一重罪论处。信用卡诈骗罪与信用证诈骗罪，除了对象一个为信用卡、另一个为信用证外，在行为方式上，使用变造的信用证可以构成信用证诈骗罪。再者，根据《刑法》第200条的规定，单位可以构成信用证诈骗罪，但不能构成信用卡诈骗罪。

6. 关于信用卡的犯罪，除了本条所规定的信用卡诈骗罪及第177条所规定的伪造、变造金融凭证罪之外,还涉及妨害信用卡管理罪。可见,如果行为人伪造信用卡的可以以伪造金融凭证罪论处;如果使用伪造的信用卡则可以以信用卡诈骗罪论处;如果没有证据证明有使用的行为,但非法持有、运输、出售、购买伪造的信用卡的,可以以妨害信用卡管理罪论处。

7. 注意两种信用卡犯罪的定性。"盗窃信用卡并使用"与"拾捡信用卡并使用"的定性差异:前种行为应以盗窃罪论处,但后种行为根据上述司法解释的规定,应以信用卡诈骗罪论处。

重点法条 41 保险诈骗罪

第一百九十八条 有下列情形之一,进行保险诈骗活动,数额较大的,处5年以下有期徒刑或者拘役,并处1万元以上10万元以下罚金;数额巨大或者有其他严重情节的,处5年以上10年以下有期徒刑,并处2万元以上20万元以下罚金;数额特别巨大或者有其他特别严重情节的,处10年以上有期徒刑,并处2万元以上20万元以下罚金或者没收财产:

(一)投保人故意虚构保险标的,骗取保险金的;

(二)投保人、被保险人或者受益人对发生的保险事故编造虚假的原因或者夸大损失的程度,骗取保险金的;

(三)投保人、被保险人或者受益人编造未曾发生的保险事故,骗取保险金的;

(四)投保人、被保险人故意造成财产损失的保险事故,骗取保险金的;

(五)投保人、受益人故意造成被保险人死亡、伤残或者疾病,骗取保险金的。

有前款第4项、第5项所列行为,同时构成其他犯罪的,依照数罪并罚的规定处罚。

单位犯第1款罪的,对单位判处罚金,并对其直接负责的主管人员和其他直接责任人员,处5年以下有期徒刑或者拘役;数额巨大或者有其他严重情节的,处5年以上10年以下有期徒刑;数额特别巨大或者有其他特别严重情节的,处10年以上有期徒刑。

保险事故的鉴定人、证明人、财产评估人故意提供虚假的证明文件,为他人诈骗提供条件的,以保险诈骗的共犯论处。

【相关法条】《刑法》

第183条 保险公司的工作人员利用职务上的便利,故意编造未曾发生的保险事故进行虚假理赔,骗取保险金归自己所有的,依照本法第271条的规定定罪处罚。

国有保险公司工作人员和国有保险公司委派到非国有保险公司从事公务的人员有前款行为的,依照本法第382条、第383条的规定定罪处罚。

第229条 承担资产评估、验资、验证、会计、审计、法律服务、保荐、安全评价、环境影响评价、环境监测等职责的中介组织的人员故意提供虚假证明文件,情节严重的,处5年以下有期徒刑或者拘役,并处罚金;有下列情形之一的,处5年以上10年以下有期徒刑,并处罚金:

(一)提供与证券发行相关的虚假的资产评估、会计、审计、法律服务、保荐等证明文件,情节特别严重的;

(二)提供与重大资产交易相关的虚假的资产评估、会计、审计等证明文件,情节特别严重的;

(三)在涉及公共安全的重大工程、项目中提供虚假的安全评价、环境影响评价等证明文件,致使公共财产、国家和人民利益遭受特别重大损失的。

有前款行为,同时索取他人财物或者非法收受他人财物构成犯罪的,依照处罚较重的规定定罪处罚。

第一款规定的人员,严重不负责任,出具的证明文件有重大失实,造成严重后果的,处3年以下有期徒刑或者拘役,并处或者单处罚金。

精 解

1. 本条规定的是保险诈骗罪,实际上为骗取保险金的诈骗行为。本罪的主体是特定的主体,即仅为投保人、被保险人或受益人。其他人不能单独成立此罪,但可以构成本罪的共犯。单位也可构成本罪。本罪主观上以非法占有保险金为犯罪目的。

2. 保险诈骗罪的客观行为实际上为一种诈骗行为,本条规定了5种(项)法定的行为方式,前3种(项)为故意编造事故(或事实),后2种(项)为故意制造保险事故:故意制造财产保险事故和故意制造人身保险事故。

3. 如果投保人、被保险人为了骗取保险金,故意制造财产保险事故或故意制造人身保险事故同时又构成其他犯罪的,如放火罪、爆炸罪、故意杀人罪、故意伤害罪,根据本条第2款的规定,应当与保险诈骗罪数罪并罚。这是一种法律的特别规定,虽然从理论上看故意制造保险事故的行为与骗取保险金的行为属于一种手段与目的的牵连关系,但这里不适用牵连犯的择一重罪论处的处断原则。

4. 如果保险公司的工作人员利用职务上的便利，故意编造未曾发生的保险事故进行虚假理赔、骗取保险金的，则因主体不符合而不构成本罪。应依照《刑法》第183条的规定，区别该工作人员是否为国有保险公司工作人员和国有保险公司委派到非国有保险公司从事公务的人员，分别定职务侵占罪或者贪污罪。

5. 保险诈骗罪的着手标准是具备侵犯保险人的财产法益的现实危险，因此如果投保人故意杀害被保险人，还没有前往保险公司骗保，这只属于保险诈骗的犯罪预备，只有开始向保险公司提出索赔请求，才属于着手。

重点法条 42 逃税罪

第二百零一条 纳税人采取欺骗、隐瞒手段进行虚假纳税申报或者不申报，逃避缴纳税款数额较大并且占应纳税额10%以上的，处3年以下有期徒刑或者拘役，并处罚金；数额巨大并且占应纳税额30%以上的，处3年以上7年以下有期徒刑，并处罚金。

扣缴义务人采取前款所列手段，不缴或者少缴已扣、已收税款，数额较大的，依照前款的规定处罚。

对多次实施前2款行为，未经处理的，按照累计数额计算。

有第1款行为，经税务机关依法下达追缴通知后，补缴应纳税款，缴纳滞纳金，已受行政处罚的，不予追究刑事责任；但是，5年内因逃避缴纳税款受过刑事处罚或者被税务机关给予2次以上行政处罚的除外。

【相关法条】《刑法》

第204条 以假报出口或者其他欺骗手段，骗取国家出口退税款，数额较大的，处5年以下有期徒刑或者拘役，并处骗取税款1倍以上5倍以下罚金；数额巨大或者有其他严重情节的，处5年以上10年以下有期徒刑，并处骗取税款1倍以上5倍以下罚金；数额特别巨大或者有其他特别严重情节的，处10年以上有期徒刑或者无期徒刑，并处骗取税款1倍以上5倍以下罚金或者没收财产。

纳税人缴纳税款后，采取前款规定的欺骗方法，骗取所缴纳的税款的，依照本法第201条的规定定罪处罚；骗取税款超过所缴纳的税款部分，依照前款的规定处罚。

第211条 单位犯本节第201条、第203条、第204条、第207条、第208条、第209条规定之罪的，对单位判处罚金，并对其直接负责的主管人员和其他直接责任人员，依照各该条的规定处罚。

重点法条 43 假冒注册商标罪

第二百一十三条 未经注册商标所有人许可，在同一种商品、服务上使用与其注册商标相同的商标，情节严重的，处3年以下有期徒刑，并处或者单处罚金；情节特别严重的，处3年以上10年以下有期徒刑，并处罚金。

【相关法条】《刑法》

第214条 销售明知是假冒注册商标的商品，违法所得数额较大或者有其他严重情节的，处3年以下有期徒刑，并处或者单处罚金；违法所得数额巨大或者有其他特别严重情节的，处3年以上10年以下有期徒刑，并处罚金。

第220条 单位犯本节第213条至第219条之一规定之罪的，对单位判处罚金，并对其直接负责的主管人员和其他直接责任人员，依照本节各该条的规定处罚。

最高人民法院、最高人民检察院《关于办理侵犯知识产权刑事案件具体应用法律若干问题的解释》(以下简称《知识产权刑事案件解释》，2004年11月11日通过)

第8条 刑法第213条规定的"相同的商标"，是指与被假冒的注册商标完全相同，或者与被假冒的注册商标在视觉上基本无差别、足以对公众产生误导的商标。

刑法第213条规定的"使用"，是指将注册商标或者假冒的注册商标用于商品、商品包装或者容器以及产品说明书、商品交易文书，或者将注册商标或者假冒的注册商标用于广告宣传、展览以及其他商业活动等行为。

第13条 实施刑法第213条规定的假冒注册商标犯罪，又销售该假冒注册商标的商品，构成犯罪的，应当依照刑法第213条的规定，以假冒注册商标罪定罪处罚。

实施刑法第213条规定的假冒注册商标犯罪，又销售明知是他人的假冒注册商标的商品，构成犯罪的，应当实行数罪并罚。

精 解

1. 本条规定的是假冒注册商标罪。根据《刑法》

第220条的规定，个人和单位均可构成本罪。认定本罪的一个关键点在于这里的假冒行为是指未经注册商标所有人许可，在同一种商品上使用与其注册商标相同的商标。可见，这里的商标侵权行为的范围与《商标法》中商标侵权行为的范围是不同的，后者不仅包括在同一种商品上使用，也包括在类似商品上使用，不仅包括使用与他人注册商标相同的商标，还包括使用与他人注册商标相近似的商标。根据上述司法解释的规定，所谓相同的商标，是指与被假冒的注册商标完全相同，或者与被假冒的注册商标在视觉上基本无差别、足以对公众产生误导的商标。

2. 同一行为人既有假冒注册商标的行为又有销售假冒注册商标商品的行为的处理，即涉及商标犯罪的罪数问题。根据上述司法解释第13条的规定，实施假冒注册商标犯罪，又销售该假冒注册商标的商品，构成犯罪的，应当依照《刑法》第213条的规定，以假冒注册商标罪定罪处罚。实施《刑法》第213条规定的假冒注册商标犯罪，又销售明知是他人的假冒注册商标的商品，构成犯罪的，应当实行数罪并罚。

3. 注意本罪与生产、销售伪劣商品罪的界限：假冒注册商标与生产、销售伪劣商品行为之间往往存在牵连关系，对此应本着从一重罪论处的原则，而不适用数罪并罚。

重点法条 44 侵犯著作权罪

第二百一十七条 以营利为目的，有下列侵犯著作权或者与著作权有关的权利的情形之一，违法所得数额较大或者有其他严重情节的，处3年以下有期徒刑，并处或者单处罚金；违法所得数额巨大或者有其他特别严重情节的，处3年以上10年以下有期徒刑，并处罚金：

（一）未经著作权人许可，复制发行、通过信息网络向公众传播其文字作品、音乐、美术、视听作品、计算机软件及法律、行政法规规定的其他作品的；

（二）出版他人享有专有出版权的图书的；

（三）未经录音录像制作者许可，复制发行、通过信息网络向公众传播其制作的录音录像的；

（四）未经表演者许可，复制发行录有其表演的录音录像制品，或者通过信息网络向公众传播其表演的；

（五）制作、出售假冒他人署名的美术作品的；

（六）未经著作权人或者与著作权有关的权利人许可，故意避开或者破坏权利人为其作品、录音录像制品等采取的保护著作权或者与著作权有关的权利的技术措施的。

【相关法条】《刑法》

第218条 以营利为目的，销售明知是本法第217条规定的侵权复制品，违法所得数额巨大或者有其他严重情节的，处5年以下有期徒刑，并处或者单处罚金。

第220条 单位犯本节第213条至第219条之一规定之罪的，对单位判处罚金，并对其直接负责的主管人员和其他直接责任人员，依照本节各该条的规定处罚。

《知识产权刑事案件解释》

第14条 实施刑法第217条规定的侵犯著作权犯罪，又销售该侵权复制品，构成犯罪的，应当依照刑法第217条的规定，以侵犯著作权罪定罪处罚。

实施刑法第217条规定的侵犯著作权犯罪，又销售明知是他人的侵权复制品，构成犯罪的，应当实行数罪并罚。

精 解

1. 2020年《刑法修正案(十一)》对本条进行了修正。本条规定的是侵犯著作权罪。根据《刑法》第220条之规定，个人与单位均可构成本罪。构成本罪主观上必须以营利为目的。

2. 根据上述司法解释第14条的规定，行为人实施《刑法》第217条规定的侵犯著作权的行为，又实施《刑法》第218条的规定销售该侵权复制品的行为，应当只定侵犯著作权罪，不实行数罪并罚。但如果行为人实施《刑法》第217条规定的侵犯著作权的行为，又实施销售明知是他人的侵权复制品的行为，构成犯罪的，应当实行数罪并罚（这一并罚与否的规则同前述商标侵权的犯罪相同）。

3. 注意本罪和非法经营罪的区别。对于非法出版、复制、发行他人的作品，侵犯著作权构成犯罪的，即使非法经营罪处罚较重，也不能再认定为非法经营罪，只能以侵犯著作权罪论处。

重点法条 45 合同诈骗罪

第二百二十四条 有下列情形之一，以非法占有为目的，在签订、履行合同过程中，骗取对方当事人财物，数额较大的，处3年以下有期徒刑或者拘役，并处或者单处罚金;数额巨大或者有其他严重情节的,处3年以上10年以下有期徒刑,并处罚金;数额特别巨大或者有其他特别严重情节的,处10年以上有期徒刑或者无期徒刑,并处罚金或者没收财产:

(一)以虚构的单位或者冒用他人名义签订合同的;

(二)以伪造、变造、作废的票据或者其他虚假的产权证明作担保的;

(三)没有实际履行能力,以先履行小额合同或者部分履行合同的方法,诱骗对方当事人继续签订和履行合同的;

(四)收受对方当事人给付的货物、货款、预付款或者担保财产后逃匿的;

(五)以其他方法骗取对方当事人财物的。

【相关法条】《刑法》

第167条 国有公司、企业、事业单位直接负责的主管人员,在签订、履行合同过程中,因严重不负责任被诈骗,致使国家利益遭受重大损失的,处3年以下有期徒刑或者拘役;致使国家利益遭受特别重大损失的,处3年以上7年以下有期徒刑。

第231条 单位犯本节第221条至第230条规定之罪的,对单位判处罚金,并对其直接负责的主管人员和其他直接责任人员,依照本节各该条的规定处罚。

第406条 国家机关工作人员在签订、履行合同过程中,因严重不负责任被诈骗,致使国家利益遭受重大损失的,处3年以下有期徒刑或者拘役;致使国家利益遭受特别重大损失的,处3年以上7年以下有期徒刑。

精 解

1. 本条规定的是合同诈骗罪。根据《刑法》第231条的规定,个人与单位均可构成本罪主体。在主观方面要求具有非法占有的目的。非法占有的目的可以出现在签订合同前也可以出现在合同签订后。本条规定了5种法定的具体行为方式,需要注意的是,冒用他人名义签订合同可以构成合同诈骗罪。

2. 注意本罪与《刑法》第266条诈骗罪的界限。从本质上看,合同诈骗罪也是一种具体的诈骗犯罪,其与诈骗罪的区别就在于其发生在特定的活动中,采用特定的手段,即利用签订、履行合同的方式进行诈骗。可见,本条与规定诈骗罪的第266条之间是特殊法条与一般法条的关系,二者属于法条竞合,应当遵循特别法优先原则。

3. 行为人在实施合同诈骗的行为中,若被骗的对象是国有性质的单位,且被骗对象主观上存在一定的过错(过失),则被骗对象根据其性质不同,也分别构成不同的犯罪,即签订、履行合同失职被骗罪(《刑法》第167条)或者是国家机关工作人员签订、履行合同失职被骗罪(《刑法》第406条)。

4. 合同诈骗罪与金融诈骗罪的竞合。行为人实施金融诈骗罪,经常会采取经济合同的形式,比如保险诈骗罪采取保险合同,贷款诈骗罪会采取贷款合同,相当于合同诈骗,保险诈骗罪和贷款诈骗罪视为特别法,优先于普通合同诈骗罪适用。

5. 注意本罪与一般合同欺诈、合同纠纷的区别。前者的行为具有法定的形式,且出于非法占有的目的,而非法占有的目的往往根据行为人签订、履行合同的行为当时有无实际履行能力、有无履约准备等方面,同时结合本条所规定的几种行为进行判断。

重点法条 46 非法经营罪

第二百二十五条 违反国家规定,有下列非法经营行为之一,扰乱市场秩序,情节严重的,处5年以下有期徒刑或者拘役,并处或者单处违法所得1倍以上5倍以下罚金;情节特别严重的,处五年以上有期徒刑,并处违法所得1倍以上5倍以下罚金或者没收财产:

(一)未经许可经营法律、行政法规规定的专营、专卖物品或者其他限制买卖的物品的;

(二)买卖进出口许可证、进出口原产地证明以及其他法律、行政法规规定的经营许可证或者批准文件的;

(三)未经国家有关主管部门批准非法经营证券、期货、保险业务的,或者非法从事资金支付结算业务的;

(四)其他严重扰乱市场秩序的非法经营行为。

【相关法条】《刑法》

第165条第1款 国有公司、企业的董事、经理利用职务便利,自己经营或者为他人经营与其所任职公司、企业同类的营业,获取非法利益,数额巨大的,处3年以下有期徒刑或者拘役,并处或者单处罚金;数额特别巨大的,处3年以上7年以下有期徒刑,并处罚金。

第224条之一 组织、领导以推销商品、提供服务等经营活动为名，要求参加者以缴纳费用或者购买商品、服务等方式获得加入资格，并按照一定顺序组成层级，直接或者间接以发展人员的数量作为计酬或者返利依据，引诱、胁迫参加者继续发展他人参加，骗取财物，扰乱经济社会秩序的传销活动的，处5年以下有期徒刑或者拘役，并处罚金；情节严重的，处5年以上有期徒刑，并处罚金。

精　解

1. 本条规定的是非法经营罪。根据《刑法》第231条的规定，个人和单位均可构成本罪主体。非法经营罪的本质是未经批准、擅自经营需要国家特许经营活动的行为，犯罪对象为国家专营、专卖或限制买卖的物品以及未经批准禁止从事经营活动的行为。

2. 本罪是《刑法》在取消投机倒把罪的基础上增设的，但其构成要件本身以及近几年来的立法、司法解释表明，本罪仍属一个"小口袋罪"。

3. 需要注意的是，根据《刑法修正案（七）》的规定，组织、领导扰乱经济社会秩序的传销活动的，依法应以组织、领导传销活动罪，而不再以此前的非法经营罪论。同时，需要指出的是，何为"传销"，该修正案有较为明确的界定；再者，根据这一规定，组织、领导传销活动罪主要是打击组织、领导传销的人员，而不是普通的传销人员，因为他们也是受害者。

4. 区分本罪与《刑法》第165条规定的非法经营同类营业罪的界限：虽然二者都是一种非法经营的行为，但非法经营同类营业罪的主体仅限于国有公司、企业的董事、经理利用职务便利，自己经营或为他人经营与自己所任职公司、企业同类的营业，具有特定性。

5.《刑法修正案（八）》完善强迫交易罪的规定，加大惩处力度，本罪的行为方式为：以暴力、威胁手段强买强卖商品，强迫他人参与或者退出投标、拍卖，强迫他人转让或者收购公司、企业的股份、债券或者其他资产，强迫他人进入、退出特定的经营领域的行为。

6. 注意在无须许可证的竞争性市场领域开展的无照经营行为，以及超越企业法人营业执照载明的经营范围而开展的营业活动不宜追究刑事责任。

重点法条 47　故意杀人罪

第二百三十二条　故意杀人的，处死刑、无期徒刑或者10年以上有期徒刑；情节较轻的，处3年以上10年以下有期徒刑。

【相关法条】《刑法》

第233条　过失致人死亡的，处3年以上7年以下有期徒刑；情节较轻的，处3年以下有期徒刑。本法另有规定的，依照规定。

精　解

1. 本罪的对象是具有生命的人，一般以脱离母体开始独立呼吸为标志，堕胎不构成本罪。本罪的行为包含不作为，如母亲故意不给孩子喂奶，保育员不救落水儿童等。

2. 教唆不具有刑事责任能力、未达到刑事责任年龄的人自杀的，以故意杀人罪论处。如被教唆者虽是正常成年人，但教唆行为使得被害人对法益的有无、程度、情况等产生错误认识，被害人对死亡的同意是无效的，按故意杀人罪论处。

3. 过失致人死亡罪和交通肇事罪等业务过失犯的区别：过失致人死亡罪是普通过失，业务过失是指在履行职务、职责过程中的过失，业务过失犯不以过失致人死亡罪论处，应按照特别法优先原则论处。

重点法条 48　故意伤害罪、组织出卖人体器官罪

第二百三十四条　故意伤害他人身体的，处3年以下有期徒刑、拘役或者管制。

犯前款罪，致人重伤的，处3年以上10年以下有期徒刑；致人死亡或者以特别残忍手段致人重伤造成严重残疾的，处10年以上有期徒刑、无期徒刑或者死刑。本法另有规定的，依照规定。

第二百三十四条之一　组织他人出卖人体器官的，处5年以下有期徒刑，并处罚金；情节严重的，处5年以上有期徒刑，并处罚金或者没收财产。

未经本人同意摘取其器官，或者摘取不满18周岁的人的器官，或者强迫、欺骗他人捐献器官的，依照本法第234条、第232条的规定定罪处罚。

违背本人生前意愿摘取其尸体器官，或者本人生前未表示同意，违反国家规定，违背其近亲属意愿摘取其尸体器官的，依照本法第302条的规定定罪处罚。

【相关法条】《刑法》

第235条　过失伤害他人致人重伤的，处3年以下有期徒刑或者拘役。本法另有规定的，依照规定。

精　解

1. 故意伤害行为有4种伤害结果：轻微伤、轻伤、重伤、死亡。轻微伤不作为犯罪论，除非是在直接伤害

的罪过下,有故意伤害罪的预备、未遂、中止的可能。

2. 故意杀人罪未遂与故意伤害罪,故意杀人罪既遂与故意伤害罪相互之间的区别重点在于主观罪过的内容不同。

重点法条 49 强奸罪

第二百三十六条 以暴力、胁迫或者其他手段强奸妇女的,处3年以上10年以下有期徒刑。

奸淫不满14周岁的幼女的,以强奸论,从重处罚。

强奸妇女、奸淫幼女,有下列情形之一的,处10年以上有期徒刑、无期徒刑或者死刑:

(一)强奸妇女、奸淫幼女情节恶劣的;

(二)强奸妇女、奸淫幼女多人的;

(三)在公共场所当众强奸妇女、奸淫幼女的;

(四)2人以上轮奸的;

(五)奸淫不满10周岁的幼女或者造成幼女伤害的;

(六)致使被害人重伤、死亡或者造成其他严重后果的。

精 解

1. 强奸罪的本质特征是违背妇女的意志强行与其发生非法性关系,冒充丈夫奸淫妇女的也以强奸罪论处。

2. 本罪的主体一般是已满14周岁的男子,但妇女也可以构成本罪的共犯以及间接正犯。

3. 在拐卖妇女、强迫妇女卖淫的犯罪中,强奸行为不单独定罪而成为加重处罚情节。

重点法条 50 非法拘禁罪

第二百三十八条 非法拘禁他人或者以其他方法非法剥夺他人人身自由的,处3年以下有期徒刑、拘役、管制或者剥夺政治权利。具有殴打、侮辱情节的,从重处罚。

犯前款罪,致人重伤的,处3年以上10年以下有期徒刑;致人死亡的,处10年以上有期徒刑。使用暴力致人伤残、死亡的,依照本法第234条、第232条的规定定罪处罚。

为索取债务非法扣押、拘禁他人的,依照前两款的规定处罚。

国家机关工作人员利用职权犯前3款罪的,依照前3款的规定从重处罚。

精 解

1. 本条规定的是非法拘禁罪。

非法拘禁罪的最本质特征在于行为人非法使他人的身体被强制性约束在有限空间内,使其不可能支配自己的身体脱离该空间范围。可见,行为人是否采取暴力强制,是否捆绑以及拘禁在何处并不影响本罪的构成。

2. 在非法拘禁过程中,造成被害人伤亡的如何处理?

根据本条第2、3款的规定,对此种情形应区别对待,如果行为人在非法拘禁过程中,使用暴力致人伤残、死亡的,表明行为人对被害人的伤亡主观上有所认识,应当以故意伤害罪、故意杀人罪定罪处罚,这在刑法理论上被称为转化犯。注意:这里的伤残应当指伤害程度为重伤害,再者,这种情形只定故意杀人罪一罪或故意伤害罪一罪而非数罪。如果行为人在非法拘禁过程中致人重伤或死亡的,根据本条第2款之规定,应作为非法拘禁罪的结果加重犯处理。这里的致人重伤或者死亡,是指在实施非法剥夺他人人身自由的过程中,非故意地造成他人重伤或死亡(包括被害人自杀)。

3. 为了索要债务而非法扣押、拘禁他人的,仍以非法拘禁罪论处。

这里索要的债务,能否包括非法债务?对此,相关司法解释作了明确规定,即行为人为索取高利贷、赌债等法律不予保护的债务,非法扣押、拘禁他人的,依《刑法》第238条的规定即本罪定罪处罚。故这里的债务既包括合法债务,也包括非法债务。

4. 非法拘禁是一个继续犯(持续犯),即该行为自开始至恢复被害人的人身自由的期间内始终处于继续状态。其持续时间的长短决定着行为的严重程度并进而决定非法拘禁罪与一般非法拘禁行为的区别,同时又影响着本罪追诉时效的计算,应当从行为终了之日起计算其追诉时效。

重点法条 51 绑架罪

第二百三十九条 以勒索财物为目的绑架他人的,或者绑架他人作为人质的,处10年以上有期徒刑或者无期徒刑,并处罚金或者没收财产;情节较轻的,处5年以上10年以下有期徒刑,并处罚金。

犯前款罪,杀害被绑架人的,或者故意伤害被绑架人,致人重伤、死亡的,处无期徒刑或者死刑,并处没收财产。

以勒索财物为目的偷盗婴幼儿的,依照前两款的规定处罚。

【相关法条】《刑法》

第121条 以暴力、胁迫或者其他方法劫持航空器的,处10年以上有期徒刑或者无期徒刑;致人重伤、死亡或者使航空器遭受严重破坏的,处死刑。

精 解

1. 本条规定的是绑架罪。

绑架行为只是一种手段,行为人的目的在于以此向他人勒索财物,或提出其他不法要求。索取财物或提出其他不法要求应当是向被绑架者的亲属、所在单位或其他利害关系人(第三方)提出,向关心、爱护人质人身安全的第三方发出威胁,要求第三方满足其条件。可见,绑架罪的构造中存在行为人、人质和第三方这三者之间的关系。

2. 绑架罪的行为方式,本条款规定了3种:(1)为勒索财物而绑架他人;(2)绑架他人作为人质;(3)为勒索财物偷盗婴幼儿(以婴幼儿为绑架对象的,以和平地偷盗甚至拐骗的方式即可构成绑架罪)。

> **重点提示** 注意:对于本罪的构成来说,只要查明行为人是出于非法诉求之目的,实施了上述绑架行为,即构成犯罪既遂,而无论其目的是否达到。

3. 在绑架过程中,杀害被绑架人,或者故意伤害被绑架人,致人重伤、死亡的,都按绑架罪一罪处理。

注意:在以上场合,虽然也符合独立的故意杀人罪或者故意伤害罪的犯罪构成,但本条规定仍定绑架罪(但已满14周岁不满16周岁的人则以故意杀人罪或者故意伤害罪追究其刑事责任)。这种情况在刑法理论上被称为包容犯,即绑架罪包容了杀害被绑架人的故意杀人罪或者故意伤害罪。但如果在绑架过程中,对被害人实施了其他犯罪行为,如强奸了被绑架的妇女,则应以强奸罪与绑架罪实行数罪并罚。

4. 勒索财物的目的是否包括索要非法债务如赌债等,在过去有很大的争议。现根据最高人民法院《关于对为索取法律不予保护的债务非法拘禁他人行为如何定罪问题的解释》的规定,对于这种为索取高利贷、赌债等法律不予保护的债务,采用非法扣押、拘禁(包括绑架手段)的,应构成《刑法》第238条的非法拘禁罪,而不定绑架罪。

5. 因索债(无论合法与否)而绑架他人的,定非法拘禁罪。

6. 本罪与敲诈勒索罪的区别主要在于:(1)后者犯罪行为所针对的对象为同一人,而本罪中被勒索人与被绑架人不是同一人;(2)绑架罪中行为人直接用实力控制即剥夺或限制了被害人的人身自由,而敲诈勒索罪中则基本不存在这样的行为特征。

重点法条 52 拐卖妇女、儿童罪

第二百四十条 拐卖妇女、儿童的,处5年以上10年以下有期徒刑,并处罚金;有下列情形之一的,处10年以上有期徒刑或者无期徒刑,并处罚金或者没收财产;情节特别严重的,处死刑,并处没收财产:

(一)拐卖妇女、儿童集团的首要分子;

(二)拐卖妇女、儿童3人以上的;

(三)奸淫被拐卖的妇女的;

(四)诱骗、强迫被拐卖的妇女卖淫或者将被拐卖的妇女卖给他人迫使其卖淫的;

(五)以出卖为目的,使用暴力、胁迫或者麻醉方法绑架妇女、儿童的;

(六)以出卖为目的,偷盗婴幼儿的;

(七)造成被拐卖的妇女、儿童或者其亲属重伤、死亡或者其他严重后果的;

(八)将妇女、儿童卖往境外的。

拐卖妇女、儿童是指以出卖为目的,有拐骗、绑架、收买、贩卖、接送、中转妇女、儿童的行为之一的。

【相关法条】《刑法》

第241条 收买被拐卖的妇女、儿童的,处3年以下有期徒刑、拘役或者管制。

收买被拐卖的妇女,强行与其发生性关系的,依照本法第236条的规定定罪处罚。

收买被拐卖的妇女、儿童,非法剥夺、限制其人身自由或者有伤害、侮辱等犯罪行为的,依照本法的有关规定定罪处罚。

收买被拐卖的妇女、儿童,并有第2款、第3款规定的犯罪行为的,依照数罪并罚的规定处罚。

收买被拐卖的妇女、儿童又出卖的,依照本法第240条的规定定罪处罚。

收买被拐卖的妇女、儿童,对被买儿童没有虐待行为,不阻碍对其进行解救的,可以从轻处罚;按照被买妇女的意愿,不阻碍其返回原居住地的,可以从轻或者减轻处罚。

最高人民法院《关于审理拐卖妇女儿童犯罪案件具体应用法律若干问题的解释》(2016年11月14日通过)

第1条 对婴幼儿采取欺骗、利诱等手段使其脱离监护人或者看护人的,视为刑法第240条第1款第(6)项规定的"偷盗婴幼儿"。

第2条 医疗机构、社会福利机构等单位的工作人员以非法获利为目的,将所诊疗、护理、抚养的儿童出卖给他人的,以拐卖儿童罪论处。

第3条 以介绍婚姻为名,采取非法扣押身份证件、限制人身自由等方式,或者利用妇女人地生疏、语言不通、孤立无援等境况,违背妇女意志,将其出卖给他人的,应当以拐卖妇女罪追究刑事责任。

以介绍婚姻为名,与被介绍妇女串通骗取他人钱财,数额较大的,应当以诈骗罪追究刑事责任。

第4条 在国家机关工作人员排查来历不明儿童或者进行解救时,将所收买的儿童藏匿、转移或者实施其他妨碍解救行为,经说服教育仍不配合的,属于刑法第241条第6款规定的"阻碍对其进行解救"。

第5条 收买被拐卖的妇女,业已形成稳定的婚姻家庭关系,解救时被买妇女自愿继续留在当地共同生活的,可以视为"按照被买妇女的意愿,不阻碍其返回原居住地"。

第6条 收买被拐卖的妇女、儿童后又组织、强迫卖淫或者组织乞讨、进行违反治安管理活动等构成其他犯罪的,依照数罪并罚的规定处罚。

第7条 收买被拐卖的妇女、儿童,又以暴力、威胁方法阻碍国家机关工作人员解救被收买的妇女、儿童,或者聚众阻碍国家机关工作人员解救被收买的妇女、儿童,构成妨害公务罪、聚众阻碍解救被收买的妇女、儿童罪的,依照数罪并罚的规定处罚。

第8条 出于结婚目的收买被拐卖的妇女,或者出于抚养目的收买被拐卖的儿童,涉及多名家庭成员、亲友参与的,对其中起主要作用的人员应当依法追究刑事责任。

第9条 刑法第240条、第241条规定的儿童,是指不满14周岁的人。其中,不满1周岁的为婴儿,1周岁以上不满6周岁的为幼儿。

精 解

1. 第240条规定的是拐卖妇女、儿童罪。

(1)所谓拐卖是指以出卖为目的,对妇女、儿童实施拐骗、绑架、收买、贩卖、接送、中转6种行为之一的,即可构成本罪,且为既遂。对于不满6周岁的婴幼儿只需采取偷盗的方式即可构成本罪。

(2)本罪的对象仅限妇女、儿童,而不包括已满14周岁的男子。根据2010年3月15日颁布的《关于依法惩治拐卖妇女儿童犯罪的意见》,以非法获利为目的,出卖亲生子女的,也构成拐卖妇女、儿童罪。

(3)拐卖妇女罪的规定存在包容犯的情况,即在拐卖妇女的犯罪过程中,行为人又强奸被拐卖的妇女的,或者引诱、强迫被拐卖的妇女卖淫的,仅定拐卖妇女罪一罪,但属于拐卖妇女罪的结果加重犯情形,应在10年以上有期徒刑、无期徒刑,甚至死刑这一幅度内处罚,而不再与强奸罪、引诱卖淫罪、强迫卖淫罪数罪并罚。

(4)其他犯罪转化为拐卖妇女、儿童罪的情形:《刑法》第241条第5款规定收买被拐卖的妇女、儿童又出卖的,应定拐卖妇女儿童罪,而不再定收买被拐卖的妇女、儿童罪。

2. 第241条规定的是收买被拐卖的妇女、儿童罪。

(1)本罪要求行为人主观上必须明知是被拐卖的妇女、儿童而故意收买的,但主观上不存在非法出卖的目的,否则直接定拐卖妇女、儿童罪。

(2)在实施收买被拐卖的妇女、儿童的犯罪活动过程之中或其后,又常常伴随其他犯罪行为,如强行与被收买的妇女发生性关系,对被收买的妇女、儿童非法剥夺、限制其人身自由或者有伤害、侮辱行为。根据本条第2~4款的规定,对此适用数罪并罚,即以强奸罪、非法拘禁罪、故意伤害罪、侮辱罪与收买被拐卖的妇女、儿童罪实行数罪并罚。

(3)本罪的转化情形:根据本条第5款的规定,收买被拐卖的妇女、儿童后又出卖的,应以《刑法》第240条的拐卖妇女、儿童罪定罪处罚,而无须数罪并罚。

(4)注意《刑法修正案(九)》对本条第6款的修改,刑法不再对此作出不追究刑事责任的特殊规定,只是将其作为从轻或者减轻处罚的情节。

重点法条 53 妨害公务罪;聚众阻碍解救被收买的妇女、儿童罪

第二百四十二条 以暴力、威胁方法阻碍国家机关工作人员解救被收买的妇女、儿童的,依照本法第277条的规定定罪处罚。

聚众阻碍国家机关工作人员解救被收买的妇女、儿童的首要分子，处5年以下有期徒刑或者拘役；其他参与者使用暴力、威胁方法的，依照前款的规定处罚。

【相关法条】《刑法》

第416条 对被拐卖、绑架的妇女、儿童负有解救职责的国家机关工作人员，接到被拐卖、绑架的妇女、儿童及其家属的解救要求或者接到其他人的举报，而对被拐卖、绑架的妇女、儿童不进行解救，造成严重后果的，处5年以下有期徒刑或者拘役。

负有解救职责的国家机关工作人员利用职务阻碍解救的，处2年以上7年以下有期徒刑；情节较轻的，处2年以下有期徒刑或者拘役。

精 解

1. 本条第1款规定的是妨害公务罪的一种特定的行为方式，本条第2款规定的是聚众阻碍解救被收买的妇女、儿童罪。

前者指以暴力、威胁方法阻碍国家机关工作人员解救被收买的妇女、儿童的行为，而后者则是以聚众的方式阻碍解救被收买的妇女、儿童的行为。可见，二者的区别在于阻碍行为是否采用了聚众方式。所谓聚众，是指纠集3人以上(包括3人)。

2. 根据本条第2款的规定，在处理聚众阻碍解救被收买的妇女、儿童的行为时，对于行为人要区别不同情况，分别处理：

(1)对于聚众阻碍解救公务的首要分子，应以聚众阻碍解救被收买的妇女、儿童罪定罪处罚；

(2)对于非首要分子但使用暴力、威胁方法的其他参加者，应当以《刑法》第277条的妨害公务罪定罪处罚；

(3)对于虽然参与了阻碍解救活动但没有使用暴力、威胁方法的其他人员，不认为是犯罪。

3. 注意聚众阻碍解救被收买的妇女、儿童罪与《刑法》第416条第2款规定的阻碍解救被拐卖的妇女、儿童罪的界限。二者区别的关键在于主体不同，后者只能由特定的主体即负有解救职责的国家机关工作人员构成。

重点法条 54 诬告陷害罪

第二百四十三条 捏造事实诬告陷害他人，意图使他人受刑事追究，情节严重的，处3年以下有期徒刑、拘役或者管制；造成严重后果的，处3年以上10年以下有期徒刑。

国家机关工作人员犯前款罪的，从重处罚。

不是有意诬陷，而是错告，或者检举失实的，不适用前两款的规定。

【相关法条】《刑法》

第254条 国家机关工作人员滥用职权、假公济私，对控告人、申诉人、批评人、举报人实行报复陷害的，处2年以下有期徒刑或者拘役；情节严重的，处2年以上7年以下有期徒刑。

精 解

1. 本条规定的是诬告陷害罪。本罪主观方面必须具有特定的犯罪目的，即意图使他人受到错误的刑事追究。本罪为行为犯，故其既遂并不以他人是否受到刑事处罚为标准。

2. 诬告陷害罪的客观方面必须同时具备3个条件：(1)行为人必须有捏造犯罪事实的行为(必须是涉及犯罪的事实而非一般违法、不道德的事实，否则可以构成诽谤罪)；(2)诬告陷害行为必须有特定的对象，即有具体明确的被害人；(3)行为人必须把所捏造的犯罪事实向司法机关或有关部门告发。

3. 本罪与《刑法》第254条报复陷害罪的区别：报复陷害是指国家机关工作人员滥用职权、假公济私，对控告人、申诉人、批评人、举报人实行报复陷害的行为。可见，这种陷害的目的不是使他人受刑事追究，也没有通过捏造犯罪事实和借用司法机关的力量。另外，《刑法》第305条规定的伪证罪中，也可能存在意图陷害他人而作虚假的证明、鉴定、记录、翻译等行为，这同本罪也有一定的相似性，有所不同的是：(1)伪证罪只能发生在刑事诉讼这一特定活动中；(2)伪证罪不存在主动向有关部门告发的问题；(3)伪证罪的主体是特定的；(4)诬告陷害罪捏造的是主要犯罪事实，而伪证罪提供的只是与案件有关的虚假证明等。

重点法条 55 侮辱罪；诽谤罪

第二百四十六条 以暴力或者其他方法公然侮辱他人或者捏造事实诽谤他人，情节严重的，处3年以下有期徒刑、拘役、管制或者剥夺政治权利。

前款罪，告诉的才处理，但是严重危害社会秩序和国家利益的除外。

通过信息网络实施第1款规定的行为，被害人向人民法院告诉，但提供证据确有困难的，人民法院可以要求公安机关提供协助。

【相关法条】《刑法》

第98条 本法所称告诉才处理，是指被害人告诉才处理。如果被害人因受强制、威吓无法告诉的，人民检察院和被害人的近亲属也可以告诉。

第237条 以暴力、胁迫或者其他方法强制猥亵他人或者侮辱妇女的，处5年以下有期徒刑或者拘役。

聚众或者在公共场所当众犯前款罪的，或者有其他恶劣情节的，处5年以上有期徒刑。

猥亵儿童的，处5年以下有期徒刑；有下列情形之一的，处5年以上有期徒刑：

（一）猥亵儿童多人或者多次的；

（二）聚众猥亵儿童的，或者在公共场所当众猥亵儿童，情节恶劣的；

（三）造成儿童伤害或者其他严重后果的；

（四）猥亵手段恶劣或者有其他恶劣情节的。

精 解

1.侮辱罪与诽谤罪的主体、主观方面、客体等基本相同，二者不同点在于犯罪的客观方面：

(1)侮辱的方法可以用暴力方法，而诽谤不可能用暴力方法；

(2)侮辱表现为公然对被害人进行嘲弄、辱骂等令人难堪、损害人格尊严的行为，并不是捏造有损他人名誉的事实，而诽谤则必须是捏造有损于他人名誉的事实并加以散布的行为；

(3)侮辱行为必须是公然地进行，即当着公众之面进行，而诽谤则可以是私下的，但只要以使第三人或公众知道的方式散布捏造的事实即可构成诽谤罪。

2.注意侮辱罪与《刑法》第237条的强制侮辱罪的界限，两者的行为对象和行为方式不同。根据考试辅导用书的观点，强制侮辱罪的行为对象只能是妇女，实施的是性交以外的伤害妇女性羞耻心的行为。

3.考生应注意猥亵儿童罪的4种情节："有下列情形之一的，处5年以上有期徒刑：（一）猥亵儿童多人或者多次的；（二）聚众猥亵儿童的，或者在公共场所当众猥亵儿童，情节恶劣的；（三）造成儿童伤害或者其他严重后果的；（四）猥亵手段恶劣或者有其他恶劣情节的。"

4.侮辱罪、诽谤罪是告诉才处理的犯罪，即所谓的亲告罪。但根据《刑法》第98条以及本条第2款的规定，"告诉才处理"受到一些限制或有例外的规定：当侮辱诽谤行为严重危害社会秩序和国家利益的时候，不受告诉才处理的限制。当被害人因受到强制、威吓无法告诉时，人民检察院和被害人的近亲属也可以告诉。

5.注意：第3款的规定并不意味着通过信息网络实施侮辱、诽谤的案件转化为公诉案件，仅是意味着在法院的要求下，被害人在收集证据方面可以获得公安机关的协助。

重点法条 56 刑讯逼供罪；暴力取证罪

第二百四十七条 司法工作人员对犯罪嫌疑人、被告人实行刑讯逼供或者使用暴力逼取证人证言的，处3年以下有期徒刑或者拘役。致人伤残、死亡的，依照本法第234条、第232条的规定定罪从重处罚。

【相关法条】《刑法》

第94条 本法所称司法工作人员，是指有侦查、检察、审判、监管职责的工作人员。

第232条 故意杀人的，处死刑、无期徒刑或者10年以上有期徒刑；情节较轻的，处3年以上10年以下有期徒刑。

第234条 故意伤害他人身体的，处3年以下有期徒刑、拘役或者管制。

犯前款罪，致人重伤的，处3年以上10年以下有期徒刑；致人死亡或者以特别残忍手段致人重伤造成严重残疾的，处10年以上有期徒刑、无期徒刑或者死刑。本法另有规定的，依照规定。

精 解

1.本条规定的是刑讯逼供罪和暴力取证罪。两罪犯罪主体都是特殊主体即司法工作人员，根据《刑法》第94条的规定，司法工作人员的范围是指依法负有侦查、检察、审判、监管职责的工作人员。犯罪目的是获取口供或证言。

2.两罪的犯罪对象都是特定的：刑讯逼供罪的犯罪对象是犯罪嫌疑人和刑事被告人，暴力取证罪的犯罪对象是证人。

3.本条中的转化情形：司法工作人员在刑讯逼供或暴力取证的犯罪活动中，致被害人伤残、死亡的，依照第234、232条规定的故意伤害罪、故意杀人罪定罪处罚。这里的伤残，应当指重伤、残疾，因为如果是轻伤害，刑讯逼供罪、暴力取证罪的构成要件本身就可以直接包含，不存在转化的问题。再者，这里的"致人伤残、死亡"原则上应是行为人采用暴力手段造成的,其对被害人的伤亡主观上有所认识,即存在故意(对此可采取刑事推定的方法)。

重点法条 57 侵犯公民个人信息罪

第二百五十三条之一 违反国家有关规定,向他人出售或者提供公民个人信息,情节严重的,处3年以下有期徒刑或者拘役,并处或者单处罚金;情节特别严重的,处3年以上7年以下有期徒刑,并处罚金。

违反国家有关规定,将在履行职责或者提供服务过程中获得的公民个人信息,出售或者提供给他人的,依照前款的规定从重处罚。

窃取或者以其他方法非法获取公民个人信息的,依照第1款的规定处罚。

单位犯前3款罪的,对单位判处罚金,并对其直接负责的主管人员和其他直接责任人员,依照各该款的规定处罚。

精 解

1. 作为本罪行为对象的"公民个人信息",包括公民的姓名、年龄、有效证件号码、婚姻状况、工作单位、学历、履历、家庭住址、电话号码等能够识别公民个人身份或者涉及公民个人隐私的信息、数据资料。因此,公民生理状态、遗传特征、经济状况、电话通话清单、个人具体行踪等也包括在内。

2. 本罪主观方面为故意,特定目的与动机不影响本罪的成立。

重点法条 58 虐待罪

第二百六十条 虐待家庭成员,情节恶劣的,处2年以下有期徒刑、拘役或者管制。

犯前款罪,致使被害人重伤、死亡的,处2年以上7年以下有期徒刑。

第1款罪,告诉的才处理,但被害人没有能力告诉,或者因受到强制、威吓无法告诉的除外。

第二百六十条之一 对未成年人、老年人、患病的人、残疾人等负有监护、看护职责的人虐待被监护、看护的人,情节恶劣的,处3年以下有期徒刑或者拘役。

单位犯前款罪的,对单位判处罚金,并对其直接负责的主管人员和其他直接责任人员,依照前款的规定处罚。

有第1款行为,同时构成其他犯罪的,依照处罚较重的规定定罪处罚。

精 解

虐待被监护、看护人罪与虐待罪存在交叉关系,但不是法条竞合关系,而是想象竞合。换言之,当行为人不仅对未成年人、老年人、患病的人、残疾人等负有监护、看护职责,而且与被虐待的被监护、看护人属于家庭成员时,行为同时触犯了本罪与虐待罪,成立想象竞合;由于虐待被监护、看护人罪的法定刑高于虐待罪,故应按本罪的法定刑处罚。

重点法条 59 抢劫罪

第二百六十三条 以暴力、胁迫或者其他方法抢劫公私财物的,处3年以上10年以下有期徒刑,并处罚金;有下列情形之一的,处10年以上有期徒刑、无期徒刑或者死刑,并处罚金或者没收财产:

(一)入户抢劫的;

(二)在公共交通工具上抢劫的;

(三)抢劫银行或者其他金融机构的;

(四)多次抢劫或者抢劫数额巨大的;

(五)抢劫致人重伤、死亡的;

(六)冒充军警人员抢劫的;

(七)持枪抢劫的;

(八)抢劫军用物资或者抢险、救灾、救济物资的。

【相关法条】《刑法》

第269条 犯盗窃、诈骗、抢夺罪,为窝藏赃物、抗拒抓捕或者毁灭罪证而当场使用暴力或者以暴力相威胁的,依照本法第263条的规定定罪处罚。

第289条 聚众"打砸抢",致人伤残、死亡的,依照本法第234条、第232条的规定定罪处罚。毁坏或者抢走公私财物的,除判令退赔外,对首要分子,依照本法第263条的规定定罪处罚。

最高人民法院《关于审理抢劫案件具体应用法律若干问题的解释》(2000年11月17日通过)

第1条 刑法第263条第(1)项规定的"入户抢劫",是指为实施抢劫行为而进入他人生活的与外界相对隔离的住所,包括封闭的院落、牧民的帐篷、渔民作为家庭生活场所的渔船、为生活租用的房屋等进行抢劫的行为。

对于入户盗窃,因被发现而当场使用暴力或者以暴力相威胁的行为,应当认定为入户抢劫。

第2条 刑法第263条第(2)项规定的"在公共

交通工具上抢劫”,既包括在从事旅客运输的各种公共汽车,大、中型出租车,火车,船只,飞机等正在运营中的机动公共交通工具上对旅客、司售、乘务人员实施的抢劫,也包括对运行途中的机动公共交通工具加以拦截后,对公共交通工具上的人员实施的抢劫。

第3条 刑法第263条第(3)项规定的“抢劫银行或者其他金融机构”,是指抢劫银行或者其他金融机构的经营资金、有价证券和客户的资金等。

抢劫正在使用中的银行或者其他金融机构的运钞车的,视为“抢劫银行或者其他金融机构”。

第4条 刑法第263条第(4)项规定的“抢劫数额巨大”的认定标准,参照各地确定的盗窃罪数额巨大的认定标准执行。

第5条 刑法第263条第(7)项规定的“持枪抢劫”,是指行为人使用枪支或者向被害人显示持有、佩带的枪支进行抢劫的行为。“枪支”的概念和范围,适用《中华人民共和国枪支管理法》的规定。

第6条 刑法第267条第2款规定的“携带凶器抢夺”,是指行为人随身携带枪支、爆炸物、管制刀具等国家禁止个人携带的器械进行抢夺或者为了实施犯罪而携带其他器械进行抢夺的行为。

精 解

1. 本条规定的是抢劫罪:

在客观方面存在方法行为和目的行为的统一,目的行为是指劫取公私财物的行为(具有当场性),方法行为是指为了能当场劫取财物,而实施的暴力、胁迫或其他人身强制行为。其他方法应当是指由行为人采取的,致使被害人不能反抗或不知反抗或不敢反抗的方法。

2. 本条规定的抢劫罪的8种法定加重构成的情形(着重注意上述司法解释):

何为入户抢劫、何为在公共交通工具上抢劫、何为抢劫银行等金融机构、何为持枪抢劫等。尤其注意对于致人重伤、死亡的情形应当作全面的理解,不仅包括使用暴力过失致人重伤死亡的情形,而且也包括为劫取他人财物而当场故意重伤甚至故意杀死他人的情形,即抢劫罪的暴力方法包括以暴力杀人的方法。这种情形下,杀人作为暴力的具体体现,属于抢劫罪的方法行为,不应实行数罪并罚,而应直接定一罪,即抢劫罪,作为抢劫罪的结果加重犯处理。至于抢劫过程中可能相伴随的杀人行为如何处理,上述司法解释也作出了明确的规定,即应分清致人死亡是为了当场抢走财物还是占有、控制了财物后为了灭口而杀人,如果行为人为劫取财物而预谋故意杀人,或在劫取财物的过程中,为制服被害人反抗而故意杀人的,以抢劫罪论处;如果行为人实施抢劫之后,为灭口而故意杀人的,则应以抢劫罪与故意杀人罪进行并罚。

3. 转化型抢劫罪的认定:

这种情节在刑法中大致有3处:(1)第267条第2款规定的,携带凶器抢夺的,转化为抢劫罪;(2)第269条规定的,犯盗窃、诈骗、抢夺罪,为窝藏赃物、抗拒抓捕或者毁灭罪证而当场使用暴力或者以暴力相威胁的,转化为抢劫罪;(3)第289条规定的,聚众打砸抢,毁坏或者抢走公私财物的,对首要分子,应以抢劫罪定罪处罚(注意:这种情形下对财物无论是抢走而非法占有,还是毁坏而根本没占有都定抢劫罪,而不定故意毁坏财物罪,这也是立法上的一个特例)。

重点法条 60 盗窃罪

第二百六十四条 盗窃公私财物,数额较大的,或者多次盗窃、入户盗窃、携带凶器盗窃、扒窃的,处3年以下有期徒刑、拘役或者管制,并处或者单处罚金;数额巨大或者有其他严重情节的,处3年以上10年以下有期徒刑,并处罚金;数额特别巨大或者有其他特别严重情节的,处10年以上有期徒刑或者无期徒刑,并处罚金或者没收财产。

【相关法条】《刑法》

第127条 盗窃、抢夺枪支、弹药、爆炸物的,或者盗窃、抢夺毒害性、放射性、传染病病原体等物质,危害公共安全的,处3年以上10年以下有期徒刑;情节严重的,处10年以上有期徒刑、无期徒刑或者死刑。

抢劫枪支、弹药、爆炸物的,或者抢劫毒害性、放射性、传染病病原体等物质,危害公共安全的,或者盗窃、抢夺国家机关、军警人员、民兵的枪支、弹药、爆炸物的,处10年以上有期徒刑、无期徒刑或者死刑。

第210条第1款 盗窃增值税专用发票或者可以用于骗取出口退税、抵扣税款的其他发票的,依照本法第264条的规定定罪处罚。

第219条 有下列侵犯商业秘密行为之一,情节严重的,处3年以下有期徒刑,并处或者单处罚金;情节特别严重的，处3年以上10年以下有期徒刑，并处罚金：

(一)以盗窃、贿赂、欺诈、胁迫、电子侵入或者其他不正当手段获取权利人的商业秘密的；

(二)披露、使用或者允许他人使用以前项手段获取的权利人的商业秘密的；

(三)违反保密义务或者违反权利人有关保守商业秘密的要求，披露、使用或者允许他人使用其所掌握的商业秘密的。

明知前款所列行为，获取、披露、使用或者允许他人使用该商业秘密的，以侵犯商业秘密论。

本条所称权利人，是指商业秘密的所有人和经商业秘密所有人许可的商业秘密使用人。

第253条 邮政工作人员私自开拆或者隐匿、毁弃邮件、电报的，处2年以下有期徒刑或者拘役。

犯前款罪而窃取财物的，依照本法第264条的规定定罪从重处罚。

第265条 以牟利为目的，盗接他人通信线路、复制他人电信码号或者明知是盗接、复制的电信设备、设施而使用的，依照本法第264条的规定定罪处罚。

第269条 犯盗窃、诈骗、抢夺罪，为窝藏赃物、抗拒抓捕或者毁灭罪证而当场使用暴力或者以暴力相威胁的，依照本法第263条的规定定罪处罚。

第280条第1款 伪造、变造、买卖或者盗窃、抢夺、毁灭国家机关的公文、证件、印章的，处3年以下有期徒刑、拘役、管制或者剥夺政治权利，并处罚金；情节严重的，处3年以上10年以下有期徒刑，并处罚金。

第375条 伪造、变造、买卖或者盗窃、抢夺武装部队公文、证件、印章的，处3年以下有期徒刑、拘役、管制或者剥夺政治权利；情节严重的，处3年以上10年以下有期徒刑。

非法生产、买卖武装部队制式服装，情节严重的，处3年以下有期徒刑、拘役或者管制，并处或者单处罚金。

伪造、盗窃、买卖或者非法提供、使用武装部队车辆号牌等专用标志，情节严重的，处3年以下有期徒刑、拘役或者管制，并处或者单处罚金；情节特别严重的，处3年以上7年以下有期徒刑，并处罚金。

单位犯第2款、第3款罪的，对单位判处罚金，并对其直接负责的主管人员和其他直接责任人员，依照各该款的规定处罚。

第438条 盗窃、抢夺武器装备或者军用物资的，处5年以下有期徒刑或者拘役；情节严重的，处5年以上10年以下有期徒刑；情节特别严重的，处10年以上有期徒刑、无期徒刑或者死刑。

盗窃、抢夺枪支、弹药、爆炸物的，依照本法第127条的规定处罚。

最高人民法院、最高人民检察院《关于办理盗窃刑事案件适用法律若干问题的解释》(2013年3月18日通过)

第1条 盗窃公私财物价值1000元至3000元以上、3万元至10万元以上、30万元至50万元以上的，应当分别认定为刑法第264条规定的"数额较大"、"数额巨大"、"数额特别巨大"。

各省、自治区、直辖市高级人民法院、人民检察院可以根据本地区经济发展状况，并考虑社会治安状况，在前款规定的数额幅度内，确定本地区执行的具体数额标准，报最高人民法院、最高人民检察院批准。

在跨地区运行的公共交通工具上盗窃，盗窃地点无法查证的，盗窃数额是否达到"数额较大"、"数额巨大"、"数额特别巨大"，应当根据受理案件所在地省、自治区、直辖市高级人民法院、人民检察院确定的有关数额标准认定。

盗窃毒品等违禁品，应当按照盗窃罪处理的，根据情节轻重量刑。

第2条 盗窃公私财物，具有下列情形之一的，"数额较大"的标准可以按照前条规定标准的50%确定：

(一)曾因盗窃受过刑事处罚的；

(二)1年内曾因盗窃受过行政处罚的；

(三)组织、控制未成年人盗窃的；

(四)自然灾害、事故灾害、社会安全事件等突发事件期间，在事件发生地盗窃的；

(五)盗窃残疾人、孤寡老人、丧失劳动能力人的财物的；

(六)在医院盗窃病人或者其亲友财物的；

(七)盗窃救灾、抢险、防汛、优抚、扶贫、移民、救济款物的；

(八)因盗窃造成严重后果的。

第3条 2年内盗窃3次以上的，应当认定为"多次盗窃"。

非法进入供他人家庭生活，与外界相对隔离的住所盗窃的，应当认定为“入户盗窃”。

携带枪支、爆炸物、管制刀具等国家禁止个人携带的器械盗窃，或者为了实施违法犯罪携带其他足以危害他人人身安全的器械盗窃的，应当认定为“携带凶器盗窃”。

在公共场所或者公共交通工具上盗窃他人随身携带的财物的，应当认定为“扒窃”。

精 解

1. 本条规定的是盗窃罪：本罪与其他侵犯财产权利的犯罪的根本区别在于行为方式不同，盗窃罪是以平和手段（常体现为秘密窃取的方法），将他人占有的财物非法转移为自己或者使第三人占有。所谓秘密窃取是指行为人采用自认为不使他人即财物所有人或者保管人发觉的方法占有他人财物。

2. 盗窃罪以数额较大为定罪量刑的要件之一，并以数额巨大、数额特别巨大为适用不同法定幅度的量刑的决定性因素。

3. 盗窃某些特定对象的，如枪支、弹药、爆炸物、国家机关公文、证件、印章、武装部队公文、证件、印章等，以及军人盗窃武器装备、军用物资的，依照《刑法》有关规定，这些盗窃行为由于侵犯的主要不是公私财产所有权而是其他特定的管理制度，所以不定盗窃罪，分别根据《刑法》第127条的盗窃枪支、弹药、爆炸物、危险物质罪，第280条的盗窃国家机关公文、证件、印章罪，第375条的盗窃武装部队公文、证件、印章罪，第438条的盗窃武器装备、军用物资罪定罪处罚，对此不要混淆。

重点法条 61 诈骗罪

第二百六十六条 诈骗公私财物，数额较大的，处3年以下有期徒刑、拘役或者管制，并处或者单处罚金；数额巨大或者有其他严重情节的，处3年以上10年以下有期徒刑，并处罚金；数额特别巨大或者有其他特别严重情节的，处10年以上有期徒刑或者无期徒刑，并处罚金或者没收财产。本法另有规定的，依照规定。

【相关法条】 最高人民法院、最高人民检察院《关于办理诈骗刑事案件具体应用法律若干问题的解释》（2010年11月24日通过）

第4条 诈骗近亲属的财物，近亲属谅解的，一般可不按犯罪处理。

诈骗近亲属的财物，确有追究刑事责任必要的，具体处理也应酌情从宽。

第5条 诈骗未遂，以数额巨大的财物为诈骗目标的，或者具有其他严重情节的，应当定罪处罚。

利用发送短信、拨打电话、互联网等电信技术手段对不特定多数人实施诈骗，诈骗数额难以查证，但具有下列情形之一的，应当认定为刑法第266条规定的“其他严重情节”，以诈骗罪（未遂）定罪处罚：

（一）发送诈骗信息5000条以上的；

（二）拨打诈骗电话500人次以上的；

（三）诈骗手段恶劣、危害严重的。

实施前款规定行为，数量达到前款第（1）、（2）项规定标准10倍以上的，或者诈骗手段特别恶劣、危害特别严重的，应当认定为刑法第266条规定的“其他特别严重情节”，以诈骗罪（未遂）定罪处罚。

第6条 诈骗既有既遂，又有未遂，分别达到不同量刑幅度的，依照处罚较重的规定处罚；达到同一量刑幅度的，以诈骗罪既遂处罚。

第7条 明知他人实施诈骗犯罪，为其提供信用卡、手机卡、通讯工具、通讯传输通道、网络技术支持、费用结算等帮助的，以共同犯罪论处。

第8条 冒充国家机关工作人员进行诈骗，同时构成诈骗罪和招摇撞骗罪的，依照处罚较重的规定定罪处罚。

第9条 案发后查封、扣押、冻结在案的诈骗财物及其孳息，权属明确的，应当发还被害人；权属不明确的，可按被骗款物占查封、扣押、冻结在案的财物及其孳息总额的比例发还被害人，但已获退赔的应予扣除。

第10条 行为人已将诈骗财物用于清偿债务或者转让给他人，具有下列情形之一的，应当依法追缴：

（一）对方明知是诈骗财物而收取的；

（二）对方无偿取得诈骗财物的；

（三）对方以明显低于市场的价格取得诈骗财物的；

（四）对方取得诈骗财物系源于非法债务或者违法犯罪活动的。

他人善意取得诈骗财物的，不予追缴。

精 解

1. 本条规定的是诈骗罪。诈骗是以非法占有为目的，以虚构事实、隐瞒真相的方法，骗取数额较大公私财物的行为。诈骗罪与其他侵犯财产犯罪的一个最大区别就在于被害人基于认识错误、自愿地处分了财产，即由于行为人的虚构事实或隐瞒真相，使被害人信以为真，以致“自愿地”将自己所有或占有的财物处分给行为人，这里的“处分”既包括所有权的处分，也包括占有权的(暂时)处分。

2. 本条诈骗罪与其他具体诈骗犯罪的界限(如合同诈骗罪、各种金融诈骗罪)：诈骗罪与其他各种具体诈骗犯罪是一般与特殊的关系，从刑法理论上讲，它们之间形成一种法条竞合关系，应依特别法优于普通法的一般原则处理。

【例题】 乙经营地下六合彩，甲持3万元现金，向乙购买六合彩彩票，并决定如果不中奖就带走现金逃跑。甲将装有现金的袋子放在柜台上向乙展示，乙信以为真，用自己账户的资金向地下六合彩平台支出3万元购买彩票，没有中奖。甲遂偷偷将装有现金的袋子用装有废纸的袋子替换，然后将该袋子给老板留下，将原来的现金袋子带走。以下说法正确的是：(2024年单选题)

A. 乙卖地下六合彩是非法经营，法律不保护乙的损失，甲不构成犯罪

B. 甲对乙为甲购买的彩票构成诈骗

C. 甲对乙支出的3万元构成诈骗

D. 甲对袋子里的现金3万元构成盗窃

参考答案：________①

重点法条 62 抢夺罪

第二百六十七条 抢夺公私财物，数额较大的，或者多次抢夺的，处3年以下有期徒刑、拘役或者管制，并处或者单处罚金；数额巨大或者有其他严重情节的，处3年以上10年以下有期徒刑，并处罚金；数额特别巨大或者有其他特别严重情节的，处10年以上有期徒刑或者无期徒刑，并处罚金或者没收财产。

携带凶器抢夺的，依照本法第263条的规定定罪处罚。

【相关法条】《刑法》

第268条 聚众哄抢公私财物，数额较大或者有其他严重情节的，对首要分子和积极参加的，处3年以下有期徒刑、拘役或者管制，并处罚金；数额巨大或者有其他特别严重情节的，处3年以上10年以下有期徒刑，并处罚金。

精 解

1. 本条规定的是抢夺罪。

抢夺是以非法占有他人财物为目的，公然夺取公私财物数额较大，或者多次抢夺的行为。同抢劫罪一样，取得财物都具有当场性和公然性，二者的根本区别在于：抢夺不使用暴力、胁迫或其他人身强制的方法，而主要利用被害人来不及反应(反抗)，突然夺取财物，或者虽然用力，但针对的是财物而非人身。

2. 抢夺罪转化为抢劫罪的法定情形。

根据本条第2款的规定，携带凶器抢夺的，转化为抢劫罪。此款内容属于法律拟制，具体包括2种情形：一是携带枪支、匕首等国家禁止个人携带的凶器抢夺的；二是虽然携带的并非是国家禁止个人携带的器械(如镰刀、斧头、菜刀等)，但出于非法目的的(并不限于劫财目的)。

3. 对于抢夺过程中产生的致使被害人重伤、死亡等行为如何处理的问题。

根据相关司法解释的规定，实施抢夺公私财物行为，造成他人重伤的属于本条规定的“其他严重情节”，造成他人死亡的属于本条规定的“其他特别严重情节”。在“飞车行抢”过程中，明知其行为可能导致他人伤亡的，或者强拉硬拽的，直接以抢劫罪论处。

4. 共同抢夺犯罪与第268条规定的聚众哄抢罪的界限。

聚众哄抢罪指纠集多人(3人以上)不使用暴力、胁迫等人身强制方法，公然夺取公私财物，数额较大的行为。在行为方式上，聚众哄抢罪的构成侧重于“哄”即以“哄闹”“哄吵”为手段，一哄而上进行抢占。再者，聚众哄抢罪承担刑事责任的是聚众哄抢的首要分子和积极参加者，而非所有参加者。这些与抢夺罪共犯有所不同。

重点法条 63 侵占罪

第二百七十条 将代为保管的他人财物非法占为己有，数额较大，拒不退还的，处2年以下有期徒刑、拘役或者罚金；数额巨大或者有其他严重情节的，

① C

处2年以上5年以下有期徒刑,并处罚金。

将他人的遗忘物或者埋藏物非法占为己有,数额较大,拒不交出的,依照前款的规定处罚。

本条罪,告诉的才处理。

【相关法条】《刑法》

第98条 本法所称告诉才处理,是指被害人告诉才处理。如果被害人因受强制、威吓无法告诉的,人民检察院和被害人的近亲属也可以告诉。

精 解

1. 本条规定的是侵占罪,犯罪对象只限于3种财物:(1)代为保管的他人财物;(2)他人的遗忘物;(3)他人的埋藏物。

2. 侵占罪与其他侵犯财产犯罪区别的关键在于侵占包括2个密不可分的行为特点:合法持有+非法侵吞,即行为人将自己业已占有的他人财物非法转归为己有("转归己有"的具体表现是"拒不交出""拒不交还")。所以,侵占罪的成立应以行为人拒不交出或拒不交还为标准。

3. 侵占罪是典型的告诉才处理的犯罪,本条是刑法分则中规定的5种"告诉才处理"的犯罪中唯一没有例外的犯罪。当然,这里仍然要受《刑法》"总则"第98条的制约,即当被害人受到强制、威吓无法告诉时,人民检察院或被害人的近亲属也可以告诉。

4. 本罪与职务侵占罪的界限。

关键在于行为主体是否为特殊主体以及行为人是否是利用了自己的职务便利实施的非法占有财物的行为,同时,侵占行为的对象范围也有所不同。

5. 认定侵占罪的核心在于其同盗窃罪的辨析。

二者区别的关键在于犯罪对象,即财产是否处于自己的合法或合理持有、控制之下。行为人不可能盗窃自己事实上占有的财物,对自己事实上已经占有的财物只能成立侵占罪。并且即使原占有者丧失了占有,但当该财物转移为第三者占有时,也应认定为他人占有的财物,而非遗忘物,如网吧中客人落下的手机。从客观上说,占有是指事实上的支配,不仅包括物理支配范围内的支配,而且包括社会观念上可以推知财物是否处于占有、支配状态的情况。

重点法条 64 职务侵占罪

第二百七十一条 公司、企业或者其他单位的工作人员,利用职务上的便利,将本单位财物非法占为己有,数额较大的,处3年以下有期徒刑或者拘役,并处罚金;数额巨大的,处3年以上10年以下有期徒刑,并处罚金;数额特别巨大的,处10年以上有期徒刑或者无期徒刑,并处罚金。

国有公司、企业或者其他国有单位中从事公务的人员和国有公司、企业或者其他国有单位委派到非国有公司、企业以及其他单位从事公务的人员有前款行为的,依照本法第382条、第383条的规定定罪处罚。

【相关法条】《刑法》

第93条 本法所称国家工作人员,是指国家机关中从事公务的人员。

国有公司、企业、事业单位、人民团体中从事公务的人员和国家机关、国有公司、企业、事业单位委派到非国有公司、企业、事业单位、社会团体从事公务的人员,以及其他依照法律从事公务的人员,以国家工作人员论。

第183条 保险公司的工作人员利用职务上的便利,故意编造未曾发生的保险事故进行虚假理赔,骗取保险金归自己所有的,依照本法第271条的规定定罪处罚。

国有保险公司工作人员和国有保险公司委派到非国有保险公司从事公务的人员有前款行为的,依照本法第382条、第383条的规定定罪处罚。

精 解

1. 职务侵占是指公司、企业或其他单位的工作人员,利用职务上的便利,将本单位的财物非法占为己有,数额较大的行为。这里所言的公司、企业或者其他单位,原则上应为非国有性质的单位。利用职务上的便利是构成职务侵占罪的必要条件,是与侵占罪、盗窃罪区别的关键所在。

2. 根据《刑法》第183条第1款的规定,保险公司的工作人员(不具有国家工作人员身份者)利用职务上的便利,故意编造未曾发生的保险事故进行虚假理赔、骗取保险金归自己所有的,应定职务侵占罪。

3. 行为人与公司、企业或者其他单位的人员勾结,利用公司、企业或者其他单位人员的职务便利,共同将该单位财物非法据为己有、数额较大的,以职务侵占罪共犯论处;公司、企业或其他单位中不具有国家工作人员身份的人与国家工作人员勾结,分别利用各自的职务便利,共同将本单位财物非法占为己有的，按照主犯的犯罪性质定罪。值得注意的是，主犯认定过程中，二者的角色、地位、职务高低是重要的一方面。若二者地位职务相当、确实无法分清主次关系，即理论上二者均起主要作用的，可以采取想象竞合理论，认定为贪污罪共犯。

4. 本罪与《刑法》第382条规定的贪污罪区别的关键在于犯罪主体是否属于国家工作人员。对于当前社会普遍存在的国有资本控股、参股的股份有限公司中的工作人员利用职务便利非法侵吞本单位财物的行为如何处理，最高人民法院《关于在国有资本控股、参股的股份有限公司中从事管理工作的人员利用职务便利非法占有本公司财物如何定罪问题的批复》规定：除受国家机关、国有公司、企业、事业单位委派从事公务的以外，不属于国家工作人员，对其利用职务上的便利，将本单位财物非法占为己有，数额较大的，应以本条规定的职务侵占罪论处。

5. 认定职务侵占罪关键有两点：(1)主体身份的特殊性；(2)利用职务上的便利。本罪与贪污罪的区别关键在于前者。职务侵占罪的主体必须是本公司、本企业或本单位内担任一定的职务或因工作需要而主管、经手财物的不具有国家工作人员身份的人。认定主体性质应依据《刑法》第93条、第382条第2款等的有关规定。

重点提示　应注意，并不能仅以是否具有国家工作人员的身份作为二者区分的唯一标准，因为某些不具有国家工作人员身份的人也可能成为贪污罪的主体（如《刑法》第382条第2款）。

重点法条 65　挪用资金罪

第二百七十二条　公司、企业或者其他单位的工作人员，利用职务上的便利，挪用本单位资金归个人使用或者借贷给他人，数额较大、超过3个月未还的，或者虽未超过3个月，但数额较大、进行营利活动的，或者进行非法活动的，处3年以下有期徒刑或者拘役；挪用本单位资金数额巨大的，处3年以上7年以下有期徒刑；数额特别巨大的，处7年以上有期徒刑。

国有公司、企业或者其他国有单位中从事公务的人员和国有公司、企业或者其他国有单位委派到非国有公司、企业以及其他单位从事公务的人员有前款行为的，依照本法第384条的规定定罪处罚。

有第1款行为，在提起公诉前将挪用的资金退还的，可以从轻或者减轻处罚。其中，犯罪较轻的，可以减轻或者免除处罚。

【相关法条】《刑法》

第185条第1款　商业银行、证券交易所、期货交易所、证券公司、期货经纪公司、保险公司或者其他金融机构的工作人员利用职务上的便利，挪用本单位或者客户资金的，依照本法第272条的规定定罪处罚。

第273条　挪用用于救灾、抢险、防汛、优抚、扶贫、移民、救济款物，情节严重，致使国家和人民群众利益遭受重大损害的，对直接责任人员，处3年以下有期徒刑或者拘役；情节特别严重的，处3年以上7年以下有期徒刑。

精　解

1. 本条规定的是挪用资金罪。挪用资金是指公司、企业或者其他单位的工作人员，利用职务上的便利，挪用本单位资金归个人使用或者借贷给他人，数额较大的，超过3个月未还的，或者虽然未超过3个月但数额较大并进行营利活动的，或者进行非法活动的行为。在主观方面，行为人并不具有永久占有财物的目的，而仅是故意擅自动用（既可以归自己使用，也可以是归他人使用），但准备日后归还，这一点是本罪与职务侵占罪区别的关键。

2. 挪用本单位资金归个人使用或者借贷给他人使用的行为具体包括3种法定情形：(1)挪用本单位资金进行非法活动的；(2)挪用本单位资金，数额较大，进行营利活动的；(3)挪用本单位资金，数额较大，超过3个月未还的。

3. 根据《刑法》第185条第1款的规定，商业银行、证券交易所、期货交易所、证券公司、期货经纪公司、保险公司或者其他金融机构的工作人员（非国家工作人员身份者）利用职务上的便利，挪用本单位或者客户资金的，应以本条挪用资金罪定罪处罚。

4. 挪用资金罪与挪用公款罪在主观、客观表现等方面几乎完全相似，最根本的区别在于犯罪主体不同，原则上可以以是否具有国家工作人员身份来判断是挪用单位资金的行为还是挪用公款的行为。此外，二者所挪用的款项范围与性质也不同（后者为公款）。

5. 注意挪用公款罪、挪用资金罪与第273条的挪用特定款物罪的区别。挪用特定款物罪记住两个

"特定":(1)主体是特定的,即仅限于主管、经营、经手特定款物的工作人员,需要注意的是,本罪的主体并不仅限于具有国家工作人员身份者;(2)犯罪对象的特定性,即仅限于救灾、抢险、防汛、优抚、扶贫、移民、救济7项特定款物。行为方式表现为行为人未经合法批准,擅自将自己经管的上述范围的款物挪作他用。

由此可见,区别上述三者的犯罪对象不同是一个方面,另一个根本性的区别是挪用特定款物罪不是挪作归个人使用,而是"他用"(虽仍属于公用,但已非专款专用)。如果国家工作人员挪用上述特定款物归个人使用或者他人使用,构成犯罪的,应适用《刑法》第384条第2款的规定,以挪用公款罪定罪并从重处罚。

重点法条 66 敲诈勒索罪

第二百七十四条 敲诈勒索公私财物,数额较大或者多次敲诈勒索的,处3年以下有期徒刑、拘役或者管制,并处或者单处罚金;数额巨大或者有其他严重情节的,处3年以上10年以下有期徒刑,并处罚金;数额特别巨大或者有其他特别严重情节的,处10年以上有期徒刑,并处罚金。

精 解

1. 本条规定的是敲诈勒索罪,认定本罪的关键是客观方面行为人采用威胁或要挟的方法,使财物所有人、保管人基于恐惧、害怕的心理,不得不将公私财物交由行为人或其指定的第三人控制或提供财产性利益,《刑法修正案(八)》增加了多次敲诈勒索的行为形式。

2. 本罪与抢劫罪主要在"胁迫"的方式上有相似之处,对此主要用以下3个方面进行区分:(1)威胁的内容是否仅限于暴力;(2)暴力性的威胁内容是否具有当场实现的可能性;(3)非法取得财物的时间是否具有当场当时取得的可能性。若这3个问题是一致的肯定性回答则属于抢劫罪,若有一个是否定性的回答,则属于敲诈勒索罪。

重点法条 67 妨害公务罪

第二百七十七条 以暴力、威胁方法阻碍国家机关工作人员依法执行职务的,处3年以下有期徒刑、拘役、管制或者罚金。

以暴力、威胁方法阻碍全国人民代表大会和地方各级人民代表大会代表依法执行代表职务的,依照前款的规定处罚。

在自然灾害和突发事件中,以暴力、威胁方法阻碍红十字会工作人员依法履行职责的,依照第一款的规定处罚。

故意阻碍国家安全机关、公安机关依法执行国家安全工作任务,未使用暴力、威胁方法,造成严重后果的,依照第1款的规定处罚。

暴力袭击正在依法执行职务的人民警察的,处3年以下有期徒刑、拘役或者管制;使用枪支、管制刀具,或者以驾驶机动车撞击等手段,严重危及其人身安全的,处3年以上7年以下有期徒刑。

精 解

1. 本条规定是妨害公务罪。典型的妨害公务指第1款规定的以暴力、威胁的方法阻碍国家机关工作人员依法执行职务的行为。本条第2~4款规定的是特殊情形的妨害公务行为。本罪的犯罪对象是正在依法执行职务的国家机关工作人员(但也可以是人大代表、红十字会工作人员)。

2. 如果是以暴力、威胁方法阻碍人大代表执行公务的,要求必须是依法执行代表职务;如果是以暴力、威胁方法阻碍红十字会工作人员依法履行职责的,还要求必须是发生在自然灾害或突发事件中,这是特定时间要件;对于故意阻碍国家安全机关或者公安机关依法执行国家安全工作任务,则不需要必须以暴力、威胁方法作为特定的手段要件,但此种情形构成本罪的需要满足两个条件:(1)依法执行的是国家安全工作任务;(2)要求必须造成严重后果。本条前3款所规定的情形并没要求必须有严重的后果发生。当然,如果采用了暴力威胁的手段,阻碍国家安全机关、公安机关工作人员依法执行安全任务,即使没有造成严重后果,也可以构成妨害公务罪,因为这完全符合本条第1款的规定。

3. 2020年《刑法修正案(十一)》细化了本条第5款的规定,该款规定的为袭警罪,考生应注意。

4. 注意《刑法》第416条第1款规定是特殊情形的妨害公务罪。

重点法条 68 招摇撞骗罪

第二百七十九条 冒充国家机关工作人员招摇撞骗的,处3年以下有期徒刑、拘役、管制或者剥夺政治权利；情节严重的，处3年以上10年以下有期徒刑。

冒充人民警察招摇撞骗的，依照前款的规定从重处罚。

【相关法条】《刑法》

第372条 冒充军人招摇撞骗的，处3年以下有期徒刑、拘役、管制或者剥夺政治权利；情节严重的，处3年以上10年以下有期徒刑。

第450条 本章适用于中国人民解放军的现役军官、文职干部、士兵及具有军籍的学员和中国人民武装警察部队的现役警官、文职干部、士兵及具有军籍的学员以及文职人员、执行军事任务的预备役人员和其他人员。

精 解

1. 本条规定的是招摇撞骗罪。

本罪行为的实质是冒充国家机关工作人员的身份谋取非法利益，这种非法利益既可能是物质性的，也可能是非物质性的。行为人必须同时具备冒充国家机关工作人员的身份和招摇撞骗的行为才能构成本罪。

2. 冒充军警人员进行犯罪活动的处理方法。

在刑法分则中，有3个地方分别对此作了相应的规定：(1)如果冒充军警进行抢劫的，应作为抢劫罪的(情节)加重犯，在10年以上有期徒刑、无期徒刑和死刑的范围处罚(第263条)；(2)如果冒充人民警察招摇撞骗的，应定招摇撞骗罪，并从重处罚(本条第2款)；(3)如果冒充军人招摇撞骗的，应定冒充军人招摇撞骗罪(第372条)。

3. 区分招摇撞骗罪与诈骗罪的界限。

(1)招摇撞骗必须以冒充国家机关工作人员的方式行骗。(2)招摇撞骗不仅谋取物质性的利益，也可以是非物质性的利益。如果二者构成要件发生重合的，应当考虑优先适用重法即诈骗罪，如果具体犯罪行为对应的法定刑幅度一致，应适用特殊法条即招摇撞骗罪，即二者竞合时不能一律定招摇撞骗罪或一律定诈骗罪，而应区别不同情况，具体分析。

4. 行为人冒充军警，如果是进行抢劫的，则定性一样，且属于抢劫罪的加重构成；如果是招摇撞骗的，则定性不同，分别是招摇撞骗罪和冒充军人招摇撞骗罪。根据《刑法》第450条的规定，在我国，军人的范围包括人民武装警察，所以，冒充武警与冒充民警进行招摇撞骗的定性有所不同，前者构成第372条的冒充军人招摇撞骗罪，而后者则构成本条的招摇撞骗罪。因为武警属于军人的范畴，而民警则属于国家机关(公安机关)工作人员的范畴。

重点法条 69 伪造、变造、买卖身份证件罪

第二百八十条 伪造、变造、买卖或者盗窃、抢夺、毁灭国家机关的公文、证件、印章的，处3年以下有期徒刑、拘役、管制或者剥夺政治权利，并处罚金；情节严重的，处3年以上10年以下有期徒刑，并处罚金。

伪造公司、企业、事业单位、人民团体的印章的，处3年以下有期徒刑、拘役、管制或者剥夺政治权利，并处罚金。

伪造、变造、买卖居民身份证、护照、社会保障卡、驾驶证等依法可以用于证明身份的证件的，处3年以下有期徒刑、拘役、管制或者剥夺政治权利，并处罚金；情节严重的，处3年以上7年以下有期徒刑，并处罚金。

第二百八十条之一 在依照国家规定应当提供身份证明的活动中，使用伪造、变造的或者盗用他人的居民身份证、护照、社会保障卡、驾驶证等依法可以用于证明身份的证件，情节严重的，处拘役或者管制，并处或者单处罚金。

有前款行为，同时构成其他犯罪的，依照处罚较重的规定定罪处罚。

精 解

1. 无论是出售还是购买身份证件，都构成买卖身份证件罪。

2. 变造身份证件，是指对真实有效的身份证件的非本质部分进行加工、修改；如果对真实有效的身份证件的本质部分进行加工、修改，则属于伪造身份证件，如更改真实身份证的姓名、照片的行为，应认定为伪造身份证件。

重点法条 70 考试相关犯罪

第二百八十四条之一 在法律规定的国家考试中，组织作弊的，处3年以下有期徒刑或者拘役，并处或者单处罚金；情节严重的，处3年以上7年以下有期徒刑，并处罚金。

为他人实施前款犯罪提供作弊器材或者其他帮助的，依照前款的规定处罚。

为实施考试作弊行为，向他人非法出售或者提供第1款规定的考试的试题、答案的，依照第1款的规定处罚。

代替他人或者让他人代替自己参加第一款规定的考试的,处拘役或者管制,并处或者单处罚金。

精 解

1. 第2款的规定,不是典型的帮助犯的正犯化,只是帮助犯量刑的正犯化。

2. 非法出售、提供试题、答案罪要求出售、提供试题、答案的行为应在考试前或者考试过程中,考试结束后出售、提供试题、答案的,不成立本罪。

重点法条 71 计算机系统相关犯罪

第二百八十五条 违反国家规定,侵入国家事务、国防建设、尖端科学技术领域的计算机信息系统的,处3年以下有期徒刑或者拘役。

违反国家规定,侵入前款规定以外的计算机信息系统或者采用其他技术手段,获取该计算机信息系统中存储、处理或者传输的数据,或者对该计算机信息系统实施非法控制,情节严重的,处3年以下有期徒刑或者拘役,并处或者单处罚金;情节特别严重的,处3年以上7年以下有期徒刑,并处罚金。

提供专门用于侵入、非法控制计算机信息系统的程序、工具,或者明知他人实施侵入、非法控制计算机信息系统的违法犯罪行为而为其提供程序、工具,情节严重的,依照前款的规定处罚。

单位犯前3款罪的,对单位判处罚金,并对其直接负责的主管人员和其他直接责任人员,依照各该款的规定处罚。

第二百八十六条 违反国家规定,对计算机信息系统功能进行删除、修改、增加、干扰,造成计算机信息系统不能正常运行,后果严重的,处5年以下有期徒刑或者拘役;后果特别严重的,处5年以上有期徒刑。

违反国家规定,对计算机信息系统中存储、处理或者传输的数据和应用程序进行删除、修改、增加的操作,后果严重的,依照前款的规定处罚。

故意制作、传播计算机病毒等破坏性程序,影响计算机系统正常运行,后果严重的,依照第1款的规定处罚。

单位犯前3款罪的,对单位判处罚金,并对其直接负责的主管人员和其他直接责任人员,依照第1款的规定处罚。

第二百八十六条之一 网络服务提供者不履行法律、行政法规规定的信息网络安全管理义务,经监管部门责令采取改正措施而拒不改正,有下列情形之一的,处3年以下有期徒刑、拘役或者管制,并处或者单处罚金:

(一)致使违法信息大量传播的;

(二)致使用户信息泄露,造成严重后果的;

(三)致使刑事案件证据灭失,情节严重的;

(四)有其他严重情节的。

单位犯前款罪的,对单位判处罚金,并对其直接负责的主管人员和其他直接责任人员,依照前款的规定处罚。

有前2款行为,同时构成其他犯罪的,依照处罚较重的规定定罪处罚。

第二百八十七条之一 利用信息网络实施下列行为之一,情节严重的,处3年以下有期徒刑或者拘役,并处或者单处罚金:

(一)设立用于实施诈骗、传授犯罪方法、制作或者销售违禁物品、管制物品等违法犯罪活动的网站、通讯群组的;

(二)发布有关制作或者销售毒品、枪支、淫秽物品等违禁物品、管制物品或者其他违法犯罪信息的;

(三)为实施诈骗等违法犯罪活动发布信息的。

单位犯前款罪的,对单位判处罚金,并对其直接负责的主管人员和其他直接责任人员,依照第1款的规定处罚。

有前2款行为,同时构成其他犯罪的,依照处罚较重的规定定罪处罚。

第二百八十七条之二 明知他人利用信息网络实施犯罪,为其犯罪提供互联网接入、服务器托管、网络存储、通讯传输等技术支持,或者提供广告推广、支付结算等帮助,情节严重的,处3年以下有期徒刑或者拘役,并处或者单处罚金。

单位犯前款罪的,对单位判处罚金,并对其直接负责的主管人员和其他直接责任人员,依照第1款的规定处罚。

有前2款行为,同时构成其他犯罪的,依照处罚较重的规定定罪处罚。

精 解

第287条之二第1款的规定,是对特定的帮助犯规定了独立的法定刑,而不再适用刑法总则关于帮助犯(从犯)的处罚规定。

重点法条 72 编造、故意传播虚假信息罪

第二百九十一条之一 投放虚假的爆炸性、毒害

性、放射性、传染病病原体等物质，或者编造爆炸威胁、生化威胁、放射威胁等恐怖信息，或者明知是编造的恐怖信息而故意传播，严重扰乱社会秩序的，处5年以下有期徒刑、拘役或者管制；造成严重后果的，处5年以上有期徒刑。

编造虚假的险情、疫情、灾情、警情，在信息网络或者其他媒体上传播，或者明知是上述虚假信息，故意在信息网络或者其他媒体上传播，严重扰乱社会秩序的，处3年以下有期徒刑、拘役或者管制；造成严重后果的，处3年以上7年以下有期徒刑。

精　解

1. 编造与传播行为都必须出于故意；以为是真实信息而传播的，不成立本罪。

2. 要求“严重扰乱社会秩序”才能构成该罪，为结果犯。例如，若是单纯的胁迫行为（向国家机关声称，如不满足其要求就实施放火、爆炸），不能认定为编造、故意传播虚假恐怖信息罪。

重点法条 73　盗窃、侮辱、故意毁坏尸体、尸骨、骨灰罪

第三百零二条　盗窃、侮辱、故意毁坏尸体、尸骨、骨灰的，处3年以下有期徒刑、拘役或者管制。

精　解

社会风俗要求尊重尸体、尸骨与骨灰，因此，无论盗窃、侮辱、故意毁坏的是尸体、尸骨还是骨灰，都构成犯罪。盗窃，是指将尸体、尸骨、骨灰非法转移为自己或第三者占有。侮辱，是指带有贬低性的不尊重尸体、尸骨、骨灰的行为，如奸淫尸体，鞭打尸骨，在骨灰中撒尿等。故意毁坏，是指不可逆转性地改变尸体、尸骨、骨灰原有形态的行为，如焚烧、肢解尸体、尸骨，倾倒骨灰等。

重点法条 74　赌博罪；开设赌场罪

第三百零三条　以营利为目的，聚众赌博或者以赌博为业的，处3年以下有期徒刑、拘役或者管制，并处罚金。

开设赌场的，处5年以下有期徒刑、拘役或者管制，并处罚金；情节严重的，处5年以上10年以下有期徒刑，并处罚金。

组织中华人民共和国公民参与国（境）外赌博，数额巨大或者有其他严重情节的，依照前款的规定处罚。

【相关法条】　最高人民法院、最高人民检察院《关于办理赌博刑事案件具体应用法律若干问题的解释》(2005年5月8日通过)

第2条　以营利为目的，在计算机网络上建立赌博网站，或者为赌博网站担任代理，接受投注的，属于刑法第303条规定的“开设赌场”。

第4条　明知他人实施赌博犯罪活动，而为其提供资金、计算机网络、通讯、费用结算等直接帮助的，以赌博罪的共犯论处。

第6条　未经国家批准擅自发行、销售彩票，构成犯罪的，依照刑法第225条第(4)项的规定，以非法经营罪定罪处罚。

第7条　通过赌博或者为国家工作人员赌博提供资金的形式实施行贿、受贿行为，构成犯罪的，依照刑法关于贿赂犯罪的规定定罪处罚。

第9条　不以营利为目的，进行带有少量财物输赢的娱乐活动，以及提供棋牌室等娱乐场所只收取正常的场所和服务费用的经营行为等，不以赌博论处。

精　解

1. 本条第1款规定的是赌博罪。

构成赌博罪在主观上必须以营利为目的，这同一般的娱乐性活动相区别。本罪的主体实际上由两种人构成：一是赌头；二是赌棍（以赌博为常业者）。赌博罪在客观方面包括两种行为方式：(1)聚众赌博；(2)以赌博为业。一般赌博不宜作为犯罪处理，而可以给予治安处罚。

2. 本条第2款规定的是开设赌场罪，根据《刑法修正案（六）》的规定，本罪的罪刑结构不同于赌博罪。根据上述司法解释的规定，以营利为目的，在计算机网络上建立赌博网站，或者为赌博网站担任代理接受投注的，也属于开设赌场行为。

重点法条 75　伪证罪

第三百零五条　在刑事诉讼中，证人、鉴定人、记录人、翻译人对与案件有重要关系的情节，故意作虚假证明、鉴定、记录、翻译，意图陷害他人或者隐匿罪证的，处3年以下有期徒刑或者拘役；情节严重的，处3年以上7年以下有期徒刑。

【相关法条】《刑法》

第243条　捏造事实诬告陷害他人，意图使他人受刑事追究，情节严重的，处3年以下有期徒刑、拘役

或者管制;造成严重后果的,处3年以上10年以下有期徒刑。

国家机关工作人员犯前款罪的,从重处罚。

不是有意诬陷,而是错告,或者检举失实的,不适用前两款的规定。

精 解

1. 本条规定的是伪证罪。

本罪的犯罪主体是特定的,仅限于刑事诉讼中的证人、鉴定人、记录人、翻译人。本罪发生的时空条件也是特定的,仅限于刑事诉讼活动中。

2. 行为人所作的虚假证明、鉴定、记录、翻译是与案件有重要关系的情节。行为人主观上既可能是出于陷害他人的目的,也可能是出于隐匿罪证包庇罪犯的目的。

3. 本罪与《刑法》第243条的诬告陷害罪的界限。

(1)本罪的主体是4种特定的人员,而诬告陷害罪的主体是一般主体;(2)本罪只是在与案件有重要关系的个别情节上提供伪证,而诬告陷害罪是捏造整个犯罪事实;(3)本罪发生在刑事诉讼过程之中,而诬告陷害罪的行为则是在立案侦查之前实行的,并且是引起立案侦查的原因。

重点法条 76 辩护人、诉讼代理人毁灭证据、伪造证据、妨害作证罪

第三百零六条 在刑事诉讼中,辩护人、诉讼代理人毁灭、伪造证据,帮助当事人毁灭、伪造证据,威胁、引诱证人违背事实改变证言或者作伪证的,处3年以下有期徒刑或者拘役;情节严重的,处3年以上7年以下有期徒刑。

辩护人、诉讼代理人提供、出示、引用的证人证言或者其他证据失实,不是有意伪造的,不属于伪造证据。

【相关法条】《刑法》

第307条 以暴力、威胁、贿买等方法阻止证人作证或者指使他人作伪证的,处3年以下有期徒刑或者拘役;情节严重的,处3年以上7年以下有期徒刑。

帮助当事人毁灭、伪造证据,情节严重的,处3年以下有期徒刑或者拘役。

司法工作人员犯前两款罪的,从重处罚。

第307条之一 以捏造的事实提起民事诉讼,妨害司法秩序或者严重侵害他人合法权益的,处3年以下有期徒刑、拘役或者管制,并处或者单处罚金;情节严重的,处3年以上7年以下有期徒刑,并处罚金。

单位犯前款罪的,对单位判处罚金,并对其直接负责的主管人员和其他直接责任人员,依照前款的规定处罚。

有第1款行为,非法占有他人财产或者逃避合法债务,又构成其他犯罪的,依照处罚较重的规定定罪从重处罚。

司法工作人员利用职权,与他人共同实施前3款行为的,从重处罚;同时构成其他犯罪的,依照处罚较重的规定定罪从重处罚。

第308条 对证人进行打击报复的,处3年以下有期徒刑或者拘役;情节严重的,处3年以上7年以下有期徒刑。

重点法条 77 虚假诉讼

第三百零七条之一 以捏造的事实提起民事诉讼,妨害司法秩序或者严重侵害他人合法权益的,处三年以下有期徒刑、拘役或者管制,并处或者单处罚金;情节严重的,处三年以上七年以下有期徒刑,并处罚金。

单位犯前款罪的,对单位判处罚金,并对其直接负责的主管人员和其他直接责任人员,依照前款的规定处罚。

有第一款行为,非法占有他人财产或者逃避合法债务,又构成其他犯罪的,依照处罚较重的规定定罪从重处罚。

司法工作人员利用职权,与他人共同实施前三款行为的,从重处罚;同时构成其他犯罪的,依照处罚较重的规定定罪从重处罚。

【相关法条】 最高人民法院、最高人民检察院《关于办理虚假诉讼刑事案件适用法律若干问题的解释》(2018年6月13日通过)

第1条 采取伪造证据、虚假陈述等手段,实施下列行为之一,捏造民事法律关系,虚构民事纠纷,向人民法院提起民事诉讼的,应当认定为刑法第307条之一第一款规定的"以捏造的事实提起民事诉讼":

(一)与夫妻一方恶意串通,捏造夫妻共同债务的;

(二)与他人恶意串通,捏造债权债务关系和以物抵债协议的;

(三)与公司、企业的法定代表人、董事、监事、经理或者其他管理人员恶意串通,捏造公司、企业债务或者担保义务的;

（四）捏造知识产权侵权关系或者不正当竞争关系的；

（五）在破产案件审理过程中申报捏造的债权的；

（六）与被执行人恶意串通，捏造债权或者对查封、扣押、冻结财产的优先权、担保物权的；

（七）单方或者与他人恶意串通，捏造身份、合同、侵权、继承等民事法律关系的其他行为。

隐瞒债务已经全部清偿的事实，向人民法院提起民事诉讼，要求他人履行债务的，以"以捏造的事实提起民事诉讼"论。

向人民法院申请执行基于捏造的事实作出的仲裁裁决、公证债权文书，或者在民事执行过程中以捏造的事实对执行标的提出异议、申请参与执行财产分配的，属于刑法第 307 条之一第一款规定的"以捏造的事实提起民事诉讼"。

第 2 条 以捏造的事实提起民事诉讼，有下列情形之一的，应当认定为刑法第 307 条之一第一款规定的"妨害司法秩序或者严重侵害他人合法权益"：

（一）致使人民法院基于捏造的事实采取财产保全或者行为保全措施的；

（二）致使人民法院开庭审理，干扰正常司法活动的；

（三）致使人民法院基于捏造的事实作出裁判文书、制作财产分配方案，或者立案执行基于捏造的事实作出的仲裁裁决、公证债权文书的；

（四）多次以捏造的事实提起民事诉讼的；

（五）曾因以捏造的事实提起民事诉讼被采取民事诉讼强制措施或者受过刑事追究的；

（六）其他妨害司法秩序或者严重侵害他人合法权益的情形。

重点法条 78 窝藏、包庇罪

第三百一十条 明知是犯罪的人而为其提供隐藏处所、财物，帮助其逃匿或者作假证明包庇的，处 3 年以下有期徒刑、拘役或者管制；情节严重的，处 3 年以上 10 年以下有期徒刑。

犯前款罪，事前通谋的，以共同犯罪论处。

【相关法条】《刑法》

第 294 条 组织、领导黑社会性质的组织的，处 7 年以上有期徒刑，并处没收财产；积极参加的，处 3 年以上 7 年以下有期徒刑，可以并处罚金或者没收财产；其他参加的，处 3 年以下有期徒刑、拘役、管制或者剥夺政治权利，可以并处罚金。

境外的黑社会组织的人员到中华人民共和国境内发展组织成员的，处 3 年以上 10 年以下有期徒刑。

国家机关工作人员包庇黑社会性质的组织，或者纵容黑社会性质的组织进行违法犯罪活动的，处 5 年以下有期徒刑；情节严重的，处 5 年以上有期徒刑。

犯前 3 款罪又有其他犯罪行为的，依照数罪并罚的规定处罚。

黑社会性质的组织应当同时具备以下特征：

（一）形成较稳定的犯罪组织，人数较多，有明确的组织者、领导者，骨干成员基本固定；

（二）有组织地通过违法犯罪活动或者其他手段获取经济利益，具有一定的经济实力，以支持该组织的活动；

（三）以暴力、威胁或者其他手段，有组织地多次进行违法犯罪活动，为非作恶，欺压、残害群众；

（四）通过实施违法犯罪活动，或者利用国家工作人员的包庇或者纵容，称霸一方，在一定区域或者行业内，形成非法控制或者重大影响，严重破坏经济、社会生活秩序。

第 349 条 包庇走私、贩卖、运输、制造毒品的犯罪分子的，为犯罪分子窝藏、转移、隐瞒毒品或者犯罪所得的财物的，处 3 年以下有期徒刑、拘役或者管制；情节严重的，处 3 年以上 10 年以下有期徒刑。

缉毒人员或者其他国家机关工作人员掩护、包庇走私、贩卖、运输、制造毒品的犯罪分子的，依照前款的规定从重处罚。

犯前 2 款罪，事先通谋的，以走私、贩卖、运输、制造毒品罪的共犯论处。

第 362 条 旅馆业、饮食服务业、文化娱乐业、出租汽车业等单位的人员，在公安机关查处卖淫、嫖娼活动时，为违法犯罪分子通风报信，情节严重的，依照本法第 310 条的规定定罪处罚。

精 解

1. 本条规定的是窝藏、包庇罪。

本罪主观方面要求行为人明知是犯罪的人而故意加以窝藏或者包庇。行为方式包括窝藏和包庇，前者是指为犯罪的人提供隐藏处所、财物等，帮助其逃匿的行为；后者是指为犯罪的人作假证明，以使其逃避法律制裁的行为。

可见，窝藏行为主要针对的是犯罪分子本人，而包庇行为主要针对的是犯罪证据。如果行为人仅实施了前一行为，应定窝藏罪，若仅有后一行为，应定包庇罪。如果既有窝藏又有包庇的（针对同一犯罪分子），则仍为一罪，但罪名应为窝藏、包庇罪。

2. 本罪的犯罪行为对象是特定的，即仅限于实施了犯罪行为的人，既包括未决犯，也包括已决犯（如关押服刑中又脱逃的）。但尚有一处例外，即旅馆业、饮食服务业、文化娱乐业、出租汽车业等单位的人员，在公安机关查处卖淫、嫖娼活动时，为违法犯罪分子通风报信，情节严重的，可以构成窝藏、包庇罪，这是《刑法》第362条的明确规定，可谓一立法特例（因为卖淫、嫖娼活动并非都是犯罪行为）。

3. 注意：如果行为人包庇的对象为走私、贩卖、运输、制造毒品的犯罪分子这一特定对象时，不应定包庇罪，而应定《刑法》第349条的包庇毒品犯罪分子罪。此外，如果国家机关工作人员包庇黑社会性质组织的犯罪分子的，也不定包庇罪，而应构成《刑法》第294条第4款的包庇黑社会性质组织罪。这可谓特殊规定。

4. 本罪与共犯的界限：本罪中，窝藏、包庇行为必须是在犯罪分子犯罪之后实施的，而且同犯罪分子事前没有通谋。如果事前有通谋，在犯罪分子犯罪后又加以窝藏、包庇的，根据本条第2款之规定，应作为犯罪分子实施特定犯罪的共犯论处。

【例题】 关于窝藏罪，以下说法正确的是：（2023年多选题）

A. 甲犯罪后不想逃跑，甲的妻子在甲的食物中投放安眠药，趁甲睡着，带甲逃跑到外地。甲的妻子不构成窝藏罪

B. 乙犯罪后打算去自首。甲劝诱乙逃跑，乙遂逃跑。甲不构成窝藏罪

C. 乙犯罪后逃跑。他拜托甲照顾自己的妻子。在乙逃跑期间，甲一直给乙妻提供生活费。甲不构成窝藏罪

D. 乙犯罪后逃跑。其妻子甲一直跟随他，常年照顾乙的生活起居，甲不构成窝藏罪

参考答案：________①

重点法条 79 掩饰、隐瞒犯罪所得、犯罪所得收益罪

第三百一十二条 明知是犯罪所得及其产生的收益而予以窝藏、转移、收购、代为销售或者以其他方法掩饰、隐瞒的，处3年以下有期徒刑、拘役或者管制，并处或者单处罚金；情节严重的，处3年以上7年以下有期徒刑，并处罚金。

单位犯前款罪的，对单位判处罚金，并对其直接负责的主管人员和其他直接责任人员，依照前款的规定处罚。

【相关法条】《刑法》

第349条 包庇走私、贩卖、运输、制造毒品的犯罪分子的，为犯罪分子窝藏、转移、隐瞒毒品或者犯罪所得的财物的，处3年以下有期徒刑、拘役或者管制；情节严重的，处3年以上10年以下有期徒刑。

缉毒人员或者其他国家机关工作人员掩护、包庇走私、贩卖、运输、制造毒品的犯罪分子的，依照前款的规定从重处罚。

犯前两款罪，事先通谋的，以走私、贩卖、运输、制造毒品罪的共犯论处。

最高人民法院《关于审理掩饰、隐瞒犯罪所得、犯罪所得收益刑事案件适用法律若干问题的解释》（2021年4月7日修正）

第1条 明知是犯罪所得及其产生的收益而予以窝藏、转移、收购、代为销售或者以其他方法掩饰、隐瞒，具有下列情形之一的，应当依照刑法第312条第1款的规定，以掩饰、隐瞒犯罪所得、犯罪所得收益罪定罪处罚：

（一）1年内曾因掩饰、隐瞒犯罪所得及其产生的收益行为受过行政处罚，又实施掩饰、隐瞒犯罪所得及其产生的收益行为的；

（二）掩饰、隐瞒的犯罪所得系电力设备、交通设施、广播电视设施、公用电信设施、军事设施或者救灾、抢险、防汛、优抚、扶贫、移民、救济款物的；

（三）掩饰、隐瞒行为致使上游犯罪无法及时查处，并造成公私财物损失无法挽回的；

（四）实施其他掩饰、隐瞒犯罪所得及其产生的收益行为，妨害司法机关对上游犯罪进行追究的。

人民法院审理掩饰、隐瞒犯罪所得、犯罪所得收益刑事案件，应综合考虑上游犯罪的性质、掩饰、隐瞒犯罪所得及其收益的情节、后果及社会危害程度等，依法定罪处罚。

司法解释对掩饰、隐瞒涉及计算机信息系统数

---

① CD

据、计算机信息系统控制权的犯罪所得及其产生的收益行为构成犯罪已有规定的,审理此类案件依照该规定。依照全国人民代表大会常务委员会《关于〈中华人民共和国刑法〉第三百四十一条、第三百一十二条的解释》,明知是非法狩猎的野生动物而收购,数量达到五十只以上的,以掩饰、隐瞒犯罪所得罪定罪处罚。

重点法条 80 组织他人偷越国(边)境罪

第三百一十八条 组织他人偷越国(边)境的,处2年以上7年以下有期徒刑,并处罚金;有下列情形之一的,处7年以上有期徒刑或者无期徒刑,并处罚金或者没收财产:

(一)组织他人偷越国(边)境集团的首要分子;

(二)多次组织他人偷越国(边)境或者组织他人偷越国(边)境人数众多的;

(三)造成被组织人重伤、死亡的;

(四)剥夺或限制被组织人人身自由的;

(五)以暴力、威胁方法抗拒检查的;

(六)违法所得数额巨大的;

(七)有其他特别严重情节的。

犯前款罪,对被组织人有杀害、伤害、强奸、拐卖等犯罪行为,或者对检查人员有杀害、伤害等犯罪行为的,依照数罪并罚的规定处罚。

【相关法条】《刑法》

第294条第2款 境外的黑社会组织的人员到中华人民共和国境内发展组织成员的,处3年以上10年以下有期徒刑。

第322条 违反国(边)境管理法规,偷越国(边)境,情节严重的,处1年以下有期徒刑、拘役或者管制,并处罚金;为参加恐怖活动组织、接受恐怖活动培训或者实施恐怖活动,偷越国(边)境的,处1年以上3年以下有期徒刑,并处罚金。

第358条第4款 为组织卖淫的人招募、运送人员或者有其他协助组织他人卖淫行为的,处5年以下有期徒刑,并处罚金;情节严重的,处5年以上10年以下有期徒刑,并处罚金。

重点法条 81 非法行医罪

第三百三十六条 未取得医生执业资格的人非法行医,情节严重的,处3年以下有期徒刑、拘役或者管制,并处或者单处罚金;严重损害就诊人身体健康的,处3年以上10年以下有期徒刑,并处罚金;造成就诊人死亡的,处10年以上有期徒刑,并处罚金。

未取得医生执业资格的人擅自为他人进行节育复通手术、假节育手术、终止妊娠手术或者摘取宫内节育器,情节严重的,处3年以下有期徒刑、拘役或者管制,并处或者单处罚金;严重损害就诊人身体健康的,处3年以上10年以下有期徒刑,并处罚金;造成就诊人死亡的,处10年以上有期徒刑,并处罚金。

【相关法条】《刑法》

第335条 医务人员由于严重不负责任,造成就诊人死亡或者严重损害就诊人身体健康的,处3年以下有期徒刑或者拘役。

最高人民法院《关于审理非法行医刑事案件具体应用法律若干问题的解释》(2016年12月12日修正)

第1条 具有下列情形之一的,应认定为刑法第336条第1款规定的"未取得医生执业资格的人非法行医":

(一)未取得或者以非法手段取得医师资格从事医疗活动的;

(二)被依法吊销医师执业证书期间从事医疗活动的;

(三)未取得乡村医生执业证书,从事乡村医疗活动的;

(四)家庭接生员实施家庭接生以外的医疗行为的。

第2条 具有下列情形之一的,应认定为刑法第336条第1款规定的"情节严重":

(一)造成就诊人轻度残疾、器官组织损伤导致一般功能障碍的;

(二)造成甲类传染病传播、流行或者有传播、流行危险的;

(三)使用假药、劣药或不符合国家规定标准的卫生材料、医疗器械,足以严重危害人体健康的;

(四)非法行医被卫生行政部门行政处罚2次以后,再次非法行医的;

(五)其他情节严重的情形。

第3条 具有下列情形之一的,应认定为刑法第336条第1款规定的"严重损害就诊人身体健康":

(一)造成就诊人中度以上残疾、器官组织损伤导致严重功能障碍的;

(二)造成3名以上就诊人轻度残疾、器官组织损伤导致一般功能障碍的。

第4条 非法行医行为系造成就诊人死亡的直接、主要原因的，应认定为刑法第336条第1款规定的“造成就诊人死亡”。

非法行医行为并非造成就诊人死亡的直接、主要原因的，可不认定为刑法第336条第1款规定的“造成就诊人死亡”。但是，根据案件情况，可以认定为刑法第336条第1款规定的“情节严重”。

第5条 实施非法行医犯罪，同时构成生产、销售假药罪，生产、销售劣药罪，诈骗罪等其他犯罪的，依照刑法处罚较重的规定定罪处罚。

第6条 本解释所称“医疗活动”“医疗行为”，参照《医疗机构管理条例实施细则》中的“诊疗活动”“医疗美容”认定。

本解释所称“轻度残疾、器官组织损伤导致一般功能障碍”“中度以上残疾、器官组织损伤导致严重功能障碍”，参照《医疗事故分级标准（试行）》认定。

重点法条 82 污染环境罪

第三百三十八条 违反国家规定，排放、倾倒或者处置有放射性的废物、含传染病病原体的废物、有毒物质或者其他有害物质，严重污染环境的，处3年以下有期徒刑或者拘役，并处或者单处罚金；情节严重的，处3年以上7年以下有期徒刑，并处罚金；有下列情形之一的，处7年以上有期徒刑，并处罚金：

（一）在饮用水水源保护区、自然保护地核心保护区等依法确定的重点保护区域排放、倾倒、处置有放射性的废物、含传染病病原体的废物、有毒物质，情节特别严重的；

（二）向国家确定的重要江河、湖泊水域排放、倾倒、处置有放射性的废物、含传染病病原体的废物、有毒物质，情节特别严重的；

（三）致使大量永久基本农田基本功能丧失或者遭受永久性破坏的；

（四）致使多人重伤、严重疾病，或者致人严重残疾、死亡的。

有前款行为，同时构成其他犯罪的，依照处罚较重的规定定罪处罚。

【相关法条】《刑法》

第346条 单位犯本节第338条至第345条规定之罪的，对单位判处罚金，并对其直接负责的主管人员和其他直接责任人员，依照本节各该条的规定处罚。

重点法条 83 毒品相关犯罪

第三百四十七条 走私、贩卖、运输、制造毒品，无论数量多少，都应当追究刑事责任，予以刑事处罚。

走私、贩卖、运输、制造毒品，有下列情形之一的，处15年有期徒刑、无期徒刑或者死刑，并处没收财产：

（一）走私、贩卖、运输、制造鸦片1000克以上、海洛因或者甲基苯丙胺50克以上或者其他毒品数量大的；

（二）走私、贩卖、运输、制造毒品集团的首要分子；

（三）武装掩护走私、贩卖、运输、制造毒品的；

（四）以暴力抗拒检查、拘留、逮捕，情节严重的；

（五）参与有组织的国际贩毒活动的。

走私、贩卖、运输、制造鸦片200克以上不满1000克、海洛因或者甲基苯丙胺10克以上不满50克或者其他毒品数量较大的，处7年以上有期徒刑，并处罚金。

走私、贩卖、运输、制造鸦片不满200克、海洛因或者甲基苯丙胺不满10克或者其他少量毒品的，处3年以下有期徒刑、拘役或者管制，并处罚金；情节严重的，处3年以上7年以下有期徒刑，并处罚金。

单位犯第2款、第3款、第4款罪的，对单位判处罚金，并对其直接负责的主管人员和其他直接责任人员，依照各该款的规定处罚。

利用、教唆未成年人走私、贩卖、运输、制造毒品，或者向未成年人出售毒品的，从重处罚。

对多次走私、贩卖、运输、制造毒品，未经处理的，毒品数量累计计算。

第三百五十条 违反国家规定，非法生产、买卖、运输醋酸酐、乙醚、三氯甲烷或者其他用于制造毒品的原料、配剂，或者携带上述物品进出境，情节较重的，处3年以下有期徒刑、拘役或者管制，并处罚金；情节严重的，处3年以上7年以下有期徒刑，并处罚金；情节特别严重的，处7年以上有期徒刑，并处罚金或者没收财产。

明知他人制造毒品而为其生产、买卖、运输前款规定的物品的，以制造毒品罪的共犯论处。

单位犯前两款罪的，对单位判处罚金，并对其直接负责的主管人员和其他直接责任人员，依照前两款的规定处罚。

【相关法条】《刑法》

第157条 武装掩护走私的，依照本法第151条第1款的规定从重处罚。

以暴力、威胁方法抗拒缉私的，以走私罪和本法第277条规定的阻碍国家机关工作人员依法执行职务罪，依照数罪并罚的规定处罚。

第356条 因走私、贩卖、运输、制造、非法持有毒品罪被判过刑，又犯本节规定之罪的，从重处罚。

第357条 本法所称的毒品，是指鸦片、海洛因、甲基苯丙胺（冰毒）、吗啡、大麻、可卡因以及国家规定管制的其他能够使人形成瘾癖的麻醉药品和精神药品。

毒品的数量以查证属实的走私、贩卖、运输、制造、非法持有毒品的数量计算，不以纯度折算。

最高人民法院《关于审理毒品犯罪案件适用法律若干问题的解释》（2016年1月25日通过）

第3条 在实施走私、贩卖、运输、制造毒品犯罪的过程中，携带枪支、弹药或者爆炸物用于掩护的，应当认定为刑法第347条第2款第3项规定的“武装掩护走私、贩卖、运输、制造毒品”。枪支、弹药、爆炸物种类的认定，依照相关司法解释的规定执行。

在实施走私、贩卖、运输、制造毒品犯罪的过程中，以暴力抗拒检查、拘留、逮捕，造成执法人员死亡、重伤、多人轻伤或者具有其他严重情节的，应当认定为刑法第347条第2款第4项规定的“以暴力抗拒检查、拘留、逮捕，情节严重”。

第4条 走私、贩卖、运输、制造毒品，具有下列情形之一的，应当认定为刑法第347条第4款规定的“情节严重”：

（一）向多人贩卖毒品或者多次走私、贩卖、运输、制造毒品的；

（二）在戒毒场所、监管场所贩卖毒品的；

（三）向在校学生贩卖毒品的；

（四）组织、利用残疾人、严重疾病患者、怀孕或者正在哺乳自己婴儿的妇女走私、贩卖、运输、制造毒品的；

（五）国家工作人员走私、贩卖、运输、制造毒品的；

（六）其他情节严重的情形。

第14条 利用信息网络，设立用于实施传授制造毒品、非法生产制毒物品的方法，贩卖毒品，非法买卖制毒物品或者组织他人吸食、注射毒品等违法犯罪活动的网站、通讯群组，或者发布实施前述违法犯罪活动的信息，情节严重的，应当依照刑法第287条之一的规定，以非法利用信息网络罪定罪处罚。

实施刑法第287条之一、第287条之二规定的行为，同时构成贩卖毒品罪、非法买卖制毒物品罪、传授犯罪方法罪等犯罪的，依照处罚较重的规定定罪处罚。

精 解

1. 走私、贩卖、运输、制造毒品罪。

（1）本罪是选择性罪名，走私、贩卖、运输、制造毒品的行为，是本罪客观方面的选择要件，只要实施上述4种行为之一，即构成犯罪。如果行为人实施两种或两种以上的行为，如运输、贩卖海洛因，仍为一罪而非数罪，但罪名相应地为运输、贩卖毒品罪。

（2）走私、贩卖、运输、制造毒品罪可以是单位犯罪，而这一点很容易被忽视或难以作出判断（本条第5款规定）。本罪自然人为主体的，贩卖毒品罪可以由已满14周岁不满16周岁具有刑事责任能力的人构成，其余的只能由已满16周岁具有刑事责任能力的人构成。

（3）行为人在走私、贩卖、运输、制造毒品的犯罪过程中，如果有武装掩护其犯罪行为或者以暴力抗拒检查、拘留、逮捕的，根据本条第2款第3、4项的规定，仍以走私、贩卖、运输、制造毒品罪一罪论，将这些情形作为本罪的加重情节处理，而不另定妨害公务罪。

（4）毒品犯罪的再犯制度问题。

根据《刑法》第356条的规定，因犯走私、贩卖、运输、制造、非法持有毒品犯罪被判刑罚，又犯本节规定的毒品犯罪（后一罪并不仅限该5种罪）的，应从重处罚。可见，这一规定与累犯有很大的不同，前后两罪的范围虽然有很大的限定，但前后两罪所判刑罚种类、中间时间间隔等都无限制。值得说明的是，注意如何协调毒品再犯与累犯的关系。根据2008年年底最高人民法院《全国部分法院审理毒品犯罪案件工作座谈会纪要》的规定，对同时构成累犯和毒品再犯的被告人，应同时引用刑法关于累犯和毒品再犯的条款从重处罚。故此，此时的毒品再犯不得适用缓刑和假释。

（5）贩卖毒品中发生的假毒品问题的定性。

如果行为人故意制造假毒品出售，或明知是假毒品而冒充毒品贩卖获利，数额较大的应当以诈骗罪定罪处罚;如果行为人误将假毒品当作真毒品贩卖(如自己也是受骗者而不知是假毒品),则属于事实上的认识错误,由于行为人主观上具有贩卖毒品的故意,应当以贩卖毒品罪(未遂)定罪处罚;如果行为人在毒品中掺和假毒品贩卖获利,只要其贩卖的物品中含有毒品且其是明知的,仍应以贩卖毒品罪论处,因为《刑法》第357条第2款明确规定毒品不以纯度折算。

2. 非法生产、买卖、运输制毒物品、走私制毒物品罪。

(1)醋酸酐、乙醚、三氯甲烷或者其他用于制造毒品的原料或者配剂,简称为"制毒物品",其具体品种范围按照国家关于易制毒化学品管理的规定确定。

(2)走私、贩卖、运输、制造毒品,无论数量多少,都应追究刑责;而非法生产、买卖、运输制毒物品、走私制毒物品罪,情节较重的才构成犯罪。

重点法条 84 组织卖淫罪;强迫卖淫罪

第三百五十八条 组织、强迫他人卖淫的,处5年以上10年以下有期徒刑,并处罚金;情节严重的,处10年以上有期徒刑或者无期徒刑,并处罚金或者没收财产。

组织、强迫未成年人卖淫的,依照前款的规定从重处罚。

犯前2款罪,并有杀害、伤害、强奸、绑架等犯罪行为的,依照数罪并罚的规定处罚。

为组织卖淫的人招募、运送人员或者有其他协助组织他人卖淫行为的,处5年以下有期徒刑,并处罚金;情节严重的,处5年以上10年以下有期徒刑,并处罚金。

【相关法条】《刑法》

第359条 引诱、容留、介绍他人卖淫的,处5年以下有期徒刑、拘役或者管制,并处罚金;情节严重的,处5年以上有期徒刑,并处罚金。

引诱不满14周岁的幼女卖淫的,处5年以上有期徒刑,并处罚金。

第361条 旅馆业、饮食服务业、文化娱乐业、出租汽车业等单位的人员,利用本单位的条件,组织、强迫、引诱、容留、介绍他人卖淫的,依照本法第358条、第359条的规定定罪处罚。

前款所列单位的主要负责人,犯前款罪的,从重处罚。

最高人民法院、最高人民检察院《关于办理组织、强迫、引诱、容留、介绍卖淫刑事案件适用法律若干问题的解释》(2017年7月4日通过)

第1条 以招募、雇佣、纠集等手段,管理或者控制他人卖淫,卖淫人员在3人以上的,应当认定为刑法第358条规定的"组织他人卖淫"。

组织卖淫者是否设置固定的卖淫场所、组织卖淫者人数多少、规模大小,不影响组织卖淫行为的认定。

第2条 组织他人卖淫,具有下列情形之一的,应当认定为刑法第358条第1款规定的"情节严重":

(一)卖淫人员累计达10人以上的;

(二)卖淫人员中未成年人、孕妇、智障人员、患有严重性病的人累计达5人以上的;

(三)组织境外人员在境内卖淫或者组织境内人员出境卖淫的;

(四)非法获利人民币100万元以上的;

(五)造成被组织卖淫的人自残、自杀或者其他严重后果的;

(六)其他情节严重的情形。

第3条 在组织卖淫犯罪活动中,对被组织卖淫的人有引诱、容留、介绍卖淫行为的,依照处罚较重的规定定罪处罚。但是,对被组织卖淫的人以外的其他人有引诱、容留、介绍卖淫行为的,应当分别定罪,实行数罪并罚。

第4条 明知他人实施组织卖淫犯罪活动而为其招募、运送人员或者充当保镖、打手、管账人等的,依照刑法第358条第4款的规定,以协助组织卖淫罪定罪处罚,不以组织卖淫罪的从犯论处。

在具有营业执照的会所、洗浴中心等经营场所担任保洁员、收银员、保安员等,从事一般服务性、劳务性工作,仅领取正常薪酬,且无前款所列协助组织卖淫行为的,不认定为协助组织卖淫罪。

第5条 协助组织他人卖淫,具有下列情形之一的,应当认定为刑法第358条第4款规定的"情节严重":

(一)招募、运送卖淫人员累计达10人以上的;

(二)招募、运送的卖淫人员中未成年人、孕妇、智障人员、患有严重性病的人累计达5人以上的;

(三)协助组织境外人员在境内卖淫或者协助组织境内人员出境卖淫的;

(四)非法获利人民币50万元以上的;

(五)造成被招募、运送或者被组织卖淫的人自残、自杀或者其他严重后果的；

（六）其他情节严重的情形。

第6条第1款 强迫他人卖淫，具有下列情形之一的，应当认定为刑法第358条第1款规定的"情节严重"：

（一）卖淫人员累计达5人以上的；

（二）卖淫人员中未成年人、孕妇、智障人员、患有严重性病的人累计达3人以上的；

（三）强迫不满14周岁的幼女卖淫的；

（四）造成被强迫卖淫的人自残、自杀或者其他严重后果的；

（五）其他情节严重的情形。

第7条 根据刑法第358条第3款的规定，犯组织、强迫卖淫罪，并有杀害、伤害、强奸、绑架等犯罪行为的，依照数罪并罚的规定处罚。协助组织卖淫行为人参与实施上述行为的，以共同犯罪论处。

根据刑法第358条第2款的规定，组织、强迫未成年人卖淫的，应当从重处罚。

第8条 引诱、容留、介绍他人卖淫，具有下列情形之一的，应当依照刑法第359条第1款的规定定罪处罚：

（一）引诱他人卖淫的；

（二）容留、介绍2人以上卖淫的；

（三）容留、介绍未成年人、孕妇、智障人员、患有严重性病的人卖淫的；

（四）1年内曾因引诱、容留、介绍卖淫行为被行政处罚，又实施容留、介绍卖淫行为的；

（五）非法获利人民币1万元以上的。

利用信息网络发布招嫖违法信息，情节严重的，依照刑法第287条之一的规定，以非法利用信息网络罪定罪处罚。同时构成介绍卖淫罪的，依照处罚较重的规定定罪处罚。

引诱、容留、介绍他人卖淫是否以营利为目的，不影响犯罪的成立。

引诱不满14周岁的幼女卖淫的，依照刑法第359条第2款的规定，以引诱幼女卖淫罪定罪处罚。

被引诱卖淫的人员中既有不满14周岁的幼女，又有其他人员的，分别以引诱幼女卖淫罪和引诱卖淫罪定罪，实行并罚。

第9条 引诱、容留、介绍他人卖淫，具有下列情形之一的，应当认定为刑法第359条第1款规定的"情节严重"：

（一）引诱5人以上或者引诱、容留、介绍10人以上卖淫的；

（二）引诱3人以上的未成年人、孕妇、智障人员、患有严重性病的人卖淫，或者引诱、容留、介绍5人以上该类人员卖淫的；

（三）非法获利人民币5万元以上的；

（四）其他情节严重的情形。

重点法条 85 贪污罪

第三百八十二条 国家工作人员利用职务上的便利，侵吞、窃取、骗取或者以其他手段非法占有公共财物的，是贪污罪。

受国家机关、国有公司、企业、事业单位、人民团体委托管理、经营国有财产的人员，利用职务上的便利，侵吞、窃取、骗取或者以其他手段非法占有国有财物的，以贪污论。

与前两款所列人员勾结，伙同贪污的，以共犯论处。

【相关法条】《刑法》

第91条 本法所称公共财产，是指下列财产：

（一）国有财产；

（二）劳动群众集体所有的财产；

（三）用于扶贫和其他公益事业的社会捐助或者专项基金的财产。

在国家机关、国有公司、企业、集体企业和人民团体管理、使用或者运输中的私人财产，以公共财产论。

第93条 本法所称国家工作人员，是指国家机关中从事公务的人员。

国有公司、企业、事业单位、人民团体中从事公务的人员和国家机关、国有公司、企业、事业单位委派到非国有公司、企业、事业单位、社会团体从事公务的人员，以及其他依照法律从事公务的人员，以国家工作人员论。

第271条 公司、企业或者其他单位的工作人员，利用职务上的便利，将本单位财物非法占为己有，数额较大的，处3年以下有期徒刑或者拘役，并处罚金；数额巨大的，处3年以上10年以下有期徒刑，并处罚金；数额特别巨大的，处10年以上有期徒刑或者无期徒刑，并处罚金。

国有公司、企业或者其他国有单位中从事公务的人员和国有公司、企业或者其他国有单位委派到非国有公司、企业以及其他单位从事公务的人员有前款行为的,依照本法第382条、第383条的规定定罪处罚。

第383条 对犯贪污罪的,根据情节轻重,分别依照下列规定处罚:

(一)贪污数额较大或者有其他较重情节的,处3年以下有期徒刑或者拘役,并处罚金。

(二)贪污数额巨大或者有其他严重情节的,处3年以上10年以下有期徒刑,并处罚金或者没收财产。

(三)贪污数额特别巨大或者有其他特别严重情节的,处10年以上有期徒刑或者无期徒刑,并处罚金或者没收财产;数额特别巨大,并使国家和人民利益遭受特别重大损失的,处无期徒刑或者死刑,并处没收财产。

对多次贪污未经处理的,按照累计贪污数额处罚。

犯第1款罪,在提起公诉前如实供述自己罪行、真诚悔罪、积极退赃,避免、减少损害结果的发生,有第(1)项规定情形的,可以从轻、减轻或者免除处罚;有第(2)项、第(3)项规定情形的,可以从轻处罚。

犯第1款罪,有第(3)项规定情形被判处死刑缓期执行的,人民法院根据犯罪情节等情况可以同时决定在其死刑缓期执行2年期满依法减为无期徒刑后,终身监禁,不得减刑、假释。

第394条 国家工作人员在国内公务活动或者对外交往中接受礼物,依照国家规定应当交公而不交公,数额较大的,依照本法第382条、第383条的规定定罪处罚。

精 解

1.本条规定的是贪污罪,认定本罪有几个关键点需要注意:(1)主体:必须为国家工作人员或受国有单位委托管理、经营国有财产的人员;(2)客观方面:同时具备利用职务上的便利与侵吞、窃取、骗取或者以其他手段非法占有公共财物的行为;(3)主观方面:必须以非法占有为目的,而非暂时使用;(4)客体:职务行为的廉洁性和公共财产的所有权。

2.贪污罪的主体:原则上为国家工作人员,但本条第2款同时规定,受国家机关、国有公司、企业事业单位、人民团体委托管理、经营国有财产的人员,利用职务上的便利,非法占有国有财物的,也以贪污罪定罪处罚。可见,贪污罪主体并非必须为国家工作人员,虽不具有国家工作人员身份,但依法受国有单位委托管理、经营国有财产的人员也可成为贪污罪主体。

主体不同是贪污罪和职务侵占罪的主要区别。前罪的主体原则上是国家工作人员,虽不具有国家工作人员身份,但依法受国有单位委托管理、经营国有财产的人员也是;后者的主体是前罪主体以外的公司、企业或者其他单位人员。

3.贪污罪的犯罪对象:根据本条第1款的规定,贪污罪的犯罪对象原则上为公共财产。公共财产的范围的确定,应参照《刑法》第91条的规定。同时,还有3点需要注意:

(1)当行为人是受国家机关、国有公司等国有单位的委托而管理、经营国有财产的人员时,其构成贪污罪的对象仅为国有财产而非其他公共财产。

(2)并非所有贪污罪的犯罪对象都为公共财产,非公共财产在特定情况下也有可能成为贪污罪的犯罪对象,即当行为人是国有单位委派到非国有性质单位从事公务的人员时,其利用职务之便,非法占有所在的非国有性质单位的财产而构成贪污的,犯罪对象可能不属于公共财产。总之,贪污罪认定的关键问题不在于对象而在于主体。

(3)应当交公的礼物也可能成为贪污罪的犯罪对象。国家工作人员在国内公务活动或者对外交往中接受礼物,依照国家规定应当交公而不交公,数额较大的,根据《刑法》第394条的规定,也应以本条的贪污罪定罪处罚,此可谓以不作为方式实施的贪污罪。

4.本条第3款规定:行为人与前两款所列人员勾结,伙同贪污的,以共犯论处,即非国家工作人员可以成为贪污罪的共犯,但成立贪污罪共犯的一个前提条件是行为人与国家工作人员勾结,共同非法占有公共财物的行为必须是利用了国家工作人员的职务便利。

5.贪污行为,达到数额较大时,才构成犯罪。

重点法条 86 挪用公款罪

第三百八十四条 国家工作人员利用职务上的便利,挪用公款归个人使用,进行非法活动的,或者挪用公款数额较大、进行营利活动的,或者挪用公款数额较大、超过3个月未还的,是挪用公款罪,处5年以下有期徒刑或者拘役;情节严重的,处5年以上有期徒刑。挪用公款数额巨大不退还的,处10年以上有期徒刑或者无期徒刑。

挪用用于救灾、抢险、防汛、优抚、扶贫、移民、救济款物归个人使用的,从重处罚。

【相关法条】 全国人民代表大会常务委员会《关于〈中华人民共和国刑法〉第三百八十四条第一款的解释》(2002年4月28日通过)

有下列情形之一的,属于挪用公款"归个人使用":

(一)将公款供本人、亲友或者其他自然人使用的;

(二)以个人名义将公款供其他单位使用的;

(三)个人决定以单位名义将公款供其他单位使用,谋取个人利益的。

精 解

1. 本条规定的是挪用公款罪,认定本罪的关键在于本罪客观方面包括密切联系的两层含义:(1)利用了职务上的便利;(2)挪用公款归个人使用,数额较大的行为。本罪的主体是国家工作人员,其范围应依照《刑法》第93条及相关立法解释来确定。例如,农村村民委员会等村基层组织人员协助人民政府从事行政管理工作时,视为其他依照法律从事公务的国家工作人员,其利用职务上的便利、非法挪用公款的,以挪用公款罪定罪处罚。本罪主观方面是故意,但目的是使用公款(尚有归还的意思和行为),而不是占有公款。

2. 挪用公款罪客观方面的具体表现形式有3种,不同的表现形式所要求的成立犯罪的条件也不同:

(1)挪用公款进行非法活动(包括犯罪活动),这种情形原则上不要求挪用公款数额达到较大标准,也不要求挪用的时间;(2)挪用公款归个人使用进行营利活动,这种挪用行为要求数额较大,但没有挪用时间的要求;(3)挪用公款归个人使用,这种情形既有数额的要求,也有时间的要求,即数额较大,且超过3个月未还。根据最高人民法院《关于审理挪用公款案件具体应用法律若干问题的解释》第2条的规定,是指案发前未还。

3. 无论挪用公款的具体行为表现为哪一种方式,前提条件必须是挪用公款归个人使用才可构成本罪。

何为归个人使用,应根据上述全国人大常委会的立法解释,具有下列情形之一的,就属于归个人使用:(1)将公款供本人、亲友或者其他自然人使用的;(2)以个人名义将公款供其他单位使用的;(3)个人决定以单位名义将公款供其他单位使用,谋取个人利益的。需要注意的是,在此前有不少司法解释对归个人使用也作出了解释,但应以这里所述的全国人大常委会的立法解释为准。

4. 根据本条第2款的规定,国家工作人员挪用用于救灾、抢险、防汛、优抚、扶贫、移民、救济款物归个人使用的(而非仅仅他用),应以挪用公款罪定罪并从重处罚,而不再定《刑法》第273条的挪用特定款物罪。

重点法条 87 受贿罪

第三百八十五条 国家工作人员利用职务上的便利,索取他人财物的,或者非法收受他人财物,为他人谋取利益的,是受贿罪。

国家工作人员在经济往来中,违反国家规定,收受各种名义的回扣、手续费,归个人所有的,以受贿论处。

【相关法条】《刑法》

第184条 银行或者其他金融机构的工作人员在金融业务活动中索取他人财物或者非法收受他人财物,为他人谋取利益的,或者违反国家规定,收受各种名义的回扣、手续费,归个人所有的,依照本法第163条的规定定罪处罚。

国有金融机构工作人员和国有金融机构委派到非国有金融机构从事公务的人员有前款行为的,依照本法第385条、第386条的规定定罪处罚。

第386条 对犯受贿罪的,根据受贿所得数额及情节,依照本法第383条的规定处罚。索贿的从重处罚。

第388条 国家工作人员利用本人职权或者地位形成的便利条件,通过其他国家工作人员职务上的行为,为请托人谋取不正当利益,索取请托人财物或者收受请托人财物的,以受贿论处。

第388条之一 国家工作人员的近亲属或者其他与该国家工作人员关系密切的人,通过该国家工作人员职务上的行为,或者利用该国家工作人员职权或者地位形成的便利条件,通过其他国家工作人员职务上的行为,为请托人谋取不正当利益,索取请托人财物或者收受请托人财物,数额较大或者有其他较重情节的,处3年以下有期徒刑或者拘役,并处罚金;数额巨大或者有其他严重情节的,处3年以上7年以下有期徒刑,并处罚金;数额特别巨大或者有其他特别严重情节的,处7年以上有期徒刑,并处罚金或者没收财产。

离职的国家工作人员或者其近亲属以及其他与其关系密切的人,利用该离职的国家工作人员原职权或者地位形成的便利条件实施前款行为的，依照前款的规定定罪处罚。

最高人民法院、最高人民检察院《关于办理贪污贿赂刑事案件适用法律若干问题的解释》（2016年3月28日通过）

第4条 贪污、受贿数额特别巨大，犯罪情节特别严重、社会影响特别恶劣、给国家和人民利益造成特别重大损失的，可以判处死刑。

符合前款规定的情形，但具有自首，立功，如实供述自己罪行、真诚悔罪、积极退赃，或者避免、减少损害结果的发生等情节，不是必须立即执行的，可以判处死刑缓期2年执行。

符合第1款规定情形的，根据犯罪情节等情况可以判处死刑缓期2年执行，同时裁判决定在其死刑缓期执行2年期满依法减为无期徒刑后，终身监禁，不得减刑、假释。

第10条 刑法第388条之一规定的利用影响力受贿罪的定罪量刑适用标准，参照本解释关于受贿罪的规定执行。

刑法第390条之一规定的对有影响力的人行贿罪的定罪量刑适用标准，参照本解释关于行贿罪的规定执行。

单位对有影响力的人行贿数额在20万元以上的，应当依照刑法第390条之一的规定以对有影响力的人行贿罪追究刑事责任。

第12条 贿赂犯罪中的"财物"，包括货币、物品和财产性利益。财产性利益包括可以折算为货币的物质利益如房屋装修、债务免除等，以及需要支付货币的其他利益如会员服务、旅游等。后者的犯罪数额，以实际支付或者应当支付的数额计算。

第13条 具有下列情形之一的，应当认定为"为他人谋取利益"，构成犯罪的，应当依照刑法关于受贿犯罪的规定定罪处罚：

（一）实际或者承诺为他人谋取利益的；

（二）明知他人有具体请托事项的；

（三）履职时未被请托，但事后基于该履职事由收受他人财物的。

国家工作人员索取、收受具有上下级关系的下属或者具有行政管理关系的被管理人员的财物价值3万元以上，可能影响职权行使的，视为承诺为他人谋取利益。

第16条 国家工作人员出于贪污、受贿的故意，非法占有公共财物、收受他人财物之后，将赃款赃物用于单位公务支出或者社会捐赠的，不影响贪污罪、受贿罪的认定，但量刑时可以酌情考虑。

特定关系人索取、收受他人财物，国家工作人员知道后未退还或者上交的，应当认定国家工作人员具有受贿故意。

第17条 国家工作人员利用职务上的便利，收受他人财物，为他人谋取利益，同时构成受贿罪和刑法分则第3章第3节、第9章规定的渎职犯罪的，除刑法另有规定外，以受贿罪和渎职犯罪数罪并罚。

第18条 贪污贿赂犯罪分子违法所得的一切财物，应当依照刑法第64条的规定予以追缴或者责令退赔，对被害人的合法财产应当及时返还。对尚未追缴到案或者尚未足额退赔的违法所得，应当继续追缴或者责令退赔。

精 解

1. 本条规定的是受贿罪，认定本罪的关键在于行为人客观方面必须具有两个层次的内容：(1)利用了职务上的便利；(2)索取他人财物，或者非法收受他人财物，为他人谋取利益。其中，索贿不要求为他人谋取利益，这一点不同于《刑法》第163条的非国家工作人员受贿罪中的"索贿"。收受贿赂构成犯罪必须同时具备收受他人财物和为他人谋取利益两方面的内容。当然，为他人谋取利益既包括正当利益，也包括不正当的、非法的利益，至于是否实际上已经为他人谋取了利益，在所不问。原则上行为人收受贿赂之际，只要有为他人谋取利益的意思表示（如承诺、默认），就可构成受贿罪。也就是说，不管财物是否处分，也无论是否为他人谋利，只要行为人或为人所指示的第三人收取财物即构成既遂。

2. 根据刑法及相关司法解释，受贿的典型行为大致有5种情形：(1)索贿，即所谓主动受贿；(2)收受贿赂，即所谓被动受贿；(3)商业受贿，即本条第2款之规定，国家工作人员在经济往来中，违反规定，收受各种名义的回扣、手续费而归个人的；(4)斡旋受贿，或称居间受贿、间接受贿，即《刑法》第388条之规定，国家工作人员利用本人职权或者地位形成的便利条件，通过其他国家工作人员职务上的行为，为请托人谋取不正当的利益，索取或者收受请托人财物的行为；(5)所谓的事后受贿，即在职为他人谋利而离退休后收受财物的，相关司法解释规定：国家工作人员利用职务上的便利为请托人谋取利益，并与请托人事先约定,在其离退休后收受请托人财物,构成犯罪的,以受贿罪定罪处罚。

3.受贿罪的主体。受贿罪的主体只能是国家工作人员,其范围应根据《刑法》第93条之规定界定。同时,根据全国人大常委会的立法解释,村民委员会等村基层组织人员协助人民政府从事行政管理工作时,属于其他依照法律从事公务的国家工作人员。其利用职务上便利,索取他人财物或者非法收受他人财物构成犯罪的,适用本条受贿罪的规定定罪量刑。主体方面的区别,是受贿罪与《刑法》第163条的非国家工作人员受贿罪区别的关键。这一点,《刑法》第163条第3款、第184条第2款规定得很清楚。

4.《刑法》第388条规定的斡旋受贿行为与其他4种受贿行为的要件有所不同:

(1)行为人为请托人谋取的是不正当利益,而非一切谋取利益的行为;(2)为请托人谋取不正当利益是通过其他国家工作人员职务上的行为实现的,而非行为人自己职务上的直接行为;(3)其他直接为请托人谋取不正当利益的国家工作人员是受行为人职权或地位所形成的便利条件所使然的,他们之间常常存在一种制约、影响与被制约、被影响的关系。

5.行为人收受他人贿赂而为他人谋取了不正当利益,而谋取该不正当利益的行为本身又触犯其他犯罪时,这种现象可视为原因行为(受贿)与结果行为的牵连关系,对此如何处理法律上并无直接明确的规定。基于近些年官方答案的启示,考试中对此现象原则上应采取数罪并罚的观点,当然法律有明确规定的依照法律规定(典型的如《刑法》第229条第2款、第399条第3款的规定)。

6.必须说明的一点,根据现行的法律,国家机关工作人员没有为他人谋取利益的目的而收受礼品,只有在2种情况下构成犯罪:(1)在经济往来中,违反国家规定,收受各种名义的回扣、手续费,归个人所有,构成受贿罪;(2)在公务活动或者对外交往中接受礼物,应当交公不交公,数额较大的行为,构成贪污罪。如果在国内非公务行为接受礼品,且不为他人谋取利益,就不构成犯罪。但可能影响公正执行公务的除外。

7.《刑法修正案(七)》增设的第388条之一规定了利用影响力受贿罪。

该罪客观方面有两种情形:一是国家工作人员尤其是领导干部"身边的人"利用领导干部的职权、影响从事钱权交易的;二是离职的国家工作人员或者其近亲属以及其他与其关系密切的人,利用其在职时的影响力,通过其他国家工作人员职务上的行为,为请托人谋取不正当利益,索取、收受请托人财物的。

> **重点提示** 注意:利用影响力受贿罪的认定需要排除受贿罪共犯的情形,即只有行为人与国家工作人员不成立受贿罪共犯时,才能单独对其认定为本罪。

【例题】 甲想向某局局长(国家工作人员)乙行贿,让其为自己谋取不法利益。但苦于不认识乙,就找到了乙的妻子丙,谎称自己已经和乙说好了,请丙将10万元转交给乙。丙答应。丙和乙提及此事,乙大怒,当即表示不同意,并让丙将钱返还给甲,丙表面答应,实则将钱用于家庭开支。以下说法错误的是:(2020年多选题)

A.甲构成行贿罪既遂

B.乙构成受贿罪既遂

C.丙构成侵占罪

D.丙构成利用影响力受贿罪既遂

参考答案:________①

重点法条 88 行贿罪

第三百八十九条 为谋取不正当利益,给予国家工作人员以财物的,是行贿罪。

在经济往来中,违反国家规定,给予国家工作人员以财物,数额较大的,或者违反国家规定,给予国家工作人员以各种名义的回扣、手续费的,以行贿论处。

因被勒索给予国家工作人员以财物,没有获得不正当利益的,不是行贿。

【相关法条】 《刑法》

第164条第1款 为谋取不正当利益,给予公司、企业或者其他单位的工作人员以财物,数额较大的,处3年以下有期徒刑或者拘役,并处罚金;数额巨大的,处3年以上10年以下有期徒刑,并处罚金。

第390条 对犯行贿罪的,处三年以下有期徒刑或者拘役,并处罚金;因行贿谋取不正当利益,情节严重的,或者使国家利益遭受重大损失的,处三年以上

① ABCD

十年以下有期徒刑，并处罚金；情节特别严重的，或者使国家利益遭受特别重大损失的，处十年以上有期徒刑或者无期徒刑，并处罚金或者没收财产。

有下列情形之一的，从重处罚：

（一）多次行贿或者向多人行贿的；

（二）国家工作人员行贿的；

（三）在国家重点工程、重大项目中行贿的；

（四）为谋取职务、职级晋升、调整行贿的；

（五）对监察、行政执法、司法工作人员行贿的；

（六）在生态环境、财政金融、安全生产、食品药品、防灾救灾、社会保障、教育、医疗等领域行贿，实施违法犯罪活动的；

（七）将违法所得用于行贿的。

行贿人在被追诉前主动交待行贿行为的，可以从轻或者减轻处罚。其中，犯罪较轻的，对调查突破、侦破重大案件起关键作用的，或者有重大立功表现的，可以减轻或者免除处罚。

第 390 条之一 为谋取不正当利益，向国家工作人员的近亲属或者其他与该国家工作人员关系密切的人，或者向离职的国家工作人员或者其近亲属以及其他与其关系密切的人行贿的，处 3 年以下有期徒刑或者拘役，并处罚金；情节严重的，或者使国家利益遭受重大损失的，处 3 年以上 7 年以下有期徒刑，并处罚金；情节特别严重的，或者使国家利益遭受特别重大损失的，处 7 年以上 10 年以下有期徒刑，并处罚金。

单位犯前款罪的，对单位判处罚金，并对其直接负责的主管人员和其他直接责任人员，处 3 年以下有期徒刑或者拘役，并处罚金。

第 391 条 为谋取不正当利益，给予国家机关、国有公司、企业、事业单位、人民团体以财物的，或者在经济往来中，违反国家规定，给予各种名义的回扣、手续费的，处三年以下有期徒刑或者拘役，并处罚金；情节严重的，处三年以上七年以下有期徒刑，并处罚金。

单位犯前款罪的，对单位判处罚金，并对其直接负责的主管人员和其他直接责任人员，依照前款的规定处罚。

第 392 条 向国家工作人员介绍贿赂，情节严重的，处 3 年以下有期徒刑或者拘役，并处罚金。

介绍贿赂人在被追诉前主动交待介绍贿赂行为的，可以减轻处罚或者免除处罚。

第 393 条 单位为谋取不正当利益而行贿，或者违反国家规定，给予国家工作人员以回扣、手续费，情节严重的，对单位判处罚金，并对其直接负责的主管人员和其他直接责任人员，处三年以下有期徒刑或者拘役，并处罚金；情节特别严重的，处三年以上十年以下有期徒刑，并处罚金。因行贿取得的违法所得归个人所有的，依照本法第三百八十九条、第三百九十条的规定定罪处罚。

精　解

1. 本条规定的是行贿罪。认定行贿罪的一个关键是行为人给予国家工作人员财物的目的在于谋取不正当利益。

所谓不正当利益，既包括非法、违法的利益，也包括要求国家工作人员违反国家法律、法规、规章规定而谋取的不确定利益，即原本需要通过竞争获取的利益。可见，虽然原本正当与否无可非议但通过行贿等违背政策、制度的方式而得到的，且损害其他人的权益而获取的利益也属于刑法意义上的不正当利益。如果行为人为了获取正当利益而给予国家工作人员财物的，则不构成本罪。但应注意的是，即使行贿人为了获取正当利益而给予财物不构成犯罪，但该国家工作人员即接受财物的受贿人却可以构成受贿罪（因为受贿罪中对他人谋取利益的性质并无限制）。可见，在贿赂犯罪中，行贿罪与受贿罪并非一一对应的关系。

2. 对谋取不正当利益在行贿中的含义应当具体分析：(1)在主动行贿的场合（本条第 1 款），谋取不正当利益为主观要件，即只要行为人有此目的而给予财物，就可构成行贿罪；(2)在被动行贿的场合（被勒索而被迫不得不行贿的），谋取不正当利益是客观要件，即只有行贿者给予了财物并获得了不正当利益的，才构成行贿罪。如果虽然因勒索而给予了财物，但并没有获得不正当利益的，不构成行贿罪，这一点是本条第 3 款的要求。这再一次证明受贿与行贿并非一一对应的关系。

3. 本罪的对象即行贿的对象只能是国家工作人员，这一点是本罪与《刑法》第 164 条的对非国家工作人员行贿罪的区别所在。

如果行贿人不是向国家工作人员行贿，而是向国家机关、国有公司、企业、事业单位、人民团体行贿的，则构成《刑法》第 391 条的对单位行贿罪。可见，行贿罪、对非国家工作人员行贿罪、对单位行贿罪 3 种行贿犯罪区别的关键就在于行贿的对象不同，而在主观上都要求行为人以谋取不正当利益为要件。

4. 行贿罪和受贿罪不是一一对应的关系。

重点法条 89 徇私枉法罪；民事、行政枉法裁判罪

第三百九十九条 司法工作人员徇私枉法、徇情枉法，对明知是无罪的人而使他受追诉、对明知是有罪的人而故意包庇不使他受追诉，或者在刑事审判活动中故意违背事实和法律作枉法裁判的，处5年以下有期徒刑或者拘役；情节严重的，处5年以上10年以下有期徒刑；情节特别严重的，处10年以上有期徒刑。

在民事、行政审判活动中故意违背事实和法律作枉法裁判，情节严重的，处5年以下有期徒刑或者拘役；情节特别严重的，处5年以上10年以下有期徒刑。

在执行判决、裁定活动中，严重不负责任或滥用职权，不依法采取诉讼保全措施、不履行法定执行职责，或者违法采取诉讼保全措施、强制执行措施，致使当事人或者其他人的利益遭受重大损失的，处5年以下有期徒刑或者拘役；致使当事人或者其他人的利益遭受特别重大损失的，处5年以上10年以下有期徒刑。

司法工作人员收受贿赂，有前3款行为的，同时又构成本法第385条规定之罪的，依照处罚较重的规定定罪处罚。

【相关法条】《刑法》

第399条之一 依法承担仲裁职责的人员，在仲裁活动中故意违背事实和法律作枉法裁决，情节严重的，处3年以下有期徒刑或者拘役；情节特别严重的，处3年以上7年以下有期徒刑。

第417条 有查禁犯罪活动职责的国家机关工作人员，向犯罪分子通风报信、提供便利，帮助犯罪分子逃避处罚的，处3年以下有期徒刑或者拘役；情节严重的，处3年以上10年以下有期徒刑。

刑事诉讼法

刑事诉讼法

【导读】 近年来,刑事诉讼法在考试中的比重增加,其重要地位不可小觑。与民法、刑法等实体法相比,作为程序法的刑事诉讼法,只要考生能透彻掌握重点法条,对相似知识点进行比较全面的比较、归纳与总结,获得高分相对容易。刑事诉讼法部分涉及的相关法条有《刑事诉讼法》,最高人民法院《关于适用〈中华人民共和国刑事诉讼法〉的解释》(以下简称《刑事诉讼法解释》),《人民检察院刑事诉讼规则》(以下简称《高检规则》),最高人民法院、最高人民检察院、公安部、国家安全部、司法部、全国人大常委会法制工作委员会《关于实施刑事诉讼法若干问题的规定》(以下简称《六机关规定》),《公安机关办理刑事案件程序规定》,最高人民法院、最高人民检察院、公安部、国家安全部、司法部《关于办理刑事案件严格排除非法证据若干问题的规定》(以下简称《排除非法证据规定》)等。以上法条的知识点特别琐碎,相互之间非常容易混淆,多项选择题尤其是不定项选择题与主观题中的问答题,基本上是对相似知识点的叠加式考查。所以,复习中掌握重点法条及其相关考点,区分关联法条易混点,能达到事半功倍的效果。

第一编　总　　则

重点法条 1　法定不追诉情形

第十六条　有下列情形之一的,不追究刑事责任,已经追究的,应当撤销案件,或者不起诉,或者终止审理,或者宣告无罪:

(一)情节显著轻微、危害不大,不认为是犯罪的;

(二)犯罪已过追诉时效期限的;

(三)经特赦令免除刑罚的;

(四)依照刑法告诉才处理的犯罪,没有告诉或者撤回告诉的;

(五)犯罪嫌疑人、被告人死亡的;

(六)其他法律规定免予追究刑事责任的。

【相关法条】《刑事诉讼法》

第177条第1、2款　犯罪嫌疑人没有犯罪事实,或者有本法第16条规定的情形之一的,人民检察院应当作出不起诉决定。

对于犯罪情节轻微,依照刑法规定不需要判处刑罚或者免除刑罚的,人民检察院可以作出不起诉决定。

《高检规则》(2019年12月2日通过)

第365条　人民检察院对于监察机关或者公安机关移送起诉的案件,发现犯罪嫌疑人没有犯罪事实,或者符合刑事诉讼法第16条规定的情形之一的,经检察长批准,应当作出不起诉决定。

对于犯罪事实并非犯罪嫌疑人所为,需要重新调查或者侦查的,应当在作出不起诉决定后书面说明理由,将案卷材料退回监察机关或者公安机关并建议重新调查或者侦查。

《刑法》

第87条　犯罪经过下列期限不再追诉:

(一)法定最高刑为不满5年有期徒刑的,经过5年;

(二)法定最高刑为5年以上不满10年有期徒刑的,经过10年;

(三)法定最高刑为10年以上有期徒刑的,经过15年;

(四)法定最高刑为无期徒刑、死刑的,经过20年。如果20年以后认为必须追诉的,须报请最高人民检察院核准。

精　解

1.记忆第16条不予追究刑事责任的6种法定情形。

(1)"显著轻微"不等于"犯罪情节轻微",前者不是犯罪,后者构成了犯罪。

(2)不要把告诉才处理的案件和自诉案件混淆,告诉才处理的案件只是自诉案件的第一类情形,包括侮辱、诽谤、暴力干涉婚姻自由、虐待、侵占案件。

2. 需要掌握上述情形出现时，在不同诉讼阶段如何处理。

(1)不立案或不予受理——对于公诉案件，如果在刑事诉讼开始前，就已经发现具有上述6种情形之一的，公安机关或检察机关应当决定不予立案；对于自诉案件，人民法院应当不予受理。

(2)撤销案件——如果在侦查阶段发现案件具有上述情形之一的，公安机关或人民检察院应当撤销案件。

(3)不起诉——如果在审查起诉阶段发现案件具有上述情形之一的，人民检察院应当作出不起诉决定，这属于法定不起诉的情形。

(4)终止审理——如果在审判阶段发现被告人的行为构成犯罪，但具有不追究刑事责任的法定情形的，人民法院应当裁定终止审理。

(5)宣告无罪——如果在审判阶段发现案件具有情节显著轻微、危害不大，不认为是犯罪的，或者被告人死亡，但是根据已经查明的犯罪事实和认定的证据材料，能够确认被告人无罪的，人民法院应当作出判决，宣告被告人无罪。

重点法条 2 立案管辖

第十九条 刑事案件的侦查由公安机关进行，法律另有规定的除外。

人民检察院在对诉讼活动实行法律监督中发现的司法工作人员利用职权实施的非法拘禁、刑讯逼供、非法搜查等侵犯公民权利、损害司法公正的犯罪，可以由人民检察院立案侦查。对于公安机关管辖的国家机关工作人员利用职权实施的重大犯罪案件，需要由人民检察院直接受理的时候，经省级以上人民检察院决定，可以由人民检察院立案侦查。

自诉案件，由人民法院直接受理。

【相关法条】《刑事诉讼法》

第4条 国家安全机关依照法律规定，办理危害国家安全的刑事案件，行使与公安机关相同的职权。

第210条 自诉案件包括下列案件：

(一)告诉才处理的案件；

(二)被害人有证据证明的轻微刑事案件；

(三)被害人有证据证明对被告人侵犯自己人身、财产权利的行为应当依法追究刑事责任，而公安机关或者人民检察院不予追究被告人刑事责任的案件。

精 解

1. 本条是关于公、检、法三机关对刑事案件的管辖(职能管辖或立案管辖)分工的规定。对刑事案件的侦查应当由公安机关进行，这是立案管辖的一项基本原则。同时，根据《刑事诉讼法》第4条的规定，对于危害国家安全的刑事案件应当由国家安全机关进行侦查。

2. 本条的核心内容是检察机关自侦案件的范围，检察机关直接受理的刑事案件主要是国家工作人员利用职务便利实施的犯罪。

3. 关于人民法院直接受理的刑事案件仅限于自诉案件，自诉案件的范围由《刑事诉讼法》第210条作出了明确的规定。

> **重点提示** 这里值得注意的是，自诉案件并不等于告诉才处理的案件，其范围应当大于告诉才处理的案件。

重点法条 3 中级法院管辖

第二十一条 中级人民法院管辖下列第一审刑事案件：

(一)危害国家安全、恐怖活动案件；

(二)可能判处无期徒刑、死刑的案件。

【相关法条】《刑事诉讼法》

第20条 基层人民法院管辖第一审普通刑事案件，但是依照本法由上级人民法院管辖的除外。

第22条 高级人民法院管辖的第一审刑事案件，是全省(自治区、直辖市)性的重大刑事案件。

第23条 最高人民法院管辖的第一审刑事案件，是全国性的重大刑事案件。

《刑事诉讼法解释》(2020年12月7日通过)

第14条 人民检察院认为可能判处无期徒刑、死刑，向中级人民法院提起公诉的案件，中级人民法院受理后，认为不需要判处无期徒刑、死刑的，应当依法审判，不再交基层人民法院审判。

第15条 一人犯数罪、共同犯罪或者其他需要并案审理的案件，其中一人或者一罪属于上级人民法院管辖的，全案由上级人民法院管辖。

精 解

1. 级别管辖，是各级人民法院之间在审判第一审刑事案件上的权限划分，是对第一审刑事案件审判权的纵向划分,解决的是上下级人民法院之间的权限分工问题。关键是记忆中级人民法院管辖的案件范围。

2.《刑事诉讼法》第22条与第23条分别规定了高级人民法院、最高人民法院管辖的第一审刑事案件,原则上都属于在所辖范围内有重大影响的案件,如全省性或者全国性的刑事案件。

3. 对于行为人一人犯数罪或者共同犯罪以及其他需要并案审理的刑事案件,如果只要有其中一人或者其中一罪属于上级人民法院管辖的,根据《刑事诉讼法解释》第15条的规定,全案都由上级法院审理。

重点法条 4 地域管辖

第二十五条 刑事案件由犯罪地的人民法院管辖。如果由被告人居住地的人民法院审判更为适宜的,可以由被告人居住地的人民法院管辖。

【相关法条】《刑事诉讼法》

第26条 几个同级人民法院都有权管辖的案件,由最初受理的人民法院审判。在必要的时候,可以移送主要犯罪地的人民法院审判。

《刑事诉讼法解释》

第2条第1款 犯罪地包括犯罪行为地和犯罪结果地。

第7条 在中华人民共和国领域外的中国船舶内的犯罪,由该船舶最初停泊的中国口岸所在地或者被告人登陆地、入境地的人民法院管辖。

第8条 在中华人民共和国领域外的中国航空器内的犯罪,由该航空器在中国最初降落地的人民法院管辖。

第9条 中国公民在中国驻外使领馆内的犯罪,由其主管单位所在地或者原户籍地的人民法院管辖。

第10条 中国公民在中华人民共和国领域外的犯罪,由其登陆地、入境地、离境前居住地或者现居住地的人民法院管辖;被害人是中国公民的,也可以由被害人离境前居住地或者现居住地的人民法院管辖。

第12条 对中华人民共和国缔结或者参加的国际条约所规定的罪行,中华人民共和国在所承担条约义务的范围内行使刑事管辖权的,由被告人被抓获地、登陆地或者入境地的人民法院管辖。

第13条 正在服刑的罪犯在判决宣告前还有其他罪没有判决的,由原审地人民法院管辖;由罪犯服刑地或者犯罪地的人民法院审判更为适宜的,可以由罪犯服刑地或者犯罪地的人民法院管辖。

罪犯在服刑期间又犯罪的,由服刑地的人民法院管辖。

罪犯在脱逃期间又犯罪的,由服刑地的人民法院管辖。但是,在犯罪地抓获罪犯并发现其在脱逃期间犯罪的,由犯罪地的人民法院管辖。

精 解

1. 第一审刑事案件的地域管辖。

划分地域管辖的一般原则是本条所规定的以犯罪地的人民法院管辖为主、以被告人居住地的人民法院管辖为辅,即刑事案件原则上由犯罪地的人民法院管辖,但如果被告人居住地法院审理更为适宜的,可以由被告人居住地法院管辖。对于犯罪地的问题,可参照上述《刑事诉讼法解释》第2条的规定。

2. 应当注意《刑事诉讼法解释》第7、8、9、10、12、13条关于其他一些比较特殊的地域管辖的规定。总体来说,这些具体规定基本上都是犯罪地原则、最初受理地原则的体现,如服刑地法院管辖,最初降落地、最初停泊地、入境地、被抓获地法院管辖等。

重点法条 5 回避的人员、方式和理由

第二十九条 审判人员、检察人员、侦查人员有下列情形之一的,应当自行回避,当事人及其法定代理人也有权要求他们回避:

(一)是本案的当事人或者是当事人的近亲属的;

(二)本人或者他的近亲属和本案有利害关系的;

(三)担任过本案的证人、鉴定人、辩护人、诉讼代理人的;

(四)与本案当事人有其他关系,可能影响公正处理案件的。

【相关法条】《刑事诉讼法》

第30条 审判人员、检察人员、侦查人员不得接受当事人及其委托的人的请客送礼,不得违反规定会见当事人及其委托的人。

审判人员、检察人员、侦查人员违反前款规定的,应当依法追究法律责任。当事人及其法定代理人有权要求他们回避。

第32条 本章关于回避的规定适用于书记员、翻译人员和鉴定人。

辩护人、诉讼代理人可以依照本章的规定要求回避、申请复议。

第108条第6项 本法下列用语的含意是:

(六)"近亲属"是指夫、妻、父、母、子、女、同胞兄

弟姊妹。

《刑事诉讼法解释》

第 27 条 审判人员具有下列情形之一的,应当自行回避,当事人及其法定代理人有权申请其回避:

(一)是本案的当事人或者是当事人的近亲属的;

(二)本人或者其近亲属与本案有利害关系的;

(三)担任过本案的证人、鉴定人、辩护人、诉讼代理人、翻译人员的;

(四)与本案的辩护人、诉讼代理人有近亲属关系的;

(五)与本案当事人有其他利害关系,可能影响公正审判的。

第 28 条 审判人员具有下列情形之一的,当事人及其法定代理人有权申请其回避:

(一)违反规定会见本案当事人、辩护人、诉讼代理人的;

(二)为本案当事人推荐、介绍辩护人、诉讼代理人,或者为律师、其他人员介绍办理本案的;

(三)索取、接受本案当事人及其委托的人的财物或者其他利益的;

(四)接受本案当事人及其委托的人的宴请,或者参加由其支付费用的活动的;

(五)向本案当事人及其委托的人借用款物的;

(六)有其他不正当行为,可能影响公正审判的。

第 29 条 参与过本案调查、侦查、审查起诉工作的监察、侦查、检察人员,调至人民法院工作的,不得担任本案的审判人员。

在一个审判程序中参与过本案审判工作的合议庭组成人员或者独任审判员,不得再参与本案其他程序的审判。但是,发回重新审判的案件,在第一审人民法院作出裁判后又进入第二审程序、在法定刑以下判处刑罚的复核程序或者死刑复核程序的,原第二审程序、在法定刑以下判处刑罚的复核程序或者死刑复核程序中的合议庭组成人员不受本款规定的限制。

精 解

1. 回避适用的对象。

(1)需要回避:审判人员、检察人员、侦查人员、书记员、翻译人员、鉴定人。

(2)无须回避:证人、辩护人、代理人。

2.《刑事诉讼法》第 30 条规定属于请求回避事由,即当事人有权请求回避的情形,主要是指有关人员接受了当事人及其委托的人的请客送礼、违反规定会见当事人及其委托的人,其他当事人及其法定代理人有权要求他们回避。当事人在这种情形之下申请回避,申请人应当提供证明材料。

3. 同一人员不能参加刑事诉讼程序的两个阶段,因为后一阶段通常是对前一阶段的监督。具体内容可参见《刑事诉讼法解释》第 29 条的规定。

4.“近亲属的范围”在刑事诉讼、民事诉讼中的不同规定。

刑事诉讼中近亲属的范围具有特定性,是指夫、妻、父、母、子、女、同胞兄弟姊妹。可见,这显然不同于民事诉讼中的近亲属范围,后者的范围还包括祖父母、外祖父母、孙子女、外孙子女,而且兄弟姊妹也不仅限于同胞兄弟姊妹。

重点法条 6 回避的程序

第三十一条 审判人员、检察人员、侦查人员的回避,应当分别由院长、检察长、公安机关负责人决定;院长的回避,由本院审判委员会决定;检察长和公安机关负责人的回避,由同级人民检察院检察委员会决定。

对侦查人员的回避作出决定前,侦查人员不能停止对案件的侦查。

对驳回申请回避的决定,当事人及其法定代理人可以申请复议一次。

【相关法条】《刑事诉讼法解释》

第 34 条 应当回避的审判人员没有自行回避,当事人及其法定代理人也没有申请其回避的,院长或者审判委员会应当决定其回避。

第 35 条 对当事人及其法定代理人提出的回避申请,人民法院可以口头或者书面作出决定,并将决定告知申请人。

当事人及其法定代理人申请回避被驳回的,可以在接到决定时申请复议 1 次。不属于刑事诉讼法第 29 条、第 30 条规定情形的回避申请,由法庭当庭驳回,并不得申请复议。

第 38 条 法官助理、书记员、翻译人员和鉴定人适用审判人员回避的有关规定,其回避问题由院长决定。

《高检规则》

第 34 条 对人民检察院直接受理的案件进行侦查的人员或者进行补充侦查的人员在回避决定作出以前和复议期间,不得停止对案件的侦查。

第 36 条 被决定回避的检察长在回避决定作出

以前所取得的证据和进行的诉讼行为是否有效，由检察委员会根据案件具体情况决定。

被决定回避的其他检察人员在回避决定作出以前所取得的证据和进行的诉讼行为是否有效，由检察长根据案件具体情况决定。

被决定回避的公安机关负责人在回避决定作出以前所进行的诉讼行为是否有效，由作出决定的人民检察院检察委员会根据案件具体情况决定。

精　解

1. 期间。

在刑事诉讼中的各个阶段，如侦查、起诉和审判等阶段，都可以启动回避程序。

2. 决定，如表所示。

机关	适用情形
法院	(1)院长：由审判委员会决定； (2)其他人员：一律由院长决定
检察院	(1)检察长：由检察委员会决定； (2)其他人员：一律由检察长决定
公安机关	(1)公安机关负责人：由同级检察委员会决定； (2)其他人员：一律由公安机关的负责人决定

3. 效力。

参见《高检规则》第36条规定。

4. 对驳回回避申请的复议。

回避的决定一经作出，一般立即发生法律效力。当事人及其法定代理人、辩护人或者诉讼代理人对驳回申请的决定不服，可以申请复议一次。在复议主体作出复议决定前，不影响被申请回避的人员参与案件的处理活动。

重点法条 7　辩护方式和辩护人范围

第三十三条　犯罪嫌疑人、被告人除自己行使辩护权以外，还可以委托1～2人作为辩护人。下列的人可以被委托为辩护人：

(一)律师；

(二)人民团体或者犯罪嫌疑人、被告人所在单位推荐的人；

(三)犯罪嫌疑人、被告人的监护人、亲友。

正在被执行刑罚或者依法被剥夺、限制人身自由的人，不得担任辩护人。

【相关法条】《刑事诉讼法解释》

第40条　人民法院审判案件，应当充分保障被告人依法享有的辩护权利。

被告人除自己行使辩护权以外，还可以委托辩护人辩护。下列人员不得担任辩护人：

(一)正在被执行刑罚或者处于缓刑、假释考验期间的人；

(二)依法被剥夺、限制人身自由的人；

(三)被开除公职或者被吊销律师、公证员执业证书的人；

(四)人民法院、人民检察院、监察机关、公安机关、国家安全机关、监狱的现职人员；

(五)人民陪审员；

(六)与本案审理结果有利害关系的人；

(七)外国人或者无国籍人；

(八)无行为能力或者限制行为能力的人。

前款第三项至第七项规定的人员，如果是被告人的监护人、近亲属，由被告人委托担任辩护人的，可以准许。

第41条　审判人员和人民法院其他工作人员从人民法院离任后2年内，不得以律师身份担任辩护人。

审判人员和人民法院其他工作人员从人民法院离任后，不得担任原任职法院所审理案件的辩护人，但系被告人的监护人、近亲属的除外。

审判人员和人民法院其他工作人员的配偶、子女或者父母不得担任其任职法院所审理案件的辩护人，但系被告人的监护人、近亲属的除外。

第43条　一名被告人可以委托1～2人作为辩护人。

一名辩护人不得为两名以上的同案被告人，或者未同案处理但犯罪事实存在关联的被告人辩护。

精　解

1. 辩护人的范围。

《刑事诉讼法》第33条规定了辩护人的积极范围和消极范围，需要特别注意消极范围。《刑事诉讼法解释》第40条第3～7项中的几种人员并非一律不可能成为辩护人，当他们是被告人的近亲属或者监护人时，是可以担任被告人的辩护人的。但第1～2项中的人员无论如何也不能作为辩护人身份出现。

(1)绝对禁止：《刑事诉讼法解释》第40条第1项至第2项；

(2)相对禁止：《刑事诉讼法解释》第40条第3项至第7项。

2.《刑事诉讼法解释》第41条对于审判人员离任后担任辩护人问题作出了限制。

重点法条 8　刑事侦查阶段律师介入时间以及权利

第三十四条　犯罪嫌疑人自被侦查机关第一次讯问或者采取强制措施之日起，有权委托辩护人；在侦查期间，只能委托律师作为辩护人。被告人有权随时委托辩护人。

侦查机关在第一次讯问犯罪嫌疑人或者对犯罪嫌疑人采取强制措施的时候，应当告知犯罪嫌疑人有权委托辩护人。人民检察院自收到移送审查起诉的案件材料之日起3日以内，应当告知犯罪嫌疑人有权委托辩护人。人民法院自受理案件之日起3日以内，应当告知被告人有权委托辩护人。犯罪嫌疑人、被告人在押期间要求委托辩护人的，人民法院、人民检察院和公安机关应当及时转达其要求。

犯罪嫌疑人、被告人在押的，也可以由其监护人、近亲属代为委托辩护人。

辩护人接受犯罪嫌疑人、被告人委托后，应当及时告知办理案件的机关。

精　解

上述条文是关于刑事侦查阶段律师介入时间以及权利的规定。这里有几点内容值得注意：

1.律师介入时间。

辩护人介入时间为"侦查机关第一次次讯问或者采取强制措施之日"。

2.侦查阶段的辩护人只能是律师。

侦查阶段的辩护人有严格的资格限制，只能是律师，原因在于侦查阶段的性质比较特殊。由于案件尚未侦查完毕，因此为了不影响案件的后续侦查，无论是侦查人员还是辩护人均负有保密义务。相对普通辩护人而言，专职律师会受到更为严格的特定职业约束。

3.侦查阶段的开始时间。

关于"侦查机关在第一次讯问犯罪嫌疑人或者对犯罪嫌疑人采取强制措施时，应当告知犯罪嫌疑人有权委托辩护人"的规定，拥有两层含义：

(1)明确侦查机关权利告知的义务，以便让犯罪嫌疑人能够及时委托辩护人；

(2)侦查阶段的开始时间为"第一次讯问犯罪嫌疑人或者对犯罪嫌疑人采取强制措施时"。

4.在押期间的申请辩护。

(1)办案机关的转达义务。犯罪嫌疑人、被告人在押期间要求委托辩护人的，人民法院、人民检察院和公安机关应当及时转达其要求。

(2)代为委托。犯罪嫌疑人、被告人在押的，也可以由其监护人、近亲属代为委托辩护人。

重点法条 9　法律援助辩护

第三十五条　犯罪嫌疑人、被告人因经济困难或者其他原因没有委托辩护人的，本人及其近亲属可以向法律援助机构提出申请。对符合法律援助条件的，法律援助机构应当指派律师为其提供辩护。

犯罪嫌疑人、被告人是盲、聋、哑人，或者是尚未完全丧失辨认或者控制自己行为能力的精神病人，没有委托辩护人的，人民法院、人民检察院和公安机关应当通知法律援助机构指派律师为其提供辩护。

犯罪嫌疑人、被告人可能被判处无期徒刑、死刑，没有委托辩护人的，人民法院、人民检察院和公安机关应当通知法律援助机构指派律师为其提供辩护。

第三十六条　法律援助机构可以在人民法院、看守所等场所派驻值班律师。犯罪嫌疑人、被告人没有委托辩护人，法律援助机构没有指派律师为其提供辩护的，由值班律师为犯罪嫌疑人、被告人提供法律咨询、程序选择建议、申请变更强制措施、对案件处理提出意见等法律帮助。

人民法院、人民检察院、看守所应当告知犯罪嫌疑人、被告人有权约见值班律师，并为犯罪嫌疑人、被告人约见值班律师提供便利。

【相关法条】《刑事诉讼法》

第45条　在审判过程中，被告人可以拒绝辩护人继续为他辩护，也可以另行委托辩护人辩护。

第46条　公诉案件的被害人及其法定代理人或者近亲属，附带民事诉讼的当事人及其法定代理人，自案件移送审查起诉之日起，有权委托诉讼代理人。自诉案件的自诉人及其法定代理人，附带民事诉讼的当事人及其法定代理人，有权随时委托诉讼代理人。

人民检察院自收到移送审查起诉的案件材料之日起3日以内，应当告知被害人及其法定代理人或者其近亲属、附带民事诉讼的当事人及其法定代理人有权委托诉讼代理人。人民法院自受理自诉案件之日起3日以内，应当告知自诉人及其法定代理人、附带民事诉讼的当事人及其法定代理人有权委托诉讼代理人。

第47条 委托诉讼代理人,参照本法第33条的规定执行。

《律师法》(2017年9月1日修正)

第31条 律师担任辩护人的,应当根据事实和法律,提出犯罪嫌疑人、被告人无罪、罪轻或者减轻、免除其刑事责任的材料和意见,维护犯罪嫌疑人、被告人的诉讼权利和其他合法权益。

第32条 委托人可以拒绝已委托的律师为其继续辩护或者代理,同时可以另行委托律师担任辩护人或者代理人。

律师接受委托后,无正当理由的,不得拒绝辩护或者代理。但是,委托事项违法、委托人利用律师提供的服务从事违法活动或者委托人故意隐瞒与案件有关的重要事实的,律师有权拒绝辩护或者代理。

精 解

本法第35条规定了指定辩护,是常考、易考知识点。主要考点:指定辩护有"应当"指定辩护和"可以"指定辩护之分。二者的法定条件不同,应掌握各自的条件。此是易考知识点。

重点法条 10 辩护人的权利

第三十八条 辩护律师在侦查期间可以为犯罪嫌疑人提供法律帮助;代理申诉、控告;申请变更强制措施;向侦查机关了解犯罪嫌疑人涉嫌的罪名和案件有关情况,提出意见。

第三十九条 辩护律师可以同在押的犯罪嫌疑人、被告人会见和通信。其他辩护人经人民法院、人民检察院许可,也可以同在押的犯罪嫌疑人、被告人会见和通信。

辩护律师持律师执业证书、律师事务所证明和委托书或者法律援助公函要求会见在押的犯罪嫌疑人、被告人的,看守所应当及时安排会见,至迟不得超过48小时。

危害国家安全犯罪、恐怖活动犯罪案件,在侦查期间辩护律师会见在押的犯罪嫌疑人,应当经侦查机关许可。上述案件,侦查机关应当事先通知看守所。

辩护律师会见在押的犯罪嫌疑人、被告人,可以了解案件有关情况,提供法律咨询等;自案件移送审查起诉之日起,可以向犯罪嫌疑人、被告人核实有关证据。辩护律师会见犯罪嫌疑人、被告人时不被监听。

辩护律师同被监视居住的犯罪嫌疑人、被告人会见、通信,适用第1款、第3款、第4款的规定。

第四十条 辩护律师自人民检察院对案件审查起诉之日起,可以查阅、摘抄、复制本案的案卷材料。其他辩护人经人民法院、人民检察院许可,也可以查阅、摘抄、复制上述材料。

第四十一条 辩护人认为在侦查、审查起诉期间公安机关、人民检察院收集的证明犯罪嫌疑人、被告人无罪或者罪轻的证据材料未提交的,有权申请人民检察院、人民法院调取。

第四十二条 辩护人收集的有关犯罪嫌疑人不在犯罪现场、未达到刑事责任年龄、属于依法不负刑事责任的精神病人的证据,应当及时告知公安机关、人民检察院。

第四十三条 辩护律师经证人或者其他有关单位和个人同意,可以向他们收集与本案有关的材料,也可以申请人民检察院、人民法院收集、调取证据,或者申请人民法院通知证人出庭作证。

辩护律师经人民检察院或者人民法院许可,并且经被害人或者其近亲属、被害人提供的证人同意,可以向他们收集与本案有关的材料。

【相关法条】《律师法》

第33条 律师担任辩护人的,有权持律师执业证书、律师事务所证明和委托书或者法律援助公函,依照刑事诉讼法的规定会见在押或者被监视居住的犯罪嫌疑人、被告人。辩护律师会见犯罪嫌疑人、被告人时不被监听。

第34条 律师担任辩护人的,自人民检察院对案件审查起诉之日起,有权查阅、摘抄、复制本案的案卷材料。

《刑事诉讼法解释》

第53条 辩护律师可以查阅、摘抄、复制案卷材料。其他辩护人经人民法院许可,也可以查阅、摘抄、复制案卷材料。合议庭、审判委员会的讨论记录以及其他依法不公开的材料不得查阅、摘抄、复制。

辩护人查阅、摘抄、复制案卷材料的,人民法院应当提供便利,并保证必要的时间。

值班律师查阅案卷材料的,适用前两款规定。

复制案卷材料可以采用复印、拍照、扫描、电子数据拷贝等方式。

《高检规则》

第47条 自人民检察院对案件审查起诉之日

起，应当允许辩护律师查阅、摘抄、复制本案的案卷材料。案卷材料包括案件的诉讼文书和证据材料。

人民检察院直接受理侦查案件移送起诉，审查起诉案件退回补充侦查、改变管辖、提起公诉的，应当及时告知辩护律师。

精 解

上述条文规定了辩护人的一系列权利。

1. 提供法律帮助，代理申诉、控告。

2. 阅卷权。注意，辩护人可查阅的是本案的案卷材料。

3. 会见、通信权。注意：(1)律师凭三证即可要求会见；(2)看守所应当在48小时内安排会见；(3)有两类案件会见要经侦查机关许可：危害国家安全犯罪、恐怖活动犯罪案件；(4)辩护律师会见在押的犯罪嫌疑人、被告人，可以了解案件有关情况，提供法律咨询等；(5)自案件移送审查起诉之日起，可以向犯罪嫌疑人、被告人核实有关证据；(6)辩护律师会见犯罪嫌疑人、被告人时不被监听。

4. 调查取证权、申请取证、核实证据权。证人调查取证的3种方式：(1)经证人或者其他有关单位和个人同意，可以向他们收集与本案有关的材料。(2)经人民检察院或者人民法院许可，并且经被害人或者其近亲属、被害人提供的证人同意，可以向他们收集与本案有关的材料。(3)申请人民检察院、人民法院代为调查取证。

5. 申请取保候审的权利。所有辩护人无论是律师还非律师辩护人，都有权为犯罪嫌疑人、被告人申请取保候审。

6. 申请解除超期的强制措施的权利。

7. 申请回避权。

8. 其他权利。例如，在审查起诉阶段，向审查起诉的人民检察院提供辩护意见的权利；辩护人在征得被告人同意后，对第一审判决、裁定提出上诉的权利。

非律师作为辩护人的，经过法院、检察院许可也享有阅卷权、会见通信权；也享有申请取保候审权、申请解除超期的强制措施权、申请回避权，但是没有取证权。

重点法条 11 证据法定种类

第五十条 可以用于证明案件事实的材料，都是证据。

证据包括：

（一）物证；

（二）书证；

（三）证人证言；

（四）被害人陈述；

（五）犯罪嫌疑人、被告人供述和辩解；

（六）鉴定意见；

（七）勘验、检查、辨认、侦查实验等笔录；

（八）视听资料、电子数据。

证据必须经过查证属实，才能作为定案的根据。

【相关法条】《刑事诉讼法》

第56条 采用刑讯逼供等非法方法收集的犯罪嫌疑人、被告人供述和采用暴力、威胁等非法方法收集的证人证言、被害人陈述，应当予以排除。收集物证、书证不符合法定程序，可能严重影响司法公正的，应当予以补正或者作出合理解释；不能补正或者作出合理解释的，对该证据应当予以排除。

在侦查、审查起诉、审判时发现有应当排除的证据的，应当依法予以排除，不得作为起诉意见、起诉决定和判决的依据。

《刑事诉讼法解释》

第86条 在勘验、检查、搜查过程中提取、扣押的物证、书证，未附笔录或者清单，不能证明物证、书证来源的，不得作为定案的根据。

物证、书证的收集程序、方式有下列瑕疵，经补正或者作出合理解释的，可以采用：

（一）勘验、检查、搜查、提取笔录或者扣押清单上没有调查人员或者侦查人员、物品持有人、见证人签名，或者对物品的名称、特征、数量、质量等注明不详的；

（二）物证的照片、录像、复制品，书证的副本、复制件未注明与原件核对无异，无复制时间，或者无被收集、调取人签名的；

（三）物证的照片、录像、复制品，书证的副本、复制件没有制作人关于制作过程和原物、原件存放地点的说明，或者说明中无签名的；

（四）有其他瑕疵的。

物证、书证的来源、收集程序有疑问，不能作出合理解释的，不得作为定案的根据。

第88条 处于明显醉酒、中毒或者麻醉等状态，不能正常感知或者正确表达的证人所提供的证言，不得作为证据使用。

证人的猜测性、评论性、推断性的证言，不得作为证据使用，但根据一般生活经验判断符合事实的除外。

第 89 条 证人证言具有下列情形之一的,不得作为定案的根据:

(一)询问证人没有个别进行的;

(二)书面证言没有经证人核对确认的;

(三)询问聋、哑人,应当提供通晓聋、哑手势的人员而未提供的;

(四)询问不通晓当地通用语言、文字的证人,应当提供翻译人员而未提供的。

第 94 条 被告人供述具有下列情形之一的,不得作为定案的根据:

(一)讯问笔录没有经被告人核对确认的;

(二)讯问聋、哑人,应当提供通晓聋、哑手势的人员而未提供的;

(三)讯问不通晓当地通用语言、文字的被告人,应当提供翻译人员而未提供的;

(四)讯问未成年人,其法定代理人或者合适成年人不在场的。

第 98 条 鉴定意见具有下列情形之一的,不得作为定案的根据:

(一)鉴定机构不具备法定资质,或者鉴定事项超出该鉴定机构业务范围、技术条件的;

(二)鉴定人不具备法定资质,不具有相关专业技术或者职称,或者违反回避规定的;

(三)送检材料、样本来源不明,或者因污染不具备鉴定条件的;

(四)鉴定对象与送检材料、样本不一致的;

(五)鉴定程序违反规定的;

(六)鉴定过程和方法不符合相关专业的规范要求的;

(七)鉴定文书缺少签名、盖章的;

(八)鉴定意见与案件事实没有关联的;

(九)违反有关规定的其他情形。

第 104 条 对辨认笔录应当着重审查辨认的过程、方法,以及辨认笔录的制作是否符合有关规定。

第 105 条 辨认笔录具有下列情形之一的,不得作为定案的根据:

(一)辨认不是在调查人员、侦查人员主持下进行的;

(二)辨认前使辨认人见到辨认对象的;

(三)辨认活动没有个别进行的;

(四)辨认对象没有混杂在具有类似特征的其他对象中,或者供辨认的对象数量不符合规定的;

(五)辨认中给辨认人明显暗示或者明显有指认嫌疑的;

(六)违反有关规定,不能确定辨认笔录真实性的其他情形。

第 114 条 电子数据具有下列情形之一的,不得作为定案的根据:

(一)系篡改、伪造或者无法确定真伪的;

(二)有增加、删除、修改等情形,影响电子数据真实性的;

(三)其他无法保证电子数据真实性的情形。

最高人民法院、最高人民检察院、公安部《关于办理刑事案件收集提取和审查判断电子数据若干问题的规定》(2016 年 9 月 9 日发布)

第 1 条 电子数据是案件发生过程中形成的,以数字化形式存储、处理、传输的,能够证明案件事实的数据。

电子数据包括但不限于下列信息、电子文件:

(一)网页、博客、微博客、朋友圈、贴吧、网盘等网络平台发布的信息;

(二)手机短信、电子邮件、即时通信、通讯群组等网络应用服务的通信信息;

(三)用户注册信息、身份认证信息、电子交易记录、通信记录、登录日志等信息;

(四)文档、图片、音视频、数字证书、计算机程序等电子文件。

以数字化形式记载的证人证言、被害人陈述以及犯罪嫌疑人、被告人供述和辩解等证据,不属于电子数据。确有必要的,对相关证据的收集、提取、移送、审查,可以参照适用本规定。

重点法条 12 证明责任

第五十一条 公诉案件中被告人有罪的举证责任由人民检察院承担,自诉案件中被告人有罪的举证责任由自诉人承担。

重点法条 13 证明对象

《高检规则》

第四百零一条 在法庭审理中,下列事实不必提出证据进行证明:

(一)为一般人共同知晓的常识性事实;

(二)人民法院生效裁判所确认并且未依审判监督程序重新审理的事实;

（三）法律、法规的内容以及适用等属于审判人员履行职务所应当知晓的事实；

（四）在法庭审理中不存在异议的程序事实；

（五）法律规定的推定事实；

（六）自然规律或者定律。

【相关法条】《刑事诉讼法解释》

第72条 应当运用证据证明的案件事实包括：

（一）被告人、被害人的身份；

（二）被指控的犯罪是否存在；

（三）被指控的犯罪是否为被告人所实施；

（四）被告人有无刑事责任能力，有无罪过，实施犯罪的动机、目的；

（五）实施犯罪的时间、地点、手段、后果以及案件起因等；

（六）是否系共同犯罪或者犯罪事实存在关联，以及被告人在犯罪中的地位、作用；

（七）被告人有无从重、从轻、减轻、免除处罚情节；

（八）有关涉案财物处理的事实；

（九）有关附带民事诉讼的事实；

（十）有关管辖、回避、延期审理等的程序事实；

（十一）与定罪量刑有关的其他事实。

认定被告人有罪和对被告人从重处罚，适用证据确实、充分的证明标准。

重点法条 14 证明标准

第五十五条 对一切案件的判处都要重证据，重调查研究，不轻信口供。只有被告人供述，没有其他证据的，不能认定被告人有罪和处以刑罚；没有被告人供述，证据确实、充分的，可以认定被告人有罪和处以刑罚。

证据确实、充分，应当符合以下条件：

（一）定罪量刑的事实都有证据证明；

（二）据以定案的证据均经法定程序查证属实；

（三）综合全案证据，对所认定事实已排除合理怀疑。

重点法条 15 非法证据排除规则

第五十六条 采用刑讯逼供等非法方法收集的犯罪嫌疑人、被告人供述和采用暴力、威胁等非法方法收集的证人证言、被害人陈述，应当予以排除。收集物证、书证不符合法定程序，可能严重影响司法公正的，应当予以补正或者作出合理解释；不能补正或者作出合理解释的，对该证据应当予以排除。

在侦查、审查起诉、审判时发现有应当排除的证据的，应当依法予以排除，不得作为起诉意见、起诉决定和判决的依据。

【相关法条】《刑事诉讼法》

第52条 审判人员、检察人员、侦查人员必须依照法定程序，收集能够证实犯罪嫌疑人、被告人有罪或者无罪、犯罪情节轻重的各种证据。严禁刑讯逼供和以威胁、引诱、欺骗以及其他非法方法收集证据，不得强迫任何人证实自己有罪。必须保证一切与案件有关或者了解案情的公民，有客观地充分地提供证据的条件，除特殊情况外，可以吸收他们协助调查。

第57条 人民检察院接到报案、控告、举报或者发现侦查人员以非法方法收集证据的，应当进行调查核实。对于确有以非法方法收集证据情形的，应当提出纠正意见；构成犯罪的，依法追究刑事责任。

第58条 法庭审理过程中，审判人员认为可能存在本法第56条规定的以非法方法收集证据情形的，应当对证据收集的合法性进行法庭调查。

当事人及其辩护人、诉讼代理人有权申请人民法院对以非法方法收集的证据依法予以排除。申请排除以非法方法收集的证据的，应当提供相关线索或者材料。

第59条 在对证据收集的合法性进行法庭调查的过程中，人民检察院应当对证据收集的合法性加以证明。

现有证据材料不能证明证据收集的合法性的，人民检察院可以提请人民法院通知有关侦查人员或者其他人员出庭说明情况；人民法院可以通知有关侦查人员或者其他人员出庭说明情况。有关侦查人员或者其他人员也可以要求出庭说明情况。经人民法院通知，有关人员应当出庭。

第60条 对于经过法庭审理，确认或者不能排除存在本法第56条规定的以非法方法收集证据情形的，对有关证据应当予以排除。

《排除非法证据规定》（2017年6月20日发布）

第1条 严禁刑讯逼供和以威胁、引诱、欺骗以及其他非法方法收集证据，不得强迫任何人证实自己有罪。对一切案件的判处都要重证据，重调查研究，不轻信口供。

第2条 采取殴打、违法使用戒具等暴力方法或者变相肉刑的恶劣手段，使犯罪嫌疑人、被告人遭受难以忍受的痛苦而违背意愿作出的供述，应当予以排除。

第3条 采用以暴力或者严重损害本人及其近亲属合法权益等进行威胁的方法，使犯罪嫌疑人、被告人遭受难以忍受的痛苦而违背意愿作出的供述，应当予以排除。

第4条 采用非法拘禁等非法限制人身自由的方法收集的犯罪嫌疑人、被告人供述，应当予以排除。

第5条 采用刑讯逼供方法使犯罪嫌疑人、被告人作出供述，之后犯罪嫌疑人、被告人受该刑讯逼供行为影响而作出的与该供述相同的重复性供述，应当一并排除，但下列情形除外：

（一）侦查期间，根据控告、举报或者自己发现等，侦查机关确认或者不能排除以非法方法收集证据而更换侦查人员，其他侦查人员再次讯问时告知诉讼权利和认罪的法律后果，犯罪嫌疑人自愿供述的；

（二）审查逮捕、审查起诉和审判期间，检察人员、审判人员讯问时告知诉讼权利和认罪的法律后果，犯罪嫌疑人、被告人自愿供述的。

第6条 采用暴力、威胁以及非法限制人身自由等非法方法收集的证人证言、被害人陈述，应当予以排除。

第7条 收集物证、书证不符合法定程序，可能严重影响司法公正的，应当予以补正或者作出合理解释；不能补正或者作出合理解释的，对有关证据应当予以排除。

重点法条 16 证人的资格与义务；对证人及其近亲属的保护；证人、鉴定人、被害人及其近亲属的特殊保护；证人作证补偿

第六十二条 凡是知道案件情况的人，都有作证的义务。

生理上、精神上有缺陷或者年幼，不能辨别是非、不能正确表达的人，不能作证人。

第六十三条 人民法院、人民检察院和公安机关应当保障证人及其近亲属的安全。

对证人及其近亲属进行威胁、侮辱、殴打或者打击报复，构成犯罪的，依法追究刑事责任；尚不够刑事处罚的，依法给予治安管理处罚。

第六十四条 对于危害国家安全犯罪、恐怖活动犯罪、黑社会性质的组织犯罪、毒品犯罪等案件，证人、鉴定人、被害人因在诉讼中作证，本人或者其近亲属的人身安全面临危险的，人民法院、人民检察院和公安机关应当采取以下一项或者多项保护措施：

（一）不公开真实姓名、住址和工作单位等个人信息；

（二）采取不暴露外貌、真实声音等出庭作证措施；

（三）禁止特定的人员接触证人、鉴定人、被害人及其近亲属；

（四）对人身和住宅采取专门性保护措施；

（五）其他必要的保护措施。

证人、鉴定人、被害人认为因在诉讼中作证，本人或者其近亲属的人身安全面临危险的，可以向人民法院、人民检察院、公安机关请求予以保护。

人民法院、人民检察院、公安机关依法采取保护措施，有关单位和个人应当配合。

第六十五条 证人因履行作证义务而支出的交通、住宿、就餐等费用，应当给予补助。证人作证的补助列入司法机关业务经费，由同级政府财政予以保障。

有工作单位的证人作证，所在单位不得克扣或者变相克扣其工资、奖金及其他福利待遇。

精 解

1. 证人证言是指证人就其所了解的案件情况向公安司法机关所作的陈述。

2. 凡是知道案件情况的人，都有作证的义务；生理上、精神上有缺陷或者年幼，不能辨别是非、不能正确表达的人，不能做证人。

重点法条 17 取保候审的适用条件与执行机关

第六十七条 人民法院、人民检察院和公安机关对有下列情形之一的犯罪嫌疑人、被告人，可以取保候审：

（一）可能判处管制、拘役或者独立适用附加刑的；

（二）可能判处有期徒刑以上刑罚，采取取保候审不致发生社会危险性的；

（三）患有严重疾病、生活不能自理，怀孕或者正在哺乳自己婴儿的妇女，采取取保候审不致发生社会危险性的；

（四）羁押期限届满，案件尚未办结，需要采取取保候审的。

取保候审由公安机关执行。

【相关法条】《刑事诉讼法》

第66条 人民法院、人民检察院和公安机关根据案件情况，对犯罪嫌疑人、被告人可以拘传、取保候

审或者监视居住。

《高检规则》

第 87 条 人民检察院对于严重危害社会治安的犯罪嫌疑人,以及其他犯罪性质恶劣、情节严重的犯罪嫌疑人不得取保候审。

精 解

1. 在上述条文第 67 条中:

第一种情形可能判处管制、拘役或者独立适用附加刑的,考虑到量刑不符合逮捕的条件,因此可以取保候审;

第二种情形可能判处有期徒刑以上刑罚,采取取保候审不致发生社会危险性的,由于在危险性的条件上不符合逮捕的条件,所以可以取保候审;

第三种情形是患有严重疾病、生活不能自理,怀孕或者正在哺乳自己婴儿的妇女,采取取保候审不致发生社会危险性的,所以可以取保候审;

第四种情形羁押期限届满,案件尚未办结,需要采取取保候审措施的,由于超期羁押,从保障犯罪嫌疑人的权利出发,将其作为了取保候审的适用条件。

2. 不得适用取保候审的情形:参见《高检规则》第 87 条。

重点法条 18 取保候审的保证方式

第六十八条 人民法院、人民检察院和公安机关决定对犯罪嫌疑人、被告人取保候审,应当责令犯罪嫌疑人、被告人提出保证人或者交纳保证金。

【相关法条】 《刑事诉讼法》

第 69 条 保证人必须符合下列条件:

(一)与本案无牵连;

(二)有能力履行保证义务;

(三)享有政治权利,人身自由未受到限制;

(四)有固定的住处和收入。

第 70 条 保证人应当履行以下义务:

(一)监督被保证人遵守本法第 71 条的规定;

(二)发现被保证人可能发生或者已经发生违反本法第 71 条规定的行为的,应当及时向执行机关报告。

被保证人有违反本法第 71 条规定的行为,保证人未履行保证义务的,对保证人处以罚款,构成犯罪的,依法追究刑事责任。

第 72 条 取保候审的决定机关应当综合考虑保证诉讼活动正常进行的需要,被取保候审人的社会危险性,案件的性质、情节,可能判处刑罚的轻重,被取保候审人的经济状况等情况,确定保证金的数额。

提供保证金的人应当将保证金存入执行机关指定银行的专门账户。

《刑事诉讼法解释》

第 150 条 被告人具有刑事诉讼法第 67 条第 1 款规定情形之一的,人民法院可以决定取保候审。

对被告人决定取保候审的,应当责令其提出保证人或者交纳保证金,不得同时使用保证人保证与保证金保证。

第 157 条 根据案件事实和法律规定,认为已经构成犯罪的被告人在取保候审期间逃匿的,如果系保证人协助被告人逃匿,或者保证人明知被告人藏匿地点但拒绝向司法机关提供,对保证人应当依法追究责任。

第 158 条 人民法院发现使用保证金保证的被取保候审人违反刑事诉讼法第 71 条第 1 款、第 2 款规定的,应当书面通知公安机关依法处理。

人民法院收到公安机关已经没收保证金的书面通知或者变更强制措施的建议后,应当区别情形,在 5 日以内责令被告人具结悔过,重新交纳保证金或者提出保证人,或者变更强制措施,并通知公安机关。

人民法院决定对被依法没收保证金的被告人继续取保候审的,取保候审的期限连续计算。

第 162 条 人民检察院、公安机关已经对犯罪嫌疑人取保候审、监视居住,案件起诉至人民法院后,需要继续取保候审、监视居住或者变更强制措施的,人民法院应当在 7 日以内作出决定,并通知人民检察院、公安机关。

决定继续取保候审、监视居住的,应当重新办理手续,期限重新计算;继续使用保证金保证的,不再收取保证金。

《六机关规定》(2012 年 12 月 26 日发布)

14. 对取保候审保证人是否履行了保证义务,由公安机关认定,对保证人的罚款决定,也由公安机关作出。

最高人民法院、最高人民检察院、公安部、国家安全部《关于取保候审若干问题的规定》(以下简称《取保候审规定》,1999 年 8 月 4 日发布)

第 4 条 对犯罪嫌疑人、被告人决定取保候审的,应当责令其提出保证人或者交纳保证金。

对同一犯罪嫌疑人、被告人决定取保候审的,不得同时使用保证人保证和保证金保证。

第 5 条 采取保证金形式取保候审的,保证金的起点数额为1000元。

决定机关应当以保证被取保候审人不逃避、不妨碍刑事诉讼活动为原则，综合考虑犯罪嫌疑人、被告人的社会危险性，案件的情节、性质，可能判处刑罚的轻重，犯罪嫌疑人、被告人经济状况，当地的经济发展水平等情况，确定收取保证金的数额。

重点法条 19 被取保候审人的义务与责任

第七十一条 被取保候审的犯罪嫌疑人、被告人应当遵守以下规定：

（一）未经执行机关批准不得离开所居住的市、县；

（二）住址、工作单位和联系方式发生变动的，在24小时以内向执行机关报告；

（三）在传讯的时候及时到案；

（四）不得以任何形式干扰证人作证；

（五）不得毁灭、伪造证据或者串供。

人民法院、人民检察院和公安机关可以根据案件情况，责令被取保候审的犯罪嫌疑人、被告人遵守以下一项或者多项规定：

（一）不得进入特定的场所；

（二）不得与特定的人员会见或者通信；

（三）不得从事特定的活动；

（四）将护照等出入境证件、驾驶证件交执行机关保存。

被取保候审的犯罪嫌疑人、被告人违反前两款规定，已交纳保证金的，没收部分或者全部保证金，并且区别情形，责令犯罪嫌疑人、被告人具结悔过，重新交纳保证金、提出保证人，或者监视居住、予以逮捕。

对违反取保候审规定，需要予以逮捕的，可以对犯罪嫌疑人、被告人先行拘留。

精 解

《刑事诉讼法》第71条第1项处的“执行机关”是公安机关。根据《六机关规定》第13条的规定，被取保候审、监视居住的犯罪嫌疑人、被告人无正当理由不得离开所居住的市、县或者执行监视居住的处所，有正当理由需要离开所居住的市、县或者执行监视居住的处所，应当经执行机关批准。如果取保候审、监视居住是由人民检察院、人民法院决定的，执行机关在批准犯罪嫌疑人、被告人离开所居住的市、县或者执行监视居住的处所前，应当征得决定机关同意。

【例题】 甲公司涉嫌走私普通货物罪被提起公诉，该公司总经理乙也被追究刑事责任。甲公司委托律师丙担任诉讼代表人。乙缴纳保证金后，法院决定对其取保候审。下列关于该案的说法，正确的是：(2022年单选题)

A. 丙可以申请该案的公诉人回避

B. 丙可以在审判阶段复制相关证据材料

C. 乙在取保候审期间违规外出，其重新缴纳保证金后取保候审的期限重新计算

D. 乙取保候审期间违规外出，保证金可以暂扣等到审判结束后返还

参考答案：________①

重点法条 20 监视居住的适用条件

第七十四条 人民法院、人民检察院和公安机关对符合逮捕条件，有下列情形之一的犯罪嫌疑人、被告人，可以监视居住：

（一）患有严重疾病、生活不能自理的；

（二）怀孕或者正在哺乳自己婴儿的妇女；

（三）系生活不能自理的人的唯一扶养人；

（四）因为案件的特殊情况或者办理案件的需要，采取监视居住措施更为适宜的；

（五）羁押期限届满，案件尚未办结，需要采取监视居住措施的。

对符合取保候审条件，但犯罪嫌疑人、被告人不能提出保证人，也不交纳保证金的，可以监视居住。

监视居住由公安机关执行。

重点法条 21 监视居住的执行与监督

第七十五条 监视居住应当在犯罪嫌疑人、被告人的住处执行；无固定住处的，可以在指定的居所执行。对于涉嫌危害国家安全犯罪、恐怖活动犯罪，在住处执行可能有碍侦查的，经上一级公安机关批准，也可以在指定的居所执行。但是，不得在羁押场所、专门的办案场所执行。

指定居所监视居住的，除无法通知的以外，应当在执行监视居住后24小时以内，通知被监视居住人的家属。

被监视居住的犯罪嫌疑人、被告人委托辩护人，

① A

适用本法第34条的规定。

人民检察院对指定居所监视居住的决定和执行是否合法实行监督。

【相关法条】《刑事诉讼法》

第76条 指定居所监视居住的期限应当折抵刑期。被判处管制的，监视居住1日折抵刑期1日；被判处拘役、有期徒刑的，监视居住2日折抵刑期1日。

重点法条 22 被监视居住人的义务与责任

第七十七条 被监视居住的犯罪嫌疑人、被告人应当遵守以下规定：

（一）未经执行机关批准不得离开执行监视居住的处所；

（二）未经执行机关批准不得会见他人或者通信；

（三）在传讯的时候及时到案；

（四）不得以任何形式干扰证人作证；

（五）不得毁灭、伪造证据或者串供；

（六）将护照等出入境证件、身份证件、驾驶证件交执行机关保存。

被监视居住的犯罪嫌疑人、被告人违反前款规定，情节严重的，可以予以逮捕；需要予以逮捕的，可以对犯罪嫌疑人、被告人先行拘留。

【相关法条】《刑事诉讼法》

第78条 执行机关对被监视居住的犯罪嫌疑人、被告人，可以采取电子监控、不定期检查等监视方法对其遵守监视居住规定的情况进行监督；在侦查期间，可以对被监视居住的犯罪嫌疑人的通信进行监控。

重点法条 23 逮捕的权限

第八十条 逮捕犯罪嫌疑人、被告人，必须经过人民检察院批准或者人民法院决定，由公安机关执行。

【相关法条】《刑事诉讼法》

第88条 人民检察院审查批准逮捕，可以讯问犯罪嫌疑人；有下列情形之一的，应当讯问犯罪嫌疑人：

（一）对是否符合逮捕条件有疑问的；

（二）犯罪嫌疑人要求向检察人员当面陈述的；

（三）侦查活动可能有重大违法行为的。

人民检察院审查批准逮捕，可以询问证人等诉讼参与人，听取辩护律师的意见；辩护律师提出要求的，应当听取辩护律师的意见。

第89条 人民检察院审查批准逮捕犯罪嫌疑人由检察长决定。重大案件应当提交检察委员会讨论决定。

第90条 人民检察院对于公安机关提请批准逮捕的案件进行审查后，应当根据情况分别作出批准逮捕或者不批准逮捕的决定。对于批准逮捕的决定，公安机关应当立即执行，并且将执行情况及时通知人民检察院。对于不批准逮捕的，人民检察院应当说明理由，需要补充侦查的，应当同时通知公安机关。

《刑事诉讼法解释》

第167条 人民法院作出逮捕决定后，应当将逮捕决定书等相关材料送交公安机关执行，并将逮捕决定书抄送人民检察院。逮捕被告人后，人民法院应当将逮捕的原因和羁押的处所，在24小时以内通知其家属；确实无法通知的，应当记录在案。

《六机关规定》

17.对于人民检察院批准逮捕的决定，公安机关应当立即执行，并将执行回执及时送达批准逮捕的人民检察院。如果未能执行，也应当将回执送达人民检察院，并写明未能执行的原因。对于人民检察院决定不批准逮捕的，公安机关在收到不批准逮捕决定书后，应当立即释放在押的犯罪嫌疑人或者变更强制措施，并将执行回执在收到不批准逮捕决定书后的3日内送达作出不批准逮捕决定的人民检察院。

《高检规则》

第282条 对公安机关提请批准逮捕的犯罪嫌疑人，已经被拘留的，人民检察院应当在收到提请批准逮捕书后7日以内作出是否批准逮捕的决定；未被拘留的，应当在收到提请批准逮捕书后15日以内作出是否批准逮捕的决定，重大、复杂案件，不得超过20日。

第288条 人民检察院办理公安机关提请批准逮捕的案件，发现遗漏应当逮捕的犯罪嫌疑人的，应当经检察长批准，要求公安机关提请批准逮捕。公安机关不提请批准逮捕或者说明的不提请批准逮捕的理由不成立的，人民检察院可以直接作出逮捕决定，送达公安机关执行。

第289条 对已经作出的批准逮捕决定发现确有错误的，人民检察院应当撤销原批准逮捕决定，送达公安机关执行。

对已经作出的不批准逮捕决定发现确有错误，需要批准逮捕的，人民检察院应当撤销原不批准逮捕决定，并重新作出批准逮捕决定，送达公安机关执行。

对因撤销原批准逮捕决定而被释放的犯罪嫌疑人或者逮捕后公安机关变更为取保候审、监视居住的犯罪嫌疑人，又发现需要逮捕的，人民检察院应当重新办理逮捕手续。

第294条 外国人、无国籍人涉嫌危害国家安全犯罪的案件或者涉及国与国之间政治、外交关系的案件以及在适用法律上确有疑难的案件，需要逮捕犯罪嫌疑人的，按照刑事诉讼法关于管辖的规定，分别由基层人民检察院或者设区的市级人民检察院审查并提出意见，层报最高人民检察院审查。最高人民检察院认为需要逮捕的，经征求外交部的意见后，作出批准逮捕的批复；认为不需要逮捕的，作出不批准逮捕的批复。基层人民检察院或者设区的市级人民检察院根据最高人民检察院的批复，依法作出批准或者不批准逮捕的决定。层报过程中，上级人民检察院认为不需要逮捕的，应当作出不批准逮捕的批复。报送的人民检察院根据批复依法作出不批准逮捕的决定。

基层人民检察院或者设区的市级人民检察院认为不需要逮捕的，可以直接依法作出不批准逮捕的决定。

外国人、无国籍人涉嫌本条第1款规定以外的其他犯罪案件，决定批准逮捕的人民检察院应当在作出批准逮捕决定后48小时以内报上一级人民检察院备案，同时向同级人民政府外事部门通报。上一级人民检察院经审查发现批准逮捕决定错误的，应当依法及时纠正。

第295条 人民检察院办理审查逮捕的危害国家安全犯罪案件，应当报上一级人民检察院备案。

上一级人民检察院经审查发现错误的，应当依法及时纠正。

精　解

一、逮捕的适用机关

1. 检察院——批准和决定机关。

(1)对于公安机关移送要求审查批准逮捕的案件，人民检察院有批准权；

(2)人民检察院在侦查及审查起诉中，认为应予逮捕的，依法有权自行决定。

2. 人民法院——决定机关。

人民法院在审判阶段发现需要逮捕被告人的，有权决定逮捕。

3. 公安机关——执行机关。

公安机关无权自行决定逮捕。但执行权专属于公安机关。

二、逮捕的批准和决定程序

1. 人民检察院对公安机关提请逮捕的批准程序。

对公安机关提请批准逮捕的犯罪嫌疑人已被拘留的，人民检察院应当在7日内作出是否批准逮捕的决定；未被拘留的，应当在接到提请批准逮捕书后的15日以内作出是否批准逮捕的决定，重大、复杂的案件不得超过20日。检察机关经审查应当分别作出以下决定：

(1)对于符合逮捕条件的，作出批准逮捕的决定，制作批准逮捕决定书；

(2)对于不符合逮捕条件的，作出不批准逮捕的决定，制作不批准逮捕决定书，说明不批准逮捕的理由，需要补充侦查的，应当同时通知公安机关。

2. 人民检察院决定逮捕的程序。

对本院侦查部门移送审查逮捕的案件，犯罪嫌疑人已被拘留的，7日以内由检察长或者检察委员会决定是否逮捕；犯罪嫌疑人未被拘留的，15日以内由检察长或者检察委员会决定是否逮捕，重大、复杂的案件，不得超过20日。

重点法条 24　逮捕的条件

第八十一条 对有证据证明有犯罪事实，可能判处徒刑以上刑罚的犯罪嫌疑人、被告人，采取取保候审尚不足以防止发生下列社会危险性的，应当予以逮捕：

(一)可能实施新的犯罪的；

(二)有危害国家安全、公共安全或者社会秩序的现实危险的；

(三)可能毁灭、伪造证据，干扰证人作证或者串供的；

(四)可能对被害人、举报人、控告人实施打击报复的；

(五)企图自杀或者逃跑的。

批准或者决定逮捕，应当将犯罪嫌疑人、被告人涉嫌犯罪的性质、情节，认罪认罚等情况，作为是否可能发生社会危险性的考虑因素。

对有证据证明有犯罪事实，可能判处10年有期徒刑以上刑罚的，或者有证据证明有犯罪事实，可能判处徒刑以上刑罚，曾经故意犯罪或者身份不明的，应当予以逮捕。

被取保候审、监视居住的犯罪嫌疑人、被告人违反取保候审、监视居住规定，情节严重的，可以予以逮捕。

重点法条 25　逮捕的通知和讯问

第八十八条 人民检察院审查批准逮捕，可以讯问犯罪嫌疑人；有下列情形之一的，应当讯问犯罪嫌疑人：

(一)对是否符合逮捕条件有疑问的；

(二)犯罪嫌疑人要求向检察人员当面陈述的；

（三）侦查活动可能有重大违法行为的。

人民检察院审查批准逮捕，可以询问证人等诉讼参与人，听取辩护律师的意见；辩护律师提出要求的，应当听取辩护律师的意见。

第九十三条 公安机关逮捕人的时候，必须出示逮捕证。

逮捕后，应当立即将被逮捕人送看守所羁押。除无法通知的以外，应当在逮捕后24小时以内，通知被逮捕人的家属。

【相关法条】《刑事诉讼法》

第96条 人民法院、人民检察院和公安机关如果发现对犯罪嫌疑人、被告人采取强制措施不当的，应当及时撤销或者变更。公安机关释放被逮捕的人或者变更逮捕措施的，应当通知原批准的人民检察院。

《刑事诉讼法解释》

第167条 人民法院作出逮捕决定后，应当将逮捕决定书等相关材料送交公安机关执行，并将逮捕决定书抄送人民检察院。逮捕被告人后，人民法院应当将逮捕的原因和羁押的处所，在24小时以内通知其家属；确实无法通知的，应当记录在案。

第168条 人民法院对决定逮捕的被告人，应当在逮捕后24小时以内讯问。发现不应当逮捕的，应当立即释放。必要时，可以依法变更强制措施。

第170条 被逮捕的被告人具有下列情形之一的，人民法院应当立即释放；必要时，可以依法变更强制措施：

（一）第一审人民法院判决被告人无罪、不负刑事责任或者免予刑事处罚的；

（二）第一审人民法院判处管制、宣告缓刑、单独适用附加刑，判决尚未发生法律效力的；

（三）被告人被羁押的时间已到第一审人民法院对其判处的刑期期限的；

（四）案件不能在法律规定的期限内审结的。

第171条 人民法院决定释放被告人的，应当立即将释放通知书送交公安机关执行。

《高检规则》

第280条 人民检察院办理审查逮捕案件，可以讯问犯罪嫌疑人；具有下列情形之一的，应当讯问犯罪嫌疑人：

（一）对是否符合逮捕条件有疑问的；

（二）犯罪嫌疑人要求向检察人员当面陈述的；

（三）侦查活动可能有重大违法行为的；

（四）案情重大、疑难、复杂的；

（五）犯罪嫌疑人认罪认罚的；

（六）犯罪嫌疑人系未成年人的；

（七）犯罪嫌疑人是盲、聋、哑人或者是尚未完全丧失辨认或者控制自己行为能力的精神病人的。

讯问未被拘留的犯罪嫌疑人，讯问前应当听取公安机关的意见。

办理审查逮捕案件，对被拘留的犯罪嫌疑人不予讯问的，应当送达听取犯罪嫌疑人意见书，由犯罪嫌疑人填写后及时收回审查并附卷。经审查认为应当讯问犯罪嫌疑人的，应当及时讯问。

精 解

上述条文规定了逮捕的通知和讯问问题：

1. 逮捕后要立即送到看守所。

2. 24小时内通知家属（无单位）。

3. 除无法通知的以外，无其他例外情形。

4. 逮捕后，应当在24小时以内进行讯问；如果发现不应当逮捕的，应当变更强制措施或立即释放。

重点法条26 羁押必要性审查

第九十五条 犯罪嫌疑人、被告人被逮捕后，人民检察院仍应当对羁押的必要性进行审查。对不需要继续羁押的，应当建议予以释放或者变更强制措施。有关机关应当在10日以内将处理情况通知人民检察院。

【相关法条】《人民检察院、公安机关羁押必要性审查、评估工作规定》（2023年11月30日公布）

第1条 犯罪嫌疑人、被告人被逮捕后，人民检察院应当依法对羁押的必要性进行审查。不需要继续羁押的，应当建议公安机关、人民法院予以释放或者变更强制措施。对于审查起诉阶段的案件，应当及时决定释放或者变更强制措施。

公安机关在移送审查起诉前，发现采取逮捕措施不当或者犯罪嫌疑人及其法定代理人、近亲属或者辩护人、值班律师申请变更羁押强制措施的，应当对羁押的必要性进行评估。不需要继续羁押的，应当及时决定释放或者变更强制措施。

第7条 人民检察院、公安机关发现犯罪嫌疑人、被告人可能存在下列情形之一的，应当立即开展羁押必要性审查、评估并及时作出审查、评估决定：

（一）因患有严重疾病、生活不能自理等原因不适宜继续羁押的；

（二）怀孕或者正在哺乳自己婴儿的妇女；

（三）系未成年人的唯一抚养人；

（四）系生活不能自理的人的唯一扶养人；

（五）继续羁押犯罪嫌疑人、被告人，羁押期限将超过依法可能判处的刑期的；

（六）案件事实、情节或者法律、司法解释发生变化，可能导致犯罪嫌疑人、被告人被判处拘役、管制、独立适用附加刑、免予刑事处罚或者判决无罪的；

（七）案件证据发生重大变化，可能导致没有证据证明有犯罪事实或者犯罪行为系犯罪嫌疑人、被告人所为的；

（八）存在其他对犯罪嫌疑人、被告人采取羁押强制措施不当情形，应当及时撤销或者变更的。

未成年犯罪嫌疑人、被告人被逮捕后，人民检察院、公安机关应当做好跟踪帮教、感化挽救工作，发现对未成年在押人员不予羁押不致发生社会危险性的，应当及时启动羁押必要性审查、评估工作，依法作出释放或者变更决定。

第13条 开展羁押必要性审查、评估工作，可以采取以下方式：

（一）审查犯罪嫌疑人、被告人不需要继续羁押的理由和证明材料；

（二）听取犯罪嫌疑人、被告人及其法定代理人、近亲属或者辩护人、值班律师意见；

（三）听取被害人及其法定代理人、诉讼代理人、近亲属或者其他有关人员的意见，了解和解、谅解、赔偿情况；

（四）听取公安机关、人民法院意见，必要时查阅、复制原案卷宗中有关证据材料；

（五）调查核实犯罪嫌疑人、被告人身体健康状况；

（六）向看守所调取有关犯罪嫌疑人、被告人羁押期间表现的材料；

（七）进行羁押必要性审查、评估需要采取的其他方式。

听取意见情况应当制作笔录，与书面意见、调查核实获取的其他证据材料等一并附卷。

【例题】 赵某和何某（17周岁）涉嫌贩卖毒品罪被一并提起公诉，关于本案的处理，下列哪些选项是正确的？（2020年多选题）

A. 检察院在审判阶段羁押必要性审查后，建议法院对何某取保候审

B. 赵某和何某均表示认罪认罚，法院决定适用速裁程序审理

C. 赵某和何某可以作为共同被告人，由少年法庭审理

D. 侦查阶段对毒品检查出具鉴定意见的张某在开庭之前病逝，其鉴定意见不得作为定案依据

参考答案：________①

重点法条 27 提起附带民事诉讼的条件

第一百零一条 被害人由于被告人的犯罪行为而遭受物质损失的，在刑事诉讼过程中，有权提起附带民事诉讼。被害人死亡或者丧失行为能力的，被害人的法定代理人、近亲属有权提起附带民事诉讼。

如果是国家财产、集体财产遭受损失的，人民检察院在提起公诉的时候，可以提起附带民事诉讼。

【相关法条】《刑事诉讼法解释》

第175条 被害人因人身权利受到犯罪侵犯或者财物被犯罪分子毁坏而遭受物质损失的，有权在刑事诉讼过程中提起附带民事诉讼；被害人死亡或者丧失行为能力的，其法定代理人、近亲属有权提起附带民事诉讼。

因受到犯罪侵犯，提起附带民事诉讼或者单独提起民事诉讼要求赔偿精神损失的，人民法院一般不予受理。

第176条 被告人非法占有、处置被害人财产的，应当依法予以追缴或者责令退赔。被害人提起附带民事诉讼的，人民法院不予受理。追缴、退赔的情况，可以作为量刑情节考虑。

第177条 国家机关工作人员在行使职权时，侵犯他人人身、财产权利构成犯罪，被害人或者其法定代理人、近亲属提起附带民事诉讼的，人民法院不予受理，但应当告知其可以依法申请国家赔偿。

第178条 人民法院受理刑事案件后，对符合刑事诉讼法第101条和本解释第175条第1款规定的，可以告知被害人或者其法定代理人、近亲属有权提起附带民事诉讼。

有权提起附带民事诉讼的人放弃诉讼权利的，应当准许，并记录在案。

第179条 国家财产、集体财产遭受损失，受损

① AC

失的单位未提起附带民事诉讼,人民检察院在提起公诉时提起附带民事诉讼的,人民法院应当受理。

人民检察院提起附带民事诉讼的,应当列为附带民事诉讼原告人。

被告人非法占有、处置国家财产、集体财产的,依照本解释第176条的规定处理。

第181条 被害人或者其法定代理人、近亲属仅对部分共同侵害人提起附带民事诉讼的,人民法院应当告知其可以对其他共同侵害人,包括没有被追究刑事责任的共同侵害人,一并提起附带民事诉讼,但共同犯罪案件中同案犯在逃的除外。

被害人或者其法定代理人、近亲属放弃对其他共同侵害人的诉讼权利的,人民法院应当告知其相应法律后果,并在裁判文书中说明其放弃诉讼请求的情况。

第182条 附带民事诉讼的起诉条件是:

(一)起诉人符合法定条件;

(二)有明确的被告人;

(三)有请求赔偿的具体要求和事实、理由;

(四)属于人民法院受理附带民事诉讼的范围。

第183条 共同犯罪案件,同案犯在逃的,不应列为附带民事诉讼被告人。逃跑的同案犯到案后,被害人或者其法定代理人、近亲属可以对其提起附带民事诉讼,但已经从其他共同犯罪人处获得足额赔偿的除外。

第184条 附带民事诉讼应当在刑事案件立案后及时提起。

提起附带民事诉讼应当提交附带民事起诉状。

第185条 侦查、审查起诉期间,有权提起附带民事诉讼的人提出赔偿要求,经公安机关、人民检察院调解,当事人双方已经达成协议并全部履行,被害人或者其法定代理人、近亲属又提起附带民事诉讼的,人民法院不予受理,但有证据证明调解违反自愿、合法原则的除外。

第186条 被害人或者其法定代理人、近亲属提起附带民事诉讼的,人民法院应当在7日以内决定是否受理。符合刑事诉讼法第101条以及本解释有关规定的,应当受理;不符合的,裁定不予受理。

【例题】 王某多次强迫小王(王某之子,15周岁)与小马(15周岁)采用自伤的方式"碰瓷"向驾车经过的人实施诈骗,并造成小马重伤。检察院遂以故意伤害罪和诈骗罪对王某提起公诉。本案中,下列选项正确的是:(2020年不定项)

A. 小马在本案中既是被害人又是证人

B. 为查清王某的犯罪事实,法院可以强制小王到庭作证

C. 小马可以通过附带民事诉讼要求王某支付医疗费、护理费等治疗康复费用

D. 由于王某对小王实施故意犯罪,法院可以通过附带民事诉讼一并撤销王某的监护人资格

参考答案:________①

重点法条 28 附带民事诉讼的保全措施、结案方式与审判组织

第一百零二条 人民法院在必要的时候,可以采取保全措施,查封、扣押或者冻结被告人的财产。附带民事诉讼原告人或者人民检察院可以申请人民法院采取保全措施。人民法院采取保全措施,适用民事诉讼法的有关规定。

第一百零三条 人民法院审理附带民事诉讼案件,可以进行调解,或者根据物质损失情况作出判决、裁定。

第一百零四条 附带民事诉讼应当同刑事案件一并审判,只有为了防止刑事案件审判的过分迟延,才可以在刑事案件审判后,由同一审判组织继续审理附带民事诉讼。

【相关法条】《刑事诉讼法解释》

第180条 附带民事诉讼中依法负有赔偿责任的人包括:

(一)刑事被告人以及未被追究刑事责任的其他共同侵害人;

(二)刑事被告人的监护人;

(三)死刑罪犯的遗产继承人;

(四)共同犯罪案件中,案件审结前死亡的被告人的遗产继承人;

(五)对被害人的物质损失依法应当承担赔偿责任的其他单位和个人。

附带民事诉讼被告人的亲友自愿代为赔偿的,应当准许。

第188条 附带民事诉讼当事人对自己提出的主张,有责任提供证据。

第189条 人民法院对可能因被告人的行为或

① C

者其他原因，使附带民事判决难以执行的案件，根据附带民事诉讼原告人的申请，可以裁定采取保全措施，查封、扣押或者冻结被告人的财产；附带民事诉讼原告人未提出申请的，必要时，人民法院也可以采取保全措施。

有权提起附带民事诉讼的人因情况紧急，不立即申请保全将会使其合法权益受到难以弥补的损害的，可以在提起附带民事诉讼前，向被保全财产所在地、被申请人居住地或者对案件有管辖权的人民法院申请采取保全措施。申请人在人民法院受理刑事案件后15日以内未提起附带民事诉讼的，人民法院应当解除保全措施。

人民法院采取保全措施，适用民事诉讼法第100条至第105条（现第106～111条）的有关规定，但民事诉讼法第101条第3款（现第104条第3款）的规定除外。

第195条 附带民事诉讼原告人经传唤，无正当理由拒不到庭，或者未经法庭许可中途退庭的，应当按撤诉处理。

刑事被告人以外的附带民事诉讼被告人经传唤，无正当理由拒不到庭，或者未经法庭许可中途退庭的，附带民事部分可以缺席判决。

刑事被告人以外的附带民事诉讼被告人下落不明，或者用公告送达以外的其他方式无法送达，可能导致刑事案件审判过分迟延的，可以不将其列为附带民事诉讼被告人，告知附带民事诉讼原告人另行提起民事诉讼。

第196条 附带民事诉讼应当同刑事案件一并审判，只有为了防止刑事案件审判的过分迟延，才可以在刑事案件审判后，由同一审判组织继续审理附带民事诉讼；同一审判组织的成员确实不能继续参与审判的，可以更换。

第197条 人民法院认定公诉案件被告人的行为不构成犯罪，对已经提起的附带民事诉讼，经调解不能达成协议的，可以一并作出刑事附带民事判决，也可以告知附带民事原告人另行提起民事诉讼。

人民法院准许人民检察院撤回起诉的公诉案件，对已经提起的附带民事诉讼，可以进行调解；不宜调解或者经调解不能达成协议的，应当裁定驳回起诉，并告知附带民事诉讼原告人可以另行提起民事诉讼。

第199条 人民法院审理附带民事诉讼案件，不收取诉讼费。

第201条 人民法院审理附带民事诉讼案件，除刑法、刑事诉讼法以及刑事司法解释已有规定的以外，适用民事法律的有关规定。

第二编 立案、侦查和提起公诉

重点法条 29 立案条件

第一百一十二条 人民法院、人民检察院或者公安机关对于报案、控告、举报和自首的材料，应当按照管辖范围，迅速进行审查，认为有犯罪事实需要追究刑事责任的时候，应当立案；认为没有犯罪事实，或者犯罪事实显著轻微，不需要追究刑事责任的时候，不予立案，并且将不立案的原因通知控告人。控告人如果不服，可以申请复议。

【相关法条】《刑事诉讼法》

第110条 任何单位和个人发现有犯罪事实或者犯罪嫌疑人，有权利也有义务向公安机关、人民检察院或者人民法院报案或者举报。

被害人对侵犯其人身、财产权利的犯罪事实或者犯罪嫌疑人，有权向公安机关、人民检察院或者人民法院报案或者控告。

公安机关、人民检察院或者人民法院对于报案、控告、举报，都应当接受。对于不属于自己管辖的，应当移送主管机关处理，并且通知报案人、控告人、举报人；对于不属于自己管辖而又必须采取紧急措施的，应当先采取紧急措施，然后移送主管机关。

犯罪人向公安机关、人民检察院或者人民法院自首的，适用第3款规定。

第111条 报案、控告、举报可以用书面或者口头提出。接受口头报案、控告、举报的工作人员，应当写成笔录，经宣读无误后，由报案人、控告人、举报人签名或者盖章。

接受控告、举报的工作人员，应当向控告人、举报人说明诬告应负的法律责任。但是，只要不是捏造事实，伪造证据，即使控告、举报的事实有出入，甚至是错告的，也要和诬告严格加以区别。

公安机关、人民检察院或者人民法院应当保障报案人、控告人、举报人及其近亲属的安全。报案人、控告人、举报人如果不愿公开自己的姓名和报案、控告、举报的行为，应当为他保守秘密。

精 解

1. 本条规定了刑事公诉案件的立案条件：

（1）有犯罪事实。有犯罪事实，是指客观上存在某种危害社会的犯罪行为。根据刑法的规定,犯罪行为是指触犯刑律的、应受刑罚处罚的危害社会的行为。由于立案是追究犯罪的开始,所以此时所说的有犯罪事实,仅是指发现有某种危害社会而又触犯刑律的犯罪行为发生。至于整个犯罪的过程、犯罪的具体情节、犯罪人是谁等,并不要求在立案时就全部弄清楚。这些问题应当通过立案后的侦查或审理活动来解决。

(2)需要追究刑事责任。只有当有犯罪事实发生,并且依法需要追究行为人刑事责任时,才有必要而且应当立案。根据《刑事诉讼法》第 16 条的规定,虽有犯罪事实发生,但犯罪已过追诉时效期限的;经特赦令免除刑罚的;依照刑法告诉才处理的犯罪,没有告诉或者撤回告诉的;犯罪嫌疑人、被告人死亡的;其他法律规定免予追究刑事责任的,均不追究刑事责任。因此,凡犯罪行为人具有上述法定不追究刑事责任的情形之一的,就不应当立案。

2. 区别报案、控告、举报。

项目	报案	控告	举报
主体	所有人	被害人	被害人以外的人
内容	不知犯罪嫌疑人	知道犯罪嫌疑人	知道犯罪嫌疑人

重点法条 30 立案监督

第一百一十三条 人民检察院认为公安机关对应当立案侦查的案件而不立案侦查的,或者被害人认为公安机关对应当立案侦查的案件而不立案侦查,向人民检察院提出的,人民检察院应当要求公安机关说明不立案的理由。人民检察院认为公安机关不立案理由不能成立的,应当通知公安机关立案,公安机关接到通知后应当立案。

【相关法条】《刑事诉讼法》

第 112 条 人民法院、人民检察院或者公安机关对于报案、控告、举报和自首的材料,应当按照管辖范围,迅速进行审查,认为有犯罪事实需要追究刑事责任的时候,应当立案;认为没有犯罪事实,或者犯罪事实显著轻微,不需要追究刑事责任的时候,不予立案,并且将不立案的原因通知控告人。控告人如果不服,可以申请复议。

《六机关规定》

18. 刑事诉讼法第 111 条(现第 113 条)规定:“人民检察院认为公安机关对应当立案侦查的案件而不立案侦查的,或者被害人认为公安机关对应当立案侦查的案件而不立案侦查,向人民检察院提出的,人民检察院应当要求公安机关说明不立案的理由。人民检察院认为公安机关不立案理由不能成立的,应当通知公安机关立案,公安机关接到通知后应当立案。”根据上述规定,公安机关收到人民检察院要求说明不立案理由通知书后,应当在 7 日内将说明情况书面答复人民检察院。人民检察院认为公安机关不立案理由不能成立,发出通知立案书时,应当将有关证明应当立案的材料同时移送公安机关。公安机关收到通知立案书后,应当在 15 日内决定立案,并将立案决定书送达人民检察院。

重点法条 31 讯问犯罪嫌疑人的程序

第一百一十八条 讯问犯罪嫌疑人必须由人民检察院或者公安机关的侦查人员负责进行。讯问的时候,侦查人员不得少于 2 人。

犯罪嫌疑人被送交看守所羁押以后,侦查人员对其进行讯问,应当在看守所内进行。

第一百一十九条 对不需要逮捕、拘留的犯罪嫌疑人,可以传唤到犯罪嫌疑人所在市、县内的指定地点或者到他的住处进行讯问,但是应当出示人民检察院或者公安机关的证明文件。对在现场发现的犯罪嫌疑人,经出示工作证件,可以口头传唤,但应当在讯问笔录中注明。

传唤、拘传持续的时间不得超过 12 小时;案情特别重大、复杂,需要采取拘留、逮捕措施的,传唤、拘传持续的时间不得超过 24 小时。

不得以连续传唤、拘传的形式变相拘禁犯罪嫌疑人。传唤、拘传犯罪嫌疑人,应当保证犯罪嫌疑人的饮食和必要的休息时间。

第一百二十条 侦查人员在讯问犯罪嫌疑人的时候,应当首先讯问犯罪嫌疑人是否有犯罪行为,让他陈述有罪的情节或者无罪的辩解,然后向他提出问题。犯罪嫌疑人对侦查人员的提问,应当如实回答。但是对与本案无关的问题,有拒绝回答的权利。

侦查人员在讯问犯罪嫌疑人的时候,应当告知犯罪嫌疑人享有的诉讼权利,如实供述自己罪行可以从宽处理的法律规定。

第一百二十一条 讯问聋、哑的犯罪嫌疑人,应当有通晓聋、哑手势的人参加,并且将这种情况记明笔录。

第一百二十二条 讯问笔录应当交犯罪嫌疑人

核对,对于没有阅读能力的,应当向他宣读。如果记载有遗漏或者差错,犯罪嫌疑人可以提出补充或者改正。犯罪嫌疑人承认笔录没有错误后,应当签名或者盖章。侦查人员也应当在笔录上签名。犯罪嫌疑人请求自行书写供述的,应当准许。必要的时候,侦查人员也可以要犯罪嫌疑人亲笔书写供词。

第一百二十三条 侦查人员在讯问犯罪嫌疑人的时候,可以对讯问过程进行录音或者录像;对于可能判处无期徒刑、死刑的案件或者其他重大犯罪案件,应当对讯问过程进行录音或者录像。

录音或者录像应当全程进行,保持完整性。

【相关法条】《高检规则》

第183条 对于不需要逮捕、拘留的犯罪嫌疑人,可以传唤到犯罪嫌疑人所在市、县内的指定地点或者到他的住处进行讯问。

传唤犯罪嫌疑人,应当出示传唤证和工作证件,并责令犯罪嫌疑人在传唤证上签名或者盖章,并捺指印。

犯罪嫌疑人到案后,应当由其在传唤证上填写到案时间。传唤结束时,应当由其在传唤证上填写传唤结束时间。拒绝填写的,应当在传唤证上注明。

对在现场发现的犯罪嫌疑人,经出示工作证件,可以口头传唤,并将传唤的原因和依据告知被传唤人。在讯问笔录中应当注明犯罪嫌疑人到案时间、到案经过和传唤结束时间。

本规则第84条第2款的规定适用于传唤犯罪嫌疑人。

精 解

讯问犯罪嫌疑人,是指侦查人员依照法定程序以言词方式向犯罪嫌疑人查问案件事实的一种侦查行为。讯问犯罪嫌疑人是刑事案件侦查中的必经程序。本次刑事诉讼法修改还规定了讯问的录音录像制度:讯问犯罪嫌疑人的时候,可以对讯问过程进行录音或者录像;对于可能判处无期徒刑、死刑的案件或者其他重大犯罪案件,应当对讯问过程进行录音或者录像。

1. 讯问主体。

由公安机关或者人民检察院的侦查人员负责进行。

2. 人数。

侦查人员不得少于2人。

3. 讯问的地点:

(1)犯罪嫌疑人被送交看守所羁押以后,侦查人员对其进行讯问,应当在看守所内进行。

(2)对于不需要逮捕、拘留的犯罪嫌疑人,有3个地点:①犯罪嫌疑人所在市、县内的指定地点;②犯罪嫌疑人的住处;③犯罪现场。

4. 讯问时间。

传唤、拘传持续的时间不得超过12小时;案情特别重大、复杂,需要采取拘留、逮捕措施的,传唤、拘传持续的时间不得超过24小时。

5. 讯问中的人权保障。

不得以连续传唤、拘传的形式变相拘禁犯罪嫌疑人。传唤、拘传犯罪嫌疑人,应当保证犯罪嫌疑人必要的饮食、休息时间。

6. 讯问的步骤和方法。

(1)侦查人员在讯问犯罪嫌疑人的时候,应当首先讯问犯罪嫌疑人是否有犯罪行为,让其陈述有罪的情节或者无罪的辩解,然后向他提出问题。

(2)犯罪嫌疑人对侦查人员的提问,应当如实回答。但是对与本案无关的问题,有拒绝回答的权利。

(3)侦查人员在讯问犯罪嫌疑人的时候,应当告知犯罪嫌疑人享有的诉讼权利,如实供述自己罪行可以从宽处理的法律规定。

(4)对同案犯罪嫌疑人进行讯问,应当个别进行。

7. 对特殊对象的讯问。

(1)聋哑人:讯问聋、哑的犯罪嫌疑人,应当有通晓聋、哑手势的人参加,并且将这种情况记入笔录。

(2)未成年人:对于不满18周岁的未成年人犯罪的案件,在讯问时,应当通知其法定代理人到场。

(3)讯问女性未成年犯罪嫌疑人:应当有女工作人员在场。

(4)不懂当地语言的人:人民法院、人民检察院和公安机关对于不通晓当地通用语言文字的诉讼参与人,应当为他们翻译。

8. 讯问笔录的制作。

讯问笔录应当交犯罪嫌疑人核对,对于没有阅读能力的,应当向他宣读。如果记载有遗漏或者差错,犯罪嫌疑人可以提出补充或者改正。犯罪嫌疑人承认笔录没有错误后,应当签名或者盖章。侦查人员也应当在笔录上签名。

犯罪嫌疑人请求自行书写供述的,应当准许。必要的时候,侦查人员也可以要犯罪嫌疑人亲笔书写供词。

9. 录音录像。

(1)侦查人员在讯问犯罪嫌疑人的时候,可以对讯问过程进行录音或者录像；

(2)对于可能判处无期徒刑、死刑的案件或者其他重大犯罪案件，应当对讯问过程进行录音或者录像；

(3)录音或者录像应当全程进行，保持完整性。

重点法条 32 询问证人的程序

第一百二十四条 侦查人员询问证人，可以在现场进行，也可以到证人所在单位、住处或者证人提出的地点进行，在必要的时候，可以通知证人到人民检察院或者公安机关提供证言。在现场询问证人，应当出示工作证件，到证人所在单位、住处或者证人提出的地点询问证人，应当出示人民检察院或者公安机关的证明文件。

询问证人应当个别进行。

精 解

询问证人，是指侦查人员依照法定程序以言词方式向证人调查了解案件情况的一种侦查行为。

1. 侦查中，询问证人只能由侦查人员进行。

2. 询问证人，可以在现场或证人指定地点或者到证人的所在单位或者住处进行。在必要的时候，也可以通知证人到公安机关或者人民检察院提供证言。

3. 询问证人应当个别进行。这样做有利于避免证人之间互相影响，保证证言的真实性。

4. 为了保证证人如实提供证据，询问证人时，应当告知他应当如实地提供证据、证言和故意作伪证或者隐匿罪证应当承担的法律责任。

5. 讯问聋、哑或者不通晓当地通用语言文字的人，人民检察院应当为其聘请通晓聋、哑手势或者当地通用语言文字且与本案无利害关系的人员进行翻译。翻译人员的姓名、性别、工作单位和职业应当记录在案。翻译人员应当在讯问笔录上签字。

重点法条 33 勘验、检查的程序

第一百二十八条 侦查人员对于与犯罪有关的场所、物品、人身、尸体应当进行勘验或者检查。在必要的时候，可以指派或者聘请具有专门知识的人，在侦查人员的主持下进行勘验、检查。

第一百三十二条 为了确定被害人、犯罪嫌疑人的某些特征、伤害情况或者生理状态，可以对人身进行检查，可以提取指纹信息，采集血液、尿液等生物样本。犯罪嫌疑人如果拒绝检查，侦查人员认为必要的时候，可以强制检查。检查妇女的身体，应当由女工作人员或者医师进行。

第一百三十三条 勘验、检查的情况应当写成笔录，由参加勘验、检查的人和见证人签名或者盖章。

第一百三十五条 为了查明案情，在必要的时候，经公安机关负责人批准，可以进行侦查实验。

侦查实验的情况应当写成笔录，由参加实验的人签名或者盖章。

侦查实验，禁止一切足以造成危险、侮辱人格或者有伤风化的行为。

精 解

勘验、检查，是侦查人员对于与犯罪有关的场所、物品、尸体、人身进行勘查和检验的一种侦查行为。勘验和检查的性质是相同的，只是对象有所不同。勘验的对象是现场、物品和尸体，而检查的对象是活人的身体。人身检查是指为了确定被害人、犯罪嫌疑人的某些特征、伤害情况或者生理状态，依法对其身体进行检验、查看的侦查行为。

1. 对被害人身体检查的特殊要求：应征求本人的同意，不得强制进行。

犯罪嫌疑人如果拒绝检查，侦查人员认为必要的时候，可以强制检查。

2. 对妇女身体检查的特殊要求：应当由女工作人员或者医师进行。

3. 勘验检查必须持有证明文件。

【例题】 某地发生命案，侦查人员请刘某做勘验的见证人，下列哪些说法是正确的？(2023年多选题)

A. 刘某应当在勘验笔录上签名

B. 刘某作为见证人，人身安全面临危险的，应当采取保护措施

C. 刘某也是诉讼参与人

D. 行使勘验职权的侦查人员，不得担任见证人

参考答案：________①

重点法条 34 搜查的程序

第一百三十六条 为了收集犯罪证据、查获犯罪

① AD

人，侦查人员可以对犯罪嫌疑人以及可能隐藏罪犯或者犯罪证据的人的身体、物品、住处和其他有关的地方进行搜查。

第一百三十九条 在搜查的时候，应当有被搜查人或者他的家属，邻居或者其他见证人在场。

搜查妇女的身体，应当由女工作人员进行。

第一百四十条 搜查的情况应当写成笔录，由侦查人员和被搜查人或者他的家属，邻居或者其他见证人签名或者盖章。如果被搜查人或者他的家属在逃或者拒绝签名、盖章，应当在笔录上注明。

重点法条 35 鉴定的程序

第一百四十六条 为了查明案情，需要解决案件中某些专门性问题的时候，应当指派、聘请有专门知识的人进行鉴定。

第一百四十七条 鉴定人进行鉴定后，应当写出鉴定意见，并且签名。

鉴定人故意作虚假鉴定的，应当承担法律责任。

第一百四十八条 侦查机关应当将用作证据的鉴定意见告知犯罪嫌疑人、被害人。如果犯罪嫌疑人、被害人提出申请，可以补充鉴定或者重新鉴定。

第一百四十九条 对犯罪嫌疑人作精神病鉴定的期间不计入办案期限。

重点法条 36 通缉

第一百五十五条 应当逮捕的犯罪嫌疑人如果在逃，公安机关可以发布通缉令，采取有效措施，追捕归案。

各级公安机关在自己管辖的地区以内，可以直接发布通缉令；超出自己管辖的地区，应当报请有权决定的上级机关发布。

【相关法条】《高检规则》

第232条 人民检察院办理直接受理侦查的案件，应当逮捕的犯罪嫌疑人在逃，或者已被逮捕的犯罪嫌疑人脱逃的，经检察长批准，可以通缉。

第233条 各级人民检察院需要在本辖区内通缉犯罪嫌疑人的，可以直接决定通缉；需要在本辖区外通缉犯罪嫌疑人的，由有决定权的上级人民检察院决定。

精 解

通缉，是公安机关通令缉拿应当逮捕而在逃的犯罪嫌疑人的一种侦查行为。

1. 只有公安机关有权发布通缉令。

人民检察院需要追捕在逃的犯罪嫌疑人时，应当由公安机关发布通缉令。但是检察院可以决定通缉。

2. 公安机关在发布通缉令时，有发布范围的限制。

各级公安机关在自己管辖的地区以内，可以直接发布通缉令；超出自己管辖的地区，应当报请有权决定的上级机关发布。

3. 通缉的对象只能是依法应当逮捕而在逃的犯罪嫌疑人，当然包括已被捕而在羁押期间逃跑的犯罪嫌疑人。

重点法条 37 技术侦查

第一百五十条 公安机关在立案后，对于危害国家安全犯罪、恐怖活动犯罪、黑社会性质的组织犯罪、重大毒品犯罪或者其他严重危害社会的犯罪案件，根据侦查犯罪的需要，经过严格的批准手续，可以采取技术侦查措施。

人民检察院在立案后，对于利用职权实施的严重侵犯公民人身权利的重大犯罪案件，根据侦查犯罪的需要，经过严格的批准手续，可以采取技术侦查措施，按照规定交有关机关执行。

追捕被通缉或者批准、决定逮捕的在逃的犯罪嫌疑人、被告人，经过批准，可以采取追捕所必需的技术侦查措施。

第一百五十一条 批准决定应当根据侦查犯罪的需要，确定采取技术侦查措施的种类和适用对象。批准决定自签发之日起3个月以内有效。对于不需要继续采取技术侦查措施的，应当及时解除；对于复杂、疑难案件，期限届满仍有必要继续采取技术侦查措施的，经过批准，有效期可以延长，每次不得超过3个月。

第一百五十二条 采取技术侦查措施，必须严格按照批准的措施种类、适用对象和期限执行。

侦查人员对采取技术侦查措施过程中知悉的国家秘密、商业秘密和个人隐私，应当保密；对采取技术侦查措施获取的与案件无关的材料，必须及时销毁。

采取技术侦查措施获取的材料，只能用于对犯罪的侦查、起诉和审判，不得用于其他用途。

公安机关依法采取技术侦查措施，有关单位和个人应当配合，并对有关情况予以保密。

第一百五十三条 为了查明案情，在必要的时候，经公安机关负责人决定，可以由有关人员隐匿其身份实施侦查。但是，不得诱使他人犯罪，不得采用可能危害公共安全或者发生重大人身危险的方法。

对涉及给付毒品等违禁品或者财物的犯罪活动，公安机关根据侦查犯罪的需要，可以依照规定实施控制下交付。

第一百五十四条 依照本节规定采取侦查措施收集的材料在刑事诉讼中可以作为证据使用。如果使用该证据可能危及有关人员的人身安全，或者可能产生其他严重后果的，应当采取不暴露有关人员身份、技术方法等保护措施，必要的时候，可以由审判人员在庭外对证据进行核实。

重点法条 38 侦查羁押期限

第一百五十六条 对犯罪嫌疑人逮捕后的侦查羁押期限不得超过2个月。案情复杂、期限届满不能终结的案件，可以经上一级人民检察院批准延长1个月。

第一百五十七条 因为特殊原因，在较长时间内不宜交付审判的特别重大复杂的案件，由最高人民检察院报请全国人民代表大会常务委员会批准延期审理。

第一百五十八条 下列案件在本法第156条规定的期限届满不能侦查终结的，经省、自治区、直辖市人民检察院批准或者决定，可以延长2个月：

（一）交通十分不便的边远地区的重大复杂案件；

（二）重大的犯罪集团案件；

（三）流窜作案的重大复杂案件；

（四）犯罪涉及面广，取证困难的重大复杂案件。

第一百五十九条 对犯罪嫌疑人可能判处10年有期徒刑以上刑罚，依照本法第158条规定延长期限届满，仍不能侦查终结的，经省、自治区、直辖市人民检察院批准或者决定，可以再延长2个月。

第一百六十条 在侦查期间，发现犯罪嫌疑人另有重要罪行的，自发现之日起依照本法第156条的规定重新计算侦查羁押期限。

犯罪嫌疑人不讲真实姓名、住址，身份不明的，应当对其身份进行调查，侦查羁押期限自查清其身份之日起计算，但是不得停止对其犯罪行为的侦查取证。对于犯罪事实清楚，证据确实、充分，确实无法查明其身份的，也可以按其自报的姓名起诉、审判。

精 解

上述条文规定了侦查羁押期限：

1. 一般羁押期限。

对犯罪嫌疑人逮捕后的侦查羁押期限不得超过2个月。一般情况下，侦查机关应当在法律规定的侦查羁押期间内侦查终结案件。

2. 特殊羁押期限。

（1）案情复杂、期限届满不能终结的案件，可以经上一级人民检察院批准延长1个月。

（2）因为特殊原因，在较长时间内不宜交付审判的特别重大复杂的案件，由最高人民检察院报请全国人大常委会批准延期审理。

（3）下列案件在《刑事诉讼法》第156条规定的期限仍不能侦查终结的，经省、自治区、直辖市人民检察院批准或者决定，可以延长2个月：

交通十分不便的边远地区的重大复杂案件；重大的犯罪集团案件；流窜作案的重大复杂案件；犯罪涉及面广，取证困难的重大犯罪案件。

（4）对犯罪嫌疑人可能判处10年有期徒刑以上刑罚，依照上述规定延长期限届满，仍不能侦查终结的，经省、自治区、直辖市人民检察院批准或者决定，可以再延长2个月。

3. 重新计算羁押期限。

（1）在侦查期间，发现犯罪嫌疑人另有重要罪行的，自发现之日起依照《刑事诉讼法》第156条的规定重新计算侦查羁押期限。

重新计算侦查羁押期限由公安机关决定，不再经人民检察院批准，但须报人民检察院备案，并受人民检察院监督。

（2）犯罪嫌疑人不讲真实姓名、住址，身份不明的，应当对其身份进行调查，侦查羁押期限自查清其身份之日起计算，但不得停止对犯罪行为的侦查取证。对于犯罪事实清楚，证据确实、充分的，确实无法查明其身份的，也可以按其自报的姓名移送人民检察院审查起诉。

（3）对被羁押的犯罪嫌疑人做精神病鉴定的时间，不计入侦查羁押期限。

其他鉴定时间则应当计入羁押期间。

重点法条 39 审查起诉中的补充侦查

第一百七十五条 人民检察院审查案件，可以要求公安机关提供法庭审判所必需的证据材料；认为可能存在本法第56条规定的以非法方法收集证据情形的，可以要求其对证据收集的合法性作出说明。

人民检察院审查案件，对于需要补充侦查的，可以退回公安机关补充侦查，也可以自行侦查。

对于补充侦查的案件，应当在1个月以内补充侦查完毕。补充侦查以2次为限。补充侦查完毕移送人民检察院后,人民检察院重新计算审查起诉期限。

对于2次补充侦查的案件,人民检察院仍然认为证据不足,不符合起诉条件的,应当作出不起诉的决定。

【相关法条】《刑事诉讼法》

第170条 人民检察院对于监察机关移送起诉的案件,依照本法和监察法的有关规定进行审查。人民检察院经审查,认为需要补充核实的,应当退回监察机关补充调查,必要时可以自行补充侦查。

对于监察机关移送起诉的已采取留置措施的案件,人民检察院应当对犯罪嫌疑人先行拘留,留置措施自动解除。人民检察院应当在拘留后的十日以内作出是否逮捕、取保候审或者监视居住的决定。在特殊情况下,决定的时间可以延长一日至四日。人民检察院决定采取强制措施的期间不计入审查起诉期限。

第204条 在法庭审判过程中,遇有下列情形之一,影响审判进行的,可以延期审理:

(一)需要通知新的证人到庭,调取新的物证,重新鉴定或者勘验的;

(二)检察人员发现提起公诉的案件需要补充侦查,提出建议的;

(三)由于申请回避而不能进行审判的。

第205条 依照本法第204条第2项的规定延期审理的案件,人民检察院应当在1个月以内补充侦查完毕。

《刑事诉讼法解释》

第277条 审判期间,合议庭发现被告人可能有自首、坦白、立功等法定量刑情节,而人民检察院移送的案卷中没有相关证据材料的,应当通知人民检察院移送。

审判期间,被告人提出新的立功线索的,人民法院可以建议人民检察院补充侦查。

《高检规则》

第342条 人民检察院认为犯罪事实不清、证据不足或者存在遗漏罪行、遗漏同案犯罪嫌疑人等情形需要补充侦查的,应当制作补充侦查提纲,连同案卷材料一并退回公安机关补充侦查。人民检察院也可以自行侦查,必要时可以要求公安机关提供协助。

第346条 退回监察机关补充调查、退回公安机关补充侦查的案件,均应当在一个月以内补充调查、补充侦查完毕。

补充调查、补充侦查以二次为限。

补充调查、补充侦查完毕移送起诉后,人民检察院重新计算审查起诉期限。

人民检察院负责捕诉的部门退回本院负责侦查的部门补充侦查的期限、次数按照本条第一款至第三款的规定执行。

第348条 人民检察院在审查起诉中决定自行侦查的,应当在审查起诉期限内侦查完毕。

精 解

1. 检察院审查起诉时的补充侦查。

检察院审查起诉的案件,需要补充侦查的,可以退回公安机关补充侦查,也可以自行补充侦查。对于补充侦查的案件,应当在1个月内补充侦查完毕,补充侦查以2次为限。补充侦查完毕,移送检察院后,检察院应重新计算审查起诉期限。对于补充侦查的案件,检察院仍然认为不符合起诉条件的,可以作出不起诉决定。检察院自侦案件不得退回公安机关。检察院审查起诉期间改变管辖,改变管辖前后退回补充侦查的,补充侦查不得超过2次。

2. 法院审理阶段的补充侦查。

检察院发现提起公诉的案件需要补充侦查,提出延期审理建议的,法院可以延期审理,但建议延期审理的次数不得超过2次,且检察院应在1个月补充侦查完毕。

人民法院不能主动退回补充侦查,但是,在审判期间,合议庭发现被告人可能有自首、坦白、立功等法定量刑情节,而人民检察院移送的案卷中没有相关证据材料的,应当通知人民检察院移送。被告人提出新的立功线索的,人民法院可以建议人民检察院补充侦查,即法庭审理阶段的补充侦查不能退回公安机关。在此阶段,决定补充侦查权仍属于检察院。

注意:2018年新增法条第170条关于监察机关移送案件的审查起诉。

重点法条 40 不起诉的适用及处理

第一百七十七条 犯罪嫌疑人没有犯罪事实,或者有本法第16条规定的情形之一的,人民检察院应当作出不起诉决定。

对于犯罪情节轻微,依照刑法规定不需要判处刑罚或者免除刑罚的,人民检察院可以作出不起诉决定。

人民检察院决定不起诉的案件,应当同时对侦查中查封、扣押、冻结的财物解除查封、扣押、冻结。对被不起诉人需要给予行政处罚、处分或者需要没收其违法所得的,人民检察院应当提出检察意见,移送有关主管机关处理。有关主管机关应当将处理结果及时通知人民检察院。

精　解

不起诉的种类：

1. 法定不起诉（绝对不起诉）。

这是指犯罪嫌疑人没有犯罪事实，或者具有《刑事诉讼法》第15条规定的不追究刑事责任情形之一的，人民检察院应当作出的不起诉决定。

2. 酌定不起诉（相对不起诉）。

这是指人民检察院认为犯罪嫌疑人的犯罪情节轻微，依照刑法规定不需要判处刑罚或者免除刑罚的案件，可以作出的不起诉决定。酌定不起诉必须同时具备两个条件：

（1）犯罪嫌疑人实施的行为触犯了刑律，符合犯罪构成的要件，已经构成犯罪。

（2）犯罪行为情节轻微，依照刑法规定不需要判处刑罚或者免除刑罚。

3. 存疑不起诉（证据不足的不起诉）。

这是指检察机关对于经过补充侦查的案件，仍然认为证据不足，不符合起诉条件的，经检察委员会讨论决定，作出不起诉决定。

补充侦查的案件应在1个月内补充侦查完毕，补充侦查以2次为限。第一次补充侦查后，如果人民检察院仍认为证据不足不符合起诉条件的，可以作出不起诉决定，也可以第二次退回补充侦查。第二次补充侦查后仍不具备起诉条件的，只能做不起诉处理。

重点法条 41　对不起诉决定的制约与救济

第一百七十八条　不起诉的决定，应当公开宣布，并且将不起诉决定书送达被不起诉人和他的所在单位。如果被不起诉人在押，应当立即释放。

第一百七十九条　对于公安机关移送起诉的案件，人民检察院决定不起诉的，应当将不起诉决定书送达公安机关。公安机关认为不起诉的决定有错误的时候，可以要求复议，如果意见不被接受，可以向上一级人民检察院提请复核。

第一百八十条　对于有被害人的案件，决定不起诉的，人民检察院应当将不起诉决定书送达被害人。被害人如果不服，可以自收到决定书后7日以内向上一级人民检察院申诉，请求提起公诉。人民检察院应当将复查决定告知被害人。对人民检察院维持不起诉决定的，被害人可以向人民法院起诉。被害人也可以不经申诉，直接向人民法院起诉。人民法院受理案件后，人民检察院应当将有关案件材料移送人民法院。

第一百八十一条　对于人民检察院依照本法第177条第2款规定作出的不起诉决定，被不起诉人如果不服，可以自收到决定书后7日以内向人民检察院申诉。人民检察院应当作出复查决定，通知被不起诉的人，同时抄送公安机关。

【相关法条】《高检规则》

第376条　不起诉的决定，由人民检察院公开宣布。公开宣布不起诉决定的活动应当记录在案。

不起诉决定书自公开宣布之日起生效。

被不起诉人在押的，应当立即释放；被采取其他强制措施的，应当通知执行机关解除。

第377条　不起诉决定书应当送达被害人或者其近亲属及其诉讼代理人、被不起诉人及其辩护人以及被不起诉人所在单位。送达时，应当告知被害人或者其近亲属及其诉讼代理人，如果对不起诉决定不服，可以自收到不起诉决定书后7日以内向上一级人民检察院申诉；也可以不经申诉，直接向人民法院起诉。依照刑事诉讼法第177条第2款作出不起诉决定的，应当告知被不起诉人，如果对不起诉决定不服，可以自收到不起诉决定书后七日以内向人民检察院申诉。

第379条　监察机关认为不起诉的决定有错误，向上一级人民检察院提请复议的，上一级人民检察院应当在收到提请复议意见书后30日以内，经检察长批准，作出复议决定，通知监察机关。

公安机关认为不起诉决定有错误要求复议的，人民检察院负责捕诉的部门应当另行指派检察官或者检察官办案组进行审查，并在收到要求复议意见书后30日以内，经检察长批准，作出复议决定，通知公安机关。

第381条　被害人不服不起诉决定，在收到不起诉决定书后7日以内提出申诉的，由作出不起诉决定的人民检察院的上一级人民检察院负责捕诉的部门进行复查。

被害人向作出不起诉决定的人民检察院提出申诉的，作出决定的人民检察院应当将申诉材料连同案卷一并报送上一级人民检察院。

第382条　被害人不服不起诉决定，在收到不起诉决定书7日以后提出申诉的，由作出不起诉决定的人民检察院负责控告申诉检察的部门进行审查。经审查，认为不起诉决定正确的，出具审查结论直接答复申诉人，并做好释法说理工作；认为不起诉决定可能存在错误的,移送负责捕诉的部门进行复查。

第384条 人民检察院收到人民法院受理被害人对被不起诉人起诉的通知后,应当终止复查,将作出不起诉决定所依据的有关案卷材料移送人民法院。

第386条 人民检察院复查不服不起诉决定的申诉,应当在立案后3个月以内报经检察长批准作出复查决定。案情复杂的,不得超过6个月。

【例题】 甲和乙均系未成年人,二人涉嫌故意伤害丙,被立案侦查,检察院认定甲和乙分别为防卫过当和正当防卫,作出不起诉决定。下列关于该案的说法,正确的是:(2022年多选题)

A.对甲作出的是酌定不起诉,对乙作出的是法定不起诉

B.乙可以向上一级检察院申诉

C.丙可以向上一级检察院申诉

D.甲可以向上一级检察院申诉

参考答案:________①

第三编 审 判

重点法条 42 庭前审查

第一百八十六条 人民法院对提起公诉的案件进行审查后,对于起诉书中有明确的指控犯罪事实的,应当决定开庭审判。

【相关法条】 *《刑事诉讼法解释》*

第219条 人民法院对提起公诉的案件审查后,应当按照下列情形分别处理:

(一)不属于本院管辖的,应当退回人民检察院;

(二)属于刑事诉讼法第16条第2项至第6项规定情形的,应当退回人民检察院;属于告诉才处理的案件,应当同时告知被害人有权提起自诉;

(三)被告人不在案的,应当退回人民检察院;但是,对人民检察院按照缺席审判程序提起公诉的,应当依照本解释第24章的规定作出处理;

(四)不符合前条第2项至第9项规定之一,需要补充材料的,应当通知人民检察院在3日以内补送;

(五)依照刑事诉讼法第200条第3项规定宣告被告人无罪后,人民检察院根据新的事实、证据重新起诉的,应当依法受理;

(六)依照本解释第296条规定裁定准许撤诉的案件,没有新的影响定罪量刑的事实、证据,重新起诉的,应当退回人民检察院;

(七)被告人真实身份不明,但符合刑事诉讼法第160条第2款规定的,应当依法受理。

对公诉案件是否受理,应当在7日以内审查完毕。

重点法条 43 法庭调查

第一百九十一条 公诉人在法庭上宣读起诉书后,被告人、被害人可以就起诉书指控的犯罪进行陈述,公诉人可以讯问被告人。

被害人、附带民事诉讼的原告人和辩护人、诉讼代理人,经审判长许可,可以向被告人发问。

审判人员可以讯问被告人。

第一百九十二条 公诉人、当事人或者辩护人、诉讼代理人对证人证言有异议,且该证人证言对案件定罪量刑有重大影响,人民法院认为证人有必要出庭作证的,证人应当出庭作证。

人民警察就其执行职务时目击的犯罪情况作为证人出庭作证,适用前款规定。

公诉人、当事人或者辩护人、诉讼代理人对鉴定意见有异议,人民法院认为鉴定人有必要出庭的,鉴定人应当出庭作证。经人民法院通知,鉴定人拒不出庭作证的,鉴定意见不得作为定案的根据。

第一百九十三条 经人民法院通知,证人没有正当理由不出庭作证的,人民法院可以强制其到庭,但是被告人的配偶、父母、子女除外。

证人没有正当理由拒绝出庭或者出庭后拒绝作证的,予以训诫,情节严重的,经院长批准,处以10日以下的拘留。被处罚人对拘留决定不服的,可以向上一级人民法院申请复议。复议期间不停止执行。

第一百九十四条 证人作证,审判人员应当告知他要如实地提供证言和有意作伪证或者隐匿罪证要负的法律责任。公诉人、当事人和辩护人、诉讼代理人经审判长许可,可以对证人、鉴定人发问。审判长认为发问的内容与案件无关的时候,应当制止。

审判人员可以询问证人、鉴定人。

第一百九十五条 公诉人、辩护人应当向法庭出示物证,让当事人辨认,对未到庭的证人的证言笔录、鉴定人的鉴定意见、勘验笔录和其他作为证据的文书,应当当庭宣读。审判人员应当听取公诉人、当事

① AC

人和辩护人、诉讼代理人的意见。

第一百九十六条 法庭审理过程中,合议庭对证据有疑问的,可以宣布休庭,对证据进行调查核实。

人民法院调查核实证据,可以进行勘验、检查、查封、扣押、鉴定和查询、冻结。

第一百九十七条 法庭审理过程中,当事人和辩护人、诉讼代理人有权申请通知新的证人到庭,调取新的物证,申请重新鉴定或者勘验。

公诉人、当事人和辩护人、诉讼代理人可以申请法庭通知有专门知识的人出庭,就鉴定人作出的鉴定意见提出意见。

法庭对于上述申请,应当作出是否同意的决定。

第2款规定的有专门知识的人出庭,适用鉴定人的有关规定。

【相关法条】 ***《刑事诉讼法解释》***

第240条 审判长宣布法庭调查开始后,应当先由公诉人宣读起诉书;公诉人宣读起诉书后,审判长应当询问被告人对起诉书指控的犯罪事实和罪名有无异议。

有附带民事诉讼的,公诉人宣读起诉书后,由附带民事诉讼原告人或者其法定代理人、诉讼代理人宣读附带民事起诉状。

第241条 在审判长主持下,被告人、被害人可以就起诉书指控的犯罪事实分别陈述。

第242条 在审判长主持下,公诉人可以就起诉书指控的犯罪事实讯问被告人。

经审判长准许,被害人及其法定代理人、诉讼代理人可以就公诉人讯问的犯罪事实补充发问;附带民事诉讼原告人及其法定代理人、诉讼代理人可以就附带民事部分的事实向被告人发问;被告人的法定代理人、辩护人,附带民事诉讼被告人及其法定代理人、诉讼代理人可以在控诉方、附带民事诉讼原告方就某一问题讯问、发问完毕后向被告人发问。

根据案件情况,就证据问题对被告人的讯问、发问可以在举证、质证环节进行。

第243条 讯问同案审理的被告人,应当分别进行。

第244条 经审判长准许,控辩双方可以向被害人、附带民事诉讼原告人发问。

第245条 必要时,审判人员可以讯问被告人,也可以向被害人、附带民事诉讼当事人发问。

第246条 公诉人可以提请法庭通知证人、鉴定人、有专门知识的人、调查人员、侦查人员或者其他人员出庭,或者出示证据。被害人及其法定代理人、诉讼代理人,附带民事诉讼原告人及其诉讼代理人也可以提出申请。

在控诉方举证后,被告人及其法定代理人、辩护人可以提请法庭通知证人、鉴定人、有专门知识的人、调查人员、侦查人员或者其他人员出庭,或者出示证据。

第247条 控辩双方申请证人出庭作证,出示证据,应当说明证据的名称、来源和拟证明的事实。法庭认为有必要的,应当准许;对方提出异议,认为有关证据与案件无关或者明显重复、不必要,法庭经审查异议成立的,可以不予准许。

第248条 已经移送人民法院的案卷和证据材料,控辩双方需要出示的,可以向法庭提出申请,法庭可以准许。案卷和证据材料应当在质证后当庭归还。

需要播放录音录像或者需要将证据材料交由法庭、公诉人或者诉讼参与人查看的,法庭可以指令值庭法警或者相关人员予以协助。

第249条 公诉人、当事人或者辩护人、诉讼代理人对证人证言有异议,且该证人证言对定罪量刑有重大影响,或者对鉴定意见有异议,人民法院认为证人、鉴定人有必要出庭作证的,应当通知证人、鉴定人出庭。

控辩双方对侦破经过、证据来源、证据真实性或者合法性等有异议,申请调查人员、侦查人员或者有关人员出庭,人民法院认为有必要的,应当通知调查人员、侦查人员或者有关人员出庭。

第250条 公诉人、当事人及其辩护人、诉讼代理人申请法庭通知有专门知识的人出庭,就鉴定意见提出意见的,应当说明理由。法庭认为有必要的,应当通知有专门知识的人出庭。

申请有专门知识的人出庭,不得超过二人。有多种类鉴定意见的,可以相应增加人数。

第251条 为查明案件事实、调查核实证据,人民法院可以依职权通知证人、鉴定人、有专门知识的人、调查人员、侦查人员或者其他人员出庭。

第252条 人民法院通知有关人员出庭的,可以要求控辩双方予以协助。

第253条 证人具有下列情形之一,无法出庭作证的,人民法院可以准许其不出庭:

(一)庭审期间身患严重疾病或者行动极为不便的;

(二)居所远离开庭地点且交通极为不便的;

（三）身处国外短期无法回国的；

（四）有其他客观原因，确实无法出庭的。

具有前款规定情形的，可以通过视频等方式作证。

第258条 证人出庭的，法庭应当核实其身份、与当事人以及本案的关系，并告知其有关权利义务和法律责任。证人应当保证向法庭如实提供证言，并在保证书上签名。

第259条 证人出庭后，一般先向法庭陈述证言；其后，经审判长许可，由申请通知证人出庭的一方发问，发问完毕后，对方也可以发问。

法庭依职权通知证人出庭的，发问顺序由审判长根据案件情况确定。

第261条 向证人发问应当遵循以下规则：

（一）发问的内容应当与本案事实有关；

（二）不得以诱导方式发问；

（三）不得威胁证人；

（四）不得损害证人的人格尊严。

对被告人、被害人、附带民事诉讼当事人、鉴定人、有专门知识的人、调查人员、侦查人员或者其他人员的讯问、发问，适用前款规定。

第262条 控辩双方的讯问、发问方式不当或者内容与本案无关的，对方可以提出异议，申请审判长制止，审判长应当判明情况予以支持或者驳回；对方未提出异议的，审判长也可以根据情况予以制止。

第263条 审判人员认为必要时，可以询问证人、鉴定人、有专门知识的人、调查人员、侦查人员或者其他人员。

第264条 向证人、调查人员、侦查人员发问应当分别进行。

第267条 举证方当庭出示证据后，由对方发表质证意见。

第270条 当庭出示的证据，尚未移送人民法院的，应当在质证后当庭移交。

第271条 法庭对证据有疑问的，可以告知公诉人、当事人及其法定代理人、辩护人、诉讼代理人补充证据或者作出说明；必要时，可以宣布休庭，对证据进行调查核实。

对公诉人、当事人及其法定代理人、辩护人、诉讼代理人补充的和审判人员庭外调查核实取得的证据，应当经过当庭质证才能作为定案的根据。但是，对不影响定罪量刑的非关键证据、有利于被告人的量刑证据以及认定被告人有犯罪前科的裁判文书等证据，经庭外征求意见，控辩双方没有异议的除外。

有关情况，应当记录在案。

第272条 公诉人申请出示开庭前未移送或者提交人民法院的证据，辩护方提出异议的，审判长应当要求公诉人说明理由；理由成立并确有出示必要的，应当准许。

辩护方提出需要对新的证据作辩护准备的，法庭可以宣布休庭，并确定准备辩护的时间。

辩护方申请出示开庭前未提交的证据，参照适用前两款规定。

第273条 法庭审理过程中，控辩双方申请通知新的证人到庭，调取新的证据，申请重新鉴定或者勘验的，应当提供证人的基本信息、证据的存放地点，说明拟证明的事项，申请重新鉴定或者勘验的理由。法庭认为有必要的，应当同意，并宣布休庭；根据案件情况，可以决定延期审理。

人民法院决定重新鉴定的，应当及时委托鉴定，并将鉴定意见告知人民检察院、当事人及其辩护人、诉讼代理人。

第274条 审判期间，公诉人发现案件需要补充侦查，建议延期审理的，合议庭可以同意，但建议延期审理不得超过两次。

人民检察院将补充收集的证据移送人民法院的，人民法院应当通知辩护人、诉讼代理人查阅、摘抄、复制。

补充侦查期限届满后，人民检察院未将补充的证据材料移送人民法院的，人民法院可以根据在案证据作出判决、裁定。

第275条 人民法院向人民检察院调取需要调查核实的证据材料，或者根据被告人、辩护人的申请，向人民检察院调取在调查、侦查、审查起诉期间收集的有关被告人无罪或者罪轻的证据材料，应当通知人民检察院在收到调取证据材料决定书后三日以内移交。

第297条 审判期间，人民法院发现新的事实，可能影响定罪量刑的，或者需要补查补证的，应当通知人民检察院，由其决定是否补充、变更、追加起诉或者补充侦查。

人民检察院不同意或者在指定时间内未回复书面意见的，人民法院应当就起诉指控的事实，依照本解释第二百九十五条的规定作出判决、裁定。

重点法条 44 法庭辩论和被告人最后陈述

第一百九十八条 法庭审理过程中，对与定罪、量刑有关的事实、证据都应当进行调查、辩论。

经审判长许可，公诉人、当事人和辩护人、诉讼代理人可以对证据和案件情况发表意见并且可以互相辩论。

审判长在宣布辩论终结后，被告人有最后陈述的权利。

【相关法条】 *《刑事诉讼法解释》*

第281条 法庭辩论应当在审判长的主持下，按照下列顺序进行：

（一）公诉人发言；

（二）被害人及其诉讼代理人发言；

（三）被告人自行辩护；

（四）辩护人辩护；

（五）控辩双方进行辩论。

第284条 附带民事部分的辩论应当在刑事部分的辩论结束后进行，先由附带民事诉讼原告人及其诉讼代理人发言，后由附带民事诉讼被告人及其诉讼代理人答辩。

第285条 法庭辩论过程中，审判长应当充分听取控辩双方的意见，对控辩双方与案件无关、重复或者指责对方的发言应当提醒、制止。

第286条 法庭辩论过程中，合议庭发现与定罪、量刑有关的新的事实，有必要调查的，审判长可以宣布恢复法庭调查，在对新的事实调查后，继续法庭辩论。

第287条 审判长宣布法庭辩论终结后，合议庭应当保证被告人充分行使最后陈述的权利。

被告人在最后陈述中多次重复自己的意见的，法庭可以制止；陈述内容蔑视法庭、公诉人，损害他人及社会公共利益，或者与本案无关的，应当制止。

在公开审理的案件中，被告人最后陈述的内容涉及国家秘密、个人隐私或者商业秘密的，应当制止。

第288条 被告人在最后陈述中提出新的事实、证据，合议庭认为可能影响正确裁判的，应当恢复法庭调查；被告人提出新的辩解理由，合议庭认为可能影响正确裁判的，应当恢复法庭辩论。

重点法条 45 评议与宣判

第二百条 在被告人最后陈述后，审判长宣布休庭，合议庭进行评议，根据已经查明的事实、证据和有关的法律规定，分别作出以下判决：

（一）案件事实清楚，证据确实、充分，依据法律认定被告人有罪的，应当作出有罪判决；

（二）依据法律认定被告人无罪的，应当作出无罪判决；

（三）证据不足，不能认定被告人有罪的，应当作出证据不足、指控的犯罪不能成立的无罪判决。

第二百零二条 宣告判决，一律公开进行。

当庭宣告判决的，应当在5日以内将判决书送达当事人和提起公诉的人民检察院；定期宣告判决的，应当在宣告后立即将判决书送达当事人和提起公诉的人民检察院。判决书应当同时送达辩护人、诉讼代理人。

【相关法条】 *《刑事诉讼法解释》*

第295条 对第一审公诉案件，人民法院审理后，应当按照下列情形分别作出判决、裁定：

（一）起诉指控的事实清楚，证据确实、充分，依据法律认定指控被告人的罪名成立的，应当作出有罪判决；

（二）起诉指控的事实清楚，证据确实、充分，但指控的罪名不当的，应当依据法律和审理认定的事实作出有罪判决；

（三）案件事实清楚，证据确实、充分，依据法律认定被告人无罪的，应当判决宣告被告人无罪；

（四）证据不足，不能认定被告人有罪的，应当以证据不足、指控的犯罪不能成立，判决宣告被告人无罪；

（五）案件部分事实清楚，证据确实、充分的，应当作出有罪或者无罪的判决；对事实不清、证据不足部分，不予认定；

（六）被告人因未达到刑事责任年龄，不予刑事处罚的，应当判决宣告被告人不负刑事责任；

（七）被告人是精神病人，在不能辨认或者不能控制自己行为时造成危害结果，不予刑事处罚的，应当判决宣告被告人不负刑事责任；被告人符合强制医疗条件的，应当依照本解释第二十六章的规定进行审理并作出判决；

（八）犯罪已过追诉时效期限且不是必须追诉，或者经特赦令免除刑罚的，应当裁定终止审理；

（九）属于告诉才处理的案件，应当裁定终止审理，并告知被害人有权提起自诉；

（十）被告人死亡的，应当裁定终止审理；但有证据证明被告人无罪，经缺席审理确认无罪的，应当判决宣告被告人无罪。

对涉案财物，人民法院应当根据审理查明的情况，依照本解释第18章的规定作出处理。

具有第1款第2项规定情形的，人民法院应当在判决前听取控辩双方的意见，保障被告人、辩护人充分行使辩护权。必要时，可以再次开庭，组织控辩双方围绕被告人的行为构成何罪及如何量刑进行辩论。

重点法条 46 延期审理与中止审理

第二百零四条 在法庭审判过程中，遇有下列情形之一，影响审判进行的，可以延期审理：

（一）需要通知新的证人到庭，调取新的物证，重新鉴定或者勘验的；

（二）检察人员发现提起公诉的案件需要补充侦查，提出建议的；

（三）由于申请回避而不能进行审判的。

第二百零五条 依照本法第204条第2项的规定延期审理的案件，人民检察院应当在1个月以内补充侦查完毕。

第二百零六条 在审判过程中，有下列情形之一，致使案件在较长时间内无法继续审理的，可以中止审理：

（一）被告人患有严重疾病，无法出庭的；

（二）被告人脱逃的；

（三）自诉人患有严重疾病，无法出庭，未委托诉讼代理人出庭的；

（四）由于不能抗拒的原因。

中止审理的原因消失后，应当恢复审理。中止审理的期间不计入审理期限。

【相关法条】《刑事诉讼法解释》

第273条 法庭审理过程中，控辩双方申请通知新的证人到庭，调取新的证据，申请重新鉴定或者勘验的，应当提供证人的基本信息、证据的存放地点，说明拟证明的事项，申请重新鉴定或者勘验的理由。法庭认为有必要的，应当同意，并宣布休庭；根据案件情况，可以决定延期审理。

人民法院决定重新鉴定的，应当及时委托鉴定，并将鉴定意见告知人民检察院、当事人及其辩护人、诉讼代理人。

第274条 审判期间，公诉人发现案件需要补充侦查，建议延期审理的，合议庭可以同意，但建议延期审理不得超过两次。

人民检察院将补充收集的证据移送人民法院的，人民法院应当通知辩护人、诉讼代理人查阅、摘抄、复制。

补充侦查期限届满后，人民检察院未将补充的证据材料移送人民法院的，人民法院可以根据在案证据作出判决、裁定。

第332条 被告人在自诉案件审判期间下落不明的，人民法院可以裁定中止审理；符合条件的，可以对被告人依法决定逮捕。

精 解

中止审理与延期审理不同：

1. 时间不同。

延期审理仅适用于法庭审理过程中，而中止审理适用于人民法院受理案件后至作出判决前。

2. 原因不同。

导致延期审理的原因是诉讼自身出现了障碍，其消失依赖于某种诉讼活动的完成，因此，延期审理不能停止法庭审理以外的诉讼活动。而导致中止审理的原因是出现了不能抗拒的情况，其消除与诉讼本身无关，因此，中止审理将暂停一切诉讼活动。

3. 再行开庭的可预见性不同。

延期审理的案件，再行开庭的时间可以预见，甚至当庭即可决定，但中止审理的案件，再行开庭的时间往往无法预见。

重点法条 47 公诉案件一审期限

第二百零八条 人民法院审理公诉案件，应当在受理后2个月以内宣判，至迟不得超过3个月。对于可能判处死刑的案件或者附带民事诉讼的案件，以及有本法第158条规定情形之一的，经上一级人民法院批准，可以延长3个月；因特殊情况还需要延长的，报请最高人民法院批准。

人民法院改变管辖的案件，从改变后的人民法院收到案件之日起计算审理期限。

人民检察院补充侦查的案件，补充侦查完毕移送人民法院后，人民法院重新计算审理期限。

【相关法条】《刑事诉讼法》

第158条 下列案件在本法第156条规定的期限届满不能侦查终结的，经省、自治区、直辖市人民检察院批准或者决定，可以延长2个月：

（一）交通十分不便的边远地区的重大复杂案件；

（二）重大的犯罪集团案件；

（三）流窜作案的重大复杂案件；

（四）犯罪涉及面广，取证困难的重大复杂案件。

《刑事诉讼法解释》

第211条 审判期间，对被告人作精神病鉴定的时间不计入审理期限。

重点法条 48 自诉案件的范围及审理特点

第二百一十条 自诉案件包括下列案件：

（一）告诉才处理的案件；

（二）被害人有证据证明的轻微刑事案件；

（三）被害人有证据证明对被告人侵犯自己人身、财产权利的行为应当依法追究刑事责任，而公安机关或者人民检察院不予追究被告人刑事责任的案件。

第二百一十二条 人民法院对自诉案件，可以进行调解；自诉人在宣告判决前，可以同被告人自行和解或者撤回自诉。本法第210条第3项规定的案件不适用调解。

人民法院审理自诉案件的期限，被告人被羁押的，适用本法第208条第1款、第2款的规定；未被羁押的，应当在受理后6个月以内宣判。

第二百一十三条 自诉案件的被告人在诉讼过程中，可以对自诉人提起反诉。反诉适用自诉的规定。

【相关法条】《刑事诉讼法解释》

第323条 自诉人明知有其他共同侵害人，但只对部分侵害人提起自诉的，人民法院应当受理，并告知其放弃告诉的法律后果；自诉人放弃告诉，判决宣告后又对其他共同侵害人就同一事实提起自诉的，人民法院不予受理。

共同被害人中只有部分人告诉的，人民法院应当通知其他被害人参加诉讼，并告知其不参加诉讼的法律后果。被通知人接到通知后表示不参加诉讼或者不出庭的，视为放弃告诉。第一审宣判后，被通知人就同一事实又提起自诉的，人民法院不予受理。但是，当事人另行提起民事诉讼的，不受本解释限制。

第324条 被告人实施两个以上犯罪行为，分别属于公诉案件和自诉案件，人民法院可以一并审理。对自诉部分的审理，适用本章的规定。

第325条 自诉案件当事人因客观原因不能取得的证据，申请人民法院调取的，应当说明理由，并提供相关线索或者材料。人民法院认为有必要的，应当及时调取。

对通过信息网络实施的侮辱、诽谤行为，被害人向人民法院告诉，但提供证据确有困难的，人民法院可以要求公安机关提供协助。

第326条 对犯罪事实清楚，有足够证据的自诉案件，应当开庭审理。

第327条 自诉案件符合简易程序适用条件的，可以适用简易程序审理。

不适用简易程序审理的自诉案件，参照适用公诉案件第一审普通程序的有关规定。

第328条 人民法院审理自诉案件，可以在查明事实、分清是非的基础上，根据自愿、合法的原则进行调解。调解达成协议的，应当制作刑事调解书，由审判人员、法官助理、书记员署名，并加盖人民法院印章。调解书经双方当事人签收后，即具有法律效力。调解没有达成协议，或者调解书签收前当事人反悔的，应当及时作出判决。

刑事诉讼法第210条第3项规定的案件不适用调解。

第329条 判决宣告前，自诉案件的当事人可以自行和解，自诉人可以撤回自诉。

人民法院经审查，认为和解、撤回自诉确属自愿的，应当裁定准许；认为系被强迫、威吓等，并非自愿的，不予准许。

第330条 裁定准许撤诉的自诉案件，被告人被采取强制措施的，人民法院应当立即解除。

第331条 自诉人经两次传唤，无正当理由拒不到庭，或者未经法庭准许中途退庭的，人民法院应当裁定按撤诉处理。

部分自诉人撤诉或者被裁定按撤诉处理的，不影响案件的继续审理。

第332条 被告人在自诉案件审判期间下落不明的，人民法院可以裁定中止审理；符合条件的，可以对被告人依法决定逮捕。

第333条 对自诉案件，应当参照刑事诉讼法第200条和本解释第295条的有关规定作出判决。对依法宣告无罪的案件，有附带民事诉讼的，其附带民事部分可以依法进行调解或者一并作出判决，也可以告知附带民事诉讼原告人另行提起民事诉讼。

第334条 告诉才处理和被害人有证据证明的轻微刑事案件的被告人或者其法定代理人在诉讼过程中，可以对自诉人提起反诉。反诉必须符合下列条件：

（一）反诉的对象必须是本案自诉人；

（二）反诉的内容必须是与本案有关的行为；

（三）反诉的案件必须符合本解释第1条第1项、

第2项的规定。

反诉案件适用自诉案件的规定,应当与自诉案件一并审理。自诉人撤诉的,不影响反诉案件的继续审理。

精 解

上述条文规定了自诉案件的范围以及自诉案件的审理特点。

1. 自诉案件的范围:《刑事诉讼法》第210条的3类案件。

2. 自诉案件的审理特点:

(1)可以调解。

人民法院对于告诉才处理和被害人有证据证明的轻微刑事案件,可以在查明事实、分清是非的基础上进行调解。但是,对于公诉转自诉案件不适用调解。

(2)可以和解与撤诉。

自诉人在宣告判决前,可以同被告人自行和解或者撤回自诉。自行和解是刑事诉讼法赋予自诉案件双方当事人的一项诉讼权利,在法律允许的范围内,他们可以互谅互让、互相协商,以达成和解协议的方式解决纠纷,而后撤诉。对于自诉人要求撤诉的,人民法院应当审查,确属自愿的,应当允许撤诉。经审查后,认为自诉人系被强制、威吓等原因而被迫撤诉的,人民法院不予准许。

(3)可以反诉。

告诉才处理和被害人有证据证明的轻微刑事案件的被告人或者其法定代理人在诉讼过程中,可以对自诉人提起反诉。但对于公诉转自诉案件不适用反诉。

由于反诉又是一个相对独立的诉,原自诉人撤诉的,不影响反诉案件的继续审理。如果对双方当事人都必须判处刑罚,应根据各自应负的罪责分别判处,不能互相抵销刑罚。

(4)自诉案件的可分性。

①自诉人明知有其他共同侵害人,但只对部分侵害人提起自诉的,人民法院应当受理,并视为自诉人对其他侵害人放弃告诉权利,但并不放弃民事权利。判决宣告后自诉人对其他共同侵害人就同一事实提起自诉的,人民法院不再受理。

②共同被害人中只有部分人告诉的,人民法院应当通知其他被害人参加诉讼。被通知人接到通知后表示不参加诉讼或者不出庭的,即视为放弃告诉权利。第一审宣判后,被通知人就同一事实又提起自诉的,人民法院不予受理。但当事人另行提起民事诉讼的,不受限制。

(5)审理期限比较特殊。

①适用普通程序审理的被告人未被羁押的自诉案件,应当在立案后6个月内宣判。

②如果被告人被羁押的,审理期限与公诉案件的相同。

(6)可以适用简易程序。

自诉案件,符合简易程序适用条件的,可以适用简易程序审理。根据《刑事诉讼法解释》的规定,简易程序并不排斥公诉转自诉案件。

重点法条 49 自诉案件的庭前审查

第二百一十一条 人民法院对于自诉案件进行审查后,按照下列情形分别处理:

(一)犯罪事实清楚,有足够证据的案件,应当开庭审判;

(二)缺乏罪证的自诉案件,如果自诉人提不出补充证据,应当说服自诉人撤回自诉,或者裁定驳回。

自诉人经两次依法传唤,无正当理由拒不到庭的,或者未经法庭许可中途退庭的,按撤诉处理。

法庭审理过程中,审判人员对证据有疑问,需要调查核实的,适用本法第196条的规定。

【相关法条】《刑事诉讼法解释》

第320条 对自诉案件,人民法院应当在15日以内审查完毕。经审查,符合受理条件的,应当决定立案,并书面通知自诉人或者代为告诉人。

具有下列情形之一的,应当说服自诉人撤回起诉;自诉人不撤回起诉的,裁定不予受理:

(一)不属于本解释第一条规定的案件的;

(二)缺乏罪证的;

(三)犯罪已过追诉时效期限的;

(四)被告人死亡的;

(五)被告人下落不明的;

(六)除因证据不足而撤诉的以外,自诉人撤诉后,就同一事实又告诉的;

(七)经人民法院调解结案后,自诉人反悔,就同一事实再行告诉的;

(八)属于本解释第1条第2项规定的案件,公安机关正在立案侦查或者人民检察院正在审查起诉的;

(九)不服人民检察院对未成年犯罪嫌疑人作出

的附条件不起诉决定或者附条件不起诉考验期满后作出的不起诉决定，向人民法院起诉的。

第 321 条 对已经立案，经审查缺乏罪证的自诉案件，自诉人提不出补充证据的，人民法院应当说服其撤回起诉或者裁定驳回起诉；自诉人撤回起诉或者被驳回起诉后，又提出了新的足以证明被告人有罪的证据，再次提起自诉的，人民法院应当受理。

精 解

1. 自诉案件的受理条件：

(1)属于法律规定的自诉案件。

(2)属于本院管辖的。

(3)刑事案件的被害人告诉的。

被害人死亡、丧失行为能力或者因受强制威吓等原因无法告诉，或者是限制行为能力人以及由于年老、患病、盲、聋、哑等原因不能亲自告诉的，被害人的法定代理人、近亲属有权向人民法院起诉。

(4)有明确的被告人、具体的诉讼请求和能证明被告人犯罪事实的证据。

2. 自诉的受理程序。

(1)自诉案件的审查。

对自诉案件，人民法院应当在 15 日内审查完毕。经审查，符合受理条件的，应当决定立案，并书面通知自诉人或者代为告诉人。

(2)不予受理的情形。

具有《刑事诉讼法解释》第 320 条情形之一的，应当说服自诉人撤回起诉；自诉人不撤回起诉的，裁定不予受理。

(3)驳回起诉的情形。

对已经立案，经审查缺乏罪证的自诉案件，自诉人提不出补充证据的，人民法院应当说服其撤回起诉或者裁定驳回起诉。

自诉人撤回起诉或者被驳回起诉后，又提出了新的足以证明被告人有罪的证据，再次提起自诉的，人民法院应当受理。

3. 审判程序。

自诉人经过两次依法传唤，无正当理由拒不到庭的，或者未经法庭许可中途退庭的，按撤诉处理。

附带民事诉讼的原告人经过传唤，无正当理由拒不到庭的，按撤诉处理，没有次数要求。

重点法条 50 不适用简易程序的情形

第二百一十五条 有下列情形之一的，不适用简易程序：

(一)被告人是盲、聋、哑人，或者是尚未完全丧失辨认或者控制自己行为能力的精神病人的；

(二)有重大社会影响的；

(三)共同犯罪案件中部分被告人不认罪或者对适用简易程序有异议的；

(四)其他不宜适用简易程序审理的。

【相关法条】《刑事诉讼法》

第 214 条 基层人民法院管辖的案件，符合下列条件的，可以适用简易程序审判：

(一)案件事实清楚、证据充分的；

(二)被告人承认自己所犯罪行，对指控的犯罪事实没有异议的；

(三)被告人对适用简易程序没有异议的。

人民检察院在提起公诉的时候，可以建议人民法院适用简易程序。

精 解

1. 简易程序的特点。

(1)只适用于第一审程序。简易程序不适用于第二审程序、死刑复核程序和审判监督程序。相比之下，第二审程序、死刑复核程序和审判监督程序审理的刑事案件相对复杂、重大。

(2)只适用于基层人民法院。基层人民法院管辖案情简单、影响较小、处罚较轻的刑事案件。只有这些案件才具有适用简易程序审判的条件。

(3)简易程序是对第一审普通程序的相对简化。

2."可以适用简易程序的案件"和"不应当适用简易程序的案件"参见《刑事诉讼法》第 214 条和第 215 条规定，需要重点记住哪些情形不能适用简易程序。

重点法条 51 简易程序的审判组织与审限

第二百一十六条 适用简易程序审理案件，对可能判处 3 年有期徒刑以下刑罚的，可以组成合议庭进行审判，也可以由审判员一人独任审判；对可能判处的有期徒刑超过 3 年的，应当组成合议庭进行审判。

适用简易程序审理公诉案件，人民检察院应当派员出席法庭。

第二百二十条 适用简易程序审理案件，人民法院应当在受理后 20 日以内审结；对可能判处的有期徒刑超过 3 年的，可以延长至 1 个半月。

【相关法条】《刑事诉讼法》

第 219 条 适用简易程序审理案件，不受本章第一节关于送达期限、讯问被告人、询问证人、鉴定人、出示证据、法庭辩论程序规定的限制。但在判决宣告前应当听取被告人的最后陈述意见。

精 解

本条规定了简易程序在审理方面的特殊规定。主要考点是简易程序的特殊规定:第一,适用简易程序审理案件,审判人员必须要征求被告人对犯罪事实和适用简易程序的意见;第二,简化了法庭调查和法庭辩论程序;第三,适用简易程序审理案件,审理期限较短,为20日,但对可能判处的有期徒刑超过3年的,可以延长至1个半月。

重点法条 52 简易程序的变更

第二百二十一条 人民法院在审理过程中,发现不宜适用简易程序的,应当按照本章第一节或者第二节的规定重新审理。

【相关法条】《刑事诉讼法解释》

第368条 适用简易程序审理案件,在法庭审理过程中,具有下列情形之一的,应当转为普通程序审理:

(一)被告人的行为可能不构成犯罪的;

(二)被告人可能不负刑事责任的;

(三)被告人当庭对起诉指控的犯罪事实予以否认的;

(四)案件事实不清、证据不足的;

(五)不应当或者不宜适用简易程序的其他情形。

决定转为普通程序审理的案件,审理期限应当从作出决定之日起计算。

精 解

本条是关于简易程序与普通程序转化之间的规定,关于简易程序与普通程序之间的转化,应注意以下几点:

1. 应当转为普通程序的情形:参见《刑事诉讼法解释》第298条规定。

2. 人民法院决定适用简易程序审理的案件,人民检察院认为具有《刑事诉讼法》第215条规定情形之一的,应当向人民法院提出纠正意见;具有其他不宜适用简易程序情形的,人民检察院可以建议人民法院不适用简易程序。

3. 转为普通程序审理的案件,审理期限应当从决定转为普通程序之日起计算,不同于民事诉讼中从简易程序立案的次日起开始计算。

重点法条 53 速裁程序

第二百二十二条 基层人民法院管辖的可能判处三年有期徒刑以下刑罚的案件,案件事实清楚,证据确实、充分,被告人认罪认罚并同意适用速裁程序的,可以适用速裁程序,由审判员一人独任审判。

人民检察院在提起公诉的时候,可以建议人民法院适用速裁程序。

第二百二十三条 有下列情形之一的,不适用速裁程序:

(一)被告人是盲、聋、哑人,或者是尚未完全丧失辨认或者控制自己行为能力的精神病人的;

(二)被告人是未成年人的;

(三)案件有重大社会影响的;

(四)共同犯罪案件中部分被告人对指控的犯罪事实、罪名、量刑建议或者适用速裁程序有异议的;

(五)被告人与被害人或者其法定代理人没有就附带民事诉讼赔偿等事项达成调解或者和解协议的;

(六)其他不宜适用速裁程序审理的。

第二百二十四条 适用速裁程序审理案件,不受本章第节规定的送达期限的限制,一般不进行法庭调查、法庭辩论,但在判决宣告前应当听取辩护人的意见和被告人的最后陈述意见。

适用速裁程序审理案件,应当当庭宣判。

第二百二十五条 适用速裁程序审理案件,人民法院应当在受理后十日以内审结;对可能判处的有期徒刑超过一年的,可以延长至十五日。

第二百二十六条 人民法院在审理过程中,发现有被告人的行为不构成犯罪或者不应当追究其刑事责任、被告人违背意愿认罪认罚、被告人否认指控的犯罪事实或者其他不宜适用速裁程序审理的情形的,应当按照本章第一节或者第三节的规定重新审理。

【相关法条】《刑事诉讼法解释》

第369条 对人民检察院在提起公诉时建议适用速裁程序的案件,基层人民法院经审查认为案件事实清楚,证据确实、充分,可能判处三年有期徒刑以下刑罚的,在将起诉书副本送达被告人时,应当告知被告人适用速裁程序的法律规定,询问其是否同意适用速裁程序。被告人同意适用速裁程序的,可以决定适用速裁程序,并在开庭前通知人民检察院和辩护人。

对人民检察院未建议适用速裁程序的案件,人民法院经审查认为符合速裁程序适用条件的,可以决定适用速裁程序,并在开庭前通知人民检察院和辩护人。

被告人及其辩护人可以向人民法院提出适用速裁程序的申请。

第370条 具有下列情形之一的,不适用速裁程序:

(一)被告人是盲、聋、哑人的;

(二)被告人是尚未完全丧失辨认或者控制自己行为能力的精神病人的;

(三)被告人是未成年人的;

(四)案件有重大社会影响的;

(五)共同犯罪案件中部分被告人对指控的犯罪事实、罪名、量刑建议或者适用速裁程序有异议的;

(六)被告人与被害人或者其法定代理人没有就附带民事诉讼赔偿等事项达成调解、和解协议的;

(七)辩护人作无罪辩护的;

(八)其他不宜适用速裁程序的情形。

第371条 适用速裁程序审理案件,人民法院应当在开庭前将开庭的时间、地点通知人民检察院、被告人、辩护人,也可以通知其他诉讼参与人。

通知可以采用简便方式,但应当记录在案。

第372条 适用速裁程序审理案件,可以集中开庭,逐案审理。公诉人简要宣读起诉书后,审判人员应当当庭询问被告人对指控事实、证据、量刑建议以及适用速裁程序的意见,核实具结书签署的自愿性、真实性、合法性,并核实附带民事诉讼赔偿等情况。

第373条 适用速裁程序审理案件,一般不进行法庭调查、法庭辩论,但在判决宣告前应当听取辩护人的意见和被告人的最后陈述。

第374条 适用速裁程序审理案件,裁判文书可以简化。

适用速裁程序审理案件,应当当庭宣判。

第375条 适用速裁程序审理案件,在法庭审理过程中,具有下列情形之一的,应当转为普通程序或者简易程序审理:

(一)被告人的行为可能不构成犯罪或者不应当追究刑事责任的;

(二)被告人违背意愿认罪认罚的;

(三)被告人否认指控的犯罪事实的;

(四)案件疑难、复杂或者对适用法律有重大争议的;

(五)其他不宜适用速裁程序的情形。

第376条 决定转为普通程序或者简易程序审理的案件,审理期限应当从作出决定之日起计算。

第377条 适用速裁程序审理的案件,第二审人民法院依照刑事诉讼法第236条第1款第3项的规定发回原审人民法院重新审判的,原审人民法院应当适用第一审普通程序重新审判。

重点法条 54 上诉和抗诉权限

第二百二十七条 被告人、自诉人和他们的法定代理人,不服地方各级人民法院第一审的判决、裁定,有权用书状或者口头向上一级人民法院上诉。被告人的辩护人和近亲属,经被告人同意,可以提出上诉。

附带民事诉讼的当事人和他们的法定代理人,可以对地方各级人民法院第一审的判决、裁定中的附带民事诉讼部分,提出上诉。

对被告人的上诉权,不得以任何借口加以剥夺。

第二百二十八条 地方各级人民检察院认为本级人民法院第一审的判决、裁定确有错误的时候,应当向上一级人民法院提出抗诉。

第二百二十九条 被害人及其法定代理人不服地方各级人民法院第一审的判决的,自收到判决书后5日以内,有权请求人民检察院提出抗诉。人民检察院自收到被害人及其法定代理人的请求后5日以内,应当作出是否抗诉的决定并且答复请求人。

精 解

上述条文对上诉和抗诉权限作了不同的规定。

1. 被告人、自诉人及其法定代理人是享有独立上诉权的主体。

2. 被告人的辩护人和近亲属,经被告人同意方可上诉。也就是说,被告人的辩护人和近亲属没有独立的上诉权。允许被告人的辩护人和近亲属提出上诉,是让他们帮助被告人行使上诉权。是否上诉,应由被告人自己决定。如果被告人不同意上诉,其辩护人或近亲属就无权提起上诉。对经被告人同意提出上诉的,应当以被告人为上诉人。

3. 附带民事诉讼的当事人和他们的法定代理人是对判决、裁定中的附带民事诉讼部分享有独立上诉权的主体。但是上诉的内容,只限于附带民事诉讼部分,对刑事判决、裁定部分无权提出上诉,且不影响刑事判决、裁定在上诉期满后发生法律效力和执行。

被害人及其法定代理人对一审刑事判决不服，没有上诉权，只能请求人民检察院抗诉。

二审抗诉权主体是地方各级人民检察院。人民检察院是国家法律监督机关，对于地方各级人民法院的一审判决、裁定，依照二审程序提出抗诉，这是地方各级人民检察院依法行使职权，对本级人民法院的审判活动实行监督的一种重要形式。最高人民法院是国家的最高审判机关，它的一审判决和裁定就是终审的判决和裁定，对它既不能上诉，也不能按照二审程序抗诉。最高人民检察院如果认为最高人民法院的裁判确有错误，只能按照审判监督程序提出抗诉。

重点法条 55 全面审查原则与上诉不加刑原则

第二百三十三条 第二审人民法院应当就第一审判决认定的事实和适用法律进行全面审查，不受上诉或者抗诉范围的限制。

共同犯罪的案件只有部分被告人上诉的，应当对全案进行审查，一并处理。

第二百三十七条 第二审人民法院审理被告人或者他的法定代理人、辩护人、近亲属上诉的案件，不得加重被告人的刑罚。第二审人民法院发回原审人民法院重新审判的案件，除有新的犯罪事实，人民检察院补充起诉的以外，原审人民法院也不得加重被告人的刑罚。

人民检察院提出抗诉或者自诉人提出上诉的，不受前款规定的限制。

【相关法条】《刑事诉讼法解释》

第388条 第二审人民法院审理上诉、抗诉案件，应当就第一审判决、裁定认定的事实和适用法律进行全面审查，不受上诉、抗诉范围的限制。

第389条 共同犯罪案件，只有部分被告人提出上诉，或者自诉人只对部分被告人的判决提出上诉，或者人民检察院只对部分被告人的判决提出抗诉的，第二审人民法院应当对全案进行审查，一并处理。

第390条 共同犯罪案件，上诉的被告人死亡，其他被告人未上诉的，第二审人民法院应当对死亡的被告人终止审理；但有证据证明被告人无罪，经缺席审理确认无罪的，应当判决宣告被告人无罪。

具有前款规定的情形，第二审人民法院仍应对全案进行审查，对其他同案被告人作出判决、裁定。

第401条 审理被告人或者其法定代理人、辩护人、近亲属提出上诉的案件，不得对被告人的刑罚作出实质不利的改判，并应当执行下列规定：

（一）同案审理的案件，只有部分被告人上诉的，既不得加重上诉人的刑罚，也不得加重其他同案被告人的刑罚；

（二）原判认定的罪名不当的，可以改变罪名，但不得加重刑罚或者对刑罚执行产生不利影响；

（三）原判认定的罪数不当的，可以改变罪数，并调整刑罚，但不得加重决定执行的刑罚或者对刑罚执行产生不利影响；

（四）原判对被告人宣告缓刑的，不得撤销缓刑或者延长缓刑考验期；

（五）原判没有宣告职业禁止、禁止令的，不得增加宣告；原判宣告职业禁止、禁止令的，不得增加内容、延长期限；

（六）原判对被告人判处死刑缓期执行没有限制减刑、决定终身监禁的，不得限制减刑、决定终身监禁；

（七）原判判处的刑罚不当、应当适用附加刑而没有适用的，不得直接加重刑罚、适用附加刑。原判判处的刑罚畸轻，必须依法改判的，应当在第二审判决、裁定生效后，依照审判监督程序重新审判。

人民检察院抗诉或者自诉人上诉的案件，不受前款规定的限制。

第402条 人民检察院只对部分被告人的判决提出抗诉，或者自诉人只对部分被告人的判决提出上诉的，第二审人民法院不得对其他同案被告人加重刑罚。

第408条 刑事附带民事诉讼案件，只有附带民事诉讼当事人及其法定代理人上诉的，第一审刑事部分的判决在上诉期满后即发生法律效力。

应当送监执行的第一审刑事被告人是第二审附带民事诉讼被告人的，在第二审附带民事诉讼案件审结前，可以暂缓送监执行。

精 解

1. 全面审查原则。

第二审人民法院应当就第一审判决认定的事实和适用法律进行全面审查，不受上诉或者抗诉范围的限制。共同犯罪的案件只有部分被告人上诉的，应当

对全案进行审查,一并处理。这就是第二审程序的全面审查原则。具体体现在以下方面:

(1)既要审查一审判决认定的事实是否正确,证据是否确实、充分,又要审查一审判决适用法律有无错误。

(2)既要审查上诉或者抗诉的部分,又要审查没有上诉或者抗诉的部分。

(3)共同犯罪案件,只有部分被告人提出上诉的,或者人民检察院只就第一审人民法院对部分被告人的判决提出抗诉的,第二审人民法院应当对全案进行审查,一并处理。注意《刑事诉讼法解释》第390条的规定。

(4)既要审查实体问题,又要审查程序问题。

2. 上诉不加刑原则。

上诉不加刑原则是第二审人民法院审判只有被告人一方上诉的案件,在作出新的判决时,不得对被告判处重于原判的刑罚的一项原则。人民检察院抗诉或者自诉人上诉的案件,不受此限制。

重点法条 56 二审的审理方式

第二百三十四条 第二审人民法院对于下列案件,应当组成合议庭,开庭审理:

(一)被告人、自诉人及其法定代理人对第一审认定的事实、证据提出异议,可能影响定罪量刑的上诉案件;

(二)被告人被判处死刑的上诉案件;

(三)人民检察院抗诉的案件;

(四)其他应当开庭审理的案件。

第二审人民法院决定不开庭审理的,应当讯问被告人,听取其他当事人、辩护人、诉讼代理人的意见。

第二审人民法院开庭审理上诉、抗诉案件,可以到案件发生地或者原审人民法院所在地进行。

【相关法条】《刑事诉讼法解释》

第393条 下列案件,根据刑事诉讼法第234条的规定,应当开庭审理:

(一)被告人、自诉人及其法定代理人对第一审认定的事实、证据提出异议,可能影响定罪量刑的上诉案件;

(二)被告人被判处死刑的上诉案件;

(三)人民检察院抗诉的案件;

(四)应当开庭审理的其他案件。

被判处死刑的被告人没有上诉,同案的其他被告人上诉的案件,第二审人民法院应当开庭审理。

精 解

上诉、抗诉案件的审理方式有两种:开庭审理和不开庭审理。注意应当开庭审理的适用情形。

【例题】 A市B区检察院对杨某贩卖毒品案提起公诉。检察院在一审开庭后向法院申请撤回起诉,B区法院裁定准许。杨某认为,现有证据根本无法证明其有罪,B区法院应当宣告其无罪,因此上诉至A市中院。A市中院应该怎样处理?(2020年多选题)

A. 应当开庭审理

B. 裁定撤销B区准予撤回起诉的裁定,要求B区法院继续审理,且此裁定为终审裁定

C. 审理后直接判有罪或无罪

D. 以杨某无权就准予撤回起诉的裁定提出上诉为由,直接驳回

参考答案:________①

重点法条 57 二审裁判

第二百三十六条 第二审人民法院对不服第一审判决的上诉、抗诉案件,经过审理后,应当按照下列情形分别处理:

(一)原判决认定事实和适用法律正确、量刑适当的,应当裁定驳回上诉或者抗诉,维持原判;

(二)原判决认定事实没有错误,但适用法律有错误,或者量刑不当的,应当改判;

(三)原判决事实不清楚或者证据不足的,可以在查清事实后改判;也可以裁定撤销原判,发回原审人民法院重新审判。

原审人民法院对于依照前款第3项规定发回重新审判的案件作出判决后,被告人提出上诉或者人民检察院提出抗诉的,第二审人民法院应当依法作出判决或者裁定,不得再发回原审人民法院重新审判。

第二百三十八条 第二审人民法院发现第一审人民法院的审理有下列违反法律规定的诉讼程序的情形之一的,应当裁定撤销原判,发回原审人民法院

① AB

重新审判：

（一）违反本法有关公开审判的规定的；

（二）违反回避制度的；

（三）剥夺或者限制了当事人的法定诉讼权利，可能影响公正审判的；

（四）审判组织的组成不合法的；

（五）其他违反法律规定的诉讼程序，可能影响公正审判的。

【相关法条】《刑事诉讼法解释》

第407条 第二审人民法院审理对刑事部分提出上诉、抗诉，附带民事部分已经发生法律效力的案件，发现第一审判决、裁定中的附带民事部分确有错误的，应当依照审判监督程序对附带民事部分予以纠正。

第408条 刑事附带民事诉讼案件，只有附带民事诉讼当事人及其法定代理人上诉的，第一审刑事部分的判决在上诉期满后即发生法律效力。

应当送监执行的第一审刑事被告人是第二审附带民事诉讼被告人的，在第二审附带民事诉讼案件审结前，可以暂缓送监执行。

第409条 第二审人民法院审理对附带民事部分提出上诉，刑事部分已经发生法律效力的案件，应当对全案进行审查，并按照下列情形分别处理：

（一）第一审判决的刑事部分并无不当的，只需就附带民事部分作出处理；

（二）第一审判决的刑事部分确有错误的，依照审判监督程序对刑事部分进行再审，并将附带民事部分与刑事部分一并审理。

第410条 第二审期间，第一审附带民事诉讼原告人增加独立的诉讼请求或者第一审附带民事诉讼被告人提出反诉的，第二审人民法院可以根据自愿、合法的原则进行调解；调解不成的，告知当事人另行起诉。

第411条 对第二审自诉案件，必要时可以调解，当事人也可以自行和解。调解结案的，应当制作调解书，第一审判决、裁定视为自动撤销。当事人自行和解的，依照本解释第329条的规定处理；裁定准许撤回自诉的，应当撤销第一审判决、裁定。

第412条 第二审期间，自诉案件的当事人提出反诉的，应当告知其另行起诉。

重点法条 58 二审的审限

第二百四十三条 第二审人民法院受理上诉、抗诉案件，应当在2个月以内审结。对于可能判处死刑的案件或者附带民事诉讼的案件，以及有本法第158条规定情形之一的，经省、自治区、直辖市高级人民法院批准或者决定，可以延长2个月；因特殊情况还需要延长的，报请最高人民法院批准。

最高人民法院受理上诉、抗诉案件的审理期限，由最高人民法院决定。

精 解

本条规定了二审案件的审理期限，主要考点就是具体的期限和可以延长期限的情形。

重点法条 59 死刑立即执行案件的复核程序

第二百四十七条 中级人民法院判处死刑的第一审案件，被告人不上诉的，应当由高级人民法院复核后，报请最高人民法院核准。高级人民法院不同意判处死刑的，可以提审或者发回重新审判。

高级人民法院判处死刑的第一审案件被告人不上诉的，和判处死刑的第二审案件，都应当报请最高人民法院核准。

第二百四十九条 最高人民法院复核死刑案件，高级人民法院复核死刑缓期执行的案件，应当由审判员3人组成合议庭进行。

第二百五十条 最高人民法院复核死刑案件，应当作出核准或者不核准死刑的裁定。对于不核准死刑的，最高人民法院可以发回重新审判或者予以改判。

第二百五十一条 最高人民法院复核死刑案件，应当讯问被告人，辩护律师提出要求的，应当听取辩护律师的意见。

在复核死刑案件过程中，最高人民检察院可以向最高人民法院提出意见。最高人民法院应当将死刑复核结果通报最高人民检察院。

【相关法条】《刑事诉讼法解释》

第423条 报请最高人民法院核准死刑的案件，应当按照下列情形分别处理：

（一）中级人民法院判处死刑的第一审案件，被告人未上诉、人民检察院未抗诉的，在上诉、抗诉期满后十日以内报请高级人民法院复核。高级人民法院同意判处死刑的，应当在作出裁定后十日以内报请最高人民法院核准;认为原判认定的某一具体事实或者引用的法律条款等存在瑕疵,但判处被告人死刑并无不当的,可以在纠正后作出核准的判决、裁定;不同意判处死刑的,应当依照第二审程序提审或者发回重新审判;

(二)中级人民法院判处死刑的第一审案件,被告人上诉或者人民检察院抗诉,高级人民法院裁定维持的,应当在作出裁定后十日以内报请最高人民法院核准;

(三)高级人民法院判处死刑的第一审案件,被告人未上诉、人民检察院未抗诉的,应当在上诉、抗诉期满后十日以内报请最高人民法院核准。

高级人民法院复核死刑案件,应当讯问被告人。

第429条 最高人民法院复核死刑案件,应当按照下列情形分别处理:

(一)原判认定事实和适用法律正确、量刑适当、诉讼程序合法的,应当裁定核准;

(二)原判认定的某一具体事实或者引用的法律条款等存在瑕疵,但判处被告人死刑并无不当的,可以在纠正后作出核准的判决、裁定;

(三)原判事实不清、证据不足的,应当裁定不予核准,并撤销原判,发回重新审判;

(四)复核期间出现新的影响定罪量刑的事实、证据的,应当裁定不予核准,并撤销原判,发回重新审判;

(五)原判认定事实正确、证据充分,但依法不应当判处死刑的,应当裁定不予核准,并撤销原判,发回重新审判;根据案件情况,必要时,也可以依法改判;

(六)原审违反法定诉讼程序,可能影响公正审判的,应当裁定不予核准,并撤销原判,发回重新审判。

第430条 最高人民法院裁定不予核准死刑的,根据案件情况,可以发回第二审人民法院或者第一审人民法院重新审判。

对最高人民法院发回第二审人民法院重新审判的案件,第二审人民法院一般不得发回第一审人民法院重新审判。

第一审人民法院重新审判的,应当开庭审理。第二审人民法院重新审判的,可以直接改判;必须通过开庭查清事实、核实证据或者纠正原审程序违法的,应当开庭审理。

第431条 高级人民法院依照复核程序审理后报请最高人民法院核准死刑,最高人民法院裁定不予核准,发回高级人民法院重新审判的,高级人民法院可以依照第二审程序提审或者发回重新审判。

第432条 最高人民法院裁定不予核准死刑,发回重新审判的案件,原审人民法院应当另行组成合议庭审理,但本解释第四百二十九条第四项、第五项规定的案件除外。

第434条 死刑复核期间,辩护律师要求当面反映意见的,最高人民法院有关合议庭应当在办公场所听取其意见,并制作笔录;辩护律师提出书面意见的,应当附卷。

精 解

1. 复核庭的组成。

(1)必须是合议庭。

(2)必须由3名审判员组成。

2. 提审、讯问被告人。

复核或者核准死刑(含死刑缓期2年执行)的案件,必须提审讯问被告人。

3. 最高人民检察院的监督。

在复核死刑案件过程中,最高人民检察院可以向最高人民法院提出意见。最高人民法院应当将死刑复核结果通报最高人民检察院。

重点法条 60 申诉的主体、理由

第二百五十二条 当事人及其法定代理人、近亲属,对已经发生法律效力的判决、裁定,可以向人民法院或者人民检察院提出申诉,但是不能停止判决、裁定的执行。

第二百五十三条 当事人及其法定代理人、近亲属的申诉符合下列情形之一的,人民法院应当重新审判:

(一)有新的证据证明原判决、裁定认定的事实确有错误,可能影响定罪量刑的;

(二)据以定罪量刑的证据不确实、不充分、依法应当予以排除,或者证明案件事实的主要证据之间存在矛盾的;

(三)原判决、裁定适用法律确有错误的;

(四)违反法律规定的诉讼程序,可能影响公正审判的;

(五)审判人员在审理该案件的时候,有贪污受贿,徇私舞弊,枉法裁判行为的。

【相关法条】《刑事诉讼法解释》

第451条 当事人及其法定代理人、近亲属对已经发生法律效力的判决、裁定提出申诉的，人民法院应当审查处理。

案外人认为已经发生法律效力的判决、裁定侵害其合法权益，提出申诉的，人民法院应当审查处理。

申诉可以委托律师代为进行。

第453条 申诉由终审人民法院审查处理。但是，第二审人民法院裁定准许撤回上诉的案件，申诉人对第一审判决提出申诉的，可以由第一审人民法院审查处理。

上一级人民法院对未经终审人民法院审查处理的申诉，可以告知申诉人向终审人民法院提出申诉，或者直接交终审人民法院审查处理，并告知申诉人；案件疑难、复杂、重大的，也可以直接审查处理。

对未经终审人民法院及其上一级人民法院审查处理，直接向上级人民法院申诉的，上级人民法院应当告知申诉人向下级人民法院提出。

第454条 最高人民法院或者上级人民法院可以指定终审人民法院以外的人民法院对申诉进行审查。被指定的人民法院审查后，应当制作审查报告，提出处理意见，层报最高人民法院或者上级人民法院审查处理。

第455条 对死刑案件的申诉，可以由原核准的人民法院直接审查处理，也可以交由原审人民法院审查。原审人民法院应当制作审查报告，提出处理意见，层报原核准的人民法院审查处理。

第457条 对立案审查的申诉案件，应当在三个月以内作出决定，至迟不得超过六个月。因案件疑难、复杂、重大或者其他特殊原因需要延长审查期限的，参照本解释第二百一十条的规定处理。

经审查，具有下列情形之一的，应当根据刑事诉讼法第二百五十三条的规定，决定重新审判：

（一）有新的证据证明原判决、裁定认定的事实确有错误，可能影响定罪量刑的；

（二）据以定罪量刑的证据不确实、不充分、依法应当排除的；

（三）证明案件事实的主要证据之间存在矛盾的；

（四）主要事实依据被依法变更或者撤销的；

（五）认定罪名错误的；

（六）量刑明显不当的；

（七）对违法所得或者其他涉案财物的处理确有明显错误的；

（八）违反法律关于溯及力规定的；

（九）违反法定诉讼程序，可能影响公正裁判的；

（十）审判人员在审理该案件时有贪污受贿、徇私舞弊、枉法裁判行为的。

申诉不具有上述情形的，应当说服申诉人撤回申诉；对仍然坚持申诉的，应当书面通知驳回。

第459条 申诉人对驳回申诉不服的，可以向上一级人民法院申诉。上一级人民法院经审查认为申诉不符合刑事诉讼法第二百五十三条和本解释第四百五十七条第二款规定的，应当说服申诉人撤回申诉；对仍然坚持申诉的，应当驳回或者通知不予重新审判。

重点法条 61 提起再审的主体、依据及指令再审的原审回避

第二百五十四条 各级人民法院院长对本院已经发生法律效力的判决和裁定，如果发现在认定事实上或者在适用法律上确有错误，必须提交审判委员会处理。

最高人民法院对各级人民法院已经发生法律效力的判决和裁定，上级人民法院对下级人民法院已经发生法律效力的判决和裁定，如果发现确有错误，有权提审或者指令下级人民法院再审。

最高人民检察院对各级人民法院已经发生法律效力的判决和裁定，上级人民检察院对下级人民法院已经发生法律效力的判决和裁定，如果发现确有错误，有权按照审判监督程序向同级人民法院提出抗诉。

人民检察院抗诉的案件，接受抗诉的人民法院应当组成合议庭重新审理，对于原判决事实不清楚或者证据不足的，可以指令下级人民法院再审。

第二百五十五条 上级人民法院指令下级人民法院再审的，应当指令原审人民法院以外的下级人民法院审理；由原审人民法院审理更为适宜的，也可以指令原审人民法院审理。

精　解

审判监督程序与二审程序的区别。

1. 审理对象不同。

前者为已经生效的判决或裁定；后者为尚未发生效力的判决或裁定。

2. 提起的理由不同。

前者为生效的判决或裁定“确有错误”；后者为

二审程序对上诉理由未作限制，只是对人民检察院提起抗诉的理由做了限制，即第一审裁判确有错误。

3. 提起的主体不同。

前者为最高人民法院、上级人民法院、本院的审判委员会以及最高人民检察院、上级人民检察院；后者为被告人、自诉人、附带民事诉讼的原告和被告以及他们的法定代理人，经被告人同意或授权的辩护人、近亲属和与一审人民法院同级的人民检察院。

4. 审理程序不同。

前者为根据原来是第一审案件还是第二审案件而分别依照第一审程序和第二审程序来进行；后者为只能按照第二审的程序进行审理。

5. 审理案件的法院不同。

前者为既可以是原审人民法院，又可以是任何上级人民法院；后者为只能是第一审法院的上一级人民法院。

重点法条 62 再审的审理、强制措施与期限

第二百五十六条 人民法院按照审判监督程序重新审判的案件，由原审人民法院审理的，应当另行组成合议庭进行。如果原来是第一审案件，应当依照第一审程序进行审判，所作的判决、裁定，可以上诉、抗诉；如果原来是第二审案件，或者是上级人民法院提审的案件，应当依照第二审程序进行审判，所作的判决、裁定，是终审的判决、裁定。

人民法院开庭审理的再审案件，同级人民检察院应当派员出席法庭。

第二百五十七条 人民法院决定再审的案件，需要对被告人采取强制措施的，由人民法院依法决定；人民检察院提出抗诉的再审案件，需要对被告人采取强制措施的，由人民检察院依法决定。

人民法院按照审判监督程序审判的案件，可以决定中止原判决、裁定的执行。

第二百五十八条 人民法院按照审判监督程序重新审判的案件，应当在作出提审、再审决定之日起3个月以内审结，需要延长期限的，不得超过6个月。

接受抗诉的人民法院按照审判监督程序审判抗诉的案件，审理期限适用前款规定；对需要指令下级人民法院再审的，应当自接受抗诉之日起1个月以内作出决定，下级人民法院审理案件的期限适用前款规定。

【相关法条】 《刑事诉讼法解释》

第464条 对决定依照审判监督程序重新审判的案件，人民法院应当制作再审决定书。再审期间不停止原判决、裁定的执行，但被告人可能经再审改判无罪，或者可能经再审减轻原判刑罚而致刑期届满的，可以决定中止原判决、裁定的执行，必要时，可以对被告人采取取保候审、监视居住措施。

第465条 依照审判监督程序重新审判的案件，人民法院应当重点针对申诉、抗诉和决定再审的理由进行审理。必要时，应当对原判决、裁定认定的事实、证据和适用法律进行全面审查。

第466条 原审人民法院审理依照审判监督程序重新审判的案件，应当另行组成合议庭。

原来是第一审案件，应当依照第一审程序进行审判，所作的判决、裁定可以上诉、抗诉；原来是第二审案件，或者是上级人民法院提审的案件，应当依照第二审程序进行审判，所作的判决、裁定是终审的判决、裁定。

符合刑事诉讼法第296条、第297条规定的，可以缺席审判。

第472条 再审案件经过重新审理后，应当按照下列情形分别处理：

（一）原判决、裁定认定事实和适用法律正确、量刑适当的，应当裁定驳回申诉或者抗诉，维持原判决、裁定；

（二）原判决、裁定定罪准确、量刑适当，但在认定事实、适用法律等方面有瑕疵的，应当裁定纠正并维持原判决、裁定；

（三）原判决、裁定认定事实没有错误，但适用法律错误或者量刑不当的，应当撤销原判决、裁定，依法改判；

（四）依照第二审程序审理的案件，原判决、裁定事实不清、证据不足的，可以在查清事实后改判，也可以裁定撤销原判，发回原审人民法院重新审判。

原判决、裁定事实不清或者证据不足，经审理事实已经查清的，应当根据查清的事实依法裁判；事实仍无法查清，证据不足，不能认定被告人有罪的，应当撤销原判决、裁定，判决宣告被告人无罪。

精解

1. 再审合议庭：由原审人民法院审理的，应当另行组成合议庭进行。原来审判该案的合议庭成员，应当回避。

2. 再审的程序：(1)原来是第一审案件，应当依照第一审程序进行审判，所作的判决、裁定可以上诉、

抗诉;(2)原来是第二审案件,或者是上级人民法院提审的案件,应当依照第二审程序进行审判,所作的判决、裁定是终审的判决、裁定。

3. 对决定依照审判监督程序重新审判的案件,除人民检察院抗诉的以外,人民法院应当制作再审决定书。再审期间不停止原判决、裁定的执行,但被告人可能经再审改判无罪,或者可能经再审减轻原判刑罚而致刑期届满的,可以决定中止原判决、裁定的执行,必要时,可以对被告人采取取保候审、监视居住措施。

4. 再审审限:应当在作出提审、再审决定之日起3个月以内审结,需要延长期限的,不得超过6个月。

5. 审理后的不同处理方式:《刑事诉讼法解释》第472条作出了规定。

第四编 执 行

重点法条 63 执行机关

第二百六十条 第一审人民法院判决被告人无罪、免除刑事处罚的,如果被告人在押,在宣判后应当立即释放。

第二百六十四条 罪犯被交付执行刑罚的时候,应当由交付执行的人民法院在判决生效后10日以内将有关的法律文书送达公安机关、监狱或者其他执行机关。

对被判处死刑缓期2年执行、无期徒刑、有期徒刑的罪犯,由公安机关依法将该罪犯送交监狱执行刑罚。对被判处有期徒刑的罪犯,在被交付执行刑罚前,剩余刑期在3个月以下的,由看守所代为执行。对被判处拘役的罪犯,由公安机关执行。

对未成年犯应当在未成年犯管教所执行刑罚。

执行机关应当将罪犯及时收押,并且通知罪犯家属。

判处有期徒刑、拘役的罪犯,执行期满,应当由执行机关发给释放证明书。

第二百六十九条 对被判处管制、宣告缓刑、假释或者暂予监外执行的罪犯,依法实行社区矫正,由社区矫正机构负责执行。

第二百七十条 对被判处剥夺政治权利的罪犯,由公安机关执行。执行期满,应当由执行机关书面通知本人及其所在单位、居住地基层组织。

第二百七十一条 被判处罚金的罪犯,期满不缴纳的,人民法院应当强制缴纳;如果由于遭遇不能抗拒的灾祸等原因缴纳确实有困难的,经人民法院裁定,可以延期缴纳、酌情减少或者免除。

第二百七十二条 没收财产的判决,无论附加适用或者独立适用,都由人民法院执行;在必要的时候,可以会同公安机关执行。

【相关法条】《刑事诉讼法解释》

第522条 刑事裁判涉财产部分和附带民事裁判应当由人民法院执行的,由第一审人民法院负责裁判执行的机构执行。

第523条 罚金在判决规定的期限内一次或者分期缴纳。期满无故不缴纳或者未足额缴纳的,人民法院应当强制缴纳。经强制缴纳仍不能全部缴纳的,在任何时候,包括主刑执行完毕后,发现被执行人有可供执行的财产的,应当追缴。

行政机关对被告人就同一事实已经处以罚款的,人民法院判处罚金时应当折抵,扣除行政处罚已执行的部分。

精 解

1. 执行的依据。

(1)已过法定期限没有上诉、抗诉的判决、裁定。

(2)终审的判决和裁定,即第二审的判决和裁定以及最高人民法院第一审的判决和裁定。

(3)高级人民法院核准的死刑缓期2年执行的判决、裁定。

(4)最高人民法院核准死刑的以及核准在法定刑以下判处刑罚的判决和裁定。

执行的依据一定都是生效的裁判。

2. 执行机关。

(1)人民法院。人民法院负责死刑立即执行、罚金和没收财产的判决以及无罪或者免除刑罚的判决的执行。

(2)监狱。对于被判处死刑缓期2年执行、无期徒刑、有期徒刑的罪犯,由公安机关送交监狱执行刑罚。

注意:未成年犯监狱负责未成年犯被判处刑罚的执行。

(3)公安机关。公安机关负责执行送交执行时余刑不足3个月的有期徒刑和拘役、剥夺政治权利。

(4)社区矫正机构。被判处管制、宣告缓刑、假释或者暂予监外执行的罪犯,依法实行社区矫正,由社区矫正机构负责执行。

重点法条 64 死刑的执行及停止执行

第二百六十一条 最高人民法院判处和核准的死刑立即执行的判决,应当由最高人民法院院长签发执行死刑的命令。

被判处死刑缓期二年执行的罪犯，在死刑缓期执行期间，如果没有故意犯罪，死刑缓期执行期满，应当予以减刑的，由执行机关提出书面意见，报请高级人民法院裁定；如果故意犯罪，情节恶劣，查证属实，应当执行死刑的，由高级人民法院报请最高人民法院核准；对于故意犯罪未执行死刑的，死刑缓期执行的期间重新计算，并报最高人民法院备案。

第二百六十二条 下级人民法院接到最高人民法院执行死刑的命令后，应当在7日以内交付执行。但是发现有下列情形之一的，应当停止执行，并且立即报告最高人民法院，由最高人民法院作出裁定：

（一）在执行前发现判决可能有错误的；

（二）在执行前罪犯揭发重大犯罪事实或者有其他重大立功表现，可能需要改判的；

（三）罪犯正在怀孕。

前款第1项、第2项停止执行的原因消失后，必须报请最高人民法院院长再签发执行死刑的命令才能执行；由于前款第3项原因停止执行的，应当报请最高人民法院依法改判。

精 解

1. 死刑立即执行：(1)应当由最高人民法院院长签发执行死刑的命令。(2)下级人民法院接到最高人民法院执行死刑的命令后，应当在7日以内交付执行。(3)特殊情形下应当停止执行：①在执行前发现判决可能有错误的。②在执行前罪犯揭发重大犯罪事实或者有其他重大立功表现，可能需要改判的。③罪犯正在怀孕。④前款第1项、第2项停止执行的原因消失后，必须报请最高人民法院院长再签发执行死刑的命令才能执行；由于前款第3项原因停止执行的，应当报请最高人民法院依法改判。

2. 被判处死刑缓期2年执行的罪犯的不同处理：(1)在死刑缓期执行期间，如果没有故意犯罪，死刑缓期执行期满，应当予以减刑的，由执行机关提出书面意见，报请高级人民法院裁定；(2)如果故意犯罪，情节恶劣，查证属实，应当执行死刑的，由高级人民法院报请最高人民法院核准；对于故意犯罪未执行死刑的，死刑缓期执行的期间重新计算，并报最高人民法院备案。

重点法条 65 暂予监外执行的适用对象和相关程序

第二百六十五条 对被判处有期徒刑或者拘役的罪犯，有下列情形之一的，可以暂予监外执行：

（一）有严重疾病需要保外就医的；

（二）怀孕或者正在哺乳自己婴儿的妇女；

（三）生活不能自理，适用暂予监外执行不致危害社会的。

对被判处无期徒刑的罪犯，有前款第2项规定情形的，可以暂予监外执行。

对适用保外就医可能有社会危险性的罪犯，或者自伤自残的罪犯，不得保外就医。

对罪犯确有严重疾病，必须保外就医的，由省级人民政府指定的医院诊断并开具证明文件。

在交付执行前，暂予监外执行由交付执行的人民法院决定；在交付执行后，暂予监外执行由监狱或者看守所提出书面意见，报省级以上监狱管理机关或者设区的市一级以上公安机关批准。

第二百六十七条 决定或者批准暂予监外执行的机关应当将暂予监外执行决定抄送人民检察院。人民检察院认为暂予监外执行不当的，应当自接到通知之日起1个月以内将书面意见送交决定或者批准暂予监外执行的机关，决定或者批准暂予监外执行的机关接到人民检察院的书面意见后，应当立即对该决定进行重新核查。

第二百六十八条 对暂予监外执行的罪犯，有下列情形之一的，应当及时收监：

（一）发现不符合暂予监外执行条件的；

（二）严重违反有关暂予监外执行监督管理规定的；

（三）暂予监外执行的情形消失后，罪犯刑期未满的。

对于人民法院决定暂予监外执行的罪犯应当予以收监的，由人民法院作出决定，将有关的法律文书送达公安机关、监狱或者其他执行机关。

不符合暂予监外执行条件的罪犯通过贿赂等非法手段被暂予监外执行的，在监外执行的期间不计入执行刑期。罪犯在暂予监外执行期间脱逃的，脱逃的期间不计入执行刑期。

罪犯在暂予监外执行期间死亡的，执行机关应当及时通知监狱或者看守所。

【例题】 甲因诈骗罪被A市法院判处有期徒刑5年，并被决定暂予监外执行，在监外执行期间，发现下列哪一情形，监外执行的期间不计入刑期？（2022年单选题）

A. 监外执行1年后脱逃的

B. 监外执行期间甲又实施诈骗犯罪的

C. 甲是通过贿赂医生伪造严重疾病的证明而被监外执行的

D. 故意怀孕哺乳而被监外执行

参考答案：________①

第五编 特别程序

重点法条 66 未成年人刑事案件诉讼程序

第二百七十八条 未成年犯罪嫌疑人、被告人没有委托辩护人的，人民法院、人民检察院、公安机关应当通知法律援助机构指派律师为其提供辩护。

第二百八十一条 对于未成年人刑事案件，在讯问和审判的时候，应当通知未成年犯罪嫌疑人、被告人的法定代理人到场。无法通知、法定代理人不能到场或者法定代理人是共犯的，也可以通知未成年犯罪嫌疑人、被告人的其他成年亲属，所在学校、单位、居住地基层组织或者未成年人保护组织的代表到场，并将有关情况记录在案。到场的法定代理人可以代为行使未成年犯罪嫌疑人、被告人的诉讼权利。

到场的法定代理人或者其他人员认为办案人员在讯问、审判中侵犯未成年人合法权益的，可以提出意见。讯问笔录、法庭笔录应当交给到场的法定代理人或者其他人员阅读或者向他宣读。

讯问女性未成年犯罪嫌疑人，应当有女工作人员在场。

审判未成年人刑事案件，未成年被告人最后陈述后，其法定代理人可以进行补充陈述。

询问未成年被害人、证人，适用第1款、第2款、第3款的规定。

第二百八十二条 对于未成年人涉嫌刑法分则第四章、第五章、第六章规定的犯罪，可能判处1年有期徒刑以下刑罚，符合起诉条件，但有悔罪表现的，人民检察院可以作出附条件不起诉的决定。人民检察院在作出附条件不起诉的决定以前，应当听取公安机关、被害人的意见。

对附条件不起诉的决定，公安机关要求复议、提请复核或者被害人申诉的，适用本法第179条、第180条的规定。

未成年犯罪嫌疑人及其法定代理人对人民检察院决定附条件不起诉有异议的，人民检察院应当作出起诉的决定。

第二百八十五条 审判的时候被告人不满18周岁的案件，不公开审理。但是，经未成年被告人及其法定代理人同意，未成年被告人所在学校和未成年人保护组织可以派代表到场。

第二百八十六条 犯罪的时候不满18周岁，被判处5年有期徒刑以下刑罚的，应当对相关犯罪记录予以封存。

犯罪记录被封存的，不得向任何单位和个人提供，但司法机关为办案需要或者有关单位根据国家规定进行查询的除外。依法进行查询的单位，应当对被封存的犯罪记录的情况予以保密。

【相关法条】《刑事诉讼法》

第277条 对犯罪的未成年人实行教育、感化、挽救的方针，坚持教育为主、惩罚为辅的原则。

人民法院、人民检察院和公安机关办理未成年人刑事案件，应当保障未成年人行使其诉讼权利，保障未成年人得到法律帮助，并由熟悉未成年人身心特点的审判人员、检察人员、侦查人员承办。

第279条 公安机关、人民检察院、人民法院办理未成年人刑事案件，根据情况可以对未成年犯罪嫌疑人、被告人的成长经历、犯罪原因、监护教育等情况进行调查。

第280条 对未成年犯罪嫌疑人、被告人应当严格限制适用逮捕措施。人民检察院审查批准逮捕和人民法院决定逮捕，应当讯问未成年犯罪嫌疑人、被告人，听取辩护律师的意见。

对被拘留、逮捕和执行刑罚的未成年人与成年人应当分别关押、分别管理、分别教育。

第283条 在附条件不起诉的考验期内，由人民检察院对被附条件不起诉的未成年犯罪嫌疑人进行监督考察。未成年犯罪嫌疑人的监护人，应当对未成年犯罪嫌疑人加强管教，配合人民检察院做好监督考察工作。

附条件不起诉的考验期为6个月以上1年以下，从人民检察院作出附条件不起诉的决定之日起计算。

被附条件不起诉的未成年犯罪嫌疑人，应当遵守下列规定：

（一）遵守法律法规，服从监督；

（二）按照考察机关的规定报告自己的活动情况；

① C

（三）离开所居住的市、县或者迁居，应当报经考察机关批准；

（四）按照考察机关的要求接受矫治和教育。

第284条 被附条件不起诉的未成年犯罪嫌疑人，在考验期内有下列情形之一的，人民检察院应当撤销附条件不起诉的决定，提起公诉：

（一）实施新的犯罪或者发现决定附条件不起诉以前还有其他犯罪需要追诉的；

（二）违反治安管理规定或者考察机关有关附条件不起诉的监督管理规定，情节严重的。

被附条件不起诉的未成年犯罪嫌疑人，在考验期内没有上述情形，考验期满的，人民检察院应当作出不起诉的决定。

第287条 办理未成年人刑事案件，除本章已有规定的以外，按照本法的其他规定进行。

精 解

未成年人刑事案件诉讼程序的特点：

1. 必须查明犯罪嫌疑人、被告人的准确出生日期。

对于未成年人犯罪的刑事案件，无论是立案阶段，还是侦查、起诉及审判阶段，都必须重点查明犯罪嫌疑人、被告人确切的出生时间，因为年龄因素很可能决定着是否应当追究刑事责任。未成年犯罪嫌疑人、被告人的准确出生日期要具体到"日"，这是未成年人刑事案件的特殊性所要求和决定的。

2. 由专职人员承办。

人民法院、人民检察院和公安机关办理未成年人犯罪案件，应当保障未成年人行使其诉讼权利，保障未成年人得到法律帮助，并由熟悉未成年人身心特点的审判人员、检察人员、侦查人员进行。

3. 通知法定代理人或其他人员到场。

对于未成年人犯罪案件，在讯问和审判时，应当通知犯罪嫌疑人、被告人的法定代理人到场。无法通知、法定代理人不能到场或者法定代理人是共犯的，也可以通知犯罪嫌疑人、被告人的其他成年近亲属，所在学校、单位或者居住地的村民委员会、居民委员会、未成年人保护组织的代表到场，并将有关情况在讯问笔录中注明。到场的法定代理人可以代为行使犯罪嫌疑人、被告人的诉讼权利。到场的法定代理人或者其他人员认为办案人员在讯问、审判中侵犯未成年人合法权益的，可以提出意见。讯问笔录、法庭笔录应当交给到场的法定代理人或者其他人员阅读或者向他宣读。

讯问女性未成年犯罪嫌疑人，应当有女工作人员在场。

审判未成年人犯罪案件，未成年被告人最后陈述后，其法定代理人可以进行补充陈述。

4. 未成年人犯罪嫌疑人、被告人享有特别的诉讼权利。

未成年犯罪嫌疑人、被告人没有委托辩护人的，人民法院、人民检察院、公安机关应当通知法律援助机构指派律师为其提供辩护。

5. 附条件不起诉。

（1）案件范围。

对于未成年人涉嫌刑法分则第四章、第五章、第六章规定的犯罪，可能判处1年有期徒刑以下刑罚，符合起诉条件，但有悔罪表现的，人民检察院可以作出附条件不起诉的决定。

（2）适用程序。

人民检察院在作出附条件不起诉的决定以前，应当听取公安机关、被害人的意见。

对附条件不起诉的决定，公安机关要求复议、提请复核或者被害人申诉的，适用本法第179、180条的规定。

未成年犯罪嫌疑人及其法定代理人对人民检察院决定附条件不起诉有异议的，人民检察院应当作出起诉的决定。

（3）监督考察。

在附条件不起诉的考验期内，由人民检察院对被附条件不起诉的未成年犯罪嫌疑人进行监督考察。未成年犯罪嫌疑人的监护人，应当对未成年犯罪嫌疑人加强管教，配合人民检察院做好监督考察工作。

（4）考验期。

附条件不起诉的考验期为6个月以上1年以下，从人民检察院作出附条件不起诉的决定之日起计算。

（5）被附条件不起诉的未成年犯罪嫌疑人，应当遵守下列规定：①遵守法律法规，服从监督；②按照考察机关的规定报告自己的活动情况；③离开所居住的市、县或者迁居，应当报经考察机关批准；④按照考察机关的要求接受矫治和教育。

（6）附条件不起诉决定的撤销。

被附条件不起诉的未成年犯罪嫌疑人，在考验期内有下列情形之一的，人民检察院应当撤销附条件不起诉的决定，提起公诉：

①实施新的犯罪或者发现决定附条件不起诉以

前还有其他犯罪需要追诉的；

②违反治安管理规定或者考察机关有关附条件不起诉的监督管理规定，情节严重的。

被附条件不起诉的未成年犯罪嫌疑人，在考验期内没有上述情形，考验期满的，人民检察院应当作出不起诉的决定。

6. 犯罪记录封存制度。

犯罪的时候不满 18 岁，被判处 5 年有期徒刑以下刑罚的，司法机关和有关部门应当对相关犯罪记录予以封存。犯罪记录被封存的，不得向任何单位和个人提供，但司法机关为办案需要或者有关单位根据法律法规规定进行查询的除外。依法进行查询的单位，应当对被封存的犯罪记录的情况予以保密。

重点法条 67 当事人和解的公诉案件诉讼程序

第二百八十八条 下列公诉案件，犯罪嫌疑人、被告人真诚悔罪，通过向被害人赔偿损失、赔礼道歉等方式获得被害人谅解，被害人自愿和解的，双方当事人可以和解：

（一）因民间纠纷引起，涉嫌刑法分则第四章、第五章规定的犯罪案件，可能判处 3 年有期徒刑以下刑罚的；

（二）除渎职犯罪以外的可能判处 7 年有期徒刑以下刑罚的过失犯罪案件。

犯罪嫌疑人、被告人在 5 年以内曾经故意犯罪的，不适用本章规定的程序。

第二百八十九条 双方当事人和解的，公安机关、人民检察院、人民法院应当听取当事人和其他有关人员的意见，对和解的自愿性、合法性进行审查，并主持制作和解协议书。

第二百九十条 对于达成和解协议的案件，公安机关可以向人民检察院提出从宽处理的建议。人民检察院可以向人民法院提出从宽处罚的建议；对于犯罪情节轻微，不需要判处刑罚的，可以作出不起诉的决定。人民法院可以依法对被告人从宽处罚。

【相关法条】《刑事诉讼法解释》

第 594 条 双方当事人在侦查、审查起诉期间已经达成和解协议并全部履行，被害人或者其法定代理人、近亲属又提起附带民事诉讼的，人民法院不予受理，但有证据证明和解违反自愿、合法原则的除外。

重点法条 68 缺席审判程序

第二百九十一条 对于贪污贿赂犯罪案件，以及需要及时进行审判，经最高人民检察院核准的严重危害国家安全犯罪、恐怖活动犯罪案件，犯罪嫌疑人、被告人在境外，监察机关公安机关移送起诉，人民检察院认为犯罪事实已经查清，证据确实、充分，依法应当追究刑事责任的，可以向人民法院提起公诉。人民法院进行审查后，对于起诉书中有明确的指控犯罪事实，符合缺席审判程序适用条件的，应当决定开庭审判。

前款案件，由犯罪地、被告人离境前居住地或者最高人民法院指定的中级人民法院组成合议庭进行审理。

第二百九十二条 人民法院应当通过有关国际条约规定的或者外交途径提出的司法协助方式，或者被告人所在地法律允许的其他方式，将传票和人民检察院的起诉书副本送达被告人。传票和起诉书副本送达后，被告人未按要求到案的，人民法院应当开庭审理，依法作出判决，并对违法所得及其他涉案财产作出处理。

第二百九十三条 人民法院缺席审判案件，被告人有权委托辩护人，被告人的近亲属可以代为委托辩护人。被告人及其近亲属没有委托辩护人的，人民法院应当通知法律援助机构指派律师为其提供辩护。

第二百九十四条 人民法院应当将判决书送达被告人及其近亲属、辩护人。被告人或者其近亲属不服判决的，有权向上一级人民法院上诉。辩护人经被告人或者其近亲属同意，可以提出上诉。

人民检察院认为人民法院的判决确有错误的，应当向上级人民法院提出抗诉。

第二百九十五条 在审理过程中，被告人自动投案或者被抓获的，人民法院应当重新审理。

罪犯在判决、裁定发生法律效力后到案的，人民法院应当将罪犯交付执行刑罚。交付执行刑罚前，人民法院应当告知罪犯有权对判决、裁定提出异议。罪犯对判决、裁定提出异议的，人民法院应当重新审理。

依照生效判决、裁定对罪犯的财产进行的处理确有错误的，应当予以返还、赔偿。

第二百九十六条 因被告人患有严重疾病无法出庭，中止审理超过六个月，被告人仍无法出庭，被告人及其法定代理人、近亲属申请或者同意恢复审理的，人民法院可以在被告人不出庭的情况下缺席审理，依法作出判决。

第二百九十七条 被告人死亡的，人民法院应当裁定终止审理，但有证据证明被告人无罪，人民法院经缺席审理确认无罪的，应当依法作出判决。

人民法院按照审判监督程序重新审判的案件，被告人死亡的，人民法院可以缺席审理，依法作出判决。

【相关法条】《刑事诉讼法解释》

第598条 对人民检察院依照刑事诉讼法第二百九十一条第一款的规定提起公诉的案件，人民法院应当重点审查以下内容：

（一）是否属于可以适用缺席审判程序的案件范围；

（二）是否属于本院管辖；

（三）是否写明被告人的基本情况，包括明确的境外居住地、联系方式等；

（四）是否写明被告人涉嫌有关犯罪的主要事实，并附证据材料；

（五）是否写明被告人有无近亲属以及近亲属的姓名、身份、住址、联系方式等情况；

（六）是否列明违法所得及其他涉案财产的种类、数量、价值、所在地等，并附证据材料；

（七）是否附有查封、扣押、冻结违法所得及其他涉案财产的清单和相关法律手续。

前款规定的材料需要翻译件的，人民法院应当要求人民检察院一并移送。

第599条 对人民检察院依照刑事诉讼法第二百九十一条第一款的规定提起公诉的案件，人民法院审查后，应当按照下列情形分别处理：

（一）符合缺席审判程序适用条件，属于本院管辖，且材料齐全的，应当受理；

（二）不属于可以适用缺席审判程序的案件范围、不属于本院管辖或者不符合缺席审判程序的其他适用条件的，应当退回人民检察院；

（三）材料不全的，应当通知人民检察院在三十日以内补送；三十日以内不能补送的，应当退回人民检察院。

第600条 对人民检察院依照刑事诉讼法第二百九十一条第一款的规定提起公诉的案件，人民法院立案后，应当将传票和起诉书副本送达被告人，传票应当载明被告人到案期限以及不按要求到案的法律后果等事项；应当将起诉书副本送达被告人近亲属，告知其有权代为委托辩护人，并通知其敦促被告人归案。

第601条 人民法院审理人民检察院依照刑事诉讼法第二百九十一条第一款的规定提起公诉的案件，被告人有权委托或者由近亲属代为委托一至二名辩护人。委托律师担任辩护人的，应当委托具有中华人民共和国律师资格并依法取得执业证书的律师；在境外委托的，应当依照本解释第四百八十六条的规定对授权委托进行公证、认证。

被告人及其近亲属没有委托辩护人的，人民法院应当通知法律援助机构指派律师为被告人提供辩护。

被告人及其近亲属拒绝法律援助机构指派的律师辩护的，依照本解释第五十条第二款的规定处理。

第602条 人民法院审理人民检察院依照刑事诉讼法第二百九十一条第一款的规定提起公诉的案件，被告人的近亲属申请参加诉讼的，应当在收到起诉书副本后、第一审开庭前提出，并提供与被告人关系的证明材料。有多名近亲属的，应当推选一至二人参加诉讼。

对被告人的近亲属提出申请的，人民法院应当及时审查决定。

第603条 人民法院审理人民检察院依照刑事诉讼法第二百九十一条第一款的规定提起公诉的案件，参照适用公诉案件第一审普通程序的有关规定。被告人的近亲属参加诉讼的，可以发表意见，出示证据，申请法庭通知证人、鉴定人等出庭，进行辩论。

第604条 对人民检察院依照刑事诉讼法第二百九十一条第一款的规定提起公诉的案件，人民法院审理后应当参照本解释第二百九十五条的规定作出判决、裁定。

作出有罪判决的，应当达到证据确实、充分的证明标准。

经审理认定的罪名不属于刑事诉讼法第二百九十一条第一款规定的罪名的，应当终止审理。

适用缺席审判程序审理案件，可以对违法所得及其他涉案财产一并作出处理。

第605条 因被告人患有严重疾病导致缺乏受审能力，无法出庭受审，中止审理超过六个月，被告人仍无法出庭，被告人及其法定代理人、近亲属申请或者同意恢复审理的，人民法院可以根据刑事诉讼法第二百九十六条的规定缺席审判。

符合前款规定的情形，被告人无法表达意愿的，其法定代理人、近亲属可以代为申请或者同意恢复审理。

第 606 条 人民法院受理案件后被告人死亡的，应当裁定终止审理；但有证据证明被告人无罪，经缺席审理确认无罪的，应当判决宣告被告人无罪。

前款所称"有证据证明被告人无罪，经缺席审理确认无罪"，包括案件事实清楚，证据确实、充分，依据法律认定被告人无罪的情形，以及证据不足，不能认定被告人有罪的情形。

第 607 条 人民法院按照审判监督程序重新审判的案件，被告人死亡的，可以缺席审理。有证据证明被告人无罪，经缺席审理确认被告人无罪的，应当判决宣告被告人无罪；虽然构成犯罪，但原判量刑畸重的，应当依法作出判决。

重点法条 69 犯罪嫌疑人、被告人逃匿、死亡案件违法所得的没收程序

第二百九十八条 对于贪污贿赂犯罪、恐怖活动犯罪等重大犯罪案件，犯罪嫌疑人、被告人逃匿，在通缉 1 年后不能到案，或者犯罪嫌疑人、被告人死亡，依照刑法规定应当追缴其违法所得及其他涉案财产的，人民检察院可以向人民法院提出没收违法所得的申请。

公安机关认为有前款规定情形的，应当写出没收违法所得意见书，移送人民检察院。

没收违法所得的申请应当提供与犯罪事实、违法所得相关的证据材料，并列明财产的种类、数量、所在地及查封、扣押、冻结的情况。

人民法院在必要的时候，可以查封、扣押、冻结申请没收的财产。

第二百九十九条 没收违法所得的申请，由犯罪地或者犯罪嫌疑人、被告人居住地的中级人民法院组成合议庭进行审理。

人民法院受理没收违法所得的申请后，应当发出公告。公告期间为 6 个月。犯罪嫌疑人、被告人的近亲属和其他利害关系人有权申请参加诉讼，也可以委托诉讼代理人参加诉讼。

人民法院在公告期满后对没收违法所得的申请进行审理。利害关系人参加诉讼的，人民法院应当开庭审理。

第三百条 人民法院经审理，对经查证属于违法所得及其他涉案财产，除依法返还被害人的以外，应当裁定予以没收；对不属于应当追缴的财产的，应当裁定驳回申请，解除查封、扣押、冻结措施。

对于人民法院依照前款规定作出的裁定，犯罪嫌疑人、被告人的近亲属和其他利害关系人或者人民检察院可以提出上诉、抗诉。

第三百零一条 在审理过程中，在逃的犯罪嫌疑人、被告人自动投案或者被抓获的，人民法院应当终止审理。

没收犯罪嫌疑人、被告人财产确有错误的，应当予以返还、赔偿。

【相关法条】《刑事诉讼法解释》

第 610 条 在省、自治区、直辖市或者全国范围内具有较大影响的犯罪案件，或者犯罪嫌疑人、被告人逃匿境外的犯罪案件，应当认定为刑事诉讼法第 298 条第 1 款规定的"重大犯罪案件"。

重点法条 70 依法不负刑事责任的精神病人的强制医疗程序

第三百零二条 实施暴力行为，危害公共安全或者严重危害公民人身安全，经法定程序鉴定依法不负刑事责任的精神病人，有继续危害社会可能的，可以予以强制医疗。

第三百零三条 根据本章规定对精神病人强制医疗的，由人民法院决定。

公安机关发现精神病人符合强制医疗条件的，应当写出强制医疗意见书，移送人民检察院。对于公安机关移送的或者在审查起诉过程中发现的精神病人符合强制医疗条件的，人民检察院应当向人民法院提出强制医疗的申请。人民法院在审理案件过程中发现被告人符合强制医疗条件的，可以作出强制医疗的决定。

对实施暴力行为的精神病人，在人民法院决定强制医疗前，公安机关可以采取临时的保护性约束措施。

第三百零四条 人民法院受理强制医疗的申请后，应当组成合议庭进行审理。

人民法院审理强制医疗案件，应当通知被申请人或者被告人的法定代理人到场。被申请人或者被告人没有委托诉讼代理人的，人民法院应当通知法律援助机构指派律师为其提供法律帮助。

第三百零五条 人民法院经审理，对于被申请人或者被告人符合强制医疗条件的，应当在 1 个月以内作出强制医疗的决定。

被决定强制医疗的人、被害人及其法定代理人、近亲属对强制医疗决定不服的，可以向上一级人民法院申请复议。

第三百零六条 强制医疗机构应当定期对被强

制医疗的人进行诊断评估。对于已不具有人身危险性,不需要继续强制医疗的,应当及时提出解除意见,报决定强制医疗的人民法院批准。

被强制医疗的人及其近亲属有权申请解除强制医疗。

【相关法条】《刑事诉讼法解释》

第 642 条 被决定强制医疗的人、被害人及其法定代理人、近亲属对强制医疗决定不服的,可以自收到决定书第 2 日起 5 日以内向上一级人民法院申请复议。复议期间不停止执行强制医疗的决定。

第 648 条 人民检察院认为强制医疗决定或者解除强制医疗决定不当,在收到决定书后 20 日以内提出书面纠正意见的,人民法院应当另行组成合议庭审理,并在 1 个月以内作出决定。

行政法与行政诉讼法

公 务 员 法

【导读】 公务员的处分和回避是《公务员法》的考试重点，考生需要对知识点准确记忆，比如处分的种类和期限、处分的适用、处分的后果都是考试的常考点，不容疏忽。公务员回避制度是仅次于处分的重要考点，考生需要多加重视。

重点法条 1 公务员的录用

第二十三条 录用担任一级主任科员以下及其他相当职级层次的公务员，采取公开考试、严格考察、平等竞争、择优录取的办法。

民族自治地方依照前款规定录用公务员时，依照法律和有关规定对少数民族报考者予以适当照顾。

第二十四条 中央机关及其直属机构公务员的录用，由中央公务员主管部门负责组织。地方各级机关公务员的录用，由省级公务员主管部门负责组织，必要时省级公务员主管部门可以授权设区的市级公务员主管部门组织。

第二十五条 报考公务员，除应当具备本法第13条规定的条件以外，还应当具备省级以上公务员主管部门规定的拟任职位所要求的资格条件。

国家对行政机关中初次从事行政处罚决定审核、行政复议、行政裁决、法律顾问的公务员实行统一法律职业资格考试制度，由国务院司法行政部门商有关部门组织实施。

第二十六条 下列人员不得录用为公务员：

（一）因犯罪受过刑事处罚的；

（二）被开除中国共产党党籍的；

（三）被开除公职的；

（四）被依法列为失信联合惩戒对象的；

（五）有法律规定不得录用为公务员的其他情形的。

第二十七条 录用公务员，应当在规定的编制限额内，并有相应的职位空缺。

第二十八条 录用公务员，应当发布招考公告。招考公告应当载明招考的职位、名额、报考资格条件、报考需要提交的申请材料以及其他报考须知事项。

招录机关应当采取措施，便利公民报考。

第二十九条 招录机关根据报考资格条件对报考申请进行审查。报考者提交的申请材料应当真实、准确。

第三十条 公务员录用考试采取笔试和面试等方式进行，考试内容根据公务员应当具备的基本能力和不同职位类别、不同层级机关分别设置。

第三十一条 招录机关根据考试成绩确定考察人选，并进行报考资格复审、考察和体检。

体检的项目和标准根据职位要求确定。具体办法由中央公务员主管部门会同国务院卫生健康行政部门规定。

第三十二条 招录机关根据考试成绩、考察情况和体检结果，提出拟录用人员名单，并予以公示。公示期不少于5个工作日。

公示期满，中央一级招录机关应当将拟录用人员名单报中央公务员主管部门备案；地方各级招录机关应当将拟录用人员名单报省级或者设区的市级公务员主管部门审批。

第三十三条 录用特殊职位的公务员，经省级以上公务员主管部门批准，可以简化程序或者采用其他测评办法。

第三十四条 新录用的公务员试用期为1年。试用期满合格的，予以任职；不合格的，取消录用。

重点法条 2 公务员的处分

第六十二条 处分分为：警告、记过、记大过、降级、撤职、开除。

第六十三条 对公务员的处分，应当事实清楚、证据确凿、定性准确、处理恰当、程序合法、手续完备。

公务员违纪违法的，应当由处分决定机关决定对公务员违纪违法的情况进行调查，并将调查认定的事实以及拟给予处分的依据告知公务员本人。公务员有权进行陈述和申辩；处分决定机关不得因公务员申辩而加重处分。

处分决定机关认为对公务员应当给予处分的，应当在规定的期限内，按照管理权限和规定的程序作出处分决定。处分决定应当以书面形式通知公务员本人。

第六十四条 公务员在受处分期间不得晋升职务、职级和级别，其中受记过、记大过、降级、撤职处分的，不得晋升工资档次。

受处分的期间为：警告，6个月；记过，12个月；记大过，18个月；降级、撤职，24个月。

受撤职处分的，按照规定降低级别。

第六十五条 公务员受开除以外的处分，在受处分期间有悔改表现，并且没有再发生违纪违法行为的，处分期满后自动解除。

解除处分后，晋升工资档次、级别和职务、职级不再受原处分的影响。但是，解除降级、撤职处分的，不视为恢复原级别、原职务、原职级。

重点法条 3 公务回避

第七十六条 公务员执行公务时，有下列情形之一的，应当回避：

（一）涉及本人利害关系的；

（二）涉及与本人有本法第74条第1款所列亲属关系人员的利害关系的；

（三）其他可能影响公正执行公务的。

【相关法条】《公务员法》

第74条 公务员之间有夫妻关系、直系血亲关系、3代以内旁系血亲关系以及近姻亲关系的，不得在同一机关双方直接隶属于同一领导人员的职位或者有直接上下级领导关系的职位工作，也不得在其中一方担任领导职务的机关从事组织、人事、纪检、监察、审计和财务工作。

公务员不得在其配偶、子女及其配偶经营的企业、营利性组织的行业监管或者主管部门担任领导成员。

因地域或者工作性质特殊，需要变通执行任职回避的，由省级以上公务员主管部门规定。

重点法条 4 公务员的辞职与辞退

第八十六条 公务员有下列情形之一的，不得辞去公职：

（一）未满国家规定的最低服务年限的；

（二）在涉及国家秘密等特殊职位任职或者离开上述职位不满国家规定的脱密期限的；

（三）重要公务尚未处理完毕，且须由本人继续处理的；

（四）正在接受审计、纪律审查、监察调查，或者涉嫌犯罪，司法程序尚未终结的；

（五）法律、行政法规规定的其他不得辞去公职的情形。

第八十八条 公务员有下列情形之一的，予以辞退：

（一）在年度考核中，连续两年被确定为不称职的；

（二）不胜任现职工作，又不接受其他安排的；

（三）因所在机关调整、撤销、合并或者缩减编制员额需要调整工作，本人拒绝合理安排的；

（四）不履行公务员义务，不遵守法律和公务员纪律，经教育仍无转变，不适合继续在机关工作，又不宜给予开除处分的；

（五）旷工或者因公外出、请假期满无正当理由逾期不归连续超过15天，或者1年内累计超过30天的。

第八十九条 对有下列情形之一的公务员，不得辞退：

（一）因公致残，被确认丧失或者部分丧失工作能力的；

（二）患病或者负伤，在规定的医疗期内的；

（三）女性公务员在孕期、产假、哺乳期内的；

（四）法律、行政法规规定的其他不得辞退的情形。

重点法条 5 申诉制度

第九十五条 公务员对涉及本人的下列人事处理不服的，可以自知道该人事处理之日起30日内向原处理机关申请复核；对复核结果不服的，可以自接到复核决定之日起15日内，按照规定向同级公务员

主管部门或者作出该人事处理的机关的上一级机关提出申诉;也可以不经复核,自知道该人事处理之日起30日内直接提出申诉:

(一)处分;

(二)辞退或者取消录用;

(三)降职;

(四)定期考核定为不称职;

(五)免职;

(六)申请辞职、提前退休未予批准;

(七)不按照规定确定或者扣减工资、福利、保险待遇;

(八)法律、法规规定可以申诉的其他情形。

对省级以下机关作出的申诉处理决定不服的,可以向作出处理决定的上一级机关提出再申诉。

受理公务员申诉的机关应当组成公务员申诉公正委员会,负责受理和审理公务员的申诉案件。

公务员对监察机关作出的涉及本人的处理决定不服向监察机关申请复审、复核的,按照有关规定办理。

【相关法条】《公务员法》

第96条 原处理机关应当自接到复核申请书后的30日内作出复核决定,并以书面形式告知申请人。受理公务员申诉的机关应当自受理之日起60日内作出处理决定;案情复杂的,可以适当延长,但是延长时间不得超过30日。

复核、申诉期间不停止人事处理的执行。

公务员不因申请复核、提出申诉而被加重处理。

【例题】 在定期考核中,民政局一级科员刘某被确定为基本称职,下列哪些说法是正确的?(2023年多选题)

A. 刘某不服该结果可以向考核机关申请复核

B. 对刘某的考核结果作为公务员奖励、培训、辞退的依据

C. 刘某不能获得年终奖金

D. 对刘某的考核由主管机关按照有关规定办理

参考答案:________①

行政许可法

【导读】 行政许可是行政行为中重要的组成部分,是行政法热点之一。考生不但要掌握法条知识,还要通晓基本理论,特别是要了解现实中许多许可行为的具体规定,做到有备无患。

本部分的主要考点有:(1)行政许可的设定,如何种事项能够设定行政许可,何种规范性文件可以设定行政许可;(2)行政许可的实施,包括实施机关、实施程序、实施期限;(3)信赖保护原则;(4)行政许可的听证制度,包括何种许可事项需要听证,听证的具体程序,听证笔录的效力等;(5)行政许可的监督,包括监督机关、监督程序、违法后的处理等;(6)行政许可相关制度比较,如行政许可的撤回、撤销、注销制度比较;(7)行政许可的救济,包括行政复议、行政诉讼、国家赔偿。本部分主要涉及对《行政许可法》、最高人民法院《关于审理行政许可案件若干问题的规定》(以下简称《行政许可规定》)内容的考查。

重点法条 1 行政许可的设定权

第十四条 本法第12条所列事项,法律可以设定行政许可。尚未制定法律的,行政法规可以设定行政许可。

必要时,国务院可以采用发布决定的方式设定行政许可。实施后,除临时性行政许可事项外,国务院应当及时提请全国人民代表大会及其常务委员会制定法律,或者自行制定行政法规。

第十五条 本法第12条所列事项,尚未制定法律、行政法规的,地方性法规可以设定行政许可;尚未制定法律、行政法规和地方性法规的,因行政管理的需要,确需立即实施行政许可的,省、自治区、直辖市人民政府规章可以设定临时性的行政许可。临时性的行政许可实施满1年需要继续实施的,应当提请本级人民代表大会及其常务委员会制定地方性法规。

地方性法规和省、自治区、直辖市人民政府规章,

① BC

不得设定应当由国家统一确定的公民、法人或者其他组织的资格、资质的行政许可;不得设定企业或者其他组织的设立登记及其前置性行政许可。其设定的行政许可,不得限制其他地区的个人或者企业到本地区从事生产经营和提供服务,不得限制其他地区的商品进入本地区市场。

第十六条 行政法规可以在法律设定的行政许可事项范围内,对实施该行政许可作出具体规定。

地方性法规可以在法律、行政法规设定的行政许可事项范围内,对实施该行政许可作出具体规定。

规章可以在上位法设定的行政许可事项范围内,对实施该行政许可作出具体规定。

法规、规章对实施上位法设定的行政许可作出的具体规定,不得增设行政许可;对行政许可条件作出的具体规定,不得增设违反上位法的其他条件。

第十七条 除本法第14条、第15条规定的外,其他规范性文件一律不得设定行政许可。

【相关法条】《行政许可法》

第12条 下列事项可以设定行政许可:

(一)直接涉及国家安全、公共安全、经济宏观调控、生态环境保护以及直接关系人身健康、生命财产安全等特定活动,需要按照法定条件予以批准的事项;

(二)有限自然资源开发利用、公共资源配置以及直接关系公共利益的特定行业的市场准入等,需要赋予特定权利的事项;

(三)提供公众服务并且直接关系公共利益的职业、行业,需要确定具备特殊信誉、特殊条件或者特殊技能等资格、资质的事项;

(四)直接关系公共安全、人身健康、生命财产安全的重要设备、设施、产品、物品,需要按照技术标准、技术规范,通过检验、检测、检疫等方式进行审定的事项;

(五)企业或者其他组织的设立等,需要确定主体资格的事项;

(六)法律、行政法规规定可以设定行政许可的其他事项。

第19条 起草法律草案、法规草案和省、自治区、直辖市人民政府规章草案,拟设定行政许可的,起草单位应当采取听证会、论证会等形式听取意见,并向制定机关说明设定该行政许可的必要性、对经济和社会可能产生的影响以及听取和采纳意见的情况。

第20条 行政许可的设定机关应当定期对其设定的行政许可进行评价;对已设定的行政许可,认为通过本法第13条所列方式能够解决的,应当对设定该行政许可的规定及时予以修改或者废止。

行政许可的实施机关可以对已设定的行政许可的实施情况及存在的必要性适时进行评价,并将意见报告该行政许可的设定机关。

公民、法人或者其他组织可以向行政许可的设定机关和实施机关就行政许可的设定和实施提出意见和建议。

第21条 省、自治区、直辖市人民政府对行政法规设定的有关经济事务的行政许可,根据本行政区域经济和社会发展情况,认为通过本法第13条所列方式能够解决的,报国务院批准后,可以在本行政区域内停止实施该行政许可。

重点法条 2 行政许可的实施机关

第二十二条 行政许可由具有行政许可权的行政机关在其法定职权范围内实施。

第二十三条 法律、法规授权的具有管理公共事务职能的组织,在法定授权范围内,以自己的名义实施行政许可。被授权的组织适用本法有关行政机关的规定。

第二十四条 行政机关在其法定职权范围内,依照法律、法规、规章的规定,可以委托其他行政机关实施行政许可。委托机关应当将受委托行政机关和受委托实施行政许可的内容予以公告。

委托行政机关对受委托行政机关实施行政许可的行为应当负责监督,并对该行为的后果承担法律责任。

受委托行政机关在委托范围内,以委托行政机关名义实施行政许可;不得再委托其他组织或者个人实施行政许可。

第二十五条 经国务院批准,省、自治区、直辖市人民政府根据精简、统一、效能的原则,可以决定一个行政机关行使有关行政机关的行政许可权。

第二十六条 行政许可需要行政机关内设的多个机构办理的,该行政机关应当确定一个机构统一受理行政许可申请,统一送达行政许可决定。

行政许可依法由地方人民政府两个以上部门分别实施的,本级人民政府可以确定一个部门受理行政许可申请并转告有关部门分别提出意见后统一办理,或者组织有关部门联合办理、集中办理。

精解

实施行政许可的主体，考生需要重点掌握以下规则：

1. 一般情况下，行政许可由行政机关实施，也可以由获得法律、法规授权的社会公共组织实施，还可以由行政机关委托的组织实施；但是，需要强调委托实施行政许可必须有法律、法规或者规章上的依据，且受委托者必须是行政机关。

2. 便民措施：

(1)集中实施。经国务院批准，省级人民政府可以决定由一个行政机关行使多个行政机关的行政许可权。

(2)行政许可由一个行政机关内设的多个机构办理的，该行政机关应当确定一个机构统一受理行政许可申请，统一送达行政许可决定。注意，这里是“应当”。

(3)行政许可由地方政府两个以上部门分别实施的，该级政府可以确定一个部门受理许可申请，并转告有关部门分别提出意见后统一办理，或者组织有关部门联合办理、集中办理。注意，这里是“可以”。

重点法条 3 行政许可的申请

第二十九条 公民、法人或者其他组织从事特定活动，依法需要取得行政许可的，应当向行政机关提出申请。申请书需要采用格式文本的，行政机关应当向申请人提供行政许可申请书格式文本。申请书格式文本中不得包含与申请行政许可事项没有直接关系的内容。

申请人可以委托代理人提出行政许可申请。但是，依法应当由申请人到行政机关办公场所提出行政许可申请的除外。

行政许可申请可以通过信函、电报、电传、传真、电子数据交换和电子邮件等方式提出。

【相关法条】《行政许可法》

第31条 申请人申请行政许可，应当如实向行政机关提交有关材料和反映真实情况，并对其申请材料实质内容的真实性负责。行政机关不得要求申请人提交与其申请的行政许可事项无关的技术资料和其他材料。

行政机关及其工作人员不得以转让技术作为取得行政许可的条件；不得在实施行政许可的过程中，直接或者间接地要求转让技术。

第32条 行政机关对申请人提出的行政许可申请，应当根据下列情况分别作出处理：

(一)申请事项依法不需要取得行政许可的，应当即时告知申请人不受理；

(二)申请事项依法不属于本行政机关职权范围的，应当即时作出不予受理的决定，并告知申请人向有关行政机关申请；

(三)申请材料存在可以当场更正的错误的，应当允许申请人当场更正；

(四)申请材料不齐全或者不符合法定形式的，应当当场或者在5日内1次告知申请人需要补正的全部内容，逾期不告知的，自收到申请材料之日起即为受理；

(五)申请事项属于本行政机关职权范围，申请材料齐全、符合法定形式，或者申请人按照本行政机关的要求提交全部补正申请材料的，应当受理行政许可申请。

行政机关受理或者不予受理行政许可申请，应当出具加盖本行政机关专用印章和注明日期的书面凭证。

第34条 行政机关应当对申请人提交的申请材料进行审查。

申请人提交的申请材料齐全、符合法定形式，行政机关能够当场作出决定的，应当当场作出书面的行政许可决定。

根据法定条件和程序，需要对申请材料的实质内容进行核实的，行政机关应当指派2名以上工作人员进行核查。

第38条 申请人的申请符合法定条件、标准的，行政机关应当依法作出准予行政许可的书面决定。

行政机关依法作出不予行政许可的书面决定的，应当说明理由，并告知申请人享有依法申请行政复议或者提起行政诉讼的权利。

第40条 行政机关作出的准予行政许可决定，应当予以公开，公众有权查阅。

第42条 除可以当场作出行政许可决定的外，行政机关应当自受理行政许可申请之日起20日内作出行政许可决定。20日内不能作出决定的，经本行政机关负责人批准，可以延长10日，并应当将延长期限的理由告知申请人。但是，法律、法规另有规定的，依照其规定。

依照本法第26条的规定，行政许可采取统一办理或者联合办理、集中办理的，办理的时间不得超过45日；45日内不能办结的，经本级人民政府负责人批准，可以延长15日，并应当将延长期限的理由告知申请人。

第43条 依法应当先经下级行政机关审查后报上级行政机关决定的行政许可，下级行政机关应当自其受理行政许可申请之日起20日内审查完毕。但是，法律、法规另有规定的，依照其规定。

第44条 行政机关作出准予行政许可的决定，应当自作出决定之日起10日内向申请人颁发、送达行政许可证件，或者加贴标签、加盖检验、检测、检疫印章。

第45条 行政机关作出行政许可决定，依法需要听证、招标、拍卖、检验、检测、检疫、鉴定和专家评审的，所需时间不计算在本节规定的期限内。行政机关应当将所需时间书面告知申请人。

精 解

上述条文是行政许可实施的一般程序，所有行政许可都必须经过申请、受理、审查、决定四个环节。

1. 申请。申请时，申请人对申请材料的真实性负责，同时行政机关不得要求当事人提供与许可无关的材料。

2. 受理。行政机关对申请人提出的许可申请，根据不同情况，主要处理方式有三种：决定受理；补正后决定受理；决定不受理。

3. 审查。需要对实质内容核实的，应由2名以上工作人员进行。由于行政许可可能会影响到他人，发现行政许可事项直接关系他人重大利益的，应当将其告知该利害关系人。

4. 决定：

(1)决定的时限。考生需要特别注意，决定的时限具体可以分为：①当场决定，能够当场决定的，应当当场决定；②不能当场决定，且由一个主体实施许可的，20日内决定，可以延长10日，法律、法规作出例外规定的，从其规定；③平级多个主体实施许可，且采取了统一办理、联合办理、集中办理的，45日作出许可决定，可以延长15日；④跨级多个主体实施许可的，下级机关应自其受理申请之日起20日内审查完毕，报送上级。

(2)决定的形式。书面形式作出，需要发证的，自作出决定之日起10日内颁发。

重点法条 4 行政许可的听证

第四十六条 法律、法规、规章规定实施行政许可应当听证的事项，或者行政机关认为需要听证的其他涉及公共利益的重大行政许可事项，行政机关应当向社会公告，并举行听证。

第四十七条 行政许可直接涉及申请人与他人之间重大利益关系的，行政机关在作出行政许可决定前，应当告知申请人、利害关系人享有要求听证的权利；申请人、利害关系人在被告知听证权利之日起5日内提出听证申请的，行政机关应当在20日内组织听证。

申请人、利害关系人不承担行政机关组织听证的费用。

第四十八条 听证按照下列程序进行：

(一)行政机关应当于举行听证的7日前将举行听证的时间、地点通知申请人、利害关系人，必要时予以公告；

(二)听证应当公开举行；

(三)行政机关应当指定审查该行政许可申请的工作人员以外的人员为听证主持人，申请人、利害关系人认为主持人与该行政许可事项有直接利害关系的，有权申请回避；

(四)举行听证时，审查该行政许可申请的工作人员应当提供审查意见的证据、理由，申请人、利害关系人可以提出证据，并进行申辩和质证；

(五)听证应当制作笔录，听证笔录应当交听证参加人确认无误后签字或者盖章。

行政机关应当根据听证笔录，作出行政许可决定。

精 解

行政许可听证程序注意以下几方面：

1. 听证程序的启动方式可以分为主动启动和依申请启动。前者适用于法律、法规、规章规定应当听证的事项，或者行政机关认为因涉及公共利益而需要听证的重大许可事项。后者适用于行政许可直接涉及申请人与他人之间重大利益关系的，行政机关在作出行政许可决定前，告知申请人、利害关系人享有要求听证的权利，当事人提出申请的情形。

2. 听证程序中的期限。申请期限为5日；组织听证期限为20日；告知期限为听证前7日。

3. 听证主持人的回避。已经参与审查该许可事项的行政机关工作人员不能担任听证主持人。申请人、利害关系人认为主持人与该行政许可事项有直接利害关系的，有权申请回避。

4. 听证笔录的法律效力。行政机关应当根据听证笔录作出许可决定，不得对笔录中没有记载的因素加以考虑。听证笔录在行政许可和行政处罚中的效力不同，行政处罚的听证笔录没有案卷排他性。

重点法条 5　行政许可有效期限的延续

第五十条　被许可人需要延续依法取得的行政许可的有效期的,应当在该行政许可有效期届满30日前向作出行政许可决定的行政机关提出申请。但是,法律、法规、规章另有规定的,依照其规定。

行政机关应当根据被许可人的申请,在该行政许可有效期届满前作出是否准予延续的决定;逾期未作决定的,视为准予延续。

重点法条 6　行政许可的事后监督

第六十六条　被许可人未依法履行开发利用自然资源义务或者未依法履行利用公共资源义务的,行政机关应当责令限期改正;被许可人在规定期限内不改正的,行政机关应当依照有关法律、行政法规的规定予以处理。

第六十七条　取得直接关系公共利益的特定行业的市场准入行政许可的被许可人,应当按照国家规定的服务标准、资费标准和行政机关依法规定的条件,向用户提供安全、方便、稳定和价格合理的服务,并履行普遍服务的义务;未经作出行政许可决定的行政机关批准,不得擅自停业、歇业。

被许可人不履行前款规定的义务的,行政机关应当责令限期改正,或者依法采取有效措施督促其履行义务。

第六十八条　对直接关系公共安全、人身健康、生命财产安全的重要设备、设施,行政机关应当督促设计、建造、安装和使用单位建立相应的自检制度。

行政机关在监督检查时,发现直接关系公共安全、人身健康、生命财产安全的重要设备、设施存在安全隐患的,应当责令停止建造、安装和使用,并责令设计、建造、安装和使用单位立即改正。

第六十九条　有下列情形之一的,作出行政许可决定的行政机关或者其上级行政机关,根据利害关系人的请求或者依据职权,可以撤销行政许可:

(一)行政机关工作人员滥用职权、玩忽职守作出准予行政许可决定的;

(二)超越法定职权作出准予行政许可决定的;

(三)违反法定程序作出准予行政许可决定的;

(四)对不具备申请资格或者不符合法定条件的申请人准予行政许可的;

(五)依法可以撤销行政许可的其他情形。

被许可人以欺骗、贿赂等不正当手段取得行政许可的,应当予以撤销。

依照前两款的规定撤销行政许可,可能对公共利益造成重大损害的,不予撤销。

依照本条第1款的规定撤销行政许可,被许可人的合法权益受到损害的,行政机关应当依法给予赔偿。依照本条第2款的规定撤销行政许可的,被许可人基于行政许可取得的利益不受保护。

第七十条　有下列情形之一的,行政机关应当依法办理有关行政许可的注销手续:

(一)行政许可有效期届满未延续的;

(二)赋予公民特定资格的行政许可,该公民死亡或者丧失行为能力的;

(三)法人或者其他组织依法终止的;

(四)行政许可依法被撤销、撤回,或者行政许可证件依法被吊销的;

(五)因不可抗力导致行政许可事项无法实施的;

(六)法律、法规规定的应当注销行政许可的其他情形。

【相关法条】《行政许可法》

第8条　公民、法人或者其他组织依法取得的行政许可受法律保护,行政机关不得擅自改变已经生效的行政许可。

行政许可所依据的法律、法规、规章修改或者废止,或者准予行政许可所依据的客观情况发生重大变化的,为了公共利益的需要,行政机关可以依法变更或者撤回已经生效的行政许可。由此给公民、法人或者其他组织造成财产损失的,行政机关应当依法给予补偿。

行政处罚法

【导读】《行政处罚法》的重点内容包括：行政处罚的种类和设定、行政处罚的实施机关、简易程序、听证程序、行政处罚的执行。

重点法条 1 行政处罚的种类

第九条 行政处罚的种类：

（一）警告、通报批评；

（二）罚款、没收违法所得、没收非法财物；

（三）暂扣许可证件、降低资质等级、吊销许可证件；

（四）限制开展生产经营活动、责令停产停业、责令关闭、限制从业；

（五）行政拘留；

（六）法律、行政法规规定的其他行政处罚。

重点法条 2 行政处罚的设定

第十条 法律可以设定各种行政处罚。

限制人身自由的行政处罚，只能由法律设定。

第十一条 行政法规可以设定除限制人身自由以外的行政处罚。

法律对违法行为已经作出行政处罚规定，行政法规需要作出具体规定的，必须在法律规定的给予行政处罚的行为、种类和幅度的范围内规定。

法律对违法行为未作出行政处罚规定，行政法规为实施法律，可以补充设定行政处罚。拟补充设定行政处罚的，应当通过听证会、论证会等形式广泛听取意见，并向制定机关作出书面说明。行政法规报送备案时，应当说明补充设定行政处罚的情况。

第十二条 地方性法规可以设定除限制人身自由、吊销营业执照以外的行政处罚。

法律、行政法规对违法行为已经作出行政处罚规定，地方性法规需要作出具体规定的，必须在法律、行政法规规定的给予行政处罚的行为、种类和幅度的范围内规定。

法律、行政法规对违法行为未作出行政处罚规定，地方性法规为实施法律、行政法规，可以补充设定行政处罚。拟补充设定行政处罚的，应当通过听证会、论证会等形式广泛听取意见，并向制定机关作出书面说明。地方性法规报送备案时，应当说明补充设定行政处罚的情况。

第十三条 国务院部门规章可以在法律、行政法规规定的给予行政处罚的行为、种类和幅度的范围内作出具体规定。

尚未制定法律、行政法规的，国务院部门规章对违反行政管理秩序的行为，可以设定警告、通报批评或者一定数额罚款的行政处罚。罚款的限额由国务院规定。

第十四条 地方政府规章可以在法律、法规规定的给予行政处罚的行为、种类和幅度的范围内作出具体规定。

尚未制定法律、法规的，地方政府规章对违反行政管理秩序的行为，可以设定警告、通报批评或者一定数额罚款的行政处罚。罚款的限额由省、自治区、直辖市人民代表大会常务委员会规定。

第十五条 国务院部门和省、自治区、直辖市人民政府及其有关部门应当定期组织评估行政处罚的实施情况和必要性，对不适当的行政处罚事项及种类、罚款数额等，应当提出修改或者废止的建议。

第十六条 除法律、法规、规章外，其他规范性文件不得设定行政处罚。

重点法条 3 行政处罚的实施机关

第十七条 行政处罚由具有行政处罚权的行政机关在法定职权范围内实施。

第十八条 国家在城市管理、市场监管、生态环境、文化市场、交通运输、应急管理、农业等领域推行建立综合行政执法制度，相对集中行政处罚权。

国务院或者省、自治区、直辖市人民政府可以决定一个行政机关行使有关行政机关的行政处罚权。

限制人身自由的行政处罚权只能由公安机关和法律规定的其他机关行使。

第十九条 法律、法规授权的具有管理公共事务职能的组织可以在法定授权范围内实施行政处罚。

第二十条 行政机关依照法律、法规、规章的规定，可以在其法定权限内书面委托符合本法第 21 条规定条件的组织实施行政处罚。行政机关不得委托其他组织或者个人实施行政处罚。

委托书应当载明委托的具体事项、权限、期限等内容。委托行政机关和受委托组织应当将委托书向社会公布。

委托行政机关对受委托组织实施行政处罚的行为应当负责监督,并对该行为的后果承担法律责任。

受委托组织在委托范围内,以委托行政机关名义实施行政处罚;不得再委托其他组织或者个人实施行政处罚。

第二十一条 受委托组织必须符合以下条件:

(一)依法成立并具有管理公共事务职能;

(二)有熟悉有关法律、法规、规章和业务并取得行政执法资格的工作人员;

(三)需要进行技术检查或者技术鉴定的,应当有条件组织进行相应的技术检查或者技术鉴定。

【相关法条】《治安管理处罚法》(2012 年 10 月 26 日修正)

第 91 条 治安管理处罚由县级以上人民政府公安机关决定;其中警告、五百元以下的罚款可以由公安派出所决定。

重点法条 4 行政处罚的管辖和适用

第二十二条 行政处罚由违法行为发生地的行政机关管辖。法律、行政法规、部门规章另有规定的,从其规定。

第二十三条 行政处罚由县级以上地方人民政府具有行政处罚权的行政机关管辖。法律、行政法规另有规定的,从其规定。

第二十五条 2 个以上行政机关都有管辖权的,由最先立案的行政机关管辖。

对管辖发生争议的,应当协商解决,协商不成的,报请共同的上一级行政机关指定管辖;也可以直接由共同的上一级行政机关指定管辖。

第二十八条 行政机关实施行政处罚时,应当责令当事人改正或者限期改正违法行为。

当事人有违法所得,除依法应当退赔的外,应当予以没收。违法所得是指实施违法行为所取得的款项。法律、行政法规、部门规章对违法所得的计算另有规定的,从其规定。

第二十九条 对当事人的同一个违法行为,不得给予两次以上罚款的行政处罚。同一个违法行为违反多个法律规范应当给予罚款处罚的,按照罚款数额高的规定处罚。

第三十条 不满 14 周岁的未成年人有违法行为的,不予行政处罚,责令监护人加以管教;已满 14 周岁不满 18 周岁的未成年人有违法行为的,应当从轻或者减轻行政处罚。

第三十一条 精神病人、智力残疾人在不能辨认或者不能控制自己行为时有违法行为的,不予行政处罚,但应当责令其监护人严加看管和治疗。间歇性精神病人在精神正常时有违法行为的,应当给予行政处罚。尚未完全丧失辨认或者控制自己行为能力的精神病人、智力残疾人有违法行为的,可以从轻或者减轻行政处罚。

第三十二条 当事人有下列情形之一,应当从轻或者减轻行政处罚:

(一)主动消除或者减轻违法行为危害后果的;

(二)受他人胁迫或者诱骗实施违法行为的;

(三)主动供述行政机关尚未掌握的违法行为的;

(四)配合行政机关查处违法行为有立功表现的;

(五)法律、法规、规章规定其他应当从轻或者减轻行政处罚的。

第三十三条 违法行为轻微并及时改正,没有造成危害后果的,不予行政处罚。初次违法且危害后果轻微并及时改正的,可以不予行政处罚。

当事人有证据足以证明没有主观过错的,不予行政处罚。法律、行政法规另有规定的,从其规定。

对当事人的违法行为依法不予行政处罚的,行政机关应当对当事人进行教育。

第三十六条 违法行为在 2 年内未被发现的,不再给予行政处罚;涉及公民生命健康安全、金融安全且有危害后果的,上述期限延长至 5 年。法律另有规定的除外。

前款规定的期限,从违法行为发生之日起计算;违法行为有连续或者继续状态的,从行为终了之日起计算。

第三十七条 实施行政处罚,适用违法行为发生时的法律、法规、规章的规定。但是,作出行政处罚决定时,法律、法规、规章已被修改或者废止,且新的规定处罚较轻或者不认为是违法的,适用新的规定。

第三十八条 行政处罚没有依据或者实施主体

不具有行政主体资格的,行政处罚无效。

违反法定程序构成重大且明显违法的,行政处罚无效。

重点法条 5 行政处罚的决定

第三十九条 行政处罚的实施机关、立案依据、实施程序和救济渠道等信息应当公示。

第四十二条 行政处罚应当由具有行政执法资格的执法人员实施。执法人员不得少于2人,法律另有规定的除外。

执法人员应当文明执法,尊重和保护当事人合法权益。

第四十四条 行政机关在作出行政处罚决定之前,应当告知当事人拟作出的行政处罚内容及事实、理由、依据,并告知当事人依法享有的陈述、申辩、要求听证等权利。

第四十五条 当事人有权进行陈述和申辩。行政机关必须充分听取当事人的意见,对当事人提出的事实、理由和证据,应当进行复核;当事人提出的事实、理由或者证据成立的,行政机关应当采纳。

行政机关不得因当事人陈述、申辩而给予更重的处罚。

第四十七条 行政机关应当依法以文字、音像等形式,对行政处罚的启动、调查取证、审核、决定、送达、执行等进行全过程记录,归档保存。

第四十八条 具有一定社会影响的行政处罚决定应当依法公开。

公开的行政处罚决定被依法变更、撤销、确认违法或者确认无效的,行政机关应当在3日内撤回行政处罚决定信息并公开说明理由。

第四十九条 发生重大传染病疫情等突发事件,为了控制、减轻和消除突发事件引起的社会危害,行政机关对违反突发事件应对措施的行为,依法快速、从重处罚。

第五十条 行政机关及其工作人员对实施行政处罚过程中知悉的国家秘密、商业秘密或者个人隐私,应当依法予以保密。

重点法条 6 简易程序

第五十一条 违法事实确凿并有法定依据,对公民处以200元以下、对法人或者其他组织处以3000元以下罚款或者警告的行政处罚的,可以当场作出行政处罚决定。法律另有规定的,从其规定。

第五十二条 执法人员当场作出行政处罚决定的,应当向当事人出示执法证件,填写预定格式、编有号码的行政处罚决定书,并当场交付当事人。当事人拒绝签收的,应当在行政处罚决定书上注明。

前款规定的行政处罚决定书应当载明当事人的违法行为,行政处罚的种类和依据、罚款数额、时间、地点,申请行政复议、提起行政诉讼的途径和期限以及行政机关名称,并由执法人员签名或者盖章。

执法人员当场作出的行政处罚决定,应当报所属行政机关备案。

第五十三条 对当场作出的行政处罚决定,当事人应当依照本法第67条至第69条的规定履行。

重点法条 7 普通程序

第五十四条 除本法第51条规定的可以当场作出的行政处罚外,行政机关发现公民、法人或者其他组织有依法应当给予行政处罚的行为的,必须全面、客观、公正地调查,收集有关证据;必要时,依照法律、法规的规定,可以进行检查。

符合立案标准的,行政机关应当及时立案。

第五十五条 执法人员在调查或者进行检查时,应当主动向当事人或者有关人员出示执法证件。当事人或者有关人员有权要求执法人员出示执法证件。执法人员不出示执法证件的,当事人或者有关人员有权拒绝接受调查或者检查。

当事人或者有关人员应当如实回答询问,并协助调查或者检查,不得拒绝或者阻挠。询问或者检查应当制作笔录。

第五十六条 行政机关在收集证据时,可以采取抽样取证的方法;在证据可能灭失或者以后难以取得的情况下,经行政机关负责人批准,可以先行登记保存,并应当在7日内及时作出处理决定,在此期间,当事人或者有关人员不得销毁或者转移证据。

第五十七条 调查终结,行政机关负责人应当对调查结果进行审查,根据不同情况,分别作出如下决定:

(一)确有应受行政处罚的违法行为的,根据情节轻重及具体情况,作出行政处罚决定;

(二)违法行为轻微,依法可以不予行政处罚的,不予行政处罚;

(三)违法事实不能成立的,不予行政处罚;

（四）违法行为涉嫌犯罪的，移送司法机关。

对情节复杂或者重大违法行为给予行政处罚，行政机关负责人应当集体讨论决定。

第五十八条 有下列情形之一，在行政机关负责人作出行政处罚的决定之前，应当由从事行政处罚决定法制审核的人员进行法制审核；未经法制审核或者审核未通过的，不得作出决定：

（一）涉及重大公共利益的；

（二）直接关系当事人或者第三人重大权益，经过听证程序的；

（三）案件情况疑难复杂、涉及多个法律关系的；

（四）法律、法规规定应当进行法制审核的其他情形。

行政机关中初次从事行政处罚决定法制审核的人员，应当通过国家统一法律职业资格考试取得法律职业资格。

第五十九条 行政机关依照本法第 57 条的规定给予行政处罚，应当制作行政处罚决定书。行政处罚决定书应当载明下列事项：

（一）当事人的姓名或者名称、地址；

（二）违反法律、法规、规章的事实和证据；

（三）行政处罚的种类和依据；

（四）行政处罚的履行方式和期限；

（五）申请行政复议、提起行政诉讼的途径和期限；

（六）作出行政处罚决定的行政机关名称和作出决定的日期。

行政处罚决定书必须盖有作出行政处罚决定的行政机关的印章。

第六十条 行政机关应当自行政处罚案件立案之日起 90 日内作出行政处罚决定。法律、法规、规章另有规定的，从其规定。

第六十一条 行政处罚决定书应当在宣告后当场交付当事人；当事人不在场的，行政机关应当在 7 日内依照《中华人民共和国民事诉讼法》的有关规定，将行政处罚决定书送达当事人。

当事人同意并签订确认书的，行政机关可以采用传真、电子邮件等方式，将行政处罚决定书等送达当事人。

第六十二条 行政机关及其执法人员在作出行政处罚决定之前，未依照本法第 44 条、第 45 条的规定向当事人告知拟作出的行政处罚内容及事实、理由、依据，或者拒绝听取当事人的陈述、申辩，不得作出行政处罚决定；当事人明确放弃陈述或者申辩权利的除外。

重点法条 8 听证程序

第六十三条 行政机关拟作出下列行政处罚决定，应当告知当事人有要求听证的权利，当事人要求听证的，行政机关应当组织听证：

（一）较大数额罚款；

（二）没收较大数额违法所得、没收较大价值非法财物；

（三）降低资质等级、吊销许可证件；

（四）责令停产停业、责令关闭、限制从业；

（五）其他较重的行政处罚；

（六）法律、法规、规章规定的其他情形。

当事人不承担行政机关组织听证的费用。

第六十四条 听证应当依照以下程序组织：

（一）当事人要求听证的，应当在行政机关告知后 5 日内提出；

（二）行政机关应当在举行听证的 7 日前，通知当事人及有关人员听证的时间、地点；

（三）除涉及国家秘密、商业秘密或者个人隐私依法予以保密外，听证公开举行；

（四）听证由行政机关指定的非本案调查人员主持；当事人认为主持人与本案有直接利害关系的，有权申请回避；

（五）当事人可以亲自参加听证，也可以委托 1 至 2 人代理；

（六）当事人及其代理人无正当理由拒不出席听证或者未经许可中途退出听证的，视为放弃听证权利，行政机关终止听证；

（七）举行听证时，调查人员提出当事人违法的事实、证据和行政处罚建议，当事人进行申辩和质证；

（八）听证应当制作笔录。笔录应当交当事人或者其代理人核对无误后签字或者盖章。当事人或者其代理人拒绝签字或者盖章的，由听证主持人在笔录中注明。

第六十五条 听证结束后，行政机关应当根据听证笔录，依照本法第 57 条的规定，作出决定。

重点法条 9 行政处罚的执行

第六十六条 行政处罚决定依法作出后，当事人应当在行政处罚决定书载明的期限内，予以履行。

当事人确有经济困难,需要延期或者分期缴纳罚款的,经当事人申请和行政机关批准,可以暂缓或者分期缴纳。

第六十七条 作出罚款决定的行政机关应当与收缴罚款的机构分离。

除依照本法第68条、第69条的规定当场收缴的罚款外,作出行政处罚决定的行政机关及其执法人员不得自行收缴罚款。

当事人应当自收到行政处罚决定书之日起15日内,到指定的银行或者通过电子支付系统缴纳罚款。银行应当收受罚款,并将罚款直接上缴国库。

第六十八条 依照本法第51条的规定当场作出行政处罚决定,有下列情形之一,执法人员可以当场收缴罚款:

(一)依法给予100元以下罚款的;

(二)不当场收缴事后难以执行的。

第六十九条 在边远、水上、交通不便地区,行政机关及其执法人员依照本法第51条、第57条的规定作出罚款决定后,当事人到指定的银行或者通过电子支付系统缴纳罚款确有困难,经当事人提出,行政机关及其执法人员可以当场收缴罚款。

第七十条 行政机关及其执法人员当场收缴罚款的,必须向当事人出具国务院财政部门或者省、自治区、直辖市人民政府财政部门统一制发的专用票据;不出具财政部门统一制发的专用票据的,当事人有权拒绝缴纳罚款。

第七十一条 执法人员当场收缴的罚款,应当自收缴罚款之日起2日内,交至行政机关;在水上当场收缴的罚款,应当自抵岸之日起2日内交至行政机关;行政机关应当在2日内将罚款缴付指定的银行。

第七十二条 当事人逾期不履行行政处罚决定的,作出行政处罚决定的行政机关可以采取下列措施:

(一)到期不缴纳罚款的,每日按罚款数额的3%加处罚款,加处罚款的数额不得超出罚款的数额;

(二)根据法律规定,将查封、扣押的财物拍卖、依法处理或者将冻结的存款、汇款划拨抵缴罚款;

(三)根据法律规定,采取其他行政强制执行方式;

(四)依照《中华人民共和国行政强制法》的规定申请人民法院强制执行。

行政机关批准延期、分期缴纳罚款的,申请人民法院强制执行的期限,自暂缓或者分期缴纳罚款期限结束之日起计算。

第七十三条 当事人对行政处罚决定不服,申请行政复议或者提起行政诉讼的,行政处罚不停止执行,法律另有规定的除外。

当事人对限制人身自由的行政处罚决定不服,申请行政复议或者提起行政诉讼的,可以向作出决定的机关提出暂缓执行申请。符合法律规定情形的,应当暂缓执行。

当事人申请行政复议或者提起行政诉讼的,加处罚款的数额在行政复议或者行政诉讼期间不予计算。

第七十四条 除依法应当予以销毁的物品外,依法没收的非法财物必须按照国家规定公开拍卖或者按照国家有关规定处理。

罚款、没收的违法所得或者没收非法财物拍卖的款项,必须全部上缴国库,任何行政机关或者个人不得以任何形式截留、私分或者变相私分。

罚款、没收的违法所得或者没收非法财物拍卖的款项,不得同作出行政处罚决定的行政机关及其工作人员的考核、考评直接或者变相挂钩。除依法应当退还、退赔的外,财政部门不得以任何形式向作出行政处罚决定的行政机关返还罚款、没收的违法所得或者没收非法财物拍卖的款项。

第七十五条 行政机关应当建立健全对行政处罚的监督制度。县级以上人民政府应当定期组织开展行政执法评议、考核,加强对行政处罚的监督检查,规范和保障行政处罚的实施。

行政机关实施行政处罚应当接受社会监督。公民、法人或者其他组织对行政机关实施行政处罚的行为,有权申诉或者检举;行政机关应当认真审查,发现有错误的,应当主动改正。

行政强制法

【导读】 《行政强制法》是考试中行政法部分常考的重要法规，考生应重点关注行政强制的设定、行政强制措施和行政强制执行的程序这几个方面的内容。

重点法条 1 行政强制的种类及设定

第九条 行政强制措施的种类：

（一）限制公民人身自由；

（二）查封场所、设施或者财物；

（三）扣押财物；

（四）冻结存款、汇款；

（五）其他行政强制措施。

第十条 行政强制措施由法律设定。

尚未制定法律，且属于国务院行政管理职权事项的，行政法规可以设定除本法第 9 条第 1 项、第 4 项和应当由法律规定的行政强制措施以外的其他行政强制措施。

尚未制定法律、行政法规，且属于地方性事务的，地方性法规可以设定本法第 9 条第 2 项、第 3 项的行政强制措施。

法律、法规以外的其他规范性文件不得设定行政强制措施。

第十二条 行政强制执行的方式：

（一）加处罚款或者滞纳金；

（二）划拨存款、汇款；

（三）拍卖或者依法处理查封、扣押的场所、设施或者财物；

（四）排除妨碍、恢复原状；

（五）代履行；

（六）其他强制执行方式。

第十三条 行政强制执行由法律设定。

法律没有规定行政机关强制执行的，作出行政决定的行政机关应当申请人民法院强制执行。

【相关法条】《行政强制法》

第 11 条 法律对行政强制措施的对象、条件、种类做了规定的，行政法规、地方性法规不得作出扩大规定。

法律中未设定行政强制措施的，行政法规、地方性法规不得设定行政强制措施。但是，法律规定特定事项由行政法规规定具体管理措施的，行政法规可以设定除本法第 9 条第 1 项、第 4 项和应当由法律规定的行政强制措施以外的其他行政强制措施。

精　解

上述条文是关于行政强制的设定的规定。

1. 行政强制措施的设定。

（1）法律可以设定所有类型的行政强制措施；

（2）尚未制定法律的，行政法规可以设定除了限制公民人身自由，冻结存款、汇款以外的行政强制措施；

（3）尚未制定法律、行政法规的，地方性法规可以设定查封场所、设施或者财物，扣押财物的行政强制措施；

（4）如果法律已经设定了强制措施，行政法规、地方性法规不得扩大；如果已经制定的法律未设定强制措施，只有在法律规定特定事项由行政法规规定具体管理措施的情况下，行政法规才能按照上述第 2 项的要求设定行政强制措施。

2. 行政强制执行的设定：行政强制执行由法律设定。法律没有赋予行政机关强制执行权的，行政机关只能申请人民法院执行。

重点法条 2 行政强制措施的实施主体

第十七条 行政强制措施由法律、法规规定的行政机关在法定职权范围内实施。行政强制措施权不得委托。

依据《中华人民共和国行政处罚法》的规定行使相对集中行政处罚权的行政机关，可以实施法律、法规规定的与行政处罚权有关的行政强制措施。

行政强制措施应当由行政机关具备资格的行政执法人员实施，其他人员不得实施。

精　解

《行政强制法》第 17 条规定了行政强制措施的实施主体：（1）行政机关来实施，行政强制措施由法律、法规规定的行政机关实施；集中行使行政处罚权的综合执法机关可以实施与其处罚权有关的行政强制措施。（2）授权实施，法律、法规授权的组织，可以以自己的名义实施行政强制措施。（3）受委托机关是绝对不能行使行政强制措施的。行政强制措施应当由行政机关具备资格的行政执法人员实施,其他人员不得实施。

重点法条 3 行政强制措施的实施程序

第十八条 行政机关实施行政强制措施应当遵守下列规定:

(一)实施前须向行政机关负责人报告并经批准;

(二)由2名以上行政执法人员实施;

(三)出示执法身份证件;

(四)通知当事人到场;

(五)当场告知当事人采取行政强制措施的理由、依据以及当事人依法享有的权利、救济途径;

(六)听取当事人的陈述和申辩;

(七)制作现场笔录;

(八)现场笔录由当事人和行政执法人员签名或者盖章,当事人拒绝的,在笔录中予以注明;

(九)当事人不到场的,邀请见证人到场,由见证人和行政执法人员在现场笔录上签名或者盖章;

(十)法律、法规规定的其他程序。

第十九条 情况紧急,需要当场实施行政强制措施的,行政执法人员应当在24小时内向行政机关负责人报告,并补办批准手续。行政机关负责人认为不应当采取行政强制措施的,应当立即解除。

【相关法条】《行政强制法》

第20条 依照法律规定实施限制公民人身自由的行政强制措施,除应当履行本法第18条规定的程序外,还应当遵守下列规定:

(一)当场告知或者实施行政强制措施后立即通知当事人家属实施行政强制措施的行政机关、地点和期限;

(二)在紧急情况下当场实施行政强制措施的,在返回行政机关后,立即向行政机关负责人报告并补办批准手续;

(三)法律规定的其他程序。

实施限制人身自由的行政强制措施不得超过法定期限。实施行政强制措施的目的已经达到或者条件已经消失,应当立即解除。

精 解

上述条文是关于行政强制措施实施程序的规定:第18条规定了一般程序;第19条规定了情况紧急时,先强制,后补办手续的程序;第20条规定了限制人身自由的强制措施的特殊规定。

重点法条 4 行政机关自行强制执行程序

第三十四条 行政机关依法作出行政决定后,当事人在行政机关决定的期限内不履行义务的,具有行政强制执行权的行政机关依照本章规定强制执行。

第三十五条 行政机关作出强制执行决定前,应当事先催告当事人履行义务。催告应当以书面形式作出,并载明下列事项:

(一)履行义务的期限;

(二)履行义务的方式;

(三)涉及金钱给付的,应当有明确的金额和给付方式;

(四)当事人依法享有的陈述权和申辩权。

第三十六条 当事人收到催告书后有权进行陈述和申辩。行政机关应当充分听取当事人的意见,对当事人提出的事实、理由和证据,应当进行记录、复核。当事人提出的事实、理由或者证据成立的,行政机关应当采纳。

第三十七条 经催告,当事人逾期仍不履行行政决定,且无正当理由的,行政机关可以作出强制执行决定。

强制执行决定应当以书面形式作出,并载明下列事项:

(一)当事人的姓名或者名称、地址;

(二)强制执行的理由和依据;

(三)强制执行的方式和时间;

(四)申请行政复议或者提起行政诉讼的途径和期限;

(五)行政机关的名称、印章和日期。

在催告期间,对有证据证明有转移或者隐匿财物迹象的,行政机关可以作出立即强制执行决定。

第四十二条 实施行政强制执行,行政机关可以在不损害公共利益和他人合法权益的情况下,与当事人达成执行协议。执行协议可以约定分阶段履行;当事人采取补救措施的,可以减免加处的罚款或者滞纳金。

执行协议应当履行。当事人不履行执行协议的,行政机关应当恢复强制执行。

第四十三条 行政机关不得在夜间或者法定节假日实施行政强制执行。但是,情况紧急的除外。

行政机关不得对居民生活采取停止供水、供电、供热、供燃气等方式迫使当事人履行相关行政决定。

【相关法条】《行政强制法》

第39条 有下列情形之一的，中止执行：

（一）当事人履行行政决定确有困难或者暂无履行能力的；

（二）第三人对执行标的主张权利，确有理由的；

（三）执行可能造成难以弥补的损失，且中止执行不损害公共利益的；

（四）行政机关认为需要中止执行的其他情形。

中止执行的情形消失后，行政机关应当恢复执行。对没有明显社会危害，当事人确无能力履行，中止执行满三年未恢复执行的，行政机关不再执行。

第40条 有下列情形之一的，终结执行：

（一）公民死亡，无遗产可供执行，又无义务承受人的；

（二）法人或者其他组织终止，无财产可供执行，又无义务承受人的；

（三）执行标的灭失的；

（四）据以执行的行政决定被撤销的；

（五）行政机关认为需要终结执行的其他情形。

精解

上述条文是行政机关自行强制执行程序的规定，意思分解如下：

1. 执行主体：必须是法律明确授予强制执行权的行政机关。

2. 执行程序：

（1）催告；

（2）听取陈述申辩；

（3）作出强制执行决定。

3. 特殊规定：

（1）可以达成执行协议；

（2）禁止在夜间和法定节假日执行，并禁止采取破坏当事人基本生活条件的方式执行。

重点法条5 行政机关申请法院强制执行的程序

第五十三条 当事人在法定期限内不申请行政复议或者提起行政诉讼，又不履行行政决定的，没有行政强制执行权的行政机关可以自期限届满之日起3个月内，依照本章规定申请人民法院强制执行。

第五十四条 行政机关申请人民法院强制执行前，应当催告当事人履行义务。催告书送达10日后当事人仍未履行义务的，行政机关可以向所在地有管辖权的人民法院申请强制执行；执行对象是不动产的，向不动产所在地有管辖权的人民法院申请强制执行。

第五十六条 人民法院接到行政机关强制执行的申请，应当在5日内受理。

行政机关对人民法院不予受理的裁定有异议的，可以在15日内向上一级人民法院申请复议，上一级人民法院应当自收到复议申请之日起15日内作出是否受理的裁定。

第五十七条 人民法院对行政机关强制执行的申请进行书面审查，对符合本法第55条规定，且行政决定具备法定执行效力的，除本法第58条规定的情形外，人民法院应当自受理之日起7日内作出执行裁定。

第五十八条 人民法院发现有下列情形之一的，在作出裁定前可以听取被执行人和行政机关的意见：

（一）明显缺乏事实根据的；

（二）明显缺乏法律、法规依据的；

（三）其他明显违法并损害被执行人合法权益的。

人民法院应当自受理之日起30日内作出是否执行的裁定。裁定不予执行的，应当说明理由，并在5日内将不予执行的裁定送达行政机关。

行政机关对人民法院不予执行的裁定有异议的，可以自收到裁定之日起15日内向上一级人民法院申请复议，上一级人民法院应当自收到复议申请之日起30日内作出是否执行的裁定。

【相关法条】《行政强制法》

第55条 行政机关向人民法院申请强制执行，应当提供下列材料：

（一）强制执行申请书；

（二）行政决定书及作出决定的事实、理由和依据；

（三）当事人的意见及行政机关催告情况；

（四）申请强制执行标的情况；

（五）法律、行政法规规定的其他材料。

强制执行申请书应当由行政机关负责人签名，加盖行政机关的印章，并注明日期。

第59条 因情况紧急，为保障公共安全，行政机关可以申请人民法院立即执行。经人民法院院长批准，人民法院应当自作出执行裁定之日起5日内执行。

精解

上述条文是关于行政机关申请人民法院强制执行程序的规定，意思分解如下：

1. 申请主体:没有行政强制执行权的行政机关。

2. 申请条件:当事人在法定期限内不申请行政复议或者提起行政诉讼,又不履行行政决定的。

3. 申请期限:期限届满之日起3个月内。

4. 管辖法院:行政机关所在地有管辖权的人民法院申请强制执行;执行对象是不动产的,向不动产所在地有管辖权的人民法院申请强制执行。

5. 申请程序:(1)催告;(2)申请;(3)受理;(4)审查;(5)裁定;(6)执行。

政府信息公开条例

【导读】 政府信息公开这部分考查的内容简单,考查的方式单一,掌握重点法条即可。

重点法条 1 公开的主体和范围

第十三条 除本条例第十四条、第十五条、第十六条规定的政府信息外,政府信息应当公开。

行政机关公开政府信息,采取主动公开和依申请公开的方式。

【相关法条】《政府信息公开条例》

第14条 依法确定为国家秘密的政府信息,法律、行政法规禁止公开的政府信息,以及公开后可能危及国家安全、公共安全、经济安全、社会稳定的政府信息,不予公开。

第15条 涉及商业秘密、个人隐私等公开会对第三方合法权益造成损害的政府信息,行政机关不得公开。但是,第三方同意公开或者行政机关认为不公开会对公共利益造成重大影响的,予以公开。

第16条 行政机关的内部事务信息,包括人事管理、后勤管理、内部工作流程等方面的信息,可以不予公开。

行政机关在履行行政管理职能过程中形成的讨论记录、过程稿、磋商信函、请示报告等过程性信息以及行政执法案卷信息,可以不予公开。法律、法规、规章规定上述信息应当公开的,从其规定。

重点法条 2 主动公开

第十九条 对涉及公众利益调整、需要公众广泛知晓或者需要公众参与决策的政府信息,行政机关应当主动公开。

第二十条 行政机关应当依照本条例第十九条的规定,主动公开本行政机关的下列政府信息:

(一)行政法规、规章和规范性文件;

(二)机关职能、机构设置、办公地址、办公时间、联系方式、负责人姓名;

(三)国民经济和社会发展规划、专项规划、区域规划及相关政策;

(四)国民经济和社会发展统计信息;

(五)办理行政许可和其他对外管理服务事项的依据、条件、程序以及办理结果;

(六)实施行政处罚、行政强制的依据、条件、程序以及本行政机关认为具有一定社会影响的行政处罚决定;

(七)财政预算、决算信息;

(八)行政事业性收费项目及其依据、标准;

(九)政府集中采购项目的目录、标准及实施情况;

(十)重大建设项目的批准和实施情况;

(十一)扶贫、教育、医疗、社会保障、促进就业等方面的政策、措施及其实施情况;

(十二)突发公共事件的应急预案、预警信息及应对情况;

(十三)环境保护、公共卫生、安全生产、食品药品、产品质量的监督检查情况;

(十四)公务员招考的职位、名额、报考条件等事项以及录用结果;

(十五)法律、法规、规章和国家有关规定规定应当主动公开的其他政府信息。

重点法条 3 依申请公开

第二十九条 公民、法人或者其他组织申请获取政府信息的,应当向行政机关的政府信息公开工作机构提出,并采用包括信件、数据电文在内的书面形式;采用书面形式确有困难的,申请人可以口头提出,由受理该申请的政府信息公开工作机构代为填写政府信息公开申请。

政府信息公开申请应当包括下列内容：

（一）申请人的姓名或者名称、身份证明、联系方式；

（二）申请公开的政府信息的名称、文号或者便于行政机关查询的其他特征性描述；

（三）申请公开的政府信息的形式要求，包括获取信息的方式、途径。

第三十条 政府信息公开申请内容不明确的，行政机关应当给予指导和释明，并自收到申请之日起7个工作日内一次性告知申请人作出补正，说明需要补正的事项和合理的补正期限。答复期限自行政机关收到补正的申请之日起计算。申请人无正当理由逾期不补正的，视为放弃申请，行政机关不再处理该政府信息公开申请。

第三十六条 对政府信息公开申请，行政机关根据下列情况分别作出答复：

（一）所申请公开信息已经主动公开的，告知申请人获取该政府信息的方式、途径；

（二）所申请公开信息可以公开的，向申请人提供该政府信息，或者告知申请人获取该政府信息的方式、途径和时间；

（三）行政机关依据本条例的规定决定不予公开的，告知申请人不予公开并说明理由；

（四）经检索没有所申请公开信息的，告知申请人该政府信息不存在；

（五）所申请公开信息不属于本行政机关负责公开的，告知申请人并说明理由；能够确定负责公开该政府信息的行政机关的，告知申请人该行政机关的名称、联系方式；

（六）行政机关已就申请人提出的政府信息公开申请作出答复、申请人重复申请公开相同政府信息的，告知申请人不予重复处理；

（七）所申请公开信息属于工商、不动产登记资料等信息，有关法律、行政法规对信息的获取有特别规定的，告知申请人依照有关法律、行政法规的规定办理。

第三十七条 申请公开的信息中含有不应当公开或者不属于政府信息的内容，但是能够作区分处理的，行政机关应当向申请人提供可以公开的政府信息内容，并对不予公开的内容说明理由。

行政复议法

【导读】 与行政诉讼相似，行政复议也是解决行政争议的重要制度。考生在具体学习的时候，应当结合行政诉讼法，对两项制度的异同做一个比较准确的理解。2023年9月1日《行政复议法》进行了修订，自2024年1月1日起施行。此次修订完善了行政复议范围有关规定，完善了行政复议受理及审理程序，修改幅度很大。考生应全面学习修订后的《行政复议法》，熟练掌握法条内容。

重点法条 1 行政复议范围

第十一条 有下列情形之一的，公民、法人或者其他组织可以依照本法申请行政复议：

（一）对行政机关作出的行政处罚决定不服；

（二）对行政机关作出的行政强制措施、行政强制执行决定不服；

（三）申请行政许可，行政机关拒绝或者在法定期限内不予答复，或者对行政机关作出的有关行政许可的其他决定不服；

（四）对行政机关作出的确认自然资源的所有权或者使用权的决定不服；

（五）对行政机关作出的征收征用决定及其补偿决定不服；

（六）对行政机关作出的赔偿决定或者不予赔偿决定不服；

（七）对行政机关作出的不予受理工伤认定申请的决定或者工伤认定结论不服；

（八）认为行政机关侵犯其经营自主权或者农村土地承包经营权、农村土地经营权；

（九）认为行政机关滥用行政权力排除或者限制竞争；

（十）认为行政机关违法集资、摊派费用或者违法要求履行其他义务；

（十一）申请行政机关履行保护人身权利、财产权利、受教育权利等合法权益的法定职责，行政机关拒绝履行、未依法履行或者不予答复；

（十二）申请行政机关依法给付抚恤金、社会保险待遇或者最低生活保障等社会保障，行政机关没有依法给付；

（十三）认为行政机关不依法订立、不依法履行、未按照约定履行或者违法变更、解除政府特许经营协议、土地房屋征收补偿协议等行政协议；

（十四）认为行政机关在政府信息公开工作中侵犯其合法权益；

（十五）认为行政机关的其他行政行为侵犯其合法权益。

第十二条 下列事项不属于行政复议范围：

（一）国防、外交等国家行为；

（二）行政法规、规章或者行政机关制定、发布的具有普遍约束力的决定、命令等规范性文件；

（三）行政机关对行政机关工作人员的奖惩、任免等决定；

（四）行政机关对民事纠纷作出的调解。

重点法条 2 行政复议参加人

第十三条 公民、法人或者其他组织认为行政机关的行政行为所依据的下列规范性文件不合法，在对行政行为申请行政复议时，可以一并向行政复议机关提出对该规范性文件的附带审查申请：

（一）国务院部门的规范性文件；

（二）县级以上地方各级人民政府及其工作部门的规范性文件；

（三）乡、镇人民政府的规范性文件；

（四）法律、法规、规章授权的组织的规范性文件。

前款所列规范性文件不含规章。规章的审查依照法律、行政法规办理。

第十四条 依照本法申请行政复议的公民、法人或者其他组织是申请人。

有权申请行政复议的公民死亡的，其近亲属可以申请行政复议。有权申请行政复议的法人或者其他组织终止的，其权利义务承受人可以申请行政复议。

有权申请行政复议的公民为无民事行为能力人或者限制民事行为能力人的，其法定代理人可以代为申请行政复议。

第十六条 申请人以外的同被申请行政复议的行政行为或者行政复议案件处理结果有利害关系的公民、法人或者其他组织，可以作为第三人申请参加行政复议，或者由行政复议机构通知其作为第三人参加行政复议。

第三人不参加行政复议，不影响行政复议案件的审理。

第十九条 公民、法人或者其他组织对行政行为不服申请行政复议的，作出行政行为的行政机关或者法律、法规、规章授权的组织是被申请人。

两个以上行政机关以共同的名义作出同一行政行为的，共同作出行政行为的行政机关是被申请人。

行政机关委托的组织作出行政行为的，委托的行政机关是被申请人。

作出行政行为的行政机关被撤销或者职权变更的，继续行使其职权的行政机关是被申请人。

重点法条 3 申请的提出

第二十条 公民、法人或者其他组织认为行政行为侵犯其合法权益的，可以自知道或者应当知道该行政行为之日起六十日内提出行政复议申请；但是法律规定的申请期限超过六十日的除外。

因不可抗力或者其他正当理由耽误法定申请期限的，申请期限自障碍消除之日起继续计算。

行政机关作出行政行为时，未告知公民、法人或者其他组织申请行政复议的权利、行政复议机关和申请期限的，申请期限自公民、法人或者其他组织知道或者应当知道申请行政复议的权利、行政复议机关和申请期限之日起计算，但是自知道或者应当知道行政行为内容之日起最长不得超过一年。

重点法条 4 行政复议管辖

第二十四条 县级以上地方各级人民政府管辖下列行政复议案件：

（一）对本级人民政府工作部门作出的行政行为不服的；

（二）对下一级人民政府作出的行政行为不服的；

（三）对本级人民政府依法设立的派出机关作出的行政行为不服的；

（四）对本级人民政府或者其工作部门管理的法律、法规、规章授权的组织作出的行政行为不服的。

除前款规定外，省、自治区、直辖市人民政府同时管辖对本机关作出的行政行为不服的行政复议案件。

省、自治区人民政府依法设立的派出机关参照设区的市级人民政府的职责权限，管辖相关行政复议案件。

对县级以上地方各级人民政府工作部门依法设立的派出机构依照法律、法规、规章规定，以派出机构的名义作出的行政行为不服的行政复议案件，由本级人民政府管辖；其中，对直辖市、设区的市人民政府工作部门按照行政区划设立的派出机构作出的行政行为不服的，也可以由其所在地的人民政府管辖。

第二十五条 国务院部门管辖下列行政复议案件：

（一）对本部门作出的行政行为不服的；

（二）对本部门依法设立的派出机构依照法律、行政法规、部门规章规定，以派出机构的名义作出的行政行为不服的；

（三）对本部门管理的法律、行政法规、部门规章授权的组织作出的行政行为不服的。

第二十六条 对省、自治区、直辖市人民政府依照本法第二十四条第二款的规定、国务院部门依照本法第二十五条第一项的规定作出的行政复议决定不服的，可以向人民法院提起行政诉讼；也可以向国务院申请裁决，国务院依照本法的规定作出最终裁决。

第二十七条 对海关、金融、外汇管理等实行垂直领导的行政机关、税务和国家安全机关的行政行为不服的，向上一级主管部门申请行政复议。

重点法条 5 行政复议证据

第四十四条 被申请人对其作出的行政行为的合法性、适当性负有举证责任。

有下列情形之一的，申请人应当提供证据：

（一）认为被申请人不履行法定职责的，提供曾经要求被申请人履行法定职责的证据，但是被申请人应当依职权主动履行法定职责或者申请人因正当理由不能提供的除外；

（二）提出行政赔偿请求的，提供受行政行为侵害而造成损害的证据，但是因被申请人原因导致申请人无法举证的，由被申请人承担举证责任；

（三）法律、法规规定需要申请人提供证据的其他情形。

第四十五条 行政复议机关有权向有关单位和个人调查取证，查阅、复制、调取有关文件和资料，向有关人员进行询问。

调查取证时，行政复议人员不得少于两人，并应当出示行政复议工作证件。

被调查取证的单位和个人应当积极配合行政复议人员的工作，不得拒绝或者阻挠。

第四十六条 行政复议期间，被申请人不得自行向申请人和其他有关单位或者个人收集证据；自行收集的证据不作为认定行政行为合法性、适当性的依据。

行政复议期间，申请人或者第三人提出被申请行政复议的行政行为作出时没有提出的理由或者证据的，经行政复议机构同意，被申请人可以补充证据。

第四十七条 行政复议期间，申请人、第三人及其委托代理人可以按照规定查阅、复制被申请人提出的书面答复、作出行政行为的证据、依据和其他有关材料，除涉及国家秘密、商业秘密、个人隐私或者可能危及国家安全、公共安全、社会稳定的情形外，行政复议机构应当同意。

重点法条 6 听证

第五十条 审理重大、疑难、复杂的行政复议案件，行政复议机构应当组织听证。

行政复议机构认为有必要听证，或者申请人请求听证的，行政复议机构可以组织听证。

听证由一名行政复议人员任主持人，两名以上行政复议人员任听证员，一名记录员制作听证笔录。

重点法条 7 简易程序

第五十三条 行政复议机关审理下列行政复议案件，认为事实清楚、权利义务关系明确、争议不大的，可以适用简易程序：

（一）被申请行政复议的行政行为是当场作出；

（二）被申请行政复议的行政行为是警告或者通报批评；

（三）案件涉及款额三千元以下；

（四）属于政府信息公开案件。

除前款规定以外的行政复议案件，当事人各方同意适用简易程序的，可以适用简易程序。

第五十四条 适用简易程序审理的行政复议案件，行政复议机构应当自受理行政复议申请之日起三日内，将行政复议申请书副本或者行政复议申请笔录复印件发送被申请人。被申请人应当自收到行政复议申请书副本或者行政复议申请笔录复印件之日起五日内，提出书面答复，并提交作出行政行为的证据、依据和其他有关材料。

适用简易程序审理的行政复议案件，可以书面审理。

第五十五条 适用简易程序审理的行政复议案件，行政复议机构认为不宜适用简易程序的，经行政复议机构的负责人批准，可以转为普通程序审理。

重点提示 简易程序为2023年修订后的《行政复议法》新增内容，考生要重点掌握简易程序的适用情形与审理方式。

重点法条 8 行政复议决定

第六十三条 行政行为有下列情形之一的，行政复议机关决定变更该行政行为：

（一）事实清楚，证据确凿，适用依据正确，程序合法，但是内容不适当；

（二）事实清楚，证据确凿，程序合法，但是未正确适用依据；

（三）事实不清、证据不足，经行政复议机关查清事实和证据。

行政复议机关不得作出对申请人更为不利的变更决定，但是第三人提出相反请求的除外。

第六十四条 行政行为有下列情形之一的，行政复议机关决定撤销或者部分撤销该行政行为，并可以责令被申请人在一定期限内重新作出行政行为：

（一）主要事实不清、证据不足；

（二）违反法定程序；

（三）适用的依据不合法；

（四）超越职权或者滥用职权。

行政复议机关责令被申请人重新作出行政行为的，被申请人不得以同一事实和理由作出与被申请行政复议的行政行为相同或者基本相同的行政行为，但是行政复议机关以违反法定程序为由决定撤销或者部分撤销的除外。

第六十五条 行政行为有下列情形之一的，行政复议机关不撤销该行政行为，但是确认该行政行为违法：

（一）依法应予撤销，但是撤销会给国家利益、社会公共利益造成重大损害；

（二）程序轻微违法，但是对申请人权利不产生实际影响。

行政行为有下列情形之一，不需要撤销或者责令履行的，行政复议机关确认该行政行为违法：

（一）行政行为违法，但是不具有可撤销内容；

（二）被申请人改变原违法行政行为，申请人仍要求撤销或者确认该行政行为违法；

（三）被申请人不履行或者拖延履行法定职责，责令履行没有意义。

第六十六条 被申请人不履行法定职责的，行政复议机关决定被申请人在一定期限内履行。

第六十七条 行政行为有实施主体不具有行政主体资格或者没有依据等重大且明显违法情形，申请人申请确认行政行为无效的，行政复议机关确认该行政行为无效。

第六十八条 行政行为认定事实清楚，证据确凿，适用依据正确，程序合法，内容适当的，行政复议机关决定维持该行政行为。

第六十九条 行政复议机关受理申请人认为被申请人不履行法定职责的行政复议申请后，发现被申请人没有相应法定职责或者在受理前已经履行法定职责的，决定驳回申请人的行政复议请求。

行政诉讼法

【导读】《行政诉讼法》部分的重点内容包括：受案范围；管辖；当事人；诉讼程序；证据规则；判决（一审、二审）；执行程序。考生在备考时要结合最高人民法院《关于适用〈中华人民共和国行政诉讼法〉的解释》（以下简称《行诉解释》）进行学习。本部分考查的相关法条较多，除了前述的《行诉解释》，还包括《出境入境管理法》、《行政复议法》、最高人民法院《关于审理政府信息公开行政案件若干问题的规定》（以下简称《政府信息公开案件规定》）、《税收征收管理法》、最高人民法院《关于审理行政许可案件若干问题的规定》（以下简称《行政许可规定》）、最高人民法院《关于行政诉讼证据若干问题的规定》（以下简称《行政诉讼证据规定》）。

重点法条 1 行政诉讼的受案范围

第二条 公民、法人或者其他组织认为行政机关和行政机关工作人员的行政行为侵犯其合法权益，有权依照本法向人民法院提起诉讼。

前款所称行政行为，包括法律、法规、规章授权的组织作出的行政行为。

第六条 人民法院审理行政案件，对行政行为是否合法进行审查。

第十二条 人民法院受理公民、法人或者其他组织提起的下列诉讼：

（一）对行政拘留、暂扣或者吊销许可证和执照、责令停产停业、没收违法所得、没收非法财物、罚款、警告等行政处罚不服的；

（二）对限制人身自由或者对财产的查封、扣押、冻结等行政强制措施和行政强制执行不服的；

（三）申请行政许可，行政机关拒绝或者在法定期限内不予答复，或者对行政机关作出的有关行政许可的其他决定不服的；

（四）对行政机关作出的关于确认土地、矿藏、水流、森林、山岭、草原、荒地、滩涂、海域等自然资源的所有权或者使用权的决定不服的；

（五）对征收、征用决定及其补偿决定不服的；

（六）申请行政机关履行保护人身权、财产权等合法权益的法定职责，行政机关拒绝履行或者不予答复的；

（七）认为行政机关侵犯其经营自主权或者农村土地承包经营权、农村土地经营权的；

（八）认为行政机关滥用行政权力排除或者限制竞争的；

（九）认为行政机关违法集资、摊派费用或者违法要求履行其他义务的；

（十）认为行政机关没有依法支付抚恤金、最低生活保障待遇或者社会保险待遇的；

（十一）认为行政机关不依法履行、未按照约定履行或者违法变更、解除政府特许经营协议、土地房屋征收补偿协议等协议的；

（十二）认为行政机关侵犯其他人身权、财产权等合法权益的。

除前款规定外，人民法院受理法律、法规规定可以提起诉讼的其他行政案件。

【相关法条】《行政诉讼法》

第53条 公民、法人或者其他组织认为行政行为所依据的国务院部门和地方人民政府及其部门制定的规范性文件不合法，在对行政行为提起诉讼时，可以一并请求对该规范性文件进行审查。

前款规定的规范性文件不含规章。

《政府信息公开案件规定》（2010年12月13日通过）

第1条 公民、法人或者其他组织认为下列政府信息公开工作中的具体行政行为侵犯其合法权益，依法提起行政诉讼的，人民法院应当受理：

（一）向行政机关申请获取政府信息，行政机关拒绝提供或者逾期不予答复的；

（二）认为行政机关提供的政府信息不符合其在申请中要求的内容或者法律、法规规定的适当形式的；

（三）认为行政机关主动公开或者依他人申请公开政府信息侵犯其商业秘密、个人隐私的；

（四）认为行政机关提供的与其自身相关的政府信息记录不准确，要求该行政机关予以更正，该行政机关拒绝更正、逾期不予答复或者不予转送有权机关处理的；

（五）认为行政机关在政府信息公开工作中的其他具体行政行为侵犯其合法权益的。

公民、法人或者其他组织认为政府信息公开行政行为侵犯其合法权益造成损害的，可以一并或单独提起行政赔偿诉讼。

精 解

上述条文，确定了行政诉讼的受案范围：

1. 公民、法人或其他组织在起诉行政行为时，必须主张该行政行为是违法的。人民法院对行政行为的审查，限于合法性的审查，审查合法性的具体内容包括：

（1）行政机关是否超越职权；

（2）行政行为的证据是否确凿充分；

（3）行政行为适用法律依据是否合法；

（4）行政行为程序是否合法；

（5）行政行为是否存在滥用职权的情形。

2. 只有在当事人认为行政行为侵害其合法权益的情况下，方能提起有关诉讼。需要注意的是，这里讲的行政行为造成当事人合法权益受损的结果，也只是当事人认为的、主张的，而未必是实际发生的。

3.《行政诉讼法》第12条肯定列举的纳入行政诉讼受案范围的都是实践中比较典型的行政行为。

4. 抽象行政行为虽被排除在行政诉讼受案范围之外，但行政诉讼法在修订时作出调整，允许对部分抽象行政行为间接或附带提出审查要求。

【例题】 苏某依法取得相关许可后，在县六里山下养畜禽。2019年，县政府发布《关于将六里山纳入禁养区范围的通知》，县畜牧局依据通知要求苏某

限期关闭养殖场。对此，下列说法正确的是：（2020年不定项）

A. 苏某可直接就通知提起诉讼

B. 如果苏某对限期关闭行为起诉，可一并请求对通知进行审查

C. 如果苏某对限期关闭行为起诉，被告为县畜牧局

D. 县政府制定通知应参照《规章制定程序条例》规定的程序执行

参考答案：________①

重点法条 2 行政诉讼受案范围的否定性列举

第十三条 人民法院不受理公民、法人或者其他组织对下列事项提起的诉讼：

（一）国防、外交等国家行为；

（二）行政法规、规章或者行政机关制定、发布的具有普遍约束力的决定、命令；

（三）行政机关对行政机关工作人员的奖惩、任免等决定；

（四）法律规定由行政机关最终裁决的行政行为。

【相关法条】《行诉解释》（2017年11月13日通过）

第1条 公民、法人或者其他组织对行政机关及其工作人员的行政行为不服，依法提起诉讼的，属于人民法院行政诉讼的受案范围。

下列行为不属于人民法院行政诉讼的受案范围：

（一）公安、国家安全等机关依照刑事诉讼法的明确授权实施的行为；

（二）调解行为以及法律规定的仲裁行为；

（三）行政指导行为；

（四）驳回当事人对行政行为提起申诉的重复处理行为；

（五）行政机关作出的不产生外部法律效力的行为；

（六）行政机关为作出行政行为而实施的准备、论证、研究、层报、咨询等过程性行为；

（七）行政机关根据人民法院的生效裁判、协助执行通知书作出的执行行为，但行政机关扩大执行范围或者采取违法方式实施的除外；

（八）上级行政机关基于内部层级监督关系对下级行政机关作出的听取报告、执法检查、督促履责等行为；

（九）行政机关针对信访事项作出的登记、受理、交办、转送、复查、复核意见等行为；

（十）对公民、法人或者其他组织权利义务不产生实际影响的行为。

《行政复议法》

第10条 公民、法人或者其他组织对行政复议决定不服的，可以依照《中华人民共和国行政诉讼法》的规定向人民法院提起行政诉讼，但是法律规定行政复议决定为最终裁决的除外。

第26条 对省、自治区、直辖市人民政府依照本法第二十四条第二款的规定、国务院部门依照本法第二十五条第一项的规定作出的行政复议决定不服的，可以向人民法院提起行政诉讼；也可以向国务院申请裁决，国务院依照本法的规定作出最终裁决。

《出境入境管理法》（2012年6月30日通过）

第64条 外国人、境外人对公安出入境管理机构实施的继续盘问、拘留审查、限制活动范围、遣送出境措施不服的，可以申请行政复议，该行政复议决定为最终决定。

其他境外人员对依照本法规定对其实施的遣送出境措施不服，申请行政复议的，适用前款规定。

重点法条 3 复议与诉讼的关系

第四十四条 对属于人民法院受案范围的行政案件，公民、法人或者其他组织可以先向行政机关申请复议，对复议决定不服的，再向人民法院提起诉讼；也可以直接向人民法院提起诉讼。

法律、法规规定应当先向行政机关申请复议，对复议不服再向人民法院提起诉讼的，依照法律、法规的规定。

第四十五条 公民、法人或者其他组织不服复议决定的，可以在收到复议决定书之日起15日内向人民法院提起诉讼。复议机关逾期不作决定的，申请人可以在复议期满之日起15日内向人民法院提起诉讼。法律另有规定的除外。

【相关法条】《行诉解释》

第56条 法律、法规规定应当先申请复议，公民、法人或者其他组织未申请复议直接提起诉讼的，人民法院裁定不予立案。

---

① AC

依照行政诉讼法第45条的规定,复议机关不受理复议申请或者在法定期限内不作出复议决定,公民、法人或者其他组织不服,依法向人民法院提起诉讼的,人民法院应当依法立案。

第57条 法律、法规未规定行政复议为提起行政诉讼必经程序,公民、法人或者其他组织既提起诉讼又申请行政复议的,由先立案的机关管辖;同时立案的,由公民、法人或者其他组织选择。公民、法人或者其他组织已经申请行政复议,在法定复议期间内又向人民法院提起诉讼的,人民法院裁定不予立案。

第58条 法律、法规未规定行政复议为提起行政诉讼必经程序,公民、法人或者其他组织向复议机关申请行政复议后,又经复议机关同意撤回复议申请,在法定起诉期限内对原行政行为提起诉讼的,人民法院应当依法立案。

《行政复议法》

第29条第2款 公民、法人或者其他组织向人民法院提起行政诉讼,人民法院已经依法受理的,不得申请行政复议。

第34条 法律、行政法规规定应当先向行政复议机关申请行政复议、对行政复议决定不服再向人民法院提起行政诉讼的,行政复议机关决定不予受理、驳回申请或者受理后超过行政复议期限不作答复的,公民、法人或者其他组织可以自收到决定书之日起或者行政复议期限届满之日起十五日内,依法向人民法院提起行政诉讼。

《税收征收管理法》(2015年4月24日修正)

第88条 纳税人、扣缴义务人、纳税担保人同税务机关在纳税上发生争议时,必须先依照税务机关的纳税决定缴纳或者解缴税款及滞纳金或者提供相应的担保,然后可以依法申请行政复议;对行政复议决定不服的,可以依法向人民法院起诉。

当事人对税务机关的处罚决定、强制执行措施或者税收保全措施不服的,可以依法申请行政复议,也可以依法向人民法院起诉。

当事人对税务机关的处罚决定逾期不申请行政复议也不向人民法院起诉、又不履行的,作出处罚决定的税务机关可以采取本法第40条规定的强制措施,或者申请人民法院强制执行。

重点法条 4 行政诉讼的级别管辖

第十四条 基层人民法院管辖第一审行政案件。

第十五条 中级人民法院管辖下列第一审行政案件:

(一)对国务院部门或者县级以上地方人民政府所作的行政行为提起诉讼的案件;

(二)海关处理的案件;

(三)本辖区内重大、复杂的案件;

(四)其他法律规定由中级人民法院管辖的案件。

【相关法条】《行诉解释》

第5条 有下列情形之一的,属于行政诉讼法第15条第3项规定的"本辖区内重大、复杂的案件":

(一)社会影响重大的共同诉讼案件;

(二)涉外或者涉及香港特别行政区、澳门特别行政区、台湾地区的案件;

(三)其他重大、复杂案件。

第134条 复议机关决定维持原行政行为的,作出原行政行为的行政机关和复议机关是共同被告。原告只起诉作出原行政行为的行政机关或者复议机关的,人民法院应当告知原告追加被告。原告不同意追加的,人民法院应当将另一机关列为共同被告。

行政复议决定既有维持原行政行为内容,又有改变原行政行为内容或者不予受理申请内容的,作出原行政行为的行政机关和复议机关为共同被告。

复议机关作共同被告的案件,以作出原行政行为的行政机关确定案件的级别管辖。

精 解

级别管辖的规定前后修正比较大,强调3点:

(1)原则上被告是县级以上政府,都是中级人民法院管辖。这里的政府指的是一般权限政府,而非工作部门。

(2)根据最高人民法院《关于审理专利纠纷案件适用法律问题的若干规定》,专利纠纷第一审案件,由各省、自治区、直辖市人民政府所在地的中级人民法院和最高人民法院指定的中级人民法院管辖。最高人民法院根据实际情况,可以指定基层人民法院管辖第一审专利纠纷案件。

(3)海关为被告,管辖法院为中级人民法院,但注意不是海事法院。

重点法条 5 行政诉讼的地域管辖

第十八条 行政案件由最初作出行政行为的行政机关所在地人民法院管辖。经复议的案件,也可以由复议机关所在地人民法院管辖。

经最高人民法院批准，高级人民法院可以根据审判工作的实际情况，确定若干人民法院跨行政区域管辖行政案件。

第十九条 对限制人身自由的行政强制措施不服提起的诉讼，由被告所在地或者原告所在地人民法院管辖。

第二十条 因不动产提起的行政诉讼，由不动产所在地人民法院管辖。

第二十一条 2个以上人民法院都有管辖权的案件，原告可以选择其中1个人民法院提起诉讼。原告向2个以上有管辖权的人民法院提起诉讼的，由最先立案的人民法院管辖。

【相关法条】《行诉解释》

第8条 行政诉讼法第19条规定的“原告所在地”，包括原告的户籍所在地、经常居住地和被限制人身自由地。

对行政机关基于同一事实，既采取限制公民人身自由的行政强制措施，又采取其他行政强制措施或者行政处罚不服的，由被告所在地或者原告所在地的人民法院管辖。

精 解

上述条文构成了行政诉讼法对于地域管辖的规定，综合起来，这些条文阐明了下列规则：

1. 基本原则：最初作出行政行为的行政机关所在地法院管辖，即被告所在地法院管辖。

2. 经复议的案件，有权管辖的法院包括最初做出行政行为的机关所在地法院，也包括复议机关所在地法院，原告可以选择任一法院起诉。

3. 一旦限制人身自由，被限制人身自由者提起诉讼，原告所在地和被告所在地均可管辖。所谓“原告所在地”，结合《行诉解释》第8条理解。

4. 因不动产提起的诉讼，由不动产所在地人民法院管辖。

注意，这是专属管辖，排除了其他地方法院的管辖权。

5. 当2个以上法院都有管辖权时，原告向谁起诉谁管辖，原告向2个以上法院起诉的，谁先立案，谁管辖。

重点法条 6 行政诉讼原告资格

第二十五条 行政行为的相对人以及其他与行政行为有利害关系的公民、法人或者其他组织，有权提起诉讼。

有权提起诉讼的公民死亡，其近亲属可以提起诉讼。

有权提起诉讼的法人或者其他组织终止，承受其权利的法人或者其他组织可以提起诉讼。

【相关法条】《行诉解释》

第12条 有下列情形之一的，属于行政诉讼法第25条第1款规定的“与行政行为有利害关系”：

(一)被诉的行政行为涉及其相邻权或者公平竞争权的；

(二)在行政复议等行政程序中被追加为第三人的；

(三)要求行政机关依法追究加害人法律责任的；

(四)撤销或者变更行政行为涉及其合法权益的；

(五)为维护自身合法权益向行政机关投诉，具有处理投诉职责的行政机关作出或者未作出处理的；

(六)其他与行政行为有利害关系的情形。

第13条 债权人以行政机关对债务人所作的行政行为损害债权实现为由提起行政诉讼的，人民法院应当告知其就民事争议提起民事诉讼，但行政机关作出行政行为时依法应予保护或者应予考虑的除外。

第14条 行政诉讼法第25条第2款规定的“近亲属”，包括配偶、父母、子女、兄弟姐妹、祖父母、外祖父母、孙子女、外孙子女和其他具有扶养、赡养关系的亲属。

公民因被限制人身自由而不能提起诉讼的，其近亲属可以依其口头或者书面委托以该公民的名义提起诉讼。近亲属起诉时无法与被限制人身自由的公民取得联系，近亲属可以先行起诉，并在诉讼中补充提交委托证明。

第15条 合伙企业向人民法院提起诉讼的，应当以核准登记的字号为原告。未依法登记领取营业执照的个人合伙的全体合伙人为共同原告；全体合伙人可以推选代表人，被推选的代表人，应当由全体合伙人出具推选书。

个体工商户向人民法院提起诉讼的，以营业执照上登记的经营者为原告。有字号的，以营业执照上登记的字号为原告，并应当注明该字号经营者的基本信息。

第16条 股份制企业的股东大会、股东会、董事会等认为行政机关作出的行政行为侵犯企业经营自主权的，可以企业名义提起诉讼。

联营企业、中外合资或者合作企业的联营、合资、合作各方，认为联营、合资、合作企业权益或者自己一方合法权益受行政行为侵害的，可以自己的名义提起诉讼。

非国有企业被行政机关注销、撤销、合并、强令兼并、出售、分立或者改变企业隶属关系的，该企业或者其法定代表人可以提起诉讼。

第 17 条 事业单位、社会团体、基金会、社会服务机构等非营利法人的出资人、设立人认为行政行为损害法人合法权益的，可以自己的名义提起诉讼。

第 18 条 业主委员会对于行政机关作出的涉及业主共有利益的行政行为，可以自己的名义提起诉讼。

业主委员会不起诉的，专有部分占建筑物总面积过半数或者占总户数过半数的业主可以提起诉讼。

精 解

以上条文是关于行政诉讼原告资格的规定，其具体含义有：

1. 行政诉讼的原告可以是行政行为直接针对的相对人，也可以是其他与行政行为具有法律上利害关系的公民、法人或者其他组织，包括但不限于：相邻权人、公平竞争权人、复议中列为第三人的受害人、与撤销或者变更行政行为有法律上利害关系的人。

2. 有权起诉的公民死亡后，承担起诉权的是其近亲属；如果公民被限制人身自由，其近亲属可以代为提起诉讼。

3. 对于组织受到侵犯而提起诉讼，要根据《行诉解释》第 15～18 条的规定，掌握两个方面的内容：谁可以提起诉讼；以谁的名义提起诉讼。

重点法条 7 行政诉讼的被告

第二十六条 公民、法人或者其他组织直接向人民法院提起诉讼的，作出行政行为的行政机关是被告。

经复议的案件，复议机关决定维持原行政行为的，作出原行政行为的行政机关和复议机关是共同被告；复议机关改变原行政行为的，复议机关是被告。

复议机关在法定期限内未作出复议决定，公民、法人或者其他组织起诉原行政行为的，作出原行政行为的行政机关是被告；起诉复议机关不作为的，复议机关是被告。

2 个以上行政机关作出同一行政行为的，共同作出行政行为的行政机关是共同被告。

行政机关委托的组织所作的行政行为，委托的行政机关是被告。

行政机关被撤销或者职权变更的，继续行使其职权的行政机关是被告。

【相关法条】《行政诉讼法》

第 3 条第 3 款 被诉行政机关负责人应当出庭应诉。不能出庭的，应当委托行政机关相应的工作人员出庭。

《行诉解释》

第 19 条 当事人不服经上级行政机关批准的行政行为，向人民法院提起诉讼的，以在对外发生法律效力的文书上署名的机关为被告。

第 20 条 行政机关组建并赋予行政管理职能但不具有独立承担法律责任能力的机构，以自己的名义作出行政行为，当事人不服提起诉讼的，应当以组建该机构的行政机关为被告。

法律、法规或者规章授权行使行政职权的行政机关内设机构、派出机构或者其他组织，超出法定授权范围实施行政行为，当事人不服提起诉讼的，应当以实施该行为的机构或者组织为被告。

没有法律、法规或者规章规定，行政机关授权其内设机构、派出机构或者其他组织行使行政职权的，属于行政诉讼法第 26 条规定的委托。当事人不服提起诉讼的，应当以该行政机关为被告。

第 21 条 当事人对由国务院、省级人民政府批准设立的开发区管理机构作出的行政行为不服提起诉讼的，以该开发区管理机构为被告；对由国务院、省级人民政府批准设立的开发区管理机构所属职能部门作出的行政行为不服提起诉讼的，以其职能部门为被告；对其他开发区管理机构所属职能部门作出的行政行为不服提起诉讼的，以开发区管理机构为被告；开发区管理机构没有行政主体资格的，以设立该机构的地方人民政府为被告。

第 22 条 行政诉讼法第 26 条第 2 款规定的“复议机关改变原行政行为”，是指复议机关改变原行政行为的处理结果。复议机关改变原行政行为所认定的主要事实和证据、改变原行政行为所适用的规范依据，但未改变原行政行为处理结果的，视为复议机关维持原行政行为。

复议机关确认原行政行为无效，属于改变原行政行为。

复议机关确认原行政行为违法，属于改变原行政行为，但复议机关以违反法定程序为由确认原行政行为违法的除外。

第 23 条 行政机关被撤销或者职权变更，没有继续行使其职权的行政机关的，以其所属的人民政府为被告；实行垂直领导的，以垂直领导的上一级行政机关为被告。

第24条 当事人对村民委员会或者居民委员会依据法律、法规、规章的授权履行行政管理职责的行为不服提起诉讼的，以村民委员会或者居民委员会为被告。

当事人对村民委员会、居民委员会受行政机关委托作出的行为不服提起诉讼的，以委托的行政机关为被告。

当事人对高等学校等事业单位以及律师协会、注册会计师协会等行业协会依据法律、法规、规章的授权实施的行政行为不服提起诉讼的，以该事业单位、行业协会为被告。

当事人对高等学校等事业单位以及律师协会、注册会计师协会等行业协会受行政机关委托作出的行为不服提起诉讼的，以委托的行政机关为被告。

第25条 市、县级人民政府确定的房屋征收部门组织实施房屋征收与补偿工作过程中作出行政行为，被征收人不服提起诉讼的，以房屋征收部门为被告。

征收实施单位受房屋征收部门委托，在委托范围内从事的行为，被征收人不服提起诉讼的，应当以房屋征收部门为被告。

第26条 原告所起诉的被告不适格，人民法院应当告知原告变更被告；原告不同意变更的，裁定驳回起诉。

应当追加被告而原告不同意追加的，人民法院应当通知其以第三人的身份参加诉讼，但行政复议机关作共同被告的除外。

《行政许可规定》（2009年11月9日通过）

第4条 当事人不服行政许可决定提起诉讼的，以作出行政许可决定的机关为被告；行政许可依法须经上级行政机关批准，当事人对批准或者不批准行为不服一并提起诉讼的，以上级行政机关为共同被告；行政许可依法须经下级行政机关或者管理公共事务的组织初步审查并上报，当事人对不予初步审查或者不予上报不服提起诉讼的，以下级行政机关或者管理公共事务的组织为被告。

第5条 行政机关依据《行政许可法》第26条第2款规定统一办理行政许可的，当事人对行政许可行为不服提起诉讼，以对当事人作出具有实质影响的不利行为的机关为被告。

《政府信息公开案件规定》

第4条 公民、法人或者其他组织对国务院部门、地方各级人民政府及县级以上地方人民政府部门依申请公开政府信息行政行为不服提起诉讼的，以作出答复的机关为被告；逾期未作出答复的，以受理申请的机关为被告。

公民、法人或者其他组织对主动公开政府信息行政行为不服提起诉讼的，以公开该政府信息的机关为被告。

公民、法人或者其他组织对法律、法规授权的具有管理公共事务职能的组织公开政府信息的行为不服提起诉讼的，以该组织为被告。

有下列情形之一的，应当以在对外发生法律效力的文书上署名的机关为被告：

（一）政府信息公开与否的答复依法报经有权机关批准的；

（二）政府信息是否可以公开系由国家保密行政管理部门或者省、自治区、直辖市保密行政管理部门确定的；

（三）行政机关在公开政府信息前与有关行政机关进行沟通、确认的。

精 解

上述条文构成了对行政诉讼被告确定的规则，具体含义可以总结如下：

1. 行政诉讼被告，原则上是作出被诉行政行为的机关。

2. 经过复议的案件，被告的确定规则为：

(1) 复议机关如果作出了复议决定：维持决定，原机关和复议机关作共同被告；改变决定，复议机关为被告；

(2) 复议机关如果不作为：原告不服原行为，原机关作被告；原告如果不服复议不作为，复议机关为被告。

复议维持了之后的被告选择是和旧行政诉讼规定不一致的，千万注意。原因是实践中复议机关为了不当被告，维持原行政行为的现象比较普遍，导致行政复议制度未能很好发挥作用，此次修改进行了制度性改革。注意《行诉解释》第22条对“复议维持”“复议改变”的规定。

3. 经上级行政机关批准的行政行为，在对外发生法律效力的文书上署名的机关为被告，但许可案件可以作为共同被告。

4. 获得合法授权的组织实施行为时，该组织是被告。

5. 受委托者实施行为时，委托者是被告。

6. 行政主体被撤销或者职权变更的，继续行使该职权的行政主体为被告，没有继续行使该职权的行政主体，以其所属的人民政府为被告。

7. 共同行政行为案件中，实施行为的行政主体为共同被告。行政许可统一办理案件中，以作出具有实质影响的不利行为的机关为被告。

8. 内设机构与派出机构作出行政行为：

(1) 无合法授权（虽然有授权，但是行为种类越权，视为无授权），以所在行政机关为被告；

(2) 有合法授权（含幅度上超越授权范围），自己为被告。

重点法条 8 行政诉讼第三人

第二十九条 公民、法人或者其他组织同被诉行政行为有利害关系但没有提起诉讼，或者同案件处理结果有利害关系的，可以作为第三人申请参加诉讼，或者由人民法院通知参加诉讼。

人民法院判决第三人承担义务或者减损第三人权益的，第三人有权依法提起上诉。

【相关法条】《行诉解释》

第30条 行政机关的同一行政行为涉及两个以上利害关系人，其中一部分利害关系人对行政行为不服提起诉讼，人民法院应当通知没有起诉的其他利害关系人作为第三人参加诉讼。

与行政案件处理结果有利害关系的第三人，可以申请参加诉讼，或者由人民法院通知其参加诉讼。人民法院判决其承担义务或者减损其权益的第三人，有权提出上诉或者申请再审。

行政诉讼法第29条规定的第三人，因不能归责于本人的事由未参加诉讼，但有证据证明发生法律效力的判决、裁定、调解书损害其合法权益的，可以依照行政诉讼法第90条的规定，自知道或者应当知道其合法权益受到损害之日起6个月内，向上一级人民法院申请再审。

精 解

1. 只要与被诉的行政行为有法律上的利害关系，就可以作为行政诉讼的第三人。

2. 行政诉讼的第三人具有独立于原告和被告的诉讼地位。

3. 行政诉讼的第三人可以分为类似原告的第三人和类似被告的第三人。

【例题】 某市政府建设管理部门依法授予甲公司城市管道燃气专营权。在甲公司专营权与经营权存续期间内，该市政建设管理部门确定了城市管道燃气项目招标方案，进行招标，乙公司中标，对招标行为，甲公司提起行政诉讼，下列说法正确的是：（2020年单选题）

A. 法院应当受理，乙公司为第三人

B. 授予甲公司城市管道燃气专营权是行政许可

C. 市政府建设管理部门不得撤回甲公司专营权

D. 授予甲公司城市管道燃气专营权是民事行为

参考答案：________①

重点法条 9 行政诉讼的证据种类及质证

第三十三条 证据有以下几种：

（一）书证；

（二）物证；

（三）视听资料；

（四）电子数据；

（五）证人证言；

（六）当事人的陈述；

（七）鉴定意见；

（八）勘验笔录、现场笔录。

以上证据经法庭审查属实，才能作为认定案件事实的根据。

【相关法条】《行诉解释》

第42条 能够反映案件真实情况、与待证事实相关联、来源和形式符合法律规定的证据，应当作为认定案件事实的根据。

第43条 有下列情形之一的，属于行政诉讼法第四十三条第三款规定的"以非法手段取得的证据"：

（一）严重违反法定程序收集的证据材料；

（二）以违反法律强制性规定的手段获取且侵害他人合法权益的证据材料；

（三）以利诱、欺诈、胁迫、暴力等手段获取的证据材料。

① A

《行政诉讼证据规定》(2002年6月4日通过)

第35条 证据应当在法庭上出示,并经庭审质证。未经庭审质证的证据,不能作为定案的依据。

当事人在庭前证据交换过程中没有争议并记录在卷的证据,经审判人员在庭审中说明后,可以作为认定案件事实的依据。

第36条 经合法传唤,因被告无正当理由拒不到庭而需要依法缺席判决的,被告提供的证据不能作为定案的依据,但当事人在庭前交换证据中没有争议的证据除外。

第37条 涉及国家秘密、商业秘密和个人隐私或者法律规定的其他应当保密的证据,不得在开庭时公开质证。

第38条 当事人申请人民法院调取的证据,由申请调取证据的当事人在庭审中出示,并由当事人质证。

人民法院依职权调取的证据,由法庭出示,并可就调取该证据的情况进行说明,听取当事人意见。

第50条 在第二审程序中,对当事人依法提供的新的证据,法庭应当进行质证;当事人对第一审认定的证据仍有争议的,法庭也应当进行质证。

第51条 按照审判监督程序审理的案件,对当事人依法提供的新的证据,法庭应当进行质证;因原判决、裁定认定事实的证据不足而提起再审所涉及的主要证据,法庭也应当进行质证。

第52条 本规定第50条和第51条中的"新的证据"是指以下证据:

(一)在一审程序中应当准予延期提供而未获准许的证据;

(二)当事人在一审程序中依法申请调取而未获准许或者未取得,人民法院在第二审程序中调取的证据;

(三)原告或者第三人提供的在举证期限届满后发现的证据。

精 解

上述条文是对行政诉讼质证的规定,意思分解如下:

1.原则上,未经质证的证据不能作为定案依据,但当事人在证据交换过程中没有争议的证据除外。

2.缺席证据质证:被告无正当理由拒不到庭的,其证据不能作为定案依据,但交换证据中没有争议的除外。

3.涉秘证据不得在开庭时公开质证。

4.依职权调取的证据无须质证;依申请调取的证据仍然要质证。

5.二审、再审中的新证据,或者二审对一审认定的证据有争议的,还要质证。

重点法条 10 行政诉讼举证责任

第三十四条 被告对作出的行政行为负有举证责任,应当提供作出该行政行为的证据和所依据的规范性文件。

被告不提供或者无正当理由逾期提供证据,视为没有相应证据。但是,被诉行政行为涉及第三人合法权益,第三人提供证据的除外。

【相关法条】《行政诉讼证据规定》

第4条 公民、法人或者其他组织向人民法院起诉时,应当提供其符合起诉条件的相应的证据材料。

在起诉被告不作为的案件中,原告应当提供其在行政程序中曾经提出申请的证据材料。但有下列情形的除外:

(一)被告应当依职权主动履行法定职责的;

(二)原告因被告受理申请的登记制度不完备等正当事由不能提供相关证据材料并能够作出合理说明的。

被告认为原告起诉超过法定期限的,由被告承担举证责任。

第5条 在行政赔偿诉讼中,原告应当对被诉具体行政行为造成损害的事实提供证据。

第6条 原告可以提供证明被诉具体行政行为违法的证据。原告提供的证据不成立的,不免除被告对被诉具体行政行为合法性的举证责任。

精 解

原则上,由被告对其行政行为承担举证责任,提供证据和所依据的规范。

重点法条 11 被告取证的限制

第三十五条 在诉讼过程中,被告及其诉讼代理人不得自行向原告、第三人和证人收集证据。

【相关法条】《行诉解释》

第34条 根据行政诉讼法第36条第1款的规定,被告申请延期提供证据的,应当在收到起诉状副本之日起15日内以书面方式向人民法院提出。人民法院准许延期提供的,被告应当在正当事由消除后15日内提供证据。逾期提供的,视为被诉行政行为没有相应的证据。

第 46 条 原告或者第三人确有证据证明被告持有的证据对原告或者第三人有利的,可以在开庭审理前书面申请人民法院责令行政机关提交。

申请理由成立的,人民法院应当责令行政机关提交,因提交证据所产生的费用,由申请人预付。行政机关无正当理由拒不提交的,人民法院可以推定原告或者第三人基于该证据主张的事实成立。

持有证据的当事人以妨碍对方当事人使用为目的,毁灭有关证据或者实施其他致使证据不能使用行为的,人民法院可以推定对方当事人基于该证据主张的事实成立,并可依照行政诉讼法第 59 条规定处理。

《行政诉讼证据规定》

第 7 条 原告或者第三人应当在开庭审理前或者人民法院指定的交换证据之日提供证据。因正当事由申请延期提供证据的,经人民法院准许,可以在法庭调查中提供。逾期提供证据的,视为放弃举证权利。

原告或者第三人在第一审程序中无正当事由未提供而在第二审程序中提供的证据,人民法院不予接纳。

精 解

以上条文是对行政诉讼举证要求和举证时限的规定,考生需要注意:

1. 就举证要求而言,根据行政程序先取证后决定的要求,被告的证据应当源于行政程序中收集的证据,作出具体行政行为后,或者在诉讼过程中原则上不能再收集证据。

2. 就举证时限而言,被告和原告有所不同:

(1)就被告而言,应当在收到起诉状副本之日起 15 日内提供证据和所依据的规范性文件,并提出答辩状。人民法院应当在收到答辩状之日起 5 日内将答辩状副本发送原告。

(2)就原告和第三人而言,应当在开庭审理前或者人民法院指定的交换证据之日提供证据。因正当事由申请延期提供证据的,经人民法院准许,可以在法庭调查中提供。

重点法条 12 人民法院对证据的收集

第三十九条 人民法院有权要求当事人提供或者补充证据。

第四十条 人民法院有权向有关行政机关以及其他组织、公民调取证据。但是,不得为证明行政行为的合法性调取被告作出行政行为时未收集的证据。

第四十一条 与本案有关的下列证据,原告或者第三人不能自行收集的,可以申请人民法院调取:

(一)由国家机关保存而须由人民法院调取的证据;

(二)涉及国家秘密、商业秘密和个人隐私的证据;

(三)确因客观原因不能自行收集的其他证据。

【相关法条】《行政诉讼证据规定》

第 9 条 根据行政诉讼法第 34 条第 1 款(现第 39 条)的规定,人民法院有权要求当事人提供或者补充证据。

对当事人无争议,但涉及国家利益、公共利益或者他人合法权益的事实,人民法院可以责令当事人提供或者补充有关证据。

第 22 条 根据行政诉讼法第 34 条第 2 款(现第 39 条)的规定,有下列情形之一的,人民法院有权向有关行政机关以及其他组织、公民调取证据:

(一)涉及国家利益、公共利益或者他人合法权益的事实认定的;

(二)涉及依职权追加当事人、中止诉讼、终结诉讼、回避等程序性事项的。

第 23 条 原告或者第三人不能自行收集,但能够提供确切线索的,可以申请人民法院调取下列证据材料:

(一)由国家有关部门保存而须由人民法院调取的证据材料;

(二)涉及国家秘密、商业秘密、个人隐私的证据材料;

(三)确因客观原因不能自行收集的其他证据材料。

人民法院不得为证明被诉具体行政行为的合法性,调取被告在作出具体行政行为时未收集的证据。

第 24 条 当事人申请人民法院调取证据的,应当在举证期限内提交调取证据申请书。

调取证据申请书应当写明下列内容:

(一)证据持有人的姓名或者名称、住址等基本情况;

(二)拟调取证据的内容;

(三)申请调取证据的原因及其要证明的案件事实。

第 25 条 人民法院对当事人调取证据的申请,

经审查符合调取证据条件的，应当及时决定调取；不符合调取证据条件的，应当向当事人或者其诉讼代理人送达通知书，说明不准许调取的理由。当事人及其诉讼代理人可以在收到通知书之日起3日内向受理申请的人民法院书面申请复议一次。

人民法院应当在收到复议申请之日起5日内作出答复。人民法院根据当事人申请，经调取未能取得相应证据的，应当告知申请人并说明原因。

第26条 人民法院需要调取的证据在异地的，可以书面委托证据所在地人民法院调取。受托人民法院应当在收到委托书后，按照委托要求及时完成调取证据工作，送交委托人民法院。受托人民法院不能完成委托内容的，应当告知委托的人民法院并说明原因。

重点法条 13 行政诉讼中法庭对证据的审查

第四十三条 证据应当在法庭上出示，并由当事人互相质证。对涉及国家秘密、商业秘密和个人隐私的证据，不得在公开开庭时出示。

人民法院应当按照法定程序，全面、客观地审查核实证据。对未采纳的证据应当在裁判文书中说明理由。

以非法手段取得的证据，不得作为认定案件事实的根据。

【相关法条】《行政诉讼证据规定》

第53条 人民法院裁判行政案件，应当以证据证明的案件事实为依据。

第54条 法庭应当对经过庭审质证的证据和无需质证的证据进行逐一审查和对全部证据综合审查，遵循法官职业道德，运用逻辑推理和生活经验，进行全面、客观和公正地分析判断，确定证据材料与案件事实之间的证明关系，排除不具有关联性的证据材料，准确认定案件事实。

第55条 法庭应当根据案件的具体情况，从以下方面审查证据的合法性：

（一）证据是否符合法定形式；

（二）证据的取得是否符合法律、法规、司法解释和规章的要求；

（三）是否有影响证据效力的其他违法情形。

第56条 法庭应当根据案件的具体情况，从以下方面审查证据的真实性：

（一）证据形成的原因；

（二）发现证据时的客观环境；

（三）证据是否为原件、原物，复制件、复制品与原件、原物是否相符；

（四）提供证据的人或者证人与当事人是否具有利害关系；

（五）影响证据真实性的其他因素。

第57条 下列证据材料不能作为定案依据：

（一）严重违反法定程序收集的证据材料；

（二）以偷拍、偷录、窃听等手段获取侵害他人合法权益的证据材料；

（三）以利诱、欺诈、胁迫、暴力等不正当手段获取的证据材料；

（四）当事人无正当事由超出举证期限提供的证据材料；

（五）在中华人民共和国领域以外或者在中华人民共和国香港特别行政区、澳门特别行政区和台湾地区形成的未办理法定证明手续的证据材料；

（六）当事人无正当理由拒不提供原件、原物，又无其他证据印证，且对方当事人不予认可的证据的复制件或者复制品；

（七）被当事人或者他人进行技术处理而无法辨明真伪的证据材料；

（八）不能正确表达意志的证人提供的证言；

（九）不具备合法性和真实性的其他证据材料。

第58条 以违反法律禁止性规定或者侵犯他人合法权益的方法取得的证据，不能作为认定案件事实的依据。

第59条 被告在行政程序中依照法定程序要求原告提供证据，原告依法应当提供而拒不提供，在诉讼程序中提供的证据，人民法院一般不予采纳。

第60条 下列证据不能作为认定被诉具体行政行为合法的依据：

（一）被告及其诉讼代理人在作出具体行政行为后或者在诉讼程序中自行收集的证据；

（二）被告在行政程序中非法剥夺公民、法人或者其他组织依法享有的陈述、申辩或者听证权利所采用的证据；

（三）原告或者第三人在诉讼程序中提供的、被告在行政程序中未作为具体行政行为依据的证据。

第61条 复议机关在复议程序中收集和补充的证据，或者作出原具体行政行为的行政机关在复议程序中未向复议机关提交的证据，不能作为人民法院认定原具体行政行为合法的依据。

第62条 对被告在行政程序中采纳的鉴定结论,原告或者第三人提出证据证明有下列情形之一的,人民法院不予采纳:

(一)鉴定人不具备鉴定资格;

(二)鉴定程序严重违法;

(三)鉴定结论错误、不明确或者内容不完整。

第63条 证明同一事实的数个证据,其证明效力一般可以按照下列情形分别认定:

(一)国家机关以及其他职能部门依职权制作的公文文书优于其他书证;

(二)鉴定结论、现场笔录、勘验笔录、档案材料以及经过公证或者登记的书证优于其他书证、视听资料和证人证言;

(三)原件、原物优于复制件、复制品;

(四)法定鉴定部门的鉴定结论优于其他鉴定部门的鉴定结论;

(五)法庭主持勘验所制作的勘验笔录优于其他部门主持勘验所制作的勘验笔录;

(六)原始证据优于传来证据;

(七)其他证人证言优于与当事人有亲属关系或者其他密切关系的证人提供的对该当事人有利的证言;

(八)出庭作证的证人证言优于未出庭作证的证人证言;

(九)数个种类不同、内容一致的证据优于一个孤立的证据。

第64条 以有形载体固定或者显示的电子数据交换、电子邮件以及其他数据资料,其制作情况和真实性经对方当事人确认,或者以公证等其他有效方式予以证明的,与原件具有同等的证明效力。

第65条 在庭审中一方当事人或者其代理人在代理权限范围内对另一方当事人陈述的案件事实明确表示认可的,人民法院可以对该事实予以认定。但有相反证据足以推翻的除外。

第66条 在行政赔偿诉讼中,人民法院主持调解时当事人为达成调解协议而对案件事实的认可,不得在其后的诉讼中作为对其不利的证据。

第67条 在不受外力影响的情况下,一方当事人提供的证据,对方当事人明确表示认可的,可以认定该证据的证明效力;对方当事人予以否认,但不能提供充分的证据进行反驳的,可以综合全案情况审查认定该证据的证明效力。

第68条 下列事实法庭可以直接认定:

(一)众所周知的事实;

(二)自然规律及定律;

(三)按照法律规定推定的事实;

(四)已经依法证明的事实;

(五)根据日常生活经验法则推定的事实。

前款1、3、4、5项,当事人有相反证据足以推翻的除外。

第69条 原告确有证据证明被告持有的证据对原告有利,被告无正当事由拒不提供的,可以推定原告的主张成立。

第70条 生效的人民法院裁判文书或者仲裁机构裁决文书确认的事实,可以作为定案依据。但是如果发现裁判文书或者裁决文书认定的事实有重大问题的,应当中止诉讼,通过法定程序予以纠正后恢复诉讼。

第71条 下列证据不能单独作为定案依据:

(一)未成年人所作的与其年龄和智力状况不相适应的证言;

(二)与一方当事人有亲属关系或者其他密切关系的证人所作的对该当事人有利的证言,或者与一方当事人有不利关系的证人所作的对该当事人不利的证言;

(三)应当出庭作证而无正当理由不出庭作证的证人证言;

(四)难以识别是否经过修改的视听资料;

(五)无法与原件、原物核对的复制件或者复制品;

(六)经一方当事人或者他人改动,对方当事人不予认可的证据材料;

(七)其他不能单独作为定案依据的证据材料。

第72条 庭审中经过质证的证据,能够当庭认定的,应当当庭认定;不能当庭认定的,应当在合议庭合议时认定。

人民法院应当在裁判文书中阐明证据是否采纳的理由。

第73条 法庭发现当庭认定的证据有误,可以按照下列方式纠正:

(一)庭审结束前发现错误的,应当重新进行认定;

(二)庭审结束后宣判前发现错误的,在裁判文书中予以更正并说明理由,也可以再次开庭予以认定;

(三)有新的证据材料可能推翻已认定的证据的,应当再次开庭予以认定。

《行诉解释》

第41条 有下列情形之一，原告或者第三人要求相关行政执法人员出庭说明的，人民法院可以准许：

（一）对现场笔录的合法性或者真实性有异议的；

（二）对扣押财产的品种或者数量有异议的；

（三）对检验的物品取样或者保管有异议的；

（四）对行政执法人员身份的合法性有异议的；

（五）需要出庭说明的其他情形。

第43条 有下列情形之一的，属于行政诉讼法第43条3款规定的"以非法手段取得的证据"：

（一）严重违反法定程序收集的证据材料；

（二）以违反法律强制性规定的手段获取且侵害他人合法权益的证据材料；

（三）以利诱、欺诈、胁迫、暴力等手段获取的证据材料。

重点法条14 行政诉讼的起诉期限

第四十五条 公民、法人或者其他组织不服复议决定的，可以在收到复议决定书之日起15日内向人民法院提起诉讼。复议机关逾期不作决定的，申请人可以在复议期满之日起15日内向人民法院提起诉讼。法律另有规定的除外。

第四十六条 公民、法人或者其他组织直接向人民法院提起诉讼的，应当自知道或者应当知道作出行政行为之日起6个月内提出。法律另有规定的除外。

因不动产提起诉讼的案件自行政行为作出之日起超过20年，其他案件自行政行为作出之日起超过5年提起诉讼的，人民法院不予受理。

第四十七条 公民、法人或者其他组织申请行政机关履行保护其人身权、财产权等合法权益的法定职责，行政机关在接到申请之日起2个月内不履行的，公民、法人或者其他组织可以向人民法院提起诉讼。法律、法规对行政机关履行职责的期限另有规定的，从其规定。

公民、法人或者其他组织在紧急情况下请求行政机关履行保护其人身权、财产权等合法权益的法定职责，行政机关不履行的，提起诉讼不受前款规定期限的限制。

第四十八条 公民、法人或者其他组织因不可抗力或者其他不属于其自身的原因耽误起诉期限的，被耽误的时间不计算在起诉期限内。

公民、法人或者其他组织因前款规定以外的其他特殊情况耽误起诉期限的，在障碍消除后10日内，可以申请延长期限，是否准许由人民法院决定。

【相关法条】《行诉解释》

第64条 行政机关作出行政行为时，未告知公民、法人或者其他组织起诉期限的，起诉期限从公民、法人或者其他组织知道或者应当知道起诉期限之日起计算，但从知道或者应当知道行政行为内容之日起最长不得超过1年。

复议决定未告知公民、法人或者其他组织起诉期限的，适用前款规定。

第65条 公民、法人或者其他组织不知道行政机关作出的行政行为内容的，其起诉期限从知道或者应当知道该行政行为内容之日起计算，但最长不得超过行政诉讼法第46条第2款规定的起诉期限。

第66条 公民、法人或者其他组织依照行政诉讼法第47条第1款的规定，对行政机关不履行法定职责提起诉讼的，应当在行政机关履行法定职责期限届满之日起6个月内提出。

精 解

当事人对行政行为不服提起诉讼，起诉期限为：

1. 一般情况下，应在知道该行为之日起6个月内提出。

2. 但从行为作出之日起不超过5年，涉及不动产的不超过20年。

重点法条15 行政诉讼受理制度

第四十九条 提起诉讼应当符合下列条件：

（一）原告是符合本法第25条规定的公民、法人或者其他组织；

（二）有明确的被告；

（三）有具体的诉讼请求和事实根据；

（四）属于人民法院受案范围和受诉人民法院管辖。

第五十一条 人民法院在接到起诉状时对符合本法规定的起诉条件的，应当登记立案。

对当场不能判定是否符合本法规定的起诉条件的，应当接收起诉状，出具注明收到日期的书面凭证，并在7日内决定是否立案。不符合起诉条件的，作出不予立案的裁定。裁定书应当载明不予立案的理由。原告对裁定不服的，可以提起上诉。

起诉状内容欠缺或者有其他错误的，应当给予指导和释明,并一次性告知当事人需要补正的内容。不得未经指导和释明即以起诉不符合条件为由不接收起诉状。

对于不接收起诉状、接收起诉状后不出具书面凭证,以及不一次性告知当事人需要补正的起诉状内容的,当事人可以向上级人民法院投诉,上级人民法院应当责令改正,并对直接负责的主管人员和其他直接责任人员依法给予处分。

第五十二条 人民法院既不立案,又不作出不予立案裁定的,当事人可以向上一级人民法院起诉。上一级人民法院认为符合起诉条件的,应当立案、审理,也可以指定其他下级人民法院立案、审理。

【相关法条】《行诉解释》

第53条 人民法院对符合起诉条件的案件应当立案,依法保障当事人行使诉讼权利。

对当事人依法提起的诉讼,人民法院应当根据行政诉讼法第51条的规定接收起诉状。能够判断符合起诉条件的,应当当场登记立案;当场不能判断是否符合起诉条件的,应当在接收起诉状后7日内决定是否立案;7日内仍不能作出判断的,应当先予立案。

第54条 依照行政诉讼法第49条的规定,公民、法人或者其他组织提起诉讼时应当提交以下起诉材料:

(一)原告的身份证明材料以及有效联系方式;

(二)被诉行政行为或者不作为存在的材料;

(三)原告与被诉行政行为具有利害关系的材料;

(四)人民法院认为需要提交的其他材料。

由法定代理人或者委托代理人代为起诉的,还应当在起诉状中写明或者在口头起诉时向人民法院说明法定代理人或者委托代理人的基本情况,并提交法定代理人或者委托代理人的身份证明和代理权限证明等材料。

第55条 依照行政诉讼法第51条的规定,人民法院应当就起诉状内容和材料是否完备以及是否符合行政诉讼法规定的起诉条件进行审查。

起诉状内容或者材料欠缺的,人民法院应当给予指导和释明,并一次性全面告知当事人需要补正的内容、补充的材料及期限。在指定期限内补正并符合起诉条件的,应当登记立案。当事人拒绝补正或者经补正仍不符合起诉条件的,退回诉状并记录在册;坚持起诉的,裁定不予立案,并载明不予立案的理由。

第67条 原告提供被告的名称等信息足以使被告与其他行政机关相区别的,可以认定为行政诉讼法第49条第2项规定的“有明确的被告”。

起诉状列写被告信息不足以认定明确的被告的,人民法院可以告知原告补正;原告补正后仍不能确定明确的被告的,人民法院裁定不予立案。

第68条 行政诉讼法第49条第3项规定的“有具体的诉讼请求”是指:

(一)请求判决撤销或者变更行政行为;

(二)请求判决行政机关履行特定法定职责或者给付义务;

(三)请求判决确认行政行为违法;

(四)请求判决确认行政行为无效;

(五)请求判决行政机关予以赔偿或者补偿;

(六)请求解决行政协议争议;

(七)请求一并审查规章以下规范性文件;

(八)请求一并解决相关民事争议;

(九)其他诉讼请求。

当事人单独或者一并提起行政赔偿、补偿诉讼的,应当有具体的赔偿、补偿事项以及数额;请求一并审查规章以下规范性文件的,应当提供明确的文件名称或者审查对象;请求一并解决相关民事争议的,应当有具体的民事诉讼请求。

当事人未能正确表达诉讼请求的,人民法院应当要求其明确诉讼请求。

第69条 有下列情形之一,已经立案的,应当裁定驳回起诉:

(一)不符合行政诉讼法第49条规定的;

(二)超过法定起诉期限且无行政诉讼法第48条规定情形的;

(三)错列被告且拒绝变更的;

(四)未按照法律规定由法定代理人、指定代理人、代表人为诉讼行为的;

(五)未按照法律、法规规定先向行政机关申请复议的;

(六)重复起诉的;

(七)撤回起诉后无正当理由再行起诉的;

(八)行政行为对其合法权益明显不产生实际影响的;

(九)诉讼标的已为生效裁判或者调解书所羁束的;

(十)其他不符合法定起诉条件的情形。

前款所列情形可以补正或者更正的,人民法院应当指定期间责令补正或者更正;在指定期间已经补正或者更正的,应当依法审理。

人民法院经过阅卷、调查或者询问当事人,认为不需要开庭审理的,可以迳行裁定驳回起诉。

精 解

上述条文构成了行政诉讼受理制度的规则,意思分解如下:

1. 本条内容是突破性的,将立案审查制度改为登记制度,法院不论何种情况,均必须给当事人提供书面材料,为当事人投诉或起诉提供了证据。

2. 审查起诉的结果及其法律效果是:

(1)立案,正式启动程序;

(2)裁定不予受理或者裁定驳回起诉,对此当事人可以依法上诉;

(3)既不立案,又不作出裁定。对此,当事人可以向上一级人民法院申诉或者起诉。

重点法条 16 规范性文件合法性审查

第五十三条 公民、法人或者其他组织认为行政行为所依据的国务院部门和地方人民政府及其部门制定的规范性文件不合法,在对行政行为提起诉讼时,可以一并请求对该规范性文件进行审查。

前款规定的规范性文件不含规章。

第六十四条 人民法院在审理行政案件中,经审查认为本法第53条规定的规范性文件不合法的,不作为认定行政行为合法的依据,并向制定机关提出处理建议。

【相关法条】《行诉解释》

第145条 公民、法人或者其他组织在对行政行为提起诉讼时一并请求对所依据的规范性文件审查的,由行政行为案件管辖法院一并审查。

第146条 公民、法人或者其他组织请求人民法院一并审查行政诉讼法第53条规定的规范性文件,应当在第一审开庭审理前提出;有正当理由的,也可以在法庭调查中提出。

第147条 人民法院在对规范性文件审查过程中,发现规范性文件可能不合法的,应当听取规范性文件制定机关的意见。

制定机关申请出庭陈述意见的,人民法院应当准许。

行政机关未陈述意见或者未提供相关证明材料的,不能阻止人民法院对规范性文件进行审查。

第148条 人民法院对规范性文件进行一并审查时,可以从规范性文件制定机关是否超越权限或者违反法定程序、作出行政行为所依据的条款以及相关条款等方面进行。

有下列情形之一的,属于行政诉讼法第64条规定的"规范性文件不合法":

(一)超越制定机关的法定职权或者超越法律、法规、规章的授权范围的;

(二)与法律、法规、规章等上位法的规定相抵触的;

(三)没有法律、法规、规章依据,违法增加公民、法人和其他组织义务或者减损公民、法人和其他组织合法权益的;

(四)未履行法定批准程序、公开发布程序,严重违反制定程序的;

(五)其他违反法律、法规以及规章规定的情形。

第149条 人民法院经审查认为行政行为所依据的规范性文件合法的,应当作为认定行政行为合法的依据;经审查认为规范性文件不合法的,不作为人民法院认定行政行为合法的依据,并在裁判理由中予以阐明。作出生效裁判的人民法院应当向规范性文件的制定机关提出处理建议,并可以抄送制定机关的同级人民政府、上一级行政机关、监察机关以及规范性文件的备案机关。

规范性文件不合法的,人民法院可以在裁判生效之日起3个月内,向规范性文件制定机关提出修改或者废止该规范性文件的司法建议。

规范性文件由多个部门联合制定的,人民法院可以向该规范性文件的主办机关或者共同上一级行政机关发送司法建议。

接收司法建议的行政机关应当在收到司法建议之日起60日内予以书面答复。情况紧急的,人民法院可以建议制定机关或者其上一级行政机关立即停止执行该规范性文件。

精 解

抽象行政行为虽被排除在行政诉讼受案范围之外,但行政诉讼法允许对部分抽象行政行为间接或附带提出审查要求。

1. 审查请求应当在第一审开庭审理前提出;有正当理由的,也可以在法庭调查中提出。

2. 作出生效裁判的人民法院认为规范性文件不合法的,应当向规范性文件的制定机关提出处理建议，并可以抄送制定机关的同级人民政府或者上一级行政机关、监察机关以及规范性文件的备案机关。

重点法条 17 行政诉讼撤诉制度

第五十八条 经人民法院传票传唤，原告无正当理由拒不到庭，或者未经法庭许可中途退庭的，可以按照撤诉处理；被告无正当理由拒不到庭，或者未经法庭许可中途退庭的，可以缺席判决。

【相关法条】《行诉解释》

第 79 条 原告或者上诉人申请撤诉，人民法院裁定不予准许的，原告或者上诉人经传票传唤无正当理由拒不到庭，或者未经法庭许可中途退庭的，人民法院可以缺席判决。

第三人经传票传唤无正当理由拒不到庭，或者未经法庭许可中途退庭的，不发生阻止案件审理的效果。

根据行政诉讼法第 58 条的规定，被告经传票传唤无正当理由拒不到庭，或者未经法庭许可中途退庭的，人民法院可以按期开庭或者继续开庭审理，对到庭的当事人诉讼请求、双方的诉辩理由以及已经提交的证据及其他诉讼材料进行审理后，依法缺席判决。

精 解

上述条文构成了行政诉讼撤诉制度。

1. 原告视为撤诉、被告缺席审判有 1 个例外：如果原告申请撤诉，法院予以拒绝，原告不来、先走或不交钱，说明原告盼望着视为撤诉，此时法院不会遂了原告的心愿的，法院会对于原告缺席审判。

2. 对于被告此种行为，人民法院可以公告，并可以依法提出司法建议（《行政诉讼法》第 66 条）。

重点法条 18 一并审理相关民事争议

第六十一条 在涉及行政许可、登记、征收、征用和行政机关对民事争议所作的裁决的行政诉讼中，当事人申请一并解决相关民事争议的，人民法院可以一并审理。

在行政诉讼中，人民法院认为行政案件的审理需以民事诉讼的裁判为依据的，可以裁定中止行政诉讼。

【相关法条】《行诉解释》

第 137 条 公民、法人或者其他组织请求一并审理行政诉讼法第 61 条规定的相关民事争议，应当在第一审开庭审理前提出；有正当理由的，也可以在法庭调查中提出。

第 138 条 人民法院决定在行政诉讼中一并审理相关民事争议，或者案件当事人一致同意相关民事争议在行政诉讼中一并解决，人民法院准许的，由受理行政案件的人民法院管辖。

公民、法人或者其他组织请求一并审理相关民事争议，人民法院经审查发现行政案件已经超过起诉期限，民事案件尚未立案的，告知当事人另行提起民事诉讼；民事案件已经立案的，由原审判组织继续审理。

人民法院在审理行政案件中发现民事争议为解决行政争议的基础，当事人没有请求人民法院一并审理相关民事争议的，人民法院应当告知当事人依法申请一并解决民事争议。当事人就民事争议另行提起民事诉讼并已立案的，人民法院应当中止行政诉讼的审理。民事争议处理期间不计算在行政诉讼审理期限内。

第 139 条 有下列情形之一的，人民法院应当作出不予准许一并审理民事争议的决定，并告知当事人可以依法通过其他渠道主张权利：

（一）法律规定应当由行政机关先行处理的；

（二）违反民事诉讼法专属管辖规定或者协议管辖约定的；

（三）约定仲裁或者已经提起民事诉讼的；

（四）其他不宜一并审理民事争议的情形。

对不予准许的决定可以申请复议一次。

第 140 条 人民法院在行政诉讼中一并审理相关民事争议的，民事争议应当单独立案，由同一审判组织审理。

人民法院审理行政机关对民事争议所作裁决的案件，一并审理民事争议的，不另行立案。

第 141 条 人民法院一并审理相关民事争议，适用民事法律规范的相关规定，法律另有规定的除外。

当事人在调解中对民事权益的处分，不能作为审查被诉行政行为合法性的根据。

第 142 条 对行政争议和民事争议应当分别裁判。

当事人仅对行政裁判或者民事裁判提出上诉的，未上诉的裁判在上诉期满后即发生法律效力。第一审人民法院应当将全部案卷一并移送第二审人民法院，由行政审判庭审理。第二审人民法院发现未上诉的生效裁判确有错误的，应当按照审判监督程序再审。

第 143 条 行政诉讼原告在宣判前申请撤诉的，是否准许由人民法院裁定。人民法院裁定准许行政诉讼原告撤诉，但其对已经提起的一并审理相关民事争议不撤诉的，人民法院应当继续审理。

第144条 人民法院一并审理相关民事争议，应当按行政案件、民事案件的标准分别收取诉讼费用。

精 解

1. 请求一并审理相关民事争议的，应当在第一审开庭审理前提出；有正当理由的，也可以在法庭调查中提出。

2. 注意不予准许一并审理的情形。

重点法条 19 行政审判的法律依据

第六十三条 人民法院审理行政案件，以法律和行政法规、地方性法规为依据。地方性法规适用于本行政区域内发生的行政案件。

人民法院审理民族自治地方的行政案件，并以该民族自治地方的自治条例和单行条例为依据。

人民法院审理行政案件，参照规章。

【相关法条】《行诉解释》

第100条 人民法院审理行政案件，适用最高人民法院司法解释的，应当在裁判文书中援引。

人民法院审理行政案件，可以在裁判文书中引用合法有效的规章及其他规范性文件。

精 解

对于行政审判的法律依据，考生应当掌握：

1. 在行政诉讼中，规章只起参照作用，法院可以适用也可以不适用，法官有审查判断权和选择空间。

2. 注意人民法院在审理行政案件时，发现规章之间有冲突应如何处理。

重点法条 20 第一审程序

第六十七条 人民法院应当在立案之日起5日内，将起诉状副本发送被告。被告应当在收到起诉状副本之日起15日内向人民法院提交作出行政行为的证据和所依据的规范性文件，并提出答辩状。人民法院应当在收到答辩状之日起5日内，将答辩状副本发送原告。

被告不提出答辩状的，不影响人民法院审理。

第六十八条 人民法院审理行政案件，由审判员组成合议庭，或者由审判员、陪审员组成合议庭。合议庭的成员，应当是3人以上的单数。

第八十一条 人民法院应当在立案之日起6个月内作出第一审判决。有特殊情况需要延长的，由高级人民法院批准，高级人民法院审理第一审案件需要延长的，由最高人民法院批准。

第八十二条 人民法院审理下列第一审行政案件，认为事实清楚、权利义务关系明确、争议不大的，可以适用简易程序：

（一）被诉行政行为是依法当场作出的；

（二）案件涉及款额2000元以下的；

（三）属于政府信息公开案件的。

除前款规定以外的第一审行政案件，当事人各方同意适用简易程序的，可以适用简易程序。

发回重审、按照审判监督程序再审的案件不适用简易程序。

第八十三条 适用简易程序审理的行政案件，由审判员一人独任审理，并应当在立案之日起45日内审结。

第八十四条 人民法院在审理过程中，发现案件不宜适用简易程序的，裁定转为普通程序。

精 解

行政诉讼第一审程序分为第一审普通程序和简易程序。

1. 普通程序中，合议庭是人民法院审理行政案件唯一的组织形式；简易程序为审判员独任制。

2. 被告应当在收到起诉状副本之日起15日内提交答辩状，并向法院提交作出行政行为的证据和所依据的规范性文件。

> **重点提示** 普通程序一审判决期限从3个月修改为6个月，特殊情况可延长；简易程序为45日。

重点法条 21 一审判决

第六十九条 行政行为证据确凿，适用法律、法规正确，符合法定程序的，或者原告申请被告履行法定职责或者给付义务理由不成立的，人民法院判决驳回原告的诉讼请求。

第七十条 行政行为有下列情形之一的，人民法院判决撤销或者部分撤销，并可以判决被告重新作出行政行为：

（一）主要证据不足的；

（二）适用法律、法规错误的；

（三）违反法定程序的；

（四）超越职权的；

（五）滥用职权的；

（六）明显不当的。

第七十二条 人民法院经过审理，查明被告不履行法定职责的，判决被告在一定期限内履行。

第七十三条 人民法院经过审理，查明被告依法负有给付义务的，判决被告履行给付义务。

第七十四条 行政行为有下列情形之一的，人民法院判决确认违法，但不撤销行政行为：

（一）行政行为依法应当撤销，但撤销会给国家利益、社会公共利益造成重大损害的；

（二）行政行为程序轻微违法，但对原告权利不产生实际影响的。

行政行为有下列情形之一，不需要撤销或者判决履行的，人民法院判决确认违法：

（一）行政行为违法，但不具有可撤销内容的；

（二）被告改变原违法行政行为，原告仍要求确认原行政行为违法的；

（三）被告不履行或者拖延履行法定职责，判决履行没有意义的。

第七十五条 行政行为有实施主体不具有行政主体资格或者没有依据等重大且明显违法情形，原告申请确认行政行为无效的，人民法院判决确认无效。

第七十六条 人民法院判决确认违法或者无效的，可以同时判决责令被告采取补救措施；给原告造成损失的，依法判决被告承担赔偿责任。

第七十七条 行政处罚明显不当，或者其他行政行为涉及对款额的确定、认定确有错误的，人民法院可以判决变更。

人民法院判决变更，不得加重原告的义务或者减损原告的权益。但利害关系人同为原告，且诉讼请求相反的除外。

第七十八条 被告不依法履行、未按照约定履行或者违法变更、解除本法第12条第1款第11项规定的协议的，人民法院判决被告承担继续履行、采取补救措施或者赔偿损失等责任。

被告变更、解除本法第12条第1款第11项规定的协议合法，但未依法给予补偿的，人民法院判决给予补偿。

【相关法条】《行政诉讼法》

第79条 复议机关与作出原行政行为的行政机关为共同被告的案件，人民法院应当对复议决定和原行政行为一并作出裁判。

第80条 人民法院对公开审理和不公开审理的案件，一律公开宣告判决。

当庭宣判的，应当在10日内发送判决书；定期宣判的，宣判后立即发给判决书。

宣告判决时，必须告知当事人上诉权利、上诉期限和上诉的人民法院。

《行诉解释》

第91条 原告请求被告履行法定职责的理由成立，被告违法拒绝履行或者无正当理由逾期不予答复的，人民法院可以根据行政诉讼法第72条的规定，判决被告在一定期限内依法履行原告请求的法定职责；尚需被告调查或者裁量的，应当判决被告针对原告的请求重新作出处理。

第92条 原告申请被告依法履行支付抚恤金、最低生活保障待遇或者社会保险待遇等给付义务的理由成立，被告依法负有给付义务而拒绝或者拖延履行义务的，人民法院可以根据行政诉讼法第73条的规定，判决被告在一定期限内履行相应的给付义务。

第93条 原告请求被告履行法定职责或者依法履行支付抚恤金、最低生活保障待遇或者社会保险待遇等给付义务，原告未先向行政机关提出申请的，人民法院裁定驳回起诉。

人民法院经审理认为原告所请求履行的法定职责或者给付义务明显不属于行政机关权限范围的，可以裁定驳回起诉。

第94条 公民、法人或者其他组织起诉请求撤销行政行为，人民法院经审查认为行政行为无效的，应当作出确认无效的判决。

公民、法人或者其他组织起诉请求确认行政行为无效，人民法院审查认为行政行为不属于无效情形，经释明，原告请求撤销行政行为的，应当继续审理并依法作出相应判决；原告请求撤销行政行为但超过法定起诉期限的，裁定驳回起诉；原告拒绝变更诉讼请求的，判决驳回其诉讼请求。

第95条 人民法院经审理认为被诉行政行为违法或者无效，可能给原告造成损失，经释明，原告请求一并解决行政赔偿争议的，人民法院可以就赔偿事项进行调解；调解不成的，应当一并判决。人民法院也可以告知其就赔偿事项另行提起诉讼。

第96条 有下列情形之一，且对原告依法享有的听证、陈述、申辩等重要程序性权利不产生实质损害的，属于行政诉讼法第74条第1款第2项规定的

"程序轻微违法":

(一)处理期限轻微违法;

(二)通知、送达等程序轻微违法;

(三)其他程序轻微违法的情形。

第99条 有下列情形之一的,属于行政诉讼法第75条规定的"重大且明显违法":

(一)行政行为实施主体不具有行政主体资格;

(二)减损权利或者增加义务的行政行为没有法律规范依据;

(三)行政行为的内容客观上不可能实施;

(四)其他重大且明显违法的情形。

第136条 人民法院对原行政行为作出判决的同时,应当对复议决定一并作出相应判决。

人民法院依职权追加作出原行政行为的行政机关或者复议机关为共同被告的,对原行政行为或者复议决定可以作出相应判决。

人民法院判决撤销原行政行为和复议决定的,可以判决作出原行政行为的行政机关重新作出行政行为。

人民法院判决作出原行政行为的行政机关履行法定职责或者给付义务的,应当同时判决撤销复议决定。

原行政行为合法、复议决定违法的,人民法院可以判决撤销复议决定或者确认复议决定违法,同时判决驳回原告针对原行政行为的诉讼请求。

原行政行为被撤销、确认违法或者无效,给原告造成损失的,应当由作出原行政行为的行政机关承担赔偿责任;因复议决定加重损害的,由复议机关对加重部分承担赔偿责任。

原行政行为不符合复议或者诉讼受案范围等受理条件,复议机关作出维持决定的,人民法院应当裁定一并驳回对原行政行为和复议决定的起诉。

精 解

1. 行政诉讼的判决包括:撤销判决、履行判决、变更判决、确认判决和驳回诉讼请求判决、合同履行判决等。每种判决适用的情形是考试的重点和难点,考生应结合司法解释归纳总结,准确掌握。其中,驳回判决、确认违法判决和变更判决是考查得最为频繁的3个判决种类。今后格外注意的是变更判决的范围扩大到款额的确定,确认无效的判决的理由具体化为不具有行政主体资格或者没有依据,这使长期不具有可考性的确认无效判决有可能成为未来考试的内容。对于行政合同,本法首次规定了对应的判决形式。

2. 行政行为合法现在只有一种判决,驳回原告诉讼请求,取消了原先的维持判决,考生对此一定要引起关注。

> **重点提示** 复议机关与作出原行政行为的行政机关为共同被告的案件,人民法院应当对复议决定和原行政行为一并作出裁判。

重点法条22 人民法院对上诉案件的裁判

第八十九条 人民法院审理上诉案件,按照下列情形,分别处理:

(一)原判决、裁定认定事实清楚,适用法律、法规正确的,判决或者裁定驳回上诉,维持原判决、裁定;

(二)原判决、裁定认定事实错误或者适用法律、法规错误的,依法改判、撤销或者变更;

(三)原判决认定基本事实不清、证据不足的,发回原审人民法院重审,或者查清事实后改判;

(四)原判决遗漏当事人或者违法缺席判决等严重违反法定程序的,裁定撤销原判决,发回原审人民法院重审。

原审人民法院对发回重审的案件作出判决后,当事人提起上诉的,第二审人民法院不得再次发回重审。

人民法院审理上诉案件,需要改变原审判决的,应当同时对被诉行政行为作出判决。

精 解

上述条文构成了行政诉讼二审裁判的相关制度,意思分解如下:

1. 对一审判决的处理:

(1)维持原判。适用于原审裁判正确,即认定事实清楚,适用法律、法规正确。

(2)撤销原判,发回重审(必须发回的情形)。适用于一审判决遗漏当事人或者严重违反法定程序的。

(3)发回重审或查清事实后改判。适用于一审判决认定基本事实不清、证据不足的。

(4)改判、撤销或者变更。适用于认定事实错误或适用法律、法规错误的。

2. 对一审裁定的处理:

(1)维持原裁定。适用于原裁定认定事实清楚,适用法律、法规正确的。

(2)依法改判、撤销或者变更。适用于原裁定认定事实错误或者适用法律、法规错误的。

3. 发回重审仅限于一次。

4. 对于上诉案件的改判,应当同时对被诉行政行为作出判决。

重点法条 23 当事人申请再审

第九十条 当事人对已经发生法律效力的判决、裁定,认为确有错误的,可以向上一级人民法院申请再审,但判决、裁定不停止执行。

第九十一条 当事人的申请符合下列情形之一的,人民法院应当再审:

(一)不予立案或者驳回起诉确有错误的;

(二)有新的证据,足以推翻原判决、裁定的;

(三)原判决、裁定认定事实的主要证据不足、未经质证或者系伪造的;

(四)原判决、裁定适用法律、法规确有错误的;

(五)违反法律规定的诉讼程序,可能影响公正审判的;

(六)原判决、裁定遗漏诉讼请求的;

(七)据以作出原判决、裁定的法律文书被撤销或者变更的;

(八)审判人员在审理该案件时有贪污受贿、徇私舞弊、枉法裁判行为的。

【相关法条】《行诉解释》

第 110 条 当事人向上一级人民法院申请再审,应当在判决、裁定或者调解书发生法律效力后 6 个月内提出。有下列情形之一的,自知道或者应当知道之日起 6 个月内提出:

(一)有新的证据,足以推翻原判决、裁定的;

(二)原判决、裁定认定事实的主要证据是伪造的;

(三)据以作出原判决、裁定的法律文书被撤销或者变更的;

(四)审判人员审理该案件时有贪污受贿、徇私舞弊、枉法裁判行为的。

第 114 条 审查再审申请期间,被申请人及原审其他当事人依法提出再审申请的,人民法院应当将其列为再审申请人,对其再审事由一并审查,审查期限重新计算。经审查,其中一方再审申请人主张的再审事由成立的,应当裁定再审。各方再审申请人主张的再审事由均不成立的,一并裁定驳回再审申请。

第 115 条 审查再审申请期间,再审申请人申请人民法院委托鉴定、勘验的,人民法院不予准许。

审查再审申请期间,再审申请人撤回再审申请的,是否准许,由人民法院裁定。

再审申请人经传票传唤,无正当理由拒不接受询问的,按撤回再审申请处理。

人民法院准许撤回再审申请或者按撤回再审申请处理后,再审申请人再次申请再审的,不予立案,但有行政诉讼法第 91 条第 2 项、第 3 项、第 7 项、第 8 项规定情形,自知道或者应当知道之日起 6 个月内提出的除外。

第 117 条 有下列情形之一的,当事人可以向人民检察院申请抗诉或者检察建议:

(一)人民法院驳回再审申请的;

(二)人民法院逾期未对再审申请作出裁定的;

(三)再审判决、裁定有明显错误的。

人民法院基于抗诉或者检察建议作出再审判决、裁定后,当事人申请再审的,人民法院不予立案。

重点法条 24 判决的执行

第九十五条 公民、法人或者其他组织拒绝履行判决、裁定、调解书的,行政机关或者第三人可以向第一审人民法院申请强制执行,或者由行政机关依法强制执行。

第九十六条 行政机关拒绝履行判决、裁定、调解书的,第一审人民法院可以采取下列措施:

(一)对应当归还的罚款或者应当给付的款额,通知银行从该行政机关的账户内划拨;

(二)在规定期限内不履行的,从期满之日起,对该行政机关负责人按日处 50 元至 100 元的罚款;

(三)将行政机关拒绝履行的情况予以公告;

(四)向监察机关或者该行政机关的上一级行政机关提出司法建议。接受司法建议的机关,根据有关规定进行处理,并将处理情况告知人民法院;

(五)拒不履行判决、裁定、调解书,社会影响恶劣的,可以对该行政机关直接负责的主管人员和其他直接责任人员予以拘留;情节严重,构成犯罪的,依法追究刑事责任。

【相关法条】《行政诉讼法》

第 56 条 诉讼期间,不停止行政行为的执行。但有下列情形之一的,裁定停止执行:

(一)被告认为需要停止执行的;

（二）原告或者利害关系人申请停止执行，人民法院认为该行政行为的执行会造成难以弥补的损失，并且停止执行不损害国家利益、社会公共利益的；

（三）人民法院认为该行政行为的执行会给国家利益、社会公共利益造成重大损害的；

（四）法律、法规规定停止执行的。

当事人对停止执行或者不停止执行的裁定不服的，可以申请复议一次。

《行诉法解释》

第152条　对发生法律效力的行政判决书、行政裁定书、行政赔偿判决书和行政调解书，负有义务的一方当事人拒绝履行的，对方当事人可以依法申请人民法院强制执行。

人民法院判决行政机关履行行政赔偿、行政补偿或者其他行政给付义务，行政机关拒不履行的，对方当事人可以依法向法院申请强制执行。

第153条　申请执行的期限为2年。申请执行时效的中止、中断，适用法律有关规定。

申请执行的期限从法律文书规定的履行期间最后一日起计算；法律文书规定分期履行的，从规定的每次履行期间的最后一日起计算；法律文书中没有规定履行期限的，从该法律文书送达当事人之日起计算。

逾期申请的，除有正当理由外，人民法院不予受理。

第154条　发生法律效力的行政判决书、行政裁定书、行政赔偿判决书和行政调解书，由第一审人民法院执行。

第一审人民法院认为情况特殊，需要由第二审人民法院执行的，可以报请第二审人民法院执行；第二审人民法院可以决定由其执行，也可以决定由第一审人民法院执行。

第155条　行政机关根据行政诉讼法第97条的规定申请执行其行政行为，应当具备以下条件：

（一）行政行为依法可以由人民法院执行；

（二）行政行为已经生效并具有可执行内容；

（三）申请人是作出该行政行为的行政机关或者法律、法规、规章授权的组织；

（四）被申请人是该行政行为所确定的义务人；

（五）被申请人在行政行为确定的期限内或者行政机关催告期限内未履行义务；

（六）申请人在法定期限内提出申请；

（七）被申请执行的行政案件属于受理执行申请的人民法院管辖。

行政机关申请人民法院执行，应当提交行政强制法第55条规定的相关材料。

人民法院对符合条件的申请，应当在5日内立案受理，并通知申请人；对不符合条件的申请，应当裁定不予受理。行政机关对不予受理裁定有异议，在15日内向上一级人民法院申请复议的，上一级人民法院应当在收到复议申请之日起15日内作出裁定。

第156条　没有强制执行权的行政机关申请人民法院强制执行其行政行为，应当自被执行人的法定起诉期限届满之日起3个月内提出。逾期申请的，除有正当理由外，人民法院不予受理。

第157条　行政机关申请人民法院强制执行其行政行为的，由申请人所在地的基层人民法院受理；执行对象为不动产的，由不动产所在地的基层人民法院受理。

基层人民法院认为执行确有困难的，可以报请上级人民法院执行；上级人民法院可以决定由其执行，也可以决定由下级人民法院执行。

第158条　行政机关根据法律的授权对平等主体之间民事争议作出裁决后，当事人在法定期限内不起诉又不履行，作出裁决的行政机关在申请执行的期限内未申请人民法院强制执行的，生效行政裁决确定的权利人或者其继承人、权利承受人在6个月内可以申请人民法院强制执行。

享有权利的公民、法人或者其他组织申请人民法院强制执行生效行政裁决，参照行政机关申请人民法院强制执行行政行为的规定。

第160条　人民法院受理行政机关申请执行其行政行为的案件后，应当在7日内由行政审判庭对行政行为的合法性进行审查，并作出是否准予执行的裁定。

人民法院在作出裁定前发现行政行为明显违法并损害被执行人合法权益的，应当听取被执行人和行政机关的意见，并自受理之日起30日内作出是否准予执行的裁定。

需要采取强制执行措施的，由本院负责强制执行非诉行政行为的机构执行。

第161条　被申请执行的行政行为有下列情形之一的，人民法院应当裁定不准予执行：

（一）实施主体不具有行政主体资格的；

（二）明显缺乏事实根据的；

（三）明显缺乏法律、法规依据的；

（四）其他明显违法并损害被执行人合法权益的情形。

行政机关对不准予执行的裁定有异议，在15日内向上一级人民法院申请复议的，上一级人民法院应当在收到复议申请之日起30日内作出裁定。

精 解

上述规定构成了行政诉讼的执行，考生需要注意：

（1）罚款的对象不是行政机关，而是行政机关负责人。

（2）司法建议的对象为检察机关和上一级行政机关。

国家赔偿法

【导读】 法考中《国家赔偿法》的考查难度较高，考生需要对法条进行系统的梳理。就目前而言，考试内容主要集中在：(1)赔偿的范围；(2)赔偿当事人；(3)赔偿的程序；(4)赔偿方式与标准几个方面。本部分主要考查了《国家赔偿法》、最高人民法院《关于审理行政许可案件问题的规定》（以下简称《行政许可规定》）、最高人民法院《关于人民法院执行〈中华人民共和国国家赔偿法〉几个问题的解释》（1996年5月6日发布，以下简称《国家赔偿法解释》）、最高人民法院《关于审理行政赔偿案件若干问题的规定》（2022年3月20日公布，以下简称《行政赔偿规定》）、最高人民法院《关于审理民事、行政诉讼中司法赔偿案件适用法律若干问题的解释》（2016年2月15日通过，以下简称《民事、行政中司法赔偿解释》）、《最高人民法院关于审理司法赔偿案件适用请求时效制度若干问题的解释》（2023年4月3日通过，以下简称《司法赔偿请求时效解释》）。

重点法条 1 国家赔偿的范围

第二条 国家机关和国家机关工作人员行使职权，有本法规定的侵犯公民、法人和其他组织合法权益的情形，造成损害的，受害人有依照本法取得国家赔偿的权利。

本法规定的赔偿义务机关，应当依照本法及时履行赔偿义务。

第三条 行政机关及其工作人员在行使行政职权时有下列侵犯人身权情形之一的，受害人有取得赔偿的权利：

（一）违法拘留或者违法采取限制公民人身自由的行政强制措施的；

（二）非法拘禁或者以其他方法非法剥夺公民人身自由的；

（三）以殴打、虐待等行为或者唆使、放纵他人以殴打、虐待等行为造成公民身体伤害或者死亡的；

（四）违法使用武器、警械造成公民身体伤害或者死亡的；

（五）造成公民身体伤害或者死亡的其他违法行为。

第四条 行政机关及其工作人员在行使行政职权时有下列侵犯财产权情形之一的，受害人有取得赔偿的权利：

（一）违法实施罚款、吊销许可证和执照、责令停产停业、没收财物等行政处罚的；

（二）违法对财产采取查封、扣押、冻结等行政强制措施的；

（三）违法征收、征用财产的；

（四）造成财产损害的其他违法行为。

第五条 属于下列情形之一的，国家不承担赔偿责任：

（一）行政机关工作人员与行使职权无关的个人行为；

（二）因公民、法人和其他组织自己的行为致使损害发生的；

（三）法律规定的其他情形。

第十七条 行使侦查、检察、审判职权的机关以及看守所、监狱管理机关及其工作人员在行使职权时有下列侵犯人身权情形之一的，受害人有取得赔偿的权利：

（一）违反刑事诉讼法的规定对公民采取拘留措施的，或者依照刑事诉讼法规定的条件和程序对公民采取拘留措施，但是拘留时间超过刑事诉讼法规定的

时限,其后决定撤销案件、不起诉或者判决宣告无罪终止追究刑事责任的;

(二)对公民采取逮捕措施后,决定撤销案件、不起诉或者判决宣告无罪终止追究刑事责任的;

(三)依照审判监督程序再审改判无罪,原判刑罚已经执行的;

(四)刑讯逼供或者以殴打、虐待等行为或者唆使、放纵他人以殴打、虐待等行为造成公民身体伤害或者死亡的;

(五)违法使用武器、警械造成公民身体伤害或者死亡的。

第十八条 行使侦查、检察、审判职权的机关以及看守所、监狱管理机关及其工作人员在行使职权时有下列侵犯财产权情形之一的,受害人有取得赔偿的权利:

(一)违法对财产采取查封、扣押、冻结、追缴等措施的;

(二)依照审判监督程序再审改判无罪,原判罚金、没收财产已经执行的。

第十九条 属于下列情形之一的,国家不承担赔偿责任:

(一)因公民自己故意作虚伪供述,或者伪造其他有罪证据被羁押或者被判处刑罚的;

(二)依照刑法第17条、第18条规定不负刑事责任的人被羁押的;

(三)依照刑事诉讼法第15条(现第16条)、第173条(现第177条)第2款、第273条(现第284条)第2款、第279条(现第290条)规定不追究刑事责任的人被羁押的;

(四)行使侦查、检察、审判职权的机关以及看守所、监狱管理机关的工作人员与行使职权无关的个人行为;

(五)因公民自伤、自残等故意行为致使损害发生的;

(六)法律规定的其他情形。

第三十八条 人民法院在民事诉讼、行政诉讼过程中,违法采取对妨害诉讼的强制措施、保全措施或者对判决、裁定及其他生效法律文书执行错误,造成损害的,赔偿请求人要求赔偿的程序,适用本法刑事赔偿程序的规定。

【相关法条】《行政许可规定》

第13条第1款 被告在实施行政许可过程中,与他人恶意串通共同违法侵犯原告合法权益的,应当承担连带赔偿责任;被告与他人违法侵犯原告合法权益的,应当根据其违法行为在损害发生过程和结果中所起作用等因素,确定被告的行政赔偿责任;被告已经依照法定程序履行审慎合理的审查职责,因他人行为导致行政许可决定违法的,不承担赔偿责任。

《国家赔偿法解释》

一、根据《中华人民共和国国家赔偿法》(以下简称《国家赔偿法》)第17条(现第19条)第2项、第3项的规定,依照刑法第14条、第15条(现第17条、第18条)规定不负刑事责任的人和依照刑事诉讼法第15条(现第16条)规定不追究刑事责任的人被羁押,国家不承担赔偿责任。但是对起诉后经人民法院判处拘役、有期徒刑、无期徒刑和死刑并已执行的上列人员,有权依法取得赔偿。判决确定前被羁押的日期依法不予赔偿。

《行政赔偿规定》

第1条 国家赔偿法第三条、第四条规定的"其他违法行为"包括以下情形:

(1)不履行法定职责行为;

(2)行政机关及其工作人员在履行行政职责过程中作出的不产生法律效果,但事实上损害公民、法人或者其他组织人身权、财产权等合法权益的行为。

《民事、行政中司法赔偿解释》

第2条 违法采取对妨害诉讼的强制措施,包括以下情形:

(1)对没有实施妨害诉讼行为的人采取罚款或者拘留措施的;

(2)超过法律规定金额采取罚款措施的;

(3)超过法律规定期限采取拘留措施的;

(4)对同一妨害诉讼的行为重复采取罚款、拘留措施的;

(5)其他违法情形。

第3条 违法采取保全措施,包括以下情形:

(1)依法不应当采取保全措施而采取的;

(2)依法不应当解除保全措施而解除,或者依法应当解除保全措施而不解除的;

(3)明显超出诉讼请求的范围采取保全措施的,但保全财产为不可分割物且被保全人无其他财产或者其他财产不足以担保债权实现的除外;

(4)在给付特定物之诉中,对与案件无关的财物采取保全措施的;

(5)违法保全案外人财产的;

(6)对查封、扣押、冻结的财产不履行监管职责,造成被保全财产毁损、灭失的；

(7)对季节性商品或者鲜活、易腐烂变质以及其他不宜长期保存的物品采取保全措施，未及时处理或者违法处理，造成物品毁损或者严重贬值的；

(8)对不动产或者船舶、航空器和机动车等特定动产采取保全措施，未依法通知有关登记机构不予办理该保全财产的变更登记，造成该保全财产所有权被转移的；

(9)违法采取行为保全措施的；

(10)其他违法情形。

第4条 违法采取先予执行措施，包括以下情形：

(1)违反法律规定的条件和范围先予执行的；

(2)超出诉讼请求的范围先予执行的；

(3)其他违法情形。

第5条 对判决、裁定及其他生效法律文书执行错误，包括以下情形：

(1)执行未生效法律文书的；

(2)超出生效法律文书确定的数额和范围执行的；

(3)对已经发现的被执行人的财产，故意拖延执行或者不执行，导致被执行财产流失的；

(4)应当恢复执行而不恢复，导致被执行财产流失的；

(5)违法执行案外人财产的；

(6)违法将案件执行款物执行给其他当事人或者案外人的；

(7)违法对抵押物、质物或者留置物采取执行措施，致使抵押权人、质权人或者留置权人的优先受偿权无法实现的；

(8)对执行中查封、扣押、冻结的财产不履行监管职责，造成财产毁损、灭失的；

(9)对季节性商品或者鲜活、易腐烂变质以及其他不宜长期保存的物品采取执行措施，未及时处理或者违法处理，造成物品毁损或者严重贬值的；

(10)对执行财产应当拍卖而未依法拍卖的，或者应当由资产评估机构评估而未依法评估，违法变卖或者以物抵债的；

(11)其他错误情形。

第6条 人民法院工作人员在民事、行政诉讼过程中，有殴打、虐待或者唆使、放纵他人殴打、虐待等行为，以及违法使用武器、警械，造成公民身体伤害或者死亡的，适用国家赔偿法第17条第4项、第5项的规定予以赔偿。

第7条 具有下列情形之一的，国家不承担赔偿责任：

(1)属于民事诉讼法第105条、第107条第2款和第233条(现第108条、第110条第2款和第244条)规定情形的；

(2)申请执行人提供执行标的物错误的，但人民法院明知该标的物错误仍予以执行的除外；

(3)人民法院依法指定的保管人对查封、扣押、冻结的财产违法动用、隐匿、毁损、转移或者变卖的；

(4)人民法院工作人员与行使职权无关的个人行为；

(5)因不可抗力、正当防卫和紧急避险造成损害后果的；

(6)依法不应由国家承担赔偿责任的其他情形。

第10条 公民、法人和其他组织的损失，已经在民事、行政诉讼过程中获得赔偿、补偿的，对该部分损失，国家不承担赔偿责任。

《司法赔偿请求时效解释》

第1条 赔偿请求人向赔偿义务机关提出赔偿请求的时效期间为两年，自其知道或者应当知道国家机关及其工作人员行使职权时的行为侵犯其人身权、财产权之日起计算。

赔偿请求人知道上述侵权行为时，相关诉讼程序或者执行程序尚未终结的，请求时效期间自该诉讼程序或者执行程序终结之日起计算，但是本解释有特别规定的除外。

精 解

1. 国家赔偿的要件。国家赔偿需要以下4种条件：(1)主体上，行使国家行政权与行使国家司法权的机关及其工作人员所实施的行为，才有可能引起国家赔偿。(2)行为上，只有国家机关及其工作人员实施的与其职权有关的行为，方能引起国家赔偿。而且，必须是根据《国家赔偿法》第3条、第4条、第17条、第18条、第38条之规定，具有可归责性的行为。(3)结果上，国家赔偿以公民、法人和其他组织的合法权益受到损害为必要条件。从目前看，国家赔偿要求人身自由、生命健康、财产三项权利之一有损害方可给予赔偿。(4)因果关系要件，国家侵权行为与当事人所遭受的损害之间必须具有因果联系。

2. 行政赔偿。行政赔偿基本上是国家赔偿责任构成要件的反映，只要符合构成要件，即应当予以赔偿。考生需要注意，行政机关引起国家赔偿责任的行为，既可以是具体行政行为，也可能是暴力伤害等事实行为。《行政许可规定》规定了行政许可案件中，国家承担赔偿责任的条件，考生需要对此高度关注。

3. 司法赔偿。司法赔偿包括刑事案件赔偿与民事、行政案件赔偿。这两项赔偿实行严格的列举规定。只有严格列举在《国家赔偿法》第 17 条、第 18 条、第 38 条中的情况，且不属于第 19 条排除的事项，才给予赔偿。

重点法条 2 国家赔偿的申请主体及赔偿义务机关

第六条 受害的公民、法人和其他组织有权要求赔偿。

受害的公民死亡，其继承人和其他有扶养关系的亲属有权要求赔偿。

受害的法人或者其他组织终止的，其权利承受人有权要求赔偿。

第七条 行政机关及其工作人员行使行政职权侵犯公民、法人和其他组织的合法权益造成损害的，该行政机关为赔偿义务机关。

2 个以上行政机关共同行使行政职权时侵犯公民、法人和其他组织的合法权益造成损害的，共同行使行政职权的行政机关为共同赔偿义务机关。

法律、法规授权的组织在行使授予的行政权力时侵犯公民、法人和其他组织的合法权益造成损害的，被授权的组织为赔偿义务机关。

受行政机关委托的组织或者个人在行使受委托的行政权力时侵犯公民、法人和其他组织的合法权益造成损害的，委托的行政机关为赔偿义务机关。

赔偿义务机关被撤销的，继续行使其职权的行政机关为赔偿义务机关；没有继续行使其职权的行政机关的，撤销该赔偿义务机关的行政机关为赔偿义务机关。

第八条 经复议机关复议的，最初造成侵权行为的行政机关为赔偿义务机关，但复议机关的复议决定加重损害的，复议机关对加重的部分履行赔偿义务。

第二十一条 行使侦查、检察、审判职权的机关以及看守所、监狱管理机关及其工作人员在行使职权时侵犯公民、法人和其他组织的合法权益造成损害的，该机关为赔偿义务机关。

对公民采取拘留措施，依照本法的规定应当给予国家赔偿的，作出拘留决定的机关为赔偿义务机关。

对公民采取逮捕措施后决定撤销案件、不起诉或者判决宣告无罪的，作出逮捕决定的机关为赔偿义务机关。

再审改判无罪的，作出原生效判决的人民法院为赔偿义务机关。二审改判无罪，以及二审发回重审后作无罪处理的，作出一审有罪判决的人民法院为赔偿义务机关。

【相关法条】《行政赔偿规定》

第 24 条 依照本法提起诉讼的公民、法人或者其他组织是原告。

有权提起诉讼的公民死亡，其近亲属可以提起诉讼。

有权提起诉讼的法人或者其他组织终止，承受其权利的法人或者其他组织可以提起诉讼。

第 25 条 公民、法人或者其他组织直接向人民法院提起诉讼的，作出具体行政行为的行政机关是被告。

经复议的案件，复议机关决定维持原具体行政行为的，作出原具体行政行为的行政机关是被告；复议机关改变原具体行政行为的，复议机关是被告。

两个以上行政机关作出同一具体行政行为的，共同作出具体行政行为的行政机关是共同被告。

由法律、法规授权的组织所作的具体行政行为，该组织是被告。由行政机关委托的组织所作的具体行政行为，委托的行政机关是被告。

行政机关被撤销的，继续行使其职权的行政机关是被告。

第 26 条 当事人一方或者双方为二人以上，因同一具体行政行为发生的行政案件，或者因同样的具体行政行为发生的行政案件、人民法院认为可以合并审理的，为共同诉讼。

第 27 条 同提起诉讼的具体行政行为有利害关系的其他公民、法人或者其他组织，可以作为第三人申请参加诉讼，或者由人民法院通知参加诉讼。

第 28 条 没有诉讼行为能力的公民，由其法定代理人代为诉讼。法定代理人互相推诿代理责任的，由人民法院指定其中一人代为诉讼。

《国家赔偿法解释》

五、根据《国家赔偿法》第 21 条第 4 款“再审改判无罪的，作出原生效判决的人民法院为赔偿义务机关”的规定，原一审人民法院作出判决后，被告人没有上诉，人民检察院没有抗诉，判决发生法律效力的，原一审人民法院为赔偿义务机关；被告人上诉或者人民检察院抗诉，原二审人民法院维持一审判决或者对一审人民法院判决予以改判的，原二审人民法院为赔偿义务机关。

《民事、行政中司法赔偿解释》

第 18 条 人民法院在民事、行政诉讼过程中，违法采取对妨害诉讼的强制措施、保全措施、先予执行措施，或者对判决、裁定及其他生效法律文书执行错误，系因上一级人民法院复议改变原裁决所致的，由该上一级人民法院作为赔偿义务机关。

重点法条 3 国家赔偿的程序

第九条 赔偿义务机关有本法第 3 条、第 4 条规定情形之一的，应当给予赔偿。

赔偿请求人要求赔偿，应当先向赔偿义务机关提出，也可以在申请行政复议或者提起行政诉讼时一并提出。

第十条 赔偿请求人可以向共同赔偿义务机关中的任何一个赔偿义务机关要求赔偿，该赔偿义务机关应当先予赔偿。

第十三条 赔偿义务机关应当自收到申请之日起 2 个月内，作出是否赔偿的决定。赔偿义务机关作出赔偿决定，应当充分听取赔偿请求人的意见，并可以与赔偿请求人就赔偿方式、赔偿项目和赔偿数额依照本法第四章的规定进行协商。

赔偿义务机关决定赔偿的，应当制作赔偿决定书，并自作出决定之日起 10 日内送达赔偿请求人。

赔偿义务机关决定不予赔偿的，应当自作出决定之日起 10 日内书面通知赔偿请求人，并说明不予赔偿的理由。

第十四条 赔偿义务机关在规定期限内未作出是否赔偿的决定，赔偿请求人可以自期限届满之日起 3 个月内，向人民法院提起诉讼。

赔偿请求人对赔偿的方式、项目、数额有异议的，或者赔偿义务机关作出不予赔偿决定的，赔偿请求人可以自赔偿义务机关作出赔偿或者不予赔偿决定之日起 3 个月内，向人民法院提起诉讼。

第十六条 赔偿义务机关赔偿损失后，应当责令有故意或者重大过失的工作人员或者受委托的组织或者个人承担部分或者全部赔偿费用。

对有故意或者重大过失的责任人员，有关机关应当依法给予处分；构成犯罪的，应当依法追究刑事责任。

第二十二条 赔偿义务机关有本法第 17 条、第 18 条规定情形之一的，应当给予赔偿。

赔偿请求人要求赔偿，应当先向赔偿义务机关提出。

赔偿请求人提出赔偿请求，适用本法第 11 条、第 12 条的规定。

第二十四条 赔偿义务机关在规定期限内未作出是否赔偿的决定，赔偿请求人可以自期限届满之日起 30 日内向赔偿义务机关的上一级机关申请复议。

赔偿请求人对赔偿的方式、项目、数额有异议的，或者赔偿义务机关作出不予赔偿决定的，赔偿请求人可以自赔偿义务机关作出赔偿或者不予赔偿决定之日起 30 日内，向赔偿义务机关的上一级机关申请复议。

赔偿义务机关是人民法院的，赔偿请求人可以依照本条规定向其上一级人民法院赔偿委员会申请作出赔偿决定。

第二十五条 复议机关应当自收到申请之日起 2 个月内作出决定。

赔偿请求人不服复议决定的，可以在收到复议决定之日起 30 日内向复议机关所在地的同级人民法院赔偿委员会申请作出赔偿决定；复议机关逾期不作决定的，赔偿请求人可以自期限届满之日起 30 日内向复议机关所在地的同级人民法院赔偿委员会申请作出赔偿决定。

第二十六条 人民法院赔偿委员会处理赔偿请求，赔偿请求人和赔偿义务机关对自己提出的主张，应当提供证据。

被羁押人在羁押期间死亡或者丧失行为能力的，赔偿义务机关的行为与被羁押人的死亡或者丧失行为能力是否存在因果关系，赔偿义务机关应当提供证据。

第二十七条 人民法院赔偿委员会处理赔偿请求，采取书面审查的办法。必要时，可以向有关单位和人员调查情况、收集证据。赔偿请求人与赔偿义务机关对损害事实及因果关系有争议的，赔偿委员会可以听取赔偿请求人和赔偿义务机关的陈述和申辩，并可以进行质证。

第二十八条 人民法院赔偿委员会应当自收到赔偿申请之日起 3 个月内作出决定；属于疑难、复杂、重大案件的，经本院院长批准，可以延长 3 个月。

第二十九条 中级以上的人民法院设立赔偿委

员会，由人民法院3名以上审判员组成，组成人员的人数应当为单数。

赔偿委员会作赔偿决定，实行少数服从多数的原则。

赔偿委员会作出的赔偿决定，是发生法律效力的决定，必须执行。

第三十条 赔偿请求人或者赔偿义务机关对赔偿委员会作出的决定，认为确有错误的，可以向上一级人民法院赔偿委员会提出申诉。

赔偿委员会作出的赔偿决定生效后，如发现赔偿决定违反本法规定的，经本院院长决定或者上级人民法院指令，赔偿委员会应当在2个月内重新审查并依法作出决定，上一级人民法院赔偿委员会也可以直接审查并作出决定。

最高人民检察院对各级人民法院赔偿委员会作出的决定，上级人民检察院对下级人民法院赔偿委员会作出的决定，发现违反本法规定的，应当向同级人民法院赔偿委员会提出意见，同级人民法院赔偿委员会应当在2个月内重新审查并依法作出决定。

第三十一条 赔偿义务机关赔偿后，应当向有下列情形之一的工作人员追偿部分或者全部赔偿费用：

（一）有本法第17条第4项、第5项规定情形的；

（二）在处理案件中有贪污受贿，徇私舞弊，枉法裁判行为的。

对有前款规定情形的责任人员，有关机关应当依法给予处分；构成犯罪的，应当依法追究刑事责任。

第三十七条 赔偿费用列入各级财政预算。

赔偿请求人凭生效的判决书、复议决定书、赔偿决定书或者调解书，向赔偿义务机关申请支付赔偿金。

赔偿义务机关应当自收到支付赔偿金申请之日起7日内，依照预算管理权限向有关的财政部门提出支付申请。财政部门应当自收到支付申请之日起15日内支付赔偿金。

赔偿费用预算与支付管理的具体办法由国务院规定。

第三十九条 赔偿请求人请求国家赔偿的时效为2年，自其知道或者应当知道国家机关及其工作人员行使职权时的行为侵犯其人身权、财产权之日起计算，但被羁押等限制人身自由期间不计算在内。在申请行政复议或者提起行政诉讼时一并提出赔偿请求的，适用行政复议法、行政诉讼法有关时效的规定。

赔偿请求人在赔偿请求时效的最后6个月内，因不可抗力或者其他障碍不能行使请求权的，时效中止。从中止时效的原因消除之日起，赔偿请求时效期间继续计算。

【相关法条】《民事、行政中司法赔偿解释》

第19条 公民、法人或者其他组织依据国家赔偿法第38条规定申请赔偿的，应当在民事、行政诉讼程序或者执行程序终结后提出，但下列情形除外：

（一）人民法院已依法撤销对妨害诉讼的强制措施的；

（二）人民法院采取对妨害诉讼的强制措施，造成公民身体伤害或者死亡的；

（三）经诉讼程序依法确认不属于被保全人或者被执行人的财产，且无法在相关诉讼程序或者执行程序中予以补救的；

（四）人民法院生效法律文书已确认相关行为违法，且无法在相关诉讼程序或者执行程序中予以补救的；

（五）赔偿请求人有证据证明其请求与民事、行政诉讼程序或者执行程序无关的；

（六）其他情形。

赔偿请求人依据前款规定，在民事、行政诉讼程序或者执行程序终结后申请赔偿的，该诉讼程序或者执行程序期间不计入赔偿请求时效。

第20条 人民法院赔偿委员会审理民事、行政诉讼中的司法赔偿案件，有下列情形之一的，相应期间不计入审理期限：

（一）需要向赔偿义务机关、有关人民法院或者其他国家机关调取案卷或者其他材料的；

（二）人民法院赔偿委员会委托鉴定、评估的。

第21条 人民法院赔偿委员会审理民事、行政诉讼中的司法赔偿案件，应当对人民法院及其工作人员行使职权的行为是否符合法律规定，赔偿请求人主张的损害事实是否存在，以及该职权行为与损害事实之间是否存在因果关系等事项一并予以审查。

重点法条 4 国家赔偿的方式和计算标准

第三十二条 国家赔偿以支付赔偿金为主要方式。

能够返还财产或者恢复原状的，予以返还财产或者恢复原状。

第三十三条 侵犯公民人身自由的，每日的赔偿金按照国家上年度职工日平均工资计算。

第三十四条 侵犯公民生命健康权的，赔偿金按照下列规定计算：

（一）造成身体伤害的，应当支付医疗费、护理费，以及赔偿因误工减少的收入。减少的收入每日的赔偿金按照国家上年度职工日平均工资计算，最高额为国家上年度职工年平均工资的5倍；

（二）造成部分或者全部丧失劳动能力的，应当支付医疗费、护理费、残疾生活辅助具费、康复费等因残疾而增加的必要支出和继续治疗所必需的费用，以及残疾赔偿金。残疾赔偿金根据丧失劳动能力的程度，按照国家规定的伤残等级确定，最高不超过国家上年度职工年平均工资的20倍。造成全部丧失劳动能力的，对其扶养的无劳动能力的人，还应当支付生活费；

（三）造成死亡的，应当支付死亡赔偿金、丧葬费，总额为国家上年度职工年平均工资的20倍。对死者生前扶养的无劳动能力的人，还应当支付生活费。

前款第2项、第3项规定的生活费的发放标准，参照当地最低生活保障标准执行。被扶养的人是未成年人的，生活费给付至18周岁止；其他无劳动能力的人，生活费给付至死亡时止。

第三十五条 有本法第3条或者第17条规定情形之一，致人精神损害的，应当在侵权行为影响的范围内，为受害人消除影响，恢复名誉，赔礼道歉；造成严重后果的，应当支付相应的精神损害抚慰金。

第三十六条 侵犯公民、法人和其他组织的财产权造成损害的，按照下列规定处理：

（一）处罚款、罚金、追缴、没收财产或者违法征收、征用财产的，返还财产；

（二）查封、扣押、冻结财产的，解除对财产的查封、扣押、冻结，造成财产损坏或者灭失的，依照本条第3、4项的规定赔偿；

（三）应当返还的财产损坏的，能够恢复原状的恢复原状，不能恢复原状的，按照损害程度给付相应的赔偿金；

（四）应当返还的财产灭失的，给付相应的赔偿金；

（五）财产已经拍卖或者变卖的，给付拍卖或者变卖所得的价款；变卖的价款明显低于财产价值的，应当支付相应的赔偿金；

（六）吊销许可证和执照、责令停产停业的，赔偿停产停业期间必要的经常性费用开支；

（七）返还执行的罚款或者罚金、追缴或者没收的金钱，解除冻结的存款或者汇款的，应当支付银行同期存款利息；

（八）对财产权造成其他损害的，按照直接损失给予赔偿。

【相关法条】《国家赔偿法解释》

四、根据《赔偿法》第34条的规定，人民法院判处管制、有期徒刑缓刑、剥夺政治权利等刑罚的人被依法改判无罪的，国家不承担赔偿责任，但是，赔偿请求人在判决生效前被羁押的，依法有权取得赔偿。

六、《赔偿法》第26条（现为第33条）关于“侵犯公民人身自由的，每日的赔偿金按照国家上年度职工日平均工资计算”中规定的上年度，应为赔偿义务机关、复议机关或者人民法院赔偿委员会作出赔偿决定时的上年度；复议机关或者人民法院赔偿委员会决定维持原赔偿决定的，按作出原赔偿决定时的上年度执行。

国家上年度职工日平均工资数额，应当以职工年平均工资除以全年法定工作日数的方法计算。年平均工资以国家统计局公布的数字为准。

《民事、行政中司法赔偿解释》

第11条 人民法院及其工作人员在民事、行政诉讼过程中，具有本解释第2条、第6条规定情形，侵犯公民人身权的，应当依照国家赔偿法第33条、第34条的规定计算赔偿金。致人精神损害的，应当依照国家赔偿法第35条的规定，在侵权行为影响的范围内，为受害人消除影响、恢复名誉、赔礼道歉；造成严重后果的，还应当支付相应的精神损害抚慰金。

第12条 人民法院及其工作人员在民事、行政诉讼过程中，具有本解释第2条至第5条规定情形，侵犯公民、法人和其他组织的财产权并造成损害的，应当依照国家赔偿法第36条的规定承担赔偿责任。

财产不能恢复原状或者灭失的，应当按照侵权行为发生时的市场价格计算损失；市场价格无法确定或者该价格不足以弥补受害人所受损失的，可以采用其他合理方式计算损失。

第13条 人民法院及其工作人员对判决、裁定及其他生效法律文书执行错误，且对公民、法人或者其他组织的财产已经依照法定程序拍卖或者变卖的，应当给付拍卖或者变卖所得的价款。

人民法院违法拍卖,或者变卖价款明显低于财产价值的,应当依照本解释第 12 条的规定支付相应的赔偿金。

第 14 条 国家赔偿法第 36 条第 6 项规定的停产停业期间必要的经常性费用开支,是指法人、其他组织和个体工商户为维系停产停业期间运营所需的基本开支,包括留守职工工资、必须缴纳的税费、水电费、房屋场地租金、设备租金、设备折旧费等必要的经常性费用。

第 15 条 国家赔偿法第 36 条第 7 项规定的银行同期存款利息,以作出生效赔偿决定时中国人民银行公布的 1 年期人民币整存整取定期存款基准利率计算,不计算复利。

应当返还的财产属于金融机构合法存款的,对存款合同存续期间的利息按照合同约定利率计算。

应当返还的财产系现金的,比照本条第 1 款规定支付利息。

第 16 条 依照国家赔偿法第 36 条规定返还的财产系国家批准的金融机构贷款的,除贷款本金外,还应当支付该贷款借贷状态下的贷款利息。

民法·知识产权法

民　法　典

【导读】 从法考客观题的分值分布来看，民法部分在其中占据了45分左右。其中，基础理论占据了十分重要的地位。2020年之后陆续通过了《民法典》及一系列配套司法解释，考生要加强对基础的、重点的法条的学习。

重点法条 1　民法的基本原则

第四条　民事主体在民事活动中的法律地位一律平等。

第五条　民事主体从事民事活动，应当遵循自愿原则，按照自己的意思设立、变更、终止民事法律关系。

第六条　民事主体从事民事活动，应当遵循公平原则，合理确定各方的权利和义务。

第七条　民事主体从事民事活动，应当遵循诚信原则，秉持诚实，恪守承诺。

第八条　民事主体从事民事活动，不得违反法律，不得违背公序良俗。

第九条　民事主体从事民事活动，应当有利于节约资源、保护生态环境。

精　解

民法的基本原则：

1. 平等原则。
2. 自愿原则。
3. 公平原则。
4. 诚信原则。
5. 守法和公序良俗原则。
6. 绿色原则。

【例题】 甲男和乙女在离婚协议中约定：由乙女抚养婚生女小萍，为了女儿的健康成长，乙女若再婚也不能再生育子女。该约定违反哪一项原则？(2019年单选题)

A. 公序良俗原则　　B. 公平原则
C. 自愿原则　　D. 平等原则

参考答案：________①

重点法条 2　自然人的民事权利能力

第十三条　自然人从出生时起到死亡时止，具有民事权利能力，依法享有民事权利，承担民事义务。

第十四条　自然人的民事权利能力一律平等。

第十五条　自然人的出生时间和死亡时间，以出生证明、死亡证明记载的时间为准；没有出生证明、死亡证明的，以户籍登记或者其他有效身份登记记载的时间为准。有其他证据足以推翻以上记载时间的，以该证据证明的时间为准。

第十六条　涉及遗产继承、接受赠与等胎儿利益保护的，胎儿视为具有民事权利能力。但是，胎儿娩出时为死体的，其民事权利能力自始不存在。

【相关法条】 最高人民法院《关于适用〈中华人民共和国民法典〉总则编若干问题的解释》(以下简称《总则编解释》，2021年12月30日通过)

第4条　涉及遗产继承、接受赠与等胎儿利益保护，父母在胎儿娩出前作为法定代理人主张相应权利的，人民法院依法予以支持。

重点法条 3　自然人的民事行为能力

第十七条　18周岁以上的自然人为成年人。不满18周岁的自然人为未成年人。

第十八条　成年人为完全民事行为能力人，可以独立实施民事法律行为。

---

① A

16周岁以上的未成年人，以自己的劳动收入为主要生活来源的，视为完全民事行为能力人。

第十九条 8周岁以上的未成年人为限制民事行为能力人，实施民事法律行为由其法定代理人代理或者经其法定代理人同意、追认；但是，可以独立实施纯获利益的民事法律行为或者与其年龄、智力相适应的民事法律行为。

第二十条 不满8周岁的未成年人为无民事行为能力人，由其法定代理人代理实施民事法律行为。

第二十一条 不能辨认自己行为的成年人为无民事行为能力人，由其法定代理人代理实施民事法律行为。

8周岁以上的未成年人不能辨认自己行为的，适用前款规定。

第二十二条 不能完全辨认自己行为的成年人为限制民事行为能力人，实施民事法律行为由其法定代理人代理或者经其法定代理人同意、追认；但是，可以独立实施纯获利益的民事法律行为或者与其智力、精神健康状况相适应的民事法律行为。

第二十三条 无民事行为能力人、限制民事行为能力人的监护人是其法定代理人。

第二十四条 不能辨认或者不能完全辨认自己行为的成年人，其利害关系人或者有关组织，可以向人民法院申请认定该成年人为无民事行为能力人或者限制民事行为能力人。

被人民法院认定为无民事行为能力人或者限制民事行为能力人的，经本人、利害关系人或者有关组织申请，人民法院可以根据其智力、精神健康恢复的状况，认定该成年人恢复为限制民事行为能力人或者完全民事行为能力人。

本条规定的有关组织包括：居民委员会、村民委员会、学校、医疗机构、妇女联合会、残疾人联合会、依法设立的老年人组织、民政部门等。

【相关法条】《总则编解释》

第5条 限制民事行为能力人实施的民事法律行为是否与其年龄、智力、精神健康状况相适应，人民法院可以从行为与本人生活相关联的程度，本人的智力、精神健康状况能否理解其行为并预见相应的后果，以及标的、数量、价款或者报酬等方面认定。

精 解

1. 完全民事行为能力。

《民法典》第17、18条规定，18周岁以上的自然人是成年人，具有完全民事行为能力，可以独立进行民事活动，是完全民事行为能力人。即年满18周岁，就可享有完全民事行为能力。具有完全民事行为能力的人，可以实施法律不禁止的任何民事法律行为。

对于未满18周岁，但已满16周岁且以自己的劳动收入为主要生活来源的，《民法典》第18条第2款规定：16周岁以上不满18周岁的未成年人，以自己的劳动收入为主要生活来源的，视为完全民事行为能力人。

2. 限制民事行为能力。

限制民事行为能力是只能独立实施与年龄智力相适应的民事法律行为的能力。既言限制，意味着这种行为能力并不完全，就限制的范围而言，只能独立实施与年龄及智力相适应的行为，否则须经法定代理人同意或由法定代理人代理。但《民法典》第22条规定，限制民事行为能力人“可以独立实施纯获利益的民事法律行为或者与其智力、精神健康状况相适应的民事法律行为”。限制民事行为能力人订立“纯获利益的合同”无论数额大小，无须法定代理人代理或同意，属其民事行为能力范围。

《民法典》总则编对限制民事行为能力人的规定分两类。对年满8周岁以上的未成年人，即认定其为限制民事行为能力人，采取年龄主义；对成年人，是指不能完全辨认自己行为的成年人，采取个案审查制。

3. 无民事行为能力。

无民事行为能力是不能独立实施民事法律行为的能力。《民法典》第20条规定，不满8周岁的未成年人和不能辨认自己行为的成年人是无民事行为能力人。无民事行为能力人参与民事活动，须由法定代理人代理，其自己不能独立参与民事活动，为民事法律行为。对于无民事行为能力人的认定方法，与限制民事行为能力相同，分别采取年龄主义和个案审查制。

4. 对成年人限制民事行为能力与无民事行为能力的认定。

对于限制民事行为能力和无民事行为能力人的认定，如是未成年人，可以根据年龄确定，无须再有其他认定程序。对成年人行为能力的认定，《民法典》第24条规定，其利害关系人或者有关组织，可以向人民法院申请认定该成年人为无民事行为能力人或者限制民事行为能力人，人民法院则可根据其智力、精神健康恢复的状况作出认定。实务中，如何判断一个人智力、精神健康有欠缺，则属于医学范畴的技术，须由有资质的医院作鉴定。

对成年之限制民事行为能力人和无民事行为能力人的认定，可以由本人或利害关系人提出申请，由人民法院认定。此项认定，是对事实状态的公示，而不是成年人行为能力欠缺的法律要件。因为成年人智力不健全或者精神有问题，会有一定的生理、行为、体态或者外貌特征，其具有事实上的公示性，故法律不将“认定”作为强制程序规定，自有其道理的。

经宣告的无民事行为能力和限制民事行为能力人，在病愈、精神健康恢复后具有意思能力时，经本人或利害关系人及有关组织的申请，可以请求法院撤销该项认定。

重点法条 4 自然人的住所

第二十五条 自然人以户籍登记或者其他有效身份登记记载的居所为住所；经常居所与住所不一致的，经常居所视为住所。

【相关法条】《民诉解释》

第3条第1款 公民的住所地是指公民的户籍所在地，法人或者其他组织的住所地是指法人或者其他组织的主要办事机构所在地。

第4条 公民的经常居住地是指公民离开住所地至起诉时已连续居住1年以上的地方，但公民住院就医的地方除外。

重点法条 5 监护人的设立

第二十六条 父母对未成年子女负有抚养、教育和保护的义务。

成年子女对父母负有赡养、扶助和保护的义务。

第二十七条 父母是未成年子女的监护人。

未成年人的父母已经死亡或者没有监护能力的，由下列有监护能力的人按顺序担任监护人：

（一）祖父母、外祖父母；

（二）兄、姐；

（三）其他愿意担任监护人的个人或者组织，但是须经未成年人住所地的居民委员会、村民委员会或者民政部门同意。

第二十八条 无民事行为能力或者限制民事行为能力的成年人，由下列有监护能力的人按顺序担任监护人：

（一）配偶；

（二）父母、子女；

（三）其他近亲属；

（四）其他愿意担任监护人的个人或者组织，但是须经被监护人住所地的居民委员会、村民委员会或者民政部门同意。

第二十九条 被监护人的父母担任监护人的，可以通过遗嘱指定监护人。

第三十条 依法具有监护资格的人之间可以协议确定监护人。协议确定监护人应当尊重被监护人的真实意愿。

第三十一条 对监护人的确定有争议的，由被监护人住所地的居民委员会、村民委员会或者民政部门指定监护人，有关当事人对指定不服的，可以向人民法院申请指定监护人；有关当事人也可以直接向人民法院申请指定监护人。

居民委员会、村民委员会、民政部门或者人民法院应当尊重被监护人的真实意愿，按照最有利于被监护人的原则在依法具有监护资格的人中指定监护人。

依据本条第一款规定指定监护人前，被监护人的人身权利、财产权利以及其他合法权益处于无人保护状态的，由被监护人住所地的居民委员会、村民委员会、法律规定的有关组织或者民政部门担任临时监护人。

监护人被指定后，不得擅自变更；擅自变更的，不免除被指定的监护人的责任。

第三十二条 没有依法具有监护资格的人的，监护人由民政部门担任，也可以由具备履行监护职责条件的被监护人住所地的居民委员会、村民委员会担任。

第三十三条 具有完全民事行为能力的成年人，可以与其近亲属、其他愿意担任监护人的个人或者组织事先协商，以书面形式确定自己的监护人，在自己丧失或者部分丧失民事行为能力时，由该监护人履行监护职责。

【相关法条】《总则编解释》

第6条 人民法院认定自然人的监护能力，应当根据其年龄、身心健康状况、经济条件等因素确定；认定有关组织的监护能力，应当根据其资质、信用、财产状况等因素确定。

第7条 担任监护人的被监护人父母通过遗嘱指定监护人，遗嘱生效时被指定的人不同意担任监护人的，人民法院应当适用民法典第二十七条、第二十八条的规定确定监护人。

未成年人由父母担任监护人,父母中的一方通过遗嘱指定监护人,另一方在遗嘱生效时有监护能力,有关当事人对监护人的确定有争议的,人民法院应当适用民法典第二十七条第一款的规定确定监护人。

第8条 未成年人的父母与其他依法具有监护资格的人订立协议,约定免除具有监护能力的父母的监护职责的,人民法院不予支持。协议约定在未成年人的父母丧失监护能力时由该具有监护资格的人担任监护人的,人民法院依法予以支持。

依法具有监护资格的人之间依据民法典第三十条的规定,约定由民法典第二十七条第二款、第二十八条规定的不同顺序的人共同担任监护人,或者由顺序在后的人担任监护人的,人民法院依法予以支持。

第9条 人民法院依据民法典第三十一条第二款、第三十六条第一款的规定指定监护人时,应当尊重被监护人的真实意愿,按照最有利于被监护人的原则指定,具体参考以下因素:

(一)与被监护人生活、情感联系的密切程度;

(二)依法具有监护资格的人的监护顺序;

(三)是否有不利于履行监护职责的违法犯罪等情形;

(四)依法具有监护资格的人的监护能力、意愿、品行等。

人民法院依法指定的监护人一般应当是一人,由数人共同担任监护人更有利于保护被监护人利益的,也可以是数人。

第10条 有关当事人不服居民委员会、村民委员会或者民政部门的指定,在接到指定通知之日起三十日内向人民法院申请指定监护人的,人民法院经审理认为指定并无不当,依法裁定驳回申请;认为指定不当,依法判决撤销指定并另行指定监护人。

有关当事人在接到指定通知之日起三十日后提出申请的,人民法院应当按照变更监护关系处理。

第11条 具有完全民事行为能力的成年人与他人依据民法典第三十三条的规定订立书面协议事先确定自己的监护人后,协议的任何一方在该成年人丧失或者部分丧失民事行为能力前请求解除协议的,人民法院依法予以支持。该成年人丧失或者部分丧失民事行为能力后,协议确定的监护人无正当理由请求解除协议的,人民法院不予支持。

该成年人丧失或者部分丧失民事行为能力后,协议确定的监护人有民法典第三十六条第一款规定的情形之一,该条第二款规定的有关个人、组织申请撤销其监护人资格的,人民法院依法予以支持。

第12条 监护人、其他依法具有监护资格的人之间就监护人是否有民法典第三十九条第一款第二项、第四项规定的应当终止监护关系的情形发生争议,申请变更监护人的,人民法院应当依法受理。经审理认为理由成立的,人民法院依法予以支持。

被依法指定的监护人与其他具有监护资格的人之间协议变更监护人的,人民法院应当尊重被监护人的真实意愿,按照最有利于被监护人的原则作出裁判。

第13条 监护人因患病、外出务工等原因在一定期限内不能完全履行监护职责,将全部或者部分监护职责委托给他人,当事人主张受托人因此成为监护人的,人民法院不予支持。

《民诉解释》

第10条 不服指定监护或者变更监护关系的案件,可以由被监护人住所地人民法院管辖。

第83条 在诉讼中,无民事行为能力人、限制民事行为能力人的监护人是他的法定代理人。事先没有确定监护人的,可以由有监护资格的人协商确定;协商不成的,由人民法院在他们之中指定诉讼中的法定代理人。当事人没有民法典第27条、第28条规定的监护人的,可以指定民法典第32条规定的有关组织担任诉讼中的法定代理人。

第349条 被指定的监护人不服居民委员会、村民委员会或者民政部门指定,应当自接到通知之日起30日内向人民法院提出异议。经审理,认为指定并无不当的,裁定驳回异议;指定不当的,判决撤销指定,同时另行指定监护人。判决书应当送达异议人、原指定单位及判决指定的监护人。

有关当事人依照民法典第31条第1款规定直接向人民法院申请指定监护人的,适用特别程序审理,判决指定监护人。判决书应当送达申请人、判决指定的监护人。

精 解

1. 法定监护。

法定监护是由法律直接规定监护人范围和顺序的监护。法定监护人可以由一人或多人担任。《民法典》第27条规定,未成年人的父母是未成年人的监护人。父母对子女享有亲权,是当然的第一顺位监护人。未成年人的父母死亡或没有监护能力的,依次由祖父母、外祖父母,兄、姐,以及经该未成年人住所地居委会、村委会或民政部门同意的愿意担任监护人的个人或者组织担任监护人。《民法典》第28条规定,对无民事行为能力或者限制民事行为能力的成年人,其法定监护人的范围和顺序是:配偶、父母、成年子女、其他近亲属以及经该成年人所在地居委会、村委会或民政部门同意的愿意担任监护人的个人或者组织。

《民法典》第32条规定,没有依法具有监护人资格的人的,监护人由民政部门担任,也可以由具备监护职责条件的被监护人住所地的居民委员会、村民委员会担任。单位监护是法定监护的补充,也是对民事行为能力欠缺者的"兜底",以避免监护人的缺位,使被监护人成为无监护人。

此外,《民法典》第34条第4款规定,因发生突发事件等紧急情况,监护人暂时无法履行监护职责,被监护人的生活处于无人照料状态的,被监护人住所地的居民委员会、村民委员会或者民政部门应当为被监护人安排必要的临时生活照料措施。在此情形下,监护人的地位并未发生变更,相关组织担负"为被监护人安排必要的临时生活照料措施"的法定义务,直至监护人履行监护职责的障碍消除。

在法定监护中,还派生了几种具体的监护形式:

(1)遗嘱监护。《民法典》第29条规定:"被监护人的父母担任监护人的,可以通过遗嘱指定监护人。"据此,遗嘱指定监护仅适用于父母担任监护人的情形,至于指定对象则未作限制。由于遗嘱属于死因民事法律行为,故遗嘱监护于遗嘱人死亡时生效。

(2)协议监护。《民法典》第30条规定:"依法具有监护资格的人之间可以协议确定监护人。协议确定监护人应当尊重被监护人的真实意愿。"协议监护体现意思自治原则,从最有利于监护和尊重被监护人意愿考虑,具有监护资格的人之间可以协商确定监护人,作为法定监护的补充。

(3)指定监护。指定监护是指有法定监护资格的人之间对监护人的确定有争议时,由特定单位(组织)指定监护人。根据《民法典》总则编的规定,指定监护只有在法定监护人有争议时才产生。所谓争议,在未成年人,是其父母以外的监护人范围内的人,争抢担任监护人或互相推诿都不愿意担任监护人;在成年行为能力欠缺者,则是监护范围内的任何人之间的争议,互相争抢或者互相推诿。

《民法典》总则编规定的有权指定监护人的单位,是被监护人住所地的居民委员会或村民委员会及民政部门。指定监护可以用口头方式,也可以用书面方式,只要指定监护的通知送到被指定人,指定即成立。有关当事人不服指定的,可以向人民法院申请指定监护人;有关当事人也可以直接向人民法院申请指定监护人。无论是居民委员会、村民委员会、民政部门或人民法院,均应当尊重被监护人的真实意愿,按照最有利于被监护人的原则,在依法具有监护资格的人中指定监护人。

2. 意定监护。

意定监护即在法定监护之外通过当事人协议设立的监护,也称委托监护。委托监护可以是全权委任,也可以是限权委任。前者如父母将子女委托祖父母照料或配偶将精神病人委托精神病院照料;后者如将子女委托给寄宿制学校、幼儿园等。司法实践中,一般认为,委托监护无论是全权委托或限权委托,委托人仍要对被监护人的侵权行为承担民事责任,但另有约定的除外;被委托人只有在确有过错时,才承担连带赔偿责任。

附条件委托监护,是依条件成立委托合同的监护。《民法典》第33条规定:"具有完全民事行为能力的成年人,可以与其近亲属、其他愿意担任监护人的个人或者组织事先协商,以书面形式确定自己的监护人。在自己丧失或者部分丧失民事行为能力时,由该监护人履行监护职责。"附条件委托合同,属于附生效条件之合同,须书面方式订立,该委托合同成立后并不立即生效,要在委托人丧失或者部分丧失民事行为能力时才生效。

重点法条 6 监护人的职责

第三十四条 监护人的职责是代理被监护人实施民事法律行为,保护被监护人的人身权利、财产权利以及其他合法权益等。

监护人依法履行监护职责产生的权利,受法律保护。

监护人不履行监护职责或者侵害被监护人合法权益的,应当承担法律责任。

因发生突发事件等紧急情况,监护人暂时无法履行监护职责,被监护人的生活处于无人照料状态的,被监护人住所地的居民委员会、村民委员会或者民政部门应当为被监护人安排必要的临时生活照料措施。

第三十五条 监护人应当按照最有利于被监护人的原则履行监护职责。监护人除为维护被监护人利益外,不得处分被监护人的财产。

未成年人的监护人履行监护职责,在作出与被监护人利益有关的决定时,应当根据被监护人的年龄和智力状况,尊重被监护人的真实意愿。

成年人的监护人履行监护职责,应当最大程度地尊重被监护人的真实意愿,保障并协助被监护人实施与其智力、精神健康状况相适应的民事法律行为。对被监护人有能力独立处理的事务,监护人不得干涉。

重点法条 7 监护权之撤销

第三十六条 监护人有下列情形之一的,人民法院根据有关个人或者组织的申请,撤销其监护人资格,安排必要的临时监护措施,并按照最有利于被监护人的原则依法指定监护人:

(一)实施严重损害被监护人身心健康的行为;

(二)怠于履行监护职责,或者无法履行监护职责且拒绝将监护职责部分或者全部委托给他人,导致被监护人处于危困状态;

(三)实施严重侵害被监护人合法权益的其他行为。

本条规定的有关个人、组织包括:其他依法具有监护资格的人,居民委员会、村民委员会、学校、医疗机构、妇女联合会、残疾人联合会、未成年人保护组织、依法设立的老年人组织、民政部门等。

前款规定的个人和民政部门以外的组织未及时向人民法院申请撤销监护人资格的,民政部门应当向人民法院申请。

第三十七条 依法负担被监护人抚养费、赡养费、扶养费的父母、子女、配偶等,被人民法院撤销监护人资格后,应当继续履行负担的义务。

第三十八条 被监护人的父母或者子女被人民法院撤销监护人资格后,除对被监护人实施故意犯罪的外,确有悔改表现的,经其申请,人民法院可以在尊重被监护人真实意愿的前提下,视情况恢复其监护人资格,人民法院指定的监护人与被监护人的监护关系同时终止。

第三十九条 有下列情形之一的,监护关系终止:

(一)被监护人取得或者恢复完全民事行为能力;

(二)监护人丧失监护能力;

(三)被监护人或者监护人死亡;

(四)人民法院认定监护关系终止的其他情形。

监护关系终止后,被监护人仍然需要监护的,应当依法另行确定监护人。

重点法条 8 宣告失踪

第四十条 自然人下落不明满2年的,利害关系人可以向人民法院申请宣告该自然人为失踪人。

第四十一条 自然人下落不明的时间自其失去音讯之日起计算。战争期间下落不明的,下落不明的时间自战争结束之日或者有关机关确定的下落不明之日起计算。

第四十二条 失踪人的财产由其配偶、成年子女、父母或者其他愿意担任财产代管人的人代管。

代管有争议,没有前款规定的人,或者前款规定的人无代管能力的,由人民法院指定的人代管。

第四十三条 财产代管人应当妥善管理失踪人的财产,维护其财产权益。

失踪人所欠税款、债务和应付的其他费用,由财产代管人从失踪人的财产中支付。

财产代管人因故意或者重大过失造成失踪人财产损失的,应当承担赔偿责任。

第四十四条 财产代管人不履行代管职责、侵害失踪人财产权益或者丧失代管能力的,失踪人的利害关系人可以向人民法院申请变更财产代管人。

财产代管人有正当理由的,可以向人民法院申请变更财产代管人。

人民法院变更财产代管人的,变更后的财产代管人有权请求原财产代管人及时移交有关财产并报告财产代管情况。

第四十五条 失踪人重新出现,经本人或者利害关系人申请,人民法院应当撤销失踪宣告。

失踪人重新出现,有权请求财产代管人及时移交有关财产并报告财产代管情况。

【相关法条】《总则编解释》

第14条 人民法院审理宣告失踪案件时,下列人员应当认定为民法典第四十条规定的利害关系人:

(一)被申请人的近亲属;

(二)依据民法典第一千一百二十八条、第一千一百二十九条规定对被申请人有继承权的亲属;

(三)债权人、债务人、合伙人等与被申请人有民事权利义务关系的民事主体,但是不申请宣告失踪不影响其权利行使、义务履行的除外。

第15条 失踪人的财产代管人向失踪人的债务人请求偿还债务的，人民法院应当将财产代管人列为原告。

债权人提起诉讼，请求失踪人的财产代管人支付失踪人所欠的债务和其他费用的，人民法院应当将财产代管人列为被告。经审理认为债权人的诉讼请求成立的，人民法院应当判决财产代管人从失踪人的财产中支付失踪人所欠的债务和其他费用。

重点法条 9 宣告死亡

第四十六条 自然人有下列情形之一的，利害关系人可以向人民法院申请宣告该自然人死亡：

（一）下落不明满4年；

（二）因意外事件，下落不明满2年。

因意外事件下落不明，经有关机关证明该自然人不可能生存的，申请宣告死亡不受2年时间的限制。

第四十七条 对同一自然人，有的利害关系人申请宣告死亡，有的利害关系人申请宣告失踪，符合本法规定的宣告死亡条件的，人民法院应当宣告死亡。

第四十八条 被宣告死亡的人，人民法院宣告死亡的判决作出之日视为其死亡的日期；因意外事件下落不明宣告死亡的，意外事件发生之日视为其死亡的日期。

第四十九条 自然人被宣告死亡但是并未死亡的，不影响该自然人在被宣告死亡期间实施的民事法律行为的效力。

第五十条 被宣告死亡的人重新出现，经本人或者利害关系人申请，人民法院应当撤销死亡宣告。

第五十一条 被宣告死亡的人的婚姻关系，自死亡宣告之日起消除。死亡宣告被撤销的，婚姻关系自撤销死亡宣告之日起自行恢复。但是，其配偶再婚或者向婚姻登记机关书面声明不愿意恢复的除外。

第五十二条 被宣告死亡的人在被宣告死亡期间，其子女被他人依法收养的，在死亡宣告被撤销后，不得以未经本人同意为由主张收养行为无效。

第五十三条 被撤销死亡宣告的人有权请求依照本法第6编取得其财产的民事主体返还财产；无法返还的，应当给予适当补偿。

利害关系人隐瞒真实情况，致使他人被宣告死亡而取得其财产的，除应当返还财产外，还应当对由此造成的损失承担赔偿责任。

【相关法条】《总则编解释》

第16条 人民法院审理宣告死亡案件时，被申请人的配偶、父母、子女，以及依据民法典第一千一百二十九条规定对被申请人有继承权的亲属应当认定为民法典第四十六条规定的利害关系人。

符合下列情形之一的，被申请人的其他近亲属，以及依据民法典第一千一百二十八条规定对被申请人有继承权的亲属应当认定为民法典第四十六条规定的利害关系人：

（一）被申请人的配偶、父母、子女均已死亡或者下落不明的；

（二）不申请宣告死亡不能保护其相应合法权益的。

被申请人的债权人、债务人、合伙人等民事主体不能认定为民法典第四十六条规定的利害关系人，但是不申请宣告死亡不能保护其相应合法权益的除外。

第17条 自然人在战争期间下落不明的，利害关系人申请宣告死亡的期间适用民法典第四十六条第一款第一项的规定，自战争结束之日或者有关机关确定的下落不明之日起计算。

精 解

宣告失踪与宣告死亡的关系：

1. 两者互不关联。

宣告失踪与宣告死亡是各自独立的程序，即当事人失踪以后，利害关系人可以根据充足的要件，选择申请宣告失踪或者申请宣告死亡，宣告失踪并不是宣告死亡的前置条件。

2. 两者同时被申请。

《民法典》第47条规定："对同一自然人，有的利害关系人申请宣告死亡，有的利害关系人申请宣告失踪，符合本法规定的宣告死亡条件的，人民法院应当宣告死亡。"

重点法条 10 个体工商户和农村承包经营户

第五十四条 自然人从事工商业经营，经依法登记，为个体工商户。个体工商户可以起字号。

第五十五条 农村集体经济组织的成员，依法取得农村土地承包经营权，从事家庭承包经营的，为农村承包经营户。

第五十六条 个体工商户的债务，个人经营的，以个人财产承担；家庭经营的，以家庭财产承担；无法区分的，以家庭财产承担。

农村承包经营户的债务，以从事农村土地承包经营的农户财产承担；事实上由农户部分成员经营的，以该部分成员的财产承担。

重点法条 11 法人的法定代表人

第六十一条 依照法律或者法人章程的规定，代表法人从事民事活动的负责人，为法人的法定代表人。

法定代表人以法人名义从事的民事活动，其法律后果由法人承受。

法人章程或者法人权力机构对法定代表人代表权的限制，不得对抗善意相对人。

第六十二条 法定代表人因执行职务造成他人损害的，由法人承担民事责任。

法人承担民事责任后，依照法律或者法人章程的规定，可以向有过错的法定代表人追偿。

重点法条 12 法人的住所

第六十三条 法人以其主要办事机构所在地为住所。依法需要办理法人登记的，应当将主要办事机构所在地登记为住所。

【相关法条】《民诉解释》

第3条第2款 法人或者其他组织的主要办事机构所在地不能确定的，法人或者其他组织的注册地或者登记地为住所地。

重点法条 13 法人的终止

第六十六条 登记机关应当依法及时公示法人登记的有关信息。

第六十七条 法人合并的，其权利和义务由合并后的法人享有和承担。

法人分立的，其权利和义务由分立后的法人享有连带债权，承担连带债务，但是债权人和债务人另有约定的除外。

第六十八条 有下列原因之一并依法完成清算、注销登记的，法人终止：

（一）法人解散；

（二）法人被宣告破产；

（三）法律规定的其他原因。

法人终止，法律、行政法规规定须经有关机关批准的，依照其规定。

第六十九条 有下列情形之一的，法人解散：

（一）法人章程规定的存续期间届满或者法人章程规定的其他解散事由出现；

（二）法人的权力机构决议解散；

（三）因法人合并或者分立需要解散；

（四）法人依法被吊销营业执照、登记证书，被责令关闭或者被撤销；

（五）法律规定的其他情形。

第七十条 法人解散的，除合并或者分立的情形外，清算义务人应当及时组成清算组进行清算。

法人的董事、理事等执行机构或者决策机构的成员为清算义务人。法律、行政法规另有规定的，依照其规定。

清算义务人未及时履行清算义务，造成损害的，应当承担民事责任；主管机关或者利害关系人可以申请人民法院指定有关人员组成清算组进行清算。

第七十一条 法人的清算程序和清算组职权，依照有关法律的规定；没有规定的，参照适用公司法律的有关规定。

第七十二条 清算期间法人存续，但是不得从事与清算无关的活动。

法人清算后的剩余财产，按照法人章程的规定或者法人权力机构的决议处理。法律另有规定的，依照其规定。

清算结束并完成法人注销登记时，法人终止；依法不需要办理法人登记的，清算结束时，法人终止。

第七十三条 法人被宣告破产的，依法进行破产清算并完成法人注销登记时，法人终止。

重点法条 14 法人的分支机构

第七十四条 法人可以依法设立分支机构。法律、行政法规规定分支机构应当登记的，依照其规定。

分支机构以自己的名义从事民事活动，产生的民事责任由法人承担；也可以先以该分支机构管理的财产承担，不足以承担的，由法人承担。

重点法条 15 营利法人

第七十六条 以取得利润并分配给股东等出资人为目的成立的法人，为营利法人。

营利法人包括有限责任公司、股份有限公司和其他企业法人等。

第七十七条 营利法人经依法登记成立。

第七十八条 依法设立的营利法人，由登记机关发给营利法人营业执照。营业执照签发日期为营利法人的成立日期。

第七十九条　设立营利法人应当依法制定法人章程。

第八十条　营利法人应当设权力机构。

权力机构行使修改法人章程，选举或者更换执行机构、监督机构成员，以及法人章程规定的其他职权。

第八十一条　营利法人应当设执行机构。

执行机构行使召集权力机构会议，决定法人的经营计划和投资方案，决定法人内部管理机构的设置，以及法人章程规定的其他职权。

执行机构为董事会或者执行董事的，董事长、执行董事或者经理按照法人章程的规定担任法定代表人；未设董事会或者执行董事的，法人章程规定的主要负责人为其执行机构和法定代表人。

第八十二条　营利法人设监事会或者监事等监督机构的，监督机构依法行使检查法人财务，监督执行机构成员、高级管理人员执行法人职务的行为，以及法人章程规定的其他职权。

第八十三条　营利法人的出资人不得滥用出资人权利损害法人或者其他出资人的利益；滥用出资人权利造成法人或者其他出资人损失的，应当依法承担民事责任。

营利法人的出资人不得滥用法人独立地位和出资人有限责任损害法人债权人的利益；滥用法人独立地位和出资人有限责任，逃避债务，严重损害法人债权人的利益的，应当对法人债务承担连带责任。

第八十四条　营利法人的控股出资人、实际控制人、董事、监事、高级管理人员不得利用其关联关系损害法人的利益；利用关联关系造成法人损失的，应当承担赔偿责任。

第八十五条　营利法人的权力机构、执行机构作出决议的会议召集程序、表决方式违反法律、行政法规、法人章程，或者决议内容违反法人章程的，营利法人的出资人可以请求人民法院撤销该决议。但是，营利法人依据该决议与善意相对人形成的民事法律关系不受影响。

第八十六条　营利法人从事经营活动，应当遵守商业道德，维护交易安全，接受政府和社会的监督，承担社会责任。

重点法条 16　非营利法人

第八十七条　为公益目的或者其他非营利目的成立，不向出资人、设立人或者会员分配所取得利润的法人，为非营利法人。

非营利法人包括事业单位、社会团体、基金会、社会服务机构等。

第八十八条　具备法人条件，为适应经济社会发展需要，提供公益服务设立的事业单位，经依法登记成立，取得事业单位法人资格；依法不需要办理法人登记的，从成立之日起，具有事业单位法人资格。

第八十九条　事业单位法人设理事会的，除法律另有规定外，理事会为其决策机构。事业单位法人的法定代表人依照法律、行政法规或者法人章程的规定产生。

第九十条　具备法人条件，基于会员共同意愿，为公益目的或者会员共同利益等非营利目的设立的社会团体，经依法登记成立，取得社会团体法人资格；依法不需要办理法人登记的，从成立之日起，具有社会团体法人资格。

第九十一条　设立社会团体法人应当依法制定法人章程。

社会团体法人应当设会员大会或者会员代表大会等权力机构。

社会团体法人应当设理事会等执行机构。理事长或者会长等负责人按照法人章程的规定担任法定代表人。

第九十二条　具备法人条件，为公益目的以捐助财产设立的基金会、社会服务机构等，经依法登记成立，取得捐助法人资格。

依法设立的宗教活动场所，具备法人条件的，可以申请法人登记，取得捐助法人资格。法律、行政法规对宗教活动场所有规定的，依照其规定。

第九十三条　设立捐助法人应当依法制定法人章程。

捐助法人应当设理事会、民主管理组织等决策机构，并设执行机构。理事长等负责人按照法人章程的规定担任法定代表人。

捐助法人应当设监事会等监督机构。

第九十四条　捐助人有权向捐助法人查询捐助财产的使用、管理情况，并提出意见和建议，捐助法人应当及时、如实答复。

捐助法人的决策机构、执行机构或者法定代表人作出决定的程序违反法律、行政法规、法人章程，或者决定内容违反法人章程的，捐助人等利害关系人或者主管机关可以请求人民法院撤销该决定。但是，捐助法人依据该决定与善意相对人形成的民事法律关系不受影响。

第九十五条 为公益目的成立的非营利法人终止时，不得向出资人、设立人或者会员分配剩余财产。剩余财产应当按照法人章程的规定或者权力机构的决议用于公益目的；无法按照法人章程的规定或者权力机构的决议处理的，由主管机关主持转给宗旨相同或者相近的法人，并向社会公告。

精 解

非营利法人亦称公益法人，是指以非营利之社会服务为目的的事业的法人。《民法典》第87条第2款规定："非营利法人包括事业单位、社会团体、基金会、社会服务机构等。"除此之外，宗教团体、境外非政府组织符合法人成立要件的，也属于非营利法人范畴。

1. 事业单位法人是指由国家出资的，以公益或社会服务为目的的事业的非营利法人。事业单位按设立人和经费来源的不同可分为两类。一类是由国家机关举办，如公办的大学、医院、科研院所、艺术团体等；另一类是由国有企业、事业单位举办的具有法人资格的研究所、学校、医院等事业单位。

2. 社会团体是指中国公民自愿组成，为实现社员共同意愿，按照其章程开展活动的非营利性社会组织。除法律有特别规定，社会团体须经登记设立，并有自己独立的经费来源。我国宪法规定了公民有"结社自由"，设立社会团体就是源于宪法对公民权利的保障。人民团体属于特别类型的社会团体，根据法律的规定担负一定的社会管理职能，且无须登记，如全国总工会、全国妇联等。

3. 基金会，在民法学分类中，属于财团法人，即以捐助财产设立之基金成立的法人，是当然的非营利法人。在我国法律中，基金会被列入社会团体法人。

4. 宗教法人，包括宗教协会和宗教场所。宗教协会属于社会团体法人，如中国佛教协会、中国道教协会等。对于宗教场所，如寺庙、道观、教堂、清真寺等经合法登记的宗教场所，也可以登记为捐助法人。《民法典》第92条第2款规定："依法设立的宗教活动场所，具备法人条件的，可以申请法人登记，取得捐助法人资格……"如不符合法人条件的，则登记为非法人组织。

重点法条 17 特别法人

第九十六条 本节规定的机关法人、农村集体经济组织法人、城镇农村的合作经济组织法人、基层群众性自治组织法人，为特别法人。

第九十七条 有独立经费的机关和承担行政职能的法定机构从成立之日起，具有机关法人资格，可以从事为履行职能所需要的民事活动。

第九十八条 机关法人被撤销的，法人终止，其民事权利和义务由继任的机关法人享有和承担；没有继任的机关法人的，由作出撤销决定的机关法人享有和承担。

第九十九条 农村集体经济组织依法取得法人资格。

法律、行政法规对农村集体经济组织有规定的，依照其规定。

第一百条 城镇农村的合作经济组织依法取得法人资格。

法律、行政法规对城镇农村的合作经济组织有规定的，依照其规定。

第一百零一条 居民委员会、村民委员会具有基层群众性自治组织法人资格，可以从事为履行职能所需要的民事活动。

未设立村集体经济组织的，村民委员会可以依法代行村集体经济组织的职能。

重点法条 18 非法人组织

第一百零二条 非法人组织是不具有法人资格，但是能够依法以自己的名义从事民事活动的组织。

非法人组织包括个人独资企业、合伙企业、不具有法人资格的专业服务机构等。

第一百零三条 非法人组织应当依照法律的规定登记。

设立非法人组织，法律、行政法规规定须经有关机关批准的，依照其规定。

第一百零四条 非法人组织的财产不足以清偿债务的，其出资人或者设立人承担无限责任。法律另有规定的，依照其规定。

第一百零五条 非法人组织可以确定一人或者数人代表该组织从事民事活动。

第一百零六条 有下列情形之一的，非法人组织解散：

（一）章程规定的存续期间届满或者章程规定的其他解散事由出现；

（二）出资人或者设立人决定解散；

（三）法律规定的其他情形。

第一百零七条 非法人组织解散的，应当依法进行清算。

重点法条 19 **民事权利**

第一百零九条 自然人的人身自由、人格尊严受法律保护。

第一百一十条 自然人享有生命权、身体权、健康权、姓名权、肖像权、名誉权、荣誉权、隐私权、婚姻自主权等权利。

法人、非法人组织享有名称权、名誉权和荣誉权。

第一百一十一条 自然人的个人信息受法律保护。任何组织或者个人需要获取他人个人信息的,应当依法取得并确保信息安全,不得非法收集、使用、加工、传输他人个人信息,不得非法买卖、提供或者公开他人个人信息。

第一百一十二条 自然人因婚姻家庭关系等产生的人身权利受法律保护。

第一百一十三条 民事主体的财产权利受法律平等保护。

第一百一十四条 民事主体依法享有物权。

物权是权利人依法对特定的物享有直接支配和排他的权利,包括所有权、用益物权和担保物权。

第一百一十五条 物包括不动产和动产。法律规定权利作为物权客体的,依照其规定。

第一百一十六条 物权的种类和内容,由法律规定。

第一百一十七条 为了公共利益的需要,依照法律规定的权限和程序征收、征用不动产或者动产的,应当给予公平、合理的补偿。

第一百一十八条 民事主体依法享有债权。

债权是因合同、侵权行为、无因管理、不当得利以及法律的其他规定,权利人请求特定义务人为或者不为一定行为的权利。

第一百一十九条 依法成立的合同,对当事人具有法律约束力。

第一百二十条 民事权益受到侵害的,被侵权人有权请求侵权人承担侵权责任。

第一百二十一条 没有法定的或者约定的义务,为避免他人利益受损失而进行管理的人,有权请求受益人偿还由此支出的必要费用。

第一百二十二条 因他人没有法律根据,取得不当利益,受损失的人有权请求其返还不当利益。

第一百二十三条 民事主体依法享有知识产权。

知识产权是权利人依法就下列客体享有的专有的权利:

(一)作品;

(二)发明、实用新型、外观设计;

(三)商标;

(四)地理标志;

(五)商业秘密;

(六)集成电路布图设计;

(七)植物新品种;

(八)法律规定的其他客体。

第一百二十四条 自然人依法享有继承权。

自然人合法的私有财产,可以依法继承。

第一百二十五条 民事主体依法享有股权和其他投资性权利。

第一百二十六条 民事主体享有法律规定的其他民事权利和利益。

第一百二十七条 法律对数据、网络虚拟财产的保护有规定的,依照其规定。

第一百二十八条 法律对未成年人、老年人、残疾人、妇女、消费者等的民事权利保护有特别规定的,依照其规定。

第一百二十九条 民事权利可以依据民事法律行为、事实行为、法律规定的事件或者法律规定的其他方式取得。

第一百三十条 民事主体按照自己的意愿依法行使民事权利,不受干涉。

第一百三十一条 民事主体行使权利时,应当履行法律规定的和当事人约定的义务。

第一百三十二条 民事主体不得滥用民事权利损害国家利益、社会公共利益或者他人合法权益。

重点法条 20 **意思表示**

第一百三十七条 以对话方式作出的意思表示,相对人知道其内容时生效。

以非对话方式作出的意思表示,到达相对人时生效。以非对话方式作出的采用数据电文形式的意思表示,相对人指定特定系统接收数据电文的,该数据电文进入该特定系统时生效;未指定特定系统的,相对人知道或者应当知道该数据电文进入其系统时生效。当事人对采用数据电文形式的意思表示的生效时间另有约定的,按照其约定。

第一百三十八条 无相对人的意思表示,表示完成时生效。法律另有规定的,依照其规定。

第一百三十九条 以公告方式作出的意思表示,公告发布时生效。

第一百四十条 行为人可以明示或者默示作出意思表示。

沉默只有在有法律规定、当事人约定或者符合当事人之间的交易习惯时,才可以视为意思表示。

第一百四十一条 行为人可以撤回意思表示。撤回意思表示的通知应当在意思表示到达相对人前或者与意思表示同时到达相对人。

第一百四十二条 有相对人的意思表示的解释,应当按照所使用的词句,结合相关条款、行为的性质和目的、习惯以及诚信原则,确定意思表示的含义。

无相对人的意思表示的解释,不能完全拘泥于所使用的词句,而应当结合相关条款、行为的性质和目的、习惯以及诚信原则,确定行为人的真实意思。

【相关法条】 最高人民法院《关于适用〈中华人民共和国民法典〉合同编通则若干问题的解释》(以下简称《合同编通则解释》,2023 年 5 月 23 日通过)

第 1 条 人民法院依据民法典第一百四十二条第一款、第四百六十六条第一款的规定解释合同条款时,应当以词句的通常含义为基础,结合相关条款、合同的性质和目的、习惯以及诚信原则,参考缔约背景、磋商过程、履行行为等因素确定争议条款的含义。

有证据证明当事人之间对合同条款有不同于词句的通常含义的其他共同理解,一方主张按照词句的通常含义理解合同条款的,人民法院不予支持。

对合同条款有两种以上解释,可能影响该条款效力的,人民法院应当选择有利于该条款有效的解释;属于无偿合同的,应当选择对债务人负担较轻的解释。

第 2 条 下列情形,不违反法律、行政法规的强制性规定且不违背公序良俗的,人民法院可以认定为民法典所称的"交易习惯":

(一)当事人之间在交易活动中的惯常做法;

(二)在交易行为当地或者某一领域、某一行业通常采用并为交易对方订立合同时所知道或者应当知道的做法。

对于交易习惯,由提出主张的当事人一方承担举证责任。

重点法条 21 无效民事法律行为

第一百四十三条 具备下列条件的民事法律行为有效:

(一)行为人具有相应的民事行为能力;

(二)意思表示真实;

(三)不违反法律、行政法规的强制性规定,不违背公序良俗。

第一百四十四条 无民事行为能力人实施的民事法律行为无效。

第一百四十五条 限制民事行为能力人实施的纯获利益的民事法律行为或者与其年龄、智力、精神健康状况相适应的民事法律行为有效;实施的其他民事法律行为经法定代理人同意或者追认后有效。

相对人可以催告法定代理人自收到通知之日起 30 日内予以追认。法定代理人未作表示的,视为拒绝追认。民事法律行为被追认前,善意相对人有撤销的权利。撤销应当以通知的方式作出。

第一百四十六条 行为人与相对人以虚假的意思表示实施的民事法律行为无效。

以虚假的意思表示隐藏的民事法律行为的效力,依照有关法律规定处理。

第一百五十三条 违反法律、行政法规的强制性规定的民事法律行为无效。但是,该强制性规定不导致该民事法律行为无效的除外。

违背公序良俗的民事法律行为无效。

第一百五十四条 行为人与相对人恶意串通,损害他人合法权益的民事法律行为无效。

【相关法条】《合同编通则解释》

第 16 条 合同违反法律、行政法规的强制性规定,有下列情形之一,由行为人承担行政责任或者刑事责任能够实现强制性规定的立法目的的,人民法院可以依据民法典第一百五十三条第一款关于"该强制性规定不导致该民事法律行为无效的除外"的规定认定该合同不因违反强制性规定无效:

(一)强制性规定虽然旨在维护社会公共秩序,但是合同的实际履行对社会公共秩序造成的影响显著轻微,认定合同无效将导致案件处理结果有失公平公正;

(二)强制性规定旨在维护政府的税收、土地出让金等国家利益或者其他民事主体的合法利益而非合同当事人的民事权益,认定合同有效不会影响该规范目的的实现;

(三)强制性规定旨在要求当事人一方加强风险控制、内部管理等,对方无能力或者无义务审查合同是否违反强制性规定，认定合同无效将使其承担不利后果；

（四）当事人一方虽然在订立合同时违反强制性规定，但是在合同订立后其已经具备补正违反强制性规定的条件却违背诚信原则不予补正；

（五）法律、司法解释规定的其他情形。

法律、行政法规的强制性规定旨在规制合同订立后的履行行为，当事人以合同违反强制性规定为由请求认定合同无效的，人民法院不予支持。但是，合同履行必然导致违反强制性规定或者法律、司法解释另有规定的除外。

依据前两款认定合同有效，但是当事人的违法行为未经处理的，人民法院应当向有关行政管理部门提出司法建议。当事人的行为涉嫌犯罪的，应当将案件线索移送刑事侦查机关；属于刑事自诉案件的，应当告知当事人可以向有管辖权的人民法院另行提起诉讼。

第17条　合同虽然不违反法律、行政法规的强制性规定，但是有下列情形之一，人民法院应当依据民法典第一百五十三条第二款的规定认定合同无效：

（一）合同影响政治安全、经济安全、军事安全等国家安全的；

（二）合同影响社会稳定、公平竞争秩序或者损害社会公共利益等违背社会公共秩序的；

（三）合同背离社会公德、家庭伦理或者有损人格尊严等违背善良风俗的。

人民法院在认定合同是否违背公序良俗时，应当以社会主义核心价值观为导向，综合考虑当事人的主观动机和交易目的、政府部门的监管强度、一定期限内当事人从事类似交易的频次、行为的社会后果等因素，并在裁判文书中充分说理。当事人确因生活需要进行交易，未给社会公共秩序造成重大影响，且不影响国家安全，也不违背善良风俗的，人民法院不应当认定合同无效。

重点法条 22　可撤销民事法律行为

第一百四十七条　基于重大误解实施的民事法律行为，行为人有权请求人民法院或者仲裁机构予以撤销。

第一百四十八条　一方以欺诈手段，使对方在违背真实意思的情况下实施的民事法律行为，受欺诈方有权请求人民法院或者仲裁机构予以撤销。

第一百四十九条　第三人实施欺诈行为，使一方在违背真实意思的情况下实施的民事法律行为，对方知道或者应当知道该欺诈行为的，受欺诈方有权请求人民法院或者仲裁机构予以撤销。

第一百五十条　一方或者第三人以胁迫手段，使对方在违背真实意思的情况下实施的民事法律行为，受胁迫方有权请求人民法院或者仲裁机构予以撤销。

第一百五十一条　一方利用对方处于危困状态、缺乏判断能力等情形，致使民事法律行为成立时显失公平的，受损害方有权请求人民法院或者仲裁机构予以撤销。

第一百五十二条　有下列情形之一的，撤销权消灭：

（一）当事人自知道或者应当知道撤销事由之日起1年内、重大误解的当事人自知道或者应当知道撤销事由之日起90日内没有行使撤销权；

（二）当事人受胁迫，自胁迫行为终止之日起1年内没有行使撤销权；

（三）当事人知道撤销事由后明确表示或者以自己的行为表明放弃撤销权。

当事人自民事法律行为发生之日起5年内没有行使撤销权的，撤销权消灭。

【相关法条】《总则编解释》

第19条　行为人对行为的性质、对方当事人或者标的物的品种、质量、规格、价格、数量等产生错误认识，按照通常理解如果不发生该错误认识行为人就不会作出相应意思表示的，人民法院可以认定为民法典第一百四十七条规定的重大误解。

行为人能够证明自己实施民事法律行为时存在重大误解，并请求撤销该民事法律行为的，人民法院依法予以支持；但是，根据交易习惯等认定行为人无权请求撤销的除外。

第20条　行为人以其意思表示存在第三人转达错误为由请求撤销民事法律行为的，适用本解释第十九条的规定。

第21条　故意告知虚假情况，或者负有告知义务的人故意隐瞒真实情况，致使当事人基于错误认识作出意思表示的，人民法院可以认定为民法典第一百四十八条、第一百四十九条规定的欺诈。

第22条　以给自然人及其近亲属等的人身权利、财产权利以及其他合法权益造成损害或者以给法人、非法人组织的名誉、荣誉、财产权益等造成损害为要挟，迫使其基于恐惧心理作出意思表示的，人民法院可以认定为民法典第一百五十条规定的胁迫。

《合同编通则解释》

第5条　第三人实施欺诈、胁迫行为，使当事人在违背真实意思的情况下订立合同，受到损失的当事人请求第三人承担赔偿责任的，人民法院依法予以支持；当事人亦有违背诚信原则的行为的，人民法院应当根据各自的过错确定相应的责任。但是，法律、司法解释对当事人与第三人的民事责任另有规定的，依照其规定。

第11条　当事人一方是自然人，根据该当事人的年龄、智力、知识、经验并结合交易的复杂程度，能够认定其对合同的性质、合同订立的法律后果或者交易中存在的特定风险缺乏应有的认知能力的，人民法院可以认定该情形构成民法典第一百五十一条规定的"缺乏判断能力"。

【例题】　知名作曲家王某在二手书店翻到了早年自己丢弃的笔记本，里面有自己青涩年华时写的乐谱，遂提出要买回笔记本。书店店员报价5000元。作曲家认为太高，对此，下列说法正确的是：(2023年单选题)

A. 作曲家对乐谱仍有著作权

B. 作曲家对乐谱仍有表演者权

C. 可以在买下笔记本后主张胁迫撤销

D. 可以在买下笔记本后主张显失公平撤销

参考答案：________①

重点法条 23　无效、可撤销民事法律行为的效果

第一百五十五条　无效的或者被撤销的民事法律行为自始没有法律约束力。

第一百五十六条　民事法律行为部分无效，不影响其他部分效力的，其他部分仍然有效。

第一百五十七条　民事法律行为无效、被撤销或者确定不发生效力后，行为人因该行为取得的财产，应当予以返还；不能返还或者没有必要返还的，应当折价补偿。有过错的一方应当赔偿对方由此所受到的损失；各方都有过错的，应当各自承担相应的责任。法律另有规定的，依照其规定。

【相关法条】《合同编通则解释》

第12条　合同依法成立后，负有报批义务的当事人不履行报批义务或者履行报批义务不符合合同的约定或者法律、行政法规的规定，对方请求其继续履行报批义务的，人民法院应予支持；对方主张解除合同并请求其承担违反报批义务的赔偿责任的，人民法院应予支持。

人民法院判决当事人一方履行报批义务后，其仍不履行，对方主张解除合同并参照违反合同的违约责任请求其承担赔偿责任的，人民法院应予支持。

合同获得批准前，当事人一方起诉请求对方履行合同约定的主要义务，经释明后拒绝变更诉讼请求的，人民法院应当判决驳回其诉讼请求，但是不影响其另行提起诉讼。

负有报批义务的当事人已经办理申请批准等手续或者已经履行生效判决确定的报批义务，批准机关决定不予批准，对方请求其承担赔偿责任的，人民法院不予支持。但是，因迟延履行报批义务等可归责于当事人的原因导致合同未获批准，对方请求赔偿因此受到的损失的，人民法院应当依据民法典第一百五十七条的规定处理。

第13条　合同存在无效或者可撤销的情形，当事人以该合同已在有关行政管理部门办理备案、已经批准机关批准或者已依据该合同办理财产权利的变更登记、移转登记等为由主张合同有效的，人民法院不予支持。

第14条　当事人之间就同一交易订立多份合同，人民法院应当认定其中以虚假意思表示订立的合同无效。当事人为规避法律、行政法规的强制性规定，以虚假意思表示隐藏真实意思表示的，人民法院应当依据民法典第一百五十三条第一款的规定认定被隐藏合同的效力；当事人为规避法律、行政法规关于合同应当办理批准等手续的规定，以虚假意思表示隐藏真实意思表示的，人民法院应当依据民法典第五百零二条第二款的规定认定被隐藏合同的效力。

依据前款规定认定被隐藏合同无效或者确定不发生效力的，人民法院应当以被隐藏合同为事实基础，依据民法典第一百五十七条的规定确定当事人的

① A

民事责任。但是,法律另有规定的除外。

当事人就同一交易订立的多份合同均系真实意思表示,且不存在其他影响合同效力情形的,人民法院应当在查明各合同成立先后顺序和实际履行情况的基础上,认定合同内容是否发生变更。法律、行政法规禁止变更合同内容的,人民法院应当认定合同的相应变更无效。

第18条 法律、行政法规的规定虽然有"应当""必须"或者"不得"等表述,但是该规定旨在限制或者赋予民事权利,行为人违反该规定将构成无权处分、无权代理、越权代表等,或者导致合同相对人、第三人因此获得撤销权、解除权等民事权利的,人民法院应当依据法律、行政法规规定的关于违反该规定的民事法律后果认定合同效力。

第19条 以转让或者设定财产权利为目的订立的合同,当事人或者真正权利人仅以让与人在订立合同时对标的物没有所有权或者处分权为由主张合同无效的,人民法院不予支持;因未取得真正权利人事后同意或者让与人事后未取得处分权导致合同不能履行,受让人主张解除合同并请求让与人承担违反合同的赔偿责任的,人民法院依法予以支持。

前款规定的合同被认定有效,且让与人已经将财产交付或者移转登记至受让人,真正权利人请求认定财产权利未发生变动或者请求返还财产的,人民法院应予支持。但是,受让人依据民法典第三百一十一条等规定善意取得财产权利的除外。

第24条 合同不成立、无效、被撤销或者确定不发生效力,当事人请求返还财产,经审查财产能够返还的,人民法院应当根据案件具体情况,单独或者合并适用返还占有的标的物、更正登记簿册记载等方式;经审查财产不能返还或者没有必要返还的,人民法院应当以认定合同不成立、无效、被撤销或者确定不发生效力之日该财产的市场价值或者以其他合理方式计算的价值为基准判决折价补偿。

除前款规定的情形外,当事人还请求赔偿损失的,人民法院应当结合财产返还或者折价补偿的情况,综合考虑财产增值收益和贬值损失、交易成本的支出等事实,按照双方当事人的过错程度及原因力大小,根据诚信原则和公平原则,合理确定损失赔偿额。

合同不成立、无效、被撤销或者确定不发生效力,当事人的行为涉嫌违法且未经处理,可能导致一方或者双方通过违法行为获得不当利益的,人民法院应当向有关行政管理部门提出司法建议。当事人的行为涉嫌犯罪的,应当将案件线索移送刑事侦查机关;属于刑事自诉案件的,应当告知当事人可以向有管辖权的人民法院另行提起诉讼。

第25条 合同不成立、无效、被撤销或者确定不发生效力,有权请求返还价款或者报酬的当事人一方请求对方支付资金占用费的,人民法院应当在当事人请求的范围内按照中国人民银行授权全国银行间同业拆借中心公布的一年期贷款市场报价利率(LPR)计算。但是,占用资金的当事人对于合同不成立、无效、被撤销或者确定不发生效力没有过错的,应当以中国人民银行公布的同期同类存款基准利率计算。

双方互负返还义务,当事人主张同时履行的,人民法院应予支持;占有标的物的一方对标的物存在使用或者依法可以使用的情形,对方请求将其应支付的资金占用费与应收取的标的物使用费相互抵销的,人民法院应予支持,但是法律另有规定的除外。

重点法条 24 附条件、附期限的民事法律行为

第一百五十八条 民事法律行为可以附条件,但是根据其性质不得附条件的除外。附生效条件的民事法律行为,自条件成就时生效。附解除条件的民事法律行为,自条件成就时失效。

第一百五十九条 附条件的民事法律行为,当事人为自己的利益不正当地阻止条件成就的,视为条件已经成就;不正当地促成条件成就的,视为条件不成就。

第一百六十条 民事法律行为可以附期限,但是根据其性质不得附期限的除外。附生效期限的民事法律行为,自期限届至时生效。附终止期限的民事法律行为,自期限届满时失效。

【相关法条】《总则编解释》

第23条 民事法律行为不成立,当事人请求返还财产、折价补偿或者赔偿损失的,参照适用民法典第一百五十七条的规定。

第24条 民事法律行为所附条件不可能发生,当事人约定为生效条件的,人民法院应当认定民事法律行为不发生效力;当事人约定为解除条件的,应当认定未附条件,民事法律行为是否失效,依照民法典和相关法律、行政法规的规定认定。

重点法条 25 **代理的类型**

第一百六十三条 代理包括委托代理和法定代理。

委托代理人按照被代理人的委托行使代理权。法定代理人依照法律的规定行使代理权。

第一百六十六条 数人为同一代理事项的代理人的，应当共同行使代理权，但是当事人另有约定的除外。

第一百七十条 执行法人或者非法人组织工作任务的人员，就其职权范围内的事项，以法人或者非法人组织的名义实施的民事法律行为，对法人或者非法人组织发生效力。

法人或者非法人组织对执行其工作任务的人员职权范围的限制，不得对抗善意相对人。

重点法条 26 **代理权限制**

第一百六十四条 代理人不履行或者不完全履行职责，造成被代理人损害的，应当承担民事责任。

代理人和相对人恶意串通，损害被代理人合法权益的，代理人和相对人应当承担连带责任。

第一百六十八条 代理人不得以被代理人的名义与自己实施民事法律行为，但是被代理人同意或者追认的除外。

代理人不得以被代理人的名义与自己同时代理的其他人实施民事法律行为，但是被代理的双方同意或者追认的除外。

重点法条 27 **无权代理、表见代理**

第一百七十一条 行为人没有代理权、超越代理权或者代理权终止后，仍然实施代理行为，未经被代理人追认的，对被代理人不发生效力。

相对人可以催告被代理人自收到通知之日起30日内予以追认。被代理人未作表示的，视为拒绝追认。行为人实施的行为被追认前，善意相对人有撤销的权利。撤销应当以通知的方式作出。

行为人实施的行为未被追认的，善意相对人有权请求行为人履行债务或者就其受到的损害请求行为人赔偿。但是，赔偿的范围不得超过被代理人追认时相对人所能获得的利益。

相对人知道或者应当知道行为人无权代理的，相对人和行为人按照各自的过错承担责任。

第一百七十二条 行为人没有代理权、超越代理权或者代理权终止后，仍然实施代理行为，相对人有理由相信行为人有代理权的，代理行为有效。

【相关法条】《总则编解释》

第25条 数个委托代理人共同行使代理权，其中一人或者数人未与其他委托代理人协商，擅自行使代理权的，依据民法典第一百七十一条、第一百七十二条等规定处理。

第27条 无权代理行为未被追认，相对人请求行为人履行债务或者赔偿损失的，由行为人就相对人知道或者应当知道行为人无权代理承担举证责任。行为人不能证明的，人民法院依法支持相对人的相应诉讼请求；行为人能够证明的，人民法院应当按照各自的过错认定行为人与相对人的责任。

第28条 同时符合下列条件的，人民法院可以认定为民法典第一百七十二条规定的相对人有理由相信行为人有代理权：

（一）存在代理权的外观；

（二）相对人不知道行为人行为时没有代理权，且无过失。

因是否构成表见代理发生争议的，相对人应当就无权代理符合前款第一项规定的条件承担举证责任；被代理人应当就相对人不符合前款第二项规定的条件承担举证责任。

第29条 法定代理人、被代理人依据民法典第一百四十五条、第一百七十一条的规定向相对人作出追认的意思表示的，人民法院应当依据民法典第一百三十七条的规定确认其追认意思表示的生效时间。

《合同编通则解释》

第20条 法律、行政法规为限制法人的法定代表人或者非法人组织的负责人的代表权，规定合同所涉事项应当由法人、非法人组织的权力机构或者决策机构决议，或者应当由法人、非法人组织的执行机构决定，法定代表人、负责人未取得授权而以法人、非法人组织的名义订立合同，未尽到合理审查义务的相对人主张该合同对法人、非法人组织发生效力并由其承担违约责任的，人民法院不予支持，但是法人、非法人组织有过错的，可以参照民法典第一百五十七条的规定判决其承担相应的赔偿责任。相对人已尽到合理审查义务，构成表见代表的，人民法院应当依据民法典第五百零四条的规定处理。

合同所涉事项未超越法律、行政法规规定的法定代表人或者负责人的代表权限，但是超越法人、非法人组织的章程或者权力机构等对代表权的限制，相对人主张该合同对法人、非法人组织发生效力并由其承担违约责任的，人民法院依法予以支持。但是，法人、非法人组织举证证明相对人知道或者应当知道该限制的除外。

法人、非法人组织承担民事责任后，向有过错的法定代表人、负责人追偿因越权代表行为造成的损失的，人民法院依法予以支持。法律、司法解释对法定代表人、负责人的民事责任另有规定的，依照其规定。

第21条 法人、非法人组织的工作人员就超越其职权范围的事项以法人、非法人组织的名义订立合同，相对人主张该合同对法人、非法人组织发生效力并由其承担违约责任的，人民法院不予支持。但是，法人、非法人组织有过错的，人民法院可以参照民法典第一百五十七条的规定判决其承担相应的赔偿责任。前述情形，构成表见代理的，人民法院应当依据民法典第一百七十二条的规定处理。

合同所涉事项有下列情形之一的，人民法院应当认定法人、非法人组织的工作人员在订立合同时超越其职权范围：

（一）依法应当由法人、非法人组织的权力机构或者决策机构决议的事项；

（二）依法应当由法人、非法人组织的执行机构决定的事项；

（三）依法应当由法定代表人、负责人代表法人、非法人组织实施的事项；

（四）不属于通常情形下依其职权可以处理的事项。

合同所涉事项未超越依据前款确定的职权范围，但是超越法人、非法人组织对工作人员职权范围的限制，相对人主张该合同对法人、非法人组织发生效力并由其承担违约责任的，人民法院应予支持。但是，法人、非法人组织举证证明相对人知道或者应当知道该限制的除外。

法人、非法人组织承担民事责任后，向故意或者有重大过失的工作人员追偿的，人民法院依法予以支持。

第22条 法定代表人、负责人或者工作人员以法人、非法人组织的名义订立合同且未超越权限，法人、非法人组织仅以合同加盖的印章不是备案印章或者系伪造的印章为由主张该合同对其不发生效力的，人民法院不予支持。

合同系以法人、非法人组织的名义订立，但是仅有法定代表人、负责人或者工作人员签名或者按指印而未加盖法人、非法人组织的印章，相对人能够证明法定代表人、负责人或者工作人员在订立合同时未超越权限的，人民法院应当认定合同对法人、非法人组织发生效力。但是，当事人约定以加盖印章作为合同成立条件的除外。

合同仅加盖法人、非法人组织的印章而无人员签名或者按指印，相对人能够证明合同系法定代表人、负责人或者工作人员在其权限范围内订立的，人民法院应当认定该合同对法人、非法人组织发生效力。

在前三款规定的情形下，法定代表人、负责人或者工作人员在订立合同时虽然超越代表或者代理权限，但是依据民法典第五百零四条的规定构成表见代表，或者依据民法典第一百七十二条的规定构成表见代理的，人民法院应当认定合同对法人、非法人组织发生效力。

第23条 法定代表人、负责人或者代理人与相对人恶意串通，以法人、非法人组织的名义订立合同，损害法人、非法人组织的合法权益，法人、非法人组织主张不承担民事责任的，人民法院应予支持。法人、非法人组织请求法定代表人、负责人或者代理人与相对人对因此受到的损失承担连带赔偿责任的，人民法院应予支持。

根据法人、非法人组织的举证，综合考虑当事人之间的交易习惯、合同在订立时是否显失公平、相关人员是否获取了不正当利益、合同的履行情况等因素，人民法院能够认定法定代表人、负责人或者代理人与相对人存在恶意串通的高度可能性的，可以要求前述人员就合同订立、履行的过程等相关事实作出陈述或者提供相应的证据。其无正当理由拒绝作出陈述，或者所作陈述不具合理性又不能提供相应证据的，人民法院可以认定恶意串通的事实成立。

重点法条 28 代理权的终止

第一百七十三条 有下列情形之一的，委托代理终止：

（一）代理期限届满或者代理事务完成；

（二）被代理人取消委托或者代理人辞去委托；

（三）代理人丧失民事行为能力；

（四）代理人或者被代理人死亡；

（五）作为代理人或者被代理人的法人、非法人组织终止。

第一百七十四条 被代理人死亡后，有下列情形之一的，委托代理人实施的代理行为有效：

（一）代理人不知道且不应当知道被代理人死亡；

（二）被代理人的继承人予以承认；

（三）授权中明确代理权在代理事务完成时终止；

（四）被代理人死亡前已经实施，为了被代理人的继承人的利益继续代理。

作为被代理人的法人、非法人组织终止的，参照适用前款规定。

第一百七十五条 有下列情形之一的，法定代理终止：

（一）被代理人取得或者恢复完全民事行为能力；

（二）代理人丧失民事行为能力；

（三）代理人或者被代理人死亡；

（四）法律规定的其他情形。

重点法条 29 民事责任

第一百七十六条 民事主体依照法律规定或者按照当事人约定，履行民事义务，承担民事责任。

第一百七十七条 2人以上依法承担按份责任，能够确定责任大小的，各自承担相应的责任；难以确定责任大小的，平均承担责任。

第一百七十八条 2人以上依法承担连带责任的，权利人有权请求部分或者全部连带责任人承担责任。

连带责任人的责任份额根据各自责任大小确定；难以确定责任大小的，平均承担责任。实际承担责任超过自己责任份额的连带责任人，有权向其他连带责任人追偿。

连带责任，由法律规定或者当事人约定。

第一百七十九条 承担民事责任的方式主要有：

（一）停止侵害；

（二）排除妨碍；

（三）消除危险；

（四）返还财产；

（五）恢复原状；

（六）修理、重作、更换；

（七）继续履行；

（八）赔偿损失；

（九）支付违约金；

（十）消除影响、恢复名誉；

（十一）赔礼道歉。

法律规定惩罚性赔偿的，依照其规定。

本条规定的承担民事责任的方式，可以单独适用，也可以合并适用。

第一百八十条 因不可抗力不能履行民事义务的，不承担民事责任。法律另有规定的，依照其规定。

不可抗力是不能预见、不能避免且不能克服的客观情况。

第一百八十一条 因正当防卫造成损害的，不承担民事责任。

正当防卫超过必要的限度，造成不应有的损害的，正当防卫人应当承担适当的民事责任。

第一百八十二条 因紧急避险造成损害的，由引起险情发生的人承担民事责任。

危险由自然原因引起的，紧急避险人不承担民事责任，可以给予适当补偿。

紧急避险采取措施不当或者超过必要的限度，造成不应有的损害的，紧急避险人应当承担适当的民事责任。

第一百八十三条 因保护他人民事权益使自己受到损害的，由侵权人承担民事责任，受益人可以给予适当补偿。没有侵权人、侵权人逃逸或者无力承担民事责任，受害人请求补偿的，受益人应当给予适当补偿。

第一百八十四条 因自愿实施紧急救助行为造成受助人损害的，救助人不承担民事责任。

第一百八十五条 侵害英雄烈士等的姓名、肖像、名誉、荣誉，损害社会公共利益的，应当承担民事责任。

第一百八十六条 因当事人一方的违约行为，损害对方人身权益、财产权益的，受损害方有权选择请求其承担违约责任或者侵权责任。

第一百八十七条 民事主体因同一行为应当承担民事责任、行政责任和刑事责任的，承担行政责任或者刑事责任不影响承担民事责任；民事主体的财产不足以支付的，优先用于承担民事责任。

重点法条 30 诉讼时效期间

第一百八十八条 向人民法院请求保护民事权

利的诉讼时效期间为3年。法律另有规定的,依照其规定。

诉讼时效期间自权利人知道或者应当知道权利受到损害以及义务人之日起计算。法律另有规定的,依照其规定。但是,自权利受到损害之日起超过20年的,人民法院不予保护,有特殊情况的,人民法院可以根据权利人的申请决定延长。

第一百八十九条 当事人约定同一债务分期履行的,诉讼时效期间自最后一期履行期限届满之日起计算。

第一百九十条 无民事行为能力人或者限制民事行为能力人对其法定代理人的请求权的诉讼时效期间,自该法定代理终止之日起计算。

第一百九十一条 未成年人遭受性侵害的损害赔偿请求权的诉讼时效期间,自受害人年满18周岁之日起计算。

第一百九十二条 诉讼时效期间届满的,义务人可以提出不履行义务的抗辩。

诉讼时效期间届满后,义务人同意履行的,不得以诉讼时效期间届满为由抗辩;义务人已经自愿履行的,不得请求返还。

第一百九十三条 人民法院不得主动适用诉讼时效的规定。

第一百九十四条 在诉讼时效期间的最后6个月内,因下列障碍,不能行使请求权的,诉讼时效中止:

(一)不可抗力;

(二)无民事行为能力人或者限制民事行为能力人没有法定代理人,或者法定代理人死亡、丧失民事行为能力、丧失代理权;

(三)继承开始后未确定继承人或者遗产管理人;

(四)权利人被义务人或者其他人控制;

(五)其他导致权利人不能行使请求权的障碍。

自中止时效的原因消除之日起满6个月,诉讼时效期间届满。

第一百九十五条 有下列情形之一的,诉讼时效中断,从中断、有关程序终结时起,诉讼时效期间重新计算:

(一)权利人向义务人提出履行请求;

(二)义务人同意履行义务;

(三)权利人提起诉讼或者申请仲裁;

(四)与提起诉讼或者申请仲裁具有同等效力的其他情形。

第一百九十六条 下列请求权不适用诉讼时效的规定:

(一)请求停止侵害、排除妨碍、消除危险;

(二)不动产物权和登记的动产物权的权利人请求返还财产;

(三)请求支付抚养费、赡养费或者扶养费;

(四)依法不适用诉讼时效的其他请求权。

第一百九十七条 诉讼时效的期间、计算方法以及中止、中断的事由由法律规定,当事人约定无效。

当事人对诉讼时效利益的预先放弃无效。

第一百九十八条 法律对仲裁时效有规定的,依照其规定;没有规定的,适用诉讼时效的规定。

【相关法条】 最高人民法院《关于适用〈中华人民共和国民法典〉时间效力的若干规定》(2020年12月14日通过)

第1条 民法典施行后的法律事实引起的民事纠纷案件,适用民法典的规定。

民法典施行前的法律事实引起的民事纠纷案件,适用当时的法律、司法解释的规定,但是法律、司法解释另有规定的除外。

民法典施行前的法律事实持续至民法典施行后,该法律事实引起的民事纠纷案件,适用民法典的规定,但是法律、司法解释另有规定的除外。

第2条 民法典施行前的法律事实引起的民事纠纷案件,当时的法律、司法解释有规定,适用当时的法律、司法解释的规定,但是适用民法典的规定更有利于保护民事主体合法权益,更有利于维护社会和经济秩序,更有利于弘扬社会主义核心价值观的除外。

第3条 民法典施行前的法律事实引起的民事纠纷案件,当时的法律、司法解释没有规定而民法典有规定的,可以适用民法典的规定,但是明显减损当事人合法权益、增加当事人法定义务或者背离当事人合理预期的除外。

第4条 民法典施行前的法律事实引起的民事纠纷案件,当时的法律、司法解释仅有原则性规定而民法典有具体规定的,适用当时的法律、司法解释的规定,但是可以依据民法典具体规定进行裁判说理。

第5条 民法典施行前已经终审的案件,当事人申请再审或者按照审判监督程序决定再审的,不适用民法典的规定。

《总则编解释》

第35条 民法典第一百八十八条第一款规定的

三年诉讼时效期间,可以适用民法典有关诉讼时效中止、中断的规定,不适用延长的规定。该条第二款规定的二十年期间不适用中止、中断的规定。

第36条 无民事行为能力人或者限制民事行为能力人的权利受到损害的,诉讼时效期间自其法定代理人知道或者应当知道权利受到损害以及义务人之日起计算,但是法律另有规定的除外。

第37条 无民事行为能力人、限制民事行为能力人的权利受到原法定代理人损害,且在取得、恢复完全民事行为能力或者在原法定代理终止并确定新的法定代理人后,相应民事主体才知道或者应当知道权利受到损害的,有关请求权诉讼时效期间的计算适用民法典第一百八十八条第二款、本解释第三十六条的规定。

第38条 诉讼时效依据民法典第一百九十五条的规定中断后,在新的诉讼时效期间内,再次出现第一百九十五条规定的中断事由,可以认定为诉讼时效再次中断。

权利人向义务人的代理人、财产代管人或者遗产管理人等提出履行请求的,可以认定为民法典第一百九十五条规定的诉讼时效中断。

重点法条 31 除斥期间

第一百九十九条 法律规定或者当事人约定的撤销权、解除权等权利的存续期间,除法律另有规定外,自权利人知道或者应当知道权利产生之日起计算,不适用有关诉讼时效中止、中断和延长的规定。存续期间届满,撤销权、解除权等权利消灭。

【相关法条】 最高人民法院《关于审理民事案件适用诉讼时效制度若干问题的规定》(2020年12月23日修正)

第1条 当事人可以对债权请求权提出诉讼时效抗辩,但对下列债权请求权提出诉讼时效抗辩的,人民法院不予支持:

(一)支付存款本金及利息请求权;

(二)兑付国债、金融债券以及向不特定对象发行的企业债券本息请求权;

(三)基于投资关系产生的缴付出资请求权;

(四)其他依法不适用诉讼时效规定的债权请求权。

第2条 当事人未提出诉讼时效抗辩,人民法院不应对诉讼时效问题进行释明。

第3条 当事人在一审期间未提出诉讼时效抗辩,在二审期间提出的,人民法院不予支持,但其基于新的证据能够证明对方当事人的请求权已过诉讼时效期间的情形除外。

当事人未按照前款规定提出诉讼时效抗辩,以诉讼时效期间届满为由申请再审或者提出再审抗辩的,人民法院不予支持。

第4条 未约定履行期限的合同,依照民法典第五百一十条、第五百一十一条的规定,可以确定履行期限的,诉讼时效期间从履行期限届满之日起计算;不能确定履行期限的,诉讼时效期间从债权人要求债务人履行义务的宽限期届满之日起计算,但债务人在债权人第一次向其主张权利之时明确表示不履行义务的,诉讼时效期间从债务人明确表示不履行义务之日起计算。

第5条 享有撤销权的当事人一方请求撤销合同的,应适用民法典关于除斥期间的规定。对方当事人对撤销合同请求权提出诉讼时效抗辩的,人民法院不予支持。

合同被撤销,返还财产、赔偿损失请求权的诉讼时效期间从合同被撤销之日起计算。

第6条 返还不当得利请求权的诉讼时效期间,从当事人一方知道或者应当知道不当得利事实及对方当事人之日起计算。

第7条 管理人因无因管理行为产生的给付必要管理费用、赔偿损失请求权的诉讼时效期间,从无因管理行为结束并且管理人知道或者应当知道本人之日起计算。

本人因不当无因管理行为产生的赔偿损失请求权的诉讼时效期间,从其知道或者应当知道管理人及损害事实之日起计算。

第8条 具有下列情形之一的,应当认定为民法典第一百九十五条规定的"权利人向义务人提出履行请求",产生诉讼时效中断的效力:

(一)当事人一方直接向对方当事人送交主张权利文书,对方当事人在文书上签名、盖章、按指印或者虽未签名、盖章、按指印但能够以其他方式证明该文书到达对方当事人的;

(二)当事人一方以发送信件或者数据电文方式主张权利,信件或者数据电文到达或者应当到达对方当事人的;

(三)当事人一方为金融机构,依照法律规定或者当事人约定从对方当事人账户中扣收欠款本息的；

（四）当事人一方下落不明，对方当事人在国家级或者下落不明的当事人一方住所地的省级有影响的媒体上刊登具有主张权利内容的公告的，但法律和司法解释另有特别规定的，适用其规定。

前款第（一）项情形中，对方当事人为法人或者其他组织的，签收人可以是其法定代表人、主要负责人、负责收发信件的部门或者被授权主体；对方当事人为自然人的，签收人可以是自然人本人、同住的具有完全行为能力的亲属或者被授权主体。

第9条 权利人对同一债权中的部分债权主张权利，诉讼时效中断的效力及于剩余债权，但权利人明确表示放弃剩余债权的情形除外。

第10条 当事人一方向人民法院提交起诉状或者口头起诉的，诉讼时效从提交起诉状或者口头起诉之日起中断。

第11条 下列事项之一，人民法院应当认定与提起诉讼具有同等诉讼时效中断的效力：

（一）申请支付令；

（二）申请破产、申报破产债权；

（三）为主张权利而申请宣告义务人失踪或死亡；

（四）申请诉前财产保全、诉前临时禁令等诉前措施；

（五）申请强制执行；

（六）申请追加当事人或者被通知参加诉讼；

（七）在诉讼中主张抵销；

（八）其他与提起诉讼具有同等诉讼时效中断效力的事项。

第12条 权利人向人民调解委员会以及其他依法有权解决相关民事纠纷的国家机关、事业单位、社会团体等社会组织提出保护相应民事权利的请求，诉讼时效从提出请求之日起中断。

第13条 权利人向公安机关、人民检察院、人民法院报案或者控告，请求保护其民事权利的，诉讼时效从其报案或者控告之日起中断。

上述机关决定不立案、撤销案件、不起诉的，诉讼时效期间从权利人知道或者应当知道不立案、撤销案件或者不起诉之日起重新计算；刑事案件进入审理阶段，诉讼时效期间从刑事裁判文书生效之日起重新计算。

第14条 义务人作出分期履行、部分履行、提供担保、请求延期履行、制定清偿债务计划等承诺或者行为的，应当认定为民法典第一百九十五条规定的“义务人同意履行义务”。

第15条 对于连带债权人中的一人发生诉讼时效中断效力的事由，应当认定对其他连带债权人也发生诉讼时效中断的效力。

对于连带债务人中的一人发生诉讼时效中断效力的事由，应当认定对其他连带债务人也发生诉讼时效中断的效力。

第16条 债权人提起代位权诉讼的，应当认定对债权人的债权和债务人的债权均发生诉讼时效中断的效力。

第17条 债权转让的，应当认定诉讼时效从债权转让通知到达债务人之日起中断。

债务承担情形下，构成原债务人对债务承认的，应当认定诉讼时效从债务承担意思表示到达债权人之日起中断。

第18条 主债务诉讼时效期间届满，保证人享有主债务人的诉讼时效抗辩权。

保证人未主张前述诉讼时效抗辩权，承担保证责任后向主债务人行使追偿权的，人民法院不予支持，但主债务人同意给付的情形除外。

第19条 诉讼时效期间届满，当事人一方向对方当事人作出同意履行义务的意思表示或者自愿履行义务后，又以诉讼时效期间届满为由进行抗辩的，人民法院不予支持。

当事人双方就原债务达成新的协议，债权人主张义务人放弃诉讼时效抗辩权的，人民法院应予支持。

超过诉讼时效期间，贷款人向借款人发出催收到期贷款通知单，债务人在通知单上签字或者盖章，能够认定借款人同意履行诉讼时效期间已经届满的义务的，对于贷款人关于借款人放弃诉讼时效抗辩权的主张，人民法院应予支持。

精解

诉讼时效是非常重要的考点，注意掌握以下内容：

1. 普通诉讼时效期间及其起算规则、最长权利保护期间。

2. 分期履行债务诉讼时效期间起算、无民事行为能力人或者限制民事行为能力人对其法定代理人的请求权的诉讼时效期间起算、未成年人遭受性侵害的损害赔偿请求权的诉讼时效期间起算的特殊规定。

3. 诉讼时效的法律效果：（1）发生时效抗辩权；

(2)实体权利不消灭。

4.诉讼时效的适用范围。

5.诉讼时效具有强制性,不受任何意思自治、合同自由的影响,不允许当事人约定排除或者变更其适用,任何人不得以任何形式去缩短、延长、规避诉讼时效,否则都无效。

6.诉讼时效与除斥期间的区别。

与诉讼时效的区别主要在于:除斥期间一般适用于形成权,期间不得中止、中断和延长,期间届满消灭的是权利本身。除斥期间起算点的表述一般为"自行为成立之日起",而诉讼时效期间起算点一般表述为"自权利人知道或者应当知道权利被侵害之日起"。

7.诉讼时效中止、中断的法定事由。

重点法条 32 期间

第二百条 民法所称的期间按照公历年、月、日、小时计算。

第二百零一条 按照年、月、日计算期间的,开始的当日不计入,自下一日开始计算。

按照小时计算期间的,自法律规定或者当事人约定的时间开始计算。

第二百零二条 按照年、月计算期间的,到期月的对应日为期间的最后一日;没有对应日的,月末日为期间的最后一日。

第二百零三条 期间的最后一日是法定休假日的,以法定休假日结束的次日为期间的最后一日。

期间的最后一日的截止时间为24时;有业务时间的,停止业务活动的时间为截止时间。

第二百零四条 期间的计算方法依照本法的规定,但是法律另有规定或者当事人另有约定的除外。

重点法条 33 不动产登记

第二百零九条 不动产物权的设立、变更、转让和消灭,经依法登记,发生效力;未经登记,不发生效力,但是法律另有规定的除外。

依法属于国家所有的自然资源,所有权可以不登记。

第二百一十条 不动产登记,由不动产所在地的登记机构办理。

国家对不动产实行统一登记制度。统一登记的范围、登记机构和登记办法,由法律、行政法规规定。

第二百一十四条 不动产物权的设立、变更、转让和消灭,依照法律规定应当登记的,自记载于不动产登记簿时发生效力。

第二百一十五条 当事人之间订立有关设立、变更、转让和消灭不动产物权的合同,除法律另有规定或者当事人另有约定外,自合同成立时生效;未办理物权登记的,不影响合同效力。

第二百一十六条 不动产登记簿是物权归属和内容的根据。

不动产登记簿由登记机构管理。

第二百一十七条 不动产权属证书是权利人享有该不动产物权的证明。不动产权属证书记载的事项,应当与不动产登记簿一致;记载不一致的,除有证据证明不动产登记簿确有错误外,以不动产登记簿为准。

第二百一十八条 权利人、利害关系人可以申请查询、复制不动产登记资料,登记机构应当提供。

第二百一十九条 利害关系人不得公开、非法使用权利人的不动产登记资料。

第二百二十条 权利人、利害关系人认为不动产登记簿记载的事项错误的,可以申请更正登记。不动产登记簿记载的权利人书面同意更正或者有证据证明登记确有错误的,登记机构应当予以更正。

不动产登记簿记载的权利人不同意更正的,利害关系人可以申请异议登记。登记机构予以异议登记,申请人自异议登记之日起15日内不提起诉讼的,异议登记失效。异议登记不当,造成权利人损害的,权利人可以向申请人请求损害赔偿。

第二百二十一条 当事人签订买卖房屋的协议或者签订其他不动产物权的协议,为保障将来实现物权,按照约定可以向登记机构申请预告登记。预告登记后,未经预告登记的权利人同意,处分该不动产的,不发生物权效力。

预告登记后,债权消灭或者自能够进行不动产登记之日起90日内未申请登记的,预告登记失效。

第二百二十二条 当事人提供虚假材料申请登记,造成他人损害的,应当承担赔偿责任。

因登记错误,造成他人损害的,登记机构应当承担赔偿责任。登记机构赔偿后,可以向造成登记错误的人追偿。

【相关法条】 最高人民法院《关于适用〈中华人民共和国民法典〉物权编的解释(一)》(以下简称《物权编解释一》,2020年12月25日通过)

第1条 因不动产物权的归属,以及作为不动产物权登记基础的买卖、赠与、抵押等产生争议,当事人提起民事诉讼的,应当依法受理。当事人已经在行政诉讼中申请一并解决上述民事争议,且人民法院一并审理的除外。

第2条 当事人有证据证明不动产登记簿的记载与真实权利状态不符、其为该不动产物权的真实权利人,请求确认其享有物权的,应予支持。

第3条 异议登记因民法典第220条第2款规定的事由失效后,当事人提起民事诉讼,请求确认物权归属的,应当依法受理。异议登记失效不影响人民法院对案件的实体审理。

第4条 未经预告登记的权利人同意,转让不动产所有权等物权,或者设立建设用地使用权、居住权、地役权、抵押权等其他物权的,应当依照民法典第221条第1款的规定,认定其不发生物权效力。

第5条 预告登记的买卖不动产物权的协议被认定无效、被撤销,或者预告登记的权利人放弃债权的,应当认定为民法典第221条第2款所称的"债权消灭"。

【例题】 甲向乙借款100万元,借期2年,欲以自己的房屋1套作担保,双方于2018年6月1日签订了不动产抵押合同,乙一直催促甲办理抵押登记,均无果。1月后,乙要求甲以自己的汽车作抵押,双方于2018年7月1日签订了动产抵押合同,但一直未将汽车交付于乙。现因甲不能清偿到期欠款,乙要求实现抵押权。下列哪一选项是错误的?(2018年单选题)

A. 甲、乙之间的不动产抵押合同由于一直没有办理抵押登记而无效

B. 甲、乙之间的不动产抵押合同于2018年6月1日成立并生效,但不动产抵押权未设立

C. 甲既能就汽车设立抵押权,又能就汽车设立质押权

D. 乙有权请求将甲的汽车拍卖,并就所得价款行使优先受偿权

参考答案:________①

重点法条 34 动产交付

第二百二十四条 动产物权的设立和转让,自交付时发生效力,但是法律另有规定的除外。

第二百二十五条 船舶、航空器和机动车等的物权的设立、变更、转让和消灭,未经登记,不得对抗善意第三人。

第二百二十六条 动产物权设立和转让前,权利人已经占有该动产的,物权自民事法律行为生效时发生效力。

第二百二十七条 动产物权设立和转让前,第三人占有该动产的,负有交付义务的人可以通过转让请求第三人返还原物的权利代替交付。

第二百二十八条 动产物权转让时,当事人又约定由出让人继续占有该动产的,物权自该约定生效时发生效力。

【相关法条】《物权编解释一》

第6条 转让人转让船舶、航空器和机动车等所有权,受让人已经支付合理价款并取得占有,虽未经登记,但转让人的债权人主张其为民法典第二百二十五条所称的"善意第三人"的,不予支持,法律另有规定的除外。

重点法条 35 法律行为取得物权的变动

第二百二十九条 因人民法院、仲裁机构的法律文书或者人民政府的征收决定等,导致物权设立、变更、转让或者消灭的,自法律文书或者征收决定等生效时发生效力。

第二百三十条 因继承取得物权的,自继承开始时发生效力。

第二百三十一条 因合法建造、拆除房屋等事实行为设立或者消灭物权的,自事实行为成就时发生效力。

第二百三十二条 处分依照本节规定享有的不动产物权,依照法律规定需要办理登记的,未经登记,不发生物权效力。

【相关法条】《物权编解释一》

第7条 人民法院、仲裁机构在分割共有不动产或者动产等案件中作出并依法生效的改变原有物权关系的判决书、裁决书、调解书,以及人民法院在执行程序中作出的拍卖成交裁定书、变卖成交裁定书、以物抵债裁定书,应当认定为民法典第二百二十九条所称导致物权设立、变更、转让或者消灭的人民法院、仲

---

① A

裁机构的法律文书。

第8条 依据民法典第二百二十九条至第二百三十一条规定享有物权,但尚未完成动产交付或者不动产登记的权利人,依据民法典第二百三十五条至第二百三十八条的规定,请求保护其物权的,应予支持。

重点法条 36 物权的保护

第二百三十四条 因物权的归属、内容发生争议的,利害关系人可以请求确认权利。

第二百三十五条 无权占有不动产或者动产的,权利人可以请求返还原物。

第二百三十六条 妨害物权或者可能妨害物权的,权利人可以请求排除妨害或者消除危险。

第二百三十七条 造成不动产或者动产毁损的,权利人可以依法请求修理、重作、更换或者恢复原状。

第二百三十八条 侵害物权,造成权利人损害的,权利人可以依法请求损害赔偿,也可以依法请求承担其他民事责任。

第二百三十九条 本章规定的物权保护方式,可以单独适用,也可以根据权利被侵害的情形合并适用。

重点法条 37 所有权的权能

第二百四十条 所有权人对自己的不动产或者动产,依法享有占有、使用、收益和处分的权利。

第二百四十一条 所有权人有权在自己的不动产或者动产上设立用益物权和担保物权。用益物权人、担保物权人行使权利,不得损害所有权人的权益。

重点法条 38 建筑物区分所有权

第二百七十一条 业主对建筑物内的住宅、经营性用房等专有部分享有所有权,对专有部分以外的共有部分享有共有和共同管理的权利。

第二百七十二条 业主对其建筑物专有部分享有占有、使用、收益和处分的权利。业主行使权利不得危及建筑物的安全,不得损害其他业主的合法权益。

第二百七十三条 业主对建筑物专有部分以外的共有部分,享有权利,承担义务;不得以放弃权利为由不履行义务。

业主转让建筑物内的住宅、经营性用房,其对共有部分享有的共有和共同管理的权利一并转让。

第二百七十七条 业主可以设立业主大会,选举业主委员会。业主大会、业主委员会成立的具体条件和程序,依照法律、法规的规定。

地方人民政府有关部门、居民委员会应当对设立业主大会和选举业主委员会给予指导和协助。

第二百七十八条 下列事项由业主共同决定:

(一)制定和修改业主大会议事规则;

(二)制定和修改管理规约;

(三)选举业主委员会或者更换业主委员会成员;

(四)选聘和解聘物业服务企业或者其他管理人;

(五)使用建筑物及其附属设施的维修资金;

(六)筹集建筑物及其附属设施的维修资金;

(七)改建、重建建筑物及其附属设施;

(八)改变共有部分的用途或者利用共有部分从事经营活动;

(九)有关共有和共同管理权利的其他重大事项。

业主共同决定事项,应当由专有部分面积占比2/3以上的业主且人数占比2/3以上的业主参与表决。决定前款第6项至第8项规定的事项,应当经参与表决专有部分面积3/4以上的业主且参与表决人数3/4以上的业主同意。决定前款其他事项,应当经参与表决专有部分面积过半数的业主且参与表决人数过半数的业主同意。

第二百七十九条 业主不得违反法律、法规以及管理规约,将住宅改变为经营性用房。业主将住宅改变为经营性用房的,除遵守法律、法规以及管理规约外,应当经有利害关系的业主一致同意。

第二百八十五条 物业服务企业或者其他管理人根据业主的委托,依照本法第三编有关物业服务合同的规定管理建筑区划内的建筑物及其附属设施,接受业主的监督,并及时答复业主对物业服务情况提出的询问。

物业服务企业或者其他管理人应当执行政府依法实施的应急处置措施和其他管理措施,积极配合开展相关工作。

第二百八十六条 业主应当遵守法律、法规以及管理规约,相关行为应当符合节约资源、保护生态环境的要求。对于物业服务企业或者其他管理人执行政府依法实施的应急处置措施和其他管理措施，业主应当依法予以配合。

业主大会或者业主委员会，对任意弃置垃圾、排放污染物或者噪声、违反规定饲养动物、违章搭建、侵占通道、拒付物业费等损害他人合法权益的行为，有权依照法律、法规以及管理规约，请求行为人停止侵害、排除妨碍、消除危险、恢复原状、赔偿损失。

业主或者其他行为人拒不履行相关义务的，有关当事人可以向有关行政主管部门报告或者投诉，有关行政主管部门应当依法处理。

【相关法条】《民法典》

第937条 物业服务合同是物业服务人在物业服务区域内，为业主提供建筑物及其附属设施的维修养护、环境卫生和相关秩序的管理维护等物业服务，业主支付物业费的合同。

物业服务人包括物业服务企业和其他管理人。

第942条 物业服务人应当按照约定和物业的使用性质，妥善维修、养护、清洁、绿化和经营管理物业服务区域内的业主共有部分，维护物业服务区域内的基本秩序，采取合理措施保护业主的人身、财产安全。

对物业服务区域内违反有关治安、环保、消防等法律法规的行为，物业服务人应当及时采取合理措施制止、向有关行政主管部门报告并协助处理。

第943条 物业服务人应当定期将服务的事项、负责人员、质量要求、收费项目、收费标准、履行情况，以及维修资金使用情况、业主共有部分的经营与收益情况等以合理方式向业主公开并向业主大会、业主委员会报告。

第944条 业主应当按照约定向物业服务人支付物业费。物业服务人已经按照约定和有关规定提供服务的，业主不得以未接受或者无需接受相关物业服务为由拒绝支付物业费。

业主违反约定逾期不支付物业费的，物业服务人可以催告其在合理期限内支付；合理期限届满仍不支付的，物业服务人可以提起诉讼或者申请仲裁。

物业服务人不得采取停止供电、供水、供热、供燃气等方式催交物业费。

第945条 业主装饰装修房屋的，应当事先告知物业服务人，遵守物业服务人提示的合理注意事项，并配合其进行必要的现场检查。

业主转让、出租物业专有部分、设立居住权或者依法改变共有部分用途的，应当及时将相关情况告知物业服务人。

第946条 业主依照法定程序共同决定解聘物业服务人的，可以解除物业服务合同。决定解聘的，应当提前60日书面通知物业服务人，但是合同对通知期限另有约定的除外。

依据前款规定解除合同造成物业服务人损失的，除不可归责于业主的事由外，业主应当赔偿损失。

重点法条39 共有

第二百九十八条 按份共有人对共有的不动产或者动产按照其份额享有所有权。

第二百九十九条 共同共有人对共有的不动产或者动产共同享有所有权。

第三百条 共有人按照约定管理共有的不动产或者动产；没有约定或者约定不明确的，各共有人都有管理的权利和义务。

第三百零一条 处分共有的不动产或者动产以及对共有的不动产或者动产作重大修缮、变更性质或者用途的，应当经占份额2/3以上的按份共有人或者全体共同共有人同意，但是共有人之间另有约定的除外。

第三百零二条 共有人对共有物的管理费用以及其他负担，有约定的，按照其约定；没有约定或者约定不明确的，按份共有人按照其份额负担，共同共有人共同负担。

第三百零三条 共有人约定不得分割共有的不动产或者动产，以维持共有关系的，应当按照约定，但是共有人有重大理由需要分割的，可以请求分割；没有约定或者约定不明确的，按份共有人可以随时请求分割，共同共有人在共有的基础丧失或者有重大理由需要分割时可以请求分割。因分割造成其他共有人损害的，应当给予赔偿。

第三百零四条 共有人可以协商确定分割方式。达不成协议，共有的不动产或者动产可以分割且不会因分割减损价值的，应当对实物予以分割；难以分割或者因分割会减损价值的，应当对折价或者拍卖、变卖取得的价款予以分割。

共有人分割所得的不动产或者动产有瑕疵的，其他共有人应当分担损失。

第三百零五条 按份共有人可以转让其享有的共有的不动产或者动产份额。其他共有人在同等条件下享有优先购买的权利。

第三百零六条 按份共有人转让其享有的共有的不动产或者动产份额的，应当将转让条件及时通知其他共有人。其他共有人应当在合理期限内行使优先购买权。

2个以上其他共有人主张行使优先购买权的，协商确定各自的购买比例；协商不成的，按照转让时各自的共有份额比例行使优先购买权。

第三百零七条 因共有的不动产或者动产产生的债权债务，在对外关系上，共有人享有连带债权、承担连带债务，但是法律另有规定或者第三人知道共有人不具有连带债权债务关系的除外；在共有人内部关系上，除共有人另有约定外，按份共有人按照份额享有债权、承担债务，共同共有人共同享有债权、承担债务。偿还债务超过自己应当承担份额的按份共有人，有权向其他共有人追偿。

第三百零八条 共有人对共有的不动产或者动产没有约定为按份共有或者共同共有，或者约定不明确的，除共有人具有家庭关系等外，视为按份共有。

第三百零九条 按份共有人对共有的不动产或者动产享有的份额，没有约定或者约定不明确的，按照出资额确定；不能确定出资额的，视为等额享有。

【相关法条】《物权编解释一》

第9条 共有份额的权利主体因继承、遗赠等原因发生变化时，其他按份共有人主张优先购买的，不予支持，但按份共有人之间另有约定的除外。

第10条 民法典第三百零五条所称的“同等条件”，应当综合共有份额的转让价格、价款履行方式及期限等因素确定。

第11条 优先购买权的行使期间，按份共有人之间有约定的，按照约定处理；没有约定或者约定不明的，按照下列情形确定：

(一)转让人向其他按份共有人发出的包含同等条件内容的通知中载明行使期间的，以该期间为准；

(二)通知中未载明行使期间，或者载明的期间短于通知送达之日起15日的，为15日；

(三)转让人未通知的，为其他按份共有人知道或者应当知道最终确定的同等条件之日起15日；

(四)转让人未通知，且无法确定其他按份共有人知道或者应当知道最终确定的同等条件的，为共有份额权属转移之日起6个月。

第12条 按份共有人向共有人之外的人转让其份额，其他按份共有人根据法律、司法解释规定，请求按照同等条件优先购买该共有份额的，应予支持。其他按份共有人的请求具有下列情形之一的，不予支持：

(一)未在本解释第11条规定的期间内主张优先购买，或者虽主张优先购买，但提出减少转让价款、增加转让人负担等实质性变更要求；

(二)以其优先购买权受到侵害为由，仅请求撤销共有份额转让合同或者认定该合同无效。

第13条 按份共有人之间转让共有份额，其他按份共有人主张依据民法典第305条规定优先购买的，不予支持，但按份共有人之间另有约定的除外。

重点法条 40 所有权取得的特别规定

第三百一十一条 无处分权人将不动产或者动产转让给受让人的，所有权人有权追回；除法律另有规定外，符合下列情形的，受让人取得该不动产或者动产的所有权：

(一)受让人受让该不动产或者动产时是善意；

(二)以合理的价格转让；

(三)转让的不动产或者动产依照法律规定应当登记的已经登记，不需要登记的已经交付给受让人。

受让人依据前款规定取得不动产或者动产的所有权的，原所有权人有权向无处分权人请求损害赔偿。

当事人善意取得其他物权的，参照适用前两款规定。

第三百一十二条 所有权人或者其他权利人有权追回遗失物。该遗失物通过转让被他人占有的，权利人有权向无处分权人请求损害赔偿，或者自知道或者应当知道受让人之日起2年内向受让人请求返还原物；但是，受让人通过拍卖或者向具有经营资格的经营者购得该遗失物的，权利人请求返还原物时应当支付受让人所付的费用。权利人向受让人支付所付费用后，有权向无处分权人追偿。

第三百一十三条 善意受让人取得动产后，该动产上的原有权利消灭。但是，善意受让人在受让时知道或者应当知道该权利的除外。

第三百一十四条 拾得遗失物，应当返还权利人。拾得人应当及时通知权利人领取，或者送交公安等有关部门。

第三百一十五条 有关部门收到遗失物，知道权利人的，应当及时通知其领取；不知道的，应当及时发布招领公告。

第三百一十六条 拾得人在遗失物送交有关部门前,有关部门在遗失物被领取前,应当妥善保管遗失物。因故意或者重大过失致使遗失物毁损、灭失的,应当承担民事责任。

第三百一十七条 权利人领取遗失物时,应当向拾得人或者有关部门支付保管遗失物等支出的必要费用。

权利人悬赏寻找遗失物的,领取遗失物时应当按照承诺履行义务。

拾得人侵占遗失物的,无权请求保管遗失物等支出的费用,也无权请求权利人按照承诺履行义务。

第三百一十八条 遗失物自发布招领公告之日起1年内无人认领的,归国家所有。

第三百一十九条 拾得漂流物、发现埋藏物或者隐藏物的,参照适用拾得遗失物的有关规定。法律另有规定的,依照其规定。

第三百二十条 主物转让的,从物随主物转让,但是当事人另有约定的除外。

第三百二十一条 天然孳息,由所有权人取得;既有所有权人又有用益物权人的,由用益物权人取得。当事人另有约定的,按照其约定。

法定孳息,当事人有约定的,按照约定取得;没有约定或者约定不明确的,按照交易习惯取得。

第三百二十二条 因加工、附合、混合而产生的物的归属,有约定的,按照约定;没有约定或者约定不明确的,依照法律规定;法律没有规定的,按照充分发挥物的效用以及保护无过错当事人的原则确定。因一方当事人的过错或者确定物的归属造成另一方当事人损害的,应当给予赔偿或者补偿。

【相关法条】《物权编解释一》

第14条 受让人受让不动产或者动产时,不知道转让人无处分权,且无重大过失的,应当认定受让人为善意。

真实权利人主张受让人不构成善意的,应当承担举证证明责任。

第15条 具有下列情形之一的,应当认定不动产受让人知道转让人无处分权:

(一)登记簿上存在有效的异议登记;

(二)预告登记有效期内,未经预告登记的权利人同意;

(三)登记簿上已经记载司法机关或者行政机关依法裁定、决定查封或者以其他形式限制不动产权利的有关事项;

(四)受让人知道登记簿上记载的权利主体错误;

(五)受让人知道他人已经依法享有不动产物权。

真实权利人有证据证明不动产受让人应当知道转让人无处分权的,应当认定受让人具有重大过失。

第16条 受让人受让动产时,交易的对象、场所或者时机等不符合交易习惯的,应当认定受让人具有重大过失。

第17条 民法典第311条第1款第1项所称的"受让人受让该不动产或者动产时",是指依法完成不动产物权转移登记或者动产交付之时。

当事人以民法典第226条规定的方式交付动产的,转让动产民事法律行为生效时为动产交付之时;当事人以民法典第227条规定的方式交付动产的,转让人与受让人之间有关转让返还原物请求权的协议生效时为动产交付之时。

法律对不动产、动产物权的设立另有规定的,应当按照法律规定的时间认定权利人是否为善意。

第18条 民法典第311条第1款第2项所称"合理的价格",应当根据转让标的物的性质、数量以及付款方式等具体情况,参考转让时交易地市场价格以及交易习惯等因素综合认定。

第19条 转让人将民法典第225条规定的船舶、航空器和机动车等交付给受让人的,应当认定符合民法典第311条第1款第3项规定的善意取得的条件。

第20条 具有下列情形之一,受让人主张依据民法典第311条规定取得所有权的,不予支持:

(一)转让合同被认定无效;

(二)转让合同被撤销。

重点法条 41 土地承包经营权

第三百三十一条 土地承包经营权人依法对其承包经营的耕地、林地、草地等享有占有、使用和收益的权利,有权从事种植业、林业、畜牧业等农业生产。

第三百三十二条 耕地的承包期为30年。草地的承包期为30年至50年。林地的承包期为30年至70年。

前款规定的承包期限届满,由土地承包经营权人依照农村土地承包的法律规定继续承包。

第三百三十三条 土地承包经营权自土地承包经营权合同生效时设立。

登记机构应当向土地承包经营权人发放土地承包经营权证、林权证等证书,并登记造册,确认土地承包经营权。

第三百三十四条 土地承包经营权人依照法律规定,有权将土地承包经营权互换、转让。未经依法批准,不得将承包地用于非农建设。

第三百三十五条 土地承包经营权互换、转让的,当事人可以向登记机构申请登记;未经登记,不得对抗善意第三人。

第三百三十六条 承包期内发包人不得调整承包地。

因自然灾害严重毁损承包地等特殊情形,需要适当调整承包的耕地和草地的,应当依照农村土地承包的法律规定办理。

第三百三十七条 承包期内发包人不得收回承包地。法律另有规定的,依照其规定。

第三百三十八条 承包地被征收的,土地承包经营权人有权依据本法第243条的规定获得相应补偿。

第三百三十九条 土地承包经营权人可以自主决定依法采取出租、入股或者其他方式向他人流转土地经营权。

第三百四十条 土地经营权人有权在合同约定的期限内占有农村土地,自主开展农业生产经营并取得收益。

第三百四十一条 流转期限为5年以上的土地经营权,自流转合同生效时设立。当事人可以向登记机构申请土地经营权登记;未经登记,不得对抗善意第三人。

第三百四十二条 通过招标、拍卖、公开协商等方式承包农村土地,经依法登记取得权属证书的,可以依法采取出租、入股、抵押或者其他方式流转土地经营权。

重点法条 42 建设用地使用权

第三百四十七条 设立建设用地使用权,可以采取出让或者划拨等方式。

工业、商业、旅游、娱乐和商品住宅等经营性用地以及同一土地有2个以上意向用地者的,应当采取招标、拍卖等公开竞价的方式出让。

严格限制以划拨方式设立建设用地使用权。

第三百四十八条 通过招标、拍卖、协议等出让方式设立建设用地使用权的,当事人应当采用书面形式订立建设用地使用权出让合同。

建设用地使用权出让合同一般包括下列条款:

(一)当事人的名称和住所;

(二)土地界址、面积等;

(三)建筑物、构筑物及其附属设施占用的空间;

(四)土地用途、规划条件;

(五)建设用地使用权期限;

(六)出让金等费用及其支付方式;

(七)解决争议的方法。

第三百四十九条 设立建设用地使用权的,应当向登记机构申请建设用地使用权登记。建设用地使用权自登记时设立。登记机构应当向建设用地使用权人发放权属证书。

第三百五十条 建设用地使用权人应当合理利用土地,不得改变土地用途;需要改变土地用途的,应当依法经有关行政主管部门批准。

第三百五十一条 建设用地使用权人应当依照法律规定以及合同约定支付出让金等费用。

第三百五十二条 建设用地使用权人建造的建筑物、构筑物及其附属设施的所有权属于建设用地使用权人,但是有相反证据证明的除外。

第三百五十三条 建设用地使用权人有权将建设用地使用权转让、互换、出资、赠与或者抵押,但是法律另有规定的除外。

第三百五十四条 建设用地使用权转让、互换、出资、赠与或者抵押的,当事人应当采用书面形式订立相应的合同。使用期限由当事人约定,但是不得超过建设用地使用权的剩余期限。

第三百五十五条 建设用地使用权转让、互换、出资或者赠与的,应当向登记机构申请变更登记。

第三百五十六条 建设用地使用权转让、互换、出资或者赠与的,附着于该土地上的建筑物、构筑物及其附属设施一并处分。

第三百五十七条 建筑物、构筑物及其附属设施转让、互换、出资或者赠与的,该建筑物、构筑物及其附属设施占用范围内的建设用地使用权一并处分。

第三百五十八条 建设用地使用权期限届满前,因公共利益需要提前收回该土地的,应当依据本法第243条的规定对该土地上的房屋以及其他不动产给予补偿,并退还相应的出让金。

重点法条 43 宅基地使用权

第三百六十三条 宅基地使用权的取得、行使和转让,适用土地管理的法律和国家有关规定。

第三百六十四条 宅基地因自然灾害等原因灭失的,宅基地使用权消灭。对失去宅基地的村民,应当依法重新分配宅基地。

第三百六十五条 已经登记的宅基地使用权转让或者消灭的,应当及时办理变更登记或者注销登记。

重点法条 44 居住权

第三百六十六条 居住权人有权按照合同约定,对他人的住宅享有占有、使用的用益物权,以满足生活居住的需要。

第三百六十七条 设立居住权,当事人应当采用书面形式订立居住权合同。

居住权合同一般包括下列条款:

(一)当事人的姓名或者名称和住所;

(二)住宅的位置;

(三)居住的条件和要求;

(四)居住权期限;

(五)解决争议的方法。

第三百六十八条 居住权无偿设立,但是当事人另有约定的除外。设立居住权的,应当向登记机构申请居住权登记。居住权自登记时设立。

第三百六十九条 居住权不得转让、继承。设立居住权的住宅不得出租,但是当事人另有约定的除外。

第三百七十条 居住权期限届满或者居住权人死亡的,居住权消灭。居住权消灭的,应当及时办理注销登记。

重点法条 45 地役权

第三百七十二条 地役权人有权按照合同约定,利用他人的不动产,以提高自己的不动产的效益。

前款所称他人的不动产为供役地,自己的不动产为需役地。

第三百七十三条第一款 设立地役权,当事人应当采用书面形式订立地役权合同。

第三百七十四条 地役权自地役权合同生效时设立。当事人要求登记的,可以向登记机构申请地役权登记;未经登记,不得对抗善意第三人。

第三百七十五条 供役地权利人应当按照合同约定,允许地役权人利用其不动产,不得妨害地役权人行使权利。

第三百七十六条 地役权人应当按照合同约定的利用目的和方法利用供役地,尽量减少对供役地权利人物权的限制。

第三百七十七条 地役权期限由当事人约定;但是,不得超过土地承包经营权、建设用地使用权等用益物权的剩余期限。

第三百七十八条 土地所有权人享有地役权或者负担地役权的,设立土地承包经营权、宅基地使用权等用益物权时,该用益物权人继续享有或者负担已经设立的地役权。

第三百七十九条 土地上已经设立土地承包经营权、建设用地使用权、宅基地使用权等用益物权的,未经用益物权人同意,土地所有权人不得设立地役权。

第三百八十条 地役权不得单独转让。土地承包经营权、建设用地使用权等转让的,地役权一并转让,但是合同另有约定的除外。

第三百八十一条 地役权不得单独抵押。土地经营权、建设用地使用权等抵押的,在实现抵押权时,地役权一并转让。

第三百八十二条 需役地以及需役地上的土地承包经营权、建设用地使用权等部分转让时,转让部分涉及地役权的,受让人同时享有地役权。

第三百八十三条 供役地以及供役地上的土地承包经营权、建设用地使用权等部分转让时,转让部分涉及地役权的,地役权对受让人具有法律约束力。

第三百八十四条 地役权人有下列情形之一的,供役地权利人有权解除地役权合同,地役权消灭:

(一)违反法律规定或者合同约定,滥用地役权;

(二)有偿利用供役地,约定的付款期限届满后在合理期限内经两次催告未支付费用。

【相关法条】《民法典》

第 288 条 不动产的相邻权利人应当按照有利生产、方便生活、团结互助、公平合理的原则,正确处理相邻关系。

第 290 条 不动产权利人应当为相邻权利人用水、排水提供必要的便利。

对自然流水的利用,应当在不动产的相邻权利人之间合理分配。对自然流水的排放,应当尊重自然流向。

第 291 条 不动产权利人对相邻权利人因通行等必须利用其土地的,应当提供必要的便利。

第 292 条 不动产权利人因建造、修缮建筑物以及铺设电线、电缆、水管、暖气和燃气管线等必须利用相邻土地、建筑物的,该土地、建筑物的权利人应当提供必要的便利。

第 293 条 建造建筑物,不得违反国家有关工程建设标准,不得妨碍相邻建筑物的通风、采光和日照。

第 294 条 不动产权利人不得违反国家规定弃置固体废物,排放大气污染物、水污染物、土壤污染物、噪声、光辐射、电磁辐射等有害物质。

第 295 条 不动产权利人挖掘土地、建造建筑物、铺设管线以及安装设备等,不得危及相邻不动产的安全。

第 296 条 不动产权利人因用水、排水、通行、铺设管线等利用相邻不动产的,应当尽量避免对相邻的不动产权利人造成损害。

重点法条 46 一般抵押权

第三百九十六条 企业、个体工商户、农业生产经营者可以将现有的以及将有的生产设备、原材料、半成品、产品抵押,债务人不履行到期债务或者发生当事人约定的实现抵押权的情形,债权人有权就抵押财产确定时的动产优先受偿。

第四百零一条 抵押权人在债务履行期限届满前,与抵押人约定债务人不履行到期债务时抵押财产归债权人所有的,只能依法就抵押财产优先受偿。

第四百零二条 以本法第三百九十五条第一款第一项至第三项规定的财产或者第五项规定的正在建造的建筑物抵押的,应当办理抵押登记。抵押权自登记时设立。

第四百零三条 以动产抵押的,抵押权自抵押合同生效时设立;未经登记,不得对抗善意第三人。

第四百零五条 抵押权设立前,抵押财产已经出租并转移占有的,原租赁关系不受该抵押权的影响。

第四百零六条 抵押期间,抵押人可以转让抵押财产。当事人另有约定的,按照其约定。抵押财产转让的,抵押权不受影响。

抵押人转让抵押财产的,应当及时通知抵押权人。抵押权人能够证明抵押财产转让可能损害抵押权的,可以请求抵押人将转让所得的价款向抵押权人提前清偿债务或者提存。转让的价款超过债权数额的部分归抵押人所有,不足部分由债务人清偿。

第四百零七条 抵押权不得与债权分离而单独转让或者作为其他债权的担保。债权转让的,担保该债权的抵押权一并转让,但是法律另有规定或者当事人另有约定的除外。

第四百零八条 抵押人的行为足以使抵押财产价值减少的,抵押权人有权请求抵押人停止其行为;抵押财产价值减少的,抵押权人有权请求恢复抵押财产的价值,或者提供与减少的价值相应的担保。抵押人不恢复抵押财产的价值,也不提供担保的,抵押权人有权请求债务人提前清偿债务。

第四百零九条 抵押权人可以放弃抵押权或者抵押权的顺位。抵押权人与抵押人可以协议变更抵押权顺位以及被担保的债权数额等内容。但是,抵押权的变更未经其他抵押权人书面同意的,不得对其他抵押权人产生不利影响。

债务人以自己的财产设定抵押,抵押权人放弃该抵押权、抵押权顺位或者变更抵押权的,其他担保人在抵押权人丧失优先受偿权益的范围内免除担保责任,但是其他担保人承诺仍然提供担保的除外。

第四百一十条 债务人不履行到期债务或者发生当事人约定的实现抵押权的情形,抵押权人可以与抵押人协议以抵押财产折价或者以拍卖、变卖该抵押财产所得的价款优先受偿。协议损害其他债权人利益的,其他债权人可以请求人民法院撤销该协议。

抵押权人与抵押人未就抵押权实现方式达成协议的,抵押权人可以请求人民法院拍卖、变卖抵押财产。

抵押财产折价或者变卖的,应当参照市场价格。

第四百一十一条 依据本法第 396 条规定设定抵押的,抵押财产自下列情形之一发生时确定:

(一)债务履行期限届满,债权未实现;

(二)抵押人被宣告破产或者解散;

(三)当事人约定的实现抵押权的情形;

(四)严重影响债权实现的其他情形。

第四百一十二条 债务人不履行到期债务或者发生当事人约定的实现抵押权的情形,致使抵押财产被人民法院依法扣押的,自扣押之日起,抵押权人有权收取该抵押财产的天然孳息或者法定孳息,但是抵押权人未通知应当清偿法定孳息义务人的除外。

前款规定的孳息应当先充抵收取孳息的费用。

第四百一十三条 抵押财产折价或者拍卖、变卖后，其价款超过债权数额的部分归抵押人所有，不足部分由债务人清偿。

第四百一十四条 同一财产向2个以上债权人抵押的，拍卖、变卖抵押财产所得的价款依照下列规定清偿：

（一）抵押权已经登记的，按照登记的时间先后确定清偿顺序；

（二）抵押权已经登记的先于未登记的受偿；

（三）抵押权未登记的，按照债权比例清偿。

其他可以登记的担保物权，清偿顺序参照适用前款规定。

第四百一十五条 同一财产既设立抵押权又设立质权的，拍卖、变卖该财产所得的价款按照登记、交付的时间先后确定清偿顺序。

第四百一十六条 动产抵押担保的主债权是抵押物的价款，标的物交付后10日内办理抵押登记的，该抵押权人优先于抵押物买受人的其他担保物权人受偿，但是留置权人除外。

第四百一十七条 建设用地使用权抵押后，该土地上新增的建筑物不属于抵押财产。该建设用地使用权实现抵押权时，应当将该土地上新增的建筑物与建设用地使用权一并处分。但是，新增建筑物所得的价款，抵押权人无权优先受偿。

第四百一十八条 以集体所有土地的使用权依法抵押的，实现抵押权后，未经法定程序，不得改变土地所有权的性质和土地用途。

第四百一十九条 抵押权人应当在主债权诉讼时效期间行使抵押权；未行使的，人民法院不予保护。

【相关法条】 最高人民法院《关于适用〈中华人民共和国民法典〉有关担保制度的解释》（以下简称《担保制度解释》，2020年12月25日通过）

第40条 从物产生于抵押权依法设立前，抵押权人主张抵押权的效力及于从物的，人民法院应予支持，但是当事人另有约定的除外。

从物产生于抵押权依法设立后，抵押权人主张抵押权的效力及于从物的，人民法院不予支持，但是在抵押权实现时可以一并处分。

第41条 抵押权依法设立后，抵押财产被添附，添附物归第三人所有，抵押权人主张抵押权效力及于补偿金的，人民法院应予支持。

抵押权依法设立后，抵押财产被添附，抵押人对添附物享有所有权，抵押权人主张抵押权的效力及于添附物的，人民法院应予支持，但是添附导致抵押财产价值增加的，抵押权的效力不及于增加的价值部分。

抵押权依法设立后，抵押人与第三人因添附成为添附物的共有人，抵押权人主张抵押权的效力及于抵押人对共有物享有的份额的，人民法院应予支持。

本条所称添附，包括附合、混合与加工。

第42条 抵押权依法设立后，抵押财产毁损、灭失或者被征收等，抵押权人请求按照原抵押权的顺位就保险金、赔偿金或者补偿金等优先受偿的，人民法院应予支持。

给付义务人已经向抵押人给付了保险金、赔偿金或者补偿金，抵押权人请求给付义务人向其给付保险金、赔偿金或者补偿金的，人民法院不予支持，但是给付义务人接到抵押权人要求向其给付的通知后仍然向抵押人给付的除外。

抵押权人请求给付义务人向其给付保险金、赔偿金或者补偿金的，人民法院可以通知抵押人作为第三人参加诉讼。

第43条 当事人约定禁止或者限制转让抵押财产但是未将约定登记，抵押人违反约定转让抵押财产，抵押权人请求确认转让合同无效的，人民法院不予支持；抵押财产已经交付或者登记，抵押权人请求确认转让不发生物权效力的，人民法院不予支持，但是抵押权人有证据证明受让人知道的除外；抵押权人请求抵押人承担违约责任的，人民法院依法予以支持。

当事人约定禁止或者限制转让抵押财产且已经将约定登记，抵押人违反约定转让抵押财产，抵押权人请求确认转让合同无效的，人民法院不予支持；抵押财产已经交付或者登记，抵押权人主张转让不发生物权效力的，人民法院应予支持，但是因受让人代替债务人清偿债务导致抵押权消灭的除外。

第44条 主债权诉讼时效期间届满后，抵押权人主张行使抵押权的，人民法院不予支持；抵押人以主债权诉讼时效期间届满为由，主张不承担担保责任的，人民法院应予支持。主债权诉讼时效期间届满前，债权人仅对债务人提起诉讼，经人民法院判决或者调解后未在民事诉讼法规定的申请执行时效期间内对债务人申请强制执行，其向抵押人主张行使抵押权的，人民法院不予支持。

主债权诉讼时效期间届满后，财产被留置的债务人或者对留置财产享有所有权的第三人请求债权人返还留置财产的，人民法院不予支持；债务人或者第三人请求拍卖、变卖留置财产并以所得价款清偿债务的，人民法院应予支持。

主债权诉讼时效期间届满的法律后果，以登记作为公示方式的权利质权，参照适用第1款的规定；动产质权、以交付权利凭证作为公示方式的权利质权，参照适用第2款的规定。

第45条 当事人约定当债务人不履行到期债务或者发生当事人约定的实现担保物权的情形，担保物权人有权将担保财产自行拍卖、变卖并就所得的价款优先受偿的，该约定有效。因担保人的原因导致担保物权人无法自行对担保财产进行拍卖、变卖，担保物权人请求担保人承担因此增加的费用的，人民法院应予支持。

当事人依照民事诉讼法有关"实现担保物权案件"的规定，申请拍卖、变卖担保财产，被申请人以担保合同约定仲裁条款为由主张驳回申请的，人民法院经审查后，应当按照以下情形分别处理：

（一）当事人对担保物权无实质性争议且实现担保物权条件已经成就的，应当裁定准许拍卖、变卖担保财产；

（二）当事人对实现担保物权有部分实质性争议的，可以就无争议的部分裁定准许拍卖、变卖担保财产，并告知可以就有争议的部分申请仲裁；

（三）当事人对实现担保物权有实质性争议的，裁定驳回申请，并告知可以向仲裁机构申请仲裁。

债权人以诉讼方式行使担保物权的，应当以债务人和担保人作为共同被告。

第46条 不动产抵押合同生效后未办理抵押登记手续，债权人请求抵押人办理抵押登记手续的，人民法院应予支持。

抵押财产因不可归责于抵押人自身的原因灭失或者被征收等导致不能办理抵押登记，债权人请求抵押人在约定的担保范围内承担责任的，人民法院不予支持；但是抵押人已经获得保险金、赔偿金或者补偿金等，债权人请求抵押人在其所获金额范围内承担赔偿责任的，人民法院依法予以支持。

因抵押人转让抵押财产或者其他可归责于抵押人自身的原因导致不能办理抵押登记，债权人请求抵押人在约定的担保范围内承担责任的，人民法院依法予以支持，但是不得超过抵押权能够设立时抵押人应当承担的责任范围。

第47条 不动产登记簿就抵押财产、被担保的债权范围等所作的记载与抵押合同约定不一致的，人民法院应当根据登记簿的记载确定抵押财产、被担保的债权范围等事项。

第48条 当事人申请办理抵押登记手续时，因登记机构的过错致使其不能办理抵押登记，当事人请求登记机构承担赔偿责任的，人民法院依法予以支持。

第49条 以违法的建筑物抵押的，抵押合同无效，但是一审法庭辩论终结前已经办理合法手续的除外。抵押合同无效的法律后果，依照本解释第十七条的有关规定处理。

当事人以建设用地使用权依法设立抵押，抵押人以土地上存在违法的建筑物为由主张抵押合同无效的，人民法院不予支持。

第50条 抵押人以划拨建设用地上的建筑物抵押，当事人以该建设用地使用权不能抵押或者未办理批准手续为由主张抵押合同无效或者不生效的，人民法院不予支持。抵押权依法实现时，拍卖、变卖建筑物所得的价款，应当优先用于补缴建设用地使用权出让金。

当事人以划拨方式取得的建设用地使用权抵押，抵押人以未办理批准手续为由主张抵押合同无效或者不生效的，人民法院不予支持。已经依法办理抵押登记，抵押权人主张行使抵押权的，人民法院应予支持。抵押权依法实现时所得的价款，参照前款有关规定处理。

第51条 当事人仅以建设用地使用权抵押，债权人主张抵押权的效力及于土地上已有的建筑物以及正在建造的建筑物已完成部分的，人民法院应予支持。债权人主张抵押权的效力及于正在建造的建筑物的续建部分以及新增建筑物的，人民法院不予支持。

当事人以正在建造的建筑物抵押，抵押权的效力范围限于已办理抵押登记的部分。当事人按照担保合同的约定，主张抵押权的效力及于续建部分、新增建筑物以及规划中尚未建造的建筑物的，人民法院不予支持。

抵押人将建设用地使用权、土地上的建筑物或者正在建造的建筑物分别抵押给不同债权人的，人民法院应当根据抵押登记的时间先后确定清偿顺序。

第 52 条　当事人办理抵押预告登记后，预告登记权利人请求就抵押财产优先受偿，经审查存在尚未办理建筑物所有权首次登记、预告登记的财产与办理建筑物所有权首次登记时的财产不一致、抵押预告登记已经失效等情形，导致不具备办理抵押登记条件的，人民法院不予支持；经审查已经办理建筑物所有权首次登记，且不存在预告登记失效等情形的，人民法院应予支持，并应当认定抵押权自预告登记之日起设立。

当事人办理了抵押预告登记，抵押人破产，经审查抵押财产属于破产财产，预告登记权利人主张就抵押财产优先受偿的，人民法院应当在受理破产申请时抵押财产的价值范围内予以支持，但是在人民法院受理破产申请前一年内，债务人对没有财产担保的债务设立抵押预告登记的除外。

第 53 条　当事人在动产和权利担保合同中对担保财产进行概括描述，该描述能够合理识别担保财产的，人民法院应当认定担保成立。

第 54 条　动产抵押合同订立后未办理抵押登记，动产抵押权的效力按照下列情形分别处理：

（一）抵押人转让抵押财产，受让人占有抵押财产后，抵押权人向受让人请求行使抵押权的，人民法院不予支持，但是抵押权人能够举证证明受让人知道或者应当知道已经订立抵押合同的除外；

（二）抵押人将抵押财产出租给他人并移转占有，抵押权人行使抵押权的，租赁关系不受影响，但是抵押权人能够举证证明承租人知道或者应当知道已经订立抵押合同的除外；

（三）抵押人的其他债权人向人民法院申请保全或者执行抵押财产，人民法院已经作出财产保全裁定或者采取执行措施，抵押权人主张对抵押财产优先受偿的，人民法院不予支持；

（四）抵押人破产，抵押权人主张对抵押财产优先受偿的，人民法院不予支持。

第 55 条　债权人、出质人与监管人订立三方协议，出质人以通过一定数量、品种等概括描述能够确定范围的货物为债务的履行提供担保，当事人有证据证明监管人系受债权人的委托监管并实际控制该货物的，人民法院应当认定质权于监管人实际控制货物之日起设立。监管人违反约定向出质人或者其他人放货、因保管不善导致货物毁损灭失，债权人请求监管人承担违约责任的，人民法院依法予以支持。

在前款规定情形下，当事人有证据证明监管人系受出质人委托监管该货物，或者虽然受债权人委托但是未实际履行监管职责，导致货物仍由出质人实际控制的，人民法院应当认定质权未设立。债权人可以基于质押合同的约定请求出质人承担违约责任，但是不得超过质权有效设立时出质人应当承担的责任范围。监管人未履行监管职责，债权人请求监管人承担责任的，人民法院依法予以支持。

第 56 条　买受人在出卖人正常经营活动中通过支付合理对价取得已被设立担保物权的动产，担保物权人请求就该动产优先受偿的，人民法院不予支持，但是有下列情形之一的除外：

（一）购买商品的数量明显超过一般买受人；

（二）购买出卖人的生产设备；

（三）订立买卖合同的目的在于担保出卖人或者第三人履行债务；

（四）买受人与出卖人存在直接或者间接的控制关系；

（五）买受人应当查询抵押登记而未查询的其他情形。

前款所称出卖人正常经营活动，是指出卖人的经营活动属于其营业执照明确记载的经营范围，且出卖人持续销售同类商品。前款所称担保物权人，是指已经办理登记的抵押权人、所有权保留买卖的出卖人、融资租赁合同的出租人。

第 57 条　担保人在设立动产浮动抵押并办理抵押登记后又购入或者以融资租赁方式承租新的动产，下列权利人为担保价款债权或者租金的实现而订立担保合同，并在该动产交付后十日内办理登记，主张其权利优先于在先设立的浮动抵押权的，人民法院应予支持：

（一）在该动产上设立抵押权或者保留所有权的出卖人；

（二）为价款支付提供融资而在该动产上设立抵押权的债权人；

（三）以融资租赁方式出租该动产的出租人。

买受人取得动产但未付清价款或者承租人以融资租赁方式占有租赁物但是未付清全部租金，又以标的物为他人设立担保物权，前款所列权利人为担保价款债权或者租金的实现而订立担保合同，并在该动产交付后十日内办理登记，主张其权利优先于买受人为他人设立的担保物权的，人民法院应予支持。

同一动产上存在多个价款优先权的,人民法院应当按照登记的时间先后确定清偿顺序。

《合同编通则解释》

第27条 债务人或者第三人与债权人在债务履行期限届满后达成以物抵债协议,不存在影响合同效力情形的,人民法院应当认定该协议自当事人意思表示一致时生效。

债务人或者第三人履行以物抵债协议后,人民法院应当认定相应的原债务同时消灭;债务人或者第三人未按照约定履行以物抵债协议,经催告后在合理期限内仍不履行,债权人选择请求履行原债务或者以物抵债协议的,人民法院应予支持,但是法律另有规定或者当事人另有约定的除外。

前款规定的以物抵债协议经人民法院确认或者人民法院根据当事人达成的以物抵债协议制作成调解书,债权人主张财产权利自确认书、调解书生效时发生变动或者具有对抗善意第三人效力的,人民法院不予支持。

债务人或者第三人以自己不享有所有权或者处分权的财产权利订立以物抵债协议的,依据本解释第十九条的规定处理。

第28条 债务人或者第三人与债权人在债务履行期限届满前达成以物抵债协议的,人民法院应当在审理债权债务关系的基础上认定该协议的效力。

当事人约定债务人到期没有清偿债务,债权人可以对抵债财产拍卖、变卖、折价以实现债权的,人民法院应当认定该约定有效。当事人约定债务人到期没有清偿债务,抵债财产归债权人所有的,人民法院应当认定该约定无效,但是不影响其他部分的效力;债权人请求对抵债财产拍卖、变卖、折价以实现债权的,人民法院应予支持。

当事人订立前款规定的以物抵债协议后,债务人或者第三人未将财产权利转移至债权人名下,债权人主张优先受偿的,人民法院不予支持;债务人或者第三人已将财产权利转移至债权人名下的,依据《最高人民法院关于适用〈中华人民共和国民法典〉有关担保制度的解释》第六十八条的规定处理。

精 解

1. 设立抵押权,当事人应当采取书面形式订立抵押合同。

2. 不动产抵押登记。对这些财产设立抵押权要订立书面合同外,还要求办理抵押登记,不经抵押登记,抵押权不发生法律效力。

3. 动产抵押登记。以动产抵押的,抵押权自抵押合同生效时设立;未经登记,不得对抗善意第三人,即登记对抗主义。

重点法条 47 最高额抵押权

第四百二十条 为担保债务的履行,债务人或者第三人对一定期间内将要连续发生的债权提供担保财产的,债务人不履行到期债务或者发生当事人约定的实现抵押权的情形,抵押权人有权在最高债权额限度内就该担保财产优先受偿。

最高额抵押权设立前已经存在的债权,经当事人同意,可以转入最高额抵押担保的债权范围。

第四百二十三条 有下列情形之一的,抵押权人的债权确定:

(一)约定的债权确定期间届满;

(二)没有约定债权确定期间或者约定不明确,抵押权人或者抵押人自最高额抵押权设立之日起满2年后请求确定债权;

(三)新的债权不可能发生;

(四)抵押权人知道或者应当知道抵押财产被查封、扣押;

(五)债务人、抵押人被宣告破产或者解散;

(六)法律规定债权确定的其他情形。

重点法条 48 动产质权

第四百二十五条 为担保债务的履行,债务人或者第三人将其动产出质给债权人占有的,债务人不履行到期债务或者发生当事人约定的实现质权的情形,债权人有权就该动产优先受偿。

前款规定的债务人或者第三人为出质人,债权人为质权人,交付的动产为质押财产。

第四百二十七条第一款 设立质权,当事人应当采用书面形式订立质押合同。

第四百二十八条 质权人在债务履行期限届满前,与出质人约定债务人不履行到期债务时质押财产归债权人所有的,只能依法就质押财产优先受偿。

第四百二十九条 质权自出质人交付质押财产时设立。

第四百三十条 质权人有权收取质押财产的孳息,但是合同另有约定的除外。

前款规定的孳息应当先充抵收取孳息的费用。

第四百三十一条 质权人在质权存续期间，未经出质人同意，擅自使用、处分质押财产，造成出质人损害的，应当承担赔偿责任。

第四百三十二条 质权人负有妥善保管质押财产的义务；因保管不善致使质押财产毁损、灭失的，应当承担赔偿责任。

质权人的行为可能使质押财产毁损、灭失的，出质人可以请求质权人将质押财产提存，或者请求提前清偿债务并返还质押财产。

第四百三十三条 因不可归责于质权人的事由可能使质押财产毁损或者价值明显减少，足以危害质权人权利的，质权人有权请求出质人提供相应的担保；出质人不提供的，质权人可以拍卖、变卖质押财产，并与出质人协议将拍卖、变卖所得的价款提前清偿债务或者提存。

第四百三十四条 质权人在质权存续期间，未经出质人同意转质，造成质押财产毁损、灭失的，应当承担赔偿责任。

第四百三十五条 质权人可以放弃质权。债务人以自己的财产出质，质权人放弃该质权的，其他担保人在质权人丧失优先受偿权益的范围内免除担保责任，但是其他担保人承诺仍然提供担保的除外。

第四百三十六条 债务人履行债务或者出质人提前清偿所担保的债权的，质权人应当返还质押财产。

债务人不履行到期债务或者发生当事人约定的实现质权的情形，质权人可以与出质人协议以质押财产折价，也可以就拍卖、变卖质押财产所得的价款优先受偿。

质押财产折价或者变卖的，应当参照市场价格。

重点法条 49 权利质权

第四百四十条 债务人或者第三人有权处分的下列权利可以出质：

（一）汇票、本票、支票；

（二）债券、存款单；

（三）仓单、提单；

（四）可以转让的基金份额、股权；

（五）可以转让的注册商标专用权、专利权、著作权等知识产权中的财产权；

（六）现有的以及将有的应收账款；

（七）法律、行政法规规定可以出质的其他财产权利。

重点法条 50 留置权

第四百四十七条 债务人不履行到期债务，债权人可以留置已经合法占有的债务人的动产，并有权就该动产优先受偿。

前款规定的债权人为留置权人，占有的动产为留置财产。

第四百四十八条 债权人留置的动产，应当与债权属于同一法律关系，但是企业之间留置的除外。

第四百五十一条 留置权人负有妥善保管留置财产的义务；因保管不善致使留置财产毁损、灭失的，应当承担赔偿责任。

第四百五十二条 留置权人有权收取留置财产的孳息。

前款规定的孳息应当先充抵收取孳息的费用。

第四百五十三条 留置权人与债务人应当约定留置财产后的债务履行期限；没有约定或者约定不明确的，留置权人应当给债务人60日以上履行债务的期限，但是鲜活易腐等不易保管的动产除外。债务人逾期未履行的，留置权人可以与债务人协议以留置财产折价，也可以就拍卖、变卖留置财产所得的价款优先受偿。

留置财产折价或者变卖的，应当参照市场价格。

第四百五十四条 债务人可以请求留置权人在债务履行期限届满后行使留置权；留置权人不行使的，债务人可以请求人民法院拍卖、变卖留置财产。

第四百五十五条 留置财产折价或者拍卖、变卖后，其价款超过债权数额的部分归债务人所有，不足部分由债务人清偿。

第四百五十六条 同一动产上已经设立抵押权或者质权，该动产又被留置的，留置权人优先受偿。

第四百五十七条 留置权人对留置财产丧失占有或者留置权人接受债务人另行提供担保的，留置权消灭。

【相关法条】《担保制度解释》

第62条 债务人不履行到期债务，债权人因同一法律关系留置合法占有的第三人的动产，并主张就该留置财产优先受偿的，人民法院应予支持。第三人以该留置财产并非债务人的财产为由请求返还的，人民法院不予支持。

企业之间留置的动产与债权并非同一法律关系，债务人以该债权不属于企业持续经营中发生的债权为由请求债权人返还留置财产的，人民法院应予支持。

企业之间留置的动产与债权并非同一法律关系，债权人留置第三人的财产，第三人请求债权人返还留置财产的，人民法院应予支持。

精　解

1. 抵押权与留置权的竞合。

留置权的标的物为动产，因此只有动产抵押权才可能与留置权发生竞合。抵押权与留置权竞合的发生同样有两种情况：

其一，先设定抵押权而后成立留置权。因为先设定抵押权后因标的物不移转占有，所以在抵押人将抵押物交由他人占有时，在具备留置权的成立条件下可在抵押物上再成立留置权。此种情形下发生的留置权优先于抵押权，因为留置权人占有标的物，并且因留置权担保的债权往往是有利于保全抵押权人利益的。

其二，先成立留置权而后设定抵押权。这有两种可能：一是留置物所有人将留置物抵押，此时在留置物上又成立抵押权，抵押权与留置权竞合，因留置权成立在先，留置权的效力当然优先于抵押权。二是留置权人将留置物抵押，在此情形下，因为留置权人非标的物所有人，抵押应为无效，不发生抵押权与留置权的竞合。但是若经留置物所有人同意，留置权人因自己的债务履行为其债权设定抵押权的，抵押权可为有效，发生抵押权与留置权的竞合。不过在此情形下，抵押权的效力应优先于留置权，因为留置权人是抵押权所担保债权的债务人，债务人的权利不能优于债权人的权利。

2. 留置权与质权的竞合。

由于留置权与质权都是以占有标的物为其存续要件的，留置权得因占有的丧失而消灭，质权在占有丧失而又不能恢复时也消灭。但因占有不以直接占有为限，因此在同一标的物上可以发生留置权与质权的竞合。就其发生而言，有以下两种情况：

其一，先成立留置权后成立质权。留置权人以其占有的留置物再设定质权的，如经所有人同意，质权成立；如未经所有人同意，则其设定行为应为无效，但因留置权与质权均以占有为公示原则，善意第三人得依善意取得原则取得质权。在第三人取得质权时，留置权与质权竞合，后设定的质权效力应优先于留置权。因为在此情形下，标的物为质权人实际直接占有，而留置权人仅为间接占有人。但如果在留置期间经留置权人同意，标的物所有人以留置物设定质权的，则因留置权成立在前，质权成立在后，留置权的效力应当优先于质权。

其二，先成立质权后成立留置权。在质物由质权人占有期间，质权人将质物交由第三人直接占有，而自己间接占有时，第三人得基于留置权的成立事由而取得留置权。例如，质权人将质物交由第三人保管，保管人得于具备留置权条件下取得留置权。在此情形下，因质权人的质权并不消灭，发生留置权与质权的竞合，留置权的效力优先于质权。因为留置权是担保基于维护或者保存标的物的价值的行为而发生的债权，并且标的物由留置权人直接占有，质权人仅为间接占有人。

重点法条 51　占有

第四百五十九条　占有人因使用占有的不动产或者动产，致使该不动产或者动产受到损害的，恶意占有人应当承担赔偿责任。

第四百六十条　不动产或者动产被占有人占有的，权利人可以请求返还原物及其孳息；但是，应当支付善意占有人因维护该不动产或者动产支出的必要费用。

第四百六十一条　占有的不动产或者动产毁损、灭失，该不动产或者动产的权利人请求赔偿的，占有人应当将因毁损、灭失取得的保险金、赔偿金或者补偿金等返还给权利人；权利人的损害未得到足够弥补的，恶意占有人还应当赔偿损失。

第四百六十二条　占有的不动产或者动产被侵占的，占有人有权请求返还原物；对妨害占有的行为，占有人有权请求排除妨害或者消除危险；因侵占或者妨害造成损害的，占有人有权依法请求损害赔偿。

占有人返还原物的请求权，自侵占发生之日起1年内未行使的，该请求权消灭。

重点法条 52　要约

第四百七十二条　要约是希望与他人订立合同的意思表示，该意思表示应当符合下列条件：

（一）内容具体确定；

(二)表明经受要约人承诺,要约人即受该意思表示约束。

第四百七十五条 要约可以撤回。要约的撤回适用本法第141条的规定。

第四百七十六条 要约可以撤销,但是有下列情形之一的除外:

(一)要约人以确定承诺期限或者其他形式明示要约不可撤销;

(二)受要约人有理由认为要约是不可撤销的,并已经为履行合同做了合理准备工作。

第四百七十七条 撤销要约的意思表示以对话方式作出的,该意思表示的内容应当在受要约人作出承诺之前为受要约人所知道;撤销要约的意思表示以非对话方式作出的,应当在受要约人作出承诺之前到达受要约人。

第四百七十八条 有下列情形之一的,要约失效:

(一)要约被拒绝;

(二)要约被依法撤销;

(三)承诺期限届满,受要约人未作出承诺;

(四)受要约人对要约的内容作出实质性变更。

【例题】 甲在某大学摆设饮料自动贩卖机,乙投入两枚硬币购买了一罐咖啡,咖啡出来后,两枚硬币因机器故障跳出。乙见四处无人,乃取两枚硬币放入口袋。这一场景恰好被甲的职员丙发现,遂产生纠纷。关于本案,下列哪些说法是正确的?(2018年多选题)

A. 甲摆设自动贩卖机的行为属于要约

B. 乙投币购买咖啡的行为属于承诺

C. 乙将两枚硬币放入口袋的行为构成不当得利

D. 甲有权请求乙返还该两枚硬币

参考答案:________①

重点法条 53 承诺

第四百八十条 承诺应当以通知的方式作出;但是,根据交易习惯或者要约表明可以通过行为作出承诺的除外。

第四百八十一条 承诺应当在要约确定的期限内到达要约人。

要约没有确定承诺期限的,承诺应当依照下列规定到达:

(一)要约以对话方式作出的,应当即时作出承诺;

(二)要约以非对话方式作出的,承诺应当在合理期限内到达。

第四百八十五条 承诺可以撤回。承诺的撤回适用本法第141条的规定。

第四百八十六条 受要约人超过承诺期限发出承诺,或者在承诺期限内发出承诺,按照通常情形不能及时到达要约人的,为新要约;但是,要约人及时通知受要约人该承诺有效的除外。

第四百九十四条 国家根据抢险救灾、疫情防控或者其他需要下达国家订货任务、指令性任务的,有关民事主体之间应当依照有关法律、行政法规规定的权利和义务订立合同。

依照法律、行政法规的规定负有发出要约义务的当事人,应当及时发出合理的要约。

依照法律、行政法规的规定负有作出承诺义务的当事人,不得拒绝对方合理的订立合同要求。

重点法条 54 合同订立的其他规则

第四百九十五条 当事人约定在将来一定期限内订立合同的认购书、订购书、预订书等,构成预约合同。

当事人一方不履行预约合同约定的订立合同义务的,对方可以请求其承担预约合同的违约责任。

第四百九十六条 格式条款是当事人为了重复使用而预先拟定,并在订立合同时未与对方协商的条款。

采用格式条款订立合同的,提供格式条款的一方应当遵循公平原则确定当事人之间的权利和义务,并采取合理的方式提示对方注意免除或者减轻其责任等与对方有重大利害关系的条款,按照对方的要求,对该条款予以说明。提供格式条款的一方未履行提示或者说明义务,致使对方没有注意或者理解与其有重大利害关系的条款的,对方可以主张该条款不成为合同的内容。

第四百九十七条 有下列情形之一的,该格式条款无效:

(一)具有本法第一编第6章第3节和本法第506条规定的无效情形;

① ABCD

（二）提供格式条款一方不合理地免除或者减轻其责任、加重对方责任、限制对方主要权利；

（三）提供格式条款一方排除对方主要权利。

第四百九十九条 悬赏人以公开方式声明对完成特定行为的人支付报酬的，完成该行为的人可以请求其支付。

第五百条 当事人在订立合同过程中有下列情形之一，造成对方损失的，应当承担赔偿责任：

（一）假借订立合同，恶意进行磋商；

（二）故意隐瞒与订立合同有关的重要事实或者提供虚假情况；

（三）有其他违背诚信原则的行为。

第五百零一条 当事人在订立合同过程中知悉的商业秘密或者其他应当保密的信息，无论合同是否成立，不得泄露或者不正当地使用；泄露、不正当地使用该商业秘密或者信息，造成对方损失的，应当承担赔偿责任。

【相关法条】《合同编通则解释》

第6条 当事人以认购书、订购书、预订书等形式约定在将来一定期限内订立合同，或者为担保在将来一定期限内订立合同交付了定金，能够确定将来所要订立合同的主体、标的等内容的，人民法院应当认定预约合同成立。

当事人通过签订意向书或者备忘录等方式，仅表达交易的意向，未约定在将来一定期限内订立合同，或者虽然有约定但是难以确定将来所要订立合同的主体、标的等内容，一方主张预约合同成立的，人民法院不予支持。

当事人订立的认购书、订购书、预订书等已就合同标的、数量、价款或者报酬等主要内容达成合意，符合本解释第三条第一款规定的合同成立条件，未明确约定在将来一定期限内另行订立合同，或者虽然有约定但是当事人一方已实施履行行为且对方接受的，人民法院应当认定本约合同成立。

第7条 预约合同生效后，当事人一方拒绝订立本约合同或者在磋商订立本约合同时违背诚信原则导致未能订立本约合同的，人民法院应当认定该当事人不履行预约合同约定的义务。

人民法院认定当事人一方在磋商订立本约合同时是否违背诚信原则，应当综合考虑该当事人在磋商时提出的条件是否明显背离预约合同约定的内容以及是否已尽合理努力进行协商等因素。

第8条 预约合同生效后，当事人一方不履行订立本约合同的义务，对方请求其赔偿因此造成的损失的，人民法院依法予以支持。

前款规定的损失赔偿，当事人有约定的，按照约定；没有约定的，人民法院应当综合考虑预约合同在内容上的完备程度以及订立本约合同的条件的成就程度等因素酌定。

第9条 合同条款符合民法典第四百九十六条第一款规定的情形，当事人仅以合同系依据合同示范文本制作或者双方已经明确约定合同条款不属于格式条款为由主张该条款不是格式条款的，人民法院不予支持。

从事经营活动的当事人一方仅以未实际重复使用为由主张其预先拟定且未与对方协商的合同条款不是格式条款的，人民法院不予支持。但是，有证据证明该条款不是为了重复使用而预先拟定的除外。

第10条 提供格式条款的一方在合同订立时采用通常足以引起对方注意的文字、符号、字体等明显标识，提示对方注意免除或者减轻其责任、排除或者限制对方权利等与对方有重大利害关系的异常条款的，人民法院可以认定其已经履行民法典第四百九十六条第二款规定的提示义务。

提供格式条款的一方按照对方的要求，就与对方有重大利害关系的异常条款的概念、内容及其法律后果以书面或者口头形式向对方作出通常能够理解的解释说明的，人民法院可以认定其已经履行民法典第四百九十六条第二款规定的说明义务。

提供格式条款的一方对其已经尽到提示义务或者说明义务承担举证责任。对于通过互联网等信息网络订立的电子合同，提供格式条款的一方仅以采取了设置勾选、弹窗等方式为由主张其已经履行提示义务或者说明义务的，人民法院不予支持，但是其举证符合前两款规定的除外。

重点法条 55 合同的效力

第五百零二条 依法成立的合同，自成立时生效，但是法律另有规定或者当事人另有约定的除外。

依照法律、行政法规的规定，合同应当办理批准等手续的，依照其规定。未办理批准等手续影响合同生效的，不影响合同中履行报批等义务条款以及相关条款的效力。应当办理申请批准等手续的当事人未履行义务的，对方可以请求其承担违反该义务的责任。

依照法律、行政法规的规定，合同的变更、转让、解除等情形应当办理批准等手续的，适用前款规定。

第五百零三条 无权代理人以被代理人的名义订立合同，被代理人已经开始履行合同义务或者接受相对人履行的，视为对合同的追认。

第五百零四条 法人的法定代表人或者非法人组织的负责人超越权限订立的合同，除相对人知道或者应当知道其超越权限外，该代表行为有效，订立的合同对法人或者非法人组织发生效力。

重点法条 56 按份之债与连带之债

第五百一十七条 债权人为2人以上，标的可分，按照份额各自享有债权的，为按份债权；债务人为2人以上，标的可分，按照份额各自负担债务的，为按份债务。

按份债权人或者按份债务人的份额难以确定的，视为份额相同。

第五百一十八条 债权人为2人以上，部分或者全部债权人均可以请求债务人履行债务的，为连带债权；债务人为2人以上，债权人可以请求部分或者全部债务人履行全部债务的，为连带债务。

连带债权或者连带债务，由法律规定或者当事人约定。

第五百一十九条 连带债务人之间的份额难以确定的，视为份额相同。

实际承担债务超过自己份额的连带债务人，有权就超出部分在其他连带债务人未履行的份额范围内向其追偿，并相应地享有债权人的权利，但是不得损害债权人的利益。其他连带债务人对债权人的抗辩，可以向该债务人主张。

被追偿的连带债务人不能履行其应分担份额的，其他连带债务人应当在相应范围内按比例分担。

第五百二十一条 连带债权人之间的份额难以确定的，视为份额相同。

实际受领债权的连带债权人，应当按比例向其他连带债权人返还。

连带债权参照适用本章连带债务的有关规定。

精 解

对于多数人之债，根据多数一方当事人之间权利义务关系的不同状态，可分为按份之债和连带之债。

1. 按份之债，是指债的多数人一方当事人各自按照确定的份额享有权利或者承担义务的债。其中，债权人为2人以上，债权人各自按照确定的份额享有债权的，称为按份债权；债务人为2人以上，债务人各自按照确定的份额承担债务的，称为按份债务。按份债权人或者按份债务人的份额难以确定的，视为份额相同。在按份债权中，各个债权人只能就自己享有的债权份额请求债务人给付和接受给付，无权请求和接受债务人的全部给付；在按份债务中，各债务人只对自己分担的债务额负责清偿，无须向债权人清偿全部债务。在按份之债中，就某一债权人或债务人发生效力的事项（如清偿、免除、抵销等）对其他债权人或债务人不发生效力。

2. 连带之债，是指债的多数人一方当事人之间有连带关系的债。所谓连带关系，是指对于当事人中一人发生效力的事项对于其他当事人同样发生效力。连带之债有连带债权和连带债务之分。在连带之债中，部分或者全部债权人均有权要求债务人履行债务的，为连带债权；债权人有权请求部分或全部债务人都清偿全部债务的，为连带债务。连带之债中，部分连带债务人履行、抵销债务或者提存标的物的，其他债务人对债权人的债务在相应范围内消灭；部分连带债务人的债务被债权人免除的，在该连带债务人所应承担的份额范围内，其他债务人对债权人的债务消灭；部分连带债务人的债务与债权人的债权同归于一人的，在扣除该债务人所应承担的份额后，债权人对其他连带债务人的债权继续存在；债权人对部分连带债务人的给付受领迟延的，对其他连带债务人发生效力。

3. 区分按份之债和连带之债的主要意义在于二者的效力不同。在按份之债中，任一债权人接受了其应受份额债务的履行或任一债务人履行了其应负担份额的义务后，与其他债权人或债务人均不再发生任何权利义务关系。在连带之债中，连带债权人的任何一人接受了全部债务的履行，或者连带债务人的任何一人清偿了全部债务时，虽然原债归于消灭，但在连带债权人或连带债务人内部则会产生新的按份之债。实际受领超过自己份额的连带债权人应当按比例向其他连带债权人返还，实际承担债务超过自己份额的连带债务人有权就超过部分在其他连带债务人未履行的份额范围内向其追偿。连带债权人、连带债务人之间的份额难以确定的，视为份额相同。

重点法条 57 三大抗辩权

第五百二十五条 当事人互负债务，没有先后履行顺序的,应当同时履行。一方在对方履行之前有权拒绝其履行请求。一方在对方履行债务不符合约定时,有权拒绝其相应的履行请求。

第五百二十六条　当事人互负债务,有先后履行顺序,应当先履行债务一方未履行的,后履行一方有权拒绝其履行请求。先履行一方履行债务不符合约定的,后履行一方有权拒绝其相应的履行请求。

第五百二十七条　应当先履行债务的当事人,有确切证据证明对方有下列情形之一的,可以中止履行:

(一)经营状况严重恶化;

(二)转移财产、抽逃资金,以逃避债务;

(三)丧失商业信誉;

(四)有丧失或者可能丧失履行债务能力的其他情形。

当事人没有确切证据中止履行的,应当承担违约责任。

【相关法条】《合同编通则解释》

第31条　当事人互负债务,一方以对方没有履行非主要债务为由拒绝履行自己的主要债务的,人民法院不予支持。但是,对方不履行非主要债务致使不能实现合同目的或者当事人另有约定的除外。

当事人一方起诉请求对方履行债务,被告依据民法典第五百二十五条的规定主张双方同时履行的抗辩且抗辩成立,被告未提起反诉的,人民法院应当判决被告在原告履行债务的同时履行自己的债务,并在判项中明确原告申请强制执行的,人民法院应当在原告履行自己的债务后对被告采取执行行为;被告提起反诉的,人民法院应当判决双方同时履行自己的债务,并在判项中明确任何一方申请强制执行的,人民法院应当在该当事人履行自己的债务后对对方采取执行行为。

当事人一方起诉请求对方履行债务,被告依据民法典第五百二十六条的规定主张原告应先履行的抗辩且抗辩成立的,人民法院应当驳回原告的诉讼请求,但是不影响原告履行债务后另行提起诉讼。

重点法条 58　情势变更

第五百三十三条　合同成立后,合同的基础条件发生了当事人在订立合同时无法预见的、不属于商业风险的重大变化,继续履行合同对于当事人一方明显不公平的,受不利影响的当事人可以与对方重新协商;在合理期限内协商不成的,当事人可以请求人民法院或者仲裁机构变更或者解除合同。

人民法院或者仲裁机构应当结合案件的实际情况,根据公平原则变更或者解除合同。

【相关法条】《合同编通则解释》

第32条　合同成立后,因政策调整或者市场供求关系异常变动等原因导致价格发生当事人在订立合同时无法预见的、不属于商业风险的涨跌,继续履行合同对于当事人一方明显不公平的,人民法院应当认定合同的基础条件发生了民法典第五百三十三条第一款规定的“重大变化”。但是,合同涉及市场属性活跃、长期以来价格波动较大的大宗商品以及股票、期货等风险投资型金融产品的除外。

合同的基础条件发生了民法典第五百三十三条第一款规定的重大变化,当事人请求变更合同的,人民法院不得解除合同;当事人一方请求变更合同,对方请求解除合同的,或者当事人一方请求解除合同,对方请求变更合同的,人民法院应当结合案件的实际情况,根据公平原则判决变更或者解除合同。

人民法院依据民法典第五百三十三条的规定判决变更或者解除合同的,应当综合考虑合同基础条件发生重大变化的时间、当事人重新协商的情况以及因合同变更或者解除给当事人造成的损失等因素,在判项中明确合同变更或者解除的时间。

当事人事先约定排除民法典第五百三十三条适用的,人民法院应当认定该约定无效。

重点法条 59　代位权

第五百三十五条　因债务人怠于行使其债权或者与该债权有关的从权利,影响债权人的到期债权实现的,债权人可以向人民法院请求以自己的名义代位行使债务人对相对人的权利,但是该权利专属于债务人自身的除外。

代位权的行使范围以债权人的到期债权为限。债权人行使代位权的必要费用,由债务人负担。

相对人对债务人的抗辩,可以向债权人主张。

第五百三十六条　债权人的债权到期前,债务人的债权或者与该债权有关的从权利存在诉讼时效期间即将届满或者未及时申报破产债权等情形,影响债权人的债权实现的,债权人可以代位向债务人的相对人请求其向债务人履行、向破产管理人申报或者作出其他必要的行为。

第五百三十七条 人民法院认定代位权成立的，由债务人的相对人向债权人履行义务，债权人接受履行后，债权人与债务人、债务人与相对人之间相应的权利义务终止。债务人对相对人的债权或者与该债权有关的从权利被采取保全、执行措施，或者债务人破产的，依照相关法律的规定处理。

【相关法条】《合同编通则解释》

第33条 债务人不履行其对债权人的到期债务，又不以诉讼或者仲裁方式向相对人主张其享有的债权或者与该债权有关的从权利，致使债权人的到期债权未能实现的，人民法院可以认定为民法典第五百三十五条规定的"债务人怠于行使其债权或者与该债权有关的从权利，影响债权人的到期债权实现"。

第34条 下列权利，人民法院可以认定为民法典第五百三十五条第一款规定的专属于债务人自身的权利：

（一）抚养费、赡养费或者扶养费请求权；

（二）人身损害赔偿请求权；

（三）劳动报酬请求权，但是超过债务人及其所扶养家属的生活必需费用的部分除外；

（四）请求支付基本养老保险金、失业保险金、最低生活保障金等保障当事人基本生活的权利；

（五）其他专属于债务人自身的权利。

第35条 债权人依据民法典第五百三十五条的规定对债务人的相对人提起代位权诉讼的，由被告住所地人民法院管辖，但是依法应当适用专属管辖规定的除外。

债务人或者相对人以双方之间的债权债务关系订有管辖协议为由提出异议的，人民法院不予支持。

第36条 债权人提起代位权诉讼后，债务人或者相对人以双方之间的债权债务关系订有仲裁协议为由对法院主管提出异议的，人民法院不予支持。但是，债务人或者相对人在首次开庭前就债务人与相对人之间的债权债务关系申请仲裁的，人民法院可以依法中止代位权诉讼。

第37条 债权人以债务人的相对人为被告向人民法院提起代位权诉讼，未将债务人列为第三人的，人民法院应当追加债务人为第三人。

两个以上债权人以债务人的同一相对人为被告提起代位权诉讼的，人民法院可以合并审理。债务人对相对人享有的债权不足以清偿其对两个以上债权人负担的债务的，人民法院应当按照债权人享有的债权比例确定相对人的履行份额，但是法律另有规定的除外。

第38条 债权人向人民法院起诉债务人后，又向同一人民法院对债务人的相对人提起代位权诉讼，属于该人民法院管辖的，可以合并审理。不属于该人民法院管辖的，应当告知其向有管辖权的人民法院另行起诉；在起诉债务人的诉讼终结前，代位权诉讼应当中止。

第39条 在代位权诉讼中，债务人对超过债权人代位请求数额的债权部分起诉相对人，属于同一人民法院管辖的，可以合并审理。不属于同一人民法院管辖的，应当告知其向有管辖权的人民法院另行起诉；在代位权诉讼终结前，债务人对相对人的诉讼应当中止。

第40条 代位权诉讼中，人民法院经审理认为债权人的主张不符合代位权行使条件的，应当驳回诉讼请求，但是不影响债权人根据新的事实再次起诉。

债务人的相对人仅以债权人提起代位权诉讼时债权人与债务人之间的债权债务关系未经生效法律文书确认为由，主张债权人提起的诉讼不符合代位权行使条件的，人民法院不予支持。

第41条 债权人提起代位权诉讼后，债务人无正当理由减免相对人的债务或者延长相对人的履行期限，相对人以此向债权人抗辩的，人民法院不予支持。

重点法条 60 撤销权

第五百三十八条 债务人以放弃其债权、放弃债权担保、无偿转让财产等方式无偿处分财产权益，或者恶意延长其到期债权的履行期限，影响债权人的债权实现的，债权人可以请求人民法院撤销债务人的行为。

第五百三十九条 债务人以明显不合理的低价转让财产、以明显不合理的高价受让他人财产或者为他人的债务提供担保，影响债权人的债权实现，债务人的相对人知道或者应当知道该情形的，债权人可以请求人民法院撤销债务人的行为。

第五百四十条 撤销权的行使范围以债权人的债权为限。债权人行使撤销权的必要费用，由债务人负担。

第五百四十一条 撤销权自债权人知道或者应当知道撤销事由之日起1年内行使。自债务人的行为发生之日起5年内没有行使撤销权的，该撤销权消灭。

第五百四十二条 债务人影响债权人的债权实现的行为被撤销的，自始没有法律约束力。

【相关法条】《合同编通则解释》

第42条 对于民法典第五百三十九条规定的"明显不合理"的低价或者高价，人民法院应当按照交易当地一般经营者的判断，并参考交易时交易地的市场交易价或者物价部门指导价予以认定。

转让价格未达到交易时交易地的市场交易价或者指导价百分之七十的，一般可以认定为"明显不合理的低价"；受让价格高于交易时交易地的市场交易价或者指导价百分之三十的，一般可以认定为"明显不合理的高价"。

债务人与相对人存在亲属关系、关联关系的，不受前款规定的百分之七十、百分之三十的限制。

第43条 债务人以明显不合理的价格，实施互易财产、以物抵债、出租或者承租财产、知识产权许可使用等行为，影响债权人的债权实现，债务人的相对人知道或者应当知道该情形，债权人请求撤销债务人的行为的，人民法院应当依据民法典第五百三十九条的规定予以支持。

第44条 债权人依据民法典第五百三十八条、第五百三十九条的规定提起撤销权诉讼的，应当以债务人和债务人的相对人为共同被告，由债务人或者相对人的住所地人民法院管辖，但是依法应当适用专属管辖规定的除外。

两个以上债权人就债务人的同一行为提起撤销权诉讼的，人民法院可以合并审理。

第45条 在债权人撤销权诉讼中，被撤销行为的标的可分，当事人主张在受影响的债权范围内撤销债务人的行为的，人民法院应予支持；被撤销行为的标的不可分，债权人主张将债务人的行为全部撤销的，人民法院应予支持。

债权人行使撤销权所支付的合理的律师代理费、差旅费等费用，可以认定为民法典第五百四十条规定的"必要费用"。

第46条 债权人在撤销权诉讼中同时请求债务人的相对人向债务人承担返还财产、折价补偿、履行到期债务等法律后果的，人民法院依法予以支持。

债权人请求受理撤销权诉讼的人民法院一并审理其与债务人之间的债权债务关系，属于该人民法院管辖的，可以合并审理。不属于该人民法院管辖的，应当告知其向有管辖权的人民法院另行起诉。

债权人依据其与债务人的诉讼、撤销权诉讼产生的生效法律文书申请强制执行的，人民法院可以就债务人对相对人享有的权利采取强制执行措施以实现债权人的债权。债权人在撤销权诉讼中，申请对相对人的财产采取保全措施的，人民法院依法予以准许。

重点法条 61　合同的变更和转让

第五百四十六条 债权人转让债权，未通知债务人的，该转让对债务人不发生效力。

债权转让的通知不得撤销，但是经受让人同意的除外。

第五百四十七条 债权人转让债权的，受让人取得与债权有关的从权利，但是该从权利专属于债权人自身的除外。

受让人取得从权利不因该从权利未办理转移登记手续或者未转移占有而受到影响。

第五百四十八条 债务人接到债权转让通知后，债务人对让与人的抗辩，可以向受让人主张。

第五百四十九条 有下列情形之一的，债务人可以向受让人主张抵销：

（一）债务人接到债权转让通知时，债务人对让与人享有债权，且债务人的债权先于转让的债权到期或者同时到期；

（二）债务人的债权与转让的债权是基于同一合同产生。

第五百五十条 因债权转让增加的履行费用，由让与人负担。

第五百五十一条 债务人将债务的全部或者部分转移给第三人的，应当经债权人同意。

债务人或者第三人可以催告债权人在合理期限内予以同意，债权人未作表示的，视为不同意。

第五百五十二条 第三人与债务人约定加入债务并通知债权人，或者第三人向债权人表示愿意加入债务，债权人未在合理期限内明确拒绝的，债权人可以请求第三人在其愿意承担的债务范围内和债务人承担连带债务。

第五百五十三条 债务人转移债务的，新债务人可以主张原债务人对债权人的抗辩；原债务人对债权人享有债权的，新债务人不得向债权人主张抵销。

第五百五十四条 债务人转移债务的，新债务人应当承担与主债务有关的从债务，但是该从债务专属于原债务人自身的除外。

【相关法条】《合同编通则解释》

第 47 条 债权转让后，债务人向受让人主张其对让与人的抗辩的，人民法院可以追加让与人为第三人。

债务转移后，新债务人主张原债务人对债权人的抗辩的，人民法院可以追加原债务人为第三人。

当事人一方将合同权利义务一并转让后，对方就合同权利义务向受让人主张抗辩或者受让人就合同权利义务向对方主张抗辩的，人民法院可以追加让与人为第三人。

第 48 条 债务人在接到债权转让通知前已经向让与人履行，受让人请求债务人履行的，人民法院不予支持；债务人接到债权转让通知后仍然向让与人履行，受让人请求债务人履行的，人民法院应予支持。

让与人未通知债务人，受让人直接起诉债务人请求履行债务，人民法院经审理确认债权转让事实的，应当认定债权转让自起诉状副本送达时对债务人发生效力。债务人主张因未通知而给其增加的费用或者造成的损失从认定的债权数额中扣除的，人民法院依法予以支持。

第 49 条 债务人接到债权转让通知后，让与人以债权转让合同不成立、无效、被撤销或者确定不发生效力为由请求债务人向其履行的，人民法院不予支持。但是，该债权转让通知被依法撤销的除外。

受让人基于债务人对债权真实存在的确认受让债权后，债务人又以该债权不存在为由拒绝向受让人履行的，人民法院不予支持。但是，受让人知道或者应当知道该债权不存在的除外。

第 50 条 让与人将同一债权转让给两个以上受让人，债务人以已经向最先通知的受让人履行为由主张其不再履行债务的，人民法院应予支持。债务人明知接受履行的受让人不是最先通知的受让人，最先通知的受让人请求债务人继续履行债务或者依据债权转让协议请求让与人承担违约责任的，人民法院应予支持；最先通知的受让人请求接受履行的受让人返还其接受的财产的，人民法院不予支持，但是接受履行的受让人明知该债权在其受让前已经转让给其他受让人的除外。

前款所称最先通知的受让人，是指最先到达债务人的转让通知中载明的受让人。当事人之间对通知到达时间有争议的，人民法院应当结合通知的方式等因素综合判断，而不能仅根据债务人认可的通知时间或者通知记载的时间予以认定。当事人采用邮寄、通讯电子系统等方式发出通知的，人民法院应当以邮戳时间或者通讯电子系统记载的时间等作为认定通知到达时间的依据。

第 51 条 第三人加入债务并与债务人约定了追偿权，其履行债务后主张向债务人追偿的，人民法院应予支持；没有约定追偿权，第三人依照民法典关于不当得利等的规定，在其已经向债权人履行债务的范围内请求债务人向其履行的，人民法院应予支持，但是第三人知道或者应当知道加入债务会损害债务人利益的除外。

债务人就其对债权人享有的抗辩向加入债务的第三人主张的，人民法院应予支持。

重点法条 62 合同的权利义务终止

第五百五十七条 有下列情形之一的，债权债务终止：

（一）债务已经履行；

（二）债务相互抵销；

（三）债务人依法将标的物提存；

（四）债权人免除债务；

（五）债权债务同归于一人；

（六）法律规定或者当事人约定终止的其他情形。

合同解除的，该合同的权利义务关系终止。

第五百六十三条 有下列情形之一的，当事人可以解除合同：

（一）因不可抗力致使不能实现合同目的；

（二）在履行期限届满前，当事人一方明确表示或者以自己的行为表明不履行主要债务；

（三）当事人一方迟延履行主要债务，经催告后在合理期限内仍未履行；

（四）当事人一方迟延履行债务或者有其他违约行为致使不能实现合同目的；

（五）法律规定的其他情形。

以持续履行的债务为内容的不定期合同，当事人可以随时解除合同，但是应当在合理期限之前通知对方。

第五百六十四条 法律规定或者当事人约定解除权行使期限，期限届满当事人不行使的，该权利消灭。

法律没有规定或者当事人没有约定解除权行使期限，自解除权人知道或者应当知道解除事由之日起 1 年内不行使，或者经对方催告后在合理期限内不行使的,该权利消灭。

第五百六十六条　合同解除后,尚未履行的,终止履行;已经履行的,根据履行情况和合同性质,当事人可以请求恢复原状或者采取其他补救措施,并有权请求赔偿损失。

合同因违约解除的,解除权人可以请求违约方承担违约责任,但是当事人另有约定的除外。

主合同解除后,担保人对债务人应当承担的民事责任仍应当承担担保责任,但是担保合同另有约定的除外。

第五百六十七条　合同的权利义务关系终止,不影响合同中结算和清理条款的效力。

第五百六十八条　当事人互负债务,该债务的标的物种类、品质相同的,任何一方可以将自己的债务与对方的到期债务抵销;但是,根据债务性质、按照当事人约定或者依照法律规定不得抵销的除外。

当事人主张抵销的,应当通知对方。通知自到达对方时生效。抵销不得附条件或者附期限。

第五百六十九条　当事人互负债务,标的物种类、品质不相同的,经协商一致,也可以抵销。

第五百七十条　有下列情形之一,难以履行债务的,债务人可以将标的物提存:

(一)债权人无正当理由拒绝受领;

(二)债权人下落不明;

(三)债权人死亡未确定继承人、遗产管理人,或者丧失民事行为能力未确定监护人;

(四)法律规定的其他情形。

标的物不适于提存或者提存费用过高的,债务人依法可以拍卖或者变卖标的物,提存所得的价款。

第五百七十一条　债务人将标的物或者将标的物依法拍卖、变卖所得价款交付提存部门时,提存成立。

提存成立的,视为债务人在其提存范围内已经交付标的物。

第五百七十二条　标的物提存后,债务人应当及时通知债权人或者债权人的继承人、遗产管理人、监护人、财产代管人。

第五百七十三条　标的物提存后,毁损、灭失的风险由债权人承担。提存期间,标的物的孳息归债权人所有。提存费用由债权人负担。

第五百七十四条　债权人可以随时领取提存物。但是,债权人对债务人负有到期债务的,在债权人未履行债务或者提供担保之前,提存部门根据债务人的要求应当拒绝其领取提存物。

债权人领取提存物的权利,自提存之日起5年内不行使而消灭,提存物扣除提存费用后归国家所有。但是,债权人未履行对债务人的到期债务,或者债权人向提存部门书面表示放弃领取提存物权利的,债务人负担提存费用后有权取回提存物。

第五百七十五条　债权人免除债务人部分或者全部债务的,债权债务部分或者全部终止,但是债务人在合理期限内拒绝的除外。

第五百七十六条　债权和债务同归于1人的,债权债务终止,但是损害第三人利益的除外。

【相关法条】《合同编通则解释》

第52条　当事人就解除合同协商一致时未对合同解除后的违约责任、结算和清理等问题作出处理,一方主张合同已经解除的,人民法院应予支持。但是,当事人另有约定的除外。

有下列情形之一的,除当事人一方另有意思表示外,人民法院可以认定合同解除:

(一)当事人一方主张行使法律规定或者合同约定的解除权,经审理认为不符合解除权行使条件但是对方同意解除;

(二)双方当事人均不符合解除权行使的条件但是均主张解除合同。

前两款情形下的违约责任、结算和清理等问题,人民法院应当依据民法典第五百六十六条、第五百六十七条和有关违约责任的规定处理。

第53条　当事人一方以通知方式解除合同,并以对方未在约定的异议期限或者其他合理期限内提出异议为由主张合同已经解除的,人民法院应当对其是否享有法律规定或者合同约定的解除权进行审查。经审查,享有解除权的,合同自通知到达对方时解除;不享有解除权的,不发生合同解除的效力。

第54条　当事人一方未通知对方,直接以提起诉讼的方式主张解除合同,撤诉后再次起诉主张解除合同,人民法院经审理支持该主张的,合同自再次起诉的起诉状副本送达对方时解除。但是,当事人一方撤诉后又通知对方解除合同且该通知已经到达对方的除外。

第55条　当事人一方依据民法典第五百六十八条的规定主张抵销,人民法院经审理认为抵销权成立的,应当认定通知到达对方时双方互负的主债务、利息、违约金或者损害赔偿金等债务在同等数额内消灭。

第 56 条 行使抵销权的一方负担的数项债务种类相同,但是享有的债权不足以抵销全部债务,当事人因抵销的顺序发生争议的,人民法院可以参照民法典第五百六十条的规定处理。

行使抵销权的一方享有的债权不足以抵销其负担的包括主债务、利息、实现债权的有关费用在内的全部债务,当事人因抵销的顺序发生争议的,人民法院可以参照民法典第五百六十一条的规定处理。

第 57 条 因侵害自然人人身权益,或者故意、重大过失侵害他人财产权益产生的损害赔偿债务,侵权人主张抵销的,人民法院不予支持。

第 58 条 当事人互负债务,一方以其诉讼时效期间已经届满的债权通知对方主张抵销,对方提出诉讼时效抗辩的,人民法院对该抗辩应予支持。一方的债权诉讼时效期间已经届满,对方主张抵销的,人民法院应予支持。

重点法条 63 违约责任

第五百七十八条 当事人一方明确表示或者以自己的行为表明不履行合同义务的,对方可以在履行期限届满前请求其承担违约责任。

第五百八十二条 履行不符合约定的,应当按照当事人的约定承担违约责任。对违约责任没有约定或者约定不明确,依据本法第 510 条的规定仍不能确定的,受损害方根据标的的性质以及损失的大小,可以合理选择请求对方承担修理、重作、更换、退货、减少价款或者报酬等违约责任。

第五百八十五条 当事人可以约定一方违约时应当根据违约情况向对方支付一定数额的违约金,也可以约定因违约产生的损失赔偿额的计算方法。

约定的违约金低于造成的损失的,人民法院或者仲裁机构可以根据当事人的请求予以增加;约定的违约金过分高于造成的损失的,人民法院或者仲裁机构可以根据当事人的请求予以适当减少。

当事人就迟延履行约定违约金的,违约方支付违约金后,还应当履行债务。

第五百八十六条 当事人可以约定一方向对方给付定金作为债权的担保。定金合同自实际交付定金时成立。

定金的数额由当事人约定;但是,不得超过主合同标的额的 20%,超过部分不产生定金的效力。实际交付的定金数额多于或者少于约定数额的,视为变更约定的定金数额。

第五百八十八条 当事人既约定违约金,又约定定金的,一方违约时,对方可以选择适用违约金或者定金条款。

定金不足以弥补一方违约造成的损失的,对方可以请求赔偿超过定金数额的损失。

第五百八十九条 债务人按照约定履行债务,债权人无正当理由拒绝受领的,债务人可以请求债权人赔偿增加的费用。

在债权人受领迟延期间,债务人无须支付利息。

第五百九十二条 当事人都违反合同的,应当各自承担相应的责任。

当事人一方违约造成对方损失,对方对损失的发生有过错的,可以减少相应的损失赔偿额。

第五百九十三条 当事人一方因第三人的原因造成违约的,应当依法向对方承担违约责任。当事人一方和第三人之间的纠纷,依照法律规定或者按照约定处理。

重点法条 64 买卖合同

第六百零一条 出卖人应当按照约定的时间交付标的物。约定交付期限的,出卖人可以在该交付期限内的任何时间交付。

第六百零三条 出卖人应当按照约定的地点交付标的物。

当事人没有约定交付地点或者约定不明确,依据本法第 510 条的规定仍不能确定的,适用下列规定:

(一)标的物需要运输的,出卖人应当将标的物交付给第一承运人以运交给买受人;

(二)标的物不需要运输,出卖人和买受人订立合同时知道标的物在某一地点的,出卖人应当在该地点交付标的物;不知道标的物在某一地点的,应当在出卖人订立合同时的营业地交付标的物。

第六百零四条 标的物毁损、灭失的风险,在标的物交付之前由出卖人承担,交付之后由买受人承担,但是法律另有规定或者当事人另有约定的除外。

第六百零五条 因买受人的原因致使标的物未按照约定的期限交付的,买受人应当自违反约定时起承担标的物毁损、灭失的风险。

第六百零六条 出卖人出卖交由承运人运输的在途标的物,除当事人另有约定外,毁损、灭失的风险自合同成立时起由买受人承担。

第六百零七条 出卖人按照约定将标的物运送至买受人指定地点并交付给承运人后，标的物毁损、灭失的风险由买受人承担。

当事人没有约定交付地点或者约定不明确，依据本法第 603 条第 2 款第 1 项的规定标的物需要运输的，出卖人将标的物交付给第一承运人后，标的物毁损、灭失的风险由买受人承担。

第六百零八条 出卖人按照约定或者依据本法第 603 条第 2 款第 2 项的规定将标的物置于交付地点，买受人违反约定没有收取的，标的物毁损、灭失的风险自违反约定时起由买受人承担。

第六百一十条 因标的物不符合质量要求，致使不能实现合同目的的，买受人可以拒绝接受标的物或者解除合同。买受人拒绝接受标的物或者解除合同的，标的物毁损、灭失的风险由出卖人承担。

第六百三十条 标的物在交付之前产生的孳息，归出卖人所有；交付之后产生的孳息，归买受人所有。但是，当事人另有约定的除外。

第六百三十一条 因标的物的主物不符合约定而解除合同的，解除合同的效力及于从物。因标的物的从物不符合约定被解除的，解除的效力不及于主物。

第六百三十四条 分期付款的买受人未支付到期价款的数额达到全部价款的 1/5，经催告后在合理期限内仍未支付到期价款的，出卖人可以请求买受人支付全部价款或者解除合同。

出卖人解除合同的，可以向买受人请求支付该标的物的使用费。

第六百三十五条 凭样品买卖的当事人应当封存样品，并可以对样品质量予以说明。出卖人交付的标的物应当与样品及其说明的质量相同。

第六百三十六条 凭样品买卖的买受人不知道样品有隐蔽瑕疵的，即使交付的标的物与样品相同，出卖人交付的标的物的质量仍然应当符合同种物的通常标准。

第六百三十七条 试用买卖的当事人可以约定标的物的试用期限。对试用期限没有约定或者约定不明确，依据本法第 510 条的规定仍不能确定的，由出卖人确定。

第六百三十八条 试用买卖的买受人在试用期内可以购买标的物，也可以拒绝购买。试用期限届满，买受人对是否购买标的物未作表示的，视为购买。

试用买卖的买受人在试用期内已经支付部分价款或者对标的物实施出卖、出租、设立担保物权等行为的，视为同意购买。

第六百三十九条 试用买卖的当事人对标的物使用费没有约定或者约定不明确的，出卖人无权请求买受人支付。

第六百四十条 标的物在试用期内毁损、灭失的风险由出卖人承担。

第六百四十一条 当事人可以在买卖合同中约定买受人未履行支付价款或者其他义务的，标的物的所有权属于出卖人。

出卖人对标的物保留的所有权，未经登记，不得对抗善意第三人。

第六百四十二条 当事人约定出卖人保留合同标的物的所有权，在标的物所有权转移前，买受人有下列情形之一，造成出卖人损害的，除当事人另有约定外，出卖人有权取回标的物：

（一）未按照约定支付价款，经催告后在合理期限内仍未支付；

（二）未按照约定完成特定条件；

（三）将标的物出卖、出质或者作出其他不当处分。

出卖人可以与买受人协商取回标的物；协商不成的，可以参照适用担保物权的实现程序。

【例题】 2018 年 3 月 2 日，苏某为了庆祝自己和其他作者合著的新书大卖，邀请其他作者一起前往海河大饭店聚餐。前往饭店前，苏某在海鲜市场张某处购买了一只大海螺。后交给海河大饭店加工，厨师何某剥开发现海螺里有一颗橙色的椭圆形大珍珠。请问：珍珠归谁所有？（2018 年单选题）

A. 苏某　　B. 张某

C. 海河大饭店　　D. 何某

参考答案：________①

重点法条 65 赠与合同

第六百五十八条 赠与人在赠与财产的权利转移之前可以撤销赠与。

经过公证的赠与合同或者依法不得撤销的具有

① B

救灾、扶贫、助残等公益、道德义务性质的赠与合同，不适用前款规定。

第六百六十条 经过公证的赠与合同或者依法不得撤销的具有救灾、扶贫、助残等公益、道德义务性质的赠与合同，赠与人不交付赠与财产的，受赠人可以请求交付。

依据前款规定应当交付的赠与财产因赠与人故意或者重大过失致使毁损、灭失的，赠与人应当承担赔偿责任。

第六百六十一条 赠与可以附义务。

赠与附义务的，受赠人应当按照约定履行义务。

第六百六十二条 赠与的财产有瑕疵的，赠与人不承担责任。附义务的赠与，赠与的财产有瑕疵的，赠与人在附义务的限度内承担与出卖人相同的责任。

赠与人故意不告知瑕疵或者保证无瑕疵，造成受赠人损失的，应当承担赔偿责任。

第六百六十三条 受赠人有下列情形之一的，赠与人可以撤销赠与：

（一）严重侵害赠与人或者赠与人近亲属的合法权益；

（二）对赠与人有扶养义务而不履行；

（三）不履行赠与合同约定的义务。

赠与人的撤销权，自知道或者应当知道撤销事由之日起一年内行使。

第六百六十四条 因受赠人的违法行为致使赠与人死亡或者丧失民事行为能力的，赠与人的继承人或者法定代理人可以撤销赠与。

赠与人的继承人或者法定代理人的撤销权，自知道或者应当知道撤销事由之日起6个月内行使。

重点法条 66 借款合同

第六百六十七条 借款合同是借款人向贷款人借款，到期返还借款并支付利息的合同。

第六百六十八条第一款 借款合同应当采用书面形式，但是自然人之间借款另有约定的除外。

第六百八十条 禁止高利放贷，借款的利率不得违反国家有关规定。

借款合同对支付利息没有约定的，视为没有利息。

借款合同对支付利息约定不明确，当事人不能达成补充协议的，按照当地或者当事人的交易方式、交易习惯、市场利率等因素确定利息；自然人之间借款的，视为没有利息。

重点法条 67 保证责任

第六百九十二条 保证期间是确定保证人承担保证责任的期间，不发生中止、中断和延长。

债权人与保证人可以约定保证期间，但是约定的保证期间早于主债务履行期限或者与主债务履行期限同时届满的，视为没有约定；没有约定或者约定不明确的，保证期间为主债务履行期限届满之日起6个月。

债权人与债务人对主债务履行期限没有约定或者约定不明确的，保证期间自债权人请求债务人履行债务的宽限期届满之日起计算。

第六百九十三条 一般保证的债权人未在保证期间对债务人提起诉讼或者申请仲裁的，保证人不再承担保证责任。

连带责任保证的债权人未在保证期间请求保证人承担保证责任的，保证人不再承担保证责任。

第六百九十四条 一般保证的债权人在保证期间届满前对债务人提起诉讼或者申请仲裁的，从保证人拒绝承担保证责任的权利消灭之日起，开始计算保证债务的诉讼时效。

连带责任保证的债权人在保证期间届满前请求保证人承担保证责任的，从债权人请求保证人承担保证责任之日起，开始计算保证债务的诉讼时效。

第六百九十九条 同一债务有2个以上保证人的，保证人应当按照保证合同约定的保证份额，承担保证责任；没有约定保证份额的，债权人可以请求任何一个保证人在其保证范围内承担保证责任。

第七百条 保证人承担保证责任后，除当事人另有约定外，有权在其承担保证责任的范围内向债务人追偿，享有债权人对债务人的权利，但是不得损害债权人的利益。

第七百零一条 保证人可以主张债务人对债权人的抗辩。债务人放弃抗辩的，保证人仍有权向债权人主张抗辩。

【相关法条】《担保制度解释》

第27条 一般保证的债权人取得对债务人赋予强制执行效力的公证债权文书后，在保证期间内向人民法院申请强制执行，保证人以债权人未在保证期间内对债务人提起诉讼或者申请仲裁为由主张不承担保证责任的，人民法院不予支持。

第29条 同一债务有2个以上保证人，债权人以其已经在保证期间内依法向部分保证人行使权利为由，主张已经在保证期间内向其他保证人行使权利的，人民法院不予支持。

同一债务有两个以上保证人，保证人之间相互有追偿权，债权人未在保证期间内依法向部分保证人行使权利，导致其他保证人在承担保证责任后丧失追偿权，其他保证人主张在其不能追偿的范围内免除保证责任的，人民法院应予支持。

第30条 最高额保证合同对保证期间的计算方式、起算时间等有约定的，按照其约定。

最高额保证合同对保证期间的计算方式、起算时间等没有约定或者约定不明，被担保债权的履行期限均已届满的，保证期间自债权确定之日起开始计算；被担保债权的履行期限尚未届满的，保证期间自最后到期债权的履行期限届满之日起开始计算。

前款所称债权确定之日，依照民法典第423条的规定认定。

第31条 一般保证的债权人在保证期间内对债务人提起诉讼或者申请仲裁后，又撤回起诉或者仲裁申请，债权人在保证期间届满前未再行提起诉讼或者申请仲裁，保证人主张不再承担保证责任的，人民法院应予支持。

连带责任保证的债权人在保证期间内对保证人提起诉讼或者申请仲裁后，又撤回起诉或者仲裁申请，起诉状副本或者仲裁申请书副本已经送达保证人的，人民法院应当认定债权人已经在保证期间内向保证人行使了权利。

第32条 保证合同约定保证人承担保证责任直至主债务本息还清时为止等类似内容的，视为约定不明，保证期间为主债务履行期限届满之日起6个月。

第33条 保证合同无效，债权人未在约定或者法定的保证期间内依法行使权利，保证人主张不承担赔偿责任的，人民法院应予支持。

第34条 人民法院在审理保证合同纠纷案件时，应当将保证期间是否届满、债权人是否在保证期间内依法行使权利等事实作为案件基本事实予以查明。

债权人在保证期间内未依法行使权利的，保证责任消灭。保证责任消灭后，债权人书面通知保证人要求承担保证责任，保证人在通知书上签字、盖章或者按指印，债权人请求保证人继续承担保证责任的，人民法院不予支持，但是债权人有证据证明成立了新的保证合同的除外。

第35条 保证人知道或者应当知道主债权诉讼时效期间届满仍然提供保证或者承担保证责任，又以诉讼时效期间届满为由拒绝承担保证责任或者请求返还财产的，人民法院不予支持；保证人承担保证责任后向债务人追偿的，人民法院不予支持，但是债务人放弃诉讼时效抗辩的除外。

重点法条 68 租赁合同

第七百零七条 租赁期限6个月以上的，应当采用书面形式。当事人未采用书面形式，无法确定租赁期限的，视为不定期租赁。

第七百零八条 出租人应当按照约定将租赁物交付承租人，并在租赁期限内保持租赁物符合约定的用途。

第七百零九条 承租人应当按照约定的方法使用租赁物。对租赁物的使用方法没有约定或者约定不明确，依据本法第510条的规定仍不能确定的，应当根据租赁物的性质使用。

第七百一十条 承租人按照约定的方法或者根据租赁物的性质使用租赁物，致使租赁物受到损耗的，不承担赔偿责任。

第七百一十一条 承租人未按照约定的方法或者未根据租赁物的性质使用租赁物，致使租赁物受到损失的，出租人可以解除合同并请求赔偿损失。

第七百一十二条 出租人应当履行租赁物的维修义务，但是当事人另有约定的除外。

第七百一十三条 承租人在租赁物需要维修时可以请求出租人在合理期限内维修。出租人未履行维修义务的，承租人可以自行维修，维修费用由出租人负担。因维修租赁物影响承租人使用的，应当相应减少租金或者延长租期。

因承租人的过错致使租赁物需要维修的，出租人不承担前款规定的维修义务。

第七百一十四条 承租人应当妥善保管租赁物，因保管不善造成租赁物毁损、灭失的，应当承担赔偿责任。

第七百一十五条 承租人经出租人同意，可以对租赁物进行改善或者增设他物。

承租人未经出租人同意，对租赁物进行改善或者增设他物的，出租人可以请求承租人恢复原状或者赔偿损失。

第七百一十六条 承租人经出租人同意,可以将租赁物转租给第三人。承租人转租的,承租人与出租人之间的租赁合同继续有效;第三人造成租赁物损失的,承租人应当赔偿损失。

承租人未经出租人同意转租的,出租人可以解除合同。

第七百一十七条 承租人经出租人同意将租赁物转租给第三人,转租期限超过承租人剩余租赁期限的,超过部分的约定对出租人不具有法律约束力,但是出租人与承租人另有约定的除外。

第七百一十八条 出租人知道或者应当知道承租人转租,但是在6个月内未提出异议的,视为出租人同意转租。

第七百一十九条 承租人拖欠租金的,次承租人可以代承租人支付其欠付的租金和违约金,但是转租合同对出租人不具有法律约束力的除外。

次承租人代为支付的租金和违约金,可以充抵次承租人应当向承租人支付的租金;超出其应付的租金数额的,可以向承租人追偿。

第七百二十条 在租赁期限内因占有、使用租赁物获得的收益,归承租人所有,但是当事人另有约定的除外。

第七百二十五条 租赁物在承租人按照租赁合同占有期限内发生所有权变动的,不影响租赁合同的效力。

第七百二十六条 出租人出卖租赁房屋的,应当在出卖之前的合理期限内通知承租人,承租人享有以同等条件优先购买的权利;但是,房屋按份共有人行使优先购买权或者出租人将房屋出卖给近亲属的除外。

出租人履行通知义务后,承租人在15日内未明确表示购买的,视为承租人放弃优先购买权。

第七百二十七条 出租人委托拍卖人拍卖租赁房屋的,应当在拍卖五日前通知承租人。承租人未参加拍卖的,视为放弃优先购买权。

精 解

转租是重点知识点。主要考点是:

1. 承租人经出租人同意,可以将租赁物转租给第三人。在这种情况下存在两个租赁关系:一个是出租人与承租人的租赁合同;另一个是承租人与次承租人的租赁合同,承租人并未退出租赁关系,这不同于租赁权的转让。出租人与次承租人之间无合同关系。如无特别约定,承租人可以从中赚取租金差价。

2. 未经出租人同意,承租人擅自转租的,应当作如下处理:

(1)出租人可以解除与承租人之间的租赁关系;

(2)承租人与次承租人之间的租赁合同也应终止,承租人对不知情的次承租人承担违约责任。

3. 出租人知道或者应当知道承租人转租,但是在6个月内未提出异议的,视为出租人同意转租。

重点法条 69 融资租赁合同

第七百三十五条 融资租赁合同是出租人根据承租人对出卖人、租赁物的选择,向出卖人购买租赁物,提供给承租人使用,承租人支付租金的合同。

第七百三十九条 出租人根据承租人对出卖人、租赁物的选择订立的买卖合同,出卖人应当按照约定向承租人交付标的物,承租人享有与受领标的物有关的买受人的权利。

第七百四十五条 出租人对租赁物享有的所有权,未经登记,不得对抗善意第三人。

【相关法条】《担保制度解释》

第65条 在融资租赁合同中,承租人未按照约定支付租金,经催告后在合理期限内仍不支付,出租人请求承租人支付全部剩余租金,并以拍卖、变卖租赁物所得的价款受偿的,人民法院应予支持;当事人请求参照民事诉讼法"实现担保物权案件"的有关规定,以拍卖、变卖租赁物所得价款支付租金的,人民法院应予准许。

出租人请求解除融资租赁合同并收回租赁物,承租人以抗辩或者反诉的方式主张返还租赁物价值超过欠付租金以及其他费用的,人民法院应当一并处理。当事人对租赁物的价值有争议的,应当按照下列规则确定租赁物的价值:

(一)融资租赁合同有约定的,按照其约定;

(二)融资租赁合同未约定或者约定不明的,根据约定的租赁物折旧以及合同到期后租赁物的残值来确定;

(三)根据前两项规定的方法仍然难以确定,或者当事人认为根据前两项规定的方法确定的价值严重偏离租赁物实际价值的,根据当事人的申请委托有资质的机构评估。

重点法条 70 保理合同

第七百六十一条 保理合同是应收账款债权人将现有的或者将有的应收账款转让给保理人，保理人提供资金融通、应收账款管理或者催收、应收账款债务人付款担保等服务的合同。

第七百六十三条 应收账款债权人与债务人虚构应收账款作为转让标的，与保理人订立保理合同的，应收账款债务人不得以应收账款不存在为由对抗保理人，但是保理人明知虚构的除外。

第七百六十四条 保理人向应收账款债务人发出应收账款转让通知的，应当表明保理人身份并附有必要凭证。

第七百六十五条 应收账款债务人接到应收账款转让通知后，应收账款债权人与债务人无正当理由协商变更或者终止基础交易合同，对保理人产生不利影响的，对保理人不发生效力。

第七百六十六条 当事人约定有追索权保理的，保理人可以向应收账款债权人主张返还保理融资款本息或者回购应收账款债权，也可以向应收账款债务人主张应收账款债权。保理人向应收账款债务人主张应收账款债权，在扣除保理融资款本息和相关费用后有剩余的，剩余部分应当返还给应收账款债权人。

第七百六十七条 当事人约定无追索权保理的，保理人应当向应收账款债务人主张应收账款债权，保理人取得超过保理融资款本息和相关费用的部分，无需向应收账款债权人返还。

第七百六十八条 应收账款债权人就同一应收账款订立多个保理合同，致使多个保理人主张权利的，已经登记的先于未登记的取得应收账款；均已经登记的，按照登记时间的先后顺序取得应收账款；均未登记的，由最先到达应收账款债务人的转让通知中载明的保理人取得应收账款；既未登记也未通知的，按照保理融资款或者服务报酬的比例取得应收账款。

【相关法条】《担保制度解释》

第66条 同一应收账款同时存在保理、应收账款质押和债权转让，当事人主张参照民法典第七百六十八条的规定确定优先顺序的，人民法院应予支持。

在有追索权的保理中，保理人以应收账款债权人或者应收账款债务人为被告提起诉讼，人民法院应予受理；保理人一并起诉应收账款债权人和应收账款债务人的，人民法院可以受理。

应收账款债权人向保理人返还保理融资款本息或者回购应收账款债权后，请求应收账款债务人向其履行应收账款债务的，人民法院应予支持。

重点法条 71 承揽合同

第七百七十二条 承揽人应当以自己的设备、技术和劳力，完成主要工作，但是当事人另有约定的除外。

承揽人将其承揽的主要工作交由第三人完成的，应当就该第三人完成的工作成果向定作人负责；未经定作人同意的，定作人也可以解除合同。

第七百七十三条 承揽人可以将其承揽的辅助工作交由第三人完成。承揽人将其承揽的辅助工作交由第三人完成的，应当就该第三人完成的工作成果向定作人负责。

第七百七十七条 定作人中途变更承揽工作的要求，造成承揽人损失的，应当赔偿损失。

第七百八十六条 共同承揽人对定作人承担连带责任，但是当事人另有约定的除外。

第七百八十七条 定作人在承揽人完成工作前可以随时解除合同，造成承揽人损失的，应当赔偿损失。

重点法条 72 建设工程合同

第七百九十一条 发包人可以与总承包人订立建设工程合同，也可以分别与勘察人、设计人、施工人订立勘察、设计、施工承包合同。发包人不得将应当由一个承包人完成的建设工程支解成若干部分发包给数个承包人。

总承包人或者勘察、设计、施工承包人经发包人同意，可以将自己承包的部分工作交由第三人完成。第三人就其完成的工作成果与总承包人或者勘察、设计、施工承包人向发包人承担连带责任。承包人不得将其承包的全部建设工程转包给第三人或者将其承包的全部建设工程支解以后以分包的名义分别转包给第三人。

禁止承包人将工程分包给不具备相应资质条件的单位。禁止分包单位将其承包的工程再分包。建设工程主体结构的施工必须由承包人自行完成。

第八百零七条 发包人未按照约定支付价款的，承包人可以催告发包人在合理期限内支付价款。发包人逾期不支付的，除根据建设工程的性质不宜折价、拍卖外，承包人可以与发包人协议将该工程折价，也可以请求人民法院将该工程依法拍卖。建设工程的价款就该工程折价或者拍卖的价款优先受偿。

重点法条 73 多式联运合同

第八百三十九条 多式联运经营人可以与参加多式联运的各区段承运人就多式联运合同的各区段运输约定相互之间的责任；但是，该约定不影响多式联运经营人对全程运输承担的义务。

第八百四十二条 货物的毁损、灭失发生于多式联运的某一运输区段的，多式联运经营人的赔偿责任和责任限额，适用调整该区段运输方式的有关法律规定；货物毁损、灭失发生的运输区段不能确定的，依照本章规定承担赔偿责任。

重点法条 74 技术开发合同

第八百五十一条 技术开发合同是当事人之间就新技术、新产品、新工艺、新品种或者新材料及其系统的研究开发所订立的合同。

技术开发合同包括委托开发合同和合作开发合同。

技术开发合同应当采用书面形式。

当事人之间就具有实用价值的科技成果实施转化订立的合同，参照适用技术开发。

第八百五十九条 委托开发完成的发明创造，除法律另有规定或者当事人另有约定外，申请专利的权利属于研究开发人。研究开发人取得专利权的，委托人可以依法实施该专利。

研究开发人转让专利申请权的，委托人享有以同等条件优先受让的权利。

第八百六十条 合作开发完成的发明创造，申请专利的权利属于合作开发的当事人共有；当事人一方转让其共有的专利申请权的，其他各方享有以同等条件优先受让的权利。但是，当事人另有约定的除外。

合作开发的当事人一方声明放弃其共有的专利申请权的，除当事人另有约定外，可以由另一方单独申请或者由其他各方共同申请。申请人取得专利权的，放弃专利申请权的一方可以免费实施该专利。

合作开发的当事人一方不同意申请专利的，另一方或者其他各方不得申请专利。

第八百六十一条 委托开发或者合作开发完成的技术秘密成果的使用权、转让权以及收益的分配办法，由当事人约定；没有约定或者约定不明确，依据本法第510条的规定仍不能确定的，在没有相同技术方案被授予专利权前，当事人均有使用和转让的权利。但是，委托开发的研究开发人不得在向委托人交付研究开发成果之前，将研究开发成果转让给第三人。

重点法条 75 技术转让合同和技术许可合同

第八百六十三条 技术转让合同包括专利权转让、专利申请权转让、技术秘密转让等合同。

技术许可合同包括专利实施许可、技术秘密使用许可等合同。

技术转让合同和技术许可合同应当采用书面形式。

第八百六十五条 专利实施许可合同仅在该专利权的存续期限内有效。专利权有效期限届满或者专利权被宣告无效的，专利权人不得就该专利与他人订立专利实施许可合同。

第八百六十七条 专利实施许可合同的被许可人应当按照约定实施专利，不得许可约定以外的第三人实施该专利，并按照约定支付使用费。

第八百七十五条 当事人可以按照互利的原则，在合同中约定实施专利、使用技术秘密后续改进的技术成果的分享办法；没有约定或者约定不明确，依据本法第510条的规定仍不能确定的，一方后续改进的技术成果，其他各方无权分享。

重点法条 76 委托合同

第九百二十条 委托人可以特别委托受托人处理一项或者数项事务，也可以概括委托受托人处理一切事务。

第九百二十九条 有偿的委托合同，因受托人的过错造成委托人损失的，委托人可以请求赔偿损失。无偿的委托合同，因受托人的故意或者重大过失造成委托人损失的，委托人可以请求赔偿损失。

受托人超越权限造成委托人损失的，应当赔偿损失。

第九百三十一条 委托人经受托人同意，可以在受托人之外委托第三人处理委托事务。因此造成受托人损失的，受托人可以向委托人请求赔偿损失。

重点法条 77 行纪合同

第九百五十一条 行纪合同是行纪人以自己的名义为委托人从事贸易活动，委托人支付报酬的合同。

第九百五十二条 行纪人处理委托事务支出的

费用,由行纪人负担,但是当事人另有约定的除外。

第九百五十六条　行纪人卖出或者买入具有市场定价的商品,除委托人有相反的意思表示外,行纪人自己可以作为买受人或者出卖人。

行纪人有前款规定情形的,仍然可以请求委托人支付报酬。

重点法条 78　中介合同

第九百六十一条　中介合同是中介人向委托人报告订立合同的机会或者提供订立合同的媒介服务,委托人支付报酬的合同。

第九百六十二条　中介人应当就有关订立合同的事项向委托人如实报告。

中介人故意隐瞒与订立合同有关的重要事实或者提供虚假情况,损害委托人利益的,不得请求支付报酬并应当承担赔偿责任。

第九百六十三条　中介人促成合同成立的,委托人应当按照约定支付报酬。对中介人的报酬没有约定或者约定不明确,依据本法第510条的规定仍不能确定的,根据中介人的劳务合理确定。因中介人提供订立合同的媒介服务而促成合同成立的,由该合同的当事人平均负担中介人的报酬。

中介人促成合同成立的,中介活动的费用,由中介人负担。

重点法条 79　合伙合同

第九百六十七条　合伙合同是2个以上合伙人为了共同的事业目的,订立的共享利益、共担风险的协议。

第九百六十八条　合伙人应当按照约定的出资方式、数额和缴付期限,履行出资义务。

第九百七十条　合伙人就合伙事务作出决定的,除合伙合同另有约定外,应当经全体合伙人一致同意。

合伙事务由全体合伙人共同执行。按照合伙合同的约定或者全体合伙人的决定,可以委托一个或者数个合伙人执行合伙事务;其他合伙人不再执行合伙事务,但是有权监督执行情况。

合伙人分别执行合伙事务的,执行事务合伙人可以对其他合伙人执行的事务提出异议;提出异议后,其他合伙人应当暂停该项事务的执行。

第九百七十二条　合伙的利润分配和亏损分担,按照合伙合同的约定办理;合伙合同没有约定或者约定不明确的,由合伙人协商决定;协商不成的,由合伙人按照实缴出资比例分配、分担;无法确定出资比例的,由合伙人平均分配、分担。

第九百七十三条　合伙人对合伙债务承担连带责任。清偿合伙债务超过自己应当承担份额的合伙人,有权向其他合伙人追偿。

第九百七十四条　除合伙合同另有约定外,合伙人向合伙人以外的人转让其全部或者部分财产份额的,须经其他合伙人一致同意。

重点法条 80　无因管理

第九百七十九条　管理人没有法定的或者约定的义务,为避免他人利益受损失而管理他人事务的,可以请求受益人偿还因管理事务而支出的必要费用;管理人因管理事务受到损失的,可以请求受益人给予适当补偿。

管理事务不符合受益人真实意思的,管理人不享有前款规定的权利;但是,受益人的真实意思违反法律或者违背公序良俗的除外。

【例题】　甲公司解雇潘某,还欠潘某3万元工资未给。潘某多次索要无果,一气之下将甲公司面包车开走。乙公司是甲公司的母公司,知道此事后代甲公司支付了潘某2万元工资。对此,下列说法正确的是:(2023年多选题)

A. 潘某的行为是自助行为

B. 乙公司的行为构成无因管理

C. 甲公司还欠潘某1万元

D. 案中事实说明甲乙公司人格混同,甲公司欠债无力清偿时,乙应负连带责任

参考答案:________①

重点法条 81　不当得利

第九百八十五条　得利人没有法律根据取得不当利益的,受损失的人可以请求得利人返还取得的利益,但是有下列情形之一的除外:

(一)为履行道德义务进行的给付;

(二)债务到期之前的清偿;

(三)明知无给付义务而进行的债务清偿。

① BC

第九百八十六条　得利人不知道且不应当知道取得的利益没有法律根据，取得的利益已经不存在的，不承担返还该利益的义务。

第九百八十七条　得利人知道或者应当知道取得的利益没有法律根据的，受损失的人可以请求得利人返还其取得的利益并依法赔偿损失。

第九百八十八条　得利人已经将取得的利益无偿转让给第三人的，受损失的人可以请求第三人在相应范围内承担返还义务。

精　解

不当得利的成立要件有四：一方取得财产利益；另一方受有损失；取得利益与所受损失间有因果关系；没有法律上的根据。

1. 一方取得财产利益。

一方取得财产利益是指因一定的事实结果而获得了或增加了财产或利益上的积累。受益人获得的利益限于财产利益，即可以用金钱价值衡量的利益，精神利益不属于这里的利益范畴。具体而言，取得财产利益主要表现为以下几种形式：

（1）财产或利益的积极增加，即通过取得权利、增强权利效力或获得某种财产利益或义务的减弱而扩大财产范围。

（2）财产或利益的消极增加，即因财产或利益本应减少而未减少所得的利益。

2. 一方受有损失。

仅仅有一方受有财产上的利益，而未给他人带来任何损失，不成立不当得利。如甲投资兴建广场，邻近乙的房屋价值剧增，乙获有利益但未给甲带来损失，乙对甲而言不成立不当得利。这里的损失，既包括现有财产或利益的积极减少，也包括应增加而未增加（可得利益）利益的丧失。对于后一种情形，受损人无须证明该项事实如未发生即确实可以增加财产，只需证明若无该项事实，依通常情形，财产当可增加，即为受有损失。也就是说，“应增加”的判定不必以其“必然增加”为必要，只要在通常情况下受损人的利益能增加即为“应增加”。如无权使用他人房屋，不管他人是否有使用该房屋或是否有出租房屋给第三人的打算，都可认为该房屋所有人受有相当于租金额的损失，因为他对房屋进行使用收益的潜在价值受到侵害。

3. 取得利益与所受损失间有因果关系。

受益人取得利益与受损人所受损失间的因果关系，是指受损人的损失是由于受益人受益所造成的。但受损人的损失与受益人的受益范围不必相同，受益大于损失或损失大于受益均无不可，它只影响受益人返还义务的范围。并且，受损人所受的损失与受益人所得的利益的形态也不必相同。如无权处分他人之物，受益的无权处分人获得的是物的价金，而物的原所有人丧失的是该物所有权，但仍不影响不当得利的成立。

4. 没有法律上的根据。

取得利益致他人损失，之所以成立不当得利，原因在于利益的取得无法律上的根据，我国《民法典》第122条称为“没有法律根据”。无法律上的根据是指缺乏受利益的法律上的原因，而非指权利或者财产的取得没有法律上的直接原因。

重点法条 82　生命权、身体权和健康权

第一千零二条　自然人享有生命权。自然人的生命安全和生命尊严受法律保护。任何组织或者个人不得侵害他人的生命权。

第一千零三条　自然人享有身体权。自然人的身体完整和行动自由受法律保护。任何组织或者个人不得侵害他人的身体权。

第一千零四条　自然人享有健康权。自然人的身心健康受法律保护。任何组织或者个人不得侵害他人的健康权。

第一千零五条　自然人的生命权、身体权、健康权受到侵害或者处于其他危难情形的，负有法定救助义务的组织或者个人应当及时施救。

第一千零六条　完全民事行为能力人有权依法自主决定无偿捐献其人体细胞、人体组织、人体器官、遗体。任何组织或者个人不得强迫、欺骗、利诱其捐献。

完全民事行为能力人依据前款规定同意捐献的，应当采用书面形式，也可以订立遗嘱。

自然人生前未表示不同意捐献的，该自然人死亡后，其配偶、成年子女、父母可以共同决定捐献，决定捐献应当采用书面形式。

第一千零七条　禁止以任何形式买卖人体细胞、人体组织、人体器官、遗体。

违反前款规定的买卖行为无效。

第一千零八条　为研制新药、医疗器械或者发展新的预防和治疗方法，需要进行临床试验的，应当依法经相关主管部门批准并经伦理委员会审查同意，向受试者或者受试者的监护人告知试验目的、用途和可能产生的风险等详细情况，并经其书面同意。

进行临床试验的，不得向受试者收取试验费用。

第一千零九条 从事与人体基因、人体胚胎等有关的医学和科研活动，应当遵守法律、行政法规和国家有关规定，不得危害人体健康，不得违背伦理道德，不得损害公共利益。

第一千零一十条 违背他人意愿，以言语、文字、图像、肢体行为等方式对他人实施性骚扰的，受害人有权依法请求行为人承担民事责任。

机关、企业、学校等单位应当采取合理的预防、受理投诉、调查处置等措施，防止和制止利用职权、从属关系等实施性骚扰。

【相关法条】 最高人民法院《关于审理人身损害赔偿案件适用法律若干问题的解释》(2022 年 2 月 15 日修正)

第 1 条 因生命、身体、健康遭受侵害，赔偿权利人起诉请求赔偿义务人赔偿物质损害和精神损害的，人民法院应予受理。

本条所称"赔偿权利人"，是指因侵权行为或者其他致害原因直接遭受人身损害的受害人以及死亡受害人的近亲属。

本条所称"赔偿义务人"，是指因自己或者他人的侵权行为以及其他致害原因依法应当承担民事责任的自然人、法人或者非法人组织。

重点法条 83 姓名权和名称权

第一千零一十二条 自然人享有姓名权，有权依法决定、使用、变更或者许可他人使用自己的姓名，但是不得违背公序良俗。

第一千零一十三条 法人、非法人组织享有名称权，有权依法决定、使用、变更、转让或者许可他人使用自己的名称。

第一千零一十四条 任何组织或者个人不得以干涉、盗用、假冒等方式侵害他人的姓名权或者名称权。

第一千零一十五条 自然人应当随父姓或者母姓，但是有下列情形之一的，可以在父姓和母姓之外选取姓氏：

(一)选取其他直系长辈血亲的姓氏；

(二)因由法定扶养人以外的人扶养而选取扶养人姓氏；

(三)有不违背公序良俗的其他正当理由。

少数民族自然人的姓氏可以遵从本民族的文化传统和风俗习惯。

第一千零一十七条 具有一定社会知名度，被他人使用足以造成公众混淆的笔名、艺名、网名、译名、字号、姓名和名称的简称等，参照适用姓名权和名称权保护的有关规定。

重点法条 84 肖像权

第一千零一十八条 自然人享有肖像权，有权依法制作、使用、公开或者许可他人使用自己的肖像。

肖像是通过影像、雕塑、绘画等方式在一定载体上所反映的特定自然人可以被识别的外部形象。

第一千零一十九条 任何组织或者个人不得以丑化、污损，或者利用信息技术手段伪造等方式侵害他人的肖像权。未经肖像权人同意，不得制作、使用、公开肖像权人的肖像，但是法律另有规定的除外。

未经肖像权人同意，肖像作品权利人不得以发表、复制、发行、出租、展览等方式使用或者公开肖像权人的肖像。

第一千零二十条 合理实施下列行为的，可以不经肖像权人同意：

(一)为个人学习、艺术欣赏、课堂教学或者科学研究，在必要范围内使用肖像权人已经公开的肖像；

(二)为实施新闻报道，不可避免地制作、使用、公开肖像权人的肖像；

(三)为依法履行职责，国家机关在必要范围内制作、使用、公开肖像权人的肖像；

(四)为展示特定公共环境，不可避免地制作、使用、公开肖像权人的肖像；

(五)为维护公共利益或者肖像权人合法权益，制作、使用、公开肖像权人的肖像的其他行为。

重点法条 85 名誉权和荣誉权

第一千零二十四条 民事主体享有名誉权。任何组织或者个人不得以侮辱、诽谤等方式侵害他人的名誉权。

名誉是对民事主体的品德、声望、才能、信用等的社会评价。

第一千零二十五条 行为人为公共利益实施新闻报道、舆论监督等行为，影响他人名誉的，不承担民事责任，但是有下列情形之一的除外：

(一)捏造、歪曲事实；

(二)对他人提供的严重失实内容未尽到合理核实义务；

（三）使用侮辱性言辞等贬损他人名誉。

第一千零三十一条 民事主体享有荣誉权。任何组织或者个人不得非法剥夺他人的荣誉称号，不得诋毁、贬损他人的荣誉。

获得的荣誉称号应当记载而没有记载的，民事主体可以请求记载；获得的荣誉称号记载错误的，民事主体可以请求更正。

重点法条 86 隐私权和个人信息保护

第一千零三十二条 自然人享有隐私权。任何组织或者个人不得以刺探、侵扰、泄露、公开等方式侵害他人的隐私权。

隐私是自然人的私人生活安宁和不愿为他人知晓的私密空间、私密活动、私密信息。

第一千零三十三条 除法律另有规定或者权利人明确同意外，任何组织或者个人不得实施下列行为：

（一）以电话、短信、即时通讯工具、电子邮件、传单等方式侵扰他人的私人生活安宁；

（二）进入、拍摄、窥视他人的住宅、宾馆房间等私密空间；

（三）拍摄、窥视、窃听、公开他人的私密活动；

（四）拍摄、窥视他人身体的私密部位；

（五）处理他人的私密信息；

（六）以其他方式侵害他人的隐私权。

第一千零三十四条 自然人的个人信息受法律保护。

个人信息是以电子或者其他方式记录的能够单独或者与其他信息结合识别特定自然人的各种信息，包括自然人的姓名、出生日期、身份证件号码、生物识别信息、住址、电话号码、电子邮箱、健康信息、行踪信息等。

个人信息中的私密信息，适用有关隐私权的规定；没有规定的，适用有关个人信息保护的规定。

第一千零三十五条 处理个人信息的，应当遵循合法、正当、必要原则，不得过度处理，并符合下列条件：

（一）征得该自然人或者其监护人同意，但是法律、行政法规另有规定的除外；

（二）公开处理信息的规则；

（三）明示处理信息的目的、方式和范围；

（四）不违反法律、行政法规的规定和双方的约定。

个人信息的处理包括个人信息的收集、存储、使用、加工、传输、提供、公开等。

第一千零三十九条 国家机关、承担行政职能的法定机构及其工作人员对于履行职责过程中知悉的自然人的隐私和个人信息，应当予以保密，不得泄露或者向他人非法提供。

重点法条 87 婚姻家庭的一般规定

第一千零四十一条 婚姻家庭受国家保护。

实行婚姻自由、一夫一妻、男女平等的婚姻制度。

保护妇女、未成年人、老年人、残疾人的合法权益。

第一千零四十二条 禁止包办、买卖婚姻和其他干涉婚姻自由的行为。禁止借婚姻索取财物。

禁止重婚。禁止有配偶者与他人同居。

禁止家庭暴力。禁止家庭成员间的虐待和遗弃。

第一千零四十四条 收养应当遵循最有利于被收养人的原则，保障被收养人和收养人的合法权益。

禁止借收养名义买卖未成年人。

第一千零四十五条 亲属包括配偶、血亲和姻亲。

配偶、父母、子女、兄弟姐妹、祖父母、外祖父母、孙子女、外孙子女为近亲属。

配偶、父母、子女和其他共同生活的近亲属为家庭成员。

【相关法条】 最高人民法院《关于适用〈中华人民共和国民法典〉婚姻家庭编的解释（一）》（以下简称《婚姻家庭编解释一》，2020年12月25日通过）

一、一般规定

第1条 持续性、经常性的家庭暴力，可以认定为民法典第1042条、第1079条、第1091条所称的“虐待”。

第2条 民法典第1042条、第1079条、第1091条规定的“与他人同居”的情形，是指有配偶者与婚外异性，不以夫妻名义，持续、稳定地共同居住。

第3条 当事人提起诉讼仅请求解除同居关系的，人民法院不予受理；已经受理的，裁定驳回起诉。

当事人因同居期间财产分割或者子女抚养纠纷提起诉讼的，人民法院应当受理。

第4条 当事人仅以民法典第1043条为依据提起诉讼的，人民法院不予受理；已经受理的，裁定驳回起诉。

第5条 当事人请求返还按照习俗给付的彩礼的，如果查明属于以下情形，人民法院应当予以支持：

（一）双方未办理结婚登记手续；

（二）双方办理结婚登记手续但确未共同生活；

（三）婚前给付并导致给付人生活困难。

适用前款第二项、第三项的规定,应当以双方离婚为条件。

重点法条 88 结婚

第一千零四十六条 结婚应当男女双方完全自愿,禁止任何一方对另一方加以强迫,禁止任何组织或者个人加以干涉。

第一千零四十七条 结婚年龄,男不得早于 22 周岁,女不得早于 20 周岁。

第一千零四十八条 直系血亲或者三代以内的旁系血亲禁止结婚。

第一千零五十一条 有下列情形之一的,婚姻无效:

(一)重婚;

(二)有禁止结婚的亲属关系;

(三)未到法定婚龄。

第一千零五十二条 因胁迫结婚的,受胁迫的一方可以向人民法院请求撤销婚姻。

请求撤销婚姻的,应当自胁迫行为终止之日起 1 年内提出。

被非法限制人身自由的当事人请求撤销婚姻的,应当自恢复人身自由之日起 1 年内提出。

第一千零五十三条 一方患有重大疾病的,应当在结婚登记前如实告知另一方;不如实告知的,另一方可以向人民法院请求撤销婚姻。

请求撤销婚姻的,应当自知道或者应当知道撤销事由之日起 1 年内提出。

【例题】 男方甲 60 周岁,女方乙 25 周岁,甲自有一套房子,双方恋爱时约定:乙婚后如婚前一般照顾甲,甲将唯一的房子赠与乙。婚后,甲如约将房子过户于乙一人名下,但是之后乙不仅对甲恶语相向,还经常将其赶出去。下列哪一说法正确?(2019 年单选题)

A. 婚姻无效　　B. 婚姻可撤销

C. 赠与合同可撤销　　D. 赠与合同无效

参考答案:________①

重点法条 89 夫妻关系

第一千零五十八条 夫妻双方平等享有对未成年子女抚养、教育和保护的权利,共同承担对未成年子女抚养、教育和保护的义务。

第一千零五十九条 夫妻有相互扶养的义务。

需要扶养的一方,在另一方不履行扶养义务时,有要求其给付扶养费的权利。

第一千零六十条 夫妻一方因家庭日常生活需要而实施的民事法律行为,对夫妻双方发生效力,但是夫妻一方与相对人另有约定的除外。

夫妻之间对一方可以实施的民事法律行为范围的限制,不得对抗善意相对人。

第一千零六十一条 夫妻有相互继承遗产的权利。

第一千零六十二条 夫妻在婚姻关系存续期间所得的下列财产,为夫妻的共同财产,归夫妻共同所有:

(一)工资、奖金、劳务报酬;

(二)生产、经营、投资的收益;

(三)知识产权的收益;

(四)继承或者受赠的财产,但是本法第 1063 条第 3 项规定的除外;

(五)其他应当归共同所有的财产。

夫妻对共同财产,有平等的处理权。

第一千零六十三条 下列财产为夫妻一方的个人财产:

(一)一方的婚前财产;

(二)一方因受到人身损害获得的赔偿或者补偿;

(三)遗嘱或者赠与合同中确定只归一方的财产;

(四)一方专用的生活用品;

(五)其他应当归一方的财产。

第一千零六十四条 夫妻双方共同签名或者夫妻一方事后追认等共同意思表示所负的债务,以及夫妻一方在婚姻关系存续期间以个人名义为家庭日常生活需要所负的债务,属于夫妻共同债务。

夫妻一方在婚姻关系存续期间以个人名义超出家庭日常生活需要所负的债务,不属于夫妻共同债务;但是,债权人能够证明该债务用于夫妻共同生活、共同生产经营或者基于夫妻双方共同意思表示的除外。

第一千零六十五条 男女双方可以约定婚姻关系存续期间所得的财产以及婚前财产归各自所有、共同所有或者部分各自所有、部分共同所有。约定应当采用书面形式。没有约定或者约定不明确的,适用本

① D

法第1062条、第1063条的规定。

夫妻对婚姻关系存续期间所得的财产以及婚前财产的约定,对双方具有法律约束力。

夫妻对婚姻关系存续期间所得的财产约定归各自所有,夫或者妻一方对外所负的债务,相对人知道该约定的,以夫或者妻一方的个人财产清偿。

第一千零六十六条 婚姻关系存续期间,有下列情形之一的,夫妻一方可以向人民法院请求分割共同财产:

(一)一方有隐藏、转移、变卖、毁损、挥霍夫妻共同财产或者伪造夫妻共同债务等严重损害夫妻共同财产利益的行为;

(二)一方负有法定扶养义务的人患重大疾病需要医治,另一方不同意支付相关医疗费用。

【相关法条】《婚姻家庭编解释一》

第24条 民法典第1062条第1款第3项规定的"知识产权的收益",是指婚姻关系存续期间,实际取得或者已经明确可以取得的财产性收益。

第25条 婚姻关系存续期间,下列财产属于民法典第1062条规定的"其他应当归共同所有的财产":

(一)一方以个人财产投资取得的收益;

(二)男女双方实际取得或者应当取得的住房补贴、住房公积金;

(三)男女双方实际取得或者应当取得的基本养老金、破产安置补偿费。

第26条 夫妻一方个人财产在婚后产生的收益,除孳息和自然增值外,应认定为夫妻共同财产。

第27条 由一方婚前承租、婚后用共同财产购买的房屋,登记在一方名下的,应当认定为夫妻共同财产。

第28条 一方未经另一方同意出售夫妻共同所有的房屋,第三人善意购买、支付合理对价并已办理不动产登记,另一方主张追回该房屋的,人民法院不予支持。

夫妻一方擅自处分共同所有的房屋造成另一方损失,离婚时另一方请求赔偿损失的,人民法院应予支持。

第29条 当事人结婚前,父母为双方购置房屋出资的,该出资应当认定为对自己子女个人的赠与,但父母明确表示赠与双方的除外。

当事人结婚后,父母为双方购置房屋出资的,依照约定处理;没有约定或者约定不明确的,按照民法典第1062条第1款第4项规定的原则处理。

第30条 军人的伤亡保险金、伤残补助金、医药生活补助费属于个人财产。

第31条 民法典第1063条规定为夫妻一方的个人财产,不因婚姻关系的延续而转化为夫妻共同财产。但当事人另有约定的除外。

第32条 婚前或者婚姻关系存续期间,当事人约定将一方所有的房产赠与另一方或者共有,赠与方在赠与房产变更登记之前撤销赠与,另一方请求判令继续履行的,人民法院可以按照民法典第658条的规定处理。

第37条 民法典第1065条第3款所称"相对人知道该约定的",夫妻一方对此负有举证责任。

第38条 婚姻关系存续期间,除民法典第1066条规定情形以外,夫妻一方请求分割共同财产的,人民法院不予支持。

精 解

1.《民法典》第1062条规定了夫妻共同财产,第1063条规定了夫妻单独所有的财产。这是考试的重点。主要考点是:区分夫妻共有财产和单独所有财产,在离婚后确定财产的归属。结婚是一个重要的分界线,婚前一方所有的财产为单独所有,婚后取得的财产不一定归双方共有,夫妻一方所有的财产,不因婚姻关系的延续而转化为夫妻共同财产。

2.《婚姻家庭编解释一》中对夫妻共同财产的规定是重要考点。

【例题】 张老汉和妻子李某居住在单位公租房内,后妻子李某因病去世。张老汉与家中保姆何某相爱。婚后,张老汉用10万元养老保险金购买了该公租房并登记在自己名下。关于养老保险金和房屋的归属,下列哪一说法是正确的?(2018年单选题)

A. 10万元养老保险金属于张老汉的个人财产

B. 房屋属于张老汉和前妻李某共有

C. 房屋属于张老汉所有

D. 房屋属于张老汉和保姆何某共有

参考答案:________①

① D

重点法条 90 父母子女关系和其他近亲属关系

第一千零六十七条 父母不履行抚养义务的，未成年子女或者不能独立生活的成年子女，有要求父母给付抚养费的权利。

成年子女不履行赡养义务的，缺乏劳动能力或者生活困难的父母，有要求成年子女给付赡养费的权利。

第一千零六十八条 父母有教育、保护未成年子女的权利和义务。未成年子女造成他人损害的，父母应当依法承担民事责任。

第一千零六十九条 子女应当尊重父母的婚姻权利，不得干涉父母离婚、再婚以及婚后的生活。子女对父母的赡养义务，不因父母的婚姻关系变化而终止。

第一千零七十条 父母和子女有相互继承遗产的权利。

第一千零七十一条 非婚生子女享有与婚生子女同等的权利，任何组织或者个人不得加以危害和歧视。

不直接抚养非婚生子女的生父或者生母，应当负担未成年子女或者不能独立生活的成年子女的抚养费。

第一千零七十二条 继父母与继子女间，不得虐待或者歧视。

继父或者继母和受其抚养教育的继子女间的权利义务关系，适用本法关于父母子女关系的规定。

第一千零七十三条 对亲子关系有异议且有正当理由的，父或者母可以向人民法院提起诉讼，请求确认或者否认亲子关系。

对亲子关系有异议且有正当理由的，成年子女可以向人民法院提起诉讼，请求确认亲子关系。

第一千零七十四条 有负担能力的祖父母、外祖父母，对于父母已经死亡或者父母无力抚养的未成年孙子女、外孙子女，有抚养的义务。

有负担能力的孙子女、外孙子女，对于子女已经死亡或者子女无力赡养的祖父母、外祖父母，有赡养的义务。

第一千零七十五条 有负担能力的兄、姐，对于父母已经死亡或者父母无力抚养的未成年弟、妹，有扶养的义务。

由兄、姐扶养长大的有负担能力的弟、妹，对于缺乏劳动能力又缺乏生活来源的兄、姐，有扶养的义务。

【相关法条】《婚姻家庭编解释一》

第39条 父或者母向人民法院起诉请求否认亲子关系，并已提供必要证据予以证明，另一方没有相反证据又拒绝做亲子鉴定的，人民法院可以认定否认亲子关系一方的主张成立。

父或者母以及成年子女起诉请求确认亲子关系，并提供必要证据予以证明，另一方没有相反证据又拒绝做亲子鉴定的，人民法院可以认定确认亲子关系一方的主张成立。

第40条 婚姻关系存续期间，夫妻双方一致同意进行人工授精，所生子女应视为婚生子女，父母子女间的权利义务关系适用民法典的有关规定。

第41条 尚在校接受高中及其以下学历教育，或者丧失、部分丧失劳动能力等非因主观原因而无法维持正常生活的成年子女，可以认定为民法典第1067条规定的“不能独立生活的成年子女”。

第42条 民法典第1067条所称“抚养费”，包括子女生活费、教育费、医疗费等费用。

第43条 婚姻关系存续期间，父母双方或者一方拒不履行抚养子女义务，未成年子女或者不能独立生活的成年子女请求支付抚养费的，人民法院应予支持。

重点法条 91 离婚

第一千零七十六条 夫妻双方自愿离婚的，应当签订书面离婚协议，并亲自到婚姻登记机关申请离婚登记。

离婚协议应当载明双方自愿离婚的意思表示和对子女抚养、财产以及债务处理等事项协商一致的意见。

第一千零七十七条 自婚姻登记机关收到离婚登记申请之日起30日内，任何一方不愿意离婚的，可以向婚姻登记机关撤回离婚登记申请。

前款规定期限届满后30日内，双方应当亲自到婚姻登记机关申请发给离婚证；未申请的，视为撤回离婚登记申请。

第一千零七十九条 夫妻一方要求离婚的，可以由有关组织进行调解或者直接向人民法院提起离婚诉讼。

人民法院审理离婚案件，应当进行调解；如果感情确已破裂，调解无效的，应当准予离婚。

有下列情形之一，调解无效的，应当准予离婚：

（一）重婚或者与他人同居；

（二）实施家庭暴力或者虐待、遗弃家庭成员；

（三）有赌博、吸毒等恶习屡教不改；

（四）因感情不和分居满2年；

（五）其他导致夫妻感情破裂的情形。

一方被宣告失踪，另一方提起离婚诉讼的，应当准予离婚。

经人民法院判决不准离婚后，双方又分居满1年，一方再次提起离婚诉讼的，应当准予离婚。

第一千零八十一条 现役军人的配偶要求离婚，应当征得军人同意，但是军人一方有重大过错的除外。

第一千零八十二条 女方在怀孕期间、分娩后1年内或者终止妊娠后6个月内，男方不得提出离婚；但是，女方提出离婚或者人民法院认为确有必要受理男方离婚请求的除外。

第一千零八十四条 父母与子女间的关系，不因父母离婚而消除。离婚后，子女无论由父或者母直接抚养，仍是父母双方的子女。

离婚后，父母对于子女仍有抚养、教育、保护的权利和义务。

离婚后，不满2周岁的子女，以由母亲直接抚养为原则。已满两周岁的子女，父母双方对抚养问题协议不成的，由人民法院根据双方的具体情况，按照最有利于未成年子女的原则判决。子女已满8周岁的，应当尊重其真实意愿。

第一千零八十六条 离婚后，不直接抚养子女的父或者母，有探望子女的权利，另一方有协助的义务。

行使探望权利的方式、时间由当事人协议；协议不成的，由人民法院判决。

父或者母探望子女，不利于子女身心健康的，由人民法院依法中止探望；中止的事由消失后，应当恢复探望。

第一千零八十七条 离婚时，夫妻的共同财产由双方协议处理；协议不成的，由人民法院根据财产的具体情况，按照照顾子女、女方和无过错方权益的原则判决。

对夫或者妻在家庭土地承包经营中享有的权益等，应当依法予以保护。

第一千零八十八条 夫妻一方因抚育子女、照料老年人、协助另一方工作等负担较多义务的，离婚时有权向另一方请求补偿，另一方应当给予补偿。具体办法由双方协议；协议不成的，由人民法院判决。

第一千零八十九条 离婚时，夫妻共同债务应当共同偿还。共同财产不足清偿或者财产归各自所有的，由双方协议清偿；协议不成的，由人民法院判决。

第一千零九十条 离婚时，如果一方生活困难，有负担能力的另一方应当给予适当帮助。具体办法由双方协议；协议不成的，由人民法院判决。

第一千零九十一条 有下列情形之一，导致离婚的，无过错方有权请求损害赔偿：

（一）重婚；

（二）与他人同居；

（三）实施家庭暴力；

（四）虐待、遗弃家庭成员；

（五）有其他重大过错。

第一千零九十二条 夫妻一方隐藏、转移、变卖、毁损、挥霍夫妻共同财产，或者伪造夫妻共同债务企图侵占另一方财产的，在离婚分割夫妻共同财产时，对该方可以少分或者不分。离婚后，另一方发现有上述行为的，可以向人民法院提起诉讼，请求再次分割夫妻共同财产。

【相关法条】《婚姻家庭编解释一》

第23条 夫以妻擅自中止妊娠侵犯其生育权为由请求损害赔偿的，人民法院不予支持；夫妻双方因是否生育发生纠纷，致使感情确已破裂，一方请求离婚的，人民法院经调解无效，应依照民法典第1079条第3款第5项的规定处理。

第33条 债权人就一方婚前所负个人债务向债务人的配偶主张权利的，人民法院不予支持。但债权人能够证明所负债务用于婚后家庭共同生活的除外。

第34条 夫妻一方与第三人串通，虚构债务，第三人主张该债务为夫妻共同债务的，人民法院不予支持。

夫妻一方在从事赌博、吸毒等违法犯罪活动中所负债务，第三人主张该债务为夫妻共同债务的，人民法院不予支持。

第35条 当事人的离婚协议或者人民法院生效判决、裁定、调解书已经对夫妻财产分割问题作出处理的，债权人仍有权就夫妻共同债务向男女双方主张权利。

一方就夫妻共同债务承担清偿责任后，主张由另一方按照离婚协议或者人民法院的法律文书承担相应债务的，人民法院应予支持。

第36条 夫或者妻一方死亡的，生存一方应当对婚姻关系存续期间的夫妻共同债务承担清偿责任。

第 44 条　离婚案件涉及未成年子女抚养的，对不满两周岁的子女，按照民法典第 1084 条第 3 款规定的原则处理。母亲有下列情形之一，父亲请求直接抚养的，人民法院应予支持：

（一）患有久治不愈的传染性疾病或者其他严重疾病，子女不宜与其共同生活；

（二）有抚养条件不尽抚养义务，而父亲要求子女随其生活；

（三）因其他原因，子女确不宜随母亲生活。

第 45 条　父母双方协议不满两周岁子女由父亲直接抚养，并对子女健康成长无不利影响的，人民法院应予支持。

第 46 条　对已满两周岁的未成年子女，父母均要求直接抚养，一方有下列情形之一的，可予优先考虑：

（一）已做绝育手术或者因其他原因丧失生育能力；

（二）子女随其生活时间较长，改变生活环境对子女健康成长明显不利；

（三）无其他子女，而另一方有其他子女；

（四）子女随其生活，对子女成长有利，而另一方患有久治不愈的传染性疾病或者其他严重疾病，或者有其他不利于子女身心健康的情形，不宜与子女共同生活。

第 47 条　父母抚养子女的条件基本相同，双方均要求直接抚养子女，但子女单独随祖父母或者外祖父母共同生活多年，且祖父母或者外祖父母要求并且有能力帮助子女照顾孙子女或者外孙子女的，可以作为父或者母直接抚养子女的优先条件予以考虑。

第 48 条　在有利于保护子女利益的前提下，父母双方协议轮流直接抚养子女的，人民法院应予支持。

第 49 条　抚养费的数额，可以根据子女的实际需要、父母双方的负担能力和当地的实际生活水平确定。

有固定收入的，抚养费一般可以按其月总收入的 20% 至 30% 的比例给付。负担两个以上子女抚养费的，比例可以适当提高，但一般不得超过月总收入的 50%。

无固定收入的，抚养费的数额可以依据当年总收入或者同行业平均收入，参照上述比例确定。

有特殊情况的，可以适当提高或者降低上述比例。

第 50 条　抚养费应当定期给付，有条件的可以一次性给付。

第 51 条　父母一方无经济收入或者下落不明的，可以用其财物折抵抚养费。

第 52 条　父母双方可以协议由一方直接抚养子女并由直接抚养方负担子女全部抚养费。但是，直接抚养方的抚养能力明显不能保障子女所需费用，影响子女健康成长的，人民法院不予支持。

第 53 条　抚养费的给付期限，一般至子女 18 周岁为止。

16 周岁以上不满 18 周岁，以其劳动收入为主要生活来源，并能维持当地一般生活水平的，父母可以停止给付抚养费。

第 54 条　生父与继母离婚或者生母与继父离婚时，对曾受其抚养教育的继子女，继父或者继母不同意继续抚养的，仍应由生父或者生母抚养。

第 55 条　离婚后，父母一方要求变更子女抚养关系的，或者子女要求增加抚养费的，应当另行提起诉讼。

第 56 条　具有下列情形之一，父母一方要求变更子女抚养关系的，人民法院应予支持：

（一）与子女共同生活的一方因患严重疾病或者因伤残无力继续抚养子女；

（二）与子女共同生活的一方不尽抚养义务或有虐待子女行为，或者其与子女共同生活对子女身心健康确有不利影响；

（三）已满八周岁的子女，愿随另一方生活，该方又有抚养能力；

（四）有其他正当理由需要变更。

第 57 条　父母双方协议变更子女抚养关系的，人民法院应予支持。

第 58 条　具有下列情形之一，子女要求有负担能力的父或者母增加抚养费的，人民法院应予支持：

（一）原定抚养费数额不足以维持当地实际生活水平；

（二）因子女患病、上学，实际需要已超过原定数额；

（三）有其他正当理由应当增加。

第 59 条　父母不得因子女变更姓氏而拒付子女抚养费。父或者母擅自将子女姓氏改为继母或继父姓氏而引起纠纷的，应当责令恢复原姓氏。

第 60 条　在离婚诉讼期间,双方均拒绝抚养子女的,可以先行裁定暂由一方抚养。

第 61 条　对拒不履行或者妨害他人履行生效判决、裁定、调解书中有关子女抚养义务的当事人或者其他人,人民法院可依照民事诉讼法第 111 条(现第 114 条)的规定采取强制措施。

第 62 条　无民事行为能力人的配偶有民法典第 36 条第 1 款规定行为,其他有监护资格的人可以要求撤销其监护资格,并依法指定新的监护人;变更后的监护人代理无民事行为能力一方提起离婚诉讼的,人民法院应予受理。

第 63 条　人民法院审理离婚案件,符合民法典第 1079 条第 3 款规定"应当准予离婚"情形的,不应当因当事人有过错而判决不准离婚。

第 64 条　民法典第 1081 条所称的"军人一方有重大过错",可以依据民法典第 1079 条第 3 款前 3 项规定及军人有其他重大过错导致夫妻感情破裂的情形予以判断。

第 65 条　人民法院作出的生效的离婚判决中未涉及探望权,当事人就探望权问题单独提起诉讼的,人民法院应予受理。

第 66 条　当事人在履行生效判决、裁定或者调解书的过程中,一方请求中止探望的,人民法院在征询双方当事人意见后,认为需要中止探望的,依法作出裁定;中止探望的情形消失后,人民法院应当根据当事人的请求书面通知其恢复探望。

第 67 条　未成年子女、直接抚养子女的父或者母以及其他对未成年子女负担抚养、教育、保护义务的法定监护人,有权向人民法院提出中止探望的请求。

第 68 条　对于拒不协助另一方行使探望权的有关个人或者组织,可以由人民法院依法采取拘留、罚款等强制措施,但是不能对子女的人身、探望行为进行强制执行。

第 69 条　当事人达成的以协议离婚或者到人民法院调解离婚为条件的财产以及债务处理协议,如果双方离婚未成,一方在离婚诉讼中反悔的,人民法院应当认定该财产以及债务处理协议没有生效,并根据实际情况依照民法典第 1087 条和第 1089 条的规定判决。

当事人依照民法典第 1076 条签订的离婚协议中关于财产以及债务处理的条款,对男女双方具有法律约束力。登记离婚后当事人因履行上述协议发生纠纷提起诉讼的,人民法院应当受理。

第 70 条　夫妻双方协议离婚后就财产分割问题反悔,请求撤销财产分割协议的,人民法院应当受理。

人民法院审理后,未发现订立财产分割协议时存在欺诈、胁迫等情形的,应当依法驳回当事人的诉讼请求。

第 71 条　人民法院审理离婚案件,涉及分割发放到军人名下的复员费、自主择业费等一次性费用的,以夫妻婚姻关系存续年限乘以年平均值,所得数额为夫妻共同财产。

前款所称年平均值,是指将发放到军人名下的上述费用总额按具体年限均分得出的数额。其具体年限为人均寿命七十岁与军人入伍时实际年龄的差额。

第 72 条　夫妻双方分割共同财产中的股票、债券、投资基金份额等有价证券以及未上市股份有限公司股份时,协商不成或者按市价分配有困难的,人民法院可以根据数量按比例分配。

第 73 条　人民法院审理离婚案件,涉及分割夫妻共同财产中以一方名义在有限责任公司的出资额,另一方不是该公司股东的,按以下情形分别处理:

(一)夫妻双方协商一致将出资额部分或者全部转让给该股东的配偶,其他股东过半数同意,并且其他股东均明确表示放弃优先购买权的,该股东的配偶可以成为该公司股东;

(二)夫妻双方就出资额转让份额和转让价格等事项协商一致后,其他股东半数以上不同意转让,但愿意以同等条件购买该出资额的,人民法院可以对转让出资所得财产进行分割。其他股东半数以上不同意转让,也不愿意以同等条件购买该出资额的,视为其同意转让,该股东的配偶可以成为该公司股东。

用于证明前款规定的股东同意的证据,可以是股东会议材料,也可以是当事人通过其他合法途径取得的股东的书面声明材料。

第 74 条　人民法院审理离婚案件,涉及分割夫妻共同财产中以一方名义在合伙企业中的出资,另一方不是该企业合伙人的,当夫妻双方协商一致,将其合伙企业中的财产份额全部或者部分转让给对方时,按以下情形分别处理:

(一)其他合伙人一致同意的,该配偶依法取得合伙人地位;

(二)其他合伙人不同意转让,在同等条件下行使优先购买权的，可以对转让所得的财产进行分割；

（三）其他合伙人不同意转让，也不行使优先购买权，但同意该合伙人退伙或者削减部分财产份额的，可以对结算后的财产进行分割；

（四）其他合伙人既不同意转让，也不行使优先购买权，又不同意该合伙人退伙或者削减部分财产份额的，视为全体合伙人同意转让，该配偶依法取得合伙人地位。

第75条 夫妻以一方名义投资设立个人独资企业的，人民法院分割夫妻在该个人独资企业中的共同财产时，应当按照以下情形分别处理：

（一）一方主张经营该企业的，对企业资产进行评估后，由取得企业资产所有权一方给予另一方相应的补偿；

（二）双方均主张经营该企业的，在双方竞价基础上，由取得企业资产所有权的一方给予另一方相应的补偿；

（三）双方均不愿意经营该企业的，按照《中华人民共和国个人独资企业法》等有关规定办理。

第76条 双方对夫妻共同财产中的房屋价值及归属无法达成协议时，人民法院按以下情形分别处理：

（一）双方均主张房屋所有权并且同意竞价取得的，应当准许；

（二）一方主张房屋所有权的，由评估机构按市场价格对房屋作出评估，取得房屋所有权的一方应当给予另一方相应的补偿；

（三）双方均不主张房屋所有权的，根据当事人的申请拍卖、变卖房屋，就所得价款进行分割。

第77条 离婚时双方对尚未取得所有权或者尚未取得完全所有权的房屋有争议且协商不成的，人民法院不宜判决房屋所有权的归属，应当根据实际情况判决由当事人使用。

当事人就前款规定的房屋取得完全所有权后，有争议的，可以另行向人民法院提起诉讼。

第78条 夫妻一方婚前签订不动产买卖合同，以个人财产支付首付款并在银行贷款，婚后用夫妻共同财产还贷，不动产登记于首付款支付方名下的，离婚时该不动产由双方协议处理。

依前款规定不能达成协议的，人民法院可以判决该不动产归登记一方，尚未归还的贷款为不动产登记一方的个人债务。双方婚后共同还贷支付的款项及其相对应财产增值部分，离婚时应根据民法典第1087条第1款规定的原则，由不动产登记一方对另一方进行补偿。

第79条 婚姻关系存续期间，双方用夫妻共同财产出资购买以一方父母名义参加房改的房屋，登记在一方父母名下，离婚时另一方主张按照夫妻共同财产对该房屋进行分割的，人民法院不予支持。购买该房屋时的出资，可以作为债权处理。

第80条 离婚时夫妻一方尚未退休、不符合领取基本养老金条件，另一方请求按照夫妻共同财产分割基本养老金的，人民法院不予支持；婚后以夫妻共同财产缴纳基本养老保险费，离婚时一方主张将养老金账户中婚姻关系存续期间个人实际缴纳部分及利息作为夫妻共同财产分割的，人民法院应予支持。

第81条 婚姻关系存续期间，夫妻一方作为继承人依法可以继承的遗产，在继承人之间尚未实际分割，起诉离婚时另一方请求分割的，人民法院应当告知当事人在继承人之间实际分割遗产后另行起诉。

第82条 夫妻之间订立借款协议，以夫妻共同财产出借给一方从事个人经营活动或者用于其他个人事务的，应视为双方约定处分夫妻共同财产的行为，离婚时可以按照借款协议的约定处理。

第83条 离婚后，一方以尚有夫妻共同财产未处理为由向人民法院起诉请求分割的，经审查该财产确属离婚时未涉及的夫妻共同财产，人民法院应当依法予以分割。

第84条 当事人依据民法典第1092条的规定向人民法院提起诉讼，请求再次分割夫妻共同财产的诉讼时效期间为三年，从当事人发现之日起计算。

第85条 夫妻一方申请对配偶的个人财产或者夫妻共同财产采取保全措施的，人民法院可以在采取保全措施可能造成损失的范围内，根据实际情况，确定合理的财产担保数额。

第86条 民法典第1091条规定的“损害赔偿”，包括物质损害赔偿和精神损害赔偿。涉及精神损害赔偿的，适用《最高人民法院关于确定民事侵权精神损害赔偿责任若干问题的解释》的有关规定。

第87条 承担民法典第1091条规定的损害赔偿责任的主体，为离婚诉讼当事人中无过错方的配偶。

人民法院判决不准离婚的案件，对于当事人基于民法典第1091条提出的损害赔偿请求，不予支持。

在婚姻关系存续期间,当事人不起诉离婚而单独依据民法典第1091条提起损害赔偿请求的,人民法院不予受理。

第88条 人民法院受理离婚案件时,应当将民法典第1091条等规定中当事人的有关权利义务,书面告知当事人。在适用民法典第1091条时,应当区分以下不同情况:

(一)符合民法典第1091条规定的无过错方作为原告基于该条规定向人民法院提起损害赔偿请求的,必须在离婚诉讼的同时提出。

(二)符合民法典第1091条规定的无过错方作为被告的离婚诉讼案件,如果被告不同意离婚也不基于该条规定提起损害赔偿请求的,可以就此单独提起诉讼。

(三)无过错方作为被告的离婚诉讼案件,一审时被告未基于民法典第1091条规定提出损害赔偿请求,二审期间提出的,人民法院应当进行调解;调解不成的,告知当事人另行起诉。双方当事人同意由第二审人民法院一并审理的,第二审人民法院可以一并裁判。

第89条 当事人在婚姻登记机关办理离婚登记手续后,以民法典第1091条规定为由向人民法院提出损害赔偿请求的,人民法院应当受理。但当事人在协议离婚时已经明确表示放弃该项请求的,人民法院不予支持。

第90条 夫妻双方均有民法典第1091条规定的过错情形,一方或者双方向对方提出离婚损害赔偿请求的,人民法院不予支持。

精 解

1. 离婚的方式有协议和诉讼离婚两种。协议离婚的条件是:双方自愿、对子女和财产问题已有适当处理,主管机关是民政部门。《民法典》对协议离婚规定了离婚冷静期。诉讼离婚的机关是人民法院,必须经过调解。

2. 离婚的标准是感情确已破裂。注意:应准予离婚的法定情形。

3. 注意:现役军人和女方在怀孕、分娩和中止妊娠期间离婚的限制性规定。

4. 过错离婚赔偿制度是《民法典》的一个重要内容,应重点掌握过错离婚的法定情形和请求赔偿的具体程序。

5. 夫妻共同财产分割时,应先将夫妻财产从家庭共同财产中分割出来,然后有协议的按协议处理,没有协议或者协议不成的,由人民法院根据财产的具体情况,并照顾子女和女方权益的原则判决。

6. 夫妻共同债务的认定及偿还。

7. 离婚时,一方隐藏、转移共同财产等情形的处理制度。

重点法条 92 收养关系的成立

第一千零九十八条 收养人应当同时具备下列条件:

(一)无子女或者只有一名子女;

(二)有抚养、教育和保护被收养人的能力;

(三)未患有在医学上认为不应当收养子女的疾病;

(四)无不利于被收养人健康成长的违法犯罪记录;

(五)年满30周岁。

第一千一百条 无子女的收养人可以收养两名子女;有子女的收养人只能收养1名子女。

收养孤儿、残疾未成年人或者儿童福利机构抚养的查找不到生父母的未成年人,可以不受前款和本法第1098条第1项规定的限制。

第一千一百零一条 有配偶者收养子女,应当夫妻共同收养。

第一千一百零二条 无配偶者收养异性子女的,收养人与被收养人的年龄应当相差40周岁以上。

重点法条 93 收养关系的解除

第一千一百一十四条 收养人在被收养人成年以前,不得解除收养关系,但是收养人、送养人双方协议解除的除外。养子女八周岁以上的,应当征得本人同意。

收养人不履行抚养义务,有虐待、遗弃等侵害未成年养子女合法权益行为的,送养人有权要求解除养父母与养子女间的收养关系。送养人、收养人不能达成解除收养关系协议的,可以向人民法院提起诉讼。

第一千一百一十五条 养父母与成年养子女关系恶化、无法共同生活的,可以协议解除收养关系。不能达成协议的,可以向人民法院提起诉讼。

重点法条 94 继承的一般规定

第一千一百二十一条 继承从被继承人死亡时

开始。

相互有继承关系的数人在同一事件中死亡，难以确定死亡时间的，推定没有其他继承人的人先死亡。都有其他继承人，辈份不同的，推定长辈先死亡；辈份相同的，推定同时死亡，相互不发生继承。

第一千一百二十四条 继承开始后，继承人放弃继承的，应当在遗产处理前，以书面形式作出放弃继承的表示；没有表示的，视为接受继承。

受遗赠人应当在知道受遗赠后60日内，作出接受或者放弃受遗赠的表示；到期没有表示的，视为放弃受遗赠。

第一千一百二十五条 继承人有下列行为之一的，丧失继承权：

（一）故意杀害被继承人；

（二）为争夺遗产而杀害其他继承人；

（三）遗弃被继承人，或者虐待被继承人情节严重；

（四）伪造、篡改、隐匿或者销毁遗嘱，情节严重；

（五）以欺诈、胁迫手段迫使或者妨碍被继承人设立、变更或者撤回遗嘱，情节严重。

继承人有前款第3项至第5项行为，确有悔改表现，被继承人表示宽恕或者事后在遗嘱中将其列为继承人的，该继承人不丧失继承权。

受遗赠人有本条第1款规定行为的，丧失受遗赠权。

【相关法条】 最高人民法院《关于适用〈中华人民共和国民法典〉继承编的解释（一）》（以下简称《继承编解释一》，2020年12月25日通过）

第1条 继承从被继承人生理死亡或者被宣告死亡时开始。

宣告死亡的，根据民法典第48条规定确定的死亡日期，为继承开始的时间。

第2条 承包人死亡时尚未取得承包收益的，可以将死者生前对承包所投入的资金和所付出的劳动及其增值和孳息，由发包单位或者接续承包合同的人合理折价、补偿。其价额作为遗产。

第3条 被继承人生前与他人订有遗赠扶养协议，同时又立有遗嘱的，继承开始后，如果遗赠扶养协议与遗嘱没有抵触，遗产分别按协议和遗嘱处理；如果有抵触，按协议处理，与协议抵触的遗嘱全部或者部分无效。

第5条 在遗产继承中，继承人之间因是否丧失继承权发生纠纷，向人民法院提起诉讼的，由人民法院依据民法典第1125条的规定，判决确认其是否丧失继承权。

第6条 继承人是否符合民法典第1125条第1款第3项规定的“虐待被继承人情节严重”，可以从实施虐待行为的时间、手段、后果和社会影响等方面认定。

虐待被继承人情节严重的，不论是否追究刑事责任，均可确认其丧失继承权。

第7条 继承人故意杀害被继承人的，不论是既遂还是未遂，均应当确认其丧失继承权。

第8条 继承人有民法典第1125条第1款第1项或者第2项所列之行为，而被继承人以遗嘱将遗产指定由该继承人继承的，可以确认遗嘱无效，并确认该继承人丧失继承权。

第9条 继承人伪造、篡改、隐匿或者销毁遗嘱，侵害了缺乏劳动能力又无生活来源的继承人的利益，并造成其生活困难的，应当认定为民法典第1125条第1款第4项规定的“情节严重”。

重点法条 95 法定继承

第一千一百二十七条 遗产按照下列顺序继承：

（一）第一顺序：配偶、子女、父母；

（二）第二顺序：兄弟姐妹、祖父母、外祖父母。

继承开始后，由第一顺序继承人继承，第二顺序继承人不继承；没有第一顺序继承人继承的，由第二顺序继承人继承。

本编所称子女，包括婚生子女、非婚生子女、养子女和有扶养关系的继子女。

本编所称父母，包括生父母、养父母和有扶养关系的继父母。

本编所称兄弟姐妹，包括同父母的兄弟姐妹、同父异母或者同母异父的兄弟姐妹、养兄弟姐妹、有扶养关系的继兄弟姐妹。

第一千一百二十八条 被继承人的子女先于被继承人死亡的，由被继承人的子女的直系晚辈血亲代位继承。

被继承人的兄弟姐妹先于被继承人死亡的，由被继承人的兄弟姐妹的子女代位继承。

代位继承人一般只能继承被代位继承人有权继承的遗产份额。

第一千一百二十九条 丧偶儿媳对公婆，丧偶女婿对岳父母，尽了主要赡养义务的，作为第一顺序继承人。

第一千一百三十条 同一顺序继承人继承遗产的份额,一般应当均等。

对生活有特殊困难又缺乏劳动能力的继承人,分配遗产时,应当予以照顾。

对被继承人尽了主要扶养义务或者与被继承人共同生活的继承人,分配遗产时,可以多分。

有扶养能力和有扶养条件的继承人,不尽扶养义务的,分配遗产时,应当不分或者少分。

继承人协商同意的,也可以不均等。

第一千一百三十一条 对继承人以外的依靠被继承人扶养的人,或者继承人以外的对被继承人扶养较多的人,可以分给适当的遗产。

【相关法条】《继承编解释一》

第10条 被收养人对养父母尽了赡养义务,同时又对生父母扶养较多的,除可以依照民法典第1127条的规定继承养父母的遗产外,还可以依照民法典第1131条的规定分得生父母适当的遗产。

第11条 继子女继承了继父母遗产的,不影响其继承生父母的遗产。

继父母继承了继子女遗产的,不影响其继承生子女的遗产。

第12条 养子女与生子女之间、养子女与养子女之间,系养兄弟姐妹,可以互为第二顺序继承人。

被收养人与其亲兄弟姐妹之间的权利义务关系,因收养关系的成立而消除,不能互为第二顺序继承人。

第13条 继兄弟姐妹之间的继承权,因继兄弟姐妹之间的扶养关系而发生。没有扶养关系的,不能互为第二顺序继承人。

继兄弟姐妹之间相互继承了遗产的,不影响其继承亲兄弟姐妹的遗产。

第14条 被继承人的孙子女、外孙子女、曾孙子女、外曾孙子女都可以代位继承,代位继承人不受辈数的限制。

第15条 被继承人的养子女、已形成扶养关系的继子女的生子女可以代位继承;被继承人亲生子女的养子女可以代位继承;被继承人养子女的养子女可以代位继承;与被继承人已形成扶养关系的继子女的养子女也可以代位继承。

第16条 代位继承人缺乏劳动能力又没有生活来源,或者对被继承人尽过主要赡养义务的,分配遗产时,可以多分。

第17条 继承人丧失继承权的,其晚辈直系血亲不得代位继承。如该代位继承人缺乏劳动能力又没有生活来源,或者对被继承人尽赡养义务较多的,可以适当分给遗产。

第18条 丧偶儿媳对公婆、丧偶女婿对岳父母,无论其是否再婚,依照民法典第1129条规定作为第一顺序继承人时,不影响其子女代位继承。

第19条 对被继承人生活提供了主要经济来源,或者在劳务等方面给予了主要扶助的,应当认定其尽了主要赡养义务或主要扶养义务。

第20条 依照民法典第1131条规定可以分给适当遗产的人,分给他们遗产时,按具体情况可以多于或者少于继承人。

第21条 依照民法典第1131条规定可以分给适当遗产的人,在其依法取得被继承人遗产的权利受到侵犯时,本人有权以独立的诉讼主体资格向人民法院提起诉讼。

第22条 继承人有扶养能力和扶养条件,愿意尽扶养义务,但被继承人因有固定收入和劳动能力,明确表示不要求其扶养的,分配遗产时,一般不应因此而影响其继承份额。

第23条 有扶养能力和扶养条件的继承人虽然与被继承人共同生活,但对需要扶养的被继承人不尽扶养义务,分配遗产时,可以少分或者不分。

重点法条 96 遗嘱继承和遗赠

第一千一百三十三条 自然人可以依照本法规定立遗嘱处分个人财产,并可以指定遗嘱执行人。

自然人可以立遗嘱将个人财产指定由法定继承人中的一人或者数人继承。

自然人可以立遗嘱将个人财产赠与国家、集体或者法定继承人以外的组织、个人。

自然人可以依法设立遗嘱信托。

第一千一百三十四条 自书遗嘱由遗嘱人亲笔书写,签名,注明年、月、日。

第一千一百三十五条 代书遗嘱应当有两个以上见证人在场见证,由其中一人代书,并由遗嘱人、代书人和其他见证人签名,注明年、月、日。

第一千一百三十六条 打印遗嘱应当有两个以上见证人在场见证。遗嘱人和见证人应当在遗嘱每一页签名,注明年、月、日。

第一千一百三十七条 以录音录像形式立的遗嘱,应当有2个以上见证人在场见证。遗嘱人和见证人应当在录音录像中记录其姓名或者肖像,以及年、月、日。

第一千一百三十八条 遗嘱人在危急情况下,可以立口头遗嘱。口头遗嘱应当有两个以上见证人在场见证。危急情况消除后,遗嘱人能够以书面或者录音录像形式立遗嘱的,所立的口头遗嘱无效。

第一千一百三十九条 公证遗嘱由遗嘱人经公证机构办理。

第一千一百四十条 下列人员不能作为遗嘱见证人:

(一)无民事行为能力人、限制民事行为能力人以及其他不具有见证能力的人;

(二)继承人、受遗赠人;

(三)与继承人、受遗赠人有利害关系的人。

第一千一百四十一条 遗嘱应当为缺乏劳动能力又没有生活来源的继承人保留必要的遗产份额。

第一千一百四十二条 遗嘱人可以撤回、变更自己所立的遗嘱。

立遗嘱后,遗嘱人实施与遗嘱内容相反的民事法律行为的,视为对遗嘱相关内容的撤回。

立有数份遗嘱,内容相抵触的,以最后的遗嘱为准。

第一千一百四十三条 无民事行为能力人或者限制民事行为能力人所立的遗嘱无效。

遗嘱必须表示遗嘱人的真实意思,受欺诈、胁迫所立的遗嘱无效。

伪造的遗嘱无效。

遗嘱被篡改的,篡改的内容无效。

第一千一百四十四条 遗嘱继承或者遗赠附有义务的,继承人或者受遗赠人应当履行义务。没有正当理由不履行义务的,经利害关系人或者有关组织请求,人民法院可以取消其接受附义务部分遗产的权利。

【相关法条】《继承编解释一》

第24条 继承人、受遗赠人的债权人、债务人,共同经营的合伙人,也应当视为与继承人、受遗赠人有利害关系,不能作为遗嘱的见证人。

第25条 遗嘱人未保留缺乏劳动能力又没有生活来源的继承人的遗产份额,遗产处理时,应当为该继承人留下必要的遗产,所剩余的部分,才可参照遗嘱确定的分配原则处理。

继承人是否缺乏劳动能力又没有生活来源,应当按遗嘱生效时该继承人的具体情况确定。

第26条 遗嘱人以遗嘱处分了国家、集体或者他人财产的,应当认定该部分遗嘱无效。

第27条 自然人在遗书中涉及死后个人财产处分的内容,确为死者的真实意思表示,有本人签名并注明了年、月、日,又无相反证据的,可以按自书遗嘱对待。

第28条 遗嘱人立遗嘱时必须具有完全民事行为能力。无民事行为能力人或者限制民事行为能力人所立的遗嘱,即使其本人后来具有完全民事行为能力,仍属无效遗嘱。遗嘱人立遗嘱时具有完全民事行为能力,后来成为无民事行为能力人或者限制民事行为能力人的,不影响遗嘱的效力。

第29条 附义务的遗嘱继承或者遗赠,如义务能够履行,而继承人、受遗赠人无正当理由不履行,经受益人或者其他继承人请求,人民法院可以取消其接受附义务部分遗产的权利,由提出请求的继承人或者受益人负责按遗嘱人的意愿履行义务,接受遗产。

重点法条 97 遗产的处理

第一千一百四十五条 继承开始后,遗嘱执行人为遗产管理人;没有遗嘱执行人的,继承人应当及时推选遗产管理人;继承人未推选的,由继承人共同担任遗产管理人;没有继承人或者继承人均放弃继承的,由被继承人生前住所地的民政部门或者村民委员会担任遗产管理人。

第一千一百四十七条 遗产管理人应当履行下列职责:

(一)清理遗产并制作遗产清单;

(二)向继承人报告遗产情况;

(三)采取必要措施防止遗产毁损、灭失;

(四)处理被继承人的债权债务;

(五)按照遗嘱或者依照法律规定分割遗产;

(六)实施与管理遗产有关的其他必要行为。

第一千一百五十二条 继承开始后,继承人于遗产分割前死亡,并没有放弃继承的,该继承人应当继承的遗产转给其继承人,但是遗嘱另有安排的除外。

第一千一百五十四条 有下列情形之一的,遗产中的有关部分按照法定继承办理:

(一)遗嘱继承人放弃继承或者受遗赠人放弃受遗赠;

(二)遗嘱继承人丧失继承权或者受遗赠人丧失

受遗赠权；

（三）遗嘱继承人、受遗赠人先于遗嘱人死亡或者终止；

（四）遗嘱无效部分所涉及的遗产；

（五）遗嘱未处分的遗产。

第一千一百五十五条 遗产分割时，应当保留胎儿的继承份额。胎儿娩出时是死体的，保留的份额按照法定继承办理。

第一千一百五十八条 自然人可以与继承人以外的组织或者个人签订遗赠扶养协议。按照协议，该组织或者个人承担该自然人生养死葬的义务，享有受遗赠的权利。

第一千一百六十条 无人继承又无人受遗赠的遗产，归国家所有，用于公益事业；死者生前是集体所有制组织成员的，归所在集体所有制组织所有。

【相关法条】《继承编解释一》

第30条 人民法院在审理继承案件时，如果知道有继承人而无法通知的，分割遗产时，要保留其应继承的遗产，并确定该遗产的保管人或者保管单位。

第31条 应当为胎儿保留的遗产份额没有保留的，应从继承人所继承的遗产中扣回。

为胎儿保留的遗产份额，如胎儿出生后死亡的，由其继承人继承；如胎儿娩出时是死体的，由被继承人的继承人继承。

第32条 继承人因放弃继承权，致其不能履行法定义务的，放弃继承权的行为无效。

第33条 继承人放弃继承应当以书面形式向遗产管理人或者其他继承人表示。

第34条 在诉讼中，继承人向人民法院以口头方式表示放弃继承的，要制作笔录，由放弃继承的人签名。

第35条 继承人放弃继承的意思表示，应当在继承开始后、遗产分割前作出。遗产分割后表示放弃的不再是继承权，而是所有权。

第36条 遗产处理前或者在诉讼进行中，继承人对放弃继承反悔的，由人民法院根据其提出的具体理由，决定是否承认。遗产处理后，继承人对放弃继承反悔的，不予承认。

第37条 放弃继承的效力，追溯到继承开始的时间。

第38条 继承开始后，受遗赠人表示接受遗赠，并于遗产分割前死亡的，其接受遗赠的权利转移给他的继承人。

第39条 由国家或者集体组织供给生活费用的烈属和享受社会救济的自然人，其遗产仍应准许合法继承人继承。

第40条 继承人以外的组织或者个人与自然人签订遗赠扶养协议后，无正当理由不履行，导致协议解除的，不能享有受遗赠的权利，其支付的供养费用一般不予补偿；遗赠人无正当理由不履行，导致协议解除的，则应当偿还继承人以外的组织或者个人已支付的供养费用。

第41条 遗产因无人继承又无人受遗赠归国家或者集体所有制组织所有时，按照民法典第一千一百三十一条规定可以分给适当遗产的人提出取得遗产的诉讼请求，人民法院应当视情况适当分给遗产。

第42条 人民法院在分割遗产中的房屋、生产资料和特定职业所需要的财产时，应当依据有利于发挥其使用效益和继承人的实际需要，兼顾各继承人的利益进行处理。

第43条 人民法院对故意隐匿、侵吞或者争抢遗产的继承人，可以酌情减少其应继承的遗产。

第44条 继承诉讼开始后，如继承人、受遗赠人中有既不愿参加诉讼，又不表示放弃实体权利的，应当追加为共同原告；继承人已书面表示放弃继承、受遗赠人在知道受遗赠后六十日内表示放弃受遗赠或者到期没有表示的，不再列为当事人。

重点法条 98 侵权责任的一般规定

第一千一百六十五条 行为人因过错侵害他人民事权益造成损害的，应当承担侵权责任。

依照法律规定推定行为人有过错，其不能证明自己没有过错的，应当承担侵权责任。

第一千一百六十六条 行为人造成他人民事权益损害，不论行为人有无过错，法律规定应当承担侵权责任的，依照其规定。

第一千一百六十七条 侵权行为危及他人人身、财产安全的，被侵权人有权请求侵权人承担停止侵害、排除妨碍、消除危险等侵权责任。

第一千一百六十八条 2人以上共同实施侵权行为，造成他人损害的，应当承担连带责任。

第一千一百六十九条 教唆、帮助他人实施侵权行为的，应当与行为人承担连带责任。

教唆、帮助无民事行为能力人、限制民事行为能力人实施侵权行为的,应当承担侵权责任;该无民事行为能力人、限制民事行为能力人的监护人未尽到监护职责的,应当承担相应的责任。

第一千一百七十条 2人以上实施危及他人人身、财产安全的行为,其中1人或者数人的行为造成他人损害,能够确定具体侵权人的,由侵权人承担责任;不能确定具体侵权人的,行为人承担连带责任。

第一千一百七十三条 被侵权人对同一损害的发生或者扩大有过错的,可以减轻侵权人的责任。

第一千一百七十四条 损害是因受害人故意造成的,行为人不承担责任。

第一千一百七十五条 损害是因第三人造成的,第三人应当承担侵权责任。

第一千一百七十六条 自愿参加具有一定风险的文体活动,因其他参加者的行为受到损害的,受害人不得请求其他参加者承担侵权责任;但是,其他参加者对损害的发生有故意或者重大过失的除外。

活动组织者的责任适用本法第1198条至第1201条的规定。

第一千一百七十七条 合法权益受到侵害,情况紧迫且不能及时获得国家机关保护,不立即采取措施将使其合法权益受到难以弥补的损害的,受害人可以在保护自己合法权益的必要范围内采取扣留侵权人的财物等合理措施;但是,应当立即请求有关国家机关处理。

受害人采取的措施不当造成他人损害的,应当承担侵权责任。

第一千一百八十六条 受害人和行为人对损害的发生都没有过错的,依照法律的规定由双方分担损失。

重点法条 99 责任主体的特殊规定

第一千一百八十八条 无民事行为能力人、限制民事行为能力人造成他人损害的,由监护人承担侵权责任。监护人尽到监护职责的,可以减轻其侵权责任。

有财产的无民事行为能力人、限制民事行为能力人造成他人损害的,从本人财产中支付赔偿费用;不足部分,由监护人赔偿。

第一千一百八十九条 无民事行为能力人、限制民事行为能力人造成他人损害,监护人将监护职责委托给他人的,监护人应当承担侵权责任;受托人有过错的,承担相应的责任。

第一千一百九十一条 用人单位的工作人员因执行工作任务造成他人损害的,由用人单位承担侵权责任。用人单位承担侵权责任后,可以向有故意或者重大过失的工作人员追偿。

劳务派遣期间,被派遣的工作人员因执行工作任务造成他人损害的,由接受劳务派遣的用工单位承担侵权责任;劳务派遣单位有过错的,承担相应的责任。

第一千一百九十二条 个人之间形成劳务关系,提供劳务一方因劳务造成他人损害的,由接受劳务一方承担侵权责任。接受劳务一方承担侵权责任后,可以向有故意或者重大过失的提供劳务一方追偿。提供劳务一方因劳务受到损害的,根据双方各自的过错承担相应的责任。

提供劳务期间,因第三人的行为造成提供劳务一方损害的,提供劳务一方有权请求第三人承担侵权责任,也有权请求接受劳务一方给予补偿。接受劳务一方补偿后,可以向第三人追偿。

第一千一百九十三条 承揽人在完成工作过程中造成第三人损害或者自己损害的,定作人不承担侵权责任。但是,定作人对定作、指示或者选任有过错的,应当承担相应的责任。

第一千一百九十四条 网络用户、网络服务提供者利用网络侵害他人民事权益的,应当承担侵权责任。法律另有规定的,依照其规定。

第一千一百九十五条 网络用户利用网络服务实施侵权行为的,权利人有权通知网络服务提供者采取删除、屏蔽、断开链接等必要措施。通知应当包括构成侵权的初步证据及权利人的真实身份信息。

网络服务提供者接到通知后,应当及时将该通知转送相关网络用户,并根据构成侵权的初步证据和服务类型采取必要措施;未及时采取必要措施的,对损害的扩大部分与该网络用户承担连带责任。

权利人因错误通知造成网络用户或者网络服务提供者损害的,应当承担侵权责任。法律另有规定的,依照其规定。

第一千一百九十六条 网络用户接到转送的通知后,可以向网络服务提供者提交不存在侵权行为的声明。声明应当包括不存在侵权行为的初步证据及网络用户的真实身份信息。

网络服务提供者接到声明后,应当将该声明转送发出通知的权利人，并告知其可以向有关部门投诉或者向人民法院提起诉讼。网络服务提供者在转送声明到达权利人后的合理期限内，未收到权利人已经投诉或者提起诉讼通知的，应当及时终止所采取的措施。

第一千一百九十七条 网络服务提供者知道或者应当知道网络用户利用其网络服务侵害他人民事权益，未采取必要措施的，与该网络用户承担连带责任。

第一千一百九十八条 宾馆、商场、银行、车站、机场、体育场馆、娱乐场所等经营场所、公共场所的经营者、管理者或者群众性活动的组织者，未尽到安全保障义务，造成他人损害的，应当承担侵权责任。

因第三人的行为造成他人损害的，由第三人承担侵权责任；经营者、管理者或者组织者未尽到安全保障义务的，承担相应的补充责任。经营者、管理者或者组织者承担补充责任后，可以向第三人追偿。

第一千一百九十九条 无民事行为能力人在幼儿园、学校或者其他教育机构学习、生活期间受到人身损害的，幼儿园、学校或者其他教育机构应当承担侵权责任；但是，能够证明尽到教育、管理职责的，不承担侵权责任。

第一千二百条 限制民事行为能力人在学校或者其他教育机构学习、生活期间受到人身损害，学校或者其他教育机构未尽到教育、管理职责的，应当承担侵权责任。

第一千二百零一条 无民事行为能力人或者限制民事行为能力人在幼儿园、学校或者其他教育机构学习、生活期间，受到幼儿园、学校或者其他教育机构以外的第三人人身损害的，由第三人承担侵权责任；幼儿园、学校或者其他教育机构未尽到管理职责的，承担相应的补充责任。幼儿园、学校或者其他教育机构承担补充责任后，可以向第三人追偿。

【相关法条】 最高人民法院《关于适用〈中华人民共和国民法典〉侵权责任编的解释（一）》（以下简称《侵权编解释（一）》，2023年12月18日通过）

第4条 无民事行为能力人、限制民事行为能力人造成他人损害，被侵权人请求监护人承担侵权责任，或者合并请求监护人和受托履行监护职责的人承担侵权责任的，人民法院应当将无民事行为能力人、限制民事行为能力人列为共同被告。

第5条 无民事行为能力人、限制民事行为能力人造成他人损害，被侵权人请求监护人承担侵权人应承担的全部责任的，人民法院应予支持，并在判决中明确，赔偿费用可以先从被监护人财产中支付，不足部分由监护人支付。

监护人抗辩主张承担补充责任，或者被侵权人、监护人主张人民法院判令有财产的无民事行为能力人、限制民事行为能力人承担赔偿责任的，人民法院不予支持。

从被监护人财产中支付赔偿费用的，应当保留被监护人所必需的生活费和完成义务教育所必需的费用。

第6条 行为人在侵权行为发生时不满十八周岁，被诉时已满十八周岁的，被侵权人请求原监护人承担侵权人应承担的全部责任的，人民法院应予支持，并在判决中明确，赔偿费用可以先从被监护人财产中支付，不足部分由监护人支付。

前款规定情形，被侵权人仅起诉行为人的，人民法院应当向原告释明申请追加原监护人为共同被告。

第7条 未成年子女造成他人损害，被侵权人请求父母共同承担侵权责任的，人民法院依照民法典第二十七条第一款、第一千零六十八条以及第一千一百八十八条的规定予以支持。

第8条 夫妻离婚后，未成年子女造成他人损害，被侵权人请求离异夫妻共同承担侵权责任的，人民法院依照民法典第一千零六十八条、第一千零八十四条以及第一千一百八十八条的规定予以支持。一方以未与该子女共同生活为由主张不承担或者少承担责任的，人民法院不予支持。

离异夫妻之间的责任份额，可以由双方协议确定；协议不成的，人民法院可以根据双方履行监护职责的约定和实际履行情况等确定。实际承担责任超过自己责任份额的一方向另一方追偿的，人民法院应予支持。

第9条 未成年子女造成他人损害的，依照民法典第一千零七十二条第二款的规定，未与该子女形成抚养教育关系的继父或者继母不承担监护人的侵权责任，由该子女的生父母依照本解释第八条的规定承担侵权责任。

第10条 无民事行为能力人、限制民事行为能力人造成他人损害，被侵权人合并请求监护人和受托履行监护职责的人承担侵权责任的，依照民法典第一千一百八十九条的规定，监护人承担侵权人应承担的全部责任；受托人在过错范围内与监护人共同承担责任，但责任主体实际支付的赔偿费用总和不应超出被侵权人应受偿的损失数额。

监护人承担责任后向受托人追偿的，人民法院可以参照民法典第九百二十九条的规定处理。

仅有一般过失的无偿受托人承担责任后向监护人追偿的，人民法院应予支持。

第11条 教唆、帮助无民事行为能力人、限制民事行为能力人实施侵权行为，教唆人、帮助人以其不知道且不应当知道行为人为无民事行为能力人、限制民事行为能力人为由，主张不承担侵权责任或者与行为人的监护人承担连带责任的，人民法院不予支持。

第12条 教唆、帮助无民事行为能力人、限制民事行为能力人实施侵权行为，被侵权人合并请求教唆人、帮助人以及监护人承担侵权责任的，依照民法典第一千一百六十九条第二款的规定，教唆人、帮助人承担侵权人应承担的全部责任；监护人在未尽到监护职责的范围内与教唆人、帮助人共同承担责任，但责任主体实际支付的赔偿费用总和不应超出被侵权人应受偿的损失数额。

监护人先行支付赔偿费用后，就超过自己相应责任的部分向教唆人、帮助人追偿的，人民法院应予支持。

第13条 教唆、帮助无民事行为能力人、限制民事行为能力人实施侵权行为，被侵权人合并请求教唆人、帮助人与监护人以及受托履行监护职责的人承担侵权责任的，依照本解释第十条、第十二条的规定认定民事责任。

第14条 无民事行为能力人或者限制民事行为能力人在幼儿园、学校或者其他教育机构学习、生活期间，受到教育机构以外的第三人人身损害，第三人、教育机构作为共同被告且依法应承担侵权责任的，人民法院应当在判决中明确，教育机构在人民法院就第三人的财产依法强制执行后仍不能履行的范围内，承担与其过错相应的补充责任。

被侵权人仅起诉教育机构的，人民法院应当向原告释明申请追加实施侵权行为的第三人为共同被告。

第三人不确定的，未尽到管理职责的教育机构先行承担与其过错相应的责任；教育机构承担责任后向已经确定的第三人追偿的，人民法院依照民法典第一千二百零一条的规定予以支持。

第15条 与用人单位形成劳动关系的工作人员、执行用人单位工作任务的其他人员，因执行工作任务造成他人损害，被侵权人依照民法典第一千一百九十一条第一款的规定，请求用人单位承担侵权责任的，人民法院应予支持。

个体工商户的从业人员因执行工作任务造成他人损害的，适用民法典第一千一百九十一条第一款的规定认定民事责任。

第16条 劳务派遣期间，被派遣的工作人员因执行工作任务造成他人损害，被侵权人合并请求劳务派遣单位与接受劳务派遣的用工单位承担侵权责任的，依照民法典第一千一百九十一条第二款的规定，接受劳务派遣的用工单位承担侵权人应承担的全部责任；劳务派遣单位在不当选派工作人员、未依法履行培训义务等过错范围内，与接受劳务派遣的用工单位共同承担责任，但责任主体实际支付的赔偿费用总和不应超出被侵权人应受偿的损失数额。

劳务派遣单位先行支付赔偿费用后，就超过自己相应责任的部分向接受劳务派遣的用工单位追偿的，人民法院应予支持，但双方另有约定的除外。

第17条 工作人员在执行工作任务中实施的违法行为造成他人损害，构成自然人犯罪的，工作人员承担刑事责任不影响用人单位依法承担民事责任。依照民法典第一千一百九十一条规定用人单位应当承担侵权责任的，在刑事案件中已完成的追缴、退赔可以在民事判决书中明确并扣减，也可以在执行程序中予以扣减。

第18条 承揽人在完成工作过程中造成第三人损害的，人民法院依照民法典第一千一百六十五条的规定认定承揽人的民事责任。

被侵权人合并请求定作人和承揽人承担侵权责任的，依照民法典第一千一百六十五条、第一千一百九十三条的规定，造成损害的承揽人承担侵权人应承担的全部责任；定作人在定作、指示或者选任过错范围内与承揽人共同承担责任，但责任主体实际支付的赔偿费用总和不应超出被侵权人应受偿的损失数额。

定作人先行支付赔偿费用后，就超过自己相应责任的部分向承揽人追偿的，人民法院应予支持，但双方另有约定的除外。

【例题】 小学生小刘(12周岁)邀请好友小崔(10周岁)和小冯(11周岁)前往学校旁的饭店吃饭。席间，小崔和小冯醉酒后因口角发生打斗。饭店老板孟某未上前制止。结果小冯将小崔打伤，花去医药费

2000元。关于本案,下列哪些说法是正确的?(2018年多选题)

A. 小刘的父母应承担相应的赔偿责任

B. 小冯的父母应承担赔偿责任

C. 饭店应在其过错范围内承担相应的赔偿责任

D. 小冯的父母和饭店应承担连带责任

参考答案:________①

重点法条100 产品责任

第一千二百零二条 因产品存在缺陷造成他人损害的,生产者应当承担侵权责任。

第一千二百零三条 因产品存在缺陷造成他人损害的,被侵权人可以向产品的生产者请求赔偿,也可以向产品的销售者请求赔偿。

产品缺陷由生产者造成的,销售者赔偿后,有权向生产者追偿。因销售者的过错使产品存在缺陷的,生产者赔偿后,有权向销售者追偿。

重点法条101 机动车交通事故责任

第一千二百零九条 因租赁、借用等情形机动车所有人、管理人与使用人不是同一人时,发生交通事故造成损害,属于该机动车一方责任的,由机动车使用人承担赔偿责任;机动车所有人、管理人对损害的发生有过错的,承担相应的赔偿责任。

第一千二百一十一条 以挂靠形式从事道路运输经营活动的机动车,发生交通事故造成损害,属于该机动车一方责任的,由挂靠人和被挂靠人承担连带责任。

第一千二百一十三条 机动车发生交通事故造成损害,属于该机动车一方责任的,先由承保机动车强制保险的保险人在强制保险责任限额范围内予以赔偿;不足部分,由承保机动车商业保险的保险人按照保险合同的约定予以赔偿;仍然不足或者没有投保机动车商业保险的,由侵权人赔偿。

【相关法条】《侵权编解释(一)》

第20条 以买卖或者其他方式转让拼装或者已经达到报废标准的机动车,发生交通事故造成损害,转让人、受让人以其不知道且不应当知道该机动车系拼装或者已经达到报废标准为由,主张不承担侵权责任的,人民法院不予支持。

第21条 未依法投保强制保险的机动车发生交通事故造成损害,投保义务人和交通事故责任人不是同一人,被侵权人合并请求投保义务人和交通事故责任人承担侵权责任的,交通事故责任人承担侵权人应承担的全部责任;投保义务人在机动车强制保险责任限额范围内与交通事故责任人共同承担责任,但责任主体实际支付的赔偿费用总和不应超出被侵权人应受偿的损失数额。

投保义务人先行支付赔偿费用后,就超出机动车强制保险责任限额范围部分向交通事故责任人追偿的,人民法院应予支持。

第22条 机动车驾驶人离开本车后,因未采取制动措施等自身过错受到本车碰撞、碾压造成损害,机动车驾驶人请求承保本车机动车强制保险的保险人在强制保险责任限额范围内,以及承保本车机动车商业第三者责任保险的保险人按照保险合同的约定赔偿的,人民法院不予支持,但可以依据机动车车上人员责任保险的有关约定支持相应的赔偿请求。

重点法条102 医疗损害责任

第一千二百一十八条 患者在诊疗活动中受到损害,医疗机构或者其医务人员有过错的,由医疗机构承担赔偿责任。

第一千二百二十一条 医务人员在诊疗活动中未尽到与当时的医疗水平相应的诊疗义务,造成患者损害的,医疗机构应当承担赔偿责任。

第一千二百二十二条 患者在诊疗活动中受到损害,有下列情形之一的,推定医疗机构有过错:

(一)违反法律、行政法规、规章以及其他有关诊疗规范的规定;

(二)隐匿或者拒绝提供与纠纷有关的病历资料;

(三)遗失、伪造、篡改或者违法销毁病历资料。

第一千二百二十四条 患者在诊疗活动中受到损害,有下列情形之一的,医疗机构不承担赔偿责任:

(一)患者或者其近亲属不配合医疗机构进行符合诊疗规范的诊疗;

(二)医务人员在抢救生命垂危的患者等紧急情况下已经尽到合理诊疗义务;

① BC

（三）限于当时的医疗水平难以诊疗。

前款第一项情形中，医疗机构或者其医务人员也有过错的，应当承担相应的赔偿责任。

重点法条103　环境污染和生态破坏责任

第一千二百二十九条　因污染环境、破坏生态造成他人损害的，侵权人应当承担侵权责任。

第一千二百三十条　因污染环境、破坏生态发生纠纷，行为人应当就法律规定的不承担责任或者减轻责任的情形及其行为与损害之间不存在因果关系承担举证责任。

第一千二百三十一条　2个以上侵权人污染环境、破坏生态的，承担责任的大小，根据污染物的种类、浓度、排放量，破坏生态的方式、范围、程度，以及行为对损害后果所起的作用等因素确定。

第一千二百三十三条　因第三人的过错污染环境、破坏生态的，被侵权人可以向侵权人请求赔偿，也可以向第三人请求赔偿。侵权人赔偿后，有权向第三人追偿。

重点法条104　高度危险责任

第一千二百三十六条　从事高度危险作业造成他人损害的，应当承担侵权责任。

第一千二百三十七条　民用核设施或者运入运出核设施的核材料发生核事故造成他人损害的，民用核设施的营运单位应当承担侵权责任；但是，能够证明损害是因战争、武装冲突、暴乱等情形或者受害人故意造成的，不承担责任。

第一千二百三十八条　民用航空器造成他人损害的，民用航空器的经营者应当承担侵权责任；但是，能够证明损害是因受害人故意造成的，不承担责任。

第一千二百三十九条　占有或者使用易燃、易爆、剧毒、高放射性、强腐蚀性、高致病性等高度危险物造成他人损害的，占有人或者使用人应当承担侵权责任；但是，能够证明损害是因受害人故意或者不可抗力造成的，不承担责任。被侵权人对损害的发生有重大过失的，可以减轻占有人或者使用人的责任。

第一千二百四十条　从事高空、高压、地下挖掘活动或者使用高速轨道运输工具造成他人损害的，经营者应当承担侵权责任；但是，能够证明损害是因受害人故意或者不可抗力造成的，不承担责任。被侵权人对损害的发生有重大过失的，可以减轻经营者的责任。

第一千二百四十一条　遗失、抛弃高度危险物造成他人损害的，由所有人承担侵权责任。所有人将高度危险物交由他人管理的，由管理人承担侵权责任；所有人有过错的，与管理人承担连带责任。

第一千二百四十二条　非法占有高度危险物造成他人损害的，由非法占有人承担侵权责任。所有人、管理人不能证明对防止非法占有尽到高度注意义务的，与非法占有人承担连带责任。

第一千二百四十三条　未经许可进入高度危险活动区域或者高度危险物存放区域受到损害，管理人能够证明已经采取足够安全措施并尽到充分警示义务的，可以减轻或者不承担责任。

重点法条105　饲养动物损害责任

第一千二百四十五条　饲养的动物造成他人损害的，动物饲养人或者管理人应当承担侵权责任；但是，能够证明损害是因被侵权人故意或者重大过失造成的，可以不承担或者减轻责任。

第一千二百四十六条　违反管理规定，未对动物采取安全措施造成他人损害的，动物饲养人或者管理人应当承担侵权责任；但是，能够证明损害是因被侵权人故意造成的，可以减轻责任。

第一千二百四十七条　禁止饲养的烈性犬等危险动物造成他人损害的，动物饲养人或者管理人应当承担侵权责任。

第一千二百四十八条　动物园的动物造成他人损害的，动物园应当承担侵权责任；但是，能够证明尽到管理职责的，不承担侵权责任。

第一千二百五十条　因第三人的过错致使动物造成他人损害的，被侵权人可以向动物饲养人或者管理人请求赔偿，也可以向第三人请求赔偿。动物饲养人或者管理人赔偿后，有权向第三人追偿。

【相关法条】《侵权编解释（一）》

第23条　禁止饲养的烈性犬等危险动物造成他人损害，动物饲养人或者管理人主张不承担责任或者减轻责任的，人民法院不予支持。

重点法条106　建筑物和物件损害责任

第一千二百五十二条　建筑物、构筑物或者其他设施倒塌、塌陷造成他人损害的，由建设单位与施工单位承担连带责任，但是建设单位与施工单位能够证明不存在质量缺陷的除外。建设单位、施工单位赔偿后,有其他责任人的,有权向其他责任人追偿。

因所有人、管理人、使用人或者第三人的原因,建筑物、构筑物或者其他设施倒塌、塌陷造成他人损害的,由所有人、管理人、使用人或者第三人承担侵权责任。

第一千二百五十三条 建筑物、构筑物或者其他设施及其搁置物、悬挂物发生脱落、坠落造成他人损害,所有人、管理人或者使用人不能证明自己没有过错的,应当承担侵权责任。所有人、管理人或者使用人赔偿后,有其他责任人的,有权向其他责任人追偿。

第一千二百五十四条 禁止从建筑物中抛掷物品。从建筑物中抛掷物品或者从建筑物上坠落的物品造成他人损害的,由侵权人依法承担侵权责任;经调查难以确定具体侵权人的,除能够证明自己不是侵权人的外,由可能加害的建筑物使用人给予补偿。可能加害的建筑物使用人补偿后,有权向侵权人追偿。

物业服务企业等建筑物管理人应当采取必要的安全保障措施防止前款规定情形的发生;未采取必要的安全保障措施的,应当依法承担未履行安全保障义务的侵权责任。

发生本条第1款规定的情形的,公安等机关应当依法及时调查,查清责任人。

第一千二百五十五条 堆放物倒塌、滚落或者滑落造成他人损害,堆放人不能证明自己没有过错的,应当承担侵权责任。

第一千二百五十六条 在公共道路上堆放、倾倒、遗撒妨碍通行的物品造成他人损害的,由行为人承担侵权责任。公共道路管理人不能证明已经尽到清理、防护、警示等义务的,应当承担相应的责任。

第一千二百五十七条 因林木折断、倾倒或者果实坠落等造成他人损害,林木的所有人或者管理人不能证明自己没有过错的,应当承担侵权责任。

第一千二百五十八条 在公共场所或者道路上挖掘、修缮安装地下设施等造成他人损害,施工人不能证明已经设置明显标志和采取安全措施的,应当承担侵权责任。

窨井等地下设施造成他人损害,管理人不能证明尽到管理职责的,应当承担侵权责任。

【相关法条】《侵权编解释(一)》

第24条 物业服务企业等建筑物管理人未采取必要的安全保障措施防止从建筑物中抛掷物品或者从建筑物上坠落的物品造成他人损害,具体侵权人、物业服务企业等建筑物管理人作为共同被告的,人民法院应当依照民法典第一千一百九十八条第二款、第一千二百五十四条的规定,在判决中明确,未采取必要安全保障措施的物业服务企业等建筑物管理人在人民法院就具体侵权人的财产依法强制执行后仍不能履行的范围内,承担与其过错相应的补充责任。

第25条 物业服务企业等建筑物管理人未采取必要的安全保障措施防止从建筑物中抛掷物品或者从建筑物上坠落的物品造成他人损害,经公安等机关调查,在民事案件一审法庭辩论终结前仍难以确定具体侵权人的,未采取必要安全保障措施的物业服务企业等建筑物管理人承担与其过错相应的责任。被侵权人其余部分的损害,由可能加害的建筑物使用人给予适当补偿。

具体侵权人确定后,已经承担责任的物业服务企业等建筑物管理人、可能加害的建筑物使用人向具体侵权人追偿的,人民法院依照民法典第一千一百九十八条第二款、第一千二百五十四条第一款的规定予以支持。

著作权法

【导读】 著作权法的考查重点是著作权的客体,著作权的内容、归属及限制,邻接权的权利内容。

重点法条 1 著作权的内容

第十条 著作权包括下列人身权和财产权:

(一)发表权,即决定作品是否公之于众的权利;

(二)署名权,即表明作者身份,在作品上署名的权利;

(三)修改权,即修改或者授权他人修改作品的权利;

(四)保护作品完整权,即保护作品不受歪曲、篡改的权利;

(五)复制权,即以印刷、复印、拓印、录音、录像、翻录、翻拍、数字化等方式将作品制作一份或者多份的权利;

(六)发行权,即以出售或者赠与方式向公众提供作品的原件或者复制件的权利;

(七)出租权,即有偿许可他人临时使用视听作品、计算机软件的原件或者复制件的权利,计算机软件不是出租的主要标的的除外;

(八)展览权,即公开陈列美术作品、摄影作品的原件或者复制件的权利;

(九)表演权,即公开表演作品,以及用各种手段公开播送作品的表演的权利;

(十)放映权,即通过放映机、幻灯机等技术设备公开再现美术、摄影、视听作品等的权利;

(十一)广播权,即以有线或者无线方式公开传播或者转播作品,以及通过扩音器或者其他传送符号、声音、图像的类似工具向公众传播广播的作品的权利,但不包括本款第12项规定的权利;

(十二)信息网络传播权,即以有线或者无线方式向公众提供,使公众可以在其选定的时间和地点获得作品的权利;

(十三)摄制权,即以摄制视听作品的方法将作品固定在载体上的权利;

(十四)改编权,即改变作品,创作出具有独创性的新作品的权利;

(十五)翻译权,即将作品从一种语言文字转换成另一种语言文字的权利;

(十六)汇编权,即将作品或者作品的片段通过选择或者编排,汇集成新作品的权利;

(十七)应当由著作权人享有的其他权利。

著作权人可以许可他人行使前款第五项至第十七项规定的权利,并依照约定或者本法有关规定获得报酬。

著作权人可以全部或者部分转让本条第一款第五项至第十七项规定的权利,并依照约定或者本法有关规定获得报酬。

【例题】 摄影师张某于1955年拍摄了一张黑白风景照片并于同年出版,照片右下角签署张某的名字。张某于2010年去世。下列未经张某继承人许可的行为中,属于侵犯著作权的有哪些?(2020年多选题)

A. 请画家精准描摹并出版该绘画

B. 去除张某署名,并将照片在网络上传播

C. 公开展览该照片的复印件

D. 采用数字技术将照片转化为彩色照片出版

参考答案:________①

重点法条 2 合作作品的著作权

第十四条 两人以上合作创作的作品,著作权由合作作者共同享有。没有参加创作的人,不能成为合作作者。

合作作品的著作权由合作作者通过协商一致行使;不能协商一致,又无正当理由的,任何一方不得阻止他方行使除转让、许可他人专有使用、出质以外的其他权利,但是所得收益应当合理分配给所有合作作者。

合作作品可以分割使用的,作者对各自创作的部分可以单独享有著作权,但行使著作权时不得侵犯合作作品整体的著作权。

【相关法条】《著作权法实施条例》(2013年1月30日修订)

第9条 合作作品不可以分割使用的,其著作权由各合作作者共同享有,通过协商一致行使;不能协商一致,又无正当理由的,任何一方不得阻止他方行使除转让以外的其他权利,但是所得收益应当合理分配给所有合作作者。

第14条 合作作者之一死亡后,其对合作作品享有的著作权法第10条第1款第(5)项至第(17)项规定的权利无人继承又无人受遗赠的,由其他合作作者享有。

重点法条 3 职务作品的著作权

第十八条 自然人为完成法人或者非法人组织工作任务所创作的作品是职务作品,除本条第2款的规定以外,著作权由作者享有,但法人或者非法人组织有权在其业务范围内优先使用。作品完成两年内,未经单位同意,作者不得许可第三人以与单位使用的相同方式使用该作品。

有下列情形之一的职务作品,作者享有署名权,著作权的其他权利由法人或者非法人组织享有,法人或者非法人组织可以给予作者奖励:

① ABCD

(一)主要是利用法人或者非法人组织的物质技术条件创作,并由法人或者非法人组织承担责任的工程设计图、产品设计图、地图、示意图、计算机软件等职务作品;

(二)报社、期刊社、通讯社、广播电台、电视台的工作人员创作的职务作品;

(三)法律、行政法规规定或者合同约定著作权由法人或者非法人组织享有的职务作品。

【相关法条】《著作权法实施条例》

第11条 著作权法第16条第1款关于职务作品的规定中的“工作任务”,是指公民在该法人或者该组织中应当履行的职责。

著作权法第16条第2款关于职务作品的规定中的“物质技术条件”,是指该法人或者该组织为公民完成创作专门提供的资金、设备或者资料。

第12条 职务作品完成2年内,经单位同意,作者许可第三人以与单位使用的相同方式使用作品所获报酬,由作者与单位按约定的比例分配。

作品完成2年的期限,自作者向单位交付作品之日起计算。

重点法条 4 委托作品的著作权

第十九条 受委托创作的作品,著作权的归属由委托人和受托人通过合同约定。合同未作明确约定或者没有订立合同的,著作权属于受托人。

第二十条 作品原件所有权的转移,不改变作品著作权的归属,但美术、摄影作品原件的展览权由原件所有人享有。

作者将未发表的美术、摄影作品的原件所有权转让给他人,受让人展览该原件不构成对作者发表权的侵犯。

重点法条 5 著作权的保护期限

第二十二条 作者的署名权、修改权、保护作品完整权的保护期不受限制。

第二十三条 自然人的作品,其发表权、本法第10条第1款第5项至第17项规定的权利的保护期为作者终生及其死亡后50年,截止于作者死亡后第50年的12月31日;如果是合作作品,截止于最后死亡的作者死亡后第五十年的12月31日。

法人或者非法人组织的作品、著作权(署名权除外)由法人或者非法人组织享有的职务作品,其发表权的保护期为50年,截止于作品创作完成后第50年的12月31日;本法第10条第1款第5项至第17项规定的权利的保护期为50年,截止于作品首次发表后第50年的12月31日,但作品自创作完成后50年内未发表的,本法不再保护。

视听作品,其发表权的保护期为50年,截止于作品创作完成后第50年的12月31日;本法第10条第1款第5项至第17项规定的权利的保护期为50年,截止于作品首次发表后第50年的12月31日,但作品自创作完成后50年内未发表的,本法不再保护。

【相关法条】《著作权法实施条例》

第17条 作者生前未发表的作品,如果作者未明确表示不发表,作者死亡后50年内,其发表权可由继承人或者受遗赠人行使;没有继承人又无人受遗赠的,由作品原件的所有人行使。

重点法条 6 著作权的合理使用

第二十四条 在下列情况下使用作品,可以不经著作权人许可,不向其支付报酬,但应当指明作者姓名或者名称、作品名称,并且不得影响该作品的正常使用,也不得不合理地损害著作权人的合法权益:

(一)为个人学习、研究或者欣赏,使用他人已经发表的作品;

(二)为介绍、评论某一作品或者说明某一问题,在作品中适当引用他人已经发表的作品;

(三)为报道新闻,在报纸、期刊、广播电台、电视台等媒体中不可避免地再现或者引用已经发表的作品;

(四)报纸、期刊、广播电台、电视台等媒体刊登或者播放其他报纸、期刊、广播电台、电视台等媒体已经发表的关于政治、经济、宗教问题的时事性文章,但著作权人声明不许刊登、播放的除外;

(五)报纸、期刊、广播电台、电视台等媒体刊登或者播放在公众集会上发表的讲话,但作者声明不许刊登、播放的除外;

(六)为学校课堂教学或者科学研究,翻译、改编、汇编、播放或者少量复制已经发表的作品,供教学或者科研人员使用,但不得出版发行;

(七)国家机关为执行公务在合理范围内使用已经发表的作品;

(八)图书馆、档案馆、纪念馆、博物馆、美术馆、文化馆等为陈列或者保存版本的需要,复制本馆收藏的作品；

（九）免费表演已经发表的作品，该表演未向公众收取费用，也未向表演者支付报酬，且不以营利为目的；

（十）对设置或者陈列在公共场所的艺术作品进行临摹、绘画、摄影、录像；

（十一）将中国公民、法人或者非法人组织已经发表的以国家通用语言文字创作的作品翻译成少数民族语言文字作品在国内出版发行；

（十二）以阅读障碍者能够感知的无障碍方式向其提供已经发表的作品；

（十三）法律、行政法规规定的其他情形。

前款规定适用于对与著作权有关的权利的限制。

【相关法条】《著作权法实施条例》

第19条 使用他人作品的，应当指明作者姓名、作品名称；但是，当事人另有约定或者由于作品使用方式的特性无法指明的除外。

第20条 著作权法所称已经发表的作品，是指著作权人自行或者许可他人公之于众的作品。

第21条 依照著作权法有关规定，使用可以不经著作权人许可的已经发表的作品的，不得影响该作品的正常使用，也不得不合理地损害著作权人的合法利益。

重点法条 7 著作权的法定许可使用

第二十五条 为实施义务教育和国家教育规划而编写出版教科书，可以不经著作权人许可，在教科书中汇编已经发表的作品片段或者短小的文字作品、音乐作品或者单幅的美术作品、摄影作品、图形作品，但应当按照规定向著作权人支付报酬，指明作者姓名或者名称、作品名称，并且不得侵犯著作权人依照本法享有的其他权利。

前款规定适用于对与著作权有关的权利的限制。

【相关法条】《著作权法实施条例》

第22条 依照著作权法第23条、第33条第2款、第40条第3款的规定使用作品的付酬标准，由国务院著作权行政管理部门会同国务院价格主管部门制定、公布。

第26条 著作权法和本条例所称与著作权有关的权益，是指出版者对其出版的图书和期刊的版式设计享有的权利，表演者对其表演享有的权利，录音录像制作者对其制作的录音录像制品享有的权利，广播电台、电视台对其播放的广播、电视节目享有的权利。

第32条 依照著作权法第23条、第33条第2款、第40条第3款的规定，使用他人作品的，应当自使用该作品之日起2个月内向著作权人支付报酬。

专 利 法

【导读】 专利法的重点是职务发明创造的认定、专利权的客体、专利权的内容及限制、专利侵权行为等。

重点法条 1 授予专利权的条件

第二十二条 授予专利权的发明和实用新型，应当具备新颖性、创造性和实用性。

新颖性，是指该发明或者实用新型不属于现有技术；也没有任何单位或者个人就同样的发明或者实用新型在申请日以前向国务院专利行政部门提出过申请，并记载在申请日以后公布的专利申请文件或者公告的专利文件中。

创造性，是指与现有技术相比，该发明具有突出的实质性特点和显著的进步，该实用新型具有实质性特点和进步。

实用性，是指该发明或者实用新型能够制造或者使用，并且能够产生积极效果。

本法所称现有技术，是指申请日以前在国内外为公众所知的技术。

第二十三条 授予专利权的外观设计，应当不属于现有设计；也没有任何单位或者个人就同样的外观设计在申请日以前向国务院专利行政部门提出过申请，并记载在申请日以后公告的专利文件中。

授予专利权的外观设计与现有设计或者现有设计特征的组合相比，应当具有明显区别。

授予专利权的外观设计不得与他人在申请日以前已经取得的合法权利相冲突。

本法所称现有设计，是指申请日以前在国内外为公众所知的设计。

第二十四条 申请专利的发明创造在申请日以前六个月内，有下列情形之一的，不丧失新颖性：

（一）在国家出现紧急状态或者非常情况时，为公共利益目的首次公开的；

（二）在中国政府主办或者承认的国际展览会上首次展出的；

（三）在规定的学术会议或者技术会议上首次发表的；

（四）他人未经申请人同意而泄露其内容的。

【相关法条】《专利法》

第5条 对违反法律、社会公德或者妨害公共利益的发明创造，不授予专利权。

对违反法律、行政法规的规定获取或者利用遗传资源，并依赖该遗传资源完成的发明创造，不授予专利权。

第25条 对下列各项，不授予专利权：

（一）科学发现；

（二）智力活动的规则和方法；

（三）疾病的诊断和治疗方法；

（四）动物和植物品种；

（五）原子核变换方法以及用原子核变换方法获得的物质；

（六）对平面印刷品的图案、色彩或者二者的结合作出的主要起标识作用的设计。

对前款第（四）项所列产品的生产方法，可以依照本法规定授予专利权。

最高人民法院《关于审理侵犯专利权纠纷案件应用法律若干问题的解释》（以下简称《专利权纠纷解释》，2009年12月21日通过）

第10条 人民法院应当以外观设计专利产品的一般消费者的知识水平和认知能力，判断外观设计是否相同或者近似。

第11条 人民法院认定外观设计是否相同或者近似时，应当根据授权外观设计、被诉侵权设计的设计特征，以外观设计的整体视觉效果进行综合判断；对于主要由技术功能决定的设计特征以及对整体视觉效果不产生影响的产品的材料、内部结构等特征，应当不予考虑。

下列情形，通常对外观设计的整体视觉效果更具有影响：

（一）产品正常使用时容易被直接观察到的部位相对于其他部位；

（二）授权外观设计区别于现有设计的设计特征相对于授权外观设计的其他设计特征。

被诉侵权设计与授权外观设计在整体视觉效果上无差异的，人民法院应当认定两者相同；在整体视觉效果上无实质性差异的，应当认定两者近似。

重点法条 2　专利的申请

第二十八条 国务院专利行政部门收到专利申请文件之日为申请日。如果申请文件是邮寄的，以寄出的邮戳日为申请日。

第二十九条 申请人自发明或者实用新型在外国第一次提出专利申请之日起12个月内，或者自外观设计在外国第一次提出专利申请之日起6个月内，又在中国就相同主题提出专利申请的，依照该外国同中国签订的协议或者共同参加的国际条约，或者依照相互承认优先权的原则，可以享有优先权。

申请人自发明或者实用新型在中国第一次提出专利申请之日起12个月内，或者自外观设计在中国第一次提出专利申请之日起6个月内，又向国务院专利行政部门就相同主题提出专利申请的，可以享有优先权。

第三十条 申请人要求发明、实用新型专利优先权的，应当在申请的时候提出书面声明，并且在第一次提出申请之日起16个月内，提交第一次提出的专利申请文件的副本。

申请人要求外观设计专利优先权的，应当在申请的时候提出书面声明，并且在3个月内提交第一次提出的专利申请文件的副本。

申请人未提出书面声明或者逾期未提交专利申请文件副本的，视为未要求优先权。

第三十一条 一件发明或者实用新型专利申请应当限于一项发明或者实用新型。属于一个总的发明构思的两项以上的发明或者实用新型，可以作为一件申请提出。

一件外观设计专利申请应当限于一项外观设计。同一产品两项以上的相似外观设计，或者用于同一类别并且成套出售或者使用的产品的两项以上外观设计，可以作为一件申请提出。

第三十二条 申请人可以在被授予专利权之前随时撤回其专利申请。

【相关法条】《专利法实施细则》（2023年12月11日修订）

第17条 申请专利的，应当向国务院专利行政部门提交申请文件。申请文件应当符合规定的要求。

申请人委托专利代理机构向国务院专利行政部门申请专利和办理其他专利事务的，应当同时提交委托书，写明委托权限。

申请人有2人以上且未委托专利代理机构的，除请求书中另有声明的外，以请求书中指明的第一申请人为代表人。

第39条 依照专利法第三十一条第一款规定，可以作为一件专利申请提出的属于一个总的发明构思的两项以上的发明或者实用新型，应当在技术上相互关联，包含一个或者多个相同或者相应的特定技术特征，其中特定技术特征是指每一项发明或者实用新型作为整体，对现有技术作出贡献的技术特征。

第40条 依照专利法第三十一条第二款规定，将同一产品的多项相似外观设计作为一件申请提出的，对该产品的其他设计应当与简要说明中指定的基本设计相似。一件外观设计专利申请中的相似外观设计不得超过10项。

专利法第三十一条第二款所称同一类别并且成套出售或者使用的产品的两项以上外观设计，是指各产品属于分类表中同一大类，习惯上同时出售或者同时使用，而且各产品的外观设计具有相同的设计构思。

将两项以上外观设计作为一件申请提出的，应当将各项外观设计的顺序编号标注在每件外观设计产品各幅图片或者照片的名称之前。

重点法条 3 专利申请的审查和批准

第三十四条 国务院专利行政部门收到发明专利申请后，经初步审查认为符合本法要求的，自申请日起满18个月，即行公布。国务院专利行政部门可以根据申请人的请求早日公布其申请。

第三十五条 发明专利申请自申请日起3年内，国务院专利行政部门可以根据申请人随时提出的请求，对其申请进行实质审查；申请人无正当理由逾期不请求实质审查的，该申请即被视为撤回。

国务院专利行政部门认为必要的时候，可以自行对发明专利申请进行实质审查。

【相关法条】《专利法》

第42条 发明专利权的期限为20年，实用新型专利权的期限为10年，外观设计专利权的期限为15年，均自申请日起计算。

自发明专利申请日起满四年，且自实质审查请求之日起满3年后授予发明专利权的，国务院专利行政部门应专利权人的请求，就发明专利在授权过程中的不合理延迟给予专利权期限补偿，但由申请人引起的不合理延迟除外。

为补偿新药上市审评审批占用的时间，对在中国获得上市许可的新药相关发明专利，国务院专利行政部门应专利权人的请求给予专利权期限补偿。补偿期限不超过5年，新药批准上市后总有效专利权期限不超过14年。

重点法条 4 强制许可

第五十三条 有下列情形之一的，国务院专利行政部门根据具备实施条件的单位或者个人的申请，可以给予实施发明专利或者实用新型专利的强制许可：

（一）专利权人自专利权被授予之日起满3年，且自提出专利申请之日起满4年，无正当理由未实施或者未充分实施其专利的；

（二）专利权人行使专利权的行为被依法认定为垄断行为，为消除或者减少该行为对竞争产生的不利影响的。

第五十四条 在国家出现紧急状态或者非常情况时，或者为了公共利益的目的，国务院专利行政部门可以给予实施发明专利或者实用新型专利的强制许可。

第五十五条 为了公共健康目的，对取得专利权的药品，国务院专利行政部门可以给予制造并将其出口到符合中华人民共和国参加的有关国际条约规定的国家或者地区的强制许可。

第五十六条 一项取得专利权的发明或者实用新型比前已经取得专利权的发明或者实用新型具有显著经济意义的重大技术进步，其实施又有赖于前一发明或者实用新型的实施的，国务院专利行政部门根据后一专利权人的申请，可以给予实施前一发明或者实用新型的强制许可。

在依照前款规定给予实施强制许可的情形下，国务院专利行政部门根据前一专利权人的申请，也可以给予实施后一发明或者实用新型的强制许可。

第五十七条 强制许可涉及的发明创造为半导体技术的，其实施限于公共利益的目的和本法第53条第2项规定的情形。

第五十八条 除依照本法第53条第2项、第55条规定给予的强制许可外，强制许可的实施应当主要为了供应国内市场。

第五十九条 依照本法第53条第1项、第56条规定申请强制许可的单位或者个人应当提供证据，证明其以合理的条件请求专利权人许可其实施专利，但未能在合理的时间内获得许可。

第六十条 国务院专利行政部门作出的给予实施强制许可的决定，应当及时通知专利权人，并予以登记和公告。

给予实施强制许可的决定，应当根据强制许可的理由规定实施的范围和时间。强制许可的理由消除并不再发生时，国务院专利行政部门应当根据专利权人的请求，经审查后作出终止实施强制许可的决定。

第六十一条 取得实施强制许可的单位或者个人不享有独占的实施权，并且无权允许他人实施。

第六十二条 取得实施强制许可的单位或者个人应当付给专利权人合理的使用费，或者依照中华人民共和国参加的有关国际条约的规定处理使用费问题。付给使用费的，其数额由双方协商；双方不能达成协议的，由国务院专利行政部门裁决。

第六十三条 专利权人对国务院专利行政部门关于实施强制许可的决定不服的，专利权人和取得实施强制许可的单位或者个人对国务院专利行政部门关于实施强制许可的使用费的裁决不服的，可以自收到通知之日起三个月内向人民法院起诉。

【相关法条】《专利法实施细则》

第89条 专利法第五十三条第(一)项所称未充分实施其专利，是指专利权人及其被许可人实施其专利的方式或者规模不能满足国内对专利产品或者专利方法的需求。

专利法第五十五条所称取得专利权的药品，是指解决公共健康问题所需的医药领域中的任何专利产品或者依照专利方法直接获得的产品，包括取得专利权的制造该产品所需的活性成分以及使用该产品所需的诊断用品。

第90条 请求给予强制许可的，应当向国务院专利行政部门提交强制许可请求书，说明理由并附具有关证明文件。

国务院专利行政部门应当将强制许可请求书的副本送交专利权人，专利权人应当在国务院专利行政部门指定的期限内陈述意见；期满未答复的，不影响国务院专利行政部门作出决定。

国务院专利行政部门在作出驳回强制许可请求的决定或者给予强制许可的决定前，应当通知请求人和专利权人拟作出的决定及其理由。

国务院专利行政部门依照专利法第五十五条的规定作出给予强制许可的决定，应当同时符合中国缔结或者参加的有关国际条约关于为了解决公共健康问题而给予强制许可的规定，但中国作出保留的除外。

第91条 依照专利法第六十二条的规定，请求国务院专利行政部门裁决使用费数额的，当事人应当提出裁决请求书，并附具双方不能达成协议的证明文件。国务院专利行政部门应当自收到请求书之日起3个月内作出裁决，并通知当事人。

重点法条 5 专利侵权的例外情形

第七十五条 有下列情形之一的，不视为侵犯专利权：

(一)专利产品或者依照专利方法直接获得的产品，由专利权人或者经其许可的单位、个人售出后，使用、许诺销售、销售、进口该产品的；

(二)在专利申请日前已经制造相同产品、使用相同方法或者已经作好制造、使用的必要准备，并且仅在原有范围内继续制造、使用的；

(三)临时通过中国领陆、领水、领空的外国运输工具，依照其所属国同中国签订的协议或者共同参加的国际条约，或者依照互惠原则，为运输工具自身需要而在其装置和设备中使用有关专利的；

(四)专为科学研究和实验而使用有关专利的；

(五)为提供行政审批所需要的信息，制造、使用、进口专利药品或者专利医疗器械的，以及专门为其制造、进口专利药品或者专利医疗器械的。

第七十七条 为生产经营目的使用、许诺销售或者销售不知道是未经专利权人许可而制造并售出的专利侵权产品，能证明该产品合法来源的，不承担赔偿责任。

【相关法条】《专利法》

第11条 发明和实用新型专利权被授予后，除本法另有规定的以外，任何单位或者个人未经专利权人许可，都不得实施其专利，即不得为生产经营目的制造、使用、许诺销售、销售、进口其专利产品，或者使用其专利方法以及使用、许诺销售、销售、进口依照该专利方法直接获得的产品。

外观设计专利权被授予后，任何单位或者个人未经专利权人许可，都不得实施其专利，即不得为生产经营目的制造、许诺销售、销售、进口其外观设计专利产品。

第 64 条 发明或者实用新型专利权的保护范围以其权利要求的内容为准，说明书及附图可以用于解释权利要求的内容。

外观设计专利权的保护范围以表示在图片或者照片中的该产品的外观设计为准，简要说明可以用于解释图片或者照片所表示的该产品的外观设计。

第 67 条 在专利侵权纠纷中，被控侵权人有证据证明其实施的技术或者设计属于现有技术或者现有设计的，不构成侵犯专利权。

商 标 法

【导读】 本法的重点主要包括商标侵权行为的表现形式、驰名商标的特殊保护等。(1)商标侵权行为的表现形式：商标侵权行为的表现形式多样，假冒注册商标和仿冒注册商标是最常见的侵权行为。(2)驰名商标的特殊保护：驰名商标由法定行政机关和人民法院根据法定标准认定，以被动认定和个案认定为原则。

重点法条 1 驰名商标的保护

第十三条 为相关公众所熟知的商标持有人认为其权利受到侵害时，可以依照本法规定请求驰名商标保护。

就相同或者类似商品申请注册的商标是复制、摹仿或者翻译他人未在中国注册的驰名商标，容易导致混淆的，不予注册并禁止使用。

就不相同或者不相类似商品申请注册的商标是复制、摹仿或者翻译他人已经在中国注册的驰名商标，误导公众，致使该驰名商标注册人的利益可能受到损害的，不予注册并禁止使用。

第十四条 驰名商标应当根据当事人的请求，作为处理涉及商标案件需要认定的事实进行认定。认定驰名商标应当考虑下列因素：

（一）相关公众对该商标的知晓程度；

（二）该商标使用的持续时间；

（三）该商标的任何宣传工作的持续时间、程度和地理范围；

（四）该商标作为驰名商标受保护的记录；

（五）该商标驰名的其他因素。

在商标注册审查、工商行政管理部门查处商标违法案件过程中，当事人依照本法第 13 条规定主张权利的，商标局根据审查、处理案件的需要，可以对商标驰名情况作出认定。

在商标争议处理过程中，当事人依照本法第 13 条规定主张权利的，商标评审委员会根据处理案件的需要，可以对商标驰名情况作出认定。

在商标民事、行政案件审理过程中，当事人依照本法第 13 条规定主张权利的，最高人民法院指定的人民法院根据审理案件的需要，可以对商标驰名情况作出认定。

生产、经营者不得将“驰名商标”字样用于商品、商品包装或者容器上，或者用于广告宣传、展览以及其他商业活动中。

【例题】 “佳加”商标是咖啡服务类商标，“佳加”咖啡店经营多年颇具知名度，并开设多家分店，2020 年在商标侵权诉讼中“佳加”被认定为驰名商标。“佳加”咖啡店员工乙离职后经营一家餐饮店，店铺装潢与员工服装均与“佳加”咖啡店一致。5 年后，“佳加”咖啡店想进军餐饮行业申请注册商标时，发现“佳加”商标在快餐服务类已被乙注册。对此，下列说法正确的是：(2022 年不定项)

A. “佳加”咖啡店有权向有关部门申请“佳加”商标在快餐服务类无效

B. “佳加”咖啡店有权要求餐饮店赔偿，法院应当支持

C. “佳加”咖啡店有权要求餐饮店停止使用“佳加”商标，法院应当支持

D. 乙的行为涉嫌恶意注册，任何人均有权申请宣告其注册商标无效

参考答案：________①

① ABC

重点法条 2 商标注册的审查和批准

第三十一条 2 个或者 2 个以上的商标注册申请人,在同一种商品或者类似商品上,以相同或者近似的商标申请注册的,初步审定并公告申请在先的商标;同一天申请的,初步审定并公告使用在先的商标,驳回其他人的申请,不予公告。

第三十四条 对驳回申请、不予公告的商标,商标局应当书面通知商标注册申请人。商标注册申请人不服的,可以自收到通知之日起 15 日内向商标评审委员会申请复审。商标评审委员会应当自收到申请之日起 9 个月内做出决定,并书面通知申请人。有特殊情况需要延长的,经国务院工商行政管理部门批准,可以延长 3 个月。当事人对商标评审委员会的决定不服的,可以自收到通知之日起 30 日内向人民法院起诉。

第三十五条 对初步审定公告的商标提出异议的,商标局应当听取异议人和被异议人陈述事实和理由,经调查核实后,自公告期满之日起 12 个月内做出是否准予注册的决定,并书面通知异议人和被异议人。有特殊情况需要延长的,经国务院工商行政管理部门批准,可以延长 6 个月。

商标局做出准予注册决定的,发给商标注册证,并予公告。异议人不服的,可以依照本法第 44 条、第 45 条的规定向商标评审委员会请求宣告该注册商标无效。

商标局做出不予注册决定,被异议人不服的,可以自收到通知之日起 15 日内向商标评审委员会申请复审。商标评审委员会应当自收到申请之日起 12 个月内做出复审决定,并书面通知异议人和被异议人。有特殊情况需要延长的,经国务院工商行政管理部门批准,可以延长 6 个月。被异议人对商标评审委员会的决定不服的,可以自收到通知之日起 30 日内向人民法院起诉。人民法院应当通知异议人作为第三人参加诉讼。

商标评审委员会在依照前款规定进行复审的过程中,所涉及的在先权利的确定必须以人民法院正在审理或者行政机关正在处理的另一案件的结果为依据的,可以中止审查。中止原因消除后,应当恢复审查程序。

重点法条 3 商标侵权行为

第五十六条 注册商标的专用权,以核准注册的商标和核定使用的商品为限。

第五十七条 有下列行为之一的,均属侵犯注册商标专用权:

(一)未经商标注册人的许可,在同一种商品上使用与其注册商标相同的商标的;

(二)未经商标注册人的许可,在同一种商品上使用与其注册商标近似的商标,或者在类似商品上使用与其注册商标相同或者近似的商标,容易导致混淆的;

(三)销售侵犯注册商标专用权的商品的;

(四)伪造、擅自制造他人注册商标标识或者销售伪造、擅自制造的注册商标标识的;

(五)未经商标注册人同意,更换其注册商标并将该更换商标的商品又投入市场的;

(六)故意为侵犯他人商标专用权行为提供便利条件,帮助他人实施侵犯商标专用权行为的;

(七)给他人的注册商标专用权造成其他损害的。

【相关法条】《商标法实施条例》(2014 年 4 月 29 日修订)

第 75 条 为侵犯他人商标专用权提供仓储、运输、邮寄、印制、隐匿、经营场所、网络商品交易平台等,属于商标法第 57 条第 6 项规定的提供便利条件。

第 76 条 在同一种商品或者类似商品上将与他人注册商标相同或者近似的标志作为商品名称或者商品装潢使用,误导公众的,属于商标法第 57 条第 2 项规定的侵犯注册商标专用权的行为。

商 法

公司法

【导读】 2023年12月29日《公司法》进行了修订，幅度较大，考生应对《公司法》进行全面、全新的学习与记忆。在学习《公司法》时，应以股东权利的行使以及交易安全和债权人合法权益保护为基础，以司法救济为中心，重点掌握以下内容：(1)公司设立中的发起人责任与公司责任的区分；(2)公司的资本制度，股东出资义务及违反该义务时对公司、其他股东和公司债权人的法律责任；(3)股东资格的认定标准，如名义股东与实际股东问题；(4)股东权利的内容、分类及司法救济手段，如股东红利分配之诉、公司决议之诉、股东代表诉讼等；(5)有限责任公司股权转让的特殊规则及其法律效果，如优先购买权、异议股东的股权收购请求权；(6)股份有限公司对股份回购的原则禁止与例外的允许事由；(7)公司合并与分立的程序及对公司债权人的保护；(8)公司解散与清算程序中对公司债权人的保护。

重点法条 1 总则

第二条 本法所称公司，是指依照本法在中华人民共和国境内设立的有限责任公司和股份有限公司。

第三条 公司是企业法人，有独立的法人财产，享有法人财产权。公司以其全部财产对公司的债务承担责任。

公司的合法权益受法律保护，不受侵犯。

第四条 有限责任公司的股东以其认缴的出资额为限对公司承担责任；股份有限公司的股东以其认购的股份为限对公司承担责任。

公司股东对公司依法享有资产收益、参与重大决策和选择管理者等权利。

第五条 设立公司应当依法制定公司章程。公司章程对公司、股东、董事、监事、高级管理人员具有约束力。

第六条 公司应当有自己的名称。公司名称应当符合国家有关规定。

公司的名称权受法律保护。

第七条 依照本法设立的有限责任公司，应当在公司名称中标明有限责任公司或者有限公司字样。

依照本法设立的股份有限公司，应当在公司名称中标明股份有限公司或者股份公司字样。

第八条 公司以其主要办事机构所在地为住所。

第九条 公司的经营范围由公司章程规定。公司可以修改公司章程，变更经营范围。

公司的经营范围中属于法律、行政法规规定须经批准的项目，应当依法经过批准。

第十条 公司的法定代表人按照公司章程的规定，由代表公司执行公司事务的董事或者经理担任。

担任法定代表人的董事或者经理辞任的，视为同时辞去法定代表人。

法定代表人辞任的，公司应当在法定代表人辞任之日起三十日内确定新的法定代表人。

第十一条 法定代表人以公司名义从事的民事活动，其法律后果由公司承受。

公司章程或者股东会对法定代表人职权的限制，不得对抗善意相对人。

法定代表人因执行职务造成他人损害的，由公司承担民事责任。公司承担民事责任后，依照法律或者公司章程的规定，可以向有过错的法定代表人追偿。

第十二条 有限责任公司变更为股份有限公司，应当符合本法规定的股份有限公司的条件。股份有限公司变更为有限责任公司，应当符合本法规定的有限责任公司的条件。

有限责任公司变更为股份有限公司的，或者股份有限公司变更为有限责任公司的，公司变更前的债权、债务由变更后的公司承继。

第十三条 公司可以设立子公司。子公司具有法人资格，依法独立承担民事责任。

公司可以设立分公司。分公司不具有法人资格，其民事责任由公司承担。

第十四条 公司可以向其他企业投资。

法律规定公司不得成为对所投资企业的债务承担连带责任的出资人的，从其规定。

第十五条 公司向其他企业投资或者为他人提供担保，按照公司章程的规定，由董事会或者股东会决议；公司章程对投资或者担保的总额及单项投资或者担保的数额有限额规定的，不得超过规定的限额。

公司为公司股东或者实际控制人提供担保的，应当经股东会决议。

前款规定的股东或者受前款规定的实际控制人支配的股东，不得参加前款规定事项的表决。该项表决由出席会议的其他股东所持表决权的过半数通过。

第十六条 公司应当保护职工的合法权益，依法与职工签订劳动合同，参加社会保险，加强劳动保护，实现安全生产。

公司应当采用多种形式，加强公司职工的职业教育和岗位培训，提高职工素质。

第十七条 公司职工依照《中华人民共和国工会法》组织工会，开展工会活动，维护职工合法权益。公司应当为本公司工会提供必要的活动条件。公司工会代表职工就职工的劳动报酬、工作时间、休息休假、劳动安全卫生和保险福利等事项依法与公司签订集体合同。

公司依照宪法和有关法律的规定，建立健全以职工代表大会为基本形式的民主管理制度，通过职工代表大会或者其他形式，实行民主管理。

公司研究决定改制、解散、申请破产以及经营方面的重大问题、制定重要的规章制度时，应当听取公司工会的意见，并通过职工代表大会或者其他形式听取职工的意见和建议。

第十八条 在公司中，根据中国共产党章程的规定，设立中国共产党的组织，开展党的活动。公司应当为党组织的活动提供必要条件。

第十九条 公司从事经营活动，应当遵守法律法规，遵守社会公德、商业道德，诚实守信，接受政府和社会公众的监督。

第二十条 公司从事经营活动，应当充分考虑公司职工、消费者等利益相关者的利益以及生态环境保护等社会公共利益，承担社会责任。

国家鼓励公司参与社会公益活动，公布社会责任报告。

第二十一条 公司股东应当遵守法律、行政法规和公司章程，依法行使股东权利，不得滥用股东权利损害公司或者其他股东的利益。

公司股东滥用股东权利给公司或者其他股东造成损失的，应当承担赔偿责任。

第二十二条 公司的控股股东、实际控制人、董事、监事、高级管理人员不得利用关联关系损害公司利益。

违反前款规定，给公司造成损失的，应当承担赔偿责任。

第二十三条 公司股东滥用公司法人独立地位和股东有限责任，逃避债务，严重损害公司债权人利益的，应当对公司债务承担连带责任。

股东利用其控制的两个以上公司实施前款规定行为的，各公司应当对任一公司的债务承担连带责任。

只有一个股东的公司，股东不能证明公司财产独立于股东自己的财产的，应当对公司债务承担连带责任。

第二十四条 公司股东会、董事会、监事会召开会议和表决可以采用电子通信方式，公司章程另有规定的除外。

第二十五条 公司股东会、董事会的决议内容违反法律、行政法规的无效。

第二十六条 公司股东会、董事会的会议召集程序、表决方式违反法律、行政法规或者公司章程，或者决议内容违反公司章程的，股东自决议作出之日起六十日内，可以请求人民法院撤销。但是，股东会、董事会的会议召集程序或者表决方式仅有轻微瑕疵，对决议未产生实质影响的除外。

未被通知参加股东会会议的股东自知道或者应当知道股东会决议作出之日起六十日内，可以请求人民法院撤销；自决议作出之日起一年内没有行使撤销权的，撤销权消灭。

第二十七条 有下列情形之一的，公司股东会、董事会的决议不成立：

（一）未召开股东会、董事会会议作出决议；

（二）股东会、董事会会议未对决议事项进行表决；

（三）出席会议的人数或者所持表决权数未达到

本法或者公司章程规定的人数或者所持表决权数；

（四）同意决议事项的人数或者所持表决权数未达到本法或者公司章程规定的人数或者所持表决权数。

第二十八条 公司股东会、董事会决议被人民法院宣告无效、撤销或者确认不成立的，公司应当向公司登记机关申请撤销根据该决议已办理的登记。

股东会、董事会决议被人民法院宣告无效、撤销或者确认不成立的，公司根据该决议与善意相对人形成的民事法律关系不受影响。

【相关法条】 最高人民法院《关于适用〈中华人民共和国公司法〉若干问题的规定（五）》（以下简称《公司法规定（五）》，2020年12月23日修正）

第1条 关联交易损害公司利益，原告公司依据民法典第八十四条、公司法第二十一条（现第二十二条）规定请求控股股东、实际控制人、董事、监事、高级管理人员赔偿所造成的损失，被告仅以该交易已经履行了信息披露、经股东会或者股东大会同意等法律、行政法规或者公司章程规定的程序为由抗辩的，人民法院不予支持。

公司没有提起诉讼的，符合公司法第一百五十一条第一款（现第一百八十九条第一款）规定条件的股东，可以依据公司法第一百五十一条第二款、第三款（现第一百八十九条第二款、第三款）规定向人民法院提起诉讼。

第2条 关联交易合同存在无效、可撤销或者对公司不发生效力的情形，公司没有起诉合同相对方的，符合公司法第一百五十一条第一款（现第一百八十九条第一款）规定条件的股东，可以依据公司法第一百五十一条第二款、第三款（现第一百八十九条第二款、第三款）规定向人民法院提起诉讼。

重点法条 2 公司登记

第二十九条 设立公司，应当依法向公司登记机关申请设立登记。

法律、行政法规规定设立公司必须报经批准的，应当在公司登记前依法办理批准手续。

第三十条 申请设立公司，应当提交设立登记申请书、公司章程等文件，提交的相关材料应当真实、合法和有效。

申请材料不齐全或者不符合法定形式的，公司登记机关应当一次性告知需要补正的材料。

第三十一条 申请设立公司，符合本法规定的设立条件的，由公司登记机关分别登记为有限责任公司或者股份有限公司；不符合本法规定的设立条件的，不得登记为有限责任公司或者股份有限公司。

第三十二条 公司登记事项包括：

（一）名称；

（二）住所；

（三）注册资本；

（四）经营范围；

（五）法定代表人的姓名；

（六）有限责任公司股东、股份有限公司发起人的姓名或者名称。

公司登记机关应当将前款规定的公司登记事项通过国家企业信用信息公示系统向社会公示。

第三十三条 依法设立的公司，由公司登记机关发给公司营业执照。公司营业执照签发日期为公司成立日期。

公司营业执照应当载明公司的名称、住所、注册资本、经营范围、法定代表人姓名等事项。

公司登记机关可以发给电子营业执照。电子营业执照与纸质营业执照具有同等法律效力。

第三十四条 公司登记事项发生变更的，应当依法办理变更登记。

公司登记事项未经登记或者未经变更登记，不得对抗善意相对人。

第三十五条 公司申请变更登记，应当向公司登记机关提交公司法定代表人签署的变更登记申请书、依法作出的变更决议或者决定等文件。

公司变更登记事项涉及修改公司章程的，应当提交修改后的公司章程。

公司变更法定代表人的，变更登记申请书由变更后的法定代表人签署。

第三十六条 公司营业执照记载的事项发生变更的，公司办理变更登记后，由公司登记机关换发营业执照。

第三十七条 公司因解散、被宣告破产或者其他法定事由需要终止的，应当依法向公司登记机关申请注销登记，由公司登记机关公告公司终止。

第三十八条 公司设立分公司，应当向公司登记机关申请登记，领取营业执照。

第三十九条 虚报注册资本、提交虚假材料或者采取其他欺诈手段隐瞒重要事实取得公司设立登记的，公司登记机关应当依照法律、行政法规的规定予以撤销。

第四十条　公司应当按照规定通过国家企业信用信息公示系统公示下列事项：

（一）有限责任公司股东认缴和实缴的出资额、出资方式和出资日期，股份有限公司发起人认购的股份数；

（二）有限责任公司股东、股份有限公司发起人的股权、股份变更信息；

（三）行政许可取得、变更、注销等信息；

（四）法律、行政法规规定的其他信息。

公司应当确保前款公示信息真实、准确、完整。

第四十一条　公司登记机关应当优化公司登记办理流程，提高公司登记效率，加强信息化建设，推行网上办理等便捷方式，提升公司登记便利化水平。

国务院市场监督管理部门根据本法和有关法律、行政法规的规定，制定公司登记注册的具体办法。

重点法条 3　有限责任公司的设立

第四十二条　有限责任公司由一个以上五十个以下股东出资设立。

第四十三条　有限责任公司设立时的股东可以签订设立协议，明确各自在公司设立过程中的权利和义务。

第四十四条　有限责任公司设立时的股东为设立公司从事的民事活动，其法律后果由公司承受。

公司未成立的，其法律后果由公司设立时的股东承受；设立时的股东为二人以上的，享有连带债权，承担连带债务。

设立时的股东为设立公司以自己的名义从事民事活动产生的民事责任，第三人有权选择请求公司或者公司设立时的股东承担。

设立时的股东因履行公司设立职责造成他人损害的，公司或者无过错的股东承担赔偿责任后，可以向有过错的股东追偿。

第四十五条　设立有限责任公司，应当由股东共同制定公司章程。

第四十六条　有限责任公司章程应当载明下列事项：

（一）公司名称和住所；

（二）公司经营范围；

（三）公司注册资本；

（四）股东的姓名或者名称；

（五）股东的出资额、出资方式和出资日期；

（六）公司的机构及其产生办法、职权、议事规则；

（七）公司法定代表人的产生、变更办法；

（八）股东会认为需要规定的其他事项。

股东应当在公司章程上签名或者盖章。

第四十七条　有限责任公司的注册资本为在公司登记机关登记的全体股东认缴的出资额。全体股东认缴的出资额由股东按照公司章程的规定自公司成立之日起五年内缴足。

法律、行政法规以及国务院决定对有限责任公司注册资本实缴、注册资本最低限额、股东出资期限另有规定的，从其规定。

第四十八条　股东可以用货币出资，也可以用实物、知识产权、土地使用权、股权、债权等可以用货币估价并可以依法转让的非货币财产作价出资；但是，法律、行政法规规定不得作为出资的财产除外。

对作为出资的非货币财产应当评估作价，核实财产，不得高估或者低估作价。法律、行政法规对评估作价有规定的，从其规定。

第四十九条　股东应当按期足额缴纳公司章程规定的各自所认缴的出资额。

股东以货币出资的，应当将货币出资足额存入有限责任公司在银行开设的账户；以非货币财产出资的，应当依法办理其财产权的转移手续。

股东未按期足额缴纳出资的，除应当向公司足额缴纳外，还应当对给公司造成的损失承担赔偿责任。

第五十条　有限责任公司设立时，股东未按照公司章程规定实际缴纳出资，或者实际出资的非货币财产的实际价额显著低于所认缴的出资额的，设立时的其他股东与该股东在出资不足的范围内承担连带责任。

第五十一条　有限责任公司成立后，董事会应当对股东的出资情况进行核查，发现股东未按期足额缴纳公司章程规定的出资的，应当由公司向该股东发出书面催缴书，催缴出资。

未及时履行前款规定的义务，给公司造成损失的，负有责任的董事应当承担赔偿责任。

第五十二条　股东未按照公司章程规定的出资日期缴纳出资，公司依照前条第一款规定发出书面催缴书催缴出资的，可以载明缴纳出资的宽限期；宽限期自公司发出催缴书之日起，不得少于六十日。宽限期届满，股东仍未履行出资义务的，公司经董事会决议可以向该股东发出失权通知，通知应当以书面形式发出。自通知发出之日起，该股东丧失其未缴纳出资的股权。

依照前款规定丧失的股权应当依法转让，或者相应减少注册资本并注销该股权；六个月内未转让或者注销的，由公司其他股东按照其出资比例足额缴纳相应出资。

股东对失权有异议的，应当自接到失权通知之日起三十日内，向人民法院提起诉讼。

第五十三条　公司成立后，股东不得抽逃出资。

违反前款规定的，股东应当返还抽逃的出资；给公司造成损失的，负有责任的董事、监事、高级管理人员应当与该股东承担连带赔偿责任。

第五十四条　公司不能清偿到期债务的，公司或者已到期债权的债权人有权要求已认缴出资但未届出资期限的股东提前缴纳出资。

第五十五条　有限责任公司成立后，应当向股东签发出资证明书，记载下列事项：

（一）公司名称；

（二）公司成立日期；

（三）公司注册资本；

（四）股东的姓名或者名称、认缴和实缴的出资额、出资方式和出资日期；

（五）出资证明书的编号和核发日期。

出资证明书由法定代表人签名，并由公司盖章。

第五十六条　有限责任公司应当置备股东名册，记载下列事项：

（一）股东的姓名或者名称及住所；

（二）股东认缴和实缴的出资额、出资方式和出资日期；

（三）出资证明书编号；

（四）取得和丧失股东资格的日期。

记载于股东名册的股东，可以依股东名册主张行使股东权利。

第五十七条　股东有权查阅、复制公司章程、股东名册、股东会会议记录、董事会会议决议、监事会会议决议和财务会计报告。

股东可以要求查阅公司会计账簿、会计凭证。股东要求查阅公司会计账簿、会计凭证的，应当向公司提出书面请求，说明目的。公司有合理根据认为股东查阅会计账簿、会计凭证有不正当目的，可能损害公司合法利益的，可以拒绝提供查阅，并应当自股东提出书面请求之日起十五日内书面答复股东并说明理由。公司拒绝提供查阅的，股东可以向人民法院提起诉讼。

股东查阅前款规定的材料，可以委托会计师事务所、律师事务所等中介机构进行。

股东及其委托的会计师事务所、律师事务所等中介机构查阅、复制有关材料，应当遵守有关保护国家秘密、商业秘密、个人隐私、个人信息等法律、行政法规的规定。

股东要求查阅、复制公司全资子公司相关材料的，适用前四款的规定。

【相关法条】　最高人民法院《关于适用〈中华人民共和国公司法〉若干问题的规定（三）》（以下简称《公司法规定（三）》，2020年12月23日修正）

第7条　出资人以不享有处分权的财产出资，当事人之间对于出资行为效力产生争议的，人民法院可以参照民法典第三百一十一条的规定予以认定。

以贪污、受贿、侵占、挪用等违法犯罪所得的货币出资后取得股权的，对违法犯罪行为予以追究、处罚时，应当采取拍卖或者变卖的方式处置其股权。

第8条　出资人以划拨土地使用权出资，或者以设定权利负担的土地使用权出资，公司、其他股东或者公司债权人主张认定出资人未履行出资义务的，人民法院应当责令当事人在指定的合理期间内办理土地变更手续或者解除权利负担；逾期未办理或者未解除的，人民法院应当认定出资人未依法全面履行出资义务。

第9条　出资人以非货币财产出资，未依法评估作价，公司、其他股东或者公司债权人请求认定出资人未履行出资义务的，人民法院应当委托具有合法资格的评估机构对该财产评估作价。评估确定的价额显著低于公司章程所定价额的，人民法院应当认定出资人未依法全面履行出资义务。

第10条　出资人以房屋、土地使用权或者需要办理权属登记的知识产权等财产出资，已经交付公司使用但未办理权属变更手续，公司、其他股东或者公司债权人主张认定出资人未履行出资义务的，人民法院应当责令当事人在指定的合理期间内办理权属变更手续；在前述期间内办理了权属变更手续的，人民法院应当认定其已经履行了出资义务；出资人主张自其实际交付财产给公司使用时享有相应股东权利的，人民法院应予支持。

出资人以前款规定的财产出资，已经办理权属变更手续但未交付给公司使用，公司或者其他股东主张其向公司交付、并在实际交付之前不享有相应股东权利的，人民法院应予支持。

第11条 出资人以其他公司股权出资，符合下列条件的，人民法院应当认定出资人已履行出资义务：

（一）出资的股权由出资人合法持有并依法可以转让；

（二）出资的股权无权利瑕疵或者权利负担；

（三）出资人已履行关于股权转让的法定手续；

（四）出资的股权已依法进行了价值评估。

股权出资不符合前款第（一）、（二）、（三）项的规定，公司、其他股东或者公司债权人请求认定出资人未履行出资义务的，人民法院应当责令该出资人在指定的合理期间内采取补正措施，以符合上述条件；逾期未补正的，人民法院应当认定其未依法全面履行出资义务。

股权出资不符合本条第一款第（四）项的规定，公司、其他股东或者公司债权人请求认定出资人未履行出资义务的，人民法院应当按照本规定第九条的规定处理。

第12条 公司成立后，公司、股东或者公司债权人以相关股东的行为符合下列情形之一且损害公司权益为由，请求认定该股东抽逃出资的，人民法院应予支持：

（一）制作虚假财务会计报表虚增利润进行分配；

（二）通过虚构债权债务关系将其出资转出；

（三）利用关联交易将出资转出；

（四）其他未经法定程序将出资抽回的行为。

第13条 股东未履行或者未全面履行出资义务，公司或者其他股东请求其向公司依法全面履行出资义务的，人民法院应予支持。

公司债权人请求未履行或者未全面履行出资义务的股东在未出资本息范围内对公司债务不能清偿的部分承担补充赔偿责任的，人民法院应予支持；未履行或者未全面履行出资义务的股东已经承担上述责任，其他债权人提出相同请求的，人民法院不予支持。

股东在公司设立时未履行或者未全面履行出资义务，依照本条第一款或者第二款提起诉讼的原告，请求公司的发起人与被告股东承担连带责任的，人民法院应予支持；公司的发起人承担责任后，可以向被告股东追偿。

股东在公司增资时未履行或者未全面履行出资义务，依照本条第一款或者第二款提起诉讼的原告，请求未尽公司法第一百四十七条第一款（现第一百七十九条第一款）规定的义务而使出资未缴足的董事、高级管理人员承担相应责任的，人民法院应予支持；董事、高级管理人员承担责任后，可以向被告股东追偿。

第14条 股东抽逃出资，公司或者其他股东请求其向公司返还出资本息、协助抽逃出资的其他股东、董事、高级管理人员或者实际控制人对此承担连带责任的，人民法院应予支持。

公司债权人请求抽逃出资的股东在抽逃出资本息范围内对公司债务不能清偿的部分承担补充赔偿责任、协助抽逃出资的其他股东、董事、高级管理人员或者实际控制人对此承担连带责任的，人民法院应予支持；抽逃出资的股东已经承担上述责任，其他债权人提出相同请求的，人民法院不予支持。

第15条 出资人以符合法定条件的非货币财产出资后，因市场变化或者其他客观因素导致出资财产贬值，公司、其他股东或者公司债权人请求该出资人承担补足出资责任的，人民法院不予支持。但是，当事人另有约定的除外。

第16条 股东未履行或者未全面履行出资义务或者抽逃出资，公司根据公司章程或者股东会决议对其利润分配请求权、新股优先认购权、剩余财产分配请求权等股东权利作出相应的合理限制，该股东请求认定该限制无效的，人民法院不予支持。

第17条 有限责任公司的股东未履行出资义务或者抽逃全部出资，经公司催告缴纳或者返还，其在合理期间内仍未缴纳或者返还出资，公司以股东会决议解除该股东的股东资格，该股东请求确认该解除行为无效的，人民法院不予支持。

在前款规定的情形下，人民法院在判决时应当释明，公司应当及时办理法定减资程序或者由其他股东或者第三人缴纳相应的出资。在办理法定减资程序或者其他股东或者第三人缴纳相应的出资之前，公司债权人依照本规定第十三条或者第十四条请求相关当事人承担相应责任的，人民法院应予支持。

第18条 有限责任公司的股东未履行或者未全面履行出资义务即转让股权，受让人对此知道或者应当知道，公司请求该股东履行出资义务、受让人对此承担连带责任的，人民法院应予支持；公司债权人依照本规定第十三条第二款向该股东提起诉讼，同时请求前述受让人对此承担连带责任的，人民法院应予支持。

受让人根据前款规定承担责任后，向该未履行或者未全面履行出资义务的股东追偿的，人民法院应予支持。但是，当事人另有约定的除外。

第19条 公司股东未履行或者未全面履行出资义务或者抽逃出资，公司或者其他股东请求其向公司全面履行出资义务或者返还出资，被告股东以诉讼时效为由进行抗辩的，人民法院不予支持。

公司债权人的债权未过诉讼时效期间，其依照本规定第十三条第二款、第十四条第二款的规定请求未履行或者未全面履行出资义务或者抽逃出资的股东承担赔偿责任，被告股东以出资义务或者返还出资义务超过诉讼时效期间为由进行抗辩的，人民法院不予支持。

第20条 当事人之间对是否已履行出资义务发生争议，原告提供对股东履行出资义务产生合理怀疑证据的，被告股东应当就其已履行出资义务承担举证责任。

第26条 公司债权人以登记于公司登记机关的股东未履行出资义务为由，请求其对公司债务不能清偿的部分在未出资本息范围内承担补充赔偿责任，股东以其仅为名义股东而非实际出资人为由进行抗辩的，人民法院不予支持。

名义股东根据前款规定承担赔偿责任后，向实际出资人追偿的，人民法院应予支持。

第28条 冒用他人名义出资并将该他人作为股东在公司登记机关登记的，冒名登记行为人应当承担相应责任；公司、其他股东或者公司债权人以未履行出资义务为由，请求被冒名登记为股东的承担补足出资责任或者对公司债务不能清偿部分的赔偿责任的，人民法院不予支持。

【例题】 夏某是嘉茂有限责任公司（以下简称嘉茂公司）股东，持有0.8%的股权。嘉茂公司收购了华兴公司85%的股权，为华兴公司的控股股东。嘉茂公司与华兴公司的法定代表人为同一人。嘉茂公司决定处置华兴公司的主要财产，但此决策并未得到嘉茂公司控股股东的支持。此时，夏某提出要求查阅嘉茂公司和华兴公司2023年的财务会计报告。下列说法正确的是？（2024年单选题）

A. 夏某可以委托嘉茂公司查阅华兴公司的财务会计报告

B. 夏某无权查阅华兴公司的财务会计报告

C. 由于夏某仅持有0.8%的股权，因此无权查阅嘉茂公司的财务会计报告

D. 夏某需书面说明查阅的理由，方能查阅嘉茂公司的财务会计报告

参考答案：________①

重点法条 4 有限责任公司的组织机构

第五十八条 有限责任公司股东会由全体股东组成。股东会是公司的权力机构，依照本法行使职权。

第五十九条 股东会行使下列职权：

（一）选举和更换董事、监事，决定有关董事、监事的报酬事项；

（二）审议批准董事会的报告；

（三）审议批准监事会的报告；

（四）审议批准公司的利润分配方案和弥补亏损方案；

（五）对公司增加或者减少注册资本作出决议；

（六）对发行公司债券作出决议；

（七）对公司合并、分立、解散、清算或者变更公司形式作出决议；

（八）修改公司章程；

（九）公司章程规定的其他职权。

股东会可以授权董事会对发行公司债券作出决议。

对本条第一款所列事项股东以书面形式一致表示同意的，可以不召开股东会会议，直接作出决定，并由全体股东在决定文件上签名或者盖章。

第六十条 只有一个股东的有限责任公司不设股东会。股东作出前条第一款所列事项的决定时，应

① B

当采用书面形式，并由股东签名或者盖章后置备于公司。

第六十一条 首次股东会会议由出资最多的股东召集和主持，依照本法规定行使职权。

第六十二条 股东会会议分为定期会议和临时会议。

定期会议应当按照公司章程的规定按时召开。代表十分之一以上表决权的股东、三分之一以上的董事或者监事会提议召开临时会议的，应当召开临时会议。

第六十三条 股东会会议由董事会召集，董事长主持；董事长不能履行职务或者不履行职务的，由副董事长主持；副董事长不能履行职务或者不履行职务的，由过半数的董事共同推举一名董事主持。

董事会不能履行或者不履行召集股东会会议职责的，由监事会召集和主持；监事会不召集和主持的，代表十分之一以上表决权的股东可以自行召集和主持。

第六十四条 召开股东会会议，应当于会议召开十五日前通知全体股东；但是，公司章程另有规定或者全体股东另有约定的除外。

股东会应当对所议事项的决定作成会议记录，出席会议的股东应当在会议记录上签名或者盖章。

第六十五条 股东会会议由股东按照出资比例行使表决权；但是，公司章程另有规定的除外。

第六十六条 股东会的议事方式和表决程序，除本法有规定的外，由公司章程规定。

股东会作出决议，应当经代表过半数表决权的股东通过。

股东会作出修改公司章程、增加或者减少注册资本的决议，以及公司合并、分立、解散或者变更公司形式的决议，应当经代表三分之二以上表决权的股东通过。

第六十七条 有限责任公司设董事会，本法第七十五条另有规定的除外。

董事会行使下列职权：

（一）召集股东会会议，并向股东会报告工作；

（二）执行股东会的决议；

（三）决定公司的经营计划和投资方案；

（四）制订公司的利润分配方案和弥补亏损方案；

（五）制订公司增加或者减少注册资本以及发行公司债券的方案；

（六）制订公司合并、分立、解散或者变更公司形式的方案；

（七）决定公司内部管理机构的设置；

（八）决定聘任或者解聘公司经理及其报酬事项，并根据经理的提名决定聘任或者解聘公司副经理、财务负责人及其报酬事项；

（九）制定公司的基本管理制度；

（十）公司章程规定或者股东会授予的其他职权。

公司章程对董事会职权的限制不得对抗善意相对人。

第六十八条 有限责任公司董事会成员为三人以上，其成员中可以有公司职工代表。职工人数三百人以上的有限责任公司，除依法设监事会并有公司职工代表的外，其董事会成员中应当有公司职工代表。董事会中的职工代表由公司职工通过职工代表大会、职工大会或者其他形式民主选举产生。

董事会设董事长一人，可以设副董事长。董事长、副董事长的产生办法由公司章程规定。

第六十九条 有限责任公司可以按照公司章程的规定在董事会中设置由董事组成的审计委员会，行使本法规定的监事会的职权，不设监事会或者监事。公司董事会成员中的职工代表可以成为审计委员会成员。

第七十条 董事任期由公司章程规定，但每届任期不得超过三年。董事任期届满，连选可以连任。

董事任期届满未及时改选，或者董事在任期内辞任导致董事会成员低于法定人数的，在改选出的董事就任前，原董事仍应当依照法律、行政法规和公司章程的规定，履行董事职务。

董事辞任的，应当以书面形式通知公司，公司收到通知之日辞任生效，但存在前款规定情形的，董事应当继续履行职务。

第七十一条 股东会可以决议解任董事，决议作出之日解任生效。

无正当理由，在任期届满前解任董事的，该董事可以要求公司予以赔偿。

第七十二条 董事会会议由董事长召集和主持；董事长不能履行职务或者不履行职务的，由副董事长召集和主持；副董事长不能履行职务或者不履行职务的，由过半数的董事共同推举一名董事召集和主持。

第七十三条 董事会的议事方式和表决程序，除本法有规定的外，由公司章程规定。

董事会会议应当有过半数的董事出席方可举行。董事会作出决议，应当经全体董事的过半数通过。

董事会决议的表决，应当一人一票。

董事会应当对所议事项的决定作成会议记录，出席会议的董事应当在会议记录上签名。

第七十四条 有限责任公司可以设经理，由董事会决定聘任或者解聘。

经理对董事会负责，根据公司章程的规定或者董事会的授权行使职权。经理列席董事会会议。

第七十五条 规模较小或者股东人数较少的有限责任公司，可以不设董事会，设一名董事，行使本法规定的董事会的职权。该董事可以兼任公司经理。

第七十六条 有限责任公司设监事会，本法第六十九条、第八十三条另有规定的除外。

监事会成员为三人以上。监事会成员应当包括股东代表和适当比例的公司职工代表，其中职工代表的比例不得低于三分之一，具体比例由公司章程规定。监事会中的职工代表由公司职工通过职工代表大会、职工大会或者其他形式民主选举产生。

监事会设主席一人，由全体监事过半数选举产生。监事会主席召集和主持监事会会议；监事会主席不能履行职务或者不履行职务的，由过半数的监事共同推举一名监事召集和主持监事会会议。

董事、高级管理人员不得兼任监事。

第七十七条 监事的任期每届为三年。监事任期届满，连选可以连任。

监事任期届满未及时改选，或者监事在任期内辞任导致监事会成员低于法定人数的，在改选出的监事就任前，原监事仍应当依照法律、行政法规和公司章程的规定，履行监事职务。

第七十八条 监事会行使下列职权：

（一）检查公司财务；

（二）对董事、高级管理人员执行职务的行为进行监督，对违反法律、行政法规、公司章程或者股东会决议的董事、高级管理人员提出解任的建议；

（三）当董事、高级管理人员的行为损害公司的利益时，要求董事、高级管理人员予以纠正；

（四）提议召开临时股东会会议，在董事会不履行本法规定的召集和主持股东会会议职责时召集和主持股东会会议；

（五）向股东会会议提出提案；

（六）依照本法第一百八十九条的规定，对董事、高级管理人员提起诉讼；

（七）公司章程规定的其他职权。

第七十九条 监事可以列席董事会会议，并对董事会决议事项提出质询或者建议。

监事会发现公司经营情况异常，可以进行调查；必要时，可以聘请会计师事务所等协助其工作，费用由公司承担。

第八十条 监事会可以要求董事、高级管理人员提交执行职务的报告。

董事、高级管理人员应当如实向监事会提供有关情况和资料，不得妨碍监事会或者监事行使职权。

第八十一条 监事会每年度至少召开一次会议，监事可以提议召开临时监事会会议。

监事会的议事方式和表决程序，除本法有规定的外，由公司章程规定。

监事会决议应当经全体监事的过半数通过。

监事会决议的表决，应当一人一票。

监事会应当对所议事项的决定作成会议记录，出席会议的监事应当在会议记录上签名。

第八十二条 监事会行使职权所必需的费用，由公司承担。

第八十三条 规模较小或者股东人数较少的有限责任公司，可以不设监事会，设一名监事，行使本法规定的监事会的职权；经全体股东一致同意，也可以不设监事。

重点法条 5 有限责任公司的股权转让

第八十四条 有限责任公司的股东之间可以相互转让其全部或者部分股权。

股东向股东以外的人转让股权的，应当将股权转让的数量、价格、支付方式和期限等事项书面通知其他股东，其他股东在同等条件下有优先购买权。股东自接到书面通知之日起三十日内未答复的，视为放弃优先购买权。两个以上股东行使优先购买权的，协商确定各自的购买比例；协商不成的，按照转让时各自的出资比例行使优先购买权。

公司章程对股权转让另有规定的，从其规定。

第八十五条 人民法院依照法律规定的强制执行程序转让股东的股权时，应当通知公司及全体股东，其他股东在同等条件下有优先购买权。其他股东自人民法院通知之日起满二十日不行使优先购买权的，视为放弃优先购买权。

第八十六条 股东转让股权的，应当书面通知公司，请求变更股东名册；需要办理变更登记的，并请求公司向公司登记机关办理变更登记。公司拒绝或者在合理期限内不予答复的，转让人、受让人可以依法向人民法院提起诉讼。

股权转让的，受让人自记载于股东名册时起可以向公司主张行使股东权利。

第八十七条 依照本法转让股权后，公司应当及时注销原股东的出资证明书，向新股东签发出资证明书，并相应修改公司章程和股东名册中有关股东及其出资额的记载。对公司章程的该项修改不需再由股东会表决。

第八十八条 股东转让已认缴出资但未届出资期限的股权的，由受让人承担缴纳该出资的义务；受让人未按期足额缴纳出资的，转让人对受让人未按期缴纳的出资承担补充责任。

未按照公司章程规定的出资日期缴纳出资或者作为出资的非货币财产的实际价额显著低于所认缴的出资额的股东转让股权的，转让人与受让人在出资不足的范围内承担连带责任；受让人不知道且不应当知道存在上述情形的，由转让人承担责任。

第八十九条 有下列情形之一的，对股东会该项决议投反对票的股东可以请求公司按照合理的价格收购其股权：

（一）公司连续五年不向股东分配利润，而公司该五年连续盈利，并且符合本法规定的分配利润条件；

（二）公司合并、分立、转让主要财产；

（三）公司章程规定的营业期限届满或者章程规定的其他解散事由出现，股东会通过决议修改章程使公司存续。

自股东会决议作出之日起六十日内，股东与公司不能达成股权收购协议的，股东可以自股东会决议作出之日起九十日内向人民法院提起诉讼。

公司的控股股东滥用股东权利，严重损害公司或者其他股东利益的，其他股东有权请求公司按照合理的价格收购其股权。

公司因本条第一款、第三款规定的情形收购的本公司股权，应当在六个月内依法转让或者注销。

第九十条 自然人股东死亡后，其合法继承人可以继承股东资格；但是，公司章程另有规定的除外。

【相关法条】《公司法规定（五）》

第5条 人民法院审理涉及有限责任公司股东重大分歧案件时，应当注重调解。当事人协商一致以下列方式解决分歧，且不违反法律、行政法规的强制性规定的，人民法院应予支持：

（一）公司回购部分股东股份；

（二）其他股东受让部分股东股份；

（三）他人受让部分股东股份；

（四）公司减资；

（五）公司分立；

（六）其他能够解决分歧，恢复公司正常经营，避免公司解散的方式。

精 解

有限责任公司的特征：(1)股东人数有最高数额限制（1～50）。(2)股东以出资额为限对公司承担责任。需要注意的是，有限责任是仅对股东而言的，不是指公司对外承担有限责任，公司是以其全部财产对公司债务承担责任的。(3)设立手续和公司机关简易化。一般由全体设立人制定公司章程，各自认缴出资额，即可在公司登记机关登记设立。有限责任公司的公司机关也较为简单，如我国《公司法》第60条、第75条、第172条的规定。(4)股东对外转让出资受到较为严格的限制，如我国《公司法》第84条第2款的规定。(5)公司的封闭性。除严格限制股东对外转让出资这一点外，公司的封闭性还体现在以下两点：其一，设立程序不公开；其二，公司的经营状况不向社会公开。

重点法条 6 股份有限公司的设立

第九十一条 设立股份有限公司，可以采取发起设立或者募集设立的方式。

发起设立，是指由发起人认购设立公司时应发行的全部股份而设立公司。

募集设立，是指由发起人认购设立公司时应发行股份的一部分，其余股份向特定对象募集或者向社会公开募集而设立公司。

第九十二条 设立股份有限公司，应当有一人以上二百人以下为发起人，其中应当有半数以上的发起人在中华人民共和国境内有住所。

第九十三条 股份有限公司发起人承担公司筹办事务。

发起人应当签订发起人协议,明确各自在公司设立过程中的权利和义务。

第九十四条 设立股份有限公司,应当由发起人共同制订公司章程。

第九十五条 股份有限公司章程应当载明下列事项:

(一)公司名称和住所;

(二)公司经营范围;

(三)公司设立方式;

(四)公司注册资本、已发行的股份数和设立时发行的股份数,面额股的每股金额;

(五)发行类别股的,每一类别股的股份数及其权利和义务;

(六)发起人的姓名或者名称、认购的股份数、出资方式;

(七)董事会的组成、职权和议事规则;

(八)公司法定代表人的产生、变更办法;

(九)监事会的组成、职权和议事规则;

(十)公司利润分配办法;

(十一)公司的解散事由与清算办法;

(十二)公司的通知和公告办法;

(十三)股东会认为需要规定的其他事项。

第九十六条 股份有限公司的注册资本为在公司登记机关登记的已发行股份的股本总额。在发起人认购的股份缴足前,不得向他人募集股份。

法律、行政法规以及国务院决定对股份有限公司注册资本最低限额另有规定的,从其规定。

第九十七条 以发起设立方式设立股份有限公司的,发起人应当认足公司章程规定的公司设立时应发行的股份。

以募集设立方式设立股份有限公司的,发起人认购的股份不得少于公司章程规定的公司设立时应发行股份总数的百分之三十五;但是,法律、行政法规另有规定的,从其规定。

第九十八条 发起人应当在公司成立前按照其认购的股份全额缴纳股款。

发起人的出资,适用本法第四十八条、第四十九条第二款关于有限责任公司股东出资的规定。

第九十九条 发起人不按照其认购的股份缴纳股款,或者作为出资的非货币财产的实际价额显著低于所认购的股份的,其他发起人与该发起人在出资不足的范围内承担连带责任。

第一百条 发起人向社会公开募集股份,应当公告招股说明书,并制作认股书。认股书应当载明本法第一百五十四条第二款、第三款所列事项,由认股人填写认购的股份数、金额、住所,并签名或者盖章。认股人应当按照所认购股份足额缴纳股款。

第一百零一条 向社会公开募集股份的股款缴足后,应当经依法设立的验资机构验资并出具证明。

第一百零二条 股份有限公司应当制作股东名册并置备于公司。股东名册应当记载下列事项:

(一)股东的姓名或者名称及住所;

(二)各股东所认购的股份种类及股份数;

(三)发行纸面形式的股票的,股票的编号;

(四)各股东取得股份的日期。

第一百零三条 募集设立股份有限公司的发起人应当自公司设立时应发行股份的股款缴足之日起三十日内召开公司成立大会。发起人应当在成立大会召开十五日前将会议日期通知各认股人或者予以公告。成立大会应当有持有表决权过半数的认股人出席,方可举行。

以发起设立方式设立股份有限公司成立大会的召开和表决程序由公司章程或者发起人协议规定。

第一百零四条 公司成立大会行使下列职权:

(一)审议发起人关于公司筹办情况的报告;

(二)通过公司章程;

(三)选举董事、监事;

(四)对公司的设立费用进行审核;

(五)对发起人非货币财产出资的作价进行审核;

(六)发生不可抗力或者经营条件发生重大变化直接影响公司设立的,可以作出不设立公司的决议。

成立大会对前款所列事项作出决议,应当经出席会议的认股人所持表决权过半数通过。

第一百零五条 公司设立时应发行的股份未募足,或者发行股份的股款缴足后,发起人在三十日内未召开成立大会的,认股人可以按照所缴股款并加算银行同期存款利息,要求发起人返还。

发起人、认股人缴纳股款或者交付非货币财产出资后,除未按期募足股份、发起人未按期召开成立大会或者成立大会决议不设立公司的情形外,不得抽回其股本。

第一百零六条 董事会应当授权代表,于公司成立大会结束后三十日内向公司登记机关申请设立登记。

第一百零七条 本法第四十四条、第四十九条第三款、第五十一条、第五十二条、第五十三条的规定，适用于股份有限公司。

第一百零八条 有限责任公司变更为股份有限公司时，折合的实收股本总额不得高于公司净资产额。有限责任公司变更为股份有限公司，为增加注册资本公开发行股份时，应当依法办理。

第一百零九条 股份有限公司应当将公司章程、股东名册、股东会会议记录、董事会会议记录、监事会会议记录、财务会计报告、债券持有人名册置备于本公司。

第一百一十条 股东有权查阅、复制公司章程、股东名册、股东会会议记录、董事会会议决议、监事会会议决议、财务会计报告，对公司的经营提出建议或者质询。

连续一百八十日以上单独或者合计持有公司百分之三以上股份的股东要求查阅公司的会计账簿、会计凭证的，适用本法第五十七条第二款、第三款、第四款的规定。公司章程对持股比例有较低规定的，从其规定。

股东要求查阅、复制公司全资子公司相关材料的，适用前两款的规定。

上市公司股东查阅、复制相关材料的，应当遵守《中华人民共和国证券法》等法律、行政法规的规定。

【相关法条】《公司法规定(三)》

第1条 为设立公司而签署公司章程、向公司认购出资或者股份并履行公司设立职责的人，应当认定为公司的发起人，包括有限责任公司设立时的股东。

第2条 发起人为设立公司以自己名义对外签订合同，合同相对人请求该发起人承担合同责任的，人民法院应予支持；公司成立后合同相对人请求公司承担合同责任的，人民法院应予支持。

第3条 发起人以设立中公司名义对外签订合同，公司成立后合同相对人请求公司承担合同责任的，人民法院应予支持。

公司成立后有证据证明发起人利用设立中公司的名义为自己的利益与相对人签订合同，公司以此为由主张不承担合同责任的，人民法院应予支持，但相对人为善意的除外。

第4条 公司因故未成立，债权人请求全体或者部分发起人对设立公司行为所产生的费用和债务承担连带清偿责任的，人民法院应予支持。

部分发起人依照前款规定承担责任后，请求其他发起人分担的，人民法院应当判令其他发起人按照约定的责任承担比例分担责任；没有约定责任承担比例的，按照约定的出资比例分担责任；没有约定出资比例的，按照均等份额分担责任。

因部分发起人的过错导致公司未成立，其他发起人主张其承担设立行为所产生的费用和债务的，人民法院应当根据过错情况，确定过错一方的责任范围。

第5条 发起人因履行公司设立职责造成他人损害，公司成立后受害人请求公司承担侵权赔偿责任的，人民法院应予支持；公司未成立，受害人请求全体发起人承担连带赔偿责任的，人民法院应予支持。

公司或者无过错的发起人承担赔偿责任后，可以向有过错的发起人追偿。

第6条 股份有限公司的认股人未按期缴纳所认股份的股款，经公司发起人催缴后在合理期间内仍未缴纳，公司发起人对该股份另行募集的，人民法院应当认定该募集行为有效。认股人延期缴纳股款给公司造成损失，公司请求该认股人承担赔偿责任的，人民法院应予支持。

精 解

公司资本也称股本，是指由公司章程确定并载明的、全体股东的出资总额，即注册资本。除募集设立的股份有限公司和法律、行政法规以及国务院决定规定采取实缴制的公司外，在我国设立公司实行认缴资本制，因此，注册资本是股东承诺投入公司的资产总和，即公司的初始净资产。

不同于公司负债需要偿本付息，公司资本是公司的自有资本，不需要偿本付息，分红也不能损及公司资本。传统上公司资本被视为公司信用的一项重要指标，表明公司承受亏损能力的强弱。公司资本三原则旨在维持公司资本的真实确定并限制公司资产向股东净流出以保护公司债权人。但是，公司真实的信用状况是由其资产状况和营利能力决定的。法定资本制，是基于公司资本三原则理念设计的复杂的公司法规则和会计规则，如出资形式要求、分红条件、减资程序、原则上禁止回购等，以使公司净资产不因股东转移公司财产而低于公司资本，然后由债权人根据公司资本判断公司的偿债能力。现行《公司法》规定了股份有限公司采取有限的授权资本制度。

重点法条 7 股份有限公司的股东会

第一百一十一条 股份有限公司股东会由全体股东组成。股东会是公司的权力机构,依照本法行使职权。

第一百一十二条 本法第五十九条第一款、第二款关于有限责任公司股东会职权的规定,适用于股份有限公司股东会。

本法第六十条关于只有一个股东的有限责任公司不设股东会的规定,适用于只有一个股东的股份有限公司。

第一百一十三条 股东会应当每年召开一次年会。有下列情形之一的,应当在两个月内召开临时股东会会议:

(一)董事人数不足本法规定人数或者公司章程所定人数的三分之二时;

(二)公司未弥补的亏损达股本总额三分之一时;

(三)单独或者合计持有公司百分之十以上股份的股东请求时;

(四)董事会认为必要时;

(五)监事会提议召开时;

(六)公司章程规定的其他情形。

第一百一十四条 股东会会议由董事会召集,董事长主持;董事长不能履行职务或者不履行职务的,由副董事长主持;副董事长不能履行职务或者不履行职务的,由过半数的董事共同推举一名董事主持。

董事会不能履行或者不履行召集股东会会议职责的,监事会应当及时召集和主持;监事会不召集和主持的,连续九十日以上单独或者合计持有公司百分之十以上股份的股东可以自行召集和主持。

单独或者合计持有公司百分之十以上股份的股东请求召开临时股东会会议的,董事会、监事会应当在收到请求之日起十日内作出是否召开临时股东会会议的决定,并书面答复股东。

第一百一十五条 召开股东会会议,应当将会议召开的时间、地点和审议的事项于会议召开二十日前通知各股东;临时股东会会议应当于会议召开十五日前通知各股东。

单独或者合计持有公司百分之一以上股份的股东,可以在股东会会议召开十日前提出临时提案并书面提交董事会。临时提案应当有明确议题和具体决议事项。董事会应当在收到提案后二日内通知其他股东,并将该临时提案提交股东会审议;但临时提案违反法律、行政法规或者公司章程的规定,或者不属于股东会职权范围的除外。公司不得提高提出临时提案股东的持股比例。

公开发行股份的公司,应当以公告方式作出前两款规定的通知。

股东会不得对通知中未列明的事项作出决议。

第一百一十六条 股东出席股东会会议,所持每一股份有一表决权,类别股股东除外。公司持有的本公司股份没有表决权。

股东会作出决议,应当经出席会议的股东所持表决权过半数通过。

股东会作出修改公司章程、增加或者减少注册资本的决议,以及公司合并、分立、解散或者变更公司形式的决议,应当经出席会议的股东所持表决权的三分之二以上通过。

第一百一十七条 股东会选举董事、监事,可以按照公司章程的规定或者股东会的决议,实行累积投票制。

本法所称累积投票制,是指股东会选举董事或者监事时,每一股份拥有与应选董事或者监事人数相同的表决权,股东拥有的表决权可以集中使用。

第一百一十八条 股东委托代理人出席股东会会议的,应当明确代理人代理的事项、权限和期限;代理人应当向公司提交股东授权委托书,并在授权范围内行使表决权。

第一百一十九条 股东会应当对所议事项的决定作成会议记录,主持人、出席会议的董事应当在会议记录上签名。会议记录应当与出席股东的签名册及代理出席的委托书一并保存。

重点法条 8 股份有限公司的董事会、经理

第一百二十条 股份有限公司设董事会,本法第一百二十八条另有规定的除外。

本法第六十七条、第六十八条第一款、第七十条、第七十一条的规定,适用于股份有限公司。

第一百二十一条 股份有限公司可以按照公司章程的规定在董事会中设置由董事组成的审计委员会,行使本法规定的监事会的职权,不设监事会或者监事。

审计委员会成员为三名以上,过半数成员不得在公司担任除董事以外的其他职务,且不得与公司存在

任何可能影响其独立客观判断的关系。公司董事会成员中的职工代表可以成为审计委员会成员。

审计委员会作出决议，应当经审计委员会成员的过半数通过。

审计委员会决议的表决，应当一人一票。

审计委员会的议事方式和表决程序，除本法有规定的外，由公司章程规定。

公司可以按照公司章程的规定在董事会中设置其他委员会。

第一百二十二条 董事会设董事长一人，可以设副董事长。董事长和副董事长由董事会以全体董事的过半数选举产生。

董事长召集和主持董事会会议，检查董事会决议的实施情况。副董事长协助董事长工作，董事长不能履行职务或者不履行职务的，由副董事长履行职务；副董事长不能履行职务或者不履行职务的，由过半数的董事共同推举一名董事履行职务。

第一百二十三条 董事会每年度至少召开两次会议，每次会议应当于会议召开十日前通知全体董事和监事。

代表十分之一以上表决权的股东、三分之一以上董事或者监事会，可以提议召开临时董事会会议。董事长应当自接到提议后十日内，召集和主持董事会会议。

董事会召开临时会议，可以另定召集董事会的通知方式和通知时限。

第一百二十四条 董事会会议应当有过半数的董事出席方可举行。董事会作出决议，应当经全体董事的过半数通过。

董事会决议的表决，应当一人一票。

董事会应当对所议事项的决定作成会议记录，出席会议的董事应当在会议记录上签名。

第一百二十五条 董事会会议，应当由董事本人出席；董事因故不能出席，可以书面委托其他董事代为出席，委托书应当载明授权范围。

董事应当对董事会的决议承担责任。董事会的决议违反法律、行政法规或者公司章程、股东会决议，给公司造成严重损失的，参与决议的董事对公司负赔偿责任；经证明在表决时曾表明异议并记载于会议记录的，该董事可以免除责任。

第一百二十六条 股份有限公司设经理，由董事会决定聘任或者解聘。

经理对董事会负责，根据公司章程的规定或者董事会的授权行使职权。经理列席董事会会议。

第一百二十七条 公司董事会可以决定由董事会成员兼任经理。

第一百二十八条 规模较小或者股东人数较少的股份有限公司，可以不设董事会，设一名董事，行使本法规定的董事会的职权。该董事可以兼任公司经理。

第一百二十九条 公司应当定期向股东披露董事、监事、高级管理人员从公司获得报酬的情况。

重点法条 9 股份有限公司的监事会

第一百三十条 股份有限公司设监事会，本法第一百二十一条第一款、第一百三十三条另有规定的除外。

监事会成员为三人以上。监事会成员应当包括股东代表和适当比例的公司职工代表，其中职工代表的比例不得低于三分之一，具体比例由公司章程规定。监事会中的职工代表由公司职工通过职工代表大会、职工大会或者其他形式民主选举产生。

监事会设主席一人，可以设副主席。监事会主席和副主席由全体监事过半数选举产生。监事会主席召集和主持监事会会议；监事会主席不能履行职务或者不履行职务的，由监事会副主席召集和主持监事会会议；监事会副主席不能履行职务或者不履行职务的，由过半数的监事共同推举一名监事召集和主持监事会会议。

董事、高级管理人员不得兼任监事。

本法第七十七条关于有限责任公司监事任期的规定，适用于股份有限公司监事。

第一百三十一条 本法第七十八条至第八十条的规定，适用于股份有限公司监事会。

监事会行使职权所必需的费用，由公司承担。

第一百三十二条 监事会每六个月至少召开一次会议。监事可以提议召开临时监事会会议。

监事会的议事方式和表决程序，除本法有规定的外，由公司章程规定。

监事会决议应当经全体监事的过半数通过。

监事会决议的表决，应当一人一票。

监事会应当对所议事项的决定作成会议记录，出席会议的监事应当在会议记录上签名。

第一百三十三条 规模较小或者股东人数较少

的股份有限公司,可以不设监事会,设一名监事,行使本法规定的监事会的职权。

重点法条 10 上市公司组织机构的特别规定

第一百三十四条 本法所称上市公司,是指其股票在证券交易所上市交易的股份有限公司。

第一百三十五条 上市公司在一年内购买、出售重大资产或者向他人提供担保的金额超过公司资产总额百分之三十的,应当由股东会作出决议,并经出席会议的股东所持表决权的三分之二以上通过。

第一百三十六条 上市公司设独立董事,具体管理办法由国务院证券监督管理机构规定。

上市公司的公司章程除载明本法第九十五条规定的事项外,还应当依照法律、行政法规的规定载明董事会专门委员会的组成、职权以及董事、监事、高级管理人员薪酬考核机制等事项。

第一百三十七条 上市公司在董事会中设置审计委员会的,董事会对下列事项作出决议前应当经审计委员会全体成员过半数通过:

(一)聘用、解聘承办公司审计业务的会计师事务所;

(二)聘任、解聘财务负责人;

(三)披露财务会计报告;

(四)国务院证券监督管理机构规定的其他事项。

第一百三十八条 上市公司设董事会秘书,负责公司股东会和董事会会议的筹备、文件保管以及公司股东资料的管理,办理信息披露事务等事宜。

第一百三十九条 上市公司董事与董事会会议决议事项所涉及的企业或者个人有关联关系的,该董事应当及时向董事会书面报告。有关联关系的董事不得对该项决议行使表决权,也不得代理其他董事行使表决权。该董事会会议由过半数的无关联关系董事出席即可举行,董事会会议所作决议须经无关联关系董事过半数通过。出席董事会会议的无关联关系董事人数不足三人的,应当将该事项提交上市公司股东会审议。

第一百四十条 上市公司应当依法披露股东、实际控制人的信息,相关信息应当真实、准确、完整。

禁止违反法律、行政法规的规定代持上市公司股票。

第一百四十一条 上市公司控股子公司不得取得该上市公司的股份。

上市公司控股子公司因公司合并、质权行使等原因持有上市公司股份的,不得行使所持股份对应的表决权,并应当及时处分相关上市公司股份。

重点法条 11 股份有限公司的股份发行

第一百四十二条 公司的资本划分为股份。公司的全部股份,根据公司章程的规定择一采用面额股或者无面额股。采用面额股的,每一股的金额相等。

公司可以根据公司章程的规定将已发行的面额股全部转换为无面额股或者将无面额股全部转换为面额股。

采用无面额股的,应当将发行股份所得股款的二分之一以上计入注册资本。

第一百四十三条 股份的发行,实行公平、公正的原则,同类别的每一股份应当具有同等权利。

同次发行的同类别股份,每股的发行条件和价格应当相同;认购人所认购的股份,每股应当支付相同价额。

第一百四十四条 公司可以按照公司章程的规定发行下列与普通股权利不同的类别股:

(一)优先或者劣后分配利润或者剩余财产的股份;

(二)每一股的表决权数多于或者少于普通股的股份;

(三)转让须经公司同意等转让受限的股份;

(四)国务院规定的其他类别股。

公开发行股份的公司不得发行前款第二项、第三项规定的类别股;公开发行前已发行的除外。

公司发行本条第一款第二项规定的类别股的,对于监事或者审计委员会成员的选举和更换,类别股与普通股每一股的表决权数相同。

第一百四十五条 发行类别股的公司,应当在公司章程中载明以下事项:

(一)类别股分配利润或者剩余财产的顺序;

(二)类别股的表决权数;

(三)类别股的转让限制;

(四)保护中小股东权益的措施;

(五)股东会认为需要规定的其他事项。

第一百四十六条 发行类别股的公司,有本法第一百一十六条第三款规定的事项等可能影响类别股股东权利的,除应当依照第一百一十六条第三款的规定经股东会决议外，还应当经出席类别股股东会议的股东所持表决权的三分之二以上通过。

公司章程可以对需经类别股股东会议决议的其他事项作出规定。

第一百四十七条 公司的股份采取股票的形式。股票是公司签发的证明股东所持股份的凭证。

公司发行的股票，应当为记名股票。

第一百四十八条 面额股股票的发行价格可以按票面金额，也可以超过票面金额，但不得低于票面金额。

第一百四十九条 股票采用纸面形式或者国务院证券监督管理机构规定的其他形式。

股票采用纸面形式的，应当载明下列主要事项：

（一）公司名称；

（二）公司成立日期或者股票发行的时间；

（三）股票种类、票面金额及代表的股份数，发行无面额股的，股票代表的股份数。

股票采用纸面形式的，还应当载明股票的编号，由法定代表人签名，公司盖章。

发起人股票采用纸面形式的，应当标明发起人股票字样。

第一百五十条 股份有限公司成立后，即向股东正式交付股票。公司成立前不得向股东交付股票。

第一百五十一条 公司发行新股，股东会应当对下列事项作出决议：

（一）新股种类及数额；

（二）新股发行价格；

（三）新股发行的起止日期；

（四）向原有股东发行新股的种类及数额；

（五）发行无面额股的，新股发行所得股款计入注册资本的金额。

公司发行新股，可以根据公司经营情况和财务状况，确定其作价方案。

第一百五十二条 公司章程或者股东会可以授权董事会在三年内决定发行不超过已发行股份百分之五十的股份。但以非货币财产作价出资的应当经股东会决议。

董事会依照前款规定决定发行股份导致公司注册资本、已发行股份数发生变化的，对公司章程该项记载事项的修改不需再由股东会表决。

第一百五十三条 公司章程或者股东会授权董事会决定发行新股的，董事会决议应当经全体董事三分之二以上通过。

第一百五十四条 公司向社会公开募集股份，应当经国务院证券监督管理机构注册，公告招股说明书。

招股说明书应当附有公司章程，并载明下列事项：

（一）发行的股份总数；

（二）面额股的票面金额和发行价格或者无面额股的发行价格；

（三）募集资金的用途；

（四）认股人的权利和义务；

（五）股份种类及其权利和义务；

（六）本次募股的起止日期及逾期未募足时认股人可以撤回所认股份的说明。

公司设立时发行股份的，还应当载明发起人认购的股份数。

第一百五十五条 公司向社会公开募集股份，应当由依法设立的证券公司承销，签订承销协议。

第一百五十六条 公司向社会公开募集股份，应当同银行签订代收股款协议。

代收股款的银行应当按照协议代收和保存股款，向缴纳股款的认股人出具收款单据，并负有向有关部门出具收款证明的义务。

公司发行股份募足股款后，应予公告。

精　解

股份有限公司具有以下特征：（1）公司的全部资本分为等额股份。（2）股东负有限责任。股份有限公司股东对公司的责任仅以其所持股份为限，公司则以其全部资产对外承担责任。（3）开放性与社会性。股份有限公司可以通过对外公开发行股票，向社会募集资金。股东可以自由转让其持有的公司股份。法律规定了股份有限公司的信息披露制度。

【例题】 某公司为非上市股份公司，为了优化公司治理结构，并为日后上市计划做准备，决定发行表决权大于普通股的类别股，公司计划6个月后上市，下列说法正确的有哪些？（2024年多选题）

A. 发行类别股前需要修改公司章程

B. 在选举公司董事时，适用类别股表决权多于普通股

C. 在选举公司监事时，适用类别股表决权多于普通股

D. 由于公司日后拟上市，所以现在不能发行表

决权多于普通股的类别股

参考答案：________①

重点法条 12 股份有限公司的股份转让

第一百五十七条 股份有限公司的股东持有的股份可以向其他股东转让，也可以向股东以外的人转让；公司章程对股份转让有限制的，其转让按照公司章程的规定进行。

第一百五十八条 股东转让其股份，应当在依法设立的证券交易场所进行或者按照国务院规定的其他方式进行。

第一百五十九条 股票的转让，由股东以背书方式或者法律、行政法规规定的其他方式进行；转让后由公司将受让人的姓名或者名称及住所记载于股东名册。

股东会会议召开前二十日内或者公司决定分配股利的基准日前五日内，不得变更股东名册。法律、行政法规或者国务院证券监督管理机构对上市公司股东名册变更另有规定的，从其规定。

第一百六十条 公司公开发行股份前已发行的股份，自公司股票在证券交易所上市交易之日起一年内不得转让。法律、行政法规或者国务院证券监督管理机构对上市公司的股东、实际控制人转让其所持有的本公司股份另有规定的，从其规定。

公司董事、监事、高级管理人员应当向公司申报所持有的本公司的股份及其变动情况，在就任时确定的任职期间每年转让的股份不得超过其所持有本公司股份总数的百分之二十五；所持本公司股份自公司股票上市交易之日起一年内不得转让。上述人员离职后半年内，不得转让其所持有的本公司股份。公司章程可以对公司董事、监事、高级管理人员转让其所持有的本公司股份作出其他限制性规定。

股份在法律、行政法规规定的限制转让期限内出质的，质权人不得在限制转让期限内行使质权。

第一百六十一条 有下列情形之一的，对股东会该项决议投反对票的股东可以请求公司按照合理的价格收购其股份，公开发行股份的公司除外：

（一）公司连续五年不向股东分配利润，而公司该五年连续盈利，并且符合本法规定的分配利润条件；

（二）公司转让主要财产；

（三）公司章程规定的营业期限届满或者章程规定的其他解散事由出现，股东会通过决议修改章程使公司存续。

自股东会决议作出之日起六十日内，股东与公司不能达成股份收购协议的，股东可以自股东会决议作出之日起九十日内向人民法院提起诉讼。

公司因本条第一款规定的情形收购的本公司股份，应当在六个月内依法转让或者注销。

第一百六十二条 公司不得收购本公司股份。但是，有下列情形之一的除外：

（一）减少公司注册资本；

（二）与持有本公司股份的其他公司合并；

（三）将股份用于员工持股计划或者股权激励；

（四）股东因对股东会作出的公司合并、分立决议持异议，要求公司收购其股份；

（五）将股份用于转换公司发行的可转换为股票的公司债券；

（六）上市公司为维护公司价值及股东权益所必需。

公司因前款第一项、第二项规定的情形收购本公司股份的，应当经股东会决议；公司因前款第三项、第五项、第六项规定的情形收购本公司股份的，可以按照公司章程或者股东会的授权，经三分之二以上董事出席的董事会会议决议。

公司依照本条第一款规定收购本公司股份后，属于第一项情形的，应当自收购之日起十日内注销；属于第二项、第四项情形的，应当在六个月内转让或者注销；属于第三项、第五项、第六项情形的，公司合计持有的本公司股份数不得超过本公司已发行股份总数的百分之十，并应当在三年内转让或者注销。

上市公司收购本公司股份的，应当依照《中华人民共和国证券法》的规定履行信息披露义务。上市公司因本条第一款第三项、第五项、第六项规定的情形收购本公司股份的，应当通过公开的集中交易方式进行。

公司不得接受本公司的股份作为质权的标的。

第一百六十三条 公司不得为他人取得本公司或者其母公司的股份提供赠与、借款、担保以及其他财务资助，公司实施员工持股计划的除外。

① AB

为公司利益，经股东会决议，或者董事会按照公司章程或者股东会的授权作出决议，公司可以为他人取得本公司或者其母公司的股份提供财务资助，但财务资助的累计总额不得超过已发行股本总额的百分之十。董事会作出决议应当经全体董事的三分之二以上通过。

违反前两款规定，给公司造成损失的，负有责任的董事、监事、高级管理人员应当承担赔偿责任。

第一百六十四条 股票被盗、遗失或者灭失，股东可以依照《中华人民共和国民事诉讼法》规定的公示催告程序，请求人民法院宣告该股票失效。人民法院宣告该股票失效后，股东可以向公司申请补发股票。

第一百六十五条 上市公司的股票，依照有关法律、行政法规及证券交易所交易规则上市交易。

第一百六十六条 上市公司应当依照法律、行政法规的规定披露相关信息。

第一百六十七条 自然人股东死亡后，其合法继承人可以继承股东资格；但是，股份转让受限的股份有限公司的章程另有规定的除外。

重点法条 13 国家出资公司组织机构的特别规定

第一百六十八条 国家出资公司的组织机构，适用本章规定；本章没有规定的，适用本法其他规定。

本法所称国家出资公司，是指国家出资的国有独资公司、国有资本控股公司，包括国家出资的有限责任公司、股份有限公司。

第一百六十九条 国家出资公司，由国务院或者地方人民政府分别代表国家依法履行出资人职责，享有出资人权益。国务院或者地方人民政府可以授权国有资产监督管理机构或者其他部门、机构代表本级人民政府对国家出资公司履行出资人职责。

代表本级人民政府履行出资人职责的机构、部门，以下统称为履行出资人职责的机构。

第一百七十条 国家出资公司中中国共产党的组织，按照中国共产党章程的规定发挥领导作用，研究讨论公司重大经营管理事项，支持公司的组织机构依法行使职权。

第一百七十一条 国有独资公司章程由履行出资人职责的机构制定。

第一百七十二条 国有独资公司不设股东会，由履行出资人职责的机构行使股东会职权。履行出资人职责的机构可以授权公司董事会行使股东会的部分职权，但公司章程的制定和修改，公司的合并、分立、解散、申请破产，增加或者减少注册资本，分配利润，应当由履行出资人职责的机构决定。

第一百七十三条 国有独资公司的董事会依照本法规定行使职权。

国有独资公司的董事会成员中，应当过半数为外部董事，并应当有公司职工代表。

董事会成员由履行出资人职责的机构委派；但是，董事会成员中的职工代表由公司职工代表大会选举产生。

董事会设董事长一人，可以设副董事长。董事长、副董事长由履行出资人职责的机构从董事会成员中指定。

第一百七十四条 国有独资公司的经理由董事会聘任或者解聘。

经履行出资人职责的机构同意，董事会成员可以兼任经理。

第一百七十五条 国有独资公司的董事、高级管理人员，未经履行出资人职责的机构同意，不得在其他有限责任公司、股份有限公司或者其他经济组织兼职。

第一百七十六条 国有独资公司在董事会中设置由董事组成的审计委员会行使本法规定的监事会职权的，不设监事会或者监事。

第一百七十七条 国家出资公司应当依法建立健全内部监督管理和风险控制制度，加强内部合规管理。

重点法条 14 公司董事、监事、高级管理人员的资格和义务

第一百七十八条 有下列情形之一的，不得担任公司的董事、监事、高级管理人员：

（一）无民事行为能力或者限制民事行为能力；

（二）因贪污、贿赂、侵占财产、挪用财产或者破坏社会主义市场经济秩序，被判处刑罚，或者因犯罪被剥夺政治权利，执行期满未逾五年，被宣告缓刑的，自缓刑考验期满之日起未逾二年；

（三）担任破产清算的公司、企业的董事或者厂长、经理，对该公司、企业的破产负有个人责任的，自该公司、企业破产清算完结之日起未逾三年；

（四）担任因违法被吊销营业执照、责令关闭的公司、企业的法定代表人，并负有个人责任的，自该公司、企业被吊销营业执照、责令关闭之日起未逾三年；

（五）个人因所负数额较大债务到期未清偿被人民法院列为失信被执行人。

违反前款规定选举、委派董事、监事或者聘任高级管理人员的，该选举、委派或者聘任无效。

董事、监事、高级管理人员在任职期间出现本条第一款所列情形的，公司应当解除其职务。

第一百七十九条 董事、监事、高级管理人员应当遵守法律、行政法规和公司章程。

第一百八十条 董事、监事、高级管理人员对公司负有忠实义务，应当采取措施避免自身利益与公司利益冲突，不得利用职权牟取不正当利益。

董事、监事、高级管理人员对公司负有勤勉义务，执行职务应当为公司的最大利益尽到管理者通常应有的合理注意。

公司的控股股东、实际控制人不担任公司董事但实际执行公司事务的，适用前两款规定。

第一百八十一条 董事、监事、高级管理人员不得有下列行为：

（一）侵占公司财产、挪用公司资金；

（二）将公司资金以其个人名义或者以其他个人名义开立账户存储；

（三）利用职权贿赂或者收受其他非法收入；

（四）接受他人与公司交易的佣金归为己有；

（五）擅自披露公司秘密；

（六）违反对公司忠实义务的其他行为。

第一百八十二条 董事、监事、高级管理人员，直接或者间接与本公司订立合同或者进行交易，应当就与订立合同或者进行交易有关的事项向董事会或者股东会报告，并按照公司章程的规定经董事会或者股东会决议通过。

董事、监事、高级管理人员的近亲属，董事、监事、高级管理人员或者其近亲属直接或者间接控制的企业，以及与董事、监事、高级管理人员有其他关联关系的关联人，与公司订立合同或者进行交易，适用前款规定。

第一百八十三条 董事、监事、高级管理人员，不得利用职务便利为自己或者他人谋取属于公司的商业机会。但是，有下列情形之一的除外：

（一）向董事会或者股东会报告，并按照公司章程的规定经董事会或者股东会决议通过；

（二）根据法律、行政法规或者公司章程的规定，公司不能利用该商业机会。

第一百八十四条 董事、监事、高级管理人员未向董事会或者股东会报告，并按照公司章程的规定经董事会或者股东会决议通过，不得自营或者为他人经营与其任职公司同类的业务。

第一百八十五条 董事会对本法第一百八十二条至第一百八十四条规定的事项决议时，关联董事不得参与表决，其表决权不计入表决权总数。出席董事会会议的无关联关系董事人数不足三人的，应当将该事项提交股东会审议。

第一百八十六条 董事、监事、高级管理人员违反本法第一百八十一条至第一百八十四条规定所得的收入应当归公司所有。

第一百八十七条 股东会要求董事、监事、高级管理人员列席会议的，董事、监事、高级管理人员应当列席并接受股东的质询。

第一百八十八条 董事、监事、高级管理人员执行职务违反法律、行政法规或者公司章程的规定，给公司造成损失的，应当承担赔偿责任。

第一百八十九条 董事、高级管理人员有前条规定的情形的，有限责任公司的股东、股份有限公司连续一百八十日以上单独或者合计持有公司百分之一以上股份的股东，可以书面请求监事会向人民法院提起诉讼；监事有前条规定的情形的，前述股东可以书面请求董事会向人民法院提起诉讼。

监事会或者董事会收到前款规定的股东书面请求后拒绝提起诉讼，或者自收到请求之日起三十日内未提起诉讼，或者情况紧急、不立即提起诉讼将会使公司利益受到难以弥补的损害的，前款规定的股东有权为公司利益以自己的名义直接向人民法院提起诉讼。

他人侵犯公司合法权益，给公司造成损失的，本条第一款规定的股东可以依照前两款的规定向人民法院提起诉讼。

公司全资子公司的董事、监事、高级管理人员有前条规定情形，或者他人侵犯公司全资子公司合法权益造成损失的，有限责任公司的股东、股份有限公司连续一百八十日以上单独或者合计持有公司百分之一以上股份的股东，可以依照前三款规定书面请求全资子公司的监事会、董事会向人民法院提起诉讼或者以自己的名义直接向人民法院提起诉讼。

第一百九十条 董事、高级管理人员违反法律、行政法规或者公司章程的规定，损害股东利益的，股东可以向人民法院提起诉讼。

第一百九十一条 董事、高级管理人员执行职务，给他人造成损害的，公司应当承担赔偿责任；董事、高级管理人员存在故意或者重大过失的，也应当承担赔偿责任。

第一百九十二条 公司的控股股东、实际控制人指示董事、高级管理人员从事损害公司或者股东利益的行为的，与该董事、高级管理人员承担连带责任。

第一百九十三条 公司可以在董事任职期间为董事因执行公司职务承担的赔偿责任投保责任保险。

公司为董事投保责任保险或者续保后，董事会应当向股东会报告责任保险的投保金额、承保范围及保险费率等内容。

【相关法条】 最高人民法院《关于适用〈中华人民共和国公司法〉若干问题的规定(一)》(2014年2月17日修正)

第4条 公司法第一百五十一条(现第一百八十九条)规定的180日以上连续持股期间，应为股东向人民法院提起诉讼时，已期满的持股时间；规定的合计持有公司百分之一以上股份，是指两个以上股东持股份额的合计。

重点法条 15 公司债券

第一百九十四条 本法所称公司债券，是指公司发行的约定按期还本付息的有价证券。

公司债券可以公开发行，也可以非公开发行。

公司债券的发行和交易应当符合《中华人民共和国证券法》等法律、行政法规的规定。

第一百九十五条 公开发行公司债券，应当经国务院证券监督管理机构注册，公告公司债券募集办法。

公司债券募集办法应当载明下列主要事项：

(一)公司名称；

(二)债券募集资金的用途；

(三)债券总额和债券的票面金额；

(四)债券利率的确定方式；

(五)还本付息的期限和方式；

(六)债券担保情况；

(七)债券的发行价格、发行的起止日期；

(八)公司净资产额；

(九)已发行的尚未到期的公司债券总额；

(十)公司债券的承销机构。

第一百九十六条 公司以纸面形式发行公司债券的，应当在债券上载明公司名称、债券票面金额、利率、偿还期限等事项，并由法定代表人签名，公司盖章。

第一百九十七条 公司债券应当为记名债券。

第一百九十八条 公司发行公司债券应当置备公司债券持有人名册。

发行公司债券的，应当在公司债券持有人名册上载明下列事项：

(一)债券持有人的姓名或者名称及住所；

(二)债券持有人取得债券的日期及债券的编号；

(三)债券总额，债券的票面金额、利率、还本付息的期限和方式；

(四)债券的发行日期。

第一百九十九条 公司债券的登记结算机构应当建立债券登记、存管、付息、兑付等相关制度。

第二百条 公司债券可以转让，转让价格由转让人与受让人约定。

公司债券的转让应当符合法律、行政法规的规定。

第二百零一条 公司债券由债券持有人以背书方式或者法律、行政法规规定的其他方式转让；转让后由公司将受让人的姓名或者名称及住所记载于公司债券持有人名册。

第二百零二条 股份有限公司经股东会决议，或者经公司章程、股东会授权由董事会决议，可以发行可转换为股票的公司债券，并规定具体的转换办法。上市公司发行可转换为股票的公司债券，应当经国务院证券监督管理机构注册。

发行可转换为股票的公司债券，应当在债券上标明可转换公司债券字样，并在公司债券持有人名册上载明可转换公司债券的数额。

第二百零三条 发行可转换为股票的公司债券的，公司应当按照其转换办法向债券持有人换发股票，但债券持有人对转换股票或者不转换股票有选择权。法律、行政法规另有规定的除外。

第二百零四条 公开发行公司债券的，应当为同期债券持有人设立债券持有人会议，并在债券募集办法中对债券持有人会议的召集程序、会议规则和其他重要事项作出规定。债券持有人会议可以对与债券持有人有利害关系的事项作出决议。

除公司债券募集办法另有约定外，债券持有人会议决议对同期全体债券持有人发生效力。

第二百零五条 公开发行公司债券的，发行人应当为债券持有人聘请债券受托管理人，由其为债券持有人办理受领清偿、债权保全、与债券相关的诉讼以及参与债务人破产程序等事项。

第二百零六条 债券受托管理人应当勤勉尽责，公正履行受托管理职责，不得损害债券持有人利益。

受托管理人与债券持有人存在利益冲突可能损害债券持有人利益的，债券持有人会议可以决议变更债券受托管理人。

债券受托管理人违反法律、行政法规或者债券持有人会议决议，损害债券持有人利益的，应当承担赔偿责任。

【相关法条】《证券法》(2019 年 12 月 28 日修订)

第 15 条 公开发行公司债券，应当符合下列条件：

(一)具备健全且运行良好的组织机构；

(二)最近三年平均可分配利润足以支付公司债券一年的利息；

(三)国务院规定的其他条件。

公开发行公司债券筹集的资金，必须按照公司债券募集办法所列资金用途使用；改变资金用途，必须经债券持有人会议作出决议。公开发行公司债券筹集的资金，不得用于弥补亏损和非生产性支出。

上市公司发行可转换为股票的公司债券，除应当符合第一款规定的条件外，还应当遵守本法第十二条第二款的规定。但是，按照公司债券募集办法，上市公司通过收购本公司股份的方式进行公司债券转换的除外。

第 17 条 有下列情形之一的，不得再次公开发行公司债券：

(一)对已公开发行的公司债券或者其他债务有违约或者延迟支付本息的事实，仍处于继续状态；

(二)违反本法规定，改变公开发行公司债券所募资金的用途。

重点法条 16 公司财务、会计

第二百零七条 公司应当依照法律、行政法规和国务院财政部门的规定建立本公司的财务、会计制度。

第二百零八条 公司应当在每一会计年度终了时编制财务会计报告，并依法经会计师事务所审计。

财务会计报告应当依照法律、行政法规和国务院财政部门的规定制作。

第二百零九条 有限责任公司应当按照公司章程规定的期限将财务会计报告送交各股东。

股份有限公司的财务会计报告应当在召开股东会年会的二十日前置备于本公司，供股东查阅；公开发行股份的股份有限公司应当公告其财务会计报告。

第二百一十条 公司分配当年税后利润时，应当提取利润的百分之十列入公司法定公积金。公司法定公积金累计额为公司注册资本的百分之五十以上的，可以不再提取。

公司的法定公积金不足以弥补以前年度亏损的，在依照前款规定提取法定公积金之前，应当先用当年利润弥补亏损。

公司从税后利润中提取法定公积金后，经股东会决议，还可以从税后利润中提取任意公积金。

公司弥补亏损和提取公积金后所余税后利润，有限责任公司按照股东实缴的出资比例分配利润，全体股东约定不按照出资比例分配利润的除外；股份有限公司按照股东所持有的股份比例分配利润，公司章程另有规定的除外。

公司持有的本公司股份不得分配利润。

第二百一十一条 公司违反本法规定向股东分配利润的，股东应当将违反规定分配的利润退还公司；给公司造成损失的，股东及负有责任的董事、监事、高级管理人员应当承担赔偿责任。

第二百一十二条 股东会作出分配利润的决议的，董事会应当在股东会决议作出之日起六个月内进行分配。

第二百一十三条 公司以超过股票票面金额的发行价格发行股份所得的溢价款、发行无面额股所得股款未计入注册资本的金额以及国务院财政部门规定列入资本公积金的其他项目，应当列为公司资本公积金。

第二百一十四条 公司的公积金用于弥补公司的亏损、扩大公司生产经营或者转为增加公司注册资本。

公积金弥补公司亏损，应当先使用任意公积金和法定公积金;仍不能弥补的,可以按照规定使用资本公积金。

法定公积金转为增加注册资本时,所留存的该项公积金不得少于转增前公司注册资本的百分之二十五。

第二百一十五条 公司聘用、解聘承办公司审计业务的会计师事务所,按照公司章程的规定,由股东会、董事会或者监事会决定。

公司股东会、董事会或者监事会就解聘会计师事务所进行表决时,应当允许会计师事务所陈述意见。

第二百一十六条 公司应当向聘用的会计师事务所提供真实、完整的会计凭证、会计账簿、财务会计报告及其他会计资料,不得拒绝、隐匿、谎报。

第二百一十七条 公司除法定的会计账簿外,不得另立会计账簿。

对公司资金,不得以任何个人名义开立账户存储。

重点法条 17 公司合并、分立、增资、减资

第二百一十八条 公司合并可以采取吸收合并或者新设合并。

一个公司吸收其他公司为吸收合并,被吸收的公司解散。两个以上公司合并设立一个新的公司为新设合并,合并各方解散。

第二百一十九条 公司与其持股百分之九十以上的公司合并,被合并的公司不需经股东会决议,但应当通知其他股东,其他股东有权请求公司按照合理的价格收购其股权或者股份。

公司合并支付的价款不超过本公司净资产百分之十的,可以不经股东会决议;但是,公司章程另有规定的除外。

公司依照前两款规定合并不经股东会决议的,应当经董事会决议。

第二百二十条 公司合并,应当由合并各方签订合并协议,并编制资产负债表及财产清单。公司应当自作出合并决议之日起十日内通知债权人,并于三十日内在报纸上或者国家企业信用信息公示系统公告。债权人自接到通知之日起三十日内,未接到通知的自公告之日起四十五日内,可以要求公司清偿债务或者提供相应的担保。

第二百二十一条 公司合并时,合并各方的债权、债务,应当由合并后存续的公司或者新设的公司承继。

第二百二十二条 公司分立,其财产作相应的分割。

公司分立,应当编制资产负债表及财产清单。公司应当自作出分立决议之日起十日内通知债权人,并于三十日内在报纸上或者国家企业信用信息公示系统公告。

第二百二十三条 公司分立前的债务由分立后的公司承担连带责任。但是,公司在分立前与债权人就债务清偿达成的书面协议另有约定的除外。

第二百二十四条 公司减少注册资本,应当编制资产负债表及财产清单。

公司应当自股东会作出减少注册资本决议之日起十日内通知债权人,并于三十日内在报纸上或者国家企业信用信息公示系统公告。债权人自接到通知之日起三十日内,未接到通知的自公告之日起四十五日内,有权要求公司清偿债务或者提供相应的担保。

公司减少注册资本,应当按照股东出资或者持有股份的比例相应减少出资额或者股份,法律另有规定、有限责任公司全体股东另有约定或者股份有限公司章程另有规定的除外。

第二百二十五条 公司依照本法第二百一十四条第二款的规定弥补亏损后,仍有亏损的,可以减少注册资本弥补亏损。减少注册资本弥补亏损的,公司不得向股东分配,也不得免除股东缴纳出资或者股款的义务。

依照前款规定减少注册资本的,不适用前条第二款的规定,但应当自股东会作出减少注册资本决议之日起三十日内在报纸上或者国家企业信用信息公示系统公告。

公司依照前两款的规定减少注册资本后,在法定公积金和任意公积金累计额达到公司注册资本百分之五十前,不得分配利润。

第二百二十六条 违反本法规定减少注册资本的,股东应当退还其收到的资金,减免股东出资的应当恢复原状;给公司造成损失的,股东及负有责任的董事、监事、高级管理人员应当承担赔偿责任。

第二百二十七条 有限责任公司增加注册资本时,股东在同等条件下有权优先按照实缴的出资比例认缴出资。但是,全体股东约定不按照出资比例优先认缴出资的除外。

股份有限公司为增加注册资本发行新股时,股东

不享有优先认购权,公司章程另有规定或者股东会决议决定股东享有优先认购权的除外。

第二百二十八条 有限责任公司增加注册资本时,股东认缴新增资本的出资,依照本法设立有限责任公司缴纳出资的有关规定执行。

股份有限公司为增加注册资本发行新股时,股东认购新股,依照本法设立股份有限公司缴纳股款的有关规定执行。

【例题】 甲公司注册资本为200万元,由王某、李某、吴某三人设立。王某出资50万元已实缴完毕,李某认缴50万元尚未缴纳、吴某认缴120万元已实缴完毕,并和其他股东约定其中20万元作为资本公积金。现甲公司亏损50万元,甲公司已经使用除资本公积金外的公积金仍不能弥补亏损。三位股东同意减少公司注册资本来弥补亏损,下列选项正确的有哪些?(2024年多选题)

A. 甲公司需先使用资本公积金,才能使用减少注册资本的方式弥补亏损

B. 甲公司减少注册资本弥补亏损,无须通知债权人

C. 用20万元资本公积金弥补亏损后,应减少吴某的相应出资份额

D. 经股东一致同意可以通过减少李某的50万元出资来弥补亏损

参考答案:________①

重点法条 18 公司解散和清算

第二百二十九条 公司因下列原因解散:

(一)公司章程规定的营业期限届满或者公司章程规定的其他解散事由出现;

(二)股东会决议解散;

(三)因公司合并或者分立需要解散;

(四)依法被吊销营业执照、责令关闭或者被撤销;

(五)人民法院依照本法第二百三十一条的规定予以解散。

公司出现前款规定的解散事由,应当在十日内将解散事由通过国家企业信用信息公示系统予以公示。

第二百三十条 公司有前条第一款第一项、第二项情形,且尚未向股东分配财产的,可以通过修改公司章程或者经股东会决议而存续。

依照前款规定修改公司章程或者经股东会决议,有限责任公司须经持有三分之二以上表决权的股东通过,股份有限公司须经出席股东会会议的股东所持表决权的三分之二以上通过。

第二百三十一条 公司经营管理发生严重困难,继续存续会使股东利益受到重大损失,通过其他途径不能解决的,持有公司百分之十以上表决权的股东,可以请求人民法院解散公司。

第二百三十二条 公司因本法第二百二十九条第一款第一项、第二项、第四项、第五项规定而解散的,应当清算。董事为公司清算义务人,应当在解散事由出现之日起十五日内组成清算组进行清算。

清算组由董事组成,但是公司章程另有规定或者股东会决议另选他人的除外。

清算义务人未及时履行清算义务,给公司或者债权人造成损失的,应当承担赔偿责任。

第二百三十三条 公司依照前条第一款的规定应当清算,逾期不成立清算组进行清算或者成立清算组后不清算的,利害关系人可以申请人民法院指定有关人员组成清算组进行清算。人民法院应当受理该申请,并及时组织清算组进行清算。

公司因本法第二百二十九条第一款第四项的规定而解散的,作出吊销营业执照、责令关闭或者撤销决定的部门或者公司登记机关,可以申请人民法院指定有关人员组成清算组进行清算。

第二百三十四条 清算组在清算期间行使下列职权:

(一)清理公司财产,分别编制资产负债表和财产清单;

(二)通知、公告债权人;

(三)处理与清算有关的公司未了结的业务;

(四)清缴所欠税款以及清算过程中产生的税款;

(五)清理债权、债务;

(六)分配公司清偿债务后的剩余财产;

(七)代表公司参与民事诉讼活动。

第二百三十五条 清算组应当自成立之日起十日内通知债权人,并于六十日内在报纸上或者国家企

① AB

业信用信息公示系统公告。债权人应当自接到通知之日起三十日内,未接到通知的自公告之日起四十五日内,向清算组申报其债权。

债权人申报债权,应当说明债权的有关事项,并提供证明材料。清算组应当对债权进行登记。

在申报债权期间,清算组不得对债权人进行清偿。

第二百三十六条 清算组在清理公司财产、编制资产负债表和财产清单后,应当制订清算方案,并报股东会或者人民法院确认。

公司财产在分别支付清算费用、职工的工资、社会保险费用和法定补偿金,缴纳所欠税款,清偿公司债务后的剩余财产,有限责任公司按照股东的出资比例分配,股份有限公司按照股东持有的股份比例分配。

清算期间,公司存续,但不得开展与清算无关的经营活动。公司财产在未依照前款规定清偿前,不得分配给股东。

第二百三十七条 清算组在清理公司财产、编制资产负债表和财产清单后,发现公司财产不足清偿债务的,应当依法向人民法院申请破产清算。

人民法院受理破产申请后,清算组应当将清算事务移交给人民法院指定的破产管理人。

第二百三十八条 清算组成员履行清算职责,负有忠实义务和勤勉义务。

清算组成员怠于履行清算职责,给公司造成损失的,应当承担赔偿责任;因故意或者重大过失给债权人造成损失的,应当承担赔偿责任。

第二百三十九条 公司清算结束后,清算组应当制作清算报告,报股东会或者人民法院确认,并报送公司登记机关,申请注销公司登记。

第二百四十条 公司在存续期间未产生债务,或者已清偿全部债务的,经全体股东承诺,可以按照规定通过简易程序注销公司登记。

通过简易程序注销公司登记,应当通过国家企业信用信息公示系统予以公告,公告期限不少于二十日。公告期限届满后,未有异议的,公司可以在二十日内向公司登记机关申请注销公司登记。

公司通过简易程序注销公司登记,股东对本条第一款规定的内容承诺不实的,应当对注销登记前的债务承担连带责任。

第二百四十一条 公司被吊销营业执照、责令关闭或者被撤销,满三年未向公司登记机关申请注销公司登记的,公司登记机关可以通过国家企业信用信息公示系统予以公告,公告期限不少于六十日。公告期限届满后,未有异议的,公司登记机关可以注销公司登记。

依照前款规定注销公司登记的,原公司股东、清算义务人的责任不受影响。

第二百四十二条 公司被依法宣告破产的,依照有关企业破产的法律实施破产清算。

【相关法条】 最高人民法院《关于适用〈中华人民共和国公司法〉若干问题的规定(二)》(2020年12月23日修正)

第1条 单独或者合计持有公司全部股东表决权百分之十以上的股东,以下列事由之一提起解散公司诉讼,并符合公司法第一百八十二条(现第二百三十一条)规定的,人民法院应予受理:

(一)公司持续两年以上无法召开股东会或者股东大会,公司经营管理发生严重困难的;

(二)股东表决时无法达到法定或者公司章程规定的比例,持续两年以上不能做出有效的股东会或者股东大会决议,公司经营管理发生严重困难的;

(三)公司董事长期冲突,且无法通过股东会或者股东大会解决,公司经营管理发生严重困难的;

(四)经营管理发生其他严重困难,公司继续存续会使股东利益受到重大损失的情形。

股东以知情权、利润分配请求权等权益受到损害,或者公司亏损、财产不足以偿还全部债务,以及公司被吊销企业法人营业执照未进行清算等为由,提起解散公司诉讼的,人民法院不予受理。

第2条 股东提起解散公司诉讼,同时又申请人民法院对公司进行清算的,人民法院对其提出的清算申请不予受理。人民法院可以告知原告,在人民法院判决解散公司后,依据民法典第七十条、公司法第一百八十三条(现第二百三十二条)和本规定第七条的规定,自行组织清算或者另行申请人民法院对公司进行清算。

重点法条 19 外国公司的分支机构

第二百四十三条 本法所称外国公司,是指依照外国法律在中华人民共和国境外设立的公司。

第二百四十四条 外国公司在中华人民共和国境内设立分支机构,应当向中国主管机关提出申请,并提交其公司章程、所属国的公司登记证书等有关文件,经批准后,向公司登记机关依法办理登记,领取营业执照。

外国公司分支机构的审批办法由国务院另行规定。

第二百四十五条 外国公司在中华人民共和国境内设立分支机构,应当在中华人民共和国境内指定负责该分支机构的代表人或者代理人,并向该分支机构拨付与其所从事的经营活动相适应的资金。

对外国公司分支机构的经营资金需要规定最低限额的,由国务院另行规定。

第二百四十六条 外国公司的分支机构应当在其名称中标明该外国公司的国籍及责任形式。

外国公司的分支机构应当在本机构中置备该外国公司章程。

第二百四十七条 外国公司在中华人民共和国境内设立的分支机构不具有中国法人资格。

外国公司对其分支机构在中华人民共和国境内进行经营活动承担民事责任。

第二百四十八条 经批准设立的外国公司分支机构,在中华人民共和国境内从事业务活动,应当遵守中国的法律,不得损害中国的社会公共利益,其合法权益受中国法律保护。

第二百四十九条 外国公司撤销其在中华人民共和国境内的分支机构时,应当依法清偿债务,依照本法有关公司清算程序的规定进行清算。未清偿债务之前,不得将其分支机构的财产转移至中华人民共和国境外。

合伙企业法

【导读】 本法在考试中考查的知识点比较集中:(1)有限合伙,该法对有限合伙人的权利与义务、有限合伙事务的执行,以及有限合伙不同于普通合伙的特殊之处等内容作了详细的规定。应当注意的是,有限合伙企业至少应当有一个普通合伙人,有限合伙人不能以劳务出资。(2)特殊普通合伙,该法严格限定了特殊普通合伙人免除连带责任的范围,将其仅仅限于其他合伙人本人执业行为中因故意或重大过失引起的合伙企业债务这种情形。(3)法人可以成为合伙人。(4)入伙与退伙制度,本部分考生应掌握新合伙人入伙的程序以及其权利义务,特别是新合伙人对入伙前合伙企业的债务承担连带责任。(5)合伙事务的执行,重点掌握合伙事务执行的4种方式、执行合伙人与合伙企业之间的法律关系性质。

由于本法难度不大,依据法条进行复习熟练掌握法条即可。

重点法条 1 合伙企业的概念与分类;普通合伙人的资格限制

第二条 本法所称合伙企业,是指自然人、法人和其他组织依照本法在中国境内设立的普通合伙企业和有限合伙企业。

普通合伙企业由普通合伙人组成,合伙人对合伙企业债务承担无限连带责任。本法对普通合伙人承担责任的形式有特别规定的,从其规定。

有限合伙企业由普通合伙人和有限合伙人组成,普通合伙人对合伙企业债务承担无限连带责任,有限合伙人以其认缴的出资额为限对合伙企业债务承担责任。

第三条 国有独资公司、国有企业、上市公司以及公益性的事业单位、社会团体不得成为普通合伙人。

【相关法条】《合伙企业法》

第15条 合伙企业名称中应当标明“普通合伙”字样。

第56条 特殊的普通合伙企业名称中应当标明“特殊普通合伙”字样。

第62条 有限合伙企业名称中应当标明“有限合伙”字样。

重点法条 2 合伙企业的成立、变更、注销登记

第十一条 合伙企业的营业执照签发日期,为合伙企业成立日期。

合伙企业领取营业执照前,合伙人不得以合伙企业名义从事合伙业务。

第十三条 合伙企业登记事项发生变更的,执行

合伙事务的合伙人应当自作出变更决定或者发生变更事由之日起15日内，向企业登记机关申请办理变更登记。

第九十条 清算结束，清算人应当编制清算报告，经全体合伙人签名、盖章后，在15日内向企业登记机关报送清算报告，申请办理合伙企业注销登记。

第九十五条第三款 合伙企业登记事项发生变更，执行合伙事务的合伙人未按期申请办理变更登记的，应当赔偿由此给合伙企业、其他合伙人或者善意第三人造成的损失。

重点法条 3 合伙企业的设立

第十四条 设立合伙企业，应当具备下列条件：

（一）有2个以上合伙人。合伙人为自然人的，应当具有完全民事行为能力；

（二）有书面合伙协议；

（三）有合伙人认缴或者实际缴付的出资；

（四）有合伙企业的名称和生产经营场所；

（五）法律、行政法规规定的其他条件。

第十九条 合伙协议经全体合伙人签名、盖章后生效。合伙人按照合伙协议享有权利，履行义务。

修改或者补充合伙协议，应当经全体合伙人一致同意；但是，合伙协议另有约定的除外。

合伙协议未约定或者约定不明确的事项，由合伙人协商决定；协商不成的，依照本法和其他有关法律、行政法规的规定处理。

第一百零三条第一款 合伙人违反合伙协议的，应当依法承担违约责任。

【相关法条】《合伙企业法》

第48条第2款 合伙人被依法认定为无民事行为能力人或者限制民事行为能力人的，经其他合伙人一致同意，可以依法转为有限合伙人，普通合伙企业依法转为有限合伙企业。其他合伙人未能一致同意的，该无民事行为能力或者限制民事行为能力的合伙人退伙。

第50条第3款 合伙人的继承人为无民事行为能力人或者限制民事行为能力人的，经全体合伙人一致同意，可以依法成为有限合伙人，普通合伙企业依法转为有限合伙企业。全体合伙人未能一致同意的，合伙企业应当将被继承合伙人的财产份额退还该继承人。

重点法条 4 合伙人的出资形式

第十六条 合伙人可以用货币、实物、知识产权、土地使用权或者其他财产权利出资，也可以用劳务出资。

合伙人以实物、知识产权、土地使用权或者其他财产权利出资，需要评估作价的，可以由全体合伙人协商确定，也可以由全体合伙人委托法定评估机构评估。

合伙人以劳务出资的，其评估办法由全体合伙人协商确定，并在合伙协议中载明。

第十七条第二款 以非货币财产出资的，依照法律、行政法规的规定，需要办理财产权转移手续的，应当依法办理。

第二十条 合伙人的出资、以合伙企业名义取得的收益和依法取得的其他财产，均为合伙企业的财产。

重点法条 5 合伙企业财产的分割、转让和出质

第二十一条 合伙人在合伙企业清算前，不得请求分割合伙企业的财产；但是，本法另有规定的除外。

合伙人在合伙企业清算前私自转移或者处分合伙企业财产的，合伙企业不得以此对抗善意第三人。

第二十二条 除合伙协议另有约定外，合伙人向合伙人以外的人转让其在合伙企业中的全部或者部分财产份额时，须经其他合伙人一致同意。

合伙人之间转让在合伙企业中的全部或者部分财产份额时，应当通知其他合伙人。

第二十三条 合伙人向合伙人以外的人转让其在合伙企业中的财产份额的，在同等条件下，其他合伙人有优先购买权；但是，合伙协议另有约定的除外。

第二十五条 合伙人以其在合伙企业中的财产份额出质的，须经其他合伙人一致同意；未经其他合伙人一致同意，其行为无效，由此给善意第三人造成损失的，由行为人依法承担赔偿责任。

【相关法条】《合伙企业法》

第50条 合伙人死亡时，按照合伙协议的约定或者经全体合伙人一致同意，其享有合法继承权的继承人可以继承财产份额而取得合伙人资格。

第72条 有限合伙人可以将其在有限合伙企业中的财产份额出质；但是，合伙协议另有约定的除外。

第73条 有限合伙人可以按照合伙协议的约定

向合伙人以外的人转让其在有限合伙企业中的财产份额，但应当提前30日通知其他合伙人。

精 解

这几个条文都旨在限制合伙人处分其在合伙企业的财产份额，具体规则要点包括以下几方面：

1. 关于分割请求权，除了本法另有规定的情形外，非经清算不得分割，即使全体合伙人作出决定也不可以，因为这是强行性规范(《合伙企业法》第21条第1款)；那么，如果全体或者部分合伙人违法分割的话，效力如何呢？答案是不得对抗善意第三人(《合伙企业法》第21条第2款)。

2. 关于转让财产份额，对外转让的程序性限制是"须经其他合伙人一致同意"，因为此举涉及合伙协议的变更问题，自然需要经过所有合伙人的同意。而内部转让的程序要求只需通知其他合伙人。

3. 同有限责任公司类似，合伙人转让财产份额的，其他合伙人有优先购买权，但《合伙企业法》第23条未规定2个以上的合伙人都主张优先权的时候，应当如何处理。

4. 与普通合伙人不同的是有限合伙人可以自由的转让其合伙份额，只需提前30日通知其他合伙人即可。

5. 关于财产份额的出质，对照本法第25、72条可知，法律对普通合伙人与有限合伙人的出质行为的规范是不一样的：前者一定要经过其他合伙人一致同意，否则出质行为无效，后者原则上可以且无法律上的限制(当然，合伙协议可以设置限制)。

6. 普通合伙人未经其他合伙人一致同意，对外出质合伙财产的，行为无效，为了维护合伙企业的人合性，这里并不适用善意取得制度，对于因为质押行为无效而给债权人(善意第三人)造成损失的，擅自设立质押的合伙人负赔偿责任。

重点法条 6　合伙事务的执行

第二十六条　合伙人对执行合伙事务享有同等的权利。

按照合伙协议的约定或者经全体合伙人决定，可以委托一个或者数个合伙人对外代表合伙企业，执行合伙事务。

作为合伙人的法人、其他组织执行合伙事务的，由其委派的代表执行。

第二十七条　依照本法第26条第2款规定委托一个或者数个合伙人执行合伙事务的，其他合伙人不再执行合伙事务。

不执行合伙事务的合伙人有权监督执行事务合伙人执行合伙事务的情况。

第三十五条　被聘任的合伙企业的经营管理人员应当在合伙企业授权范围内履行职务。

被聘任的合伙企业的经营管理人员，超越合伙企业授权范围履行职务，或者在履行职务过程中因故意或者重大过失给合伙企业造成损失的，依法承担赔偿责任。

第三十七条　合伙企业对合伙人执行合伙事务以及对外代表合伙企业权利的限制，不得对抗善意第三人。

第九十八条　不具有事务执行权的合伙人擅自执行合伙事务，给合伙企业或者其他合伙人造成损失的，依法承担赔偿责任。

【相关法条】《合伙企业法》

第28条　由一个或者数个合伙人执行合伙事务的，执行事务合伙人应当定期向其他合伙人报告事务执行情况以及合伙企业的经营和财务状况，其执行合伙事务所产生的收益归合伙企业，所产生的费用和亏损由合伙企业承担。

合伙人为了解合伙企业的经营状况和财务状况，有权查阅合伙企业会计账簿等财务资料。

第29条　合伙人分别执行合伙事务的，执行事务合伙人可以对其他合伙人执行的事务提出异议。提出异议时，应当暂停该项事务的执行。如果发生争议，依照本法第30条规定作出决定。

受委托执行合伙事务的合伙人不按照合伙协议或者全体合伙人的决定执行事务的，其他合伙人可以决定撤销该委托。

第96条　合伙人执行合伙事务，或者合伙企业从业人员利用职务上的便利，将应当归合伙企业的利益据为己有的，或者采取其他手段侵占合伙企业财产的，应当将该利益和财产退还合伙企业；给合伙企业或者其他合伙人造成损失的，依法承担赔偿责任。

精 解

以上条文是关于合伙事务执行及其对内对外效力的最重要规定，是考试的重点、热点兼难点，值得仔细研读，应引起考生足够的重视。我们对此综合分析，要点如下：

1. 合伙事务的执行有4种模式：(1)全体合伙人

共同执行;(2)由各合伙人分别单独执行;(3)委托1名或数名合伙人执行;(4)聘任第三人经营管理。

2. 执行合伙人与合伙企业之间的法律关系的性质,在民法上是代表关系而非代理关系(《合伙企业法》第26条),认清这一点是理解整个制度的关键。所以,执行合伙人执行合伙事务行为的责任当然由合伙企业及全体合伙人承担,并且,合伙内部对执行合伙人的权利限制对外不得对抗善意第三人(《合伙企业法》第37条),也即即使内部有限制也不妨碍构成表见代表(《民法典》第504条)。

3. 不具有对外执行合伙事务权利的合伙人,与合伙企业之间也成立表见代表关系,故其对外以合伙企业名义与善意第三人进行的行为后果仍应由合伙企业及全体合伙人承担。

第三人是否善意应如何认定?一般来说,个别合伙人在办理合伙企业日常经营业务中的财产处分和债务承担行为,被认为存在全体合伙人的默示授权。除合伙企业有相反证明外,行为相对人是善意的;而当合伙人的行为属于超过合伙企业日常经营范围的财产处分或债务承担行为,特别是《合伙企业法》第31条所规定的必须经全体合伙人一致同意的行为时,相对人应当在得知合伙事务执行人有正当授权的情况下,才可与之签订合同,否则,应被认为存在恶意。

4. 在上述第2、3种情形下,合伙企业及其他合伙人在对外承担责任之后,在合伙企业内部可对有过错的合伙人行使追偿权(《合伙企业法》第68条第2款第6项)。

5. 被聘任为经营管理人员的第三人与合伙企业之间成立委托代理关系,其责任承担应依委托代理关系解决。故当其超越授权范围(无权代理)或因故意、重大过失给合伙企业造成损失的,应负赔偿责任(《合伙企业法》第35条)。

6. 在合伙事务执行的第二种模式下,执行合伙人对内有经营管理权,对外有代表合伙企业权,此时无执行权的其他合伙人也享有2项权利:

(1)知情权(《合伙企业法》第28条);

(2)提出异议权(《合伙企业法》第29条,注意提出异议权的效力)。

重点法条 7　合伙企业有关事项的表决

第三十条　合伙人对合伙企业有关事项作出决议,按照合伙协议约定的表决办法办理。合伙协议未约定或者约定不明确的,实行合伙人1人1票并经全体合伙人过半数通过的表决办法。

本法对合伙企业的表决办法另有规定的,从其规定。

第三十一条　除合伙协议另有约定外,合伙企业的下列事项应当经全体合伙人一致同意:

(一)改变合伙企业的名称;

(二)改变合伙企业的经营范围、主要经营场所的地点;

(三)处分合伙企业的不动产;

(四)转让或者处分合伙企业的知识产权和其他财产权利;

(五)以合伙企业名义为他人提供担保;

(六)聘任合伙人以外的人担任合伙企业的经营管理人员。

第九十七条　合伙人对本法规定或者合伙协议约定必须经全体合伙人一致同意始得执行的事务擅自处理,给合伙企业或者其他合伙人造成损失的,依法承担赔偿责任。

【相关法条】《合伙企业法》

第82条　除合伙协议另有约定外,普通合伙人转变为有限合伙人,或者有限合伙人转变为普通合伙人,应当经全体合伙人一致同意。

精　解

1. 关于合伙企业的议决方法,贯彻充分的意思自治原则,允许合伙人通过合伙协议明确约定;无约定的,原则上采取"人头主义"与"相对多数主义"的表决办法(《合伙企业法》第30条)。

2. 本法第31条规定的要经全体合伙人一致同意的6个具体事项特别注意:对于法定的必须经一致同意事项,推定为交易第三人知道或者应当知道这一规定,所以就不能成立善意第三人的情形,故无善意取得、表见代理、表见代表等一系列相关规则的适用。

3. 违反本法第31条规定的合伙人给合伙企业造成损失的,在合伙企业内部要对合伙企业或者其他合伙人负赔偿责任。

重点法条 8　竞业禁止义务与自我交易的限制;利润分配与亏损分担

第三十二条　合伙人不得自营或者同他人合作经营与本合伙企业相竞争的业务。

除合伙协议另有约定或者经全体合伙人一致同意外，合伙人不得同本合伙企业进行交易。

合伙人不得从事损害本合伙企业利益的活动。

第三十三条 合伙企业的利润分配、亏损分担，按照合伙协议的约定办理；合伙协议未约定或者约定不明确的，由合伙人协商决定；协商不成的，由合伙人按照实缴出资比例分配、分担；无法确定出资比例的，由合伙人平均分配、分担。

合伙协议不得约定将全部利润分配给部分合伙人或者由部分合伙人承担全部亏损。

【相关法条】《合伙企业法》

第70条 有限合伙人可以同本有限合伙企业进行交易；但是，合伙协议另有约定的除外。

第71条 有限合伙人可以自营或者同他人合作经营与本有限合伙企业相竞争的业务；但是，合伙协议另有约定的除外。

第99条 合伙人违反本法规定或者合伙协议的约定，从事与本合伙企业相竞争的业务或者与本合伙企业进行交易的，该收益归合伙企业所有；给合伙企业或者其他合伙人造成损失的，依法承担赔偿责任。

重点法条 9 合伙企业债务的清偿；合伙人的责任承担

第三十八条 合伙企业对其债务，应先以其全部财产进行清偿。

第三十九条 合伙企业不能清偿到期债务的，合伙人承担无限连带责任。

第四十条 合伙人由于承担无限连带责任，清偿数额超过本法第33条第1款规定的其亏损分担比例的，有权向其他合伙人追偿。

精 解

合伙人对合伙企业的债务承担无限连带责任，应该是一个基本常识。具体要点如下：

1. 合伙企业的债务，首先由合伙企业用自身的财产来清偿；

2. 合伙企业的全部财产不足以清偿自身债务的，再由合伙人对外承担无限连带责任；

3. 但在各个合伙人内部，这一债务是按份分配的，因此，超出份额承担责任的合伙人有权向其他合伙人追偿相应的份额。

重点法条 10 合伙人自身债务与合伙企业债务的关系

第四十一条 合伙人发生与合伙企业无关的债务，相关债权人不得以其债权抵销其对合伙企业的债务；也不得代位行使合伙人在合伙企业中的权利。

第四十二条 合伙人的自有财产不足清偿其与合伙企业无关的债务的，该合伙人可以以其从合伙企业中分取的收益用于清偿；债权人也可以依法请求人民法院强制执行该合伙人在合伙企业中的财产份额用于清偿。

人民法院强制执行合伙人的财产份额时，应当通知全体合伙人，其他合伙人有优先购买权；其他合伙人未购买，又不同意将该财产份额转让给他人的，依照本法第51条的规定为该合伙人办理退伙结算，或者办理削减该合伙人相应财产份额的结算。

第七十四条 有限合伙人的自有财产不足清偿其与合伙企业无关的债务的，该合伙人可以以其从有限合伙企业中分取的收益用于清偿；债权人也可以依法请求人民法院强制执行该合伙人在有限合伙企业中的财产份额用于清偿。

人民法院强制执行有限合伙人的财产份额时，应当通知全体合伙人。在同等条件下，其他合伙人有优先购买权。

重点法条 11 合伙人入伙与退伙

第二十四条 合伙人以外的人依法受让合伙人在合伙企业中的财产份额的，经修改合伙协议即成为合伙企业的合伙人，依照本法和修改后的合伙协议享有权利，履行义务。

第四十三条 新合伙人入伙，除合伙协议另有约定外，应当经全体合伙人一致同意，并依法订立书面入伙协议。

订立入伙协议时，原合伙人应当向新合伙人如实告知原合伙企业的经营状况和财务状况。

第四十四条 入伙的新合伙人与原合伙人享有同等权利，承担同等责任。入伙协议另有约定的，从其约定。

新合伙人对入伙前合伙企业的债务承担无限连带责任。

第五十三条 退伙人对基于其退伙前的原因发生的合伙企业债务，承担无限连带责任。

精 解

1. 新人入伙意味着原来合伙协议的变更，当然需要经全体合伙人一致同意，并修改合伙协议(《合伙企业法》第43条)。

2. 如果因为有人转让份额而引入新人入伙，那么出局者与入局者都要对此事件前已经发生的合伙企业债务承担连带责任(《合伙企业法》第44、53条)。此处最难理解。

重点法条 12 退伙的事由;违法退伙的法律责任

第四十五条 合伙协议约定合伙期限的，在合伙企业存续期间，有下列情形之一的，合伙人可以退伙：

(一)合伙协议约定的退伙事由出现；

(二)经全体合伙人一致同意；

(三)发生合伙人难以继续参加合伙的事由；

(四)其他合伙人严重违反合伙协议约定的义务。

第四十六条 合伙协议未约定合伙期限的，合伙人在不给合伙企业事务执行造成不利影响的情况下，可以退伙，但应当提前30日通知其他合伙人。

第四十七条 合伙人违反本法第45条、第46条的规定退伙的，应当赔偿由此给合伙企业造成的损失。

第四十八条 合伙人有下列情形之一的，当然退伙：

(一)作为合伙人的自然人死亡或者被依法宣告死亡；

(二)个人丧失偿债能力；

(三)作为合伙人的法人或者其他组织依法被吊销营业执照、责令关闭、撤销，或者被宣告破产；

(四)法律规定或者合伙协议约定合伙人必须具有相关资格而丧失该资格；

(五)合伙人在合伙企业中的全部财产份额被人民法院强制执行。

合伙人被依法认定为无民事行为能力人或者限制民事行为能力人的，经其他合伙人一致同意，可以依法转为有限合伙人，普通合伙企业依法转为有限合伙企业。其他合伙人未能一致同意的，该无民事行为能力或者限制民事行为能力的合伙人退伙。

退伙事由实际发生之日为退伙生效日。

第四十九条 合伙人有下列情形之一的，经其他合伙人一致同意，可以决议将其除名：

(一)未履行出资义务；

(二)因故意或者重大过失给合伙企业造成损失；

(三)执行合伙事务时有不正当行为；

(四)发生合伙协议约定的事由。

对合伙人的除名决议应当书面通知被除名人。被除名人接到除名通知之日，除名生效，被除名人退伙。

被除名人对除名决议有异议的，可以自接到除名通知之日起30日内，向人民法院起诉。

【相关法条】《合伙企业法》

第78条 有限合伙人有本法第48条第1款第1项、第3项至第5项所列情形之一的，当然退伙。

精 解

1. 本法有关退伙情形的规定十分复杂，共规定了4大类情形：

(1)第45条：约定有经营期限的法定退伙情形；

(2)第46条：未约定经营期限的法定退伙条件；

(3)第48条：当然退伙情形；

(4)第49条：开除出伙情形。

以上规定并无什么法理可言，多属记忆性内容，考生尽量识记并注意不要互相混淆。重点识记本法第45、48条的内容。

2. 依照本法第48条第2款的规定，合伙人被依法认定为无民事行为能力人或者限制民事行为能力人的，并不当然退伙，这是与旧法区别的地方。

3. 注意有关退伙生效日的规定(《合伙企业法》第48条第3款、第49条第2款)。

4. 依照第47条的规定，唯有在违反第45～46条的情形下，退伙人要承担损害赔偿责任。

重点法条 13 合伙财产份额的继承

第五十条 合伙人死亡或者被依法宣告死亡的，对该合伙人在合伙企业中的财产份额享有合法继承权的继承人，按照合伙协议的约定或者经全体合伙人一致同意，从继承开始之日起，取得该合伙企业的合伙人资格。

有下列情形之一的，合伙企业应当向合伙人的继承人退还被继承合伙人的财产份额：

(一)继承人不愿意成为合伙人；

(二)法律规定或者合伙协议约定合伙人必须具有相关资格，而该继承人未取得该资格；

（三）合伙协议约定不能成为合伙人的其他情形。

合伙人的继承人为无民事行为能力人或者限制民事行为能力人的，经全体合伙人一致同意，可以依法成为有限合伙人，普通合伙企业依法转为有限合伙企业。全体合伙人未能一致同意的，合伙企业应当将被继承合伙人的财产份额退还该继承人。

【相关法条】《合伙企业法》

第 52 条 退伙人在合伙企业中财产份额的退还办法，由合伙协议约定或者由全体合伙人决定，可以退还货币，也可以退还实物。

重点法条 14 特殊的普通合伙企业的设立；合伙人的责任承担

第五十五条 以专业知识和专门技能为客户提供有偿服务的专业服务机构，可以设立为特殊的普通合伙企业。

特殊的普通合伙企业是指合伙人依照本法第 57 条的规定承担责任的普通合伙企业。

特殊的普通合伙企业适用本节规定；本节未作规定的，适用本章第 1 节至第 5 节的规定。

第五十七条 一个合伙人或者数个合伙人在执业活动中因故意或者重大过失造成合伙企业债务的，应当承担无限责任或者无限连带责任，其他合伙人以其在合伙企业中的财产份额为限承担责任。

合伙人在执业活动中非因故意或者重大过失造成的合伙企业债务以及合伙企业的其他债务，由全体合伙人承担无限连带责任。

第五十八条 合伙人执业活动中因故意或者重大过失造成的合伙企业债务，以合伙企业财产对外承担责任后，该合伙人应当按照合伙协议的约定对给合伙企业造成的损失承担赔偿责任。

重点法条 15 合伙人的人数及要求；有限合伙企业的登记事项和形式转化

第六十一条 有限合伙企业由 2 个以上 50 个以下合伙人设立；但是，法律另有规定的除外。

有限合伙企业至少应当有 1 个普通合伙人。

第六十六条 有限合伙企业登记事项中应当载明有限合伙人的姓名或者名称及认缴的出资数额。

第七十五条 有限合伙企业仅剩有限合伙人的，应当解散；有限合伙企业仅剩普通合伙人的，转为普通合伙企业。

重点法条 16 有限合伙人的出资、利润分配；新合伙人的债务承担

第六十四条 有限合伙人可以用货币、实物、知识产权、土地使用权或者其他财产权利作价出资。

有限合伙人不得以劳务出资。

第六十五条 有限合伙人应当按照合伙协议的约定按期足额缴纳出资；未按期足额缴纳的，应当承担补缴义务，并对其他合伙人承担违约责任。

第六十九条 有限合伙企业不得将全部利润分配给部分合伙人；但是，合伙协议另有约定的除外。

第七十七条 新入伙的有限合伙人对入伙前有限合伙企业的债务，以其认缴的出资额为限承担责任。

【相关法条】《合伙企业法》

第 16 条第 3 款 合伙人以劳务出资的，其评估办法由全体合伙人协商确定，并在合伙协议中载明。

第 33 条第 2 款 合伙协议不得约定将全部利润分配给部分合伙人或者由部分合伙人承担全部亏损。

第 44 条第 2 款 新合伙人对入伙前合伙企业的债务承担无限连带责任。

重点法条 17 有限合伙企业合伙事务的执行；表见普通合伙

第六十七条 有限合伙企业由普通合伙人执行合伙事务。执行事务合伙人可以要求在合伙协议中确定执行事务的报酬及报酬提取方式。

第六十八条 有限合伙人不执行合伙事务，不得对外代表有限合伙企业。

有限合伙人的下列行为，不视为执行合伙事务：

（一）参与决定普通合伙人入伙、退伙；

（二）对企业的经营管理提出建议；

（三）参与选择承办有限合伙企业审计业务的会计师事务所；

（四）获取经审计的有限合伙企业财务会计报告；

（五）对涉及自身利益的情况，查阅有限合伙企业财务会计账簿等财务资料；

（六）在有限合伙企业中的利益受到侵害时，向有责任的合伙人主张权利或者提起诉讼；

（七）执行事务合伙人怠于行使权利时，督促其

行使权利或者为了本企业的利益以自己的名义提起诉讼；

（八）依法为本企业提供担保。

第七十六条 第三人有理由相信有限合伙人为普通合伙人并与其交易的，该有限合伙人对该笔交易承担与普通合伙人同样的责任。

有限合伙人未经授权以有限合伙企业名义与他人进行交易，给有限合伙企业或者其他合伙人造成损失的，该有限合伙人应当承担赔偿责任。

【相关法条】《民法典》

第504条 法人的法定代表人或者非法人组织的负责人超越权限订立的合同，除相对人知道或者应当知道其超越权限外，该代表行为有效，订立的合同对法人或者非法人组织发生效力。

精 解

1. 在合伙事务执行上，有限合伙人所受到的限制是：不得执行合伙事务，不得对外代表有限合伙企业。这样，只能由普通合伙人执行合伙事务。

2. 了解本法第68条第2款所规定的不视为有限合伙人执行合伙事务的情形。

3. 本部分难点在于本法第76条规定的表见代表制度，即在交易中，若有限合伙人表明了自己的合伙人身份，但并未明确表明有限合伙人身份的，相对人有理由相信其为普通合伙人并与其交易的，该有限合伙人所做出的代表行为有效。

重点法条 18 有限合伙人行为能力的丧失、资格的继受、退伙时的责任

第七十九条 作为有限合伙人的自然人在有限合伙企业存续期间丧失民事行为能力的，其他合伙人不得因此要求其退伙。

第八十条 作为有限合伙人的自然人死亡、被依法宣告死亡或者作为有限合伙人的法人及其他组织终止时，其继承人或者权利承受人可以依法取得该有限合伙人在有限合伙企业中的资格。

第八十一条 有限合伙人退伙后，对基于其退伙前的原因发生的有限合伙企业债务，以其退伙时从有限合伙企业中取回的财产承担责任。

【相关法条】《合伙企业法》

第48条第2款 合伙人被依法认定为无民事行为能力人或者限制民事行为能力人的，经其他合伙人一致同意，可以依法转为有限合伙人，普通合伙企业依法转为有限合伙企业。其他合伙人未能一致同意的，该无民事行为能力或者限制民事行为能力的合伙人退伙。

第50条 合伙人死亡或者被依法宣告死亡的，对该合伙人在合伙企业中的财产份额享有合法继承权的继承人，按照合伙协议的约定或者经全体合伙人一致同意，从继承开始之日起，取得该合伙企业的合伙人资格。

有下列情形之一的，合伙企业应当向合伙人的继承人退还被继承合伙人的财产份额：

（一）继承人不愿意成为合伙人；

（二）法律规定或者合伙协议约定合伙人必须具有相关资格，而该继承人未取得该资格；

（三）合伙协议约定不能成为合伙人的其他情形。

合伙人的继承人为无民事行为能力人或者限制民事行为能力人的，经全体合伙人一致同意，可以依法成为有限合伙人，普通合伙企业依法转为有限合伙企业。全体合伙人未能一致同意的，合伙企业应当将被继承合伙人的财产份额退还该继承人。

第53条 退伙人对基于退伙前的原因发生的合伙企业的债务，承担无限连带责任。

精 解

关于有限合伙人的退伙问题，上述条文规定了3个特殊之处（不同于普通合伙人）：

1. 丧失民事行为能力的有限合伙人不因此而退伙（作为对照，见《合伙企业法》第48条第2款）。

2. 有限合伙人的财产份额当然可以继承（自然人）或者承继（法人、其他组织）（作为对照，见《合伙企业法》第50条）。

3. 有限合伙人退伙后，对基于其退伙前的原因发生的债务以其退伙时取回的财产为限承担有限责任（作为对照，见《合伙企业法》第53条）。

重点法条 19 合伙类型的转变

第八十二条 除合伙协议另有约定外，普通合伙人转变为有限合伙人，或者有限合伙人转变为普通合伙人，应当经全体合伙人一致同意。

第八十三条 有限合伙人转变为普通合伙人的，对其作为有限合伙人期间有限合伙企业发生的债务承担无限连带责任。

第八十四条 普通合伙人转变为有限合伙人的，

对其作为普通合伙人期间合伙企业发生的债务承担无限连带责任。

重点法条 20　合伙企业的解散;清算程序

第八十五条　合伙企业有下列情形之一的,应当解散:

(一)合伙期限届满,合伙人决定不再经营;

(二)合伙协议约定的解散事由出现;

(三)全体合伙人决定解散;

(四)合伙人已不具备法定人数满 30 天;

(五)合伙协议约定的合伙目的已经实现或者无法实现;

(六)依法被吊销营业执照、责令关闭或者被撤销;

(七)法律、行政法规规定的其他原因。

第八十六条　合伙企业解散,应当由清算人进行清算。

清算人由全体合伙人担任;经全体合伙人过半数同意,可以自合伙企业解散事由出现后 15 日内指定一个或者数个合伙人,或者委托第三人,担任清算人。

自合伙企业解散事由出现之日起 15 日内未确定清算人的,合伙人或者其他利害关系人可以申请人民法院指定清算人。

第八十九条　合伙企业财产在支付清算费用和职工工资、社会保险费用、法定补偿金以及缴纳所欠税款、清偿债务后的剩余财产,依照本法第 33 条第 1 款的规定进行分配。

第一百条　清算人未依照本法规定向企业登记机关报送清算报告,或者报送清算报告隐瞒重要事实,或者有重大遗漏的,由企业登记机关责令改正。由此产生的费用和损失,由清算人承担和赔偿。

第一百零一条　清算人执行清算事务,牟取非法收入或者侵占合伙企业财产的,应当将该收入和侵占的财产退还合伙企业;给合伙企业或者其他合伙人造成损失的,依法承担赔偿责任。

第一百零二条　清算人违反本法规定,隐匿、转移合伙企业财产,对资产负债表或者财产清单作虚假记载,或者在未清偿债务前分配财产,损害债权人利益的,依法承担赔偿责任。

精　解

1. 掌握本法第 85 条规定的 7 种解散情形,尤其是第 4 项。“合伙人已不具备法定人数满 30 天时”,这种情形下合伙企业应当解散。

2. 本法第 86 条规定了担任清算人的 4 种模式:

(1)全体合伙人担任;

(2)经全体合伙人过半数同意,指定 1 名或数名合伙人担任;

(3)经全体合伙人过半数同意,委托第 3 人担任;

(4)申请人民法院指定。

3. 清算财产的清偿顺序(本法第 89 条)。

4. 清算人对合伙企业、合伙人、合伙企业债权人 3 个主体的法定赔偿责任(第 100 ~ 102 条)。

重点法条 21　注销、宣告破产后原普通合伙人的责任

第九十一条　合伙企业注销后,原普通合伙人对合伙企业存续期间的债务仍应承担无限连带责任。

第九十二条　合伙企业不能清偿到期债务的,债权人可以依法向人民法院提出破产清算申请,也可以要求普通合伙人清偿。

合伙企业依法被宣告破产的,普通合伙人对合伙企业债务仍应承担无限连带责任。

【相关法条】《企业破产法》

第 135 条　其他法律规定企业法人以外的组织的清算,属于破产清算的,参照适用本法规定的程序。

精　解

1. 合伙企业消灭后,普通合伙人对合伙企业存续期间的债务仍应承担无限连带责任,且该责任不存在除斥期间。

2. 合伙企业也存在破产问题。合伙企业被宣告破产的,普通合伙人对合伙企业债务仍应承担无限连带责任。

企业破产法

【导读】 该法在法考中考查的分值为2分左右，考点也比较集中，归纳如下：(1)债务人财产(《企业破产法》第30条)、破产财产(《企业破产法》第107条)，二者并无实质区别，只是对应的时间段不同。常考的方式是给出几个选项，让考生判断哪些属于债务人财产，只要根据相关法条进行复习，熟悉掌握了就可以应对考试。(2)破产债权：人民法院受理破产申请时对债务人享有的债权称为破产债权(《企业破产法》第107条)。常考的方式也是给出几个选项，让考生判断哪些属于破产债权，只要根据法条掌握即可。(3)破产管理人制度(第三章)。应当注意管理人对法人负责，法院决定管理人的报酬，债权人会议和债权人委员会有权监督管理人；如果债权人会议认为管理人不能胜任其职务时，有权申请人民法院更换，但不能擅自更换。(4)重整程序和和解程序也是一个重点，二者的区别在于各个破产程序申请人不同，以及重整程序申请条件的不同(第八、九章)。重整程序的申请人为债务人、债权人、出资额占债务人注册准备1/10以上的出资人。和解程序的申请人为债务人。本法稍有难度，但鉴于常考点比较集中，并且常考的部分并不难，只要掌握这些即可应付考试。考生应重点注意破产法司法解释对债务人财产做了详细的界定，对破产程序、期间的起算等内容的规定更具可操作性。

本部分内容结合《公司法》、《民法典》及最高人民法院《关于适用〈中华人民共和国企业破产法〉若干问题的规定(二)》(以下简称《企业破产法解释二》)中的相关条文一同掌握。

重点法条 1 本法的适用范围；破产案件管辖及法律适用

第二条 企业法人不能清偿到期债务，并且资产不足以清偿全部债务或者明显缺乏清偿能力的，依照本法规定清理债务。

企业法人有前款规定情形，或者有明显丧失清偿能力可能的，可以依照本法规定进行重整。

第三条 破产案件由债务人住所地人民法院管辖。

第四条 破产案件审理程序，本法没有规定的，适用民事诉讼法的有关规定。

第五条 依照本法开始的破产程序，对债务人在中华人民共和国领域外的财产发生效力。

对外国法院作出的发生法律效力的破产案件的判决、裁定，涉及债务人在中华人民共和国领域内的财产，申请或者请求人民法院承认和执行的，人民法院依照中华人民共和国缔结或者参加的国际条约，或者按照互惠原则进行审查，认为不违反中华人民共和国法律的基本原则，不损害国家主权、安全和社会公共利益，不损害中华人民共和国领域内债权人的合法权益的，裁定承认和执行。

第六条 人民法院审理破产案件，应当依法保障企业职工的合法权益，依法追究破产企业经营管理人员的法律责任。

【相关法条】《企业破产法》

第134条 商业银行、证券公司、保险公司等金融机构有本法第2条规定情形的，国务院金融监督管理机构可以向人民法院提出对该金融机构进行重整或者破产清算的申请。国务院金融监督管理机构依法对出现重大经营风险的金融机构采取接管、托管等措施的，可以向人民法院申请中止以该金融机构为被告或者被执行人的民事诉讼程序或者执行程序。

金融机构实施破产的，国务院可以依据本法和其他有关法律的规定制定实施办法。

第135条 其他法律规定企业法人以外的组织的清算，属于破产清算的，参照适用本法规定的程序。

重点法条 2 破产申请与撤回

第七条 债务人有第2条规定的情形，可以向人民法院提出重整、和解或者破产清算申请。

债务人不能清偿到期债务，债权人可以向人民法院提出对债务人进行重整或者破产清算的申请。

企业法人已解散但未清算或者未清算完毕，资产不足以清偿债务的，依法负有清算责任的人应当向人民法院申请破产清算。

第九条 人民法院受理破产申请前，申请人可以请求撤回申请。

精 解

1. 债务人可以提出重整、和解或者破产清算的申请;债权人可以提出重整、破产清算的申请;清算人在特定情形下也可以向法院提出破产清算的申请:企业法人已解散但未清算或者未清算完毕,资产不足以清偿债务的。

2. 重整、和解或者破产清算的申请均向人民法院提出。

重点法条 3 破产申请的受理

第十条 债权人提出破产申请的,人民法院应当自收到申请之日起5日内通知债务人。债务人对申请有异议的,应当自收到人民法院的通知之日起7日内向人民法院提出。人民法院应当自异议期满之日起10日内裁定是否受理。

除前款规定的情形外,人民法院应当自收到破产申请之日起15日内裁定是否受理。

有特殊情况需要延长前2款规定的裁定受理期限的,经上一级人民法院批准,可以延长15日。

第十一条 人民法院受理破产申请的,应当自裁定作出之日起5日内送达申请人。

债权人提出申请的,人民法院应当自裁定作出之日起5日内送达债务人。债务人应当自裁定送达之日起15日内,向人民法院提交财产状况说明、债务清册、债权清册、有关财务会计报告以及职工工资的支付和社会保险费用的缴纳情况。

第十二条 人民法院裁定不受理破产申请的,应当自裁定作出之日起5日内送达申请人并说明理由。申请人对裁定不服的,可以自裁定送达之日起10日内向上一级人民法院提起上诉。

第十四条第一款 人民法院应当自裁定受理破产申请之日起25日内通知已知债权人,并予以公告。

第十六条 人民法院受理破产申请后,债务人对个别债权人的债务清偿无效。

第十七条 人民法院受理破产申请后,债务人的债务人或者财产持有人应当向管理人清偿债务或者交付财产。

债务人的债务人或者财产持有人故意违反前款规定向债务人清偿债务或者交付财产,使债权人受到损失的,不免除其清偿债务或者交付财产的义务。

重点法条 4 指定管理人;管理人的组成、权利、义务及辞职

第十三条 人民法院裁定受理破产申请的,应当同时指定管理人。

第二十二条 管理人由人民法院指定。

债权人会议认为管理人不能依法、公正执行职务或者有其他不能胜任职务情形的,可以申请人民法院予以更换。

指定管理人和确定管理人报酬的办法,由最高人民法院规定。

第二十三条 管理人依照本法规定执行职务,向人民法院报告工作,并接受债权人会议和债权人委员会的监督。

管理人应当列席债权人会议,向债权人会议报告职务执行情况,并回答询问。

第二十四条第一、三、四款 管理人可以由有关部门、机构的人员组成的清算组或者依法设立的律师事务所、会计师事务所、破产清算事务所等社会中介机构担任。

有下列情形之一的,不得担任管理人:

(一)因故意犯罪受过刑事处罚;

(二)曾被吊销相关专业执业证书;

(三)与本案有利害关系;

(四)人民法院认为不宜担任管理人的其他情形。

个人担任管理人的,应当参加执业责任保险。

第二十九条 管理人没有正当理由不得辞去职务。管理人辞去职务应当经人民法院许可。

【相关法条】《企业破产法》

第18条 人民法院受理破产申请后,管理人对破产申请受理前成立而债务人和对方当事人均未履行完毕的合同有权决定解除或者继续履行,并通知对方当事人。管理人自破产申请受理之日起2个月内未通知对方当事人,或者自收到对方当事人催告之日起30日内未答复的,视为解除合同。

管理人决定继续履行合同的,对方当事人应当履行;但是,对方当事人有权要求管理人提供担保。管理人不提供担保的,视为解除合同。

第19条 人民法院受理破产申请后,有关债务人财产的保全措施应当解除,执行程序应当中止。

第20条 人民法院受理破产申请后,已经开始而尚未终结的有关债务人的民事诉讼或者仲裁应当中止;在管理人接管债务人的财产后,该诉讼或者仲

裁继续进行。

第 21 条 人民法院受理破产申请后，有关债务人的民事诉讼，只能向受理破产申请的人民法院提起。

第 69 条 管理人实施下列行为，应当及时报告债权人委员会：

（一）涉及土地、房屋等不动产权益的转让；

（二）探矿权、采矿权、知识产权等财产权的转让；

（三）全部库存或者营业的转让；

（四）借款；

（五）设定财产担保；

（六）债权和有价证券的转让；

（七）履行债务人和对方当事人均未履行完毕的合同；

（八）放弃权利；

（九）担保物的取回；

（十）对债权人利益有重大影响的其他财产处分行为。

未设立债权人委员会的，管理人实施前款规定的行为应当及时报告人民法院。

重点法条 5 管理人的职责

第二十五条 管理人履行下列职责：

（一）接管债务人的财产、印章和账簿、文书等资料；

（二）调查债务人财产状况，制作财产状况报告；

（三）决定债务人的内部管理事务；

（四）决定债务人的日常开支和其他必要开支；

（五）在第一次债权人会议召开之前，决定继续或者停止债务人的营业；

（六）管理和处分债务人的财产；

（七）代表债务人参加诉讼、仲裁或者其他法律程序；

（八）提议召开债权人会议；

（九）人民法院认为管理人应当履行的其他职责。

本法对管理人的职责另有规定的，适用其规定。

第二十七条 管理人应当勤勉尽责，忠实执行职务。

第一百三十条 管理人未依照本法规定勤勉尽责，忠实执行职务的，人民法院可以依法处以罚款；给债权人、债务人或者第三人造成损失的，依法承担赔偿责任。

【相关法条】《企业破产法》

第 28 条 管理人经人民法院许可，可以聘用必要的工作人员。

管理人的报酬由人民法院确定。债权人会议对管理人的报酬有异议的，有权向人民法院提出。

重点法条 6 债务人财产；可撤销行为和无效行为；管理人的追回权

第三十条 破产申请受理时属于债务人的全部财产，以及破产申请受理后至破产程序终结前债务人取得的财产，为债务人财产。

第三十一条 人民法院受理破产申请前 1 年内，涉及债务人财产的下列行为，管理人有权请求人民法院予以撤销：

（一）无偿转让财产的；

（二）以明显不合理的价格进行交易的；

（三）对没有财产担保的债务提供财产担保的；

（四）对未到期的债务提前清偿的；

（五）放弃债权的。

第三十二条 人民法院受理破产申请前 6 个月内，债务人有本法第 2 条第 1 款规定的情形，仍对个别债权人进行清偿的，管理人有权请求人民法院予以撤销。但是，个别清偿使债务人财产受益的除外。

第三十三条 涉及债务人财产的下列行为无效：

（一）为逃避债务而隐匿、转移财产的；

（二）虚构债务或者承认不真实的债务的。

第三十四条 因本法第 31 条、第 32 条或者第 33 条规定的行为而取得的债务人的财产，管理人有权追回。

【相关法条】《民法典》

第 538 条 债务人以放弃其债权、放弃债权担保、无偿转让财产等方式无偿处分财产权益，或者恶意延长其到期债权的履行期限，影响债权人的债权实现的，债权人可以请求人民法院撤销债务人的行为。

第 539 条 债务人以明显不合理的低价转让财产、以明显不合理的高价受让他人财产或者为他人的债务提供担保，影响债权人的债权实现，债务人的相对人知道或者应当知道该情形的，债权人可以请求人民法院撤销债务人的行为。

第 540 条 撤销权的行使范围以债权人的债权为限。债权人行使撤销权的必要费用，由债务人负担。

《企业破产法》

第128条 债务人有本法第31条、第32条、第33条规定的行为,损害债权人利益的,债务人的法定代表人和其他直接责任人员依法承担赔偿责任。

《企业破产法解释二》(2020年12月23日修正)

第9条 管理人依据企业破产法第31条和第32条的规定提起诉讼,请求撤销涉及债务人财产的相关行为并由相对人返还债务人财产的,人民法院应予支持。

管理人因过错未依法行使撤销权导致债务人财产不当减损,债权人提起诉讼主张管理人对其损失承担相应赔偿责任的,人民法院应予支持。

第10条 债务人经过行政清理程序转入破产程序的,企业破产法第31条和第32条规定的可撤销行为的起算点,为行政监管机构作出撤销决定之日。

债务人经过强制清算程序转入破产程序的,企业破产法第31条和第32条规定的可撤销行为的起算点,为人民法院裁定受理强制清算申请之日。

第15条 债务人经诉讼、仲裁、执行程序对债权人进行的个别清偿,管理人依据企业破产法第32条的规定请求撤销的,人民法院不予支持。但是,债务人与债权人恶意串通损害其他债权人利益的除外。

第16条 债务人对债权人进行的以下个别清偿,管理人依据企业破产法第32条的规定请求撤销的,人民法院不予支持:

(一)债务人为维系基本生产需要而支付水费、电费等的;

(二)债务人支付劳动报酬、人身损害赔偿金的;

(三)使债务人财产受益的其他个别清偿。

精 解

1.破产财产在破产清算中对保护债权人利益的重要性是不言而喻的。要搞清破产财产的范围,首先要确定债务人财产的范围,因为破产财产属于债务人财产的一部分。本法第30条规定了债务人财产的范围,由两部分构成:(1)破产申请受理时属于债务人的全部财产;(2)破产申请受理后至破产程序终结前债务人取得的财产。

2.本法第31、32条是对《民法典》规定的债权人撤销权在破产清算场合下的具体应用。对这2个条文规定的不同的期间要求,一定切记。

3.本法第33条规定的恶意侵害债权人利益的2个行为,属于自始无效的行为,以区别于被撤销的行为。

4.本法第34条规定的管理人取回权适用于本法第31~33条规定的所有情形。

5.本法第128条规定的个人民事赔偿责任在我国的民商事立法上很罕见。

重点法条 7 补足出资;追回权;取回权

第三十五条 人民法院受理破产申请后,债务人的出资人尚未完全履行出资义务的,管理人应当要求该出资人缴纳所认缴的出资,而不受出资期限的限制。

第三十六条 债务人的董事、监事和高级管理人员利用职权从企业获取的非正常收入和侵占的企业财产,管理人应当追回。

第三十七条 人民法院受理破产申请后,管理人可以通过清偿债务或者提供为债权人接受的担保,取回质物、留置物。

前款规定的债务清偿或者替代担保,在质物或者留置物的价值低于被担保的债权额时,以该质物或者留置物当时的市场价值为限。

第三十八条 人民法院受理破产申请后,债务人占有的不属于债务人的财产,该财产的权利人可以通过管理人取回。但是,本法另有规定的除外。

第三十九条 人民法院受理破产申请时,出卖人已将买卖标的物向作为买受人的债务人发运,债务人尚未收到且未付清全部价款的,出卖人可以取回在运途中的标的物。但是,管理人可以支付全部价款,请求出卖人交付标的物。

【相关法条】 《企业破产法解释二》

第26条 权利人依据企业破产法第38条的规定行使取回权,应当在破产财产变价方案或者和解协议、重整计划草案提交债权人会议表决前向管理人提出。权利人在上述期限后主张取回相关财产的,应当承担延迟行使取回权增加的相关费用。

第27条 权利人依据企业破产法第38条的规定向管理人主张取回相关财产,管理人不予认可,权利人以债务人为被告向人民法院提起诉讼请求行使取回权的,人民法院应予受理。

权利人依据人民法院或者仲裁机关的相关生效法律文书向管理人主张取回所涉争议财产,管理人以生效法律文书错误为由拒绝其行使取回权的,人民法院不予支持。

第39条 出卖人依据企业破产法第39条的规

定，通过通知承运人或者实际占有人中止运输、返还货物、变更到达地，或者将货物交给其他收货人等方式，对在运途中标的物主张了取回权但未能实现，或者在货物未达管理人前已向管理人主张取回在运途中标的物，在买卖标的物到达管理人后，出卖人向管理人主张取回的，管理人应予准许。

出卖人对在运途中标的物未及时行使取回权，在买卖标的物到达管理人后向管理人行使在运途中标的物取回权的，管理人不应准许。

【例题】 2021年1月，甲公司向乙公司借款500万元，为担保乙公司债权的实现，甲公司将其持有的价值500万元的玉石质押给乙公司。2021年10月，甲公司破产申请被法院受理，丙律师事务所担任管理人。在乙公司申报债权之前，丙律所决定向乙公司清偿债务并取回玉石加工后出售获利。此时，玉石市场价格下降到300万元。下列说法正确的有哪些？(2022年多选题)

A. 管理人需要追加200万元作为担保措施

B. 管理人决定取回玉石，应当经法院许可

C. 管理人支付300万元，即可取回玉石

D. 玉石不能覆盖的部分乙公司只能作为普通债权申报

参考答案：________①

重点法条 8 债权人的抵销权

第四十条 债权人在破产申请受理前对债务人负有债务的，可以向管理人主张抵销。但是，有下列情形之一的，不得抵销：

（一）债务人的债务人在破产申请受理后取得他人对债务人的债权的；

（二）债权人已知债务人有不能清偿到期债务或者破产申请的事实，对债务人负担债务的；但是，债权人因为法律规定或者有破产申请1年前所发生的原因而负担债务的除外；

（三）债务人的债务人已知债务人有不能清偿到期债务或者破产申请的事实，对债务人取得债权的；但是，债务人的债务人因为法律规定或者有破产申请1年前所发生的原因而取得债权的除外。

【相关法条】《民法典》

第568条 当事人互负债务，该债务的标的物种类、品质相同的，任何一方可以将自己的债务与对方的到期债务抵销；但是，根据债务性质、按照当事人约定或者依照法律规定不得抵销的除外。

当事人主张抵销的，应当通知对方。通知自到达对方时生效。抵销不得附条件或者附期限。

《企业破产法解释二》

第45条 企业破产法第40条所列不得抵销情形的债权人，主张以其对债务人特定财产享有优先受偿权的债权，与债务人对其不享有优先受偿权的债权抵销，债务人管理人以抵销存在企业破产法第40条规定的情形提出异议的，人民法院不予支持。但是，用以抵销的债权大于债权人享有优先受偿权财产价值的除外。

精 解

1. 即使符合了《民法典》第568条规定的单方抵销权，债权人在存在《企业破产法》第40条规定的情形下仍然不得向管理人主张抵销。

2. 本部分难点在于本法第40条第2、3项，其精确的含义是：在破产申请前1年内，债务人的债权人、债务人的债务人明知债务人有不能清偿到期债务或者破产申请的事实，还负担债务或者取得债权的，不得再主张抵销权。

重点法条 9 破产费用和共益债务

第四十一条 人民法院受理破产申请后发生的下列费用，为破产费用：

（一）破产案件的诉讼费用；

（二）管理、变价和分配债务人财产的费用；

（三）管理人执行职务的费用、报酬和聘用工作人员的费用。

第四十二条 人民法院受理破产申请后发生的下列债务，为共益债务：

（一）因管理人或者债务人请求对方当事人履行双方均未履行完毕的合同所产生的债务；

（二）债务人财产受无因管理所产生的债务；

（三）因债务人不当得利所产生的债务；

（四）为债务人继续营业而应支付的劳动报酬和社会保险费用以及由此产生的其他债务；

（五）管理人或者相关人员执行职务致人损害所

① CD

产生的债务；

（六）债务人财产致人损害所产生的债务。

第四十三条 破产费用和共益债务由债务人财产随时清偿。

债务人财产不足以清偿所有破产费用和共益债务的，先行清偿破产费用。

债务人财产不足以清偿所有破产费用或者共益债务的，按照比例清偿。

债务人财产不足以清偿破产费用的，管理人应当提请人民法院终结破产程序。人民法院应当自收到请求之日起15日内裁定终结破产程序，并予以公告。

精 解

1. 破产费用，是指法院受理破产案件后，为进行破产程序以及对债务人财产的管理、变价与分配而必须支付的、由债务人财产优先拨付的费用。

2. 共益债务，是指破产申请受理后，管理人为了全体债权人之共同利益，而在管理债务人财产时所负担、所产生的债务，以及因债务人财产而产生的相关债务。

3. 在确定了债务人财产以后，还要扣除破产费用与清偿完共益债务，才能进行破产清算。所以，正确确定破产费用与共益债务的范围很重要。

（1）准确记忆本法第41条规定的3项破产费用。

（2）准确记忆本法第42条规定的6项共益债务。

（3）重点掌握本法第43条规定的破产费用与共益债务的关系：破产费用的清偿优先于共益债务。

4. 债务人财产与破产费用在数量上的联系：债务人财产不足以清偿破产费用的，应当终结破产程序。

重点法条 10 债权申报

第四十五条 人民法院受理破产申请后，应当确定债权人申报债权的期限。债权申报期限自人民法院发布受理破产申请公告之日起计算，最短不得少于30日，最长不得超过3个月。

第四十六条 未到期的债权，在破产申请受理时视为到期。

附利息的债权自破产申请受理时起停止计息。

第四十七条 附条件、附期限的债权和诉讼、仲裁未决的债权，债权人可以申报。

第四十八条 债权人应当在人民法院确定的债权申报期限内向管理人申报债权。

债务人所欠职工的工资和医疗、伤残补助、抚恤费用，所欠的应当划入职工个人账户的基本养老保险、基本医疗保险费用，以及法律、行政法规规定应当支付给职工的补偿金，不必申报，由管理人调查后列出清单并予以公示。职工对清单记载有异议的，可以要求管理人更正；管理人不予更正的，职工可以向人民法院提起诉讼。

第五十六条 在人民法院确定的债权申报期限内，债权人未申报债权的，可以在破产财产最后分配前补充申报；但是，此前已进行的分配，不再对其补充分配。为审查和确认补充申报债权的费用，由补充申报人承担。

债权人未依照本法规定申报债权的，不得依照本法规定的程序行使权利。

重点法条 11 特殊债权的申报

第五十条 连带债权人可以由其中1人代表全体连带债权人申报债权，也可以共同申报债权。

第五十一条 债务人的保证人或者其他连带债务人已经代替债务人清偿债务的，以其对债务人的求偿权申报债权。

债务人的保证人或者其他连带债务人尚未代替债务人清偿债务的，以其对债务人的将来求偿权申报债权。但是，债权人已经向管理人申报全部债权的除外。

【相关法条】《企业破产法》

第52条 连带债务人数人被裁定适用本法规定的程序的，其债权人有权就全部债权分别在各破产案件中申报债权。

第53条 管理人或者债务人依照本法规定解除合同的，对方当事人以因合同解除所产生的损害赔偿请求权申报债权。

第54条 债务人是委托合同的委托人，被裁定适用本法规定的程序，受托人不知该事实，继续处理委托事务的，受托人以由此产生的请求权申报债权。

第55条 债务人是票据的出票人，被裁定适用本法规定的程序，该票据的付款人继续付款或者承兑的，付款人以由此产生的请求权申报债权。

重点法条 12 债权人会议的召开、通过、撤销及效力

第六十二条 第一次债权人会议由人民法院召集，自债权申报期限届满之日起15日内召开。

以后的债权人会议，在人民法院认为必要时，或

者管理人、债权人委员会、占债权总额1/4以上的债权人向债权人会议主席提议时召开。

第六十四条 债权人会议的决议,由出席会议的有表决权的债权人过半数通过,并且其所代表的债权额占无财产担保债权总额的1/2以上。但是,本法另有规定的除外。

债权人认为债权人会议的决议违反法律规定,损害其利益的,可以自债权人会议作出决议之日起15日内,请求人民法院裁定撤销该决议,责令债权人会议依法重新作出决议。

债权人会议的决议,对于全体债权人均有约束力。

精 解

1. 第一次债权人会议的召集主体:人民法院。

2. 有权提议召开债权人会议的主体:人民法院、管理人、债权人委员会、占债权总额1/4以上的债权人。

3. 债权人会议的决议通过的最低表决权数:由出席会议的有表决权的债权人过半数通过,并且其所代表的债权额占无财产担保债权总额的1/2以上。

4. 债权人会议的决议对哪些主体有约束力:对全体债权人。

5. 本法第64条第1款规定的2项数据,前者按人头计算,后者按份额计算。本法第64条第2款规定的可撤销之诉很重要。

重点法条 13 申请重整、重整期间

第七十条 债务人或者债权人可以依照本法规定,直接向人民法院申请对债务人进行重整。

债权人申请对债务人进行破产清算的,在人民法院受理破产申请后、宣告债务人破产前,债务人或者出资额占债务人注册资本1/10以上的出资人,可以向人民法院申请重整。

第七十二条 自人民法院裁定债务人重整之日起至重整程序终止,为重整期间。

【相关法条】《企业破产法》

第71条 人民法院经审查认为重整申请符合本法规定的,应当裁定债务人重整,并予以公告。

精 解

1. 哪些人可以在哪些时段向法院申请重整:

(1)主体:债务人或者债权人。

(2)债权人申请对债务人进行破产清算时,在人民法院受理破产申请后、宣告债务人破产前,债务人或者出资额占债务人注册资本1/10以上的出资人,可以向人民法院申请重整。

2. 重整期间的确定:自人民法院裁定债务人重整之日起至重整程序终止。

重点法条 14 重整后的效力

第七十三条 在重整期间,经债务人申请,人民法院批准,债务人可以在管理人的监督下自行管理财产和营业事务。

有前款规定情形的,依照本法规定已接管债务人财产和营业事务的管理人应当向债务人移交财产和营业事务,本法规定的管理人的职权由债务人行使。

第七十五条 在重整期间,对债务人的特定财产享有的担保权暂停行使。但是,担保物有损坏或者价值明显减少的可能,足以危害担保权人权利的,担保权人可以向人民法院请求恢复行使担保权。

在重整期间,债务人或者管理人为继续营业而借款的,可以为该借款设定担保。

第七十七条 在重整期间,债务人的出资人不得请求投资收益分配。

在重整期间,债务人的董事、监事、高级管理人员不得向第三人转让其持有的债务人的股权。但是,经人民法院同意的除外。

第七十八条 在重整期间,有下列情形之一的,经管理人或者利害关系人请求,人民法院应当裁定终止重整程序,并宣告债务人破产:

(一)债务人的经营状况和财产状况继续恶化,缺乏挽救的可能性;

(二)债务人有欺诈、恶意减少债务人财产或者其他显著不利于债权人的行为;

(三)由于债务人的行为致使管理人无法执行职务。

重点法条 15 重整计划的表决与通过

第八十二条 下列各类债权的债权人参加讨论重整计划草案的债权人会议,依照下列债权分类,分组对重整计划草案进行表决:

(一)对债务人的特定财产享有担保权的债权;

(二)债务人所欠职工的工资和医疗、伤残补助、抚恤费用,所欠的应当划入职工个人账户的基本养老保险、基本医疗保险费用,以及法律、行政法规规定应当支付给职工的补偿金;

（三）债务人所欠税款；

（四）普通债权。

人民法院在必要时可以决定在普通债权组中设小额债权组对重整计划草案进行表决。

第八十三条 重整计划不得规定减免债务人欠缴的本法第82条第1款第2项规定以外的社会保险费用；该项费用的债权人不参加重整计划草案的表决。

第八十四条 人民法院应当自收到重整计划草案之日起30日内召开债权人会议，对重整计划草案进行表决。

出席会议的同一表决组的债权人过半数同意重整计划草案，并且其所代表的债权额占该组债权总额的2/3以上的，即为该组通过重整计划草案。

债务人或者管理人应当向债权人会议就重整计划草案作出说明，并回答询问。

第八十五条 债务人的出资人代表可以列席讨论重整计划草案的债权人会议。

重整计划草案涉及出资人权益调整事项的，应当设出资人组，对该事项进行表决。

第八十六条 各表决组均通过重整计划草案时，重整计划即为通过。

自重整计划通过之日起10日内，债务人或者管理人应当向人民法院提出批准重整计划的申请。人民法院经审查认为符合本法规定的，应当自收到申请之日起30日内裁定批准，终止重整程序，并予以公告。

【相关法条】《企业破产法》

第79条 债务人或者管理人应当自人民法院裁定债务人重整之日起6个月内，同时向人民法院和债权人会议提交重整计划草案。

前款规定的期限届满，经债务人或者管理人请求，有正当理由的，人民法院可以裁定延期3个月。

债务人或者管理人未按期提出重整计划草案的，人民法院应当裁定终止重整程序，并宣告债务人破产。

第80条 债务人自行管理财产和营业事务的，由债务人制作重整计划草案。

管理人负责管理财产和营业事务的，由管理人制作重整计划草案。

精 解

1. 重整计划草案实行分组表决制度（《企业破产法》第82条）。

2. 特定范围的劳动债权人不参加重整计划草案的表决（《企业破产法》第83条）。

3. 债务人的出资人可以表决的事项（《企业破产法》第85条第2款）：重整计划草案涉及出资人权益调整事项的，应当设出资人组，对该事项进行表决。

4. 重点掌握本法第84条第2款规定的表决规则：出席会议的同一表决组的债权人过半数同意重整计划草案，并且其所代表的债权额占该组债权总额的2/3以上的，即为该组通过重整计划草案。

重点法条 16 重整计划的执行、效力、终止执行

第八十九条 重整计划由债务人负责执行。

人民法院裁定批准重整计划后，已接管财产和营业事务的管理人应当向债务人移交财产和营业事务。

第九十二条 经人民法院裁定批准的重整计划，对债务人和全体债权人均有约束力。

债权人未依照本法规定申报债权的，在重整计划执行期间不得行使权利；在重整计划执行完毕后，可以按照重整计划规定的同类债权的清偿条件行使权利。

债权人对债务人的保证人和其他连带债务人所享有的权利，不受重整计划的影响。

第九十三条 债务人不能执行或者不执行重整计划的，人民法院经管理人或者利害关系人请求，应当裁定终止重整计划的执行，并宣告债务人破产。

人民法院裁定终止重整计划执行的，债权人在重整计划中作出的债权调整的承诺失去效力。债权人因执行重整计划所受的清偿仍然有效，债权未受清偿的部分作为破产债权。

前款规定的债权人，只有在其他同顺位债权人同自己所受的清偿达到同一比例时，才能继续接受分配。

有本条第1款规定情形的，为重整计划的执行提供的担保继续有效。

精 解

1. 重整计划由债务人而非管理人负责执行，故重整计划通过后管理人要向债务人移交财产与营业事务。

2. 重整计划对债务人和全体债权人均有约束力。

3. 注意本法第92条第2款的规定：债权人对债务人的保证人和其他连带债务人所享有的权利，不受重整计划的影响。

4. 债务人违反重整计划的后果：终止重整计划的执行，进入破产宣告程序。

5. 重整计划未获执行的处理：

（1）终止计划的执行，宣告破产；

(2)虽然重整期间个别债权的清偿有效，但最终仍遵循同类债权人平等的原则：在重整计划中先受部分清偿的债权人最终并不能优先于其他同类债权人而获清偿(《企业破产法》第93条第2、3款)。

6. 为重整计划的执行提供的担保继续有效(《企业破产法》第93条第4款)。

重点法条 17 和解协议的申请与通过

第九十五条 债务人可以依照本法规定，直接向人民法院申请和解；也可以在人民法院受理破产申请后、宣告债务人破产前，向人民法院申请和解。

债务人申请和解，应当提出和解协议草案。

第九十六条 人民法院经审查认为和解申请符合本法规定的，应当裁定和解，予以公告，并召集债权人会议讨论和解协议草案。

对债务人的特定财产享有担保权的权利人，自人民法院裁定和解之日起可以行使权利。

第九十七条 债权人会议通过和解协议的决议，由出席会议的有表决权的债权人过半数同意，并且其所代表的债权额占无财产担保债权总额的2/3以上。

第九十八条 债权人会议通过和解协议的，由人民法院裁定认可，终止和解程序，并予以公告。管理人应当向债务人移交财产和营业事务，并向人民法院提交执行职务的报告。

第九十九条 和解协议草案经债权人会议表决未获得通过，或者已经债权人会议通过的和解协议未获得人民法院认可的，人民法院应当裁定终止和解程序，并宣告债务人破产。

精　解

和解是与重整相并列的一项独立制度。以上5个条文的要点是：

1. 和解申请应由债务人提出，提出的时机只要在宣告破产前即可。

2. 和解申请经法院裁定才进入和解程序(《企业破产法》第96条)；和解协议的决议要由债权人会议通过，注意通过的规则(《企业破产法》第97条)：通过和解协议的决议，由出席会议的有表决权的债权人过半数同意，并且其所代表的债权额占无财产担保债权总额的2/3以上。

3. 和解协议通过+法院裁定认可=和解程序终止，此处的和解程序终止的后果是管理人移交财产与营业事务给债务人(《企业破产法》第98条)；反之，和解协议草案未获通过或者不被认可，和解程序亦终止，此处的和解程序终止的后果是宣告破产。

重点法条 18 和解协议的约束力、无效与终止

第一百条 经人民法院裁定认可的和解协议，对债务人和全体和解债权人均有约束力。

和解债权人是指人民法院受理破产申请时对债务人享有无财产担保债权的人。

和解债权人未依照本法规定申报债权的，在和解协议执行期间不得行使权利；在和解协议执行完毕后，可以按照和解协议规定的清偿条件行使权利。

第一百零三条 因债务人的欺诈或者其他违法行为而成立的和解协议，人民法院应当裁定无效，并宣告债务人破产。

有前款规定情形的，和解债权人因执行和解协议所受的清偿，在其他债权人所受清偿同等比例的范围内，不予返还。

第一百零四条 债务人不能执行或者不执行和解协议的，人民法院经和解债权人请求，应当裁定终止和解协议的执行，并宣告债务人破产。

人民法院裁定终止和解协议执行的，和解债权人在和解协议中作出的债权调整的承诺失去效力。和解债权人因执行和解协议所受的清偿仍然有效，和解债权未受清偿的部分作为破产债权。

前款规定的债权人，只有在其他债权人同自己所受的清偿达到同一比例时，才能继续接受分配。

有本条第1款规定情形的，为和解协议的执行提供的担保继续有效。

第一百零五条 人民法院受理破产申请后，债务人与全体债权人就债权债务的处理自行达成协议的，可以请求人民法院裁定认可，并终结破产程序。

【相关法条】《企业破产法》

第106条 按照和解协议减免的债务，自和解协议执行完毕时起，债务人不再承担清偿责任。

重点法条 19 宣告破产；终结破产程序的情形；优先受偿权；变价方案、分配方案

第一百零七条 人民法院依照本法规定宣告债务人破产的，应当自裁定作出之日起5日内送达债务人和管理人，自裁定作出之日起10日内通知已知债权人，并予以公告。

债务人被宣告破产后，债务人称为破产人，债务

人财产称为破产财产，人民法院受理破产申请时对债务人享有的债权称为破产债权。

第一百零八条 破产宣告前，有下列情形之一的，人民法院应当裁定终结破产程序，并予以公告：

（一）第三人为债务人提供足额担保或者为债务人清偿全部到期债务的；

（二）债务人已清偿全部到期债务的。

第一百零九条 对破产人的特定财产享有担保权的权利人，对该特定财产享有优先受偿的权利。

第一百一十条 享有本法第109条规定权利的债权人行使优先受偿权利未能完全受偿的，其未受偿的债权作为普通债权；放弃优先受偿权利的，其债权作为普通债权。

第一百一十五条第一、三款 管理人应当及时拟订破产财产分配方案，提交债权人会议讨论。

债权人会议通过破产财产分配方案后，由管理人将该方案提请人民法院裁定认可。

重点法条 20 债务清偿顺序

第一百一十三条 破产财产在优先清偿破产费用和共益债务后，依照下列顺序清偿：

（一）破产人所欠职工的工资和医疗、伤残补助、抚恤费用，所欠的应当划入职工个人账户的基本养老保险、基本医疗保险费用，以及法律、行政法规规定应当支付给职工的补偿金；

（二）破产人欠缴的除前项规定以外的社会保险费用和破产人所欠税款；

（三）普通破产债权。

破产财产不足以清偿同一顺序的清偿要求的，按照比例分配。

破产企业的董事、监事和高级管理人员的工资按照该企业职工的平均工资计算。

【相关法条】《企业破产法》

第132条 本法施行后，破产人在本法公布之日前所欠职工的工资和医疗、伤残补助、抚恤费用，所欠的应当划入职工个人账户的基本养老保险、基本医疗保险费用，以及法律、行政法规规定应当支付给职工的补偿金，依照本法第113条的规定清偿后不足以清偿的部分，以本法第109条规定的特定财产优先于对该特定财产享有担保权的权利人受偿。

《民法典》

第807条 发包人未按照约定支付价款的，承包人可以催告发包人在合理期限内支付价款。发包人逾期不支付的，除根据建设工程的性质不宜折价、拍卖外，承包人可以与发包人协议将该工程折价，也可以请求人民法院将该工程依法拍卖。建设工程的价款就该工程折价或者拍卖的价款优先受偿。

精 解

1. 破产财产的分配顺序依次是：破产费用→共益债务→劳动债权→社保费用与税款→普通债权。在普通债权这一个环节，坚持了债权平等原则。

2.《企业破产法》第132条是一个政策性条款，即在本法公布之日前所欠的劳动债权优先于担保物权债权人，这一规定违反了各国企业破产法的基本法理，但这是我国现行阶段下迫不得已的权宜之计；本法公布之后再欠下的劳动债权，则要遵循各国企业破产法的基本法理——担保物权债权优先于包括劳动债权在内的所有其他破产债权而获得清偿。

3. 银行债权如果没有在破产人的特定财产上设置担保物权的，属于普通债权，与其他民事主体的普通债权一样在同一顺序中按比例获得清偿。

重点法条 21 破产程序终结；追加分配

第一百二十条 破产人无财产可供分配的，管理人应当请求人民法院裁定终结破产程序。

管理人在最后分配完结后，应当及时向人民法院提交破产财产分配报告，并提请人民法院裁定终结破产程序。

人民法院应当自收到管理人终结破产程序的请求之日起15日内作出是否终结破产程序的裁定。裁定终结的，应当予以公告。

第一百二十三条 自破产程序依照本法第43条第4款或者第120条的规定终结之日起2年内，有下列情形之一的，债权人可以请求人民法院按照破产财产分配方案进行追加分配：

（一）发现有依照本法第31条、第32条、第33条、第36条规定应当追回的财产的；

（二）发现破产人有应当供分配的其他财产的。

有前款规定情形，但财产数量不足以支付分配费用的，不再进行追加分配，由人民法院将其上交国库。

【相关法条】《企业破产法》

第121条 管理人应当自破产程序终结之日起10日内，持人民法院终结破产程序的裁定，向破产人的原登记机关办理注销登记。

第122条 管理人于办理注销登记完毕的次日终止执行职务。但是,存在诉讼或者仲裁未决情况的除外。

第124条 破产人的保证人和其他连带债务人,在破产程序终结后,对债权人依照破产清算程序未受清偿的债权,依法继续承担清偿责任。

精 解

1. 注销登记与管理人职责终结的关系(《企业破产法》第121、122条):管理人应当自破产程序终结之日起10日内,持人民法院终结破产程序的裁定,向破产人的原登记机关办理注销登记。管理人于办理注销登记完毕的次日终止执行职务。

2. 重点掌握本法第123条的规定——破产财产的追加分配制度:务必结合该条文所引的本法第31~33条、第36条、第43条第4款、第120条等来仔细研究、识记。

票 据 法

【导读】 本法技术性极强,亦具有一定的理论深度,考生复习起来并不轻松。本法考点比较分散,重点不甚突出,这就要求考生在复习时对该法进行全面掌握和理解,同时通过做真题把握常考点。本部分重点内容如下:(1)票据权利(第4条);(2)无民事行为能力或者限制行为能力人的签章效力(第6条);(3)票据的取得及效力(第11、12条);(4)票据抗辩(第13条);(5)票据的伪造、变造(第14条);(6)票据背书(第31~36条);(7)票据承兑(第38、44条);(8)票据保证人的连带责任(第51条)。本部分内容还涉及对最高人民法院《关于审理票据纠纷案件若干问题的规定》(以下简称《审理票据纠纷的解释》)的考查。

重点法条 1 本法的适用范围

第二条 在中华人民共和国境内的票据活动,适用本法。

本法所称票据,是指汇票、本票和支票。

重点法条 2 票据行为、票据权利与票据责任;票据时效;票据利益的返还请求权

第四条 票据出票人制作票据,应当按照法定条件在票据上签章,并按照所记载的事项承担票据责任。

持票人行使票据权利,应当按照法定程序在票据上签章,并出示票据。

其他票据债务人在票据上签章的,按照票据所记载的事项承担票据责任。

本法所称票据权利,是指持票人向票据债务人请求支付票据金额的权利,包括付款请求权和追索权。

本法所称票据责任,是指票据债务人向持票人支付票据金额的义务。

第十六条 持票人对票据债务人行使票据权利,或者保全票据权利,应当在票据当事人的营业场所和营业时间内进行,票据当事人无营业场所的,应当在其住所进行。

第十七条 票据权利在下列期限内不行使而消灭:

(一)持票人对票据的出票人和承兑人的权利,自票据到期日起2年。见票即付的汇票、本票,自出票日起2年;

(二)持票人对支票出票人的权利,自出票日起6个月;

(三)持票人对前手的追索权,自被拒绝承兑或者被拒绝付款之日起6个月;

(四)持票人对前手的再追索权,自清偿日或者被提起诉讼之日起3个月。

票据的出票日、到期日由票据当事人依法确定。

第十八条 持票人因超过票据权利时效或者因票据记载事项欠缺而丧失票据权利的,仍享有民事权利,可以请求出票人或者承兑人返还其与未支付的票据金额相当的利益。

重点法条 3 票据签章

第五条 票据当事人可以委托其代理人在票据上签章,并应当在票据上表明其代理关系。

没有代理权而以代理人名义在票据上签章的,应当由签章人承担票据责任;代理人超越代理权限的,应当就其超越权限的部分承担票据责任。

第六条 无民事行为能力人或者限制民事行为

能力人在票据上签章的，其签章无效，但是不影响其他签章的效力。

第七条 票据上的签章，为签名、盖章或者签名加盖章。

法人和其他使用票据的单位在票据上的签章，为该法人或者该单位的盖章加其法定代表人或者其授权的代理人的签章。

在票据上的签名，应当为该当事人的本名。

第八条 票据金额以中文大写和数码同时记载，二者必须一致，二者不一致的，票据无效。

精解

以上4个条文是关于签章的基本规定，应注意：

1. 关于票据代理：

(1)代理关系应在票据上表明；

(2)无权代理人承担票据责任：谁签章谁负责。无权代理包括没有代理权和超越代理权，其中超越代理权的人对超越部分承担责任。

2. 无民事行为能力或限制民事行为能力人的签章的效力：无效。

3. 注意本法第8条，中文大写与数码不一致的，不是以中文大写为准，而是票据无效。

重点法条 4 票据的记载事项；票据的伪造与变造

第九条 票据上的记载事项必须符合本法的规定。

票据金额、日期、收款人名称不得更改，更改的票据无效。

对票据上的其他记载事项，原记载人可以更改，更改时应当由原记载人签章证明。

第十四条 票据上的记载事项应当真实，不得伪造、变造。伪造、变造票据上的签章和其他记载事项的，应当承担法律责任。

票据上有伪造、变造的签章的，不影响票据上其他真实签章的效力。

票据上其他记载事项被变造的，在变造之前签章的人，对原记载事项负责；在变造之后签章的人，对变造之后的记载事项负责；不能辨别是在票据被变造之前或者之后签章的，视同在变造之前签章。

精解

1. 记住不得更改的3个记载事项：票据金额、日期、收款人名称。

2. 重点掌握《票据法》第14条，尤其是第3款：

(1)伪造、变造人就伪造、变造的签章和事项承担责任；

(2)变造前的签章人只对原记载事项负责；

(3)变造后的签章人对变造后的记载事项负责；

(4)不能辨别前后的，视同在变造之前签章；

(5)票据上的记载事项的更改有两个方面的限制：一是某些事项不得更改；二是对于可更改事项的有权更改人只是原记载人。

重点法条 5 票据基础关系和票据对价；票据的取得

第十条 票据的签发、取得和转让，应当遵循诚实信用的原则，具有真实的交易关系和债权债务关系。

票据的取得，必须给付对价，即应当给付票据双方当事人认可的相对应的代价。

第十一条 因税收、继承、赠与可以依法无偿取得票据的，不受给付对价的限制。但是，所享有的票据权利不得优于其前手的权利。

前手是指在票据签章人或者持票人之前签章的其他票据债务人。

第十二条 以欺诈、偷盗或者胁迫等手段取得票据的，或者明知有前列情形，出于恶意取得票据的，不得享有票据权利。

持票人因重大过失取得不符合本法规定的票据的，也不得享有票据权利。

重点法条 6 票据抗辩、票据利益的返还请求权

第十三条 票据债务人不得以自己与出票人或者与持票人的前手之间的抗辩事由，对抗持票人。但是，持票人明知存在抗辩事由而取得票据的除外。

票据债务人可以对不履行约定义务的与自己有直接债权债务关系的持票人，进行抗辩。

本法所称抗辩，是指票据债务人根据本法规定对票据债权人拒绝履行义务的行为。

第十八条 持票人因超过票据权利时效或者因票据记载事项欠缺而丧失票据权利的，仍享有民事权利，可以请求出票人或者承兑人返还其与未支付的票据金额相当的利益。

【相关法条】《票据法》

第61条 汇票到期被拒绝付款的，持票人可以对背书人、出票人以及汇票的其他债务人行使追索权。

汇票到期日前，有下列情形之一的，持票人也可以行使追索权：

（一）汇票被拒绝承兑的；

（二）承兑人或者付款人死亡、逃匿的；

（三）承兑人或者付款人被依法宣告破产的或者因违法被责令终止业务活动的。

精 解

1. 票据债务人行使抗辩权的禁止及其例外（《票据法》第13条第1款）。

2. 票据债务人可行使抗辩权的对象仅限于一类持票人：与自己有直接债权债务关系的持票人。

3. 本法第18条讲票据关系与基础法律关系的独立性，应予理解：票据权利消灭了，民事权利仍然存在。

4. 票据的基础关系有3种：

（1）原因关系：票据的当事人之间交付票据的理由，包括出票人和受票人之间、背书人与被背书人之间因支付货物价金和其他合同给付事由和票据本身的转让的起因；

（2）票据预约关系：票据预约是当事人之间就票据权利的获得与给予的一个民事合同，而不是票据法上的权利义务；

（3）资金关系：存在于汇票出票人与付款人之间、支票出票人与银行之间的基础关系。

重点法条 7 汇票的定义和种类；付款日期的记载形式

第十九条 汇票是出票人签发的，委托付款人在见票时或者在指定日期无条件支付确定的金额给收款人或者持票人的票据。

汇票分为银行汇票和商业汇票。

第二十五条 付款日期可以按照下列形式之一记载：

（一）见票即付；

（二）定日付款；

（三）出票后定期付款；

（四）见票后定期付款。

前款规定的付款日期为汇票到期日。

重点法条 8 出票行为的有效条件；汇票出票的效力

第二十一条 汇票的出票人必须与付款人具有真实的委托付款关系，并且具有支付汇票金额的可靠资金来源。

不得签发无对价的汇票用以骗取银行或者其他票据当事人的资金。

第二十六条 出票人签发汇票后，即承担保证该汇票承兑和付款的责任。出票人在汇票得不到承兑或者付款时，应当向持票人清偿第70条、第71条规定的金额和费用。

【相关法条】《审理票据纠纷的解释》（**2020年12月23日修正**）

第14条 票据债务人以《票据法》第10条、第21条为由，对业经背书转让票据的持票人进行抗辩的，人民法院不予支持。

重点法条 9 汇票、本票、支票的记载事项及效力

第二十二条 汇票必须记载下列事项：

（一）表明“汇票”的字样；

（二）无条件支付的委托；

（三）确定的金额；

（四）付款人名称；

（五）收款人名称；

（六）出票日期；

（七）出票人签章。

汇票上未记载前款规定事项之一的，汇票无效。

第二十三条 汇票上记载付款日期、付款地、出票地等事项的，应当清楚、明确。

汇票上未记载付款日期的，为见票即付。

汇票上未记载付款地的，付款人的营业场所、住所或者经常居住地为付款地。

汇票上未记载出票地的，出票人的营业场所、住所或者经常居住地为出票地。

第二十四条 汇票上可以记载本法规定事项以外的其他出票事项，但是该记载事项不具有汇票上的效力。

第七十七条 本票上记载付款地、出票地等事项的，应当清楚、明确。

本票上未记载付款地的，出票人的营业场所为付款地。

本票上未记载出票地的，出票人的营业场所为出票地。

第七十八条 本票的出票人在持票人提示见票时，必须承担付款的责任。

第八十六条 支票上的金额可以由出票人授权

补记,未补记前的支票,不得使用。

第八十七条 支票上未记载收款人名称的,经出票人授权,可以补记。

支票上未记载付款地的,付款人的营业场所为付款地。

支票上未记载出票地的,出票人的营业场所、住所或者经常居住地为出票地。

出票人可以在支票上记载自己为收款人。

第八十八条 支票的出票人所签发的支票金额不得超过其付款时在付款人处实有的存款金额。

出票人签发的支票金额超过其付款时在付款人处实有的存款金额的,为空头支票。禁止签发空头支票。

精 解

1.《票据法》第22条规定了汇票绝对必要记载事项,即票据上应当记载,如果没有记载,票据无效。三大票据的绝对记载事项各有不同,为考试之热点,需要准确识记(《票据法》第22、77、86条)。

2. 三大票据绝对记载事项在以下几个方面是共同的:(1)表明票据名称的字样;(2)无条件支付的委托(承兑);(3)确定的金额;(4)出票日期;(5)出票人签章。其区别在于汇票还须同时记载付款人名称与收款人名称,本票只需记载收款人名称,而支票只需记载付款人名称。实际上,以上差异是建立在三大票据不同的法律特征上的。考生应在理解法理的基础上去识别,无须死记硬背。

3.《票据法》第23条规定的是汇票相对必要记载事项,即应当记载,但是没有记载并不导致票据无效,而是按照法律规定确定其内容的事项。考生应识记本法第23条各款的补充性规定内容。

本票、支票的相对必要记载事项与汇票相比,少了一个付款日期,因为本票都是见票即付的。

4. 掌握《票据法》第24条任意记载事项的记载效力:不具有汇票上的效力。

5. 就支票而言,其记载事项具有特殊性:

(1)支票上的金额可以由出票人授权补记,未补记前的支票,不得使用;

(2)支票上未记载收款人名称的,经出票人授权,可以补记。

重点法条 10 汇票背书规则;背书的转让及责任承担

第二十七条 持票人可以将汇票权利转让给他人或者将一定的汇票权利授予他人行使。

出票人在汇票上记载"不得转让"字样的,汇票不得转让。

持票人行使第1款规定的权利时,应当背书并交付汇票。

背书是指在票据背面或者粘单上记载有关事项并签章的票据行为。

第二十九条 背书由背书人签章并记载背书日期。

背书未记载日期的,视为在汇票到期日前背书。

第三十条 汇票以背书转让或者以背书将一定的汇票权利授予他人行使时,必须记载被背书人名称。

第三十一条 以背书转让的汇票,背书应当连续。持票人以背书的连续,证明其汇票权利;非经背书转让,而以其他合法方式取得汇票的,依法举证,证明其汇票权利。

前款所称背书连续,是指在票据转让中,转让汇票的背书人与受让汇票的被背书人在汇票上的签章依次前后衔接。

第三十二条 以背书转让的汇票,后手应当对其直接前手背书的真实性负责。

后手是指在票据签章人之后签章的其他票据债务人。

第三十三条 背书不得附有条件。背书时附有条件的,所附条件不具有汇票上的效力。

将汇票金额的一部分转让的背书或者将汇票金额分别转让给2人以上的背书无效。

第三十四条 背书人在汇票上记载"不得转让"字样,其后手再背书转让的,原背书人对后手的被背书人不承担保证责任。

第三十五条 背书记载"委托收款"字样的,被背书人有权代背书人行使被委托的汇票权利。但是,被背书人不得再以背书转让汇票权利。

汇票可以设定质押;质押时应当以背书记载"质押"字样。被背书人依法实现其质权时,可以行使汇票权利。

第三十六条 汇票被拒绝承兑、被拒绝付款或者超过付款提示期限的,不得背书转让;背书转让的,背书人应当承担汇票责任。

第三十七条 背书人以背书转让汇票后,即承担保证其后手所持汇票承兑和付款的责任。背书人在汇票得不到承兑或者付款时，应当向持票人清偿第70条、第71条规定的金额和费用。

第七十条 持票人行使追索权，可以请求被追索人支付下列金额和费用：

（一）被拒绝付款的汇票金额；

（二）汇票金额自到期日或者提示付款日起至清偿日止，按照中国人民银行规定的利率计算的利息；

（三）取得有关拒绝证明和发出通知书的费用。

被追索人清偿债务时，持票人应当交出汇票和有关拒绝证明，并出具所收到利息和费用的收据。

第七十一条 被追索人依照前条规定清偿后，可以向其他汇票债务人行使再追索权，请求其他汇票债务人支付下列金额和费用：

（一）已清偿的全部金额；

（二）前项金额自清偿日起至再追索清偿日止，按照中国人民银行规定的利率计算的利息；

（三）发出通知书的费用。

行使再追索权的被追索人获得清偿时，应当交出汇票和有关拒绝证明，并出具所收到利息和费用的收据。

精 解

以上条文是关于票据背书的基本规定，虽理解起来有些难度，仍属应掌握的范畴。

1. 汇票背书规则。

（1）汇票转让应采用背书方式（《票据法》第27条）。

（2）应当记载背书日期，未记载的视为汇票到期日前背书（《票据法》第29条）。

（3）背书应记载被背书人名称（《票据法》第30条）。

（4）背书应连续（《票据法》第31条）。

（5）背书不得附条件（《票据法》第33条）。

（6）汇票质押时应以背书记载（《票据法》第35条第2款）。

2. 转让背书效力及法律责任。

（1）后手对直接前手背书真实性负责，因此要求其承担保证付款的责任。

（2）背书人记载的“不得转让”字样，仅限于免除自己对于自己的被背书人的后手的保证责任。

（3）出票人记载“不得转让”，则票据不得转让，转让行为无效。

（4）不得背书的3种情形：被拒绝承兑、被拒绝付款或者超过付款提示期限。违法进行背书的，只有背书人对后手承担责任。

（5）背书人对后手负责（承兑、付款、追索）。

3. 除转让背书外，还有委托收款背书和设质背书。

4. 背书人记载“不得转让”字样，票据仍然可以转让；这与出票人记载“不得转让”字样的效力是完全不同的。

重点法条 11 承兑与提示承兑

第三十八条 承兑是指汇票付款人承诺在汇票到期日支付汇票金额的票据行为。

第三十九条 定日付款或者出票后定期付款的汇票，持票人应当在汇票到期日前向付款人提示承兑。

提示承兑是指持票人向付款人出示汇票，并要求付款人承诺付款的行为。

第四十条 见票后定期付款的汇票，持票人应当自出票日起1个月内向付款人提示承兑。

汇票未按照规定期限提示承兑的，持票人丧失对其前手的追索权。

见票即付的汇票无需提示承兑。

第四十二条 付款人承兑汇票的，应当在汇票正面记载“承兑”字样和承兑日期并签章；见票后定期付款的汇票，应当在承兑时记载付款日期。

汇票上未记载承兑日期的，以前条第1款规定期限的最后一日为承兑日期。

第四十三条 付款人承兑汇票，不得附有条件；承兑附有条件的，视为拒绝承兑。

第四十四条 付款人承兑汇票后，应当承担到期付款的责任。

精 解

以上条文是关于承兑和提示承兑的基本规定，应注意：

1. 不同汇票的提示承兑期不同（《票据法》第38、40条）。

2. 承兑不得附条件（《票据法》第43条），注意附有条件的承兑的效力——视为拒绝承兑。

3. 了解承兑的手续（《票据法》第42条）。

4. 承兑效力在于承担付款责任（《票据法》第44条）。

5. 承兑不得附条件，承兑若附有条件，则视为拒绝承兑,而非条件无效。另外,背书附有条件,则条件无效;保证附有条件,则条件无效。

重点法条 12 汇票的保证责任

第四十五条 汇票的债务可以由保证人承担保证责任。

保证人由汇票债务人以外的他人担当。

第四十七条 保证人在汇票或者粘单上未记载前条第3项的,已承兑的汇票,承兑人为被保证人;未承兑的汇票,出票人为被保证人。

保证人在汇票或者粘单上未记载前条第4项的,出票日期为保证日期。

第四十八条 保证不得附有条件;附有条件的,不影响对汇票的保证责任。

第四十九条 保证人对合法取得汇票的持票人所享有的汇票权利,承担保证责任。但是,被保证人的债务因汇票记载事项欠缺而无效的除外。

第五十条 被保证的汇票,保证人应当与被保证人对持票人承担连带责任。汇票到期后得不到付款的,持票人有权向保证人请求付款,保证人应当足额付款。

第五十一条 保证人为2人以上的,保证人之间承担连带责任。

第五十二条 保证人清偿汇票债务后,可以行使持票人对被保证人及其前手的追索权。

精 解

有关票据保证,应注意:

1. 两个法定的连带责任:

(1) 保证人与被保证人之间(《票据法》第50条);

(2) 共同保证人之间(《票据法》第51条)。

2. 确定被保证人和保证日期的补充性规定(《票据法》第47条):从严处理原则。

3. 保证不得附条件,保证附有条件的,并不影响保证责任的承担(《票据法》第48条)。

4. 保证人不承担保证责任的情形(《票据法》第49条)。

5. 承担保证责任的保证人取得代位追索权(《票据法》第52条)。

重点法条 13 付款人责任

第五十七条 付款人及其代理付款人付款时,应当审查汇票背书的连续,并审查提示付款人的合法身份证明或者有效证件。

付款人及其代理付款人以恶意或者有重大过失付款的,应当自行承担责任。

第五十八条 对定日付款、出票后定期付款或者见票后定期付款的汇票,付款人在到期日前付款的,由付款人自行承担所产生的责任。

第六十条 付款人依法足额付款后,全体汇票债务人的责任解除。

重点法条 14 票据的追索权

第六十一条 汇票到期被拒绝付款的,持票人可以对背书人、出票人以及汇票的其他债务人行使追索权。

汇票到期日前,有下列情形之一的,持票人也可以行使追索权:

(一)汇票被拒绝承兑的;

(二)承兑人或者付款人死亡、逃匿的;

(三)承兑人或者付款人被依法宣告破产的或者因违法被责令终止业务活动的。

第六十五条 持票人不能出示拒绝证明、退票理由书或者未按照规定期限提供其他合法证明的,丧失对其前手的追索权。但是,承兑人或者付款人仍应当对持票人承担责任。

第六十六条 持票人应当自收到被拒绝承兑或者被拒绝付款的有关证明之日起3日内,将被拒绝事由书面通知其前手;其前手应当自收到通知之日起3日内书面通知其再前手。持票人也可以同时向各汇票债务人发出书面通知。

未按照前款规定期限通知的,持票人仍可以行使追索权。因延期通知给其前手或者出票人造成损失的,由没有按照规定期限通知的汇票当事人,承担对该损失的赔偿责任,但是所赔偿的金额以汇票金额为限。

在规定期限内将通知按照法定地址或者约定的地址邮寄的,视为已经发出通知。

精 解

以上几个条文以及下面的《票据法》第68、69条关于追索权的规定,为考试的热点和重点,应予重视。

1. 被追索权人包括:背书人、出票人以及汇票的其他债务人(《票据法》第61条)。

2. 行使追索权的情形(《票据法》第 61 条):

(1)到期被拒绝付款,当然可以行使追索权;

(2)注意到期日前行使追索权的 3 种情形(有些类似于预期违约)。

3. 丧失追索权的 3 种情形:不能出示拒绝证明、退票理由书或者未按照规定期限提供其他合法证明(《票据法》第 65 条)。

4. 了解持票人的通知责任(《票据法》第 66 条),注意未按期通知,并不丧失追索权。

5. 行使追索权并不是必须要等到被拒绝付款时,在到期日前即可能存在行使追索权的情形。

重点法条 15 票据追索权的效力及限制

第六十八条 汇票的出票人、背书人、承兑人和保证人对持票人承担连带责任。

持票人可以不按照汇票债务人的先后顺序,对其中任何一人、数人或者全体行使追索权。

持票人对汇票债务人中的一人或者数人已经进行追索的,对其他汇票债务人仍可以行使追索权。被追索人清偿债务后,与持票人享有同一权利。

第六十九条 持票人为出票人的,对其前手无追索权。持票人为背书人的,对其后手无追索权。

第七十条 持票人行使追索权,可以请求被追索人支付下列金额和费用:

(一)被拒绝付款的汇票金额;

(二)汇票金额自到期日或者提示付款日起至清偿日止,按照中国人民银行规定的利率计算的利息;

(三)取得有关拒绝证明和发出通知书的费用。

被追索人清偿债务时,持票人应当交出汇票和有关拒绝证明,并出具所收到利息和费用的收据。

重点法条 16 本票的定义;提示见票;付款的期限

第七十三条 本票是出票人签发的,承诺自己在见票时无条件支付确定的金额给收款人或者持票人的票据。

本法所称本票,是指银行本票。

第七十七条 本票的出票人在持票人提示见票时,必须承担付款的责任。

第七十八条 本票自出票日起,付款期限最长不得超过 2 个月。

重点法条 17 支票资金关系与空头支票的禁止

第八十七条 支票的出票人所签发的支票金额不得超过其付款时在付款人处实有的存款金额。

出票人签发的支票金额超过其付款时在付款人处实有的存款金额的,为空头支票。禁止签发空头支票。

【相关法条】《票据法》

第 89 条第 2 款 出票人在付款人处的存款足以支付支票金额时,付款人应当在当日足额付款。

重点法条 18 见票即付;提示付款期限;支票付款的效力

第九十条 支票限于见票即付,不得另行记载付款日期。另行记载付款日期的,该记载无效。

第九十一条 支票的持票人应当自出票日起 10 日内提示付款;异地使用的支票,其提示付款的期限由中国人民银行另行规定。

超过提示付款期限的,付款人可以不予付款;付款人不予付款的,出票人仍应当对持票人承担票据责任。

第九十二条 付款人依法支付支票金额的,对出票人不再承担受委托付款的责任,对持票人不再承担付款的责任。但是,付款人以恶意或者有重大过失付款的除外。

【相关法条】《票据法》

第 93 条 支票的背书、付款行为和追索权的行使,除本章规定外,适用本法第 2 章有关汇票的规定。

支票的出票行为,除本章规定外,适用本法第 24 条、第 26 条关于汇票的规定。

证 券 法

【导读】 从《证券法》的条文来看,其体现出“三多”特征:(1)头绪繁多;(2)法定条件的条款多;(3)数据多。这些条文恰是考试的重点所在。

本法的重点集中在以下几个方面:(1)证券发行:公司股票和债券的发行基本条件,考生应当掌握(第15、17条)。证券承销的2种方式:包销和代销(第26条)。注意代销发行失败的条件和后果。(2)证券交易。掌握证券上市的条件、证券终止上市(第47、48条)。禁止的证券交易行为(第50~55条)。(3)掌握投资者保护制度(第88~95条)。

重点法条 1 公开发行证券

第九条 公开发行证券,必须符合法律、行政法规规定的条件,并依法报经国务院证券监督管理机构或者国务院授权的部门注册。未经依法注册,任何单位和个人不得公开发行证券。证券发行注册制的具体范围、实施步骤,由国务院规定。

有下列情形之一的,为公开发行:

(一)向不特定对象发行证券;

(二)向特定对象发行证券累计超过200人,但依法实施员工持股计划的员工人数不计算在内;

(三)法律、行政法规规定的其他发行行为。

非公开发行证券,不得采用广告、公开劝诱和变相公开方式。

第四十六条 申请证券上市交易,应当向证券交易所提出申请,由证券交易所依法审核同意,并由双方签订上市协议。

证券交易所根据国务院授权的部门的决定安排政府债券上市交易。

重点法条 2 公开发行新股的条件、用途、程序

第十二条第一款 公司首次公开发行新股,应当符合下列条件:

(一)具备健全且运行良好的组织机构;

(二)具有持续经营能力;

(三)最近3年财务会计报告被出具无保留意见审计报告;

(四)发行人及其控股股东、实际控制人最近3年不存在贪污、贿赂、侵占财产、挪用财产或者破坏社会主义市场经济秩序的刑事犯罪;

(五)经国务院批准的国务院证券监督管理机构规定的其他条件。

第十四条 公司对公开发行股票所募集资金,必须按照招股说明书或者其他公开发行募集文件所列资金用途使用;改变资金用途,必须经股东大会作出决议。擅自改变用途,未作纠正的,或者未经股东大会认可的,不得公开发行新股。

重点法条 3 公开发行公司债券的条件

第十五条 公开发行公司债券,应当符合下列条件:

(一)具备健全且运行良好的组织机构;

(二)最近3年平均可分配利润足以支付公司债券一年的利息;

(三)国务院规定的其他条件。

公开发行公司债券筹集的资金,必须按照公司债券募集办法所列资金用途使用;改变资金用途,必须经债券持有人会议作出决议。公开发行公司债券筹集的资金,不得用于弥补亏损和非生产性支出。

上市公司发行可转换为股票的公司债券,除应当符合第1款规定的条件外,还应当遵守本法第12条第2款的规定。但是,按照公司债券募集办法,上市公司通过收购本公司股份的方式进行公司债券转换的除外。

第十七条 有下列情形之一的,不得再次公开发行公司债券:

(一)对已公开发行的公司债券或者其他债务有违约或者延迟支付本息的事实,仍处于继续状态;

(二)违反本法规定,改变公开发行公司债券所募资金的用途。

重点法条 4 相关人员的行为的限制

第二十一条 国务院证券监督管理机构或者国务院授权的部门依照法定条件负责证券发行申请的

注册。证券公开发行注册的具体办法由国务院规定。

按照国务院的规定，证券交易所等可以审核公开发行证券申请，判断发行人是否符合发行条件、信息披露要求，督促发行人完善信息披露内容。

依照前2款规定参与证券发行申请注册的人员，不得与发行申请人有利害关系，不得直接或者间接接受发行申请人的馈赠，不得持有所注册的发行申请的证券，不得私下与发行申请人进行接触。

重点法条 5 核准错误的补救措施

第二十四条 国务院证券监督管理机构或者国务院授权的部门对已作出的证券发行注册的决定，发现不符合法定条件或者法定程序，尚未发行证券的，应当予以撤销，停止发行。已经发行尚未上市的，撤销发行注册决定，发行人应当按照发行价并加算银行同期存款利息返还证券持有人；发行人的控股股东、实际控制人以及保荐人，应当与发行人承担连带责任，但是能够证明自己没有过错的除外。

股票的发行人在招股说明书等证券发行文件中隐瞒重要事实或者编造重大虚假内容，已经发行并上市的，国务院证券监督管理机构可以责令发行人回购证券，或者责令负有责任的控股股东、实际控制人买回证券。

重点法条 6 证券的承销、包销与代销

第二十六条 发行人向不特定对象发行的证券，法律、行政法规规定应当由证券公司承销的，发行人应当同证券公司签订承销协议。证券承销业务采取代销或者包销方式。

证券代销是指证券公司代发行人发售证券，在承销期结束时，将未售出的证券全部退还给发行人的承销方式。

证券包销是指证券公司将发行人的证券按照协议全部购入或者在承销期结束时将售后剩余证券全部自行购入的承销方式。

第二十九条 证券公司承销证券，应当对公开发行募集文件的真实性、准确性、完整性进行核查。发现有虚假记载、误导性陈述或者重大遗漏的，不得进行销售活动；已经销售的，必须立即停止销售活动，并采取纠正措施。

证券公司承销证券，不得有下列行为：

（一）进行虚假的或者误导投资者的广告宣传或者其他宣传推介活动；

（二）以不正当竞争手段招揽承销业务；

（三）其他违反证券承销业务规定的行为。

证券公司有前款所列行为，给其他证券承销机构或者投资者造成损失的，应当依法承担赔偿责任。

第三十三条 股票发行采用代销方式，代销期限届满，向投资者出售的股票数量未达到拟公开发行股票数量70%的，为发行失败。发行人应当按照发行价并加算银行同期存款利息返还股票认购人。

重点法条 7 证券交易方式；相关人持有、买卖和受赠股票的限制

第三十八条 证券在证券交易所上市交易，应当采用公开的集中交易方式或者国务院证券监督管理机构批准的其他方式。

第四十条 证券交易场所、证券公司和证券登记结算机构的从业人员，证券监督管理机构的工作人员以及法律、行政法规规定禁止参与股票交易的其他人员，在任期或者法定限期内，不得直接或者以化名、借他人名义持有、买卖股票或者其他具有股权性质的证券，也不得收受他人赠送的股票或者其他具有股权性质的证券。

任何人在成为前款所列人员时，其原已持有的股票或者其他具有股权性质的证券，必须依法转让。

实施股权激励计划或者员工持股计划的证券公司的从业人员，可以按照国务院证券监督管理机构的规定持有、卖出本公司股票或者其他具有股权性质的证券。

第四十二条 为证券发行出具审计报告或者法律意见书等文件的证券服务机构和人员，在该证券承销期内和期满后6个月内，不得买卖该证券。

除前款规定外，为发行人及其控股股东、实际控制人，或者收购人、重大资产交易方出具审计报告或者法律意见书等文件的证券服务机构和人员，自接受委托之日起至上述文件公开后5日内，不得买卖该证券。实际开展上述有关工作之日早于接受委托之日的，自实际开展上述有关工作之日起至上述文件公开后5日内，不得买卖该证券。

第四十四条 上市公司、股票在国务院批准的其他全国性证券交易场所交易的公司持有5%以上股份的股东、董事、监事、高级管理人员，将其持有的该公司的股票或者其他具有股权性质的证券在买入后

6个月内卖出，或者在卖出后6个月内又买入，由此所得收益归该公司所有，公司董事会应当收回其所得收益。但是，证券公司因购入包销售后剩余股票而持有百分之五以上股份，以及有国务院证券监督管理机构规定的其他情形的除外。

前款所称董事、监事、高级管理人员、自然人股东持有的股票或者其他具有股权性质的证券，包括其配偶、父母、子女持有的及利用他人账户持有的股票或者其他具有股权性质的证券。

公司董事会不按照第1款规定执行的，股东有权要求董事会在30日内执行。公司董事会未在上述期限内执行的，股东有权为了公司的利益以自己的名义直接向人民法院提起诉讼。

公司董事会不按照第1款的规定执行的，负有责任的董事依法承担连带责任。

重点法条 8 申请证券上市的条件；终止上市

第四十七条 申请证券上市交易，应当符合证券交易所上市规则规定的上市条件。

证券交易所上市规则规定的上市条件，应当对发行人的经营年限、财务状况、最低公开发行比例和公司治理、诚信记录等提出要求。

第四十八条 上市交易的证券，有证券交易所规定的终止上市情形的，由证券交易所按照业务规则终止其上市交易。

证券交易所决定终止证券上市交易的，应当及时公告，并报国务院证券监督管理机构备案。

重点法条 9 禁止的交易行为

第五十条 禁止证券交易内幕信息的知情人和非法获取内幕信息的人利用内幕信息从事证券交易活动。

第五十一条 证券交易内幕信息的知情人包括：

（一）发行人及其董事、监事、高级管理人员；

（二）持有公司5%以上股份的股东及其董事、监事、高级管理人员，公司的实际控制人及其董事、监事、高级管理人员；

（三）发行人控股或者实际控制的公司及其董事、监事、高级管理人员；

（四）由于所任公司职务或者因与公司业务往来可以获取公司有关内幕信息的人员；

（五）上市公司收购人或者重大资产交易方及其控股股东、实际控制人、董事、监事和高级管理人员；

（六）因职务、工作可以获取内幕信息的证券交易场所、证券公司、证券登记结算机构、证券服务机构的有关人员；

（七）因职责、工作可以获取内幕信息的证券监督管理机构工作人员；

（八）因法定职责对证券的发行、交易或者对上市公司及其收购、重大资产交易进行管理可以获取内幕信息的有关主管部门、监管机构的工作人员；

（九）国务院证券监督管理机构规定的可以获取内幕信息的其他人员。

第五十二条 证券交易活动中，涉及发行人的经营、财务或者对该发行人证券的市场价格有重大影响的尚未公开的信息，为内幕信息。

本法第80条第2款、第81条第2款所列重大事件属于内幕信息。

第五十三条 证券交易内幕信息的知情人和非法获取内幕信息的人，在内幕信息公开前，不得买卖该公司的证券，或者泄露该信息，或者建议他人买卖该证券。

持有或者通过协议、其他安排与他人共同持有公司5%以上股份的自然人、法人、非法人组织收购上市公司的股份，本法另有规定的，适用其规定。

内幕交易行为给投资者造成损失的，应当依法承担赔偿责任。

第五十四条 禁止证券交易场所、证券公司、证券登记结算机构、证券服务机构和其他金融机构的从业人员、有关监管部门或者行业协会的工作人员，利用因职务便利获取的内幕信息以外的其他未公开的信息，违反规定，从事与该信息相关的证券交易活动，或者明示、暗示他人从事相关交易活动。

利用未公开信息进行交易给投资者造成损失的，应当依法承担赔偿责任。

第五十五条 禁止任何人以下列手段操纵证券市场，影响或者意图影响证券交易价格或者证券交易量：

（一）单独或者通过合谋，集中资金优势、持股优势或者利用信息优势联合或者连续买卖；

（二）与他人串通，以事先约定的时间、价格和方式相互进行证券交易；

（三）在自己实际控制的账户之间进行证券交易；

（四）不以成交为目的，频繁或者大量申报并撤销申报；

（五）利用虚假或者不确定的重大信息，诱导投资者进行证券交易；

（六）对证券、发行人公开作出评价、预测或者投资建议，并进行反向证券交易；

（七）利用在其他相关市场的活动操纵证券市场；

（八）操纵证券市场的其他手段。

操纵证券市场行为给投资者造成损失的，应当依法承担赔偿责任。

重点法条 10 报告和公告制度

第六十三条 通过证券交易所的证券交易，投资者持有或者通过协议、其他安排与他人共同持有1个上市公司已发行的有表决权股份达到5%时，应当在该事实发生之日起3日内，向国务院证券监督管理机构、证券交易所作出书面报告，通知该上市公司，并予公告，在上述期限内不得再行买卖该上市公司的股票，但国务院证券监督管理机构规定的情形除外。

投资者持有或者通过协议、其他安排与他人共同持有1个上市公司已发行的有表决权股份达到5%后，其所持该上市公司已发行的有表决权股份比例每增加或者减少5%，应当依照前款规定进行报告和公告，在该事实发生之日起至公告后3日内，不得再行买卖该上市公司的股票，但国务院证券监督管理机构规定的情形除外。

投资者持有或者通过协议、其他安排与他人共同持有1个上市公司已发行的有表决权股份达到5%后，其所持该上市公司已发行的有表决权股份比例每增加或者减少1%，应当在该事实发生的次日通知该上市公司，并予公告。

违反第1款、第2款规定买入上市公司有表决权的股份的，在买入后的36个月内，对该超过规定比例部分的股份不得行使表决权。

重点法条 11 股份收购

第六十五条 通过证券交易所的证券交易，投资者持有或者通过协议、其他安排与他人共同持有1个上市公司已发行的有表决权股份达到30%时，继续进行收购的，应当依法向该上市公司所有股东发出收购上市公司全部或者部分股份的要约。

收购上市公司部分股份的要约应当约定，被收购公司股东承诺出售的股份数额超过预定收购的股份数额的，收购人按比例进行收购。

第六十六条 依照前条规定发出收购要约，收购人必须公告上市公司收购报告书，并载明下列事项：

（一）收购人的名称、住所；

（二）收购人关于收购的决定；

（三）被收购的上市公司名称；

（四）收购目的；

（五）收购股份的详细名称和预定收购的股份数额；

（六）收购期限、收购价格；

（七）收购所需资金额及资金保证；

（八）公告上市公司收购报告书时持有被收购公司股份数占该公司已发行的股份总数的比例。

第六十七条 收购要约约定的收购期限不得少于30日，并不得超过60日。

第六十八条 在收购要约确定的承诺期限内，收购人不得撤销其收购要约。收购人需要变更收购要约的，应当及时公告，载明具体变更事项，且不得存在下列情形：

（一）降低收购价格；

（二）减少预定收购股份数额；

（三）缩短收购期限；

（四）国务院证券监督管理机构规定的其他情形。

第六十九条 收购要约提出的各项收购条件，适用于被收购公司的所有股东。

上市公司发行不同种类股份的，收购人可以针对不同种类股份提出不同的收购条件。

第七十条 采取要约收购方式的，收购人在收购期限内，不得卖出被收购公司的股票，也不得采取要约规定以外的形式和超出要约的条件买入被收购公司的股票。

重点法条 12 股份收购的准则

第七十四条 收购期限届满，被收购公司股权分布不符合证券交易所规定的上市交易要求的，该上市公司的股票应当由证券交易所依法终止上市交易；其余仍持有被收购公司股票的股东，有权向收购人以收购要约的同等条件出售其股票，收购人应当收购。

收购行为完成后，被收购公司不再具备股份有限公司条件的，应当依法变更企业形式。

第七十五条 在上市公司收购中，收购人持有的被收购的上市公司的股票，在收购行为完成后的18个月内不得转让。

重点法条 13 **信息披露**

第七十八条 发行人及法律、行政法规和国务院证券监督管理机构规定的其他信息披露义务人，应当及时依法履行信息披露义务。

信息披露义务人披露的信息，应当真实、准确、完整，简明清晰，通俗易懂，不得有虚假记载、误导性陈述或者重大遗漏。

证券同时在境内境外公开发行、交易的，其信息披露义务人在境外披露的信息，应当在境内同时披露。

第七十九条 上市公司、公司债券上市交易的公司、股票在国务院批准的其他全国性证券交易场所交易的公司，应当按照国务院证券监督管理机构和证券交易场所规定的内容和格式编制定期报告，并按照以下规定报送和公告：

（一）在每一会计年度结束之日起4个月内，报送并公告年度报告，其中的年度财务会计报告应当经符合本法规定的会计师事务所审计；

（二）在每一会计年度的上半年结束之日起2个月内，报送并公告中期报告。

第八十条 发生可能对上市公司、股票在国务院批准的其他全国性证券交易场所交易的公司的股票交易价格产生较大影响的重大事件，投资者尚未得知时，公司应当立即将有关该重大事件的情况向国务院证券监督管理机构和证券交易场所报送临时报告，并予公告，说明事件的起因、目前的状态和可能产生的法律后果。

前款所称重大事件包括：

（一）公司的经营方针和经营范围的重大变化；

（二）公司的重大投资行为，公司在1年内购买、出售重大资产超过公司资产总额30%，或者公司营业用主要资产的抵押、质押、出售或者报废1次超过该资产的30%；

（三）公司订立重要合同、提供重大担保或者从事关联交易，可能对公司的资产、负债、权益和经营成果产生重要影响；

（四）公司发生重大债务和未能清偿到期重大债务的违约情况；

（五）公司发生重大亏损或者重大损失；

（六）公司生产经营的外部条件发生的重大变化；

（七）公司的董事、1/3以上监事或者经理发生变动，董事长或者经理无法履行职责；

（八）持有公司5%以上股份的股东或者实际控制人持有股份或者控制公司的情况发生较大变化，公司的实际控制人及其控制的其他企业从事与公司相同或者相似业务的情况发生较大变化；

（九）公司分配股利、增资的计划，公司股权结构的重要变化，公司减资、合并、分立、解散及申请破产的决定，或者依法进入破产程序、被责令关闭；

（十）涉及公司的重大诉讼、仲裁，股东大会、董事会决议被依法撤销或者宣告无效；

（十一）公司涉嫌犯罪被依法立案调查，公司的控股股东、实际控制人、董事、监事、高级管理人员涉嫌犯罪被依法采取强制措施；

（十二）国务院证券监督管理机构规定的其他事项。

公司的控股股东或者实际控制人对重大事件的发生、进展产生较大影响的，应当及时将其知悉的有关情况书面告知公司，并配合公司履行信息披露义务。

第八十一条 发生可能对上市交易公司债券的交易价格产生较大影响的重大事件，投资者尚未得知时，公司应当立即将有关该重大事件的情况向国务院证券监督管理机构和证券交易场所报送临时报告，并予公告，说明事件的起因、目前的状态和可能产生的法律后果。

前款所称重大事件包括：

（一）公司股权结构或者生产经营状况发生重大变化；

（二）公司债券信用评级发生变化；

（三）公司重大资产抵押、质押、出售、转让、报废；

（四）公司发生未能清偿到期债务的情况；

（五）公司新增借款或者对外提供担保超过上年末净资产的20%；

（六）公司放弃债权或者财产超过上年末净资产的10%；

（七）公司发生超过上年末净资产10%的重大损失；

（八）公司分配股利，作出减资、合并、分立、解散及申请破产的决定，或者依法进入破产程序、被责令关闭；

（九）涉及公司的重大诉讼、仲裁；

（十）公司涉嫌犯罪被依法立案调查，公司的控股股东、实际控制人、董事、监事、高级管理人员涉嫌犯罪被依法采取强制措施；

（十一）国务院证券监督管理机构规定的其他事项。

第八十二条　发行人的董事、高级管理人员应当对证券发行文件和定期报告签署书面确认意见。

发行人的监事会应当对董事会编制的证券发行文件和定期报告进行审核并提出书面审核意见。监事应当签署书面确认意见。

发行人的董事、监事和高级管理人员应当保证发行人及时、公平地披露信息，所披露的信息真实、准确、完整。

董事、监事和高级管理人员无法保证证券发行文件和定期报告内容的真实性、准确性、完整性或者有异议的，应当在书面确认意见中发表意见并陈述理由，发行人应当披露。发行人不予披露的，董事、监事和高级管理人员可以直接申请披露。

第八十三条　信息披露义务人披露的信息应当同时向所有投资者披露，不得提前向任何单位和个人泄露。但是，法律、行政法规另有规定的除外。

任何单位和个人不得非法要求信息披露义务人提供依法需要披露但尚未披露的信息。任何单位和个人提前获知的前述信息，在依法披露前应当保密。

第八十四条　除依法需要披露的信息之外，信息披露义务人可以自愿披露与投资者作出价值判断和投资决策有关的信息，但不得与依法披露的信息相冲突，不得误导投资者。

发行人及其控股股东、实际控制人、董事、监事、高级管理人员等作出公开承诺的，应当披露。不履行承诺给投资者造成损失的，应当依法承担赔偿责任。

第八十五条　信息披露义务人未按照规定披露信息，或者公告的证券发行文件、定期报告、临时报告及其他信息披露资料存在虚假记载、误导性陈述或者重大遗漏，致使投资者在证券交易中遭受损失的，信息披露义务人应当承担赔偿责任；发行人的控股股东、实际控制人、董事、监事、高级管理人员和其他直接责任人员以及保荐人、承销的证券公司及其直接责任人员，应当与发行人承担连带赔偿责任，但是能够证明自己没有过错的除外。

第八十六条　依法披露的信息，应当在证券交易场所的网站和符合国务院证券监督管理机构规定条件的媒体发布，同时将其置备于公司住所、证券交易场所，供社会公众查阅。

第八十七条　国务院证券监督管理机构对信息披露义务人的信息披露行为进行监督管理。

证券交易场所应当对其组织交易的证券的信息披露义务人的信息披露行为进行监督，督促其依法及时、准确地披露信息。

重点法条 14　投资者保护

第八十八条　证券公司向投资者销售证券、提供服务时，应当按照规定充分了解投资者的基本情况、财产状况、金融资产状况、投资知识和经验、专业能力等相关信息；如实说明证券、服务的重要内容，充分揭示投资风险；销售、提供与投资者上述状况相匹配的证券、服务。

投资者在购买证券或者接受服务时，应当按照证券公司明示的要求提供前款所列真实信息。拒绝提供或者未按照要求提供信息的，证券公司应当告知其后果，并按照规定拒绝向其销售证券、提供服务。

证券公司违反第一款规定导致投资者损失的，应当承担相应的赔偿责任。

第八十九条　根据财产状况、金融资产状况、投资知识和经验、专业能力等因素，投资者可以分为普通投资者和专业投资者。专业投资者的标准由国务院证券监督管理机构规定。

普通投资者与证券公司发生纠纷的，证券公司应当证明其行为符合法律、行政法规以及国务院证券监督管理机构的规定，不存在误导、欺诈等情形。证券公司不能证明的，应当承担相应的赔偿责任。

第九十条　上市公司董事会、独立董事、持有百分之一以上有表决权股份的股东或者依照法律、行政法规或者国务院证券监督管理机构的规定设立的投资者保护机构（以下简称投资者保护机构），可以作为征集人，自行或者委托证券公司、证券服务机构，公开请求上市公司股东委托其代为出席股东大会，并代为行使提案权、表决权等股东权利。

依照前款规定征集股东权利的，征集人应当披露征集文件，上市公司应当予以配合。

禁止以有偿或者变相有偿的方式公开征集股东权利。

公开征集股东权利违反法律、行政法规或者国务院证券监督管理机构有关规定，导致上市公司或者其股东遭受损失的，应当依法承担赔偿责任。

第九十一条 上市公司应当在章程中明确分配现金股利的具体安排和决策程序，依法保障股东的资产收益权。

上市公司当年税后利润，在弥补亏损及提取法定公积金后有盈余的，应当按照公司章程的规定分配现金股利。

第九十二条 公开发行公司债券的，应当设立债券持有人会议，并应当在募集说明书中说明债券持有人会议的召集程序、会议规则和其他重要事项。

公开发行公司债券的，发行人应当为债券持有人聘请债券受托管理人，并订立债券受托管理协议。受托管理人应当由本次发行的承销机构或者其他经国务院证券监督管理机构认可的机构担任，债券持有人会议可以决议变更债券受托管理人。债券受托管理人应当勤勉尽责，公正履行受托管理职责，不得损害债券持有人利益。

债券发行人未能按期兑付债券本息的，债券受托管理人可以接受全部或者部分债券持有人的委托，以自己名义代表债券持有人提起、参加民事诉讼或者清算程序。

第九十三条 发行人因欺诈发行、虚假陈述或者其他重大违法行为给投资者造成损失的，发行人的控股股东、实际控制人、相关的证券公司可以委托投资者保护机构，就赔偿事宜与受到损失的投资者达成协议，予以先行赔付。先行赔付后，可以依法向发行人以及其他连带责任人追偿。

第九十四条 投资者与发行人、证券公司等发生纠纷的，双方可以向投资者保护机构申请调解。普通投资者与证券公司发生证券业务纠纷，普通投资者提出调解请求的，证券公司不得拒绝。

投资者保护机构对损害投资者利益的行为，可以依法支持投资者向人民法院提起诉讼。

发行人的董事、监事、高级管理人员执行公司职务时违反法律、行政法规或者公司章程的规定给公司造成损失，发行人的控股股东、实际控制人等侵犯公司合法权益给公司造成损失，投资者保护机构持有该公司股份的，可以为公司的利益以自己的名义向人民法院提起诉讼，持股比例和持股期限不受《中华人民共和国公司法》规定的限制。

第九十五条 投资者提起虚假陈述等证券民事赔偿诉讼时，诉讼标的是同一种类，且当事人一方人数众多的，可以依法推选代表人进行诉讼。

对按照前款规定提起的诉讼，可能存在有相同诉讼请求的其他众多投资者的，人民法院可以发出公告，说明该诉讼请求的案件情况，通知投资者在一定期间向人民法院登记。人民法院作出的判决、裁定，对参加登记的投资者发生效力。

投资者保护机构受50名以上投资者委托，可以作为代表人参加诉讼，并为经证券登记结算机构确认的权利人依照前款规定向人民法院登记，但投资者明确表示不愿意参加该诉讼的除外。

重点法条 15 证券交易所

第九十六条 证券交易所、国务院批准的其他全国性证券交易场所为证券集中交易提供场所和设施，组织和监督证券交易，实行自律管理，依法登记，取得法人资格。

证券交易所、国务院批准的其他全国性证券交易场所的设立、变更和解散由国务院决定。

国务院批准的其他全国性证券交易场所的组织机构、管理办法等，由国务院规定。

第九十九条 证券交易所履行自律管理职能，应当遵守社会公共利益优先原则，维护市场的公平、有序、透明。

设立证券交易所必须制定章程。证券交易所章程的制定和修改，必须经国务院证券监督管理机构批准。

第一百零一条 证券交易所可以自行支配的各项费用收入，应当首先用于保证其证券交易场所和设施的正常运行并逐步改善。

实行会员制的证券交易所的财产积累归会员所有，其权益由会员共同享有，在其存续期间，不得将其财产积累分配给会员。

重点法条 16 技术性停牌与临时停市；证券公司设立和经营范围

第一百一十一条 因不可抗力、意外事件、重大技术故障、重大人为差错等突发性事件而影响证券交易正常进行时，为维护证券交易正常秩序和市场公平，证券交易所可以按照业务规则采取技术性停牌、临时停市等处置措施，并应当及时向国务院证券监督管理机构报告。

因前款规定的突发性事件导致证券交易结果出现重大异常，按交易结果进行交收将对证券交易正常秩序和市场公平造成重大影响的，证券交易所按照业务规则可以采取取消交易、通知证券登记结算机构暂缓交收等措施，并应当及时向国务院证券监督管理机构报告并公告。

证券交易所对其依照本条规定采取措施造成的损失，不承担民事赔偿责任，但存在重大过错的除外。

第一百一十八条 设立证券公司，应当具备下列条件，并经国务院证券监督管理机构批准：

（一）有符合法律、行政法规规定的公司章程；

（二）主要股东及公司的实际控制人具有良好的财务状况和诚信记录，最近3年无重大违法违规记录；

（三）有符合本法规定的公司注册资本；

（四）董事、监事、高级管理人员、从业人员符合本法规定的条件；

（五）有完善的风险管理与内部控制制度；

（六）有合格的经营场所、业务设施和信息技术系统；

（七）法律、行政法规和经国务院批准的国务院证券监督管理机构规定的其他条件。

未经国务院证券监督管理机构批准，任何单位和个人不得以证券公司名义开展证券业务活动。

第一百二十条 经国务院证券监督管理机构核准，取得经营证券业务许可证，证券公司可以经营下列部分或者全部证券业务：

（一）证券经纪；

（二）证券投资咨询；

（三）与证券交易、证券投资活动有关的财务顾问；

（四）证券承销与保荐；

（五）证券融资融券；

（六）证券做市交易；

（七）证券自营；

（八）其他证券业务。

国务院证券监督管理机构应当自受理前款规定事项申请之日起3个月内，依照法定条件和程序进行审查，作出核准或者不予核准的决定，并通知申请人；不予核准的，应当说明理由。

证券公司经营证券资产管理业务的，应当符合《中华人民共和国证券投资基金法》等法律、行政法规的规定。

除证券公司外，任何单位和个人不得从事证券承销、证券保荐、证券经纪和证券融资融券业务。

证券公司从事证券融资融券业务，应当采取措施，严格防范和控制风险，不得违反规定向客户出借资金或者证券。

第一百二十二条 证券公司变更证券业务范围，变更主要股东或者公司的实际控制人，合并、分立、停业、解散、破产，应当经国务院证券监督管理机构核准。

重点法条 17 证券公司的业务和经营活动的限制

第一百二十三条 国务院证券监督管理机构应当对证券公司净资本和其他风险控制指标作出规定。

证券公司除依照规定为其客户提供融资融券外，不得为其股东或者股东的关联人提供融资或者担保。

第一百二十九条 证券公司的自营业务必须以自己的名义进行，不得假借他人名义或者以个人名义进行。

证券公司的自营业务必须使用自有资金和依法筹集的资金。

证券公司不得将其自营账户借给他人使用。

第一百三十四条 证券公司办理经纪业务，不得接受客户的全权委托而决定证券买卖、选择证券种类、决定买卖数量或者买卖价格。

证券公司不得允许他人以证券公司的名义直接参与证券的集中交易。

第一百三十五条 证券公司不得对客户证券买卖的收益或者赔偿证券买卖的损失作出承诺。

第一百三十六条 证券公司的从业人员在证券交易活动中，执行所属的证券公司的指令或者利用职务违反交易规则的，由所属的证券公司承担全部责任。

证券公司的从业人员不得私下接受客户委托买卖证券。

保　险　法

【导读】 本法的常考点集中在以下知识点：(1)保险法基本原则：自愿原则、保险利益原则、近因原则等。最重要的是保险利益原则（第12条），注意人身保险中投保人对哪些人具有保险利益。(2)财产保险合同中代位求偿权是重中之重（第60条）。注意人身保险合同中不适用该制度。(3)人身保险合同的终止与解除也是重点（第37条）。本部分还涉及对《民法典》、最高人民法院《关于适用〈中华人民共和国保险法〉若干问题的解释（二）》（以下简称《保险法解释二》）、最高人民法院《关于适用〈中华人民共和国保险法〉若干问题的解释（三）》（以下简称《保险法解释三》）、最高人民法院《关于适用〈中华人民共和国保险法〉若干问题的解释（四）》（以下简称《保险法解释四》）中相关条文的考查。

总体来说，该法考点比较集中，也比较容易理解，掌握重点法条即可。

重点法条 1　保险的定义；经营主体；强制境内保险

第二条　本法所称保险，是指投保人根据合同约定，向保险人支付保险费，保险人对于合同约定的可能发生的事故因其发生所造成的财产损失承担赔偿保险金责任，或者当被保险人死亡、伤残、疾病或者达到合同约定的年龄、期限等条件时承担给付保险金责任的商业保险行为。

第六条　保险业务由依照本法设立的保险公司以及法律、行政法规规定的其他保险组织经营，其他单位和个人不得经营保险业务。

第七条　在中华人民共和国境内的法人和其他组织需要办理境内保险的，应当向中华人民共和国境内的保险公司投保。

重点法条 2　保险合同的成立与生效；合同双方的义务；保险利益；保险合同的内容

第十条　保险合同是投保人与保险人约定保险权利义务关系的协议。

投保人是指与保险人订立保险合同，并按照合同约定负有支付保险费义务的人。

保险人是指与投保人订立保险合同，并按照合同约定承担赔偿或者给付保险金责任的保险公司。

第十三条　投保人提出保险要求，经保险人同意承保，保险合同成立。保险人应当及时向投保人签发保险单或者其他保险凭证。

保险单或者其他保险凭证应当载明当事人双方约定的合同内容。当事人也可以约定采用其他书面形式载明合同内容。

依法成立的保险合同，自成立时生效。投保人和保险人可以对合同的效力约定附条件或者附期限。

第十四条　保险合同成立后，投保人按照约定交付保险费；保险人按照约定的时间开始承担保险责任。

第六十四条　保险人、被保险人为查明和确定保险事故的性质、原因和保险标的的损失程度所支付的必要的、合理的费用，由保险人承担。

【相关法条】《保险法》

第12条　人身保险的投保人在保险合同订立时，对被保险人应当具有保险利益。

财产保险的被保险人在保险事故发生时，对保险标的应当具有保险利益。

人身保险是以人的寿命和身体为保险标的的保险。

财产保险是以财产及其有关利益为保险标的的保险。

被保险人是指其财产或者人身受保险合同保障，享有保险金请求权的人。投保人可以为被保险人。

保险利益是指投保人或者被保险人对保险标的具有的法律上承认的利益。

第18条　保险合同应当包括下列事项：

（一）保险人的名称和住所；

（二）投保人、被保险人的姓名或者名称、住所，以及人身保险的受益人的姓名或者名称、住所；

（三）保险标的；

（四）保险责任和责任免除；

（五）保险期间和保险责任开始时间；

（六）保险金额；

（七）保险费以及支付办法；

（八）保险金赔偿或者给付办法；

（九）违约责任和争议处理；

（十）订立合同的年、月、日。

投保人和保险人可以约定与保险有关的其他事项。

受益人是指人身保险合同中由被保险人或者投保人指定的享有保险金请求权的人。投保人、被保险人可以为受益人。

保险金额是指保险人承担赔偿或者给付保险金责任的最高限额。

第31条 投保人对下列人员具有保险利益：

（一）本人；

（二）配偶、子女、父母；

（三）前项以外与投保人有抚养、赡养或者扶养关系的家庭其他成员、近亲属；

（四）与投保人有劳动关系的劳动者。

除前款规定外，被保险人同意投保人为其订立合同的，视为投保人对被保险人具有保险利益。

订立合同时，投保人对被保险人不具有保险利益的，合同无效。

第48条 保险事故发生时，被保险人对保险标的不具有保险利益的，不得向保险人请求赔偿保险金。

重点法条 3 保险合同的解除

第十五条 除本法另有规定或者保险合同另有约定外，保险合同成立后，投保人可以解除合同，保险人不得解除合同。

第四十七条 投保人解除合同的，保险人应当自收到解除合同通知之日起30日内，按照合同约定退还保险单的现金价值。

第五十条 货物运输保险合同和运输工具航程保险合同，保险责任开始后，合同当事人不得解除合同。

第五十四条 保险责任开始前，投保人要求解除合同的，应当按照合同约定向保险人支付手续费，保险人应当退还保险费。保险责任开始后，投保人要求解除合同的，保险人应当将已收取的保险费，按照合同约定扣除自保险责任开始之日起至合同解除之日止应收的部分后，退还投保人。

重点法条 4 投保人的告知义务及对保险人救济的限制

第十六条 订立保险合同，保险人就保险标的或者被保险人的有关情况提出询问的，投保人应当如实告知。

投保人故意或者因重大过失未履行前款规定的如实告知义务，足以影响保险人决定是否同意承保或者提高保险费率的，保险人有权解除合同。

前款规定的合同解除权，自保险人知道有解除事由之日起，超过30日不行使而消灭。自合同成立之日起超过2年的，保险人不得解除合同；发生保险事故的，保险人应当承担赔偿或者给付保险金的责任。

投保人故意不履行如实告知义务的，保险人对于合同解除前发生的保险事故，不承担赔偿或者给付保险金的责任，并不退还保险费。

投保人因重大过失未履行如实告知义务，对保险事故的发生有严重影响的，保险人对于合同解除前发生的保险事故，不承担赔偿或者给付保险金的责任，但应当退还保险费。

保险人在合同订立时已经知道投保人未如实告知的情况的，保险人不得解除合同；发生保险事故的，保险人应当承担赔偿或者给付保险金的责任。

保险事故是指保险合同约定的保险责任范围内的事故。

【相关法条】《保险法》

第17条 订立保险合同，采用保险人提供的格式条款的，保险人向投保人提供的投保单应当附格式条款，保险人应当向投保人说明合同的内容。

对保险合同中免除保险人责任的条款，保险人在订立合同时应当在投保单、保险单或者其他保险凭证上作出足以引起投保人注意的提示，并对该条款的内容以书面或者口头形式向投保人作出明确说明；未作提示或者明确说明的，该条款不产生效力。

第19条 采用保险人提供的格式条款订立的保险合同中的下列条款无效：

（一）免除保险人依法应承担的义务或者加重投保人、被保险人责任的；

（二）排除投保人、被保险人或者受益人依法享有的权利的。

第30条 采用保险人提供的格式条款订立的保险合同，保险人与投保人、被保险人或者受益人对合同条款有争议的，应当按照通常理解予以解释。对合同条款有2种以上解释的，人民法院或者仲裁机构应当作出有利于被保险人和受益人的解释。

《保险法解释二》(2020 年 12 月 23 日修正)

第 6 条 投保人的告知义务限于保险人询问的范围和内容。当事人对询问范围及内容有争议的,保险人负举证责任。

保险人以投保人违反了对投保单询问表中所列概括性条款的如实告知义务为由请求解除合同的,人民法院不予支持。但该概括性条款有具体内容的除外。

第 7 条 保险人在保险合同成立后知道或者应当知道投保人未履行如实告知义务,仍然收取保险费,又依照保险法第 16 条第 2 款的规定主张解除合同的,人民法院不予支持。

《民法典》

第 496 条 格式条款是当事人为了重复使用而预先拟定,并在订立合同时未与对方协商的条款。

采用格式条款订立合同的,提供格式条款的一方应当遵循公平原则确定当事人之间的权利和义务,并采取合理的方式提示对方注意免除或者减轻其责任等与对方有重大利害关系的条款,按照对方的要求,对该条款予以说明。提供格式条款的一方未履行提示或者说明义务,致使对方没有注意或者理解与其有重大利害关系的条款的,对方可以主张该条款不成为合同的内容。

第 498 条 对格式条款的理解发生争议的,应当按照通常理解予以解释。对格式条款有两种以上解释的,应当作出不利于提供格式条款一方的解释。格式条款和非格式条款不一致的,应当采用非格式条款。

重点法条 5 投保人和保险人的相关义务;保险人理赔程序;保险价值确定

第二十一条 投保人、被保险人或者受益人知道保险事故发生后,应当及时通知保险人。故意或者因重大过失未及时通知,致使保险事故的性质、原因、损失程度等难以确定的,保险人对无法确定的部分,不承担赔偿或者给付保险金的责任,但保险人通过其他途径已经及时知道或者应当及时知道保险事故发生的除外。

第二十三条 保险人收到被保险人或者受益人的赔偿或者给付保险金的请求后,应当及时作出核定;情形复杂的,应当在 30 日内作出核定,但合同另有约定的除外。保险人应当将核定结果通知被保险人或者受益人;对属于保险责任的,在与被保险人或者受益人达成赔偿或者给付保险金的协议后 10 日内,履行赔偿或者给付保险金义务。保险合同对赔偿或者给付保险金的期限有约定的,保险人应当按照约定履行赔偿或者给付保险金义务。

保险人未及时履行前款规定义务的,除支付保险金外,应当赔偿被保险人或者受益人因此受到的损失。

任何单位和个人不得非法干预保险人履行赔偿或者给付保险金的义务,也不得限制被保险人或者受益人取得保险金的权利。

第二十四条 保险人依照本法第 23 条的规定作出核定后,对不属于保险责任的,应当自作出核定之日起 3 日内向被保险人或者受益人发出拒绝赔偿或者拒绝给付保险金通知书,并说明理由。

第二十五条 保险人自收到赔偿或者给付保险金的请求和有关证明、资料之日起 60 日内,对其赔偿或者给付保险金的数额不能确定的,应当根据已有证明和资料可以确定的数额先予支付;保险人最终确定赔偿或者给付保险金的数额后,应当支付相应的差额。

第五十五条 投保人和保险人约定保险标的的保险价值并在合同中载明的,保险标的发生损失时,以约定的保险价值为赔偿计算标准。

投保人和保险人未约定保险标的的保险价值的,保险标的发生损失时,以保险事故发生时保险标的的实际价值为赔偿计算标准。

保险金额不得超过保险价值。超过保险价值的,超过部分无效,保险人应当退还相应的保险费。

保险金额低于保险价值的,除合同另有约定外,保险人按照保险金额与保险价值的比例承担赔偿保险金的责任。

精 解

1. 投保人、被保险人或者受益人对保险事故有通知义务,但这种义务在保险人可以通过其他途径了解保险事故的情况下可以被免除,如重大灾难性事故(《保险法》第 21 条)。

2. 保险人要求补充材料必须及时一次性通知,防止故意拖延(《保险法》第 22 条第 2 款)。

3. 保险人的核定时限最长不超过 30 日,核定后属于保险责任的应当在达成协议后 10 日内赔付,不属于保险责任的应当在核定后 3 日内发出通知书并说明理由(《保险法》第 23、24 条)。

4. 保险人有先行支付义务(《保险法》第25条)。

5. 财产保险中,保险价值可以等于保险金额,这是足额保险,实行完全赔付;保险价值可以高于保险金额,这是不足额保险,实行比例赔付;保险价值不能低于保险金额,这是超额保险,超过部分无效,保险人应当退还相应的保险费(《保险法》第55条)。

重点法条 6 **请求理赔时效;欺诈理赔的后果**

第二十六条 人寿保险以外的其他保险的被保险人或者受益人,向保险人请求赔偿或者给付保险金的诉讼时效期间为2年,自其知道或者应当知道保险事故发生之日起计算。

人寿保险的被保险人或者受益人向保险人请求给付保险金的诉讼时效期间为5年,自其知道或者应当知道保险事故发生之日起计算。

第二十七条 未发生保险事故,被保险人或者受益人谎称发生了保险事故,向保险人提出赔偿或者给付保险金请求的,保险人有权解除合同,并不退还保险费。

投保人、被保险人故意制造保险事故的,保险人有权解除合同,不承担赔偿或者给付保险金的责任;除本法第43条规定外,不退还保险费。

保险事故发生后,投保人、被保险人或者受益人以伪造、变造的有关证明、资料或者其他证据,编造虚假的事故原因或者夸大损失程度的,保险人对其虚报的部分不承担赔偿或者给付保险金的责任。

投保人、被保险人或者受益人有前3款规定行为之一,致使保险人支付保险金或者支出费用的,应当退回或者赔偿。

【相关法条】 《保险法》

第43条 投保人故意造成被保险人死亡、伤残或者疾病的,保险人不承担给付保险金的责任。投保人已交足2年以上保险费的,保险人应当按照合同约定向其他权利人退还保险单的现金价值。

受益人故意造成被保险人死亡、伤残、疾病的,或者故意杀害被保险人未遂的,该受益人丧失受益权。

重点提示 掌握寿险与其他险的赔付请求权行使期间的不同(5年与2年)。"5年"与"2年"的规定比较特殊,注意该期间的起算点。

精 解

应注意谎报与制造保险事故的责任是不同的:

1. 谎报保险事故的,保险人有权解除合同并不退还保险费(《保险法》第27条第1款)。

2. 故意制造事故的,保险人有权解除合同并免负赔付责任,但不退费问题上有例外(《保险法》第43条)。

3.《保险法》第27条第3款规定,对保险事故伪造、变造虚假证据,编造假原因或夸大损失,保险人对虚报部分不承担赔付或者给付保险金的责任。

4.《保险法》第27条第4款规定了以上行为责任人的赔偿或退回责任。

5. 这里对保险合同的解除权作一详述。

(1)投保人的解除权:投保人的解除权以"解除自由"为原则。

(2)保险人的解除权:保险人的解除权以"解除限制"为原则。法律规定的保险人的解除事由有:①投保人违反如实告知义务(《保险法》第16条);②被保险人或者受益人谎报发生了保险事故(《保险法》第27条);③投保人、被保险人或者受益人故意制造保险事故(《保险法》第27条);④财产保险合同的保险标的危险程度增加的(《保险法》第52条);⑤投保人、被保险人未按照约定履行其对保险标的安全尽责的义务(《保险法》第51条);⑥人身保险合同中投保人申报的被保险人年龄不实或申报年龄不符合约定年龄限制的(《保险法》第32条)等。

重点法条 7 **再保险**

第二十八条 保险人将其承担的保险业务,以分保形式,部分转移给其他保险人的,为再保险。

应再保险接受人的要求,再保险分出人应当将其自负责任及原保险的有关情况书面告知再保险接受人。

第二十九条 再保险接受人不得向原保险的投保人要求支付保险费。

原保险的被保险人或者受益人不得向再保险接受人提出赔偿或者给付保险金的请求。

再保险分出人不得以再保险接受人未履行再保险责任为由,拒绝履行或者迟延履行其原保险责任。

精 解

综合本法第28、29条可看出,再保险法律关系存在于保险人与再保险人之间,而与原保险的投保人、被保险人及受益人并无关系(合同相对性规则),故以上3个主体与再保险人之间并无保险合同权利义务关系。

重点法条 8 人身保险利益要求；死亡保险的禁止及例外；死亡保险合同的特殊规则

第三十一条 投保人对下列人员具有保险利益：

（一）本人；

（二）配偶、子女、父母；

（三）前项以外与投保人有抚养、赡养或者扶养关系的家庭其他成员、近亲属；

（四）与投保人有劳动关系的劳动者。

除前款规定外，被保险人同意投保人为其订立合同的，视为投保人对被保险人具有保险利益。

订立合同时，投保人对被保险人不具有保险利益的，合同无效。

第三十三条 投保人不得为无民事行为能力人投保以死亡为给付保险金条件的人身保险，保险人也不得承保。

父母为其未成年子女投保的人身保险，不受前款规定限制。但是，因被保险人死亡给付的保险金总和不得超过国务院保险监督管理机构规定的限额。

第三十四条 以死亡为给付保险金条件的合同，未经被保险人同意并认可保险金额的，合同无效。

按照以死亡为给付保险金条件的合同所签发的保险单，未经被保险人书面同意，不得转让或者质押。

父母为其未成年子女投保的人身保险，不受本条第1款规定限制。

【相关法条】《保险法解释三》（**2020年12月23日修正**）

第1条 当事人订立以死亡为给付保险金条件的合同，根据保险法第34条的规定，“被保险人同意并认可保险金额”可以采取书面形式、口头形式或者其他形式；可以在合同订立时作出，也可以在合同订立后追认。

有下列情形之一的，应认定为被保险人同意投保人为其订立保险合同并认可保险金额：

（一）被保险人明知他人代其签名同意而未表示异议的；

（二）被保险人同意投保人指定的受益人的；

（三）有证据足以认定被保险人同意投保人为其投保的其他情形。

第2条 被保险人以书面形式通知保险人和投保人撤销其依据保险法第34条第1款规定所作出的同意意思表示的，可认定为保险合同解除。

第6条 未成年人父母之外的其他履行监护职责的人为未成年人订立以死亡为给付保险金条件的合同，当事人主张参照保险法第33条第2款、第34条第3款的规定认定该合同有效的，人民法院不予支持，但经未成年人父母同意的除外。

重点法条 9 申报年龄不真实的处理

第三十二条 投保人申报的被保险人年龄不真实，并且其真实年龄不符合合同约定的年龄限制的，保险人可以解除合同，并按照合同约定退还保险单的现金价值。保险人行使合同解除权，适用本法第16条第3款、第6款的规定。

投保人申报的被保险人年龄不真实，致使投保人支付的保险费少于应付保险费的，保险人有权更正并要求投保人补交保险费，或者在给付保险金时按照实付保险费与应付保险费的比例支付。

投保人申报的被保险人年龄不真实，致使投保人支付的保险费多于应付保险费的，保险人应当将多收的保险费退还投保人。

精 解

本条规定了年龄误报的处理。根据实际年龄是否符合保险合同年龄限制，分为2种情况：

1. 实际年龄不符合保险合同年龄限制的：保险人可以解除合同，并按照合同约定退还保险单的现金价值，但是自合同成立之日起逾2年的除外。

2. 实际年龄符合保险合同年龄限制的，则又存在2种情况：

（1）致使投保人支付的保险费少于应付保险费的，保险人有2种处理方式：①有权更正并要求投保人补交保险费；②在给付保险金时按照实付保险费与应付保险费的比例支付。

（2）致使投保人实付保险费多于应付保险费的，保险人应当将多收的保险费退还投保人。

重点法条 10 合同效力的恢复；保险费支付

第三十七条 合同效力依照本法第36条规定中止的，经保险人与投保人协商并达成协议，在投保人补交保险费后，合同效力恢复。但是，自合同效力中止之日起满2年双方未达成协议的，保险人有权解除合同。

保险人依照前款规定解除合同的，应当按照合同约定退还保险单的现金价值。

第三十八条 保险人对人寿保险的保险费，不得用诉讼方式要求投保人支付。

【相关法条】《保险法》

第36条 合同约定分期支付保险费，投保人支付首期保险费后，除合同另有约定外，投保人自保险人催告之日起超过30日未支付当期保险费，或者超过约定的期限60日未支付当期保险费的，合同效力中止，或者由保险人按照合同约定的条件减少保险金额。

被保险人在前款规定期限内发生保险事故的，保险人应当按照合同约定给付保险金，但可以扣减欠交的保险费。

精 解

1. 注意这里的合同效力中止与解除合同的条件及两者的关系：

(1)除合同另有约定外，投保人自保险人催告之日起超过30日未支付当期保险费，或者超过约定的期限60日未支付当期保险费的，合同效力中止；

(2)中止的，经保险人与投保人协商并达成协议，在投保人补交保险费后，合同效力恢复；

(3)自合同效力中止之日起满2年双方未达成协议的，保险人有权解除合同。

2. 注意本法第38条讲的是保险费不可通过诉讼请求支付，不要与保险金(赔付责任)可通过诉讼请求支付相混淆。

3. 本法第37条规定的解除权只有保险人享有。

重点法条 11 受益人的确定、变更；保险金作为遗产的分配顺序

第三十九条 人身保险的受益人由被保险人或者投保人指定。

投保人指定受益人时须经被保险人同意。投保人为与其有劳动关系的劳动者投保人身保险，不得指定被保险人及其近亲属以外的人为受益人。

被保险人为无民事行为能力人或者限制民事行为能力人的，可以由其监护人指定受益人。

第四十一条第二款 投保人变更受益人时须经被保险人同意。

第四十二条 被保险人死亡后，有下列情形之一的，保险金作为被保险人的遗产，由保险人依照《中华人民共和国继承法》(现为《民法典》继承编)的规定履行给付保险金的义务：

(一)没有指定受益人，或者受益人指定不明无法确定的；

(二)受益人先于被保险人死亡，没有其他受益人的；

(三)受益人依法丧失受益权或者放弃受益权，没有其他受益人的。

受益人与被保险人在同一事件中死亡，且不能确定死亡先后顺序的，推定受益人死亡在先。

【相关法条】《保险法》

第43条 投保人故意造成被保险人死亡、伤残或者疾病的，保险人不承担给付保险金的责任。投保人已交足2年以上保险费的，保险人应当按照合同约定向其他权利人退还保险单的现金价值。

受益人故意造成被保险人死亡、伤残、疾病的，或者故意杀害被保险人未遂的，该受益人丧失受益权。

第44条 以被保险人死亡为给付保险金条件的合同，自合同成立或者合同效力恢复之日起2年内，被保险人自杀的，保险人不承担给付保险金的责任，但被保险人自杀时为无民事行为能力人的除外。

保险人依照前款规定不承担给付保险金责任的，应当按照合同约定退还保险单的现金价值。

第45条 因被保险人故意犯罪或者抗拒依法采取的刑事强制措施导致其伤残或者死亡的，保险人不承担给付保险金的责任。投保人已交足2年以上保险费的，保险人应当按照合同约定退还保险单的现金价值。

精 解

以上条文为考试的绝对重点兼难点。

1. 对本法第39条，重点识记谁有权指定受益人。

2. 对本法第41条第2款，注意变更受益人须经被保险人同意。

3. 注意保险金作为遗产处理的3种具体情形(《保险法》第42条)。

4. 注意保险人免付赔偿金的3种情形(《保险法》第43～45条)。

5. 注意受益人丧失受益权的3种行为，均以故意为构成要件(《保险法》第43条)。

重点法条 12 禁止追偿；人身保险合同的解除

第四十六条 被保险人因第三者的行为而发生死亡、伤残或者疾病等保险事故的，保险人向被保险人或者受益人给付保险金后，不享有向第三者追偿的权利，但被保险人或者受益人仍有权向第三者请

求赔偿。

第四十七条 投保人解除合同的,保险人应当自收到解除合同通知之日起30日内,按照合同约定退还保险单的现金价值。

精 解

以上条文为考试的重点和热点,应予重视。

本法第46条是区分人身保险合同和财产保险合同保险代位权的关键所在。因第三人行为而发生保险事故造成人身损害的,被保险人(或受益人)可获得双份赔偿,即可向侵权的第三人请求损害赔偿,同时可向保险人请求给付保险金。而且保险人给付保险金后,对第三人不得享有保险代位求偿权。

代位求偿是财产保险独有的制度,因为财产有价人命无价,目的是防止出现借投保谋利的现象。本知识点在保险法中出题率最高。

重点法条 13 保险标的的转让

第四十九条 保险标的转让的,保险标的的受让人承继被保险人的权利和义务。

保险标的转让的,被保险人或者受让人应当及时通知保险人,但货物运输保险合同和另有约定的合同除外。

因保险标的转让导致危险程度显著增加的,保险人自收到前款规定的通知之日起30日内,可以按照合同约定增加保险费或者解除合同。保险人解除合同的,应当将已收取的保险费,按照合同约定扣除自保险责任开始之日起至合同解除之日止应收的部分后,退还投保人。

被保险人、受让人未履行本条第2款规定的通知义务的,因转让导致保险标的危险程度显著增加而发生的保险事故,保险人不承担赔偿保险金的责任。

【相关法条】《保险法》

第20条 投保人和保险人可以协商变更合同内容。

变更保险合同的,应当由保险人在保险单或者其他保险凭证上批注或者附贴批单,或者由投保人和保险人订立变更的书面协议。

《保险法解释四》(2020年12月23日修正)

第1条 保险标的已交付受让人,但尚未依法办理所有权变更登记,承担保险标的毁损灭失风险的受让人,依照保险法第四十八条、第四十九条的规定主张行使被保险人权利的,人民法院应予支持。

第4条 人民法院认定保险标的是否构成保险法第四十九条、第五十二条规定的"危险程度显著增加"时,应当综合考虑以下因素:

(一)保险标的用途的改变;

(二)保险标的使用范围的改变;

(三)保险标的所处环境的变化;

(四)保险标的因改装等原因引起的变化;

(五)保险标的使用人或者管理人的改变;

(六)危险程度增加持续的时间;

(七)其他可能导致危险程度显著增加的因素。

保险标的危险程度虽然增加,但增加的危险属于保险合同订立时保险人预见或者应当预见的保险合同承保范围的,不构成危险程度显著增加。

重点法条 14 保险费增加

第五十二条 在合同有效期内,保险标的的危险程度显著增加的,被保险人应当按照合同约定及时通知保险人,保险人可以按照合同约定增加保险费或者解除合同。保险人解除合同的,应当将已收取的保险费,按照合同约定扣除自保险责任开始之日起至合同解除之日止应收的部分后,退还投保人。

被保险人未履行前款规定的通知义务的,因保险标的的危险程度显著增加而发生的保险事故,保险人不承担赔偿保险金的责任。

【相关法条】《保险法》

第51条第3款 投保人、被保险人未按照约定履行其对保险标的的安全应尽的责任的,保险人有权要求增加保险费或者解除合同。

第53条 有下列情形之一的,除合同另有约定外,保险人应当降低保险费,并按日计算退还相应的保险费:

(一)据以确定保险费率的有关情况发生变化,保险标的的危险程度明显减少的;

(二)保险标的的保险价值明显减少的。

重点法条 15 保险价值确定;重复保险

第五十五条 投保人和保险人约定保险标的的保险价值并在合同中载明的,保险标的发生损失时,以约定的保险价值为赔偿计算标准。

投保人和保险人未约定保险标的的保险价值的,保险标的发生损失时,以保险事故发生时保险标的的实际价值为赔偿计算标准。

保险金额不得超过保险价值。超过保险价值的，超过部分无效，保险人应当退还相应的保险费。

保险金额低于保险价值的，除合同另有约定外，保险人按照保险金额与保险价值的比例承担赔偿保险金的责任。

第五十六条 重复保险的投保人应当将重复保险的有关情况通知各保险人。

重复保险的各保险人赔偿保险金的总和不得超过保险价值。除合同另有约定外，各保险人按照其保险金额与保险金额总和的比例承担赔偿保险金的责任。

重复保险的投保人可以就保险金额总和超过保险价值的部分，请求各保险人按比例返还保险费。

重复保险是指投保人对同一保险标的、同一保险利益、同一保险事故分别与2个以上保险人订立保险合同，且保险金额总和超过保险价值的保险。

精 解

以上条文是考试传统的难点和重点。注意以下几点：

1. 保险金额与保险价值的关系：前者高于后者的部分无效；低于后者的，依比例确定赔偿额。

2. 重复保险中，保险人的赔偿责任确定：按各自保险金额与保险金额总和的比例承担，但允许合同另有约定。

3. 重复保险与再保险的含义不同，注意区分。再保险指保险人将其承担的保险业务，以分保形式部分转移给其他保险人。

重点法条 16 被保险人防止或减少损失义务

第五十七条 保险事故发生时，被保险人应当尽力采取必要的措施，防止或者减少损失。

保险事故发生后，被保险人为防止或者减少保险标的的损失所支付的必要的、合理的费用，由保险人承担；保险人所承担的费用数额在保险标的损失赔偿金额以外另行计算，最高不超过保险金额的数额。

【相关法条】《民法典》

第591条 当事人一方违约后，对方应当采取适当措施防止损失的扩大；没有采取适当措施致使损失扩大的，不得就扩大的损失请求赔偿。

当事人因防止损失扩大而支出的合理费用，由违约方负担。

《保险法解释四》

第6条 保险事故发生后，被保险人依照保险法第五十七条的规定，请求保险人承担为防止或者减少保险标的的损失所支付的必要、合理费用，保险人以被保险人采取的措施未产生实际效果为由抗辩的，人民法院不予支持。

重点法条 17 保险事故后合同的解除与理赔；代位权

第五十八条 保险标的发生部分损失的，自保险人赔偿之日起30日内，投保人可以解除合同；除合同另有约定外，保险人也可以解除合同，但应当提前15日通知投保人。

合同解除的，保险人应当将保险标的未受损失部分的保险费，按照合同约定扣除自保险责任开始之日起至合同解除之日止应收的部分后，退还投保人。

第五十九条 保险事故发生后，保险人已支付了全部保险金额，并且保险金额等于保险价值的，受损保险标的的全部权利归于保险人；保险金额低于保险价值的，保险人按照保险金额与保险价值的比例取得受损保险标的的部分权利。

第六十条 因第三者对保险标的的损害而造成保险事故的，保险人自向被保险人赔偿保险金之日起，在赔偿金额范围内代位行使被保险人对第三者请求赔偿的权利。

前款规定的保险事故发生后，被保险人已经从第三者取得损害赔偿的，保险人赔偿保险金时，可以相应扣减被保险人从第三者已取得的赔偿金额。

保险人依照本条第1款规定行使代位请求赔偿的权利，不影响被保险人就未取得赔偿的部分向第三者请求赔偿的权利。

第六十二条 除被保险人的家庭成员或者其组成人员故意造成本法第60条第1款规定的保险事故外，保险人不得对被保险人的家庭成员或者其组成人员行使代位请求赔偿的权利。

【相关法条】《保险法》

第46条 被保险人因第三者的行为而发生死亡、伤残或者疾病等保险事故的，保险人向被保险人或者受益人给付保险金后，不享有向第三者追偿的权利，但被保险人或者受益人仍有权向第三者请求赔偿。

第61条 保险事故发生后，保险人未赔偿保险金之前，被保险人放弃对第三者请求赔偿的权利的，保险人不承担赔偿保险金的责任。

保险人向被保险人赔偿保险金后，被保险人未经保险人同意放弃对第三者请求赔偿的权利的，该行为无效。

被保险人故意或者因重大过失致使保险人不能行使代位请求赔偿的权利的，保险人可以扣减或者要求返还相应的保险金。

《保险法解释四》

第7条 保险人依照保险法第六十条的规定，主张代位行使被保险人因第三者侵权或者违约等享有的请求赔偿的权利的，人民法院应予支持。

第8条 投保人和被保险人为不同主体，因投保人对保险标的的损害而造成保险事故，保险人依法主张代位行使被保险人对投保人请求赔偿的权利的，人民法院应予支持，但法律另有规定或者保险合同另有约定的除外。

第9条 在保险人以第三者为被告提起的代位求偿权之诉中，第三者以被保险人在保险合同订立前已放弃对其请求赔偿的权利为由进行抗辩，人民法院认定上述放弃行为合法有效，保险人就相应部分主张行使代位求偿权的，人民法院不予支持。

保险合同订立时，保险人就是否存在上述放弃情形提出询问，投保人未如实告知，导致保险人不能代位行使请求赔偿的权利，保险人请求返还相应保险金的，人民法院应予支持，但保险人知道或者应当知道上述情形仍同意承保的除外。

第10条 因第三者对保险标的的损害而造成保险事故，保险人获得代位请求赔偿的权利的情况未通知第三者或者通知到达第三者前，第三者在被保险人已经从保险人处获赔的范围内又向被保险人作出赔偿，保险人主张代位行使被保险人对第三者请求赔偿的权利的，人民法院不予支持。保险人就相应保险金主张被保险人返还的，人民法院应予支持。

保险人获得代位请求赔偿的权利的情况已经通知到第三者，第三者又向被保险人作出赔偿，保险人主张代位行使请求赔偿的权利，第三者以其已经向被保险人赔偿为由抗辩的，人民法院不予支持。

精 解

以上条文是迄今为止考试频率最高的法条。有关保险赔偿代位权的规定非常重要。

1. 保险人支付保险金额后，即获得被保险人所让渡的相应的保险标的的权利(《保险法》第59条)。

2. 保险事故因第三人损害行为而发生的，被保险人不能获得双重赔偿，而只能在向第三人请求损害赔偿与向保险人请求赔付之间择一行使(《保险法》第60条)，要注意与人身保险合同的区别(《保险法》第46条)。

3. 在前种情形下，一旦保险人履行了赔付义务，即获得了向第三人请求赔偿的代位权。

4. 代位求偿权不影响被保险人就未获赔偿部分的赔偿请求权。

5. 正由于保险人享有保险代位求偿权，故有《保险法》第61条的保障性规定。

6. 特别注意本法第62条的2层意思：

(1)被保险人的家庭成员或组成人员的故意损害行为造成保险事故发生的，保险人对以上成员(人员)仍有代位求偿权；

(2)以上成员(人员)其他行为造成的保险事故，保险人对其无代位求偿权。

重点法条 18 责任保险的赔付

第六十五条 保险人对责任保险的被保险人给第三者造成的损害，可以依照法律的规定或者合同的约定，直接向该第三者赔偿保险金。

责任保险的被保险人给第三者造成损害，被保险人对第三者应负的赔偿责任确定的，根据被保险人的请求，保险人应当直接向该第三者赔偿保险金。被保险人怠于请求的，第三者有权就其应获赔偿部分直接向保险人请求赔偿保险金。

责任保险的被保险人给第三者造成损害，被保险人未向该第三者赔偿的，保险人不得向被保险人赔偿保险金。

责任保险是指以被保险人对第三者依法应负的赔偿责任为保险标的的保险。

第六十六条 责任保险的被保险人因给第三者造成损害的保险事故而被提起仲裁或者诉讼的，被保险人支付的仲裁或者诉讼费用以及其他必要的、合理的费用，除合同另有约定外，由保险人承担。

精 解

以上条文规定的是第三人责任险制度，应予了解。

1. 责任保险，如机动车辆第三人责任险，是保险人代被保险人赔付第三人(《保险法》第65条)。保险责任主要是被保险人对第三者所承担的损害赔偿责任。

2. 由保险人直接对第三者作出赔偿。

3. 注意除合同另有规定外，诉讼（仲裁费用）以及其他必要的、合理的费用由该保险人承担（《保险法》第66条）。

重点法条 19 清偿顺序

第九十一条 破产财产在优先清偿破产费用和共益债务后，按照下列顺序清偿：

（一）所欠职工工资和医疗、伤残补助、抚恤费用，所欠应当划入职工个人账户的基本养老保险、基本医疗保险费用，以及法律、行政法规规定应当支付给职工的补偿金；

（二）赔偿或者给付保险金；

（三）保险公司欠缴的除第1项规定以外的社会保险费用和所欠税款；

（四）普通破产债权。

破产财产不足以清偿同一顺序的清偿要求的，按照比例分配。

破产保险公司的董事、监事和高级管理人员的工资，按照该公司职工的平均工资计算。

精 解

1. 掌握经营有人寿保险业务的保险公司禁止解散的规定。

2. 注意保险公司破产财产的特殊分配顺序。

3. 人寿保险与人身保险需区别开来。人身保险合同分为人寿保险合同、伤害保险合同和健康保险合同（《保险法》第95条）。

信 托 法

【导读】《信托法》于2022年被纳入法考大纲，该法重点突出，在客观题考试中占据分值为1～2分，考生掌握重点法条即可。

重点法条 1 信托的设立

第六条 设立信托，必须有合法的信托目的。

第七条 设立信托，必须有确定的信托财产，并且该信托财产必须是委托人合法所有的财产。

本法所称财产包括合法的财产权利。

第八条 设立信托，应当采取书面形式。

书面形式包括信托合同、遗嘱或者法律、行政法规规定的其他书面文件等。

采取信托合同形式设立信托的，信托合同签订时，信托成立。采取其他书面形式设立信托的，受托人承诺信托时，信托成立。

第十条 设立信托，对于信托财产，有关法律、行政法规规定应当办理登记手续的，应当依法办理信托登记。

未依照前款规定办理信托登记的，应当补办登记手续；不补办的，该信托不产生效力。

第十一条 有下列情形之一的，信托无效：

（一）信托目的违反法律、行政法规或者损害社会公共利益；

（二）信托财产不能确定；

（三）委托人以非法财产或者本法规定不得设立信托的财产设立信托；

（四）专以诉讼或者讨债为目的设立信托；

（五）受益人或者受益人范围不能确定；

（六）法律、行政法规规定的其他情形。

第十二条 委托人设立信托损害其债权人利益的，债权人有权申请人民法院撤销该信托。

人民法院依照前款规定撤销信托的，不影响善意受益人已经取得的信托利益。

本条第一款规定的申请权，自债权人知道或者应当知道撤销原因之日起一年内不行使的，归于消灭。

第十三条 设立遗嘱信托，应当遵守继承法关于遗嘱的规定。

遗嘱指定的人拒绝或者无能力担任受托人的，由受益人另行选任受托人；受益人为无民事行为能力人或者限制民事行为能力人的，依法由其监护人代行选任。遗嘱对选任受托人另有规定的，从其规定。

【例题】 方某与甲信托公司签订了《单一事务管理类信托合同》，约定方某委托甲信托公司为乙公司发放信托贷款300万元，一次三个月，每次给乙公司发放100万元，合同没有约定受托人报酬，甲公司收到指令后给乙公司分三笔发放了信托贷款。对此，

下列说法正确的有哪些？(2022 年多选题)

A. 甲公司应对方某承担信托义务

B. 虽然双方未约定报酬，但甲公司有权请求信托报酬

C. 未约定报酬不影响信托的效力

D. 因为财产都按委托人的指示处分了，因此信托无效

参考答案：________①

重点法条 2 信托财产

第十四条 受托人因承诺信托而取得的财产是信托财产。

受托人因信托财产的管理运用、处分或者其他情形而取得的财产，也归入信托财产。

法律、行政法规禁止流通的财产，不得作为信托财产。

法律、行政法规限制流通的财产，依法经有关主管部门批准后，可以作为信托财产。

第十五条 信托财产与委托人未设立信托的其他财产相区别。设立信托后，委托人死亡或者依法解散、被依法撤销、被宣告破产时，委托人是唯一受益人的，信托终止，信托财产作为其遗产或者清算财产；委托人不是唯一受益人的，信托存续，信托财产不作为其遗产或者清算财产；但作为共同受益人的委托人死亡或者依法解散、被依法撤销、被宣告破产时，其信托受益权作为其遗产或者清算财产。

第十七条 除因下列情形之一外，对信托财产不得强制执行：

(一)设立信托前债权人已对该信托财产享有优先受偿的权利，并依法行使该权利的；

(二)受托人处理信托事务所产生债务，债权人要求清偿该债务的；

(三)信托财产本身应担负的税款；

(四)法律规定的其他情形。

对于违反前款规定而强制执行信托财产，委托人、受托人或者受益人有权向人民法院提出异议。

重点法条 3 委托人

第十九条 委托人应当是具有完全民事行为能力的自然人、法人或者依法成立的其他组织。

第二十条 委托人有权了解其信托财产的管理运用、处分及收支情况，并有权要求受托人作出说明。

委托人有权查阅、抄录或者复制与其信托财产有关的信托帐目以及处理信托事务的其他文件。

重点法条 4 受托人

第二十四条 受托人应当是具有完全民事行为能力的自然人、法人。

法律、行政法规对受托人的条件另有规定的，从其规定。

第二十六条 受托人除依照本法规定取得报酬外，不得利用信托财产为自己谋取利益。

受托人违反前款规定，利用信托财产为自己谋取利益的，所得利益归入信托财产。

第二十七条 受托人不得将信托财产转为其固有财产。受托人将信托财产转为其固有财产的，必须恢复该信托财产的原状；造成信托财产损失的，应当承担赔偿责任。

第二十八条 受托人不得将其固有财产与信托财产进行交易或者将不同委托人的信托财产进行相互交易，但信托文件另有规定或者经委托人或者受益人同意，并以公平的市场价格进行交易的除外。

受托人违反前款规定，造成信托财产损失的，应当承担赔偿责任。

第二十九条 受托人必须将信托财产与其固有财产分别管理、分别记帐，并将不同委托人的信托财产分别管理、分别记帐。

第三十条 受托人应当自己处理信托事务，但信托文件另有规定或者有不得已事由的，可以委托他人代为处理。

受托人依法将信托事务委托他人代理的，应当对他人处理信托事务的行为承担责任。

第三十一条 同一信托的受托人有两个以上的，为共同受托人。

共同受托人应当共同处理信托事务，但信托文件规定对某些具体事务由受托人分别处理的，从其规定。

共同受托人共同处理信托事务，意见不一致时，按信托文件规定处理；信托文件未规定的，由委托人、

① AC

受益人或者其利害关系人决定。

第三十二条 共同受托人处理信托事务对第三人所负债务,应当承担连带清偿责任。第三人对共同受托人之一所作的意思表示,对其他受托人同样有效。

共同受托人之一违反信托目的处分信托财产或者因违背管理职责、处理信托事务不当致使信托财产受到损失的,其他受托人应当承担连带赔偿责任。

第三十三条 受托人必须保存处理信托事务的完整记录。

受托人应当每年定期将信托财产的管理运用、处分及收支情况,报告委托人和受益人。

受托人对委托人、受益人以及处理信托事务的情况和资料负有依法保密的义务。

第三十四条 受托人以信托财产为限向受益人承担支付信托利益的义务。

第三十五条 受托人有权依照信托文件的约定取得报酬。信托文件未作事先约定的,经信托当事人协商同意,可以作出补充约定;未作事先约定和补充约定的,不得收取报酬。

约定的报酬经信托当事人协商同意,可以增减其数额。

第三十九条 受托人有下列情形之一的,其职责终止:

(一)死亡或者被依法宣告死亡;

(二)被依法宣告为无民事行为能力人或者限制民事行为能力人;

(三)被依法撤销或者被宣告破产;

(四)依法解散或者法定资格丧失;

(五)辞任或者被解任;

(六)法律、行政法规规定的其他情形。

受托人职责终止时,其继承人或者遗产管理人、监护人、清算人应当妥善保管信托财产,协助新受托人接管信托事务。

重点法条 5 受益人

第四十三条 受益人是在信托中享有信托受益权的人。受益人可以是自然人、法人或者依法成立的其他组织。

委托人可以是受益人,也可以是同一信托的唯一受益人。

受托人可以是受益人,但不得是同一信托的唯一受益人。

第四十四条 受益人自信托生效之日起享有信托受益权。信托文件另有规定的,从其规定。

第四十五条 共同受益人按照信托文件的规定享受信托利益。信托文件对信托利益的分配比例或者分配方法未作规定的,各受益人按照均等的比例享受信托利益。

第四十六条 受益人可以放弃信托受益权。

全体受益人放弃信托受益权的,信托终止。

部分受益人放弃信托受益权的,被放弃的信托受益权按下列顺序确定归属:

(一)信托文件规定的人;

(二)其他受益人;

(三)委托人或者其继承人。

重点法条 6 信托的变更与终止

第五十一条 设立信托后,有下列情形之一的,委托人可以变更受益人或者处分受益人的信托受益权:

(一)受益人对委托人有重大侵权行为;

(二)受益人对其他共同受益人有重大侵权行为;

(三)经受益人同意;

(四)信托文件规定的其他情形。

有前款第(一)项、第(三)项、第(四)项所列情形之一的,委托人可以解除信托。

第五十三条 有下列情形之一的,信托终止:

(一)信托文件规定的终止事由发生;

(二)信托的存续违反信托目的;

(三)信托目的已经实现或者不能实现;

(四)信托当事人协商同意;

(五)信托被撤销;

(六)信托被解除。

第五十四条 信托终止的,信托财产归属于信托文件规定的人;信托文件未规定的,按下列顺序确定归属:

(一)受益人或者其继承人;

(二)委托人或者其继承人。

重点法条 7 公益信托

第六十条 为了下列公共利益目的之一而设立的信托,属于公益信托:

（一）救济贫困；
（二）救助灾民；
（三）扶助残疾人；
（四）发展教育、科技、文化、艺术、体育事业；
（五）发展医疗卫生事业；
（六）发展环境保护事业，维护生态环境；
（七）发展其他社会公益事业。

民事诉讼法与仲裁制度

民事诉讼法

【导读】 民事诉讼法部分的法条,对于民诉法这一学科而言是非常重要的。就本身而言,考试的绝大多数的试题都是直接源于法条。对于法条的烂熟于心绝对是考生通过考试的不二法宝。其中,《民事诉讼法》及《民诉解释》两个法律文件,是最为直接的考查主体。重点法条非常之多,考试尤其要注意其中关涉管辖、当事人、审判程序、证据规定、执行程序等部分的法条。

关于民事诉讼法部分的复习建议如下:

(1)法条学习依然是关键,尤其是新增或变化的法条。2023 年再次修正了《民事诉讼法》,本次修改幅度较小,值得注意的是,本次新增了"指定遗产管理人案件"(第 194 ~ 197 条),考生要注意相关内容。有人说诉讼法就是法条型学科,其实一点也不夸张。考生必须将一些重要的法律条文烂熟于心,这是应对法条型学科的关键。同时学习条文要会推敲条文,理解性地记忆,不能仅记忆条文文字本身,更要明白重要的条文的考查方式和套路所在。

(2)掌握法条的同时要注意法学理论的积淀,加深对法学基本概念的理解和运用,这也是近些年考试的新要求。每年的考试都会有几道试题是考查基础理论而不能直接找到法条依据的,考生只有凭借平时的法学积累才能正确找到答案所在。

(3)注重知识的整体性与综合性把握,运用对比的记忆方法将相近似的知识点形成知识群的概念,从而面对综合性的命题时真正地做到有的放矢。

(4)注重历年真题在复习中的作用。通过历年真题可以厘清历年考试的大致脉络,也能找到该学科考试的重点所在,凡是在真题中重复出现过的考点肯定是备考的重点所在,同时通过大量地演练真题也可以找到出题者的出题陷阱套路,大大提高我们的做题速度和准确度。

第一篇　总　　则

重点法条 1　级别管辖

第十八条　基层人民法院管辖第一审民事案件,但本法另有规定的除外。

第十九条　中级人民法院管辖下列第一审民事案件:

(一)重大涉外案件;

(二)在本辖区有重大影响的案件;

(三)最高人民法院确定由中级人民法院管辖的案件。

第二十条　高级人民法院管辖在本辖区有重大影响的第一审民事案件。

第二十一条　最高人民法院管辖下列第一审民事案件:

(一)在全国有重大影响的案件;

(二)认为应当由本院审理的案件。

【相关法条】《民诉解释》

第 1 条　民事诉讼法第十九条第一项规定的重大涉外案件,包括争议标的额大的案件、案情复杂的案件,或者一方当事人人数众多等具有重大影响的案件。

第 2 条　专利纠纷案件由知识产权法院、最高人民法院确定的中级人民法院和基层人民法院管辖。

海事、海商案件由海事法院管辖。

精　解

级别管辖须注意四级法院各自管辖的案件范围,不是所有的涉外案件都由中级人民法院作为一审法院；高级人民法院管辖的只是在自己的辖区范围内的案件，不包括“认为应当由自己审理的案件”。

重点法条 2 一般地域管辖

第二十二条 对公民提起的民事诉讼，由被告住所地人民法院管辖；被告住所地与经常居住地不一致的，由经常居住地人民法院管辖。

对法人或者其他组织提起的民事诉讼，由被告住所地人民法院管辖。

同一诉讼的几个被告住所地、经常居住地在两个以上人民法院辖区的，各该人民法院都有管辖权。

第二十三条 下列民事诉讼，由原告住所地人民法院管辖；原告住所地与经常居住地不一致的，由原告经常居住地人民法院管辖：

（一）对不在中华人民共和国领域内居住的人提起的有关身份关系的诉讼；

（二）对下落不明或者宣告失踪的人提起的有关身份关系的诉讼；

（三）对被采取强制性教育措施的人提起的诉讼；

（四）对被监禁的人提起的诉讼。

【相关法条】《民诉解释》

第3条 公民的住所地是指公民的户籍所在地，法人或者其他组织的住所地是指法人或者其他组织的主要办事机构所在地。

法人或者其他组织的主要办事机构所在地不能确定的，法人或者其他组织的注册地或者登记地为住所地。

第4条 公民的经常居住地是指公民离开住所地至起诉时已连续居住一年以上的地方，但公民住院就医的地方除外。

第5条 对没有办事机构的个人合伙、合伙型联营体提起的诉讼，由被告注册登记地人民法院管辖。没有注册登记，几个被告又不在同一辖区的，被告住所地的人民法院都有管辖权。

第6条 被告被注销户籍的，依照民事诉讼法第二十三条规定确定管辖；原告、被告均被注销户籍的，由被告居住地人民法院管辖。

第7条 当事人的户籍迁出后尚未落户，有经常居住地的，由该地人民法院管辖；没有经常居住地的，由其原户籍所在地人民法院管辖。

第8条 双方当事人都被监禁或者被采取强制性教育措施的，由被告原住所地人民法院管辖。被告被监禁或者被采取强制性教育措施一年以上的，由被告被监禁地或者被采取强制性教育措施地人民法院管辖。

第9条 追索赡养费、扶养费、抚养费案件的几个被告住所地不在同一辖区的，可以由原告住所地人民法院管辖。

第10条 不服指定监护或者变更监护关系的案件，可以由被监护人住所地人民法院管辖。

第11条 双方当事人均为军人或者军队单位的民事案件由军事法院管辖。

第12条 夫妻一方离开住所地超过一年，另一方起诉离婚的案件，可以由原告住所地人民法院管辖。

夫妻双方离开住所地超过一年，一方起诉离婚的案件，由被告经常居住地人民法院管辖；没有经常居住地的，由原告起诉时被告居住地人民法院管辖。

第13条 在国内结婚并定居国外的华侨，如定居国法院以离婚诉讼须由婚姻缔结地法院管辖为由不予受理，当事人向人民法院提出离婚诉讼的，由婚姻缔结地或者一方在国内的最后居住地人民法院管辖。

第14条 在国外结婚并定居国外的华侨，如定居国法院以离婚诉讼须由国籍所属国法院管辖为由不予受理，当事人向人民法院提出离婚诉讼的，由一方原住所地或者在国内的最后居住地人民法院管辖。

第15条 中国公民一方居住在国外，一方居住在国内，不论哪一方向人民法院提起离婚诉讼，国内一方住所地人民法院都有权管辖。国外一方在居住国法院起诉，国内一方向人民法院起诉的，受诉人民法院有权管辖。

第16条 中国公民双方在国外但未定居，一方向人民法院起诉离婚的，应由原告或者被告原住所地人民法院管辖。

第17条 已经离婚的中国公民，双方均定居国外，仅就国内财产分割提起诉讼的，由主要财产所在地人民法院管辖。

精 解

地域管辖须注意：在一般地域管辖中根据原告所在地的法院确定管辖法院的仍然属于一般地域管辖，

各类合同案件管辖权的确定，海难救助费用案件与共同海损案件未将被告所在地法院作为管辖法院，协议管辖和专属管辖的案件范围和适用条件。

重点法条 3　特殊地域管辖

第二十四条　因合同纠纷提起的诉讼，由被告住所地或者合同履行地人民法院管辖。

第二十五条　因保险合同纠纷提起的诉讼，由被告住所地或者保险标的物所在地人民法院管辖。

第二十六条　因票据纠纷提起的诉讼，由票据支付地或者被告住所地人民法院管辖。

第二十七条　因公司设立、确认股东资格、分配利润、解散等纠纷提起的诉讼，由公司住所地人民法院管辖。

第二十八条　因铁路、公路、水上、航空运输和联合运输合同纠纷提起的诉讼，由运输始发地、目的地或者被告住所地人民法院管辖。

第二十九条　因侵权行为提起的诉讼，由侵权行为地或者被告住所地人民法院管辖。

第三十条　因铁路、公路、水上和航空事故请求损害赔偿提起的诉讼，由事故发生地或者车辆、船舶最先到达地、航空器最先降落地或者被告住所地人民法院管辖。

第三十一条　因船舶碰撞或者其他海事损害事故请求损害赔偿提起的诉讼，由碰撞发生地、碰撞船舶最先到达地、加害船舶被扣留地或者被告住所地人民法院管辖。

第三十二条　因海难救助费用提起的诉讼，由救助地或者被救助船舶最先到达地人民法院管辖。

第三十三条　因共同海损提起的诉讼，由船舶最先到达地、共同海损理算地或者航程终止地的人民法院管辖。

第三十五条　合同或者其他财产权益纠纷的当事人可以书面协议选择被告住所地、合同履行地、合同签订地、原告住所地、标的物所在地等与争议有实际联系的地点的人民法院管辖，但不得违反本法对级别管辖和专属管辖的规定。

【相关法条】《民诉解释》

第 18 条　合同约定履行地点的，以约定的履行地点为合同履行地。

合同对履行地点没有约定或者约定不明确，争议标的为给付货币的，接收货币一方所在地为合同履行地；交付不动产的，不动产所在地为合同履行地；其他标的的，履行义务一方所在地为合同履行地。即时结清的合同，交易行为地为合同履行地。

合同没有实际履行，当事人双方住所地都不在合同约定的履行地的，由被告住所地人民法院管辖。

第 19 条　财产租赁合同、融资租赁合同以租赁物使用地为合同履行地。合同对履行地有约定的，从其约定。

第 20 条　以信息网络方式订立的买卖合同，通过信息网络交付标的的，以买受人住所地为合同履行地；通过其他方式交付标的的，收货地为合同履行地。合同对履行地有约定的，从其约定。

第 21 条　因财产保险合同纠纷提起的诉讼，如果保险标的物是运输工具或者运输中的货物，可以由运输工具登记注册地、运输目的地、保险事故发生地人民法院管辖。

因人身保险合同纠纷提起的诉讼，可以由被保险人住所地人民法院管辖。

第 22 条　因股东名册记载、请求变更公司登记、股东知情权、公司决议、公司合并、公司分立、公司减资、公司增资等纠纷提起的诉讼，依照民事诉讼法第二十七条规定确定管辖。

第 23 条　债权人申请支付令，适用民事诉讼法第二十二条规定，由债务人住所地基层人民法院管辖。

第 24 条　民事诉讼法第二十九条规定的侵权行为地，包括侵权行为实施地、侵权结果发生地。

第 25 条　信息网络侵权行为实施地包括实施被诉侵权行为的计算机等信息设备所在地，侵权结果发生地包括被侵权人住所地。

第 26 条　因产品、服务质量不合格造成他人财产、人身损害提起的诉讼，产品制造地、产品销售地、服务提供地、侵权行为地和被告住所地人民法院都有管辖权。

第 27 条　当事人申请诉前保全后没有在法定期间起诉或者申请仲裁，给被申请人、利害关系人造成损失引起的诉讼，由采取保全措施的人民法院管辖。

当事人申请诉前保全后在法定期间内起诉或者申请仲裁，被申请人、利害关系人因保全受到损失提起的诉讼，由受理起诉的人民法院或者采取保全措施的人民法院管辖。

第 28 条　民事诉讼法第三十四条第一项规定的不动产纠纷是指因不动产的权利确认、分割、相邻关系等引起的物权纠纷。

农村土地承包经营合同纠纷、房屋租赁合同纠纷、建设工程施工合同纠纷、政策性房屋买卖合同纠纷,按照不动产纠纷确定管辖。

不动产已登记的,以不动产登记簿记载的所在地为不动产所在地;不动产未登记的,以不动产实际所在地为不动产所在地。

第29条 民事诉讼法第三十五条规定的书面协议,包括书面合同中的协议管辖条款或者诉讼前以书面形式达成的选择管辖的协议。

第30条 根据管辖协议,起诉时能够确定管辖法院的,从其约定;不能确定的,依照民事诉讼法的相关规定确定管辖。

管辖协议约定两个以上与争议有实际联系的地点的人民法院管辖,原告可以向其中一个人民法院起诉。

第31条 经营者使用格式条款与消费者订立管辖协议,未采取合理方式提请消费者注意,消费者主张管辖协议无效的,人民法院应予支持。

第32条 管辖协议约定由一方当事人住所地人民法院管辖,协议签订后当事人住所地变更的,由签订管辖协议时的住所地人民法院管辖,但当事人另有约定的除外。

第33条 合同转让的,合同的管辖协议对合同受让人有效,但转让时受让人不知道有管辖协议,或者转让协议另有约定且原合同相对人同意的除外。

第34条 当事人因同居或者在解除婚姻、收养关系后发生财产争议,约定管辖的,可以适用民事诉讼法第三十五条规定确定管辖。

第35条 当事人在答辩期间届满后未应诉答辩,人民法院在一审开庭前,发现案件不属于本院管辖的,应当裁定移送有管辖权的人民法院。

【例题】 甲地的张三,有块石头价值10万元,交给乙地的李四去参加展览,展览地在丙地,后来李四在丙地将该石头以20万元卖给了王五,李四之后告诉张三该石头卖了15万元,之后张三偶然得知真相,于是向法院起诉李四支付其余的5万元,问本案管辖法院如何确定?(2020年单选题)

A. 甲地法院和乙地法院

B. 乙地法院

C. 丙地法院

D. 丙地法院和乙地法院

参考答案:________①

重点法条 4 专属管辖

第三十四条 下列案件,由本条规定的人民法院专属管辖:

(一)因不动产纠纷提起的诉讼,由不动产所在地人民法院管辖;

(二)因港口作业中发生纠纷提起的诉讼,由港口所在地人民法院管辖;

(三)因继承遗产纠纷提起的诉讼,由被继承人死亡时住所地或者主要遗产所在地人民法院管辖。

重点法条 5 共同管辖

第三十六条 两个以上人民法院都有管辖权的诉讼,原告可以向其中一个人民法院起诉;原告向两个以上有管辖权的人民法院起诉的,由最先立案的人民法院管辖。

重点法条 6 移送管辖和指定管辖

第三十七条 人民法院发现受理的案件不属于本院管辖的,应当移送有管辖权的人民法院,受移送的人民法院应当受理。受移送的人民法院认为受移送的案件依照规定不属于本院管辖的,应当报请上级人民法院指定管辖,不得再自行移送。

第三十八条 有管辖权的人民法院由于特殊原因,不能行使管辖权的,由上级人民法院指定管辖。

人民法院之间因管辖权发生争议,由争议双方协商解决;协商解决不了的,报请它们的共同上级人民法院指定管辖。

第三十九条 上级人民法院有权审理下级人民法院管辖的第一审民事案件;确有必要将本院管辖的第一审民事案件交下级人民法院审理的,应当报请其上级人民法院批准。

下级人民法院对它所管辖的第一审民事案件,认为需要由上级人民法院审理的,可以报请上级人民法院审理。

【相关法条】 《民诉解释》

第36条 两个以上人民法院都有管辖权的诉

① A

讼,先立案的人民法院不得将案件移送给另一个有管辖权的人民法院。人民法院在立案前发现其他有管辖权的人民法院已先立案的,不得重复立案;立案后发现其他有管辖权的人民法院已先立案的,裁定将案件移送给先立案的人民法院。

第 37 条 案件受理后,受诉人民法院的管辖权不受当事人住所地、经常居住地变更的影响。

第 38 条 有管辖权的人民法院受理案件后,不得以行政区域变更为由,将案件移送给变更后有管辖权的人民法院。判决后的上诉案件和依审判监督程序提审的案件,由原审人民法院的上级人民法院进行审判;上级人民法院指令再审、发回重审的案件,由原审人民法院再审或者重审。

第 39 条 人民法院对管辖异议审查后确定有管辖权的,不因当事人提起反诉、增加或者变更诉讼请求等改变管辖,但违反级别管辖、专属管辖规定的除外。

人民法院发回重审或者按第一审程序再审的案件,当事人提出管辖异议的,人民法院不予审查。

第 40 条 依照民事诉讼法第三十八条第二款规定,发生管辖权争议的两个人民法院因协商不成报请它们的共同上级人民法院指定管辖时,双方为同属一个地、市辖区的基层人民法院的,由该地、市的中级人民法院及时指定管辖;同属一个省、自治区、直辖市的两个人民法院的,由该省、自治区、直辖市的高级人民法院及时指定管辖;双方为跨省、自治区、直辖市的人民法院,高级人民法院协商不成的,由最高人民法院及时指定管辖。

依照前款规定报请上级人民法院指定管辖时,应当逐级进行。

第 41 条 人民法院依照民事诉讼法第三十八条第二款规定指定管辖的,应当作出裁定。

对报请上级人民法院指定管辖的案件,下级人民法院应当中止审理。指定管辖裁定作出前,下级人民法院对案件作出判决、裁定的,上级人民法院应当在裁定指定管辖的同时,一并撤销下级人民法院的判决、裁定。

第 42 条 下列第一审民事案件,人民法院依照民事诉讼法第三十九条第一款规定,可以在开庭前交下级人民法院审理:

(一)破产程序中有关债务人的诉讼案件;

(二)当事人人数众多且不方便诉讼的案件;

(三)最高人民法院确定的其他类型案件。

人民法院交下级人民法院审理前,应当报请其上级人民法院批准。上级人民法院批准后,人民法院应当裁定将案件交下级人民法院审理。

重点法条 7 回避

第四十七条 审判人员有下列情形之一的,应当自行回避,当事人有权用口头或者书面方式申请他们回避:

(一)是本案当事人或者当事人、诉讼代理人近亲属的;

(二)与本案有利害关系的;

(三)与本案当事人、诉讼代理人有其他关系,可能影响对案件公正审理的。

审判人员接受当事人、诉讼代理人请客送礼,或者违反规定会见当事人、诉讼代理人的,当事人有权要求他们回避。

审判人员有前款规定的行为的,应当依法追究法律责任。

前三款规定,适用于法官助理、书记员、司法技术人员、翻译人员、鉴定人、勘验人。

第四十九条 院长担任审判长或者独任审判员时的回避,由审判委员会决定;审判人员的回避,由院长决定;其他人员的回避,由审判长或者独任审判员决定。

第五十条 人民法院对当事人提出的回避申请,应当在申请提出的三日内,以口头或者书面形式作出决定。申请人对决定不服的,可以在接到决定时申请复议一次。复议期间,被申请回避的人员,不停止参与本案的工作。人民法院对复议申请,应当在三日内作出复议决定,并通知复议申请人。

【相关法条】《民诉解释》

第 43 条 审判人员有下列情形之一的,应当自行回避,当事人有权申请其回避:

(一)是本案当事人或者当事人近亲属的;

(二)本人或者其近亲属与本案有利害关系的;

(三)担任过本案的证人、鉴定人、辩护人、诉讼代理人、翻译人员的;

(四)是本案诉讼代理人近亲属的;

(五)本人或者其近亲属持有本案非上市公司当事人的股份或者股权的;

(六)与本案当事人或者诉讼代理人有其他利害

关系，可能影响公正审理的。

第44条 审判人员有下列情形之一的，当事人有权申请其回避：

（一）接受本案当事人及其受托人宴请，或者参加由其支付费用的活动的；

（二）索取、接受本案当事人及其受托人财物或者其他利益的；

（三）违反规定会见本案当事人、诉讼代理人的；

（四）为本案当事人推荐、介绍诉讼代理人，或者为律师、其他人员介绍代理本案的；

（五）向本案当事人及其受托人借用款物的；

（六）有其他不正当行为，可能影响公正审理的。

第45条 在一个审判程序中参与过本案审判工作的审判人员，不得再参与该案其他程序的审判。

发回重审的案件，在一审法院作出裁判后又进入第二审程序的，原第二审程序中审判人员不受前款规定的限制。

第46条 审判人员有应当回避的情形，没有自行回避，当事人也没有申请其回避的，由院长或者审判委员会决定其回避。

第47条 人民法院应当依法告知当事人对合议庭组成人员、独任审判员和书记员等人员有申请回避的权利。

第48条 民事诉讼法第四十七条所称的审判人员，包括参与本案审理的人民法院院长、副院长、审判委员会委员、庭长、副庭长、审判员和人民陪审员。

第49条 书记员和执行员适用审判人员回避的有关规定。

重点法条 8 当事人适格

第五十一条 公民、法人和其他组织可以作为民事诉讼的当事人。

法人由其法定代表人进行诉讼。其他组织由其主要负责人进行诉讼。

【相关法条】《民诉解释》

第50条 法人的法定代表人以依法登记的为准，但法律另有规定的除外。依法不需要办理登记的法人，以其正职负责人为法定代表人；没有正职负责人的，以其主持工作的副职负责人为法定代表人。

法定代表人已经变更，但未完成登记，变更后的法定代表人要求代表法人参加诉讼的，人民法院可以准许。

其他组织，以其主要负责人为代表人。

第51条 在诉讼中，法人的法定代表人变更的，由新的法定代表人继续进行诉讼，并应向人民法院提交新的法定代表人身份证明书。原法定代表人进行的诉讼行为有效。

前款规定，适用于其他组织参加的诉讼。

第53条 法人非依法设立的分支机构，或者虽依法设立，但没有领取营业执照的分支机构，以设立该分支机构的法人为当事人。

第54条 以挂靠形式从事民事活动，当事人请求由挂靠人和被挂靠人依法承担民事责任的，该挂靠人和被挂靠人为共同诉讼人。

第55条 在诉讼中，一方当事人死亡，需要等待继承人表明是否参加诉讼的，裁定中止诉讼。人民法院应当及时通知继承人作为当事人承担诉讼，被继承人已经进行的诉讼行为对承担诉讼的继承人有效。

第56条 法人或者其他组织的工作人员执行工作任务造成他人损害的，该法人或者其他组织为当事人。

第57条 提供劳务一方因劳务造成他人损害，受害人提起诉讼的，以接受劳务一方为被告。

第58条 在劳务派遣期间，被派遣的工作人员因执行工作任务造成他人损害的，以接受劳务派遣的用工单位为当事人。当事人主张劳务派遣单位承担责任的，该劳务派遣单位为共同被告。

第59条 在诉讼中，个体工商户以营业执照上登记的经营者为当事人。有字号的，以营业执照上登记的字号为当事人，但应同时注明该字号经营者的基本信息。

营业执照上登记的经营者与实际经营者不一致的，以登记的经营者和实际经营者为共同诉讼人。

第60条 在诉讼中，未依法登记领取营业执照的个人合伙的全体合伙人为共同诉讼人。个人合伙有依法核准登记的字号的，应在法律文书中注明登记的字号。全体合伙人可以推选代表人；被推选的代表人，应由全体合伙人出具推选书。

第61条 当事人之间的纠纷经人民调解委员会或者其他依法设立的调解组织调解达成协议后，一方当事人不履行调解协议，另一方当事人向人民法院提起诉讼的，应以对方当事人为被告。

第62条 下列情形，以行为人为当事人：

（一）法人或者其他组织应登记而未登记，行为

人即以该法人或者其他组织名义进行民事活动的;

(二)行为人没有代理权、超越代理权或者代理权终止后以被代理人名义进行民事活动的,但相对人有理由相信行为人有代理权的除外;

(三)法人或者其他组织依法终止后,行为人仍以其名义进行民事活动的。

第63条 企业法人合并的,因合并前的民事活动发生的纠纷,以合并后的企业为当事人;企业法人分立的,因分立前的民事活动发生的纠纷,以分立后的企业为共同诉讼人。

第64条 企业法人解散的,依法清算并注销前,以该企业法人为当事人;未依法清算即被注销的,以该企业法人的股东、发起人或者出资人为当事人。

第65条 借用业务介绍信、合同专用章、盖章的空白合同书或者银行账户的,出借单位和借用人为共同诉讼人。

第66条 因保证合同纠纷提起的诉讼,债权人向保证人和被保证人一并主张权利的,人民法院应当将保证人和被保证人列为共同被告。保证合同约定为一般保证,债权人仅起诉保证人的,人民法院应当通知被保证人作为共同被告参加诉讼;债权人仅起诉被保证人的,可以只列被保证人为被告。

第67条 无民事行为能力人、限制民事行为能力人造成他人损害的,无民事行为能力人、限制民事行为能力人和其监护人为共同被告。

第68条 居民委员会、村民委员会或者村民小组与他人发生民事纠纷的,居民委员会、村民委员会或者有独立财产的村民小组为当事人。

第69条 对侵害死者遗体、遗骨以及姓名、肖像、名誉、荣誉、隐私等行为提起诉讼的,死者的近亲属为当事人。

第70条 在继承遗产的诉讼中,部分继承人起诉的,人民法院应通知其他继承人作为共同原告参加诉讼;被通知的继承人不愿意参加诉讼又未明确表示放弃实体权利的,人民法院仍应将其列为共同原告。

第71条 原告起诉被代理人和代理人,要求承担连带责任的,被代理人和代理人为共同被告。

原告起诉代理人和相对人,要求承担连带责任的,代理人和相对人为共同被告。

第72条 共有财产权受到他人侵害,部分共有权人起诉的,其他共有权人为共同诉讼人。

精解

1. 适格当事人是对具体的案件所争议的权利义务(诉讼标的)能够以自己的名义提起诉讼并能取得本案判决的主体资格,具体案件的诉讼只有在适格当事人之间进行才有意义,纠纷才能得到真正的解决。

2. 在理解当事人适格的问题上需要注意的是:(1)当事人适格与当事人能力既有联系又有区别。当事人能力是作为某一诉讼案件当事人的抽象要件,一般来讲,是否具有当事人能力与某一具体案件并无直接联系,其为法律直接加以抽象规定。比如,自然人自出生即具有当事人能力,无论其是否发生民事纠纷,是否具有行为能力,其依法具有可以作为诉讼中当事人的法律资格。当事人适格则必须结合具体的案件加以判断。作为某案件诉讼适格的当事人,首先其应当具有当事人能力,其次是对该诉讼案件可以作为当事人提起诉讼并获得判决的主体地位和资格。(2)一般来讲,当事人适格的判断标准以诉讼标的为基础。即以特定诉讼标的之权利义务主体或法律关系之主体为适格当事人,通常情况下两者是一致的。此外,对作为诉讼标的的权利义务有管理权和处分权的主体,享有诉讼实施权,也是适格当事人。例如,企业法人被宣告破产的,清算组为当事人。(3)诉讼必须在适格当事人之间进行才有意义,当事人适格是诉讼的合法性要件,在某诉讼案件中如果当事人不适格,法院应当驳回当事人的诉,不对本案进行审理。

3. 根据我国《民事诉讼法》的规定,共同诉讼分为必要共同诉讼和普通共同诉讼。因普通共同诉讼是因诉的主、客观合并而形成,其单个诉讼中当事人为适格当事人,其合并后也为适格当事人。必要共同诉讼存在较为复杂的情形,理论上将必要共同诉讼分类为固有的必要共同诉讼与类似必要共同诉讼,司法解释实际上也将必要共同诉讼区别为这两种类型。固有的必要共同诉讼,要求当事人必须一同参加诉讼才具有适格性。需要注意的是,在固有的必要共同诉讼中,遗漏必要共同诉讼人的,此时当事人为不适格状态,法院需要追加遗漏的当事人才能对案件进行审理和作出判决。追加当事人可以由当事人申请追加,也可以由法院依职权追加。例如,在继承遗产的诉讼中,部分继承人起诉的,人民法院应当通知其他继承人作为共同原告参加诉讼,被通知的继承人不愿意参加诉讼又未明确表示放弃实体权利的,法院仍应当将其列为共同原告。在类似必要共同诉讼中,不存在当事人追加的问题。比如,保证合同约定为一般保证,债权人仅起诉被保证人的,法院应只列被保证人为被告,不必追加保证人为被告;如果债权人向保证人和被保证人一并主张权利的,法院应当将保证人和被保证人列为共同被告。

【例题】 朱某去4S店试驾,想在高速公路测试汽车性能,4S店让客户经理程某陪同朱某试驾。在高速公路试驾期间,突然遇到曾某横穿高速公路,朱某采取紧急制动措施,由于制动距离过近,撞上曾某导致曾某受伤,曾某拟请求赔偿诉至法院,下列哪些民事主体是适格被告?(2021年多选题)

A. 朱某　　B. 4S店

C. 程某　　D. 高速公路管理人

参考答案:________①

重点法条 9　共同诉讼

第五十五条　当事人一方或者双方为二人以上,其诉讼标的是共同的,或者诉讼标的是同一种类、人民法院认为可以合并审理并经当事人同意的,为共同诉讼。

共同诉讼的一方当事人对诉讼标的有共同权利义务的,其中一人的诉讼行为经其他共同诉讼人承认,对其他共同诉讼人发生效力;对诉讼标的没有共同权利义务的,其中一人的诉讼行为对其他共同诉讼人不发生效力。

【相关法条】《民诉解释》

第73条　必须共同进行诉讼的当事人没有参加诉讼的,人民法院应当依照民事诉讼法第一百三十五条的规定,通知其参加;当事人也可以向人民法院申请追加。人民法院对当事人提出的申请,应当进行审查,申请理由不成立的,裁定驳回;申请理由成立的,书面通知被追加的当事人参加诉讼。

第74条　人民法院追加共同诉讼的当事人时,应当通知其他当事人。应当追加的原告,已明确表示放弃实体权利的,可不予追加;既不愿意参加诉讼,又不放弃实体权利的,仍应追加为共同原告,其不参加诉讼,不影响人民法院对案件的审理和依法作出判决。

重点法条 10　诉讼代表人

第五十六条　当事人一方人数众多的共同诉讼,可以由当事人推选代表人进行诉讼。代表人的诉讼行为对其所代表的当事人发生效力,但代表人变更、放弃诉讼请求或者承认对方当事人的诉讼请求,进行和解,必须经被代表的当事人同意。

【相关法条】《民诉解释》

第76条　依照民事诉讼法第五十六条规定,当事人一方人数众多在起诉时确定的,可以由全体当事人推选共同的代表人,也可以由部分当事人推选自己的代表人;推选不出代表人的当事人,在必要的共同诉讼中可以自己参加诉讼,在普通的共同诉讼中可以另行起诉。

重点法条 11　公益诉讼

第五十八条　对污染环境、侵害众多消费者合法权益等损害社会公共利益的行为,法律规定的机关和有关组织可以向人民法院提起诉讼。

人民检察院在履行职责中发现破坏生态环境和资源保护、食品药品安全领域侵害众多消费者合法权益等损害社会公共利益的行为,在没有前款规定的机关和组织或者前款规定的机关和组织不提起诉讼的情况下,可以向人民法院提起诉讼。前款规定的机关或者组织提起诉讼的,人民检察院可以支持起诉。

【相关法条】《环境保护法》

第58条　对污染环境、破坏生态,损害社会公共利益的行为,符合下列条件的社会组织可以向人民法院提起诉讼:

(一)依法在设区的市级以上人民政府民政部门登记;

(二)专门从事环境保护公益活动连续五年以上且无违法记录。

符合前款规定的社会组织向人民法院提起诉讼,人民法院应当依法受理。

提起诉讼的社会组织不得通过诉讼牟取经济利益。

重点法条 12　第三人和第三人撤销之诉

第五十九条　对当事人双方的诉讼标的,第三人

① AB

认为有独立请求权的，有权提起诉讼。

对当事人双方的诉讼标的，第三人虽然没有独立请求权，但案件处理结果同他有法律上的利害关系的，可以申请参加诉讼，或者由人民法院通知他参加诉讼。人民法院判决承担民事责任的第三人，有当事人的诉讼权利义务。

前两款规定的第三人，因不能归责于本人的事由未参加诉讼，但有证据证明发生法律效力的判决、裁定、调解书的部分或者全部内容错误，损害其民事权益的，可以自知道或者应当知道其民事权益受到损害之日起六个月内，向作出该判决、裁定、调解书的人民法院提起诉讼。人民法院经审理，诉讼请求成立的，应当改变或者撤销原判决、裁定、调解书；诉讼请求不成立的，驳回诉讼请求。

【相关法条】《民诉解释》

第 81 条 根据民事诉讼法第五十九条的规定，有独立请求权的第三人有权向人民法院提出诉讼请求和事实、理由，成为当事人；无独立请求权的第三人，可以申请或者由人民法院通知参加诉讼。

第一审程序中未参加诉讼的第三人，申请参加第二审程序的，人民法院可以准许。

第 82 条 在一审诉讼中，无独立请求权的第三人无权提出管辖异议，无权放弃、变更诉讼请求或者申请撤诉，被判决承担民事责任的，有权提起上诉。

第 290 条 第三人对已经发生法律效力的判决、裁定、调解书提起撤销之诉的，应当自知道或者应当知道其民事权益受到损害之日起六个月内，向作出生效判决、裁定、调解书的人民法院提出，并应当提供存在下列情形的证据材料：

（一）因不能归责于本人的事由未参加诉讼；

（二）发生法律效力的判决、裁定、调解书的全部或者部分内容错误；

（三）发生法律效力的判决、裁定、调解书内容错误损害其民事权益。

第 291 条 人民法院应当在收到起诉状和证据材料之日起五日内送交对方当事人，对方当事人可以自收到起诉状之日起十日内提出书面意见。

人民法院应当对第三人提交的起诉状、证据材料以及对方当事人的书面意见进行审查。必要时，可以询问双方当事人。

经审查，符合起诉条件的，人民法院应当在收到起诉状之日起三十日内立案。不符合起诉条件的，应当在收到起诉状之日起三十日内裁定不予受理。

第 292 条 人民法院对第三人撤销之诉案件，应当组成合议庭开庭审理。

第 293 条 民事诉讼法第五十九条第三款规定的因不能归责于本人的事由未参加诉讼，是指没有被列为生效判决、裁定、调解书当事人，且无过错或者无明显过错的情形。包括：

（一）不知道诉讼而未参加的；

（二）申请参加未获准许的；

（三）知道诉讼，但因客观原因无法参加的；

（四）因其他不能归责于本人的事由未参加诉讼的。

第 294 条 民事诉讼法第五十九条第三款规定的判决、裁定、调解书的部分或者全部内容，是指判决、裁定的主文，调解书中处理当事人民事权利义务的结果。

第 295 条 对下列情形提起第三人撤销之诉的，人民法院不予受理：

（一）适用特别程序、督促程序、公示催告程序、破产程序等非讼程序处理的案件；

（二）婚姻无效、撤销或者解除婚姻关系等判决、裁定、调解书中涉及身份关系的内容；

（三）民事诉讼法第五十七条规定的未参加登记的权利人对代表人诉讼案件的生效裁判；

（四）民事诉讼法第五十八条规定的损害社会公共利益行为的受害人对公益诉讼案件的生效裁判。

第 296 条 第三人提起撤销之诉，人民法院应当将该第三人列为原告，生效判决、裁定、调解书的当事人列为被告，但生效判决、裁定、调解书中没有承担责任的无独立请求权的第三人列为第三人。

第 297 条 受理第三人撤销之诉案件后，原告提供相应担保，请求中止执行的，人民法院可以准许。

第 298 条 对第三人撤销或者部分撤销发生法律效力的判决、裁定、调解书内容的请求，人民法院经审理，按下列情形分别处理：

（一）请求成立且确认其民事权利的主张全部或部分成立的，改变原判决、裁定、调解书内容的错误部分；

（二）请求成立，但确认其全部或部分民事权利的主张不成立，或者未提出确认其民事权利请求的，撤销原判决、裁定、调解书内容的错误部分；

（三）请求不成立的，驳回诉讼请求。

对前款规定裁判不服的，当事人可以上诉。

原判决、裁定、调解书的内容未改变或者未撤销的部分继续有效。

第 299 条 第三人撤销之诉案件审理期间，人民法院对生效判决、裁定、调解书裁定再审的，受理第三人撤销之诉的人民法院应当裁定将第三人的诉讼请求并入再审程序。但有证据证明原审当事人之间恶意串通损害第三人合法权益的，人民法院应当先行审理第三人撤销之诉案件，裁定中止再审诉讼。

第 300 条 第三人诉讼请求并入再审程序审理的，按照下列情形分别处理：

（一）按照第一审程序审理的，人民法院应当对第三人的诉讼请求一并审理，所作的判决可以上诉；

（二）按照第二审程序审理的，人民法院可以调解，调解达不成协议的，应当裁定撤销原判决、裁定、调解书，发回一审法院重审，重审时应当列明第三人。

第 301 条 第三人提起撤销之诉后，未中止生效判决、裁定、调解书执行的，执行法院对第三人依照民事诉讼法第二百三十四条*规定提出的执行异议，应予审查。第三人不服驳回执行异议裁定，申请对原判决、裁定、调解书再审的，人民法院不予受理。

案外人对人民法院驳回其执行异议裁定不服，认为原判决、裁定、调解书内容错误损害其合法权益的，应当根据民事诉讼法第二百三十四条规定申请再审，提起第三人撤销之诉的，人民法院不予受理。

精 解

1. 第三人撤销之诉有点复杂，从制度的性质到制度的具体运用，都有不少问题值得关注。从性质上讲，第三人撤销之诉应当属于特殊的救济制度，因此，案件应当适用普通程序进行审理。

2. 但是，第三人救济制度有其特殊之处：一是从形式来看，它是对符合条件的第三人的权益予以保护的制度，该第三人与原案件的当事人有关，因此，运用这项制度是要在保护第三人利益的同时，考虑对案件原来当事人利益的维护；二是从救济的时间上看，它是在有一个生效判决存在的情况下的事后救济，因此，运用这项制度时，应当考虑到有一个生效判决的存在。

3. 基于以上认识，在理解和把握第三人撤销制度时，应当注意：(1) 第三人撤销之诉提起的条件，它与通常的诉讼提起的条件有何不同；(2) 第三人撤销之诉与当事人申请再审之间的关系、第三人撤销之诉与案外人申请再审的关系以及第三人撤销之诉与案外人提出执行异议之诉的关系。这些内容，相关的司法解释中都有规定，考生应当熟悉。

重点法条 13 委托诉讼代理人

第六十一条 当事人、法定代理人可以委托一至二人作为诉讼代理人。

下列人员可以被委托为诉讼代理人：

（一）律师、基层法律服务工作者；

（二）当事人的近亲属或者工作人员；

（三）当事人所在社区、单位以及有关社会团体推荐的公民。

第六十二条 委托他人代为诉讼，必须向人民法院提交由委托人签名或者盖章的授权委托书。

授权委托书必须记明委托事项和权限。诉讼代理人代为承认、放弃、变更诉讼请求，进行和解，提起反诉或者上诉，必须有委托人的特别授权。

侨居在国外的中华人民共和国公民从国外寄交或者托交的授权委托书，必须经中华人民共和国驻该国的使领馆证明；没有使领馆的，由与中华人民共和国有外交关系的第三国驻该国的使领馆证明，再转由中华人民共和国驻该第三国使领馆证明，或者由当地的爱国华侨团体证明。

第六十五条 离婚案件有诉讼代理人的，本人除不能表达意思的以外，仍应出庭；确因特殊情况无法出庭的，必须向人民法院提交书面意见。

第二百七十四条 在中华人民共和国领域内没有住所的外国人、无国籍人、外国企业和组织委托中华人民共和国律师或者其他人代理诉讼，从中华人民共和国领域外寄交或者托交的授权委托书，应当经所在国公证机关证明，并经中华人民共和国驻该国使领馆认证，或者履行中华人民共和国与该所在国订立的有关条约中规定的证明手续后，才具有效力。

【相关法条】《民诉解释》

第 85 条 根据民事诉讼法第六十一条第二款第二项规定，与当事人有夫妻、直系血亲、三代以内旁系血亲、近姻亲关系以及其他有抚养、赡养关系的亲属，可以当事人近亲属的名义作为诉讼代理人。

* 请注意，2023 年对《民事诉讼法》进行了修正，原第 194 ~ 271 条依次变为现第 198 ~ 275 条，内容不变，《民诉解释》中涉及的该部分内容法条条号未变。

第 86 条 根据民事诉讼法第六十一条第二款第二项规定，与当事人有合法劳动人事关系的职工，可以当事人工作人员的名义作为诉讼代理人。

第 87 条 根据民事诉讼法第六十一条第二款第三项规定，有关社会团体推荐公民担任诉讼代理人的，应当符合下列条件：

（一）社会团体属于依法登记设立或者依法免予登记设立的非营利性法人组织；

（二）被代理人属于该社会团体的成员，或者当事人一方住所地位于该社会团体的活动地域；

（三）代理事务属于该社会团体章程载明的业务范围；

（四）被推荐的公民是该社会团体的负责人或者与该社会团体有合法劳动人事关系的工作人员。

专利代理人经中华全国专利代理人协会推荐，可以在专利纠纷案件中担任诉讼代理人。

第 89 条 当事人向人民法院提交的授权委托书，应当在开庭审理前送交人民法院。授权委托书仅写“全权代理”而无具体授权的，诉讼代理人无权代为承认、放弃、变更诉讼请求，进行和解，提出反诉或者提起上诉。

适用简易程序审理的案件，双方当事人同时到庭并径行开庭审理的，可以当场口头委托诉讼代理人，由人民法院记入笔录。

重点法条 14 证据种类

第六十六条 证据包括：

（一）当事人的陈述；

（二）书证；

（三）物证；

（四）视听资料；

（五）电子数据；

（六）证人证言；

（七）鉴定意见；

（八）勘验笔录。

证据必须查证属实，才能作为认定事实的根据。

重点法条 15 证明责任的分配

第六十七条 当事人对自己提出的主张，有责任提供证据。

当事人及其诉讼代理人因客观原因不能自行收集的证据，或者人民法院认为审理案件需要的证据，人民法院应当调查收集。

人民法院应当按照法定程序，全面地、客观地审查核实证据。

第六十八条 当事人对自己提出的主张应当及时提供证据。

人民法院根据当事人的主张和案件审理情况，确定当事人应当提供的证据及其期限。当事人在该期限内提供证据确有困难的，可以向人民法院申请延长期限，人民法院根据当事人的申请适当延长。当事人逾期提供证据的，人民法院应当责令其说明理由；拒不说明理由或者理由不成立的，人民法院根据不同情形可以不予采纳该证据，或者采纳该证据但予以训诫、罚款。

【相关法条】《民诉解释》

第 90 条 当事人对自己提出的诉讼请求所依据的事实或者反驳对方诉讼请求所依据的事实，应当提供证据加以证明，但法律另有规定的除外。

在作出判决前，当事人未能提供证据或者证据不足以证明其事实主张的，由负有举证证明责任的当事人承担不利的后果。

第 91 条 人民法院应当依照下列原则确定举证证明责任的承担，但法律另有规定的除外：

（一）主张法律关系存在的当事人，应当对产生该法律关系的基本事实承担举证证明责任；

（二）主张法律关系变更、消灭或者权利受到妨害的当事人，应当对该法律关系变更、消灭或者权利受到妨害的基本事实承担举证证明责任。

第 92 条 一方当事人在法庭审理中，或者在起诉状、答辩状、代理词等书面材料中，对于己不利的事实明确表示承认的，另一方当事人无需举证证明。

对于涉及身份关系、国家利益、社会公共利益等应当由人民法院依职权调查的事实，不适用前款自认的规定。

自认的事实与查明的事实不符的，人民法院不予确认。

第 93 条 下列事实，当事人无须举证证明：

（一）自然规律以及定理、定律；

（二）众所周知的事实；

（三）根据法律规定推定的事实；

（四）根据已知的事实和日常生活经验法则推定出的另一事实；

（五）已为人民法院发生法律效力的裁判所确认

的事实；

（六）已为仲裁机构生效裁决所确认的事实；

（七）已为有效公证文书所证明的事实。

前款第二项至第四项规定的事实，当事人有相反证据足以反驳的除外；第五项至第七项规定的事实，当事人有相反证据足以推翻的除外。

精 解

根据立法及司法解释，证明责任按以下规则进行分配。

1. 一般规则：谁主张，谁证明。主张者有证明责任，否认者无证明责任，这是证明责任分配的一般规则。这里的主张，是指构成权利发生、权利障碍和权利消灭的主要事实，主张了这些主要事实的当事人即负有对该事实的证明责任。比如，甲起诉乙要求返还借款，而乙否认借过甲的钱，此时，是否存在借款的事实即构成证明对象；而该事实是支持原告权利主张的事实，因此，原告甲对借款事实负证明责任。再如，上述案件中，如果被告乙承认借款的事实，但主张该借款已经返还于甲，此时，乙是否已经还款的事实即构成了证明对象，而该事实是支持被告乙所主张原告甲的权利消灭的事实，应当由被告乙对该事实负担证明责任。需要注意，证明责任的分配依据不是《民诉解释》第91条，该条文的规定“主张法律关系存在的当事人，应当对产生该法律关系的基本事实承担举证证明责任；主张法律关系变更、消灭或者权利受到妨害的当事人，应当对该法律关系变更、消灭或者权利受到妨害的基本事实承担举证证明责任”是证明责任分配原理的复述。真正作为证明责任分配依据的，是实体法律规范中关于权利发生和消灭的各种要件的规定。

2. 特殊规则：证明责任的特殊分配规则，通常在立法和司法解释中以例举式专门加以规定。比如，《民法典》第1230条规定，因污染环境、破坏生态发生纠纷，行为人应当就法律规定的不承担责任或者减轻责任的情形及其行为与损害之间不存在因果关系承担举证责任。就一般侵权损害赔偿诉讼而言，因果关系是构成原告权利主张的要件事实（主要事实），应当由原告主张并承担证明责任；但环境污染损害赔偿诉讼中，考虑到双方当事人收集证据的难易程度（离证据远近）、利益平衡等，将该项事实的证明责任分配给行为人（被告）来承担。

重点法条 16 证人证言

第七十五条 凡是知道案件情况的单位和个人，都有义务出庭作证。有关单位的负责人应当支持证人作证。

不能正确表达意思的人，不能作证。

第七十六条 经人民法院通知，证人应当出庭作证。有下列情形之一的，经人民法院许可，可以通过书面证言、视听传输技术或者视听资料等方式作证：

（一）因健康原因不能出庭的；

（二）因路途遥远，交通不便不能出庭的；

（三）因自然灾害等不可抗力不能出庭的；

（四）其他有正当理由不能出庭的。

第七十七条 证人因履行出庭作证义务而支出的交通、住宿、就餐等必要费用以及误工损失，由败诉一方当事人负担。当事人申请证人作证的，由该当事人先行垫付；当事人没有申请，人民法院通知证人作证的，由人民法院先行垫付。

重点法条 17 鉴定意见

第七十九条 当事人可以就查明事实的专门性问题向人民法院申请鉴定。当事人申请鉴定的，由双方当事人协商确定具备资格的鉴定人；协商不成的，由人民法院指定。

当事人未申请鉴定，人民法院对专门性问题认为需要鉴定的，应当委托具备资格的鉴定人进行鉴定。

第八十条 鉴定人有权了解进行鉴定所需要的案件材料，必要时可以询问当事人、证人。

鉴定人应当提出书面鉴定意见，在鉴定书上签名或者盖章。

第八十一条 当事人对鉴定意见有异议或者人民法院认为鉴定人有必要出庭的，鉴定人应当出庭作证。经人民法院通知，鉴定人拒不出庭作证的，鉴定意见不得作为认定事实的根据；支付鉴定费用的当事人可以要求返还鉴定费用。

第八十二条 当事人可以申请人民法院通知有专门知识的人出庭，就鉴定人作出的鉴定意见或者专业问题提出意见。

重点法条 18 证据保全

第八十四条 在证据可能灭失或者以后难以取得的情况下，当事人可以在诉讼过程中向人民法院申请保全证据,人民法院也可以主动采取保全措施。

因情况紧急,在证据可能灭失或者以后难以取得的情况下,利害关系人可以在提起诉讼或者申请仲裁前向证据所在地、被申请人住所地或者对案件有管辖权的人民法院申请保全证据。

证据保全的其他程序,参照适用本法第九章保全的有关规定。

【相关法条】《民诉解释》

第98条 当事人根据民事诉讼法第八十四条第一款规定申请证据保全的,可以在举证期限届满前书面提出。

证据保全可能对他人造成损失的,人民法院应当责令申请人提供相应的担保。

重点法条 19 期间

第八十五条 期间包括法定期间和人民法院指定的期间。

期间以时、日、月、年计算。期间开始的时和日,不计算在期间内。

期间届满的最后一日是法定休假日的,以法定休假日后的第一日为期间届满的日期。

期间不包括在途时间,诉讼文书在期满前交邮的,不算过期。

【相关法条】《民诉解释》

第125条 依照民事诉讼法第八十五条第二款规定,民事诉讼中以时起算的期间从次时起算;以日、月、年计算的期间从次日起算。

第126条 民事诉讼法第一百二十六条规定的立案期限,因起诉状内容欠缺通知原告补正的,从补正后交人民法院的次日起算。由上级人民法院转交下级人民法院立案的案件,从受诉人民法院收到起诉状的次日起算。

第127条 民事诉讼法第五十九条第三款、第二百一十二条以及本解释第三百七十二条、第三百八十二条、第三百九十九条、第四百二十条、第四百二十一条规定的六个月,民事诉讼法第二百三十条规定的一年,为不变期间,不适用诉讼时效中止、中断、延长的规定。

第129条 对申请再审案件,人民法院应当自受理之日起三个月内审查完毕,但公告期间、当事人和解期间等不计入审查期限。有特殊情况需要延长的,由本院院长批准。

重点法条 20 送达

第八十八条 送达诉讼文书,应当直接送交受送达人。受送达人是公民的,本人不在交他的同住成年家属签收;受送达人是法人或者其他组织的,应当由法人的法定代表人、其他组织的主要负责人或者该法人、组织负责收件的人签收;受送达人有诉讼代理人的,可以送交其代理人签收;受送达人已向人民法院指定代收人的,送交代收人签收。

受送达人的同住成年家属,法人或者其他组织的负责收件的人,诉讼代理人或者代收人在送达回证上签收的日期为送达日期。

第八十九条 受送达人或者他的同住成年家属拒绝接收诉讼文书的,送达人可以邀请有关基层组织或者所在单位的代表到场,说明情况,在送达回证上记明拒收事由和日期,由送达人、见证人签名或者盖章,把诉讼文书留在受送达人的住所;也可以把诉讼文书留在受送达人的住所,并采用拍照、录像等方式记录送达过程,即视为送达。

第九十条 经受送达人同意,人民法院可以采用能够确认其收悉的电子方式送达诉讼文书。通过电子方式送达的判决书、裁定书、调解书,受送达人提出需要纸质文书的,人民法院应当提供。

采用前款方式送达的,以送达信息到达受送达人特定系统的日期为送达日期。

【相关法条】《民诉解释》

第133条 调解书应当直接送达当事人本人,不适用留置送达。当事人本人因故不能签收的,可由其指定的代收人签收。

第135条 电子送达可以采用传真、电子邮件、移动通信等即时收悉的特定系统作为送达媒介。

民事诉讼法第九十条第二款规定的到达受送达人特定系统的日期,为人民法院对应系统显示发送成功的日期,但受送达人证明到达其特定系统的日期与人民法院对应系统显示发送成功的日期不一致的,以受送达人证明到达其特定系统的日期为准。

第140条 适用简易程序的案件,不适用公告送达。

第141条 人民法院在定期宣判时,当事人拒不签收判决书、裁定书的,应视为送达,并在宣判笔录中记明。

重点法条 21 调解

第九十六条 人民法院审理民事案件,根据当事人自愿的原则,在事实清楚的基础上,分清是非,进行调解。

第一百条 调解达成协议,人民法院应当制作调解书。调解书应当写明诉讼请求、案件的事实和调解结果。

调解书由审判人员、书记员署名,加盖人民法院印章,送达双方当事人。

调解书经双方当事人签收后,即具有法律效力。

第一百零一条 下列案件调解达成协议,人民法院可以不制作调解书:

(一)调解和好的离婚案件;

(二)调解维持收养关系的案件;

(三)能够即时履行的案件;

(四)其他不需要制作调解书的案件。

对不需要制作调解书的协议,应当记入笔录,由双方当事人、审判人员、书记员签名或者盖章后,即具有法律效力。

【相关法条】《民诉解释》

第143条 适用特别程序、督促程序、公示催告程序的案件,婚姻等身份关系确认案件以及其他根据案件性质不能进行调解的案件,不得调解。

第147条 人民法院调解案件时,当事人不能出庭的,经其特别授权,可由其委托代理人参加调解,达成的调解协议,可由委托代理人签名。

离婚案件当事人确因特殊情况无法出庭参加调解的,除本人不能表达意志的以外,应当出具书面意见。

第148条 当事人自行和解或者调解达成协议后,请求人民法院按照和解协议或者调解协议的内容制作判决书的,人民法院不予准许。

无民事行为能力人的离婚案件,由其法定代理人进行诉讼。法定代理人与对方达成协议要求发给判决书的,可根据协议内容制作判决书。

第149条 调解书需经当事人签收后才发生法律效力的,应当以最后收到调解书的当事人签收的日期为调解书生效日期。

第150条 人民法院调解民事案件,需由无独立请求权的第三人承担责任的,应当经其同意。该第三人在调解书送达前反悔的,人民法院应当及时裁判。

第151条 根据民事诉讼法第一百零一条第一款第四项规定,当事人各方同意在调解协议上签名或者盖章后即发生法律效力的,经人民法院审查确认后,应当记入笔录或者将调解协议附卷,并由当事人、审判人员、书记员签名或者盖章后即具有法律效力。

前款规定情形,当事人请求制作调解书的,人民法院审查确认后可以制作调解书送交当事人。当事人拒收调解书的,不影响调解协议的效力。

重点法条 22 保全

第一百零三条 人民法院对于可能因当事人一方的行为或者其他原因,使判决难以执行或者造成当事人其他损害的案件,根据对方当事人的申请,可以裁定对其财产进行保全、责令其作出一定行为或者禁止其作出一定行为;当事人没有提出申请的,人民法院在必要时也可以裁定采取保全措施。

人民法院采取保全措施,可以责令申请人提供担保,申请人不提供担保的,裁定驳回申请。

人民法院接受申请后,对情况紧急的,必须在四十八小时内作出裁定;裁定采取保全措施的,应当立即开始执行。

第一百零四条 利害关系人因情况紧急,不立即申请保全将会使其合法权益受到难以弥补的损害的,可以在提起诉讼或者申请仲裁前向被保全财产所在地、被申请人住所地或者对案件有管辖权的人民法院申请采取保全措施。申请人应当提供担保,不提供担保的,裁定驳回申请。

人民法院接受申请后,必须在四十八小时内作出裁定;裁定采取保全措施的,应当立即开始执行。

申请人在人民法院采取保全措施后三十日内不依法提起诉讼或者申请仲裁的,人民法院应当解除保全。

第一百零五条 保全限于请求的范围,或者与本案有关的财物。

第一百零六条 财产保全采取查封、扣押、冻结或者法律规定的其他方法。人民法院保全财产后,应当立即通知被保全财产的人。

财产已被查封、冻结的,不得重复查封、冻结。

【相关法条】《民诉解释》

第152条 人民法院依照民事诉讼法第一百零三条、第一百零四条规定,在采取诉前保全、诉讼保全措施时,责令利害关系人或者当事人提供担保的,应当书面通知。

利害关系人申请诉前保全的,应当提供担保。申请诉前财产保全的,应当提供相当于请求保全数额的担保;情况特殊的,人民法院可以酌情处理。申请诉前行为保全的,担保的数额由人民法院根据案件的具体情况决定。

在诉讼中,人民法院依申请或者依职权采取保全措施的,应当根据案件的具体情况,决定当事人是否应当提供担保以及担保的数额。

第155条 由人民法院指定被保全人保管的财产,如果继续使用对该财产的价值无重大影响,可以允许被保全人继续使用;由人民法院保管或者委托他人、申请保全人保管的财产,人民法院和其他保管人不得使用。

第157条 人民法院对抵押物、质押物、留置物可以采取财产保全措施,但不影响抵押权人、质权人、留置权人的优先受偿权。

第166条 裁定采取保全措施后,有下列情形之一的,人民法院应当作出解除保全裁定:

(一)保全错误的;

(二)申请人撤回保全申请的;

(三)申请人的起诉或者诉讼请求被生效裁判驳回的;

(四)人民法院认为应当解除保全的其他情形。

解除以登记方式实施的保全措施的,应当向登记机关发出协助执行通知书。

重点法条 23 先予执行

第一百零九条 人民法院对下列案件,根据当事人的申请,可以裁定先予执行:

(一)追索赡养费、扶养费、抚养费、抚恤金、医疗费用的;

(二)追索劳动报酬的;

(三)因情况紧急需要先予执行的。

【相关法条】《民诉解释》

第169条 民事诉讼法规定的先予执行,人民法院应当在受理案件后终审判决作出前采取。先予执行应当限于当事人诉讼请求的范围,并以当事人的生活、生产经营的急需为限。

第170条 民事诉讼法第一百零九条第三项规定的情况紧急,包括:

(一)需要立即停止侵害、排除妨碍的;

(二)需要立即制止某项行为的;

(三)追索恢复生产、经营急需的保险理赔费的;

(四)需要立即返还社会保险金、社会救助资金的;

(五)不立即返还款项,将严重影响权利人生活和生产经营的。

第171条 当事人对保全或者先予执行裁定不服的,可以自收到裁定书之日起五日内向作出裁定的人民法院申请复议。人民法院应当在收到复议申请后十日内审查。裁定正确的,驳回当事人的申请;裁定不当的,变更或者撤销原裁定。

第172条 利害关系人对保全或者先予执行的裁定不服申请复议的,由作出裁定的人民法院依照民事诉讼法第一百一十一条规定处理。

第173条 人民法院先予执行后,根据发生法律效力的判决,申请人应当返还因先予执行所取得的利益的,适用民事诉讼法第二百四十条的规定。

【例题】 王某与胜达公司订立了商品房购房合同,购买位于甲市的房屋,后胜达公司拒绝交付房屋,王某根据仲裁条款向设立在乙市的仲裁委申请仲裁,要求交付房屋。仲裁过程中,王某提出案件法律关系清楚,且自己结婚在即,申请先予执行,关于本案的先予执行,下列哪一说法是正确的?(2020年单选题)

A. 王某无权申请先予执行

B. 应向乙市仲裁委申请,由仲裁委提交法院

C. 应向甲市基层法院提出先予执行

D. 王某应向乙市基层法院提出

参考答案:________①

重点法条 24 对妨害民事诉讼的强制措施

第一百一十二条 人民法院对必须到庭的被告,经两次传票传唤,无正当理由拒不到庭的,可以拘传。

第一百一十五条 当事人之间恶意串通,企图通过诉讼、调解等方式侵害国家利益、社会公共利益或者他人合法权益的,人民法院应当驳回其请求,并根据情节轻重予以罚款、拘留;构成犯罪的,依法追究刑事责任。

当事人单方捏造民事案件基本事实,向人民法院提起诉讼,企图侵害国家利益、社会公共利益或者他人合法权益的,适用前款规定。

第一百一十六条 被执行人与他人恶意串通,通

---

① A

过诉讼、仲裁、调解等方式逃避履行法律文书确定的义务的，人民法院应当根据情节轻重予以罚款、拘留；构成犯罪的，依法追究刑事责任。

第一百一十七条 有义务协助调查、执行的单位有下列行为之一的，人民法院除责令其履行协助义务外，并可以予以罚款：

（一）有关单位拒绝或者妨碍人民法院调查取证的；

（二）有关单位接到人民法院协助执行通知书后，拒不协助查询、扣押、冻结、划拨、变价财产的；

（三）有关单位接到人民法院协助执行通知书后，拒不协助扣留被执行人的收入、办理有关财产权证照转移手续、转交有关票证、证照或者其他财产的；

（四）其他拒绝协助执行的。

人民法院对有前款规定的行为之一的单位，可以对其主要负责人或者直接责任人员予以罚款；对仍不履行协助义务的，可以予以拘留；并可以向监察机关或者有关机关提出予以纪律处分的司法建议。

第一百一十八条 对个人的罚款金额，为人民币十万元以下。对单位的罚款金额，为人民币五万元以上一百万元以下。

拘留的期限，为十五日以下。

被拘留的人，由人民法院交公安机关看管。在拘留期间，被拘留人承认并改正错误的，人民法院可以决定提前解除拘留。

第一百一十九条 拘传、罚款、拘留必须经院长批准。

拘传应当发拘传票。

罚款、拘留应当用决定书。对决定不服的，可以向上一级人民法院申请复议一次。复议期间不停止执行。

【相关法条】《民诉解释》

第174条 民事诉讼法第一百一十二条规定的必须到庭的被告，是指负有赡养、抚育、扶养义务和不到庭就无法查清案情的被告。

人民法院对必须到庭才能查清案件基本事实的原告，经两次传票传唤，无正当理由拒不到庭的，可以拘传。

第184条 对同一妨害民事诉讼行为的罚款、拘留不得连续适用。发生新的妨害民事诉讼行为的，人民法院可以重新予以罚款、拘留。

第185条 被罚款、拘留的人不服罚款、拘留决定申请复议的，应当自收到决定书之日起三日内提出。上级人民法院应当在收到复议申请后五日内作出决定，并将复议结果通知下级人民法院和当事人。

第191条 单位有民事诉讼法第一百一十五条或者第一百一十六条规定行为的，人民法院应当对该单位进行罚款，并可以对其主要负责人或者直接责任人员予以罚款、拘留；构成犯罪的，依法追究刑事责任。

第二编 审判程序

重点法条 25 第一审普通程序

第一百二十二条 起诉必须符合下列条件：

（一）原告是与本案有直接利害关系的公民、法人和其他组织；

（二）有明确的被告；

（三）有具体的诉讼请求和事实、理由；

（四）属于人民法院受理民事诉讼的范围和受诉人民法院管辖。

第一百二十七条 人民法院对下列起诉，分别情形，予以处理：

（一）依照行政诉讼法的规定，属于行政诉讼受案范围的，告知原告提起行政诉讼；

（二）依照法律规定，双方当事人达成书面仲裁协议申请仲裁、不得向人民法院起诉的，告知原告向仲裁机构申请仲裁；

（三）依照法律规定，应当由其他机关处理的争议，告知原告向有关机关申请解决；

（四）对不属于本院管辖的案件，告知原告向有管辖权的人民法院起诉；

（五）对判决、裁定、调解书已经发生法律效力的案件，当事人又起诉的，告知原告申请再审，但人民法院准许撤诉的裁定除外；

（六）依照法律规定，在一定期限内不得起诉的案件，在不得起诉的期限内起诉的，不予受理；

（七）判决不准离婚和调解和好的离婚案件，判决、调解维持收养关系的案件，没有新情况、新理由，原告在六个月内又起诉的，不予受理。

第一百三十六条 人民法院对受理的案件，分别情形，予以处理：

（一）当事人没有争议，符合督促程序规定条件的，可以转入督促程序；

（二）开庭前可以调解的，采取调解方式及时解决纠纷；

（三）根据案件情况，确定适用简易程序或者普通程序；

（四）需要开庭审理的，通过要求当事人交换证据等方式，明确争议焦点。

【相关法条】《民诉解释》

第 208 条 人民法院接到当事人提交的民事起诉状时，对符合民事诉讼法第一百二十二条的规定，且不属于第一百二十七条规定情形的，应当登记立案；对当场不能判定是否符合起诉条件的，应当接收起诉材料，并出具注明收到日期的书面凭证。

需要补充必要相关材料的，人民法院应当及时告知当事人。在补齐相关材料后，应当在七日内决定是否立案。

立案后发现不符合起诉条件或者属于民事诉讼法第一百二十七条规定情形的，裁定驳回起诉。

第 209 条 原告提供被告的姓名或者名称、住所等信息具体明确，足以使被告与他人相区别的，可以认定为有明确的被告。

起诉状列写被告信息不足以认定明确的被告的，人民法院可以告知原告补正。原告补正后仍不能确定明确的被告的，人民法院裁定不予受理。

第 210 条 原告在起诉状中有谩骂和人身攻击之辞的，人民法院应当告知其修改后提起诉讼。

第 211 条 对本院没有管辖权的案件，告知原告向有管辖权的人民法院起诉；原告坚持起诉的，裁定不予受理；立案后发现本院没有管辖权的，应当将案件移送有管辖权的人民法院。

第 212 条 裁定不予受理、驳回起诉的案件，原告再次起诉，符合起诉条件且不属于民事诉讼法第一百二十七条规定情形的，人民法院应予受理。

第 213 条 原告应当预交而未预交案件受理费，人民法院应当通知其预交，通知后仍不预交或者申请减、缓、免未获批准而仍不预交的，裁定按撤诉处理。

第 214 条 原告撤诉或者人民法院按撤诉处理后，原告以同一诉讼请求再次起诉的，人民法院应予受理。

原告撤诉或者按撤诉处理的离婚案件，没有新情况、新理由，六个月内又起诉的，比照民事诉讼法第一百二十七条第七项的规定不予受理。

第 215 条 依照民事诉讼法第一百二十七条第二项的规定，当事人在书面合同中订有仲裁条款，或者在发生纠纷后达成书面仲裁协议，一方向人民法院起诉的，人民法院应当告知原告向仲裁机构申请仲裁，其坚持起诉的，裁定不予受理，但仲裁条款或者仲裁协议不成立、无效、失效、内容不明确无法执行的除外。

第 216 条 在人民法院首次开庭前，被告以有书面仲裁协议为由对受理民事案件提出异议的，人民法院应当进行审查。

经审查符合下列情形之一的，人民法院应当裁定驳回起诉：

（一）仲裁机构或者人民法院已经确认仲裁协议有效的；

（二）当事人没有在仲裁庭首次开庭前对仲裁协议的效力提出异议的；

（三）仲裁协议符合仲裁法第十六条规定且不具有仲裁法第十七条规定情形的。

第 217 条 夫妻一方下落不明，另一方诉至人民法院，只要求离婚，不申请宣告下落不明人失踪或者死亡的案件，人民法院应当受理，对下落不明人公告送达诉讼文书。

第 218 条 赡养费、扶养费、抚养费案件，裁判发生法律效力后，因新情况、新理由，一方当事人再行起诉要求增加或者减少费用的，人民法院应作为新案受理。

第 219 条 当事人超过诉讼时效期间起诉的，人民法院应予受理。受理后对方当事人提出诉讼时效抗辩，人民法院经审理认为抗辩事由成立的，判决驳回原告的诉讼请求。

重点法条 26 开庭审理

第一百三十七条 人民法院审理民事案件，除涉及国家秘密、个人隐私或者法律另有规定的以外，应当公开进行。

离婚案件，涉及商业秘密的案件，当事人申请不公开审理的，可以不公开审理。

第一百四十二条 当事人在法庭上可以提出新的证据。

当事人经法庭许可，可以向证人、鉴定人、勘验人发问。

当事人要求重新进行调查、鉴定或者勘验的，是否准许，由人民法院决定。

第一百四十三条 原告增加诉讼请求，被告提出反诉，第三人提出与本案有关的诉讼请求，可以合并审理。

第一百四十五条 法庭辩论终结，应当依法作出判决。判决前能够调解的，还可以进行调解，调解不成的，应当及时判决。

【相关法条】《民诉解释》

第231条 当事人在法庭上提出新的证据的，人民法院应当依照民事诉讼法第六十八条第二款规定和本解释相关规定处理。

第385条 再审申请人提供的新的证据，能够证明原判决、裁定认定基本事实或者裁判结果错误的，应当认定为民事诉讼法第二百零七条第一项规定的情形。

对于符合前款规定的证据，人民法院应当责令再审申请人说明其逾期提供该证据的理由；拒不说明理由或者理由不成立的，依照民事诉讼法第六十八条第二款和本解释第一百零二条的规定处理。

重点法条 27 撤诉与缺席判决

第一百四十六条 原告经传票传唤，无正当理由拒不到庭的，或者未经法庭许可中途退庭的，可以按撤诉处理；被告反诉的，可以缺席判决。

第一百四十七条 被告经传票传唤，无正当理由拒不到庭的，或者未经法庭许可中途退庭的，可以缺席判决。

第一百四十八条 宣判前，原告申请撤诉的，是否准许，由人民法院裁定。

人民法院裁定不准许撤诉的，原告经传票传唤，无正当理由拒不到庭的，可以缺席判决。

【相关法条】《民诉解释》

第235条 无民事行为能力的当事人的法定代理人，经传票传唤无正当理由拒不到庭，属于原告方的，比照民事诉讼法第一百四十六条的规定，按撤诉处理；属于被告方的，比照民事诉讼法第一百四十七条的规定，缺席判决。必要时，人民法院可以拘传其到庭。

第236条 有独立请求权的第三人经人民法院传票传唤，无正当理由拒不到庭的，或者未经法庭许可中途退庭的，比照民事诉讼法第一百四十六条的规定，按撤诉处理。

第237条 有独立请求权的第三人参加诉讼后，原告申请撤诉，人民法院在准许原告撤诉后，有独立请求权的第三人作为另案原告，原案原告、被告作为另案被告，诉讼继续进行。

第238条 当事人申请撤诉或者依法可以按撤诉处理的案件，如果当事人有违反法律的行为需要依法处理的，人民法院可以不准许撤诉或者不按撤诉处理。

法庭辩论终结后原告申请撤诉，被告不同意的，人民法院可以不予准许。

第239条 人民法院准许本诉原告撤诉的，应当对反诉继续审理；被告申请撤回反诉的，人民法院应予准许。

第240条 无独立请求权的第三人经人民法院传票传唤，无正当理由拒不到庭，或者未经法庭许可中途退庭的，不影响案件的审理。

第241条 被告经传票传唤无正当理由拒不到庭，或者未经法庭许可中途退庭的，人民法院应当按期开庭或者继续开庭审理，对到庭的当事人诉讼请求、双方的诉辩理由以及已经提交的证据及其他诉讼材料进行审理后，可以依法缺席判决。

重点法条 28 延期审理、诉讼中止、诉讼终结

第一百四十九条 有下列情形之一的，可以延期开庭审理：

（一）必须到庭的当事人和其他诉讼参与人有正当理由没有到庭的；

（二）当事人临时提出回避申请的；

（三）需要通知新的证人到庭，调取新的证据，重新鉴定、勘验，或者需要补充调查的；

（四）其他应当延期的情形。

第一百五十三条 有下列情形之一的，中止诉讼：

（一）一方当事人死亡，需要等待继承人表明是否参加诉讼的；

（二）一方当事人丧失诉讼行为能力，尚未确定法定代理人的；

（三）作为一方当事人的法人或者其他组织终止，尚未确定权利义务承受人的；

（四）一方当事人因不可抗拒的事由，不能参加诉讼的；

（五）本案必须以另一案的审理结果为依据，而另一案尚未审结的；

（六）其他应当中止诉讼的情形。

中止诉讼的原因消除后,恢复诉讼。

第一百五十四条 有下列情形之一的,终结诉讼:

(一)原告死亡,没有继承人,或者继承人放弃诉讼权利的;

(二)被告死亡,没有遗产,也没有应当承担义务的人的;

(三)离婚案件一方当事人死亡的;

(四)追索赡养费、扶养费、抚养费以及解除收养关系案件的一方当事人死亡的。

重点法条 29 民事裁定的适用范围

第一百五十七条 裁定适用于下列范围:

(一)不予受理;

(二)对管辖权有异议的;

(三)驳回起诉;

(四)保全和先予执行;

(五)准许或者不准许撤诉;

(六)中止或者终结诉讼;

(七)补正判决书中的笔误;

(八)中止或者终结执行;

(九)撤销或者不予执行仲裁裁决;

(十)不予执行公证机关赋予强制执行效力的债权文书;

(十一)其他需要裁定解决的事项。

对前款第一项至第三项裁定,可以上诉。

裁定书应当写明裁定结果和作出该裁定的理由。裁定书由审判人员、书记员署名,加盖人民法院印章。口头裁定的,记入笔录。

第一百五十九条 公众可以查阅发生法律效力的判决书、裁定书,但涉及国家秘密、商业秘密和个人隐私的内容除外。

重点法条 30 简易程序的适用

第一百六十条 基层人民法院和它派出的法庭审理事实清楚、权利义务关系明确、争议不大的简单的民事案件,适用本章规定。

基层人民法院和它派出的法庭审理前款规定以外的民事案件,当事人双方也可以约定适用简易程序。

第一百六十一条 对简单的民事案件,原告可以口头起诉。

当事人双方可以同时到基层人民法院或者它派出的法庭,请求解决纠纷。基层人民法院或者它派出的法庭可以当即审理,也可以另定日期审理。

第一百六十二条 基层人民法院和它派出的法庭审理简单的民事案件,可以用简便方式传唤当事人和证人、送达诉讼文书、审理案件,但应当保障当事人陈述意见的权利。

第一百六十四条 人民法院适用简易程序审理案件,应当在立案之日起三个月内审结。有特殊情况需要延长的,经本院院长批准,可以延长一个月。

【相关法条】《民诉解释》

第256条 民事诉讼法第一百六十条规定的简单民事案件中的事实清楚,是指当事人对争议的事实陈述基本一致,并能提供相应的证据,无须人民法院调查收集证据即可查明事实;权利义务关系明确是指能明确区分谁是责任的承担者,谁是权利的享有者;争议不大是指当事人对案件的是非、责任承担以及诉讼标的争执无原则分歧。

第257条 下列案件,不适用简易程序:

(一)起诉时被告下落不明的;

(二)发回重审的;

(三)当事人一方人数众多的;

(四)适用审判监督程序的;

(五)涉及国家利益、社会公共利益的;

(六)第三人起诉请求改变或者撤销生效判决、裁定、调解书的;

(七)其他不宜适用简易程序的案件。

第258条 适用简易程序审理的案件,审理期限到期后,有特殊情况需要延长的,经本院院长批准,可以延长审理期限。延长后的审理期限累计不得超过四个月。

人民法院发现案件不宜适用简易程序,需要转为普通程序审理的,应当在审理期限届满前作出裁定并将审判人员及相关事项书面通知双方当事人。

案件转为普通程序审理的,审理期限自人民法院立案之日计算。

第259条 当事人双方可就开庭方式向人民法院提出申请,由人民法院决定是否准许。经当事人双方同意,可以采用视听传输技术等方式开庭。

第260条 已经按照普通程序审理的案件,在开庭后不得转为简易程序审理。

第261条 适用简易程序审理案件,人民法院可以依照民事诉讼法第九十条、第一百六十二条的规定采取捎口信、电话、短信、传真、电子邮件等简便方式传唤双方当事人、通知证人和送达诉讼文书。

以简便方式送达的开庭通知,未经当事人确认或者没有其他证据证明当事人已经收到的,人民法院不得缺席判决。

适用简易程序审理案件,由审判员独任审判,书记员担任记录。

第262条 人民法庭制作的判决书、裁定书、调解书,必须加盖基层人民法院印章,不得用人民法庭的印章代替基层人民法院的印章。

第264条 当事人双方根据民事诉讼法第一百六十条第二款规定约定适用简易程序的,应当在开庭前提出。口头提出的,记入笔录,由双方当事人签名或者捺印确认。

本解释第二百五十七条规定的案件,当事人约定适用简易程序的,人民法院不予准许。

第266条 适用简易程序案件的举证期限由人民法院确定,也可以由当事人协商一致并经人民法院准许,但不得超过十五日。被告要求书面答辩的,人民法院可在征得其同意的基础上,合理确定答辩期间。

人民法院应当将举证期限和开庭日期告知双方当事人,并向当事人说明逾期举证以及拒不到庭的法律后果,由双方当事人在笔录和开庭传票的送达回证上签名或者捺印。

当事人双方均表示不需要举证期限、答辩期间的,人民法院可以立即开庭审理或者确定开庭日期。

第269条 当事人就案件适用简易程序提出异议,人民法院经审查,异议成立的,裁定转为普通程序;异议不成立的,裁定驳回。裁定以口头方式作出的,应当记入笔录。

转为普通程序的,人民法院应当将审判人员及相关事项以书面形式通知双方当事人。

转为普通程序前,双方当事人已确认的事实,可以不再进行举证、质证。

第270条 适用简易程序审理的案件,有下列情形之一的,人民法院在制作判决书、裁定书、调解书时,对认定事实或者裁判理由部分可以适当简化:

(一)当事人达成调解协议并需要制作民事调解书的;

(二)一方当事人明确表示承认对方全部或者部分诉讼请求的;

(三)涉及商业秘密、个人隐私的案件,当事人一方要求简化裁判文书中的相关内容,人民法院认为理由正当的;

(四)当事人双方同意简化的。

精 解

1. 简易程序是基层法院审理简单的诉讼案件所适用的一审程序。它是普通程序的简化,考生对简易程序方便、快捷的特点应当把握。比如,适用简易程序,可以当即受理,当即进行审理,独任审判,程序简便、灵活,审限较短,可以口头送达,判决书可以简化,等等。

2. 简易程序的设立,主要目的是提高诉讼效率、降低诉讼成本。应当注意的是,简易程序虽然简便,但它仍然需要保证案件的公正审判,需要保证当事人诉讼权利的有效行使。简易程序中的小额诉讼适用于基层法院审理数额较小的财产争议案件,并实行一审终审。从纠纷的解决与审判程序相互适应性的角度讲,法律增设小额诉讼程序是有积极意义的。考生要掌握小额诉讼程序一审终审的特点,其救济不适用上诉制度,可以通过再审,但小额诉讼的再审有一些不同于一般案件再审的特点。

重点法条 31 小额诉讼

第一百六十五条 基层人民法院和它派出的法庭审理事实清楚、权利义务关系明确、争议不大的简单金钱给付民事案件,标的额为各省、自治区、直辖市上年度就业人员年平均工资百分之五十以下的,适用小额诉讼的程序审理,实行一审终审。

基层人民法院和它派出的法庭审理前款规定的民事案件,标的额超过各省、自治区、直辖市上年度就业人员年平均工资百分之五十但在二倍以下的,当事人双方也可以约定适用小额诉讼的程序。

第一百六十六条 人民法院审理下列民事案件,不适用小额诉讼的程序:

(一)人身关系、财产确权案件;

(二)涉外案件;

(三)需要评估、鉴定或者对诉前评估、鉴定结果有异议的案件;

(四)一方当事人下落不明的案件;

(五)当事人提出反诉的案件;

(六)其他不宜适用小额诉讼的程序审理的案件。

【相关法条】《民诉解释》

第 272 条 民事诉讼法第一百六十五条规定的各省、自治区、直辖市上年度就业人员年平均工资，是指已经公布的各省、自治区、直辖市上一年度就业人员年平均工资。在上一年度就业人员年平均工资公布前，以已经公布的最近年度就业人员年平均工资为准。

第 273 条 海事法院可以适用小额诉讼的程序审理海事、海商案件。案件标的额应当以实际受理案件的海事法院或者其派出法庭所在的省、自治区、直辖市上年度就业人员年平均工资为基数计算。

第 275 条 小额诉讼案件的举证期限由人民法院确定，也可以由当事人协商一致并经人民法院准许，但一般不超过七日。

被告要求书面答辩的，人民法院可以在征得其同意的基础上合理确定答辩期间，但最长不得超过十五日。

当事人到庭后表示不需要举证期限和答辩期间的，人民法院可立即开庭审理。

第 276 条 当事人对小额诉讼案件提出管辖异议的，人民法院应当作出裁定。裁定一经作出即生效。

第 277 条 人民法院受理小额诉讼案件后，发现起诉不符合民事诉讼法第一百二十二条规定的起诉条件的，裁定驳回起诉。裁定一经作出即生效。

第 278 条 因当事人申请增加或者变更诉讼请求、提出反诉、追加当事人等，致使案件不符合小额诉讼案件条件的，应当适用简易程序的其他规定审理。

前款规定案件，应当适用普通程序审理的，裁定转为普通程序。

适用简易程序的其他规定或者普通程序审理前，双方当事人已确认的事实，可以不再进行举证、质证。

第 279 条 当事人对按照小额诉讼案件审理有异议的，应当在开庭前提出。人民法院经审查，异议成立的，适用简易程序的其他规定审理或者裁定转为普通程序；异议不成立的，裁定驳回。裁定以口头方式作出的，应当记入笔录。

第 424 条 对小额诉讼案件的判决、裁定，当事人以民事诉讼法第二百零七条规定的事由向原审人民法院申请再审的，人民法院应当受理。申请再审事由成立的，应当裁定再审，组成合议庭进行审理。作出的再审判决、裁定，当事人不得上诉。

当事人以不应按小额诉讼案件审理为由向原审人民法院申请再审的，人民法院应当受理。理由成立的，应当裁定再审，组成合议庭审理。作出的再审判决、裁定，当事人可以上诉。

重点法条 32 上诉的提起

第一百七十一条 当事人不服地方人民法院第一审判决的，有权在判决书送达之日起十五日内向上一级人民法院提起上诉。

当事人不服地方人民法院第一审裁定的，有权在裁定书送达之日起十日内向上一级人民法院提起上诉。

第一百七十三条 上诉状应当通过原审人民法院提出，并按照对方当事人或者代表人的人数提出副本。

当事人直接向第二审人民法院上诉的，第二审人民法院应当在五日内将上诉状移交原审人民法院。

【相关法条】《民诉解释》

第 315 条 双方当事人和第三人都提起上诉的，均列为上诉人。人民法院可以依职权确定第二审程序中当事人的诉讼地位。

第 316 条 民事诉讼法第一百七十三条、第一百七十四条规定的对方当事人包括被上诉人和原审其他当事人。

第 317 条 必要共同诉讼人的一人或者部分人提起上诉的，按下列情形分别处理：

（一）上诉仅对与对方当事人之间权利义务分担有意见，不涉及其他共同诉讼人利益的，对方当事人为被上诉人，未上诉的同一方当事人依原审诉讼地位列明；

（二）上诉仅对共同诉讼人之间权利义务分担有意见，不涉及对方当事人利益的，未上诉的同一方当事人为被上诉人，对方当事人依原审诉讼地位列明；

（三）上诉对双方当事人之间以及共同诉讼人之间权利义务承担有意见的，未提起上诉的其他当事人均为被上诉人。

重点法条 33 上诉案件的审理

第一百七十五条 第二审人民法院应当对上诉请求的有关事实和适用法律进行审查。

第一百七十六条 第二审人民法院对上诉案件

应当开庭审理。经过阅卷、调查和询问当事人，对没有提出新的事实、证据或者理由，人民法院认为不需要开庭审理的，可以不开庭审理。

第二审人民法院审理上诉案件，可以在本院进行，也可以到案件发生地或者原审人民法院所在地进行。

【相关法条】《民诉解释》

第321条 第二审人民法院应当围绕当事人的上诉请求进行审理。

当事人没有提出请求的，不予审理，但一审判决违反法律禁止性规定，或者损害国家利益、社会公共利益、他人合法权益的除外。

第331条 第二审人民法院对下列上诉案件，依照民事诉讼法第一百七十六条规定可以不开庭审理：

（一）不服不予受理、管辖权异议和驳回起诉裁定的；

（二）当事人提出的上诉请求明显不能成立的；

（三）原判决、裁定认定事实清楚，但适用法律错误的；

（四）原判决严重违反法定程序，需要发回重审的。

重点法条 34 上诉案件的调解与裁判

第一百七十七条 第二审人民法院对上诉案件，经过审理，按照下列情形，分别处理：

（一）原判决、裁定认定事实清楚，适用法律正确的，以判决、裁定方式驳回上诉，维持原判决、裁定；

（二）原判决、裁定认定事实错误或者适用法律错误的，以判决、裁定方式依法改判、撤销或者变更；

（三）原判决认定基本事实不清的，裁定撤销原判决，发回原审人民法院重审，或者查清事实后改判；

（四）原判决遗漏当事人或者违法缺席判决等严重违反法定程序的，裁定撤销原判决，发回原审人民法院重审。

原审人民法院对发回重审的案件作出判决后，当事人提起上诉的，第二审人民法院不得再次发回重审。

第一百七十八条 第二审人民法院对不服第一审人民法院裁定的上诉案件的处理，一律使用裁定。

第一百七十九条 第二审人民法院审理上诉案件，可以进行调解。调解达成协议，应当制作调解书，由审判人员、书记员署名，加盖人民法院印章。调解书送达后，原审人民法院的判决即视为撤销。

第一百八十条 第二审人民法院判决宣告前，上诉人申请撤回上诉的，是否准许，由第二审人民法院裁定。

第一百八十三条 人民法院审理对判决的上诉案件，应当在第二审立案之日起三个月内审结。有特殊情况需要延长的，由本院院长批准。

人民法院审理对裁定的上诉案件，应当在第二审立案之日起三十日内作出终审裁定。

【相关法条】《民诉解释》

第323条 下列情形，可以认定为民事诉讼法第一百七十七条第一款第四项规定的严重违反法定程序：

（一）审判组织的组成不合法的；

（二）应当回避的审判人员未回避的；

（三）无诉讼行为能力人未经法定代理人代为诉讼的；

（四）违法剥夺当事人辩论权利的。

第324条 对当事人在第一审程序中已经提出的诉讼请求，原审人民法院未作审理、判决的，第二审人民法院可以根据当事人自愿的原则进行调解；调解不成的，发回重审。

第325条 必须参加诉讼的当事人或者有独立请求权的第三人，在第一审程序中未参加诉讼，第二审人民法院可以根据当事人自愿的原则予以调解；调解不成的，发回重审。

第326条 在第二审程序中，原审原告增加独立的诉讼请求或者原审被告提出反诉的，第二审人民法院可以根据当事人自愿的原则就新增加的诉讼请求或者反诉进行调解；调解不成的，告知当事人另行起诉。

双方当事人同意由第二审人民法院一并审理的，第二审人民法院可以一并裁判。

第327条 一审判决不准离婚的案件，上诉后，第二审人民法院认为应当判决离婚的，可以根据当事人自愿的原则，与子女抚养、财产问题一并调解；调解不成的，发回重审。

双方当事人同意由第二审人民法院一并审理的，第二审人民法院可以一并裁判。

第328条 人民法院依照第二审程序审理案件，认为依法不应由人民法院受理的，可以由第二审人民法院直接裁定撤销原裁判，驳回起诉。

第 329 条 人民法院依照第二审程序审理案件,认为第一审人民法院受理案件违反专属管辖规定的,应当裁定撤销原裁判并移送有管辖权的人民法院。

第 330 条 第二审人民法院查明第一审人民法院作出的不予受理裁定有错误的,应当在撤销原裁定的同时,指令第一审人民法院立案受理;查明第一审人民法院作出的驳回起诉裁定有错误的,应当在撤销原裁定的同时,指令第一审人民法院审理。

第 332 条 原判决、裁定认定事实或者适用法律虽有瑕疵,但裁判结果正确的,第二审人民法院可以在判决、裁定中纠正瑕疵后,依照民事诉讼法第一百七十七条第一款第一项规定予以维持。

第 333 条 民事诉讼法第一百七十七条第一款第三项规定的基本事实,是指用以确定当事人主体资格、案件性质、民事权利义务等对原判决、裁定的结果有实质性影响的事实。

第 337 条 当事人在第二审程序中达成和解协议的,人民法院可以根据当事人的请求,对双方达成的和解协议进行审查并制作调解书送达当事人;因和解而申请撤诉,经审查符合撤诉条件的,人民法院应予准许。

重点法条 35 特别程序的适用

第一百八十四条 人民法院审理选民资格案件、宣告失踪或者宣告死亡案件、指定遗产管理人案件、认定公民无民事行为能力或者限制民事行为能力案件、认定财产无主案件、确认调解协议案件和实现担保物权案件,适用本章规定。本章没有规定的,适用本法和其他法律的有关规定。

第一百八十五条 依照本章程序审理的案件,实行一审终审。选民资格案件或者重大、疑难的案件,由审判员组成合议庭审理;其他案件由审判员一人独任审理。

第一百八十六条 人民法院在依照本章程序审理案件的过程中,发现本案属于民事权益争议的,应当裁定终结特别程序,并告知利害关系人可以另行起诉。

第一百八十七条 人民法院适用特别程序审理的案件,应当在立案之日起三十日内或者公告期满后三十日内审结。有特殊情况需要延长的,由本院院长批准。但审理选民资格的案件除外。

重点法条 36 选民资格案件

第一百八十八条 公民不服选举委员会对选民资格的申诉所作的处理决定,可以在选举日的五日以前向选区所在地基层人民法院起诉。

第一百八十九条 人民法院受理选民资格案件后,必须在选举日前审结。

审理时,起诉人、选举委员会的代表和有关公民必须参加。

人民法院的判决书,应当在选举日前送达选举委员会和起诉人,并通知有关公民。

重点法条 37 宣告失踪、宣告死亡案件

第一百九十条 公民下落不明满二年,利害关系人申请宣告其失踪的,向下落不明人住所地基层人民法院提出。

申请书应当写明失踪的事实、时间和请求,并附有公安机关或者其他有关机关关于该公民下落不明的书面证明。

第一百九十一条 公民下落不明满四年,或者因意外事件下落不明满二年,或者因意外事件下落不明,经有关机关证明该公民不可能生存,利害关系人申请宣告其死亡的,向下落不明人住所地基层人民法院提出。

申请书应当写明下落不明的事实、时间和请求,并附有公安机关或者其他有关机关关于该公民下落不明的书面证明。

重点法条 38 指定遗产管理人案件

第一百九十四条 对遗产管理人的确定有争议,利害关系人申请指定遗产管理人的,向被继承人死亡时住所地或者主要遗产所在地基层人民法院提出。

申请书应当写明被继承人死亡的时间、申请事由和具体请求,并附有被继承人死亡的相关证据。

第一百九十五条 人民法院受理申请后,应当审查核实,并按照有利于遗产管理的原则,判决指定遗产管理人。

第一百九十六条 被指定的遗产管理人死亡、终止、丧失民事行为能力或者存在其他无法继续履行遗产管理职责情形的,人民法院可以根据利害关系人或者本人的申请另行指定遗产管理人。

第一百九十七条 遗产管理人违反遗产管理职

责，严重侵害继承人、受遗赠人或者债权人合法权益的，人民法院可以根据利害关系人的申请，撤销其遗产管理人资格，并依法指定新的遗产管理人。

重点法条 39 确认调解协议案件

第二百零五条 经依法设立的调解组织调解达成调解协议，申请司法确认的，由双方当事人自调解协议生效之日起三十日内，共同向下列人民法院提出：

（一）人民法院邀请调解组织开展先行调解的，向作出邀请的人民法院提出；

（二）调解组织自行开展调解的，向当事人住所地、标的物所在地、调解组织所在地的基层人民法院提出；调解协议所涉纠纷应当由中级人民法院管辖的，向相应的中级人民法院提出。

第二百零六条 人民法院受理申请后，经审查，符合法律规定的，裁定调解协议有效，一方当事人拒绝履行或者未全部履行的，对方当事人可以向人民法院申请执行；不符合法律规定的，裁定驳回申请，当事人可以通过调解方式变更原调解协议或者达成新的调解协议，也可以向人民法院提起诉讼。

【相关法条】《民诉解释》

第351条 申请司法确认调解协议的，双方当事人应当本人或者由符合民事诉讼法第六十一条规定的代理人依照民事诉讼法第二百零一条的规定提出申请。

第352条 调解组织自行开展的调解，有两个以上调解组织参与的，符合民事诉讼法第二百零一条规定的各调解组织所在地人民法院均有管辖权。

双方当事人可以共同向符合民事诉讼法第二百零一条规定的其中一个有管辖权的人民法院提出申请；双方当事人共同向两个以上有管辖权的人民法院提出申请的，由最先立案的人民法院管辖。

第355条 当事人申请司法确认调解协议，有下列情形之一的，人民法院裁定不予受理：

（一）不属于人民法院受理范围的；

（二）不属于收到申请的人民法院管辖的；

（三）申请确认婚姻关系、亲子关系、收养关系等身份关系无效、有效或者解除的；

（四）涉及适用其他特别程序、公示催告程序、破产程序审理的；

（五）调解协议内容涉及物权、知识产权确权的。

人民法院受理申请后，发现有上述不予受理情形的，应当裁定驳回当事人的申请。

第357条 确认调解协议的裁定作出前，当事人撤回申请的，人民法院可以裁定准许。

当事人无正当理由未在限期内补充陈述、补充证明材料或者拒不接受询问的，人民法院可以按撤回申请处理。

第358条 经审查，调解协议有下列情形之一的，人民法院应当裁定驳回申请：

（一）违反法律强制性规定的；

（二）损害国家利益、社会公共利益、他人合法权益的；

（三）违背公序良俗的；

（四）违反自愿原则的；

（五）内容不明确的；

（六）其他不能进行司法确认的情形。

重点法条 40 实现担保物权案件

第二百零七条 申请实现担保物权，由担保物权人以及其他有权请求实现担保物权的人依照民法典等法律，向担保财产所在地或者担保物权登记地基层人民法院提出。

第二百零八条 人民法院受理申请后，经审查，符合法律规定的，裁定拍卖、变卖担保财产，当事人依据该裁定可以向人民法院申请执行；不符合法律规定的，裁定驳回申请，当事人可以向人民法院提起诉讼。

【相关法条】《民诉解释》

第359条 民事诉讼法第二百零三条规定的担保物权人，包括抵押权人、质权人、留置权人；其他有权请求实现担保物权的人，包括抵押人、出质人、财产被留置的债务人或者所有权人等。

第360条 实现票据、仓单、提单等有权利凭证的权利质权案件，可以由权利凭证持有人住所地人民法院管辖；无权利凭证的权利质权，由出质登记地人民法院管辖。

第361条 实现担保物权案件属于海事法院等专门人民法院管辖的，由专门人民法院管辖。

第362条 同一债权的担保物有多个且所在地不同，申请人分别向有管辖权的人民法院申请实现担保物权的，人民法院应当依法受理。

第363条 依照民法典第三百九十二条的规定，被担保的债权既有物的担保又有人的担保，当事人对实现担保物权的顺序有约定,实现担保物权的申请违反该约定的,人民法院裁定不予受理;没有约定或者约定不明的,人民法院应当受理。

第 364 条 同一财产上设立多个担保物权,登记在先的担保物权尚未实现的,不影响后顺位的担保物权人向人民法院申请实现担保物权。

第 367 条 实现担保物权案件可以由审判员一人独任审查。担保财产标的额超过基层人民法院管辖范围的,应当组成合议庭进行审查。

第 369 条 人民法院应当就主合同的效力、期限、履行情况,担保物权是否有效设立、担保财产的范围、被担保的债权范围、被担保的债权是否已届清偿期等担保物权实现的条件,以及是否损害他人合法权益等内容进行审查。

被申请人或者利害关系人提出异议的,人民法院应当一并审查。

第 370 条 人民法院审查后,按下列情形分别处理:

(一)当事人对实现担保物权无实质性争议且实现担保物权条件成就的,裁定准许拍卖、变卖担保财产;

(二)当事人对实现担保物权有部分实质性争议的,可以就无争议部分裁定准许拍卖、变卖担保财产;

(三)当事人对实现担保物权有实质性争议的,裁定驳回申请,并告知申请人向人民法院提起诉讼。

第 371 条 人民法院受理申请后,申请人对担保财产提出保全申请的,可以按照民事诉讼法关于诉讼保全的规定办理。

第 372 条 适用特别程序作出的判决、裁定,当事人、利害关系人认为有错误的,可以向作出该判决、裁定的人民法院提出异议。人民法院经审查,异议成立或者部分成立的,作出新的判决、裁定撤销或者改变原判决、裁定;异议不成立的,裁定驳回。

对人民法院作出的确认调解协议、准许实现担保物权的裁定,当事人有异议的,应当自收到裁定之日起十五日内提出;利害关系人有异议的,自知道或者应当知道其民事权益受到侵害之日起六个月内提出。

重点法条 41 基于当事人诉权的申请再审

第二百一十条 当事人对已经发生法律效力的判决、裁定,认为有错误的,可以向上一级人民法院申请再审;当事人一方人数众多或者当事人双方为公民的案件,也可以向原审人民法院申请再审。当事人申请再审的,不停止判决、裁定的执行。

第二百一十一条 当事人的申请符合下列情形之一的,人民法院应当再审:

(一)有新的证据,足以推翻原判决、裁定的;

(二)原判决、裁定认定的基本事实缺乏证据证明的;

(三)原判决、裁定认定事实的主要证据是伪造的;

(四)原判决、裁定认定事实的主要证据未经质证的;

(五)对审理案件需要的主要证据,当事人因客观原因不能自行收集,书面申请人民法院调查收集,人民法院未调查收集的;

(六)原判决、裁定适用法律确有错误的;

(七)审判组织的组成不合法或者依法应当回避的审判人员没有回避的;

(八)无诉讼行为能力人未经法定代理人代为诉讼或者应当参加诉讼的当事人,因不能归责于本人或者其诉讼代理人的事由,未参加诉讼的;

(九)违反法律规定,剥夺当事人辩论权利的;

(十)未经传票传唤,缺席判决的;

(十一)原判决、裁定遗漏或者超出诉讼请求的;

(十二)据以作出原判决、裁定的法律文书被撤销或者变更的;

(十三)审判人员审理该案件时有贪污受贿,徇私舞弊,枉法裁判行为的。

第二百一十二条 当事人对已经发生法律效力的调解书,提出证据证明调解违反自愿原则或者调解协议的内容违反法律的,可以申请再审。经人民法院审查属实的,应当再审。

第二百一十三条 当事人对已经发生法律效力的解除婚姻关系的判决、调解书,不得申请再审。

第二百一十四条 当事人申请再审的,应当提交再审申请书等材料。人民法院应当自收到再审申请书之日起五日内将再审申请书副本发送对方当事人。对方当事人应当自收到再审申请书副本之日起十五日内提交书面意见;不提交书面意见的,不影响人民法院审查。人民法院可以要求申请人和对方当事人补充有关材料,询问有关事项。

第二百一十五条 人民法院应当自收到再审申请书之日起三个月内审查,符合本法规定的,裁定再审;不符合本法规定的,裁定驳回申请。有特殊情况需要延长的,由本院院长批准。

因当事人申请裁定再审的案件由中级人民法院以上的人民法院审理,但当事人依照本法第二百一十条的规定选择向基层人民法院申请再审的除外。最高人民法院、高级人民法院裁定再审的案件,由本院再审或者交其他人民法院再审,也可以交原审人民法院再审。

第二百一十六条 当事人申请再审,应当在判决、裁定发生法律效力后六个月内提出;有本法第二百一十一条第一项、第三项、第十二项、第十三项规定情形的,自知道或者应当知道之日起六个月内提出。

【相关法条】《民诉解释》

第373条 当事人死亡或者终止的,其权利义务承继者可以根据民事诉讼法第二百零六条、第二百零八条的规定申请再审。

判决、调解书生效后,当事人将判决、调解书确认的债权转让,债权受让人对该判决、调解书不服申请再审的,人民法院不予受理。

第374条 民事诉讼法第二百零六条规定的人数众多的一方当事人,包括公民、法人和其他组织。

民事诉讼法第二百零六条规定的当事人双方为公民的案件,是指原告和被告均为公民的案件。

第377条 当事人一方人数众多或者当事人双方为公民的案件,当事人分别向原审人民法院和上一级人民法院申请再审且不能协商一致的,由原审人民法院受理。

第378条 适用特别程序、督促程序、公示催告程序、破产程序等非讼程序审理的案件,当事人不得申请再审。

第379条 当事人认为发生法律效力的不予受理、驳回起诉的裁定错误的,可以申请再审。

第380条 当事人就离婚案件中的财产分割问题申请再审,如涉及判决中已分割的财产,人民法院应当依照民事诉讼法第二百零七条的规定进行审查,符合再审条件的,应当裁定再审;如涉及判决中未作处理的夫妻共同财产,应当告知当事人另行起诉。

第381条 当事人申请再审,有下列情形之一的,人民法院不予受理:

(一)再审申请被驳回后再次提出申请的;

(二)对再审判决、裁定提出申请的;

(三)在人民检察院对当事人的申请作出不予提出再审检察建议或者抗诉决定后又提出申请的。

前款第一项、第二项规定情形,人民法院应当告知当事人可以向人民检察院申请再审检察建议或者抗诉,但因人民检察院提出再审检察建议或者抗诉而再审作出的判决、裁定除外。

第382条 当事人对已经发生法律效力的调解书申请再审,应当在调解书发生法律效力后六个月内提出。

第390条 民事诉讼法第二百零七条第十一项规定的诉讼请求,包括一审诉讼请求、二审上诉请求,但当事人未对一审判决、裁定遗漏或者超出诉讼请求提起上诉的除外。

第400条 再审申请审查期间,有下列情形之一的,裁定终结审查:

(一)再审申请人死亡或者终止,无权利义务承继者或者权利义务承继者声明放弃再审申请的;

(二)在给付之诉中,负有给付义务的被申请人死亡或者终止,无可供执行的财产,也没有应当承担义务的人的;

(三)当事人达成和解协议且已履行完毕的,但当事人在和解协议中声明不放弃申请再审权利的除外;

(四)他人未经授权以当事人名义申请再审的;

(五)原审或者上一级人民法院已经裁定再审的;

(六)有本解释第三百八十一条第一款规定情形的。

第420条 必须共同进行诉讼的当事人因不能归责于本人或者其诉讼代理人的事由未参加诉讼的,可以根据民事诉讼法第二百零七条第八项规定,自知道或者应当知道之日起六个月内申请再审,但符合本解释第四百二十一条规定情形的除外。

人民法院因前款规定的当事人申请而裁定再审,按照第一审程序再审的,应当追加其为当事人,作出新的判决、裁定;按照第二审程序再审,经调解不能达成协议的,应当撤销原判决、裁定,发回重审,重审时应追加其为当事人。

【例题】 丁甲与王二之间的借款合同纠纷在A市B区人民法院审理并作出一审判决后,双方均未上诉。几个月后,丁甲与王二分别先后向A市B区人民法院和A市中级人民法院申请再审,下列选项正确的是:(2020年单选题)

A. 应由A市中级人民法院裁定由B区人民法院

审核再审申请

B. 应当由先受理的法院审核再审申请

C. 应当由 B 区法院审核再审申请

D. 应当由 A 市中级人民法院审核再审申请

参考答案：________①

重点法条 42 再审案件的审理

第二百零二条 各级人民法院院长对本院已经发生法律效力的判决、裁定、调解书，发现确有错误，认为需要再审的，应当提交审判委员会讨论决定。

最高人民法院对地方各级人民法院已经发生法律效力的判决、裁定、调解书，上级人民法院对下级人民法院已经发生法律效力的判决、裁定、调解书，发现确有错误的，有权提审或者指令下级人民法院再审。

第二百一十七条 按照审判监督程序决定再审的案件，裁定中止原判决、裁定、调解书的执行，但追索赡养费、扶养费、抚养费、抚恤金、医疗费用、劳动报酬等案件，可以不中止执行。

第二百一十八条 人民法院按照审判监督程序再审的案件，发生法律效力的判决、裁定是由第一审法院作出的，按照第一审程序审理，所作的判决、裁定，当事人可以上诉；发生法律效力的判决、裁定是由第二审法院作出的，按照第二审程序审理，所作的判决、裁定，是发生法律效力的判决、裁定；上级人民法院按照审判监督程序提审的，按照第二审程序审理，所作的判决、裁定是发生法律效力的判决、裁定。

人民法院审理再审案件，应当另行组成合议庭。

【相关法条】《民诉解释》

第 401 条 人民法院审理再审案件应当组成合议庭开庭审理，但按照第二审程序审理，有特殊情况或者双方当事人已经通过其他方式充分表达意见，且书面同意不开庭审理的除外。

符合缺席判决条件的，可以缺席判决。

第 403 条 人民法院审理再审案件应当围绕再审请求进行。当事人的再审请求超出原审诉讼请求的，不予审理；符合另案诉讼条件的，告知当事人可以另行起诉。

被申请人及原审其他当事人在庭审辩论结束前提出的再审请求，符合民事诉讼法第二百一十二条规定的，人民法院应当一并审理。

人民法院经再审，发现已经发生法律效力的判决、裁定损害国家利益、社会公共利益、他人合法权益的，应当一并审理。

第 404 条 再审审理期间，有下列情形之一的，可以裁定终结再审程序：

（一）再审申请人在再审期间撤回再审请求，人民法院准许的；

（二）再审申请人经传票传唤，无正当理由拒不到庭的，或者未经法庭许可中途退庭，按撤回再审请求处理的；

（三）人民检察院撤回抗诉的；

（四）有本解释第四百条第一项至第四项规定情形的。

因人民检察院提出抗诉裁定再审的案件，申请抗诉的当事人有前款规定的情形，且不损害国家利益、社会公共利益或者他人合法权益的，人民法院应当裁定终结再审程序。

再审程序终结后，人民法院裁定中止执行的原生效判决自动恢复执行。

第 405 条 人民法院经再审审理认为，原判决、裁定认定事实清楚、适用法律正确的，应予维持；原判决、裁定认定事实、适用法律虽有瑕疵，但裁判结果正确的，应当在再审判决、裁定中纠正瑕疵后予以维持。

原判决、裁定认定事实、适用法律错误，导致裁判结果错误的，应当依法改判、撤销或者变更。

第 406 条 按照第二审程序再审的案件，人民法院经审理认为不符合民事诉讼法规定的起诉条件或者符合民事诉讼法第一百二十七条规定不予受理情形的，应当裁定撤销一、二审判决，驳回起诉。

第 407 条 人民法院对调解书裁定再审后，按照下列情形分别处理：

（一）当事人提出的调解违反自愿原则的事由不成立，且调解书的内容不违反法律强制性规定的，裁定驳回再审申请；

（二）人民检察院抗诉或者再审检察建议所主张的损害国家利益、社会公共利益的理由不成立的，裁定终结再审程序。

前款规定情形，人民法院裁定中止执行的调解书需要继续执行的，自动恢复执行。

第 408 条 一审原告在再审审理程序中申请撤

---

① B

回起诉,经其他当事人同意,且不损害国家利益、社会公共利益、他人合法权益的,人民法院可以准许。裁定准许撤诉的,应当一并撤销原判决。

一审原告在再审审理程序中撤回起诉后重复起诉的,人民法院不予受理。

第 409 条 当事人提交新的证据致使再审改判,因再审申请人或者申请检察监督当事人的过错未能在原审程序中及时举证,被申请人等当事人请求补偿其增加的交通、住宿、就餐、误工等必要费用的,人民法院应予支持。

第 410 条 部分当事人到庭并达成调解协议,其他当事人未作出书面表示的,人民法院应当在判决中对该事实作出表述;调解协议内容不违反法律规定,且不损害其他当事人合法权益的,可以在判决主文中予以确认。

重点法条 43 基于审判监督权的抗诉和再审

第二百一十九条 最高人民检察院对各级人民法院已经发生法律效力的判决、裁定,上级人民检察院对下级人民法院已经发生法律效力的判决、裁定,发现有本法第二百一十一条规定情形之一的,或者发现调解书损害国家利益、社会公共利益的,应当提出抗诉。

地方各级人民检察院对同级人民法院已经发生法律效力的判决、裁定,发现有本法第二百一十一条规定情形之一的,或者发现调解书损害国家利益、社会公共利益的,可以向同级人民法院提出检察建议,并报上级人民检察院备案;也可以提请上级人民检察院向同级人民法院提出抗诉。

各级人民检察院对审判监督程序以外的其他审判程序中审判人员的违法行为,有权向同级人民法院提出检察建议。

第二百二十条 有下列情形之一的,当事人可以向人民检察院申请检察建议或者抗诉:

(一)人民法院驳回再审申请的;

(二)人民法院逾期未对再审申请作出裁定的;

(三)再审判决、裁定有明显错误的。

人民检察院对当事人的申请应当在三个月内进行审查,作出提出或者不予提出检察建议或者抗诉的决定。当事人不得再次向人民检察院申请检察建议或者抗诉。

第二百二十一条 人民检察院因履行法律监督职责提出检察建议或者抗诉的需要,可以向当事人或者案外人调查核实有关情况。

第二百二十二条 人民检察院提出抗诉的案件,接受抗诉的人民法院应当自收到抗诉书之日起三十日内作出再审的裁定;有本法第二百一十一条第一项至第五项规定情形之一的,可以交下一级人民法院再审,但经该下一级人民法院再审的除外。

第二百二十三条 人民检察院决定对人民法院的判决、裁定、调解书提出抗诉的,应当制作抗诉书。

第二百二十四条 人民检察院提出抗诉的案件,人民法院再审时,应当通知人民检察院派员出席法庭。

【相关法条】《民诉解释》

第 412 条 人民检察院对已经发生法律效力的判决以及不予受理、驳回起诉的裁定依法提出抗诉的,人民法院应予受理,但适用特别程序、督促程序、公示催告程序、破产程序以及解除婚姻关系的判决、裁定等不适用审判监督程序的判决、裁定除外。

第 416 条 当事人的再审申请被上级人民法院裁定驳回后,人民检察院对原判决、裁定、调解书提出抗诉,抗诉事由符合民事诉讼法第二百零七条第一项至第五项规定情形之一的,受理抗诉的人民法院可以交由下一级人民法院再审。

第 417 条 人民法院收到再审检察建议后,应当组成合议庭,在三个月内进行审查,发现原判决、裁定、调解书确有错误,需要再审的,依照民事诉讼法第二百零五条规定裁定再审,并通知当事人;经审查,决定不予再审的,应当书面回复人民检察院。

第 418 条 人民法院审理因人民检察院抗诉或者检察建议裁定再审的案件,不受此前已经作出的驳回当事人再审申请裁定的影响。

重点法条 44 督促程序

第二百二十五条 债权人请求债务人给付金钱、有价证券,符合下列条件的,可以向有管辖权的基层人民法院申请支付令:

(一)债权人与债务人没有其他债务纠纷的;

(二)支付令能够送达债务人的。

申请书应当写明请求给付金钱或者有价证券的数量和所根据的事实、证据。

第二百二十七条 人民法院受理申请后,经审查债权人提供的事实、证据,对债权债务关系明确、合法的,应当在受理之日起十五日内向债务人发出支付令;申请不成立的,裁定予以驳回。

债务人应当自收到支付令之日起十五日内清偿债务,或者向人民法院提出书面异议。

债务人在前款规定的期间不提出异议又不履行支付令的,债权人可以向人民法院申请执行。

第二百二十八条 人民法院收到债务人提出的书面异议后,经审查,异议成立的,应当裁定终结督促程序,支付令自行失效。

支付令失效的,转入诉讼程序,但申请支付令的一方当事人不同意提起诉讼的除外。

【相关法条】《民诉解释》

第425条 两个以上人民法院都有管辖权的,债权人可以向其中一个基层人民法院申请支付令。

债权人向两个以上有管辖权的基层人民法院申请支付令的,由最先立案的人民法院管辖。

第427条 债权人申请支付令,符合下列条件的,基层人民法院应当受理,并在收到支付令申请书后五日内通知债权人:

(一)请求给付金钱或者汇票、本票、支票、股票、债券、国库券、可转让的存款单等有价证券;

(二)请求给付的金钱或者有价证券已到期且数额确定,并写明了请求所根据的事实、证据;

(三)债权人没有对待给付义务;

(四)债务人在我国境内且未下落不明;

(五)支付令能够送达债务人;

(六)收到申请书的人民法院有管辖权;

(七)债权人未向人民法院申请诉前保全。

不符合前款规定的,人民法院应当在收到支付令申请书后五日内通知债权人不予受理。

基层人民法院受理申请支付令案件,不受债权金额的限制。

第428条 人民法院受理申请后,由审判员一人进行审查。经审查,有下列情形之一的,裁定驳回申请:

(一)申请人不具备当事人资格的;

(二)给付金钱或者有价证券的证明文件没有约定逾期给付利息或者违约金、赔偿金,债权人坚持要求给付利息或者违约金、赔偿金的;

(三)要求给付的金钱或者有价证券属于违法所得的;

(四)要求给付的金钱或者有价证券尚未到期或者数额不确定的。

人民法院受理支付令申请后,发现不符合本解释规定的受理条件的,应当在受理之日起十五日内裁定驳回申请。

第429条 向债务人本人送达支付令,债务人拒绝接收的,人民法院可以留置送达。

第430条 有下列情形之一的,人民法院应当裁定终结督促程序,已发出支付令的,支付令自行失效:

(一)人民法院受理支付令申请后,债权人就同一债权债务关系又提起诉讼的;

(二)人民法院发出支付令之日起三十日内无法送达债务人的;

(三)债务人收到支付令前,债权人撤回申请的。

第431条 债务人在收到支付令后,未在法定期间提出书面异议,而向其他人民法院起诉的,不影响支付令的效力。

债务人超过法定期间提出异议的,视为未提出异议。

第432条 债权人基于同一债权债务关系,在同一支付令申请中向债务人提出多项支付请求,债务人仅就其中一项或者几项请求提出异议的,不影响其他各项请求的效力。

第433条 债权人基于同一债权债务关系,就可分之债向多个债务人提出支付请求,多个债务人中的一人或者几人提出异议的,不影响其他请求的效力。

第434条 对设有担保的债务的主债务人发出的支付令,对担保人没有拘束力。

债权人就担保关系单独提起诉讼的,支付令自人民法院受理案件之日起失效。

第435条 经形式审查,债务人提出的书面异议有下列情形之一的,应当认定异议成立,裁定终结督促程序,支付令自行失效:

(一)本解释规定的不予受理申请情形的;

(二)本解释规定的裁定驳回申请情形的;

(三)本解释规定的应当裁定终结督促程序情形的;

(四)人民法院对是否符合发出支付令条件产生合理怀疑的。

第436条 债务人对债务本身没有异议,只是提出缺乏清偿能力、延缓债务清偿期限、变更债务清偿方式等异议的,不影响支付令的效力。

人民法院经审查认为异议不成立的,裁定驳回。

债务人的口头异议无效。

第437条 人民法院作出终结督促程序或者驳

回异议裁定前，债务人请求撤回异议的，应当裁定准许。

债务人对撤回异议反悔的，人民法院不予支持。

第438条 支付令失效后，申请支付令的一方当事人不同意提起诉讼的，应当自收到终结督促程序裁定之日起七日内向受理申请的人民法院提出。

申请支付令的一方当事人不同意提起诉讼的，不影响其向其他有管辖权的人民法院提起诉讼。

第439条 支付令失效后，申请支付令的一方当事人自收到终结督促程序裁定之日起七日内未向受理申请的人民法院表明不同意提起诉讼的，视为向受理申请的人民法院起诉。

债权人提出支付令申请的时间，即为向人民法院起诉的时间。

第441条 人民法院院长发现本院已经发生法律效力的支付令确有错误，认为需要撤销的，应当提交本院审判委员会讨论决定后，裁定撤销支付令，驳回债权人的申请。

重点法条 45 公示催告程序

第二百二十九条 按照规定可以背书转让的票据持有人，因票据被盗、遗失或者灭失，可以向票据支付地的基层人民法院申请公示催告。依照法律规定可以申请公示催告的其他事项，适用本章规定。

申请人应当向人民法院递交申请书，写明票面金额、发票人、持票人、背书人等票据主要内容和申请的理由、事实。

第二百三十条 人民法院决定受理申请，应当同时通知支付人停止支付，并在三日内发出公告，催促利害关系人申报权利。公示催告的期间，由人民法院根据情况决定，但不得少于六十日。

第二百三十一条 支付人收到人民法院停止支付的通知，应当停止支付，至公示催告程序终结。

公示催告期间，转让票据权利的行为无效。

第二百三十二条 利害关系人应当在公示催告期间向人民法院申报。

人民法院收到利害关系人的申报后，应当裁定终结公示催告程序，并通知申请人和支付人。

申请人或者申报人可以向人民法院起诉。

第二百三十四条 利害关系人因正当理由不能在判决前向人民法院申报的，自知道或者应当知道判决公告之日起一年内，可以向作出判决的人民法院起诉。

【相关法条】《民诉解释》

第442条 民事诉讼法第二百二十五条规定的票据持有人，是指票据被盗、遗失或者灭失前的最后持有人。

第446条 公告应当在有关报纸或者其他媒体上刊登，并于同日公布于人民法院公告栏内。人民法院所在地有证券交易所的，还应当同日在该交易所公布。

第447条 公告期间不得少于六十日，且公示催告期间届满日不得早于票据付款日后十五日。

第449条 利害关系人申报权利，人民法院应当通知其向法院出示票据，并通知公示催告申请人在指定的期间查看该票据。公示催告申请人申请公示催告的票据与利害关系人出示的票据不一致的，应当裁定驳回利害关系人的申报。

第450条 在申报权利的期间无人申报权利，或者申报被驳回的，申请人应当自公示催告期间届满之日起一个月内申请作出判决。逾期不申请判决的，终结公示催告程序。

裁定终结公示催告程序的，应当通知申请人和支付人。

第451条 判决公告之日起，公示催告申请人有权依据判决向付款人请求付款。

付款人拒绝付款，申请人向人民法院起诉，符合民事诉讼法第一百二十二条规定的起诉条件的，人民法院应予受理。

第452条 适用公示催告程序审理案件，可由审判员一人独任审理；判决宣告票据无效的，应当组成合议庭审理。

第453条 公示催告申请人撤回申请，应在公示催告前提出；公示催告期间申请撤回的，人民法院可以径行裁定终结公示催告程序。

第454条 人民法院依照民事诉讼法第二百二十七条规定通知支付人停止支付，应当符合有关财产保全的规定。支付人收到停止支付通知后拒不止付的，除可依照民事诉讼法第一百一十四条、第一百一十七条规定采取强制措施外，在判决后，支付人仍应承担付款义务。

第455条 人民法院依照民事诉讼法第二百二十八条规定终结公示催告程序后，公示催告申请人或者申报人向人民法院提起诉讼，因票据权利纠纷提起的，由票据支付地或者被告住所地人民法院管辖；因非票据权利纠纷提起的，由被告住所地人民法院管辖。

第457条 依照民事诉讼法第二百三十条的规定,利害关系人向人民法院起诉的,人民法院可按票据纠纷适用普通程序审理。

第458条 民事诉讼法第二百三十条规定的正当理由,包括:

(一)因发生意外事件或者不可抗力致使利害关系人无法知道公告事实的;

(二)利害关系人因被限制人身自由而无法知道公告事实,或者虽然知道公告事实,但无法自己或者委托他人代为申报权利的;

(三)不属于法定申请公示催告情形的;

(四)未予公告或者未按法定方式公告的;

(五)其他导致利害关系人在判决作出前未能向人民法院申报权利的客观事由。

第459条 根据民事诉讼法第二百三十条的规定,利害关系人请求人民法院撤销除权判决的,应当将申请人列为被告。

利害关系人仅诉请确认其为合法持票人的,人民法院应当在裁判文书中写明,确认利害关系人为票据权利人的判决作出后,除权判决即被撤销。

第三编 执行程序

重点法条46 执行依据及管辖

第二百三十五条 发生法律效力的民事判决、裁定,以及刑事判决、裁定中的财产部分,由第一审人民法院或者与第一审人民法院同级的被执行的财产所在地人民法院执行。

法律规定由人民法院执行的其他法律文书,由被执行人住所地或者被执行的财产所在地人民法院执行。

【相关法条】《民诉解释》

第460条 发生法律效力的实现担保物权裁定、确认调解协议裁定、支付令,由作出裁定、支付令的人民法院或者与其同级的被执行财产所在地的人民法院执行。

认定财产无主的判决,由作出判决的人民法院将无主财产收归国家或者集体所有。

重点法条47 执行异议及执行异议之诉

第二百三十六条 当事人、利害关系人认为执行行为违反法律规定的,可以向负责执行的人民法院提出书面异议。当事人、利害关系人提出书面异议的,人民法院应当自收到书面异议之日起十五日内审查,理由成立的,裁定撤销或者改正;理由不成立的,裁定驳回。当事人、利害关系人对裁定不服的,可以自裁定送达之日起十日内向上一级人民法院申请复议。

第二百三十七条 人民法院自收到申请执行书之日起超过六个月未执行的,申请执行人可以向上一级人民法院申请执行。上一级人民法院经审查,可以责令原人民法院在一定期限内执行,也可以决定由本院执行或者指令其他人民法院执行。

第二百三十八条 执行过程中,案外人对执行标的提出书面异议的,人民法院应当自收到书面异议之日起十五日内审查,理由成立的,裁定中止对该标的的执行;理由不成立的,裁定驳回。案外人、当事人对裁定不服,认为原判决、裁定错误的,依照审判监督程序办理;与原判决、裁定无关的,可以自裁定送达之日起十五日内向人民法院提起诉讼。

【相关法条】《民诉解释》

第302条 根据民事诉讼法第二百三十四条规定,案外人、当事人对执行异议裁定不服,自裁定送达之日起十五日内向人民法院提起执行异议之诉的,由执行法院管辖。

第303条 案外人提起执行异议之诉,除符合民事诉讼法第一百二十二条规定外,还应当具备下列条件:

(一)案外人的执行异议申请已经被人民法院裁定驳回;

(二)有明确的排除对执行标的执行的诉讼请求,且诉讼请求与原判决、裁定无关;

(三)自执行异议裁定送达之日起十五日内提起。

人民法院应当在收到起诉状之日起十五日内决定是否立案。

第304条 申请执行人提起执行异议之诉,除符合民事诉讼法第一百二十二条规定外,还应当具备下列条件:

(一)依案外人执行异议申请,人民法院裁定中止执行;

(二)有明确的对执行标的继续执行的诉讼请求,且诉讼请求与原判决、裁定无关;

(三)自执行异议裁定送达之日起十五日内提起。

人民法院应当在收到起诉状之日起十五日内决定是否立案。

第305条 案外人提起执行异议之诉的,以申请执行人为被告。被执行人反对案外人异议的,被执行人为共同被告;被执行人不反对案外人异议的,可以列被执行人为第三人。

第306条 申请执行人提起执行异议之诉的,以案外人为被告。被执行人反对申请执行人主张的,以案外人和被执行人为共同被告;被执行人不反对申请执行人主张的,可以列被执行人为第三人。

第307条 申请执行人对中止执行裁定未提起执行异议之诉,被执行人提起执行异议之诉的,人民法院告知其另行起诉。

第308条 人民法院审理执行异议之诉案件,适用普通程序。

第309条 案外人或者申请执行人提起执行异议之诉的,案外人应当就其对执行标的享有足以排除强制执行的民事权益承担举证证明责任。

第310条 对案外人提起的执行异议之诉,人民法院经审理,按照下列情形分别处理:

(一)案外人就执行标的享有足以排除强制执行的民事权益的,判决不得执行该执行标的;

(二)案外人就执行标的不享有足以排除强制执行的民事权益的,判决驳回诉讼请求。

案外人同时提出确认其权利的诉讼请求的,人民法院可以在判决中一并作出裁判。

第311条 对申请执行人提起的执行异议之诉,人民法院经审理,按照下列情形分别处理:

(一)案外人就执行标的不享有足以排除强制执行的民事权益的,判决准许执行该执行标的;

(二)案外人就执行标的享有足以排除强制执行的民事权益的,判决驳回诉讼请求。

第312条 对案外人执行异议之诉,人民法院判决不得对执行标的执行的,执行异议裁定失效。

对申请执行人执行异议之诉,人民法院判决准许对该执行标的执行的,执行异议裁定失效,执行法院可以根据申请执行人的申请或者依职权恢复执行。

第313条 案外人执行异议之诉审理期间,人民法院不得对执行标的进行处分。申请执行人请求人民法院继续执行并提供相应担保的,人民法院可以准许。

被执行人与案外人恶意串通,通过执行异议、执行异议之诉妨害执行的,人民法院应当依照民事诉讼法第一百一十六条规定处理。申请执行人因此受到损害的,可以提起诉讼要求被执行人、案外人赔偿。

第314条 人民法院对执行标的裁定中止执行后,申请执行人在法律规定的期间内未提起执行异议之诉的,人民法院应当自起诉期限届满之日起七日内解除对该执行标的采取的执行措施。

第462条 根据民事诉讼法第二百三十四条规定,案外人对执行标的提出异议的,应当在该执行标的执行程序终结前提出。

第463条 案外人对执行标的提出的异议,经审查,按照下列情形分别处理:

(一)案外人对执行标的不享有足以排除强制执行的权益的,裁定驳回其异议;

(二)案外人对执行标的享有足以排除强制执行的权益的,裁定中止执行。

驳回案外人执行异议裁定送达案外人之日起十五日内,人民法院不得对执行标的进行处分。

精 解

执行异议与执行异议之诉都属于执行救济,但民事诉讼法将执行异议作为执行异议之诉的前置条件,而非并行的救济途径。二者的区别在于:(1)执行异议的对象是执行程序或执行方法上的违法,而执行异议之诉涉及的是私法上的实体权利;(2)执行异议之诉是独立的诉讼形式,不同于执行异议仅隶属于强制的请求和申诉;(3)执行异议之诉解决的是实体争议,因此根据实体法律关系确定当事人,但是执行异议解决的是程序争议,因此根据执行程序中各方身份确定。

重点法条48 委托执行

第二百四十条 被执行人或者被执行的财产在外地的,可以委托当地人民法院代为执行。受委托人民法院收到委托函件后,必须在十五日内开始执行,不得拒绝。执行完毕后,应当将执行结果及时函复委托人民法院;在三十日内如果还未执行完毕,也应当将执行情况函告委托人民法院。

受委托人民法院自收到委托函件之日起十五日内不执行的,委托人民法院可以请求受委托人民法院的上级人民法院指令受委托人民法院执行。

重点法条49 执行和解

第二百四十一条 在执行中,双方当事人自行和解达成协议的,执行员应当将协议内容记入笔录,由双方当事人签名或者盖章。

申请执行人因受欺诈、胁迫与被执行人达成和解协议,或者当事人不履行和解协议的,人民法院可以根据当事人的申请,恢复对原生效法律文书的执行。

【相关法条】《民诉解释》

第464条 申请执行人与被执行人达成和解协议后请求中止执行或者撤回执行申请的,人民法院可以裁定中止执行或者终结执行。

第465条 一方当事人不履行或者不完全履行在执行中双方自愿达成的和解协议,对方当事人申请执行原生效法律文书的，人民法院应当恢复执行，但和解协议已履行的部分应当扣除。和解协议已经履行完毕的，人民法院不予恢复执行。

重点法条 50 执行回转

第二百四十四条 执行完毕后，据以执行的判决、裁定和其他法律文书确有错误，被人民法院撤销的，对已被执行的财产，人民法院应当作出裁定，责令取得财产的人返还；拒不返还的，强制执行。

【相关法条】《民诉解释》

第506条 被执行人为公民或者其他组织，在执行程序开始后，被执行人的其他已经取得执行依据的债权人发现被执行人的财产不能清偿所有债权的，可以向人民法院申请参与分配。

对人民法院查封、扣押、冻结的财产有优先权、担保物权的债权人，可以直接申请参与分配，主张优先受偿权。

第507条 申请参与分配，申请人应当提交申请书。申请书应当写明参与分配和被执行人不能清偿所有债权的事实、理由，并附有执行依据。

参与分配申请应当在执行程序开始后，被执行人的财产执行终结前提出。

第508条 参与分配执行中，执行所得价款扣除执行费用，并清偿应当优先受偿的债权后，对于普通债权，原则上按照其占全部申请参与分配债权数额的比例受偿。清偿后的剩余债务，被执行人应当继续清偿。债权人发现被执行人有其他财产的，可以随时请求人民法院执行。

第509条 多个债权人对执行财产申请参与分配的，执行法院应当制作财产分配方案，并送达各债权人和被执行人。债权人或者被执行人对分配方案有异议的，应当自收到分配方案之日起十五日内向执行法院提出书面异议。

第510条 债权人或者被执行人对分配方案提出书面异议的，执行法院应当通知未提出异议的债权人、被执行人。

未提出异议的债权人、被执行人自收到通知之日起十五日内未提出反对意见的，执行法院依异议人的意见对分配方案审查修正后进行分配；提出反对意见的，应当通知异议人。异议人可以自收到通知之日起十五日内，以提出反对意见的债权人、被执行人为被告，向执行法院提起诉讼；异议人逾期未提起诉讼的，执行法院按照原分配方案进行分配。

诉讼期间进行分配的，执行法院应当提存与争议债权数额相应的款项。

重点法条 51 执行开始方式

第二百五十条 申请执行的期间为二年。申请执行时效的中止、中断，适用法律有关诉讼时效中止、中断的规定。

前款规定的期间，从法律文书规定履行期间的最后一日起计算；法律文书规定分期履行的，从最后一期履行期限届满之日起计算；法律文书未规定履行期间的，从法律文书生效之日起计算。

第二百五十一条 执行员接到申请执行书或者移交执行书，应当向被执行人发出执行通知，并可以立即采取强制执行措施。

重点法条 52 执行中止和终结

第二百六十七条 有下列情形之一的，人民法院应当裁定中止执行：

（一）申请人表示可以延期执行的；

（二）案外人对执行标的提出确有理由的异议的；

（三）作为一方当事人的公民死亡，需要等待继承人继承权利或者承担义务的；

（四）作为一方当事人的法人或者其他组织终止，尚未确定权利义务承受人的；

（五）人民法院认为应当中止执行的其他情形。

中止的情形消失后，恢复执行。

第二百六十八条 有下列情形之一的，人民法院裁定终结执行：

（一）申请人撤销申请的；

（二）据以执行的法律文书被撤销的；

（三）作为被执行人的公民死亡，无遗产可供执行，又无义务承担人的；

（四）追索赡养费、扶养费、抚养费案件的权利人死亡的；

（五）作为被执行人的公民因生活困难无力偿还借款，无收入来源，又丧失劳动能力的；

（六）人民法院认为应当终结执行的其他情形。

仲裁法

【导读】 仲裁法部分在民事诉讼法部分考查有2～3分,其中比较重要的法律文件有《仲裁法》和最高人民法院《关于适用〈中华人民共和国仲裁法〉若干问题的解释》(以下简称《仲裁法解释》)。其中仲裁法部分的几十个法条,大部分都曾经考查到。考生需要重视的是关于仲裁范围(第3、4条),关于仲裁协议(第16条),关于仲裁协会的裁决及申请撤销与不予执行仲裁裁决部分的法条。从历年的考查形式来看,仲裁法部分的法条,仍以单纯考查法条为主。少量涉及理论的知识主要集中在仲裁审理、裁决与法院审理、判决部分。考生应当掌握二者的区别,这样对于不单纯考查法条的题目才能更容易做正确。

重点法条 1 仲裁的范围

第三条 下列纠纷不能仲裁:

(一)婚姻、收养、监护、扶养、继承纠纷;

(二)依法应当由行政机关处理的行政争议。

第四条 当事人采用仲裁方式解决纠纷,应当双方自愿,达成仲裁协议。没有仲裁协议,一方申请仲裁的,仲裁委员会不予受理。

第五条 当事人达成仲裁协议,一方向人民法院起诉的,人民法院不予受理,但仲裁协议无效的除外。

【相关法条】 *《仲裁法》*

第26条 当事人达成仲裁协议,一方向人民法院起诉未声明有仲裁协议,人民法院受理后,另一方在首次开庭前提交仲裁协议的,人民法院应当驳回起诉,但仲裁协议无效的除外;另一方在首次开庭前未对人民法院受理该案提出异议的,视为放弃仲裁协议,人民法院应当继续审理。

重点法条 2 仲裁协议

第十六条 仲裁协议包括合同中订立的仲裁条款和以其他书面方式在纠纷发生前或者纠纷发生后达成的请求仲裁的协议。

仲裁协议应当具有下列内容:

(一)请求仲裁的意思表示;

(二)仲裁事项;

(三)选定的仲裁委员会。

第十七条 有下列情形之一的,仲裁协议无效:

(一)约定的仲裁事项超出法律规定的仲裁范围的;

(二)无民事行为能力人或者限制民事行为能力人订立的仲裁协议;

(三)一方采取胁迫手段,迫使对方订立仲裁协议的。

第十八条 仲裁协议对仲裁事项或者仲裁委员会没有约定或者约定不明确的,当事人可以补充协议;达不成补充协议的,仲裁协议无效。

【相关法条】 *《仲裁法解释》***(2008年12月16日调整)**

第1条 仲裁法第16条规定的“其他书面形式”的仲裁协议,包括以合同书、信件和数据电文(包括电报、电传、传真、电子数据交换和电子邮件)等形式达成的请求仲裁的协议。

第2条 当事人概括约定仲裁事项为合同争议的,基于合同成立、效力、变更、转让、履行、违约责任、解释、解除等产生的纠纷都可以认定为仲裁事项。

第3条 仲裁协议约定的仲裁机构名称不准确,但能够确定具体的仲裁机构的,应当认定选定了仲裁机构。

第4条 仲裁协议仅约定纠纷适用的仲裁规则的,视为未约定仲裁机构,但当事人达成补充协议或者按照约定的仲裁规则能够确定仲裁机构的除外。

第5条 仲裁协议约定两个以上仲裁机构的,当事人可以协议选择其中的一个仲裁机构申请仲裁;当事人不能就仲裁机构选择达成一致的,仲裁协议无效。

第6条 仲裁协议约定由某地的仲裁机构仲裁且该地仅有一个仲裁机构的,该仲裁机构视为约定的仲裁机构。该地有两个以上仲裁机构的,当事人可以协议选择其中的一个仲裁机构申请仲裁;当事人不能就仲裁机构选择达成一致的,仲裁协议无效。

第7条 当事人约定争议可以向仲裁机构申请仲裁也可以向人民法院起诉的,仲裁协议无效。但一方向仲裁机构申请仲裁,另一方未在仲裁法第20条第2款规定期间内提出异议的除外。

第8条 当事人订立仲裁协议后合并、分立的,仲裁协议对其权利义务的继受人有效。

当事人订立仲裁协议后死亡的，仲裁协议对承继其仲裁事项中的权利义务的继承人有效。

前两款规定情形，当事人订立仲裁协议时另有约定的除外。

第9条 债权债务全部或者部分转让的，仲裁协议对受让人有效，但当事人另有约定、在受让债权债务时受让人明确反对或者不知有单独仲裁协议的除外。

最高人民法院《关于审理仲裁司法审查案件若干问题的规定》(2017年12月4日通过)

第2条 申请确认仲裁协议效力的案件，由仲裁协议约定的仲裁机构所在地、仲裁协议签订地、申请人住所地、被申请人住所地的中级人民法院或者专门人民法院管辖。

涉及海事海商纠纷仲裁协议效力的案件，由仲裁协议约定的仲裁机构所在地、仲裁协议签订地、申请人住所地、被申请人住所地的海事法院管辖；上述地点没有海事法院的，由就近的海事法院管辖。

第5条 申请人向人民法院申请确认仲裁协议效力的，应当提交申请书及仲裁协议正本或者经证明无误的副本。

申请书应当载明下列事项：

(一)申请人或者被申请人为自然人的，应当载明其姓名、性别、出生日期、国籍及住所；为法人或者其他组织的，应当载明其名称、住所以及法定代表人或者代表人的姓名和职务；

(二)仲裁协议的内容；

(三)具体的请求和理由。

当事人提交的外文申请书、仲裁协议及其他文件，应当附有中文译本。

重点法条 3 仲裁和解与仲裁调解

第四十九条 当事人申请仲裁后，可以自行和解。达成和解协议的，可以请求仲裁庭根据和解协议作出裁决书，也可以撤回仲裁申请。

第五十条 当事人达成和解协议，撤回仲裁申请后反悔的，可以根据仲裁协议申请仲裁。

第五十一条 仲裁庭在作出裁决前，可以先行调解。当事人自愿调解的，仲裁庭应当调解。调解不成的，应当及时作出裁决。

调解达成协议的，仲裁庭应当制作调解书或者根据协议的结果制作裁决书。调解书与裁决书具有同等法律效力。

【相关法条】《仲裁法》

第52条 调解书应当写明仲裁请求和当事人协议的结果。调解书由仲裁员签名，加盖仲裁委员会印章，送达双方当事人。

调解书经双方当事人签收后，即发生法律效力。

在调解书签收前当事人反悔的，仲裁庭应当及时作出裁决。

重点法条 4 仲裁裁决的作出

第五十三条 裁决应当按照多数仲裁员的意见作出，少数仲裁员的不同意见可以记入笔录。仲裁庭不能形成多数意见时，裁决应当按照首席仲裁员的意见作出。

第五十四条 裁决书应当写明仲裁请求、争议事实、裁决理由、裁决结果、仲裁费用的负担和裁决日期。当事人协议不愿写明争议事实和裁决理由的，可以不写。裁决书由仲裁员签名，加盖仲裁委员会印章。对裁决持不同意见的仲裁员，可以签名，也可以不签名。

精 解

以上几个条文内容亦为考试重点，不可小觑。应注意：

1. 首席仲裁员的特殊权力(本法第53条)，不同于法院合议庭。

2. 仲裁裁决书也可以不写明争议事实和裁决理由。此点不同于法院裁判(本法第54条)。

3. 仲裁员也可以不签名的情形。此点亦不同于法院裁判书的审判员签名制(本法第54条)。

4. 少数仲裁员的意见可以记入笔录而非裁决书中。

重点法条 5 申请撤销仲裁裁决

第五十八条 当事人提出证据证明裁决有下列情形之一的，可以向仲裁委员会所在地的中级人民法院申请撤销裁决：

(一)没有仲裁协议的；

(二)裁决的事项不属于仲裁协议的范围或者仲裁委员会无权仲裁的；

(三)仲裁庭的组成或者仲裁的程序违反法定程序的；

(四)裁决所根据的证据是伪造的；

(五)对方当事人隐瞒了足以影响公正裁决的证据的;

(六)仲裁员在仲裁该案时有索贿受贿,徇私舞弊,枉法裁决行为的。

人民法院经组成合议庭审查核实裁决有前款规定情形之一的,应当裁定撤销。

人民法院认定该裁决违背社会公共利益的,应当裁定撤销。

第五十九条 当事人申请撤销裁决的,应当自收到裁决书之日起六个月内提出。

第六十条 人民法院应当在受理撤销裁决申请之日起两个月内作出撤销裁决或者驳回申请的裁定。

第六十一条 人民法院受理撤销裁决的申请后,认为可以由仲裁庭重新仲裁的,通知仲裁庭在一定期限内重新仲裁,并裁定中止撤销程序。仲裁庭拒绝重新仲裁的,人民法院应当裁定恢复撤销程序。

【相关法条】《仲裁法解释》

第 17 条 当事人以不属于仲裁法第 58 条或者民事诉讼法第 258 条(现第 291 条)规定的事由申请撤销仲裁裁决的,人民法院不予支持。

第 18 条 仲裁法第 58 条第 1 款第 1 项规定的"没有仲裁协议"是指当事人没有达成仲裁协议。仲裁协议被认定无效或者被撤销的,视为没有仲裁协议。

第 19 条 当事人以仲裁裁决事项超出仲裁协议范围为由申请撤销仲裁裁决,经审查属实的,人民法院应当撤销仲裁裁决中的超裁部分。但超裁部分与其他裁决事项不可分的,人民法院应当撤销仲裁裁决。

第 20 条 仲裁法第 58 条规定的"违反法定程序",是指违反仲裁法规定的仲裁程序和当事人选择的仲裁规则可能影响案件正确裁决的情形。

第 21 条 当事人申请撤销国内仲裁裁决的案件属于下列情形之一的,人民法院可以依照仲裁法第 61 条的规定通知仲裁庭在一定期限内重新仲裁:

(一)仲裁裁决所根据的证据是伪造的;

(二)对方当事人隐瞒了足以影响公正裁决的证据的。

人民法院应当在通知中说明要求重新仲裁的具体理由。

第 22 条 仲裁庭在人民法院指定的期限内开始重新仲裁的,人民法院应当裁定终结撤销程序;未开始重新仲裁的,人民法院应当裁定恢复撤销程序。

第 23 条 当事人对重新仲裁裁决不服的,可以在重新仲裁裁决书送达之日起 6 个月内依据仲裁法第 58 条规定向人民法院申请撤销。

第 24 条 当事人申请撤销仲裁裁决的案件,人民法院应当组成合议庭审理,并询问当事人。

重点法条 6 不予执行仲裁裁决

第六十三条 被申请人提出证据证明裁决有民事诉讼法第二百一十三条第二款(现第 248 条第 2 款)规定的情形之一的,经人民法院组成合议庭审查核实,裁定不予执行。

第六十四条 一方当事人申请执行裁决,另一方当事人申请撤销裁决的,人民法院应当裁定中止执行。

人民法院裁定撤销裁决的,应当裁定终结执行。撤销裁决的申请被裁定驳回的,人民法院应当裁定恢复执行。

【相关法条】《仲裁法解释》

第 25 条 人民法院受理当事人撤销仲裁裁决的申请后,另一方当事人申请执行同一仲裁裁决的,受理执行申请的人民法院应当在受理后裁定中止执行。

第 26 条 当事人向人民法院申请撤销仲裁裁决被驳回后,又在执行程序中以相同理由提出不予执行抗辩的,人民法院不予支持。

第 27 条 当事人在仲裁程序中未对仲裁协议的效力提出异议,在仲裁裁决作出后以仲裁协议无效为由主张撤销仲裁裁决或者提出不予执行抗辩的,人民法院不予支持。

当事人在仲裁程序中对仲裁协议的效力提出异议,在仲裁裁决作出后又以此为由主张撤销仲裁裁决或者提出不予执行抗辩,经审查符合仲裁法第 58 条或者民事诉讼法第 213 条、第 258 条(现第 248 条、第 291 条)规定的,人民法院应予支持。

第 28 条 当事人请求不予执行仲裁调解书或者根据当事人之间的和解协议作出的仲裁裁决书的,人民法院不予支持。

第 29 条 当事人申请执行仲裁裁决案件,由被执行人住所地或者被执行的财产所在地的中级人民法院管辖。